国家卫生健康委员会"十四五"规划教材

全国高等学校教材

供本科助产学专业用

助产学

第 2 版

主　编　余艳红　杨慧霞

副主编　丁　焱　侯　睿　徐鑫芬　蔡文智

编　者（以姓氏笔画为序）

丁　焱（复旦大学附属妇产科医院）

王子莲（中山大学附属第一医院）

王培红（华中科技大学同济医学院附属协和医院）

向　洁（四川大学华西第二医院）

刘　军（北京大学第一医院）

芦沁蕊（西安交通大学第一附属医院）

李　霖（扬州大学附属医院）

杨慧霞（北京大学第一医院）

吴丽萍（北京协和医学院护理学院）

吴艳欣（中山大学附属第一医院）

余艳红（国家中医药管理局）

应立英（浙江大学医学院护理系）

张　平（大连医科大学附属第一医院）

张　晶（杭州师范大学护理学院）

张小松（北京大学第一医院）

张秀平（济宁医学院护理学院）

陈春宁（河北医科大学护理学院）

武海荣（航空总医院）

侯　睿（北京大学护理学院）

徐鑫芬（浙江大学医学院附属妇产科医院　海宁分院）

高云飞（南方医科大学南方医院）

郭洪花（海南医学院护理学院）

唐中兰（遵义医科大学）

陶艳萍（昆明医科大学护理学院）

黄舒蓉（南方医科大学深圳医院）（兼秘书）

董胜雯（天津医科大学护理学院）

程　兰（天津市中心妇产科医院）

褚　静（西安医学院护理与康复学院）

蔡文智（南方医科大学深圳医院）

人民卫生出版社

·北京·

图书在版编目（CIP）数据

助产学 / 余艳红，杨慧霞主编 . —2 版 . —北京：
人民卫生出版社，2023.1（2025.1重印）
ISBN 978-7-117-33912-4

Ⅰ.①助… Ⅱ.①余…②杨… Ⅲ.①助产学 —医学
院校 —教材 Ⅳ.①R717

中国版本图书馆 CIP 数据核字（2022）第 199729 号

人卫智网	www.ipmph.com	医学教育、学术、考试、健康，购书智慧智能综合服务平台
人卫官网	www.pmph.com	人卫官方资讯发布平台

助　产　学
Zhuchanxue
第 2 版

主　　编：余艳红　杨慧霞
出版发行：人民卫生出版社（中继线 010-59780011）
地　　址：北京市朝阳区潘家园南里 19 号
邮　　编：100021
E - mail：pmph @ pmph.com
购书热线：010-59787592　010-59787584　010-65264830
印　　刷：中煤（北京）印务有限公司
经　　销：新华书店
开　　本：850×1168　1/16　印张：29　插页：4
字　　数：858 千字
版　　次：2017 年 8 月第 1 版　　2023 年 1 月第 2 版
印　　次：2025 年 1 月第 4 次印刷
标准书号：ISBN 978-7-117-33912-4
定　　价：128.00 元
打击盗版举报电话：010-59787491　E-mail：WQ @ pmph.com
质量问题联系电话：010-59787234　E-mail：zhiliang @ pmph.com
数字融合服务电话：4001118166　E-mail：zengzhi @ pmph.com

第七轮修订说明

2020年9月国务院办公厅印发《关于加快医学教育创新发展的指导意见》(国办发〔2020〕34号),提出以新理念谋划医学发展、以新定位推进医学教育发展、以新内涵强化医学生培养、以新医科统领医学教育创新,并明确提出"加强护理专业人才培养,构建理论、实践教学与临床护理实际有效衔接的课程体系,加快建设高水平'双师型'护理教师队伍,提升学生的评判性思维和临床实践能力。"为更好地适应新时期医学教育改革发展要求,培养能够满足人民健康需求的高素质护理人才,在"十四五"期间做好护理学类专业教材的顶层设计和规划出版工作,人民卫生出版社成立了第五届全国高等学校护理学类专业教材评审委员会。人民卫生出版社在国家卫生健康委员会、教育部等的领导下,在教育部高等学校护理学类专业教学指导委员会的指导和参与下,在第六轮规划教材建设的基础上,经过深入调研和充分论证,全面启动第七轮规划教材的修订工作,并明确了在对原有教材品种优化的基础上,新增《护理临床综合思维训练》《护理信息学》《护理学专业创新创业与就业指导》等教材,在新医科背景下,更好地服务于护理教育事业和护理专业人才培养。

根据教育部《关于加快建设高水平本科教育 全面提高人才培养能力的意见》等文件要求以及人民卫生出版社对本轮教材的规划,第五届全国高等学校护理学类专业教材评审委员会确定本轮教材修订的指导思想为:立足立德树人,渗透课程思政理念;紧扣培养目标,建设护理"干细胞"教材;突出新时代护理教育理念,服务护理人才培养;深化融合理念,打造新时代融合教材。

本轮教材的编写原则如下:

1. **坚持"三基五性"**　教材编写坚持"三基五性"的原则。"三基":基本知识、基本理论、基本技能;"五性":思想性、科学性、先进性、启发性、适用性。

2. **体现专业特色**　护理学类专业特色体现在专业思想、专业知识、专业工作方法和技能上。教材编写体现对"人"的整体护理观,体现"以病人为中心"的优质护理指导思想,并在教材中加强对学生人文素质的培养,引领学生将预防疾病、解除病痛和维护群众健康作为自己的职业责任。

3. **把握传承与创新**　修订教材在对原有教材的体系、编写体裁及优点进行继承的同时,结合上一轮教材调研的反馈意见,进一步修订和完善,并紧随学科发展,及时更新已有定论的新知识及实践发展成果,使教材更加贴近实际教学需求。同时,对于新增教材,能体现教育教学改革的先进理念,满足新时代护理人才培养在知识结构更新和综合能力提升等方面的需求。

4. **强调整体优化**　教材的编写在保证单本教材的系统和全面的同时,更强调全套教材的体系性和整体性。各教材之间有序衔接、有机联系,注重多学科内容的融合,避免遗漏和不必要的重复。

5. **结合理论与实践** 针对护理学科实践性强的特点,教材在强调理论知识的同时注重对实践应用的思考,通过引入案例与问题的编写形式,强化理论知识与护理实践的联系,利于培养学生应用知识、分析问题、解决问题的综合能力。

6. **推进融合创新** 全套教材均为融合教材,通过扫描二维码形式,获取丰富的数字内容,增强教材的纸数融合性,增强线上与线下学习的联动性,增强教材育人育才的效果,打造具有新时代特色的本科护理学类专业融合教材。

全套教材共 59 种,均为国家卫生健康委员会"十四五"规划教材。

余艳红，教授，博士研究生导师，"新世纪百千万人才工程"国家级人选，享受国务院政府特殊津贴专家，中华医学会副会长。曾任南方医科大学校长，南方医院妇产科主任、围产医学中心主任，中国医师协会妇产科医师分会副会长、广东省医学会妇产科分会主任委员。

长期从事妇产科临床、科研及教学工作，擅长围产医学、产科危急重症救治、产前诊断、妇幼保健管理及医院管理和高等医学教育等工作。于南方医科大学任职校长期间，开设了国内第一批助产学本科专业，2017年主编首部国家级规划教材《助产学》。主持国家自然科学基金、省部级科研课题13项，以第一作者和通讯作者发表论文284篇，其中SCI 61篇，主编教材及专著13部。以第一负责人获省部级科技进步奖二等奖3项。

杨慧霞，教授，主任医师，博士研究生导师，北京大学第一医院妇产科主任。中华医学会妇产科学分会副主任委员兼产科学组组长；中华医学会围产医学分会前任主任委员；全国妇幼健康研究会副会长兼母胎医学专业委员会主任委员；中华预防医学会生命早期发育与疾病防控专业委员会主任委员；中国妇幼保健协会妊娠合并糖尿病专业委员会主任委员；中国医师协会妇产科医师分会常务委员兼母胎医学专业委员会副主任委员；国际妇产科联盟（FIGO）母胎医学专家组专家；国际健康与疾病发育起源（DOHaD）学会理事；《中华围产医学杂志》总编辑；*Maternal Fetal Medicine* 杂志共同主编；《中华妇产科杂志》等杂志副总编，*AM J Obstet Gynecol* 中国区域主编。

长期从事围产医学工作，尤其擅长高危妊娠管理、产前诊断与咨询。多次荣获中华医学会等省部级科学进步奖一、二等奖；2021年荣获第九届中华人口奖科学技术奖。

丁焱，护理学博士，主任护师，教授，博士研究生导师，复旦大学附属妇产科医院护理部主任、临床护理教研室主任。复旦大学护理学院学术委员会成员，上海市护理学会妇科专业委员会主任委员，中华护理学会妇科专业委员会副主任委员；《中华护理杂志》《护理学杂志》《上海护理》等杂志编委。

从事妇产科临床护理、护理管理工作近三十年，主导和参与复旦大学护理学院"助产学""妇产科护理学""母婴保健"等课程的理论和临床教学。以第一作者或通讯作者在学术期刊发表文章50余篇。荣获上海市三八红旗手、上海市卫生系统"十佳"护士、上海市护理学会科技奖一等奖、中华护理学会科技奖一等奖等荣誉。

侯睿，副教授，硕士研究生导师，北京大学护理学院课程负责人。中国妇幼保健协会助产士分会常务委员兼副秘书长，国家医学考试中心助产技术考核标准制定专家、全国助产士规范化培训考核专家等；《全科护理》《中华现代护理杂志》《护士进修杂志》审稿专家。

主要研究方向为助产及母婴健康。主持、参与多项关于助产士核心胜任力指标体系的制定与应用、助产教育培养模式与方法的科研项目。在国内外专业期刊发表论文50余篇。荣获第五届中华护理学会科技奖一等奖。

徐鑫芬，主任护师，博士研究生导师，浙江大学医学院附属妇产科医院海宁分院/海宁市妇幼保健院院长，中国妇幼保健协会助产士分会主任委员。

主要研究方向是围产母婴保健。主持国家自然基金1项、省部共建重大项目1项、省部级项目3项；主持及参与省厅课题30余项；发明专利1项、实用新型专利2项；发表SCI论文100余篇；主编、参编书籍30余本。荣获第四届全国妇幼健康科学技术奖一等奖1项、浙江省医药卫生科技进步奖二等奖1项。

蔡文智，教授，博士研究生导师，南方医科大学深圳医院副院长。曾任南方医科大学护理学院副院长。中国妇幼保健协会助产士分会副主任委员，广东省护理学会康复护理专业委员会主任委员，广东省护理学会康复专业委员会主任委员，广东省护士协会副会长，广东省科技评审专家、医疗事故鉴定专家，《中国康复医学杂志》等多个杂志的编委和审稿专家。

主要研究领域为失禁康复和护理装备研发。先后承担课题50项，国际课题1项，国家级7项，省市级28项。以第一作者及通讯作者发表论文263篇，SCI 31篇；主持、参与制定护理专业实践指南12部；主编专著和教材35部；国家专利4项。荣获省部级科技进步奖十余项。

助产专业和助产学是妇产科学的重要分支,其重要性与日俱增。

我曾看过一幅令人振奋而难忘的画:严寒的风雪之夜,助产士走在出诊的路上。两个男人陪送着她,一个惊慌焦急,一个谦恭尊崇。助产士沉稳庄严,右手提着马灯,大步向前;左手攥着一个酒瓶,不是消毒液(那时还没有消毒法),是酒,是为了产妇没劲时,可以擦拭头部,以期振作……

"助产士(产婆)",正是产科医生的鼻祖!

而今,助产士也已成为有特殊重要性、受医界和公众尊敬的职业!

虽然助产士和助产学历史久远,但助产学的理论和实践,及其教育和培训,在科技发展的当代仍然是未臻完善的领域,特别是在幅员辽阔、人口众多,经济文化卫生发展不平衡,人口政策、医疗体制发生变化的中国尤为突显。

优秀教材之于教育,可谓连城之价。所以,余艳红、杨慧霞两位教授主编的《助产学(第2版)》的推出,不仅是锦上添花,也是雪里送炭,可喜可贺!

我国的助产学科的学习、培训,助产士的培养、提高,似乎步履蹒跚。它与一般的护士专业有所区别,它的资质认定亦应有所差异。总之,应该得到重视。

三孩生育政策实施、"后剖宫产时代"来临,科技医疗日新月异,温柔分娩深入人心,对助产学和助产专业提出了新的挑战。诊治的规范化、个体化、人性化则成为重要的理念和策略。如何有效平衡和结合自然与技术,如何加强助产士和医生之间的合作等,都是当前要解决的问题。

我们高兴地看到上述这些问题在这部《助产学(第2版)》中都得到了重视和阐述,不论是助产学的历史与理论,知识与技术,培训与管理,未来与发展,都有翔实的材料,清晰的观点,兼具理论学术性和实践操作性。

所以,我以为本教材不仅是助产学专业的教材和必读书,也应该是临床医学专业、护理学专业,特别是产科医生的重要参考书。热忱期望助产学这一专业顺时应势,蓬勃发展!

感谢编著者和读者同道们!

中国工程院院士 郎景和

2022 年秋

妊娠与分娩是孕育、诞生新生命的过程，是人类繁衍的保障，是社会发展的基石。随着国家生育政策的调整和自然分娩理念的不断深入，社会对高质量助产服务的需求与日俱增，助产士的工作内涵也随之不断外延与深化，助产专业教育是培养与社会需求相适应的助产人才的必由之路。《世界助产状况报告》中明确提出高质量的助产士教育和培训是助产专业发展的重中之重。2016年，国内4所高校首次获批开设了助产学本科专业，建立了助产士规范化培训基地，助产专业教育迎来了蓬勃发展。本教材正是在这样的时代背景下组织编写的。

2017年，《助产学》正式出版。作为国家卫生和计划生育委员会本科助产学专业"十三五"规划教材，内容编排紧紧围绕助产学本科教育的定位，突破了其他教材产科学＋护理学混搭的模式，重新定义了助产学及其领域，阐明了助产士的角色及工作范畴，以孕产期系统管理为主线，以正常妊娠分娩管理及助产技能为核心内容，在国内助产学教材领域独树一帜。《助产学》因科学严谨、编排合理、针对性强，在全国高校广泛投入使用后收获好评，并成为一线助产人员的"手边书"。

在生命科学知识海量产出、信息广泛传播的今天，助产学相关的理论和实践也在不断发展与更新，再版是学科教育前进的必然。本次再版的编写团队由国内临床实践经验丰富的产科、助产及新生儿科专家组成，总体延续上版编写思路，保证教材的系统性与连续性，在重点突出的同时，增加了孕产期静脉血栓栓塞症、母乳喂养、妊娠合并子宫肌瘤、妊娠合并系统性红斑狼疮、中医相关助产技术等内容；更新了剖宫产术后早期康复、新生儿早期基本保健等理念；补充了部分原创性图片、动画和操作视频，倾力使教材内容繁简有度、脉络清晰，具备科学性、先进性和可操作性。

我们参阅了大量的国内外专著和指南共识，从中医产科实践的历史渊源中汲取营养，从近期的全球循证医学证据中获得支持，广泛听取了专业人员的建议，编写年余，反复讨论删修，殚精竭虑，务求精准，如有错漏敬请批评指正。希望读者从本教材中体会到科学严谨与智慧创造的融合，给大家带来更广阔的视野与思考，培育一代、惠及时代，这是我们的初衷。在本教材的编写过程中，南方医科大学深圳医院和北京大学第一医院的教学团队对本教材的审校工作做出了巨大贡献，感谢那些持续关注本教材编写的专家学者，让我们一起给中国助产事业助力！

余艳红　杨慧霞

2022年8月

NURSING

目录

第一章 绪论 ··1

第一节 助产专业的内涵 ··2
一、助产学相关定义 ··2
二、助产士的实践范畴和特点 ··2
三、助产士的角色 ··3
四、助产服务模式 ··4

第二节 助产专业的历史、现状及展望 ··································5
一、助产专业的发展史 ··5
二、助产专业的现状与展望 ···6

第三节 助产学相关理论 ··7
一、助产理论概述 ··7
二、助产理论的起源与发展 ···9
三、当代助产理论 ··10

第四节 助产人文关怀与伦理 ···11
一、助产人文关怀 ··11
二、助产伦理实践 ··12

第二章 妊娠生理 ··14

第一节 受精、受精卵发育与胚胎着床 ································15
一、受精 ··15
二、受精卵发育、输送与着床 ···15
三、蜕膜的形成 ··17
四、三胚层的形成与分化 ···17

第二节 胚胎及胎儿生长发育 ···17
一、胚胎的发育特点 ··17
二、胎儿的发育特点 ··18
三、胎儿的生理特点 ··18

第三节 胎儿附属物的形成和功能 ······································21
一、胎盘 ··21
二、胎膜 ··24
三、脐带 ··24

四、羊水···24
第四节　妊娠期母体变化···25
　　一、妊娠期母体的生理变化···25
　　二、妊娠期母体的心理变化···29

第三章　妊娠诊断与产前检查···31
第一节　妊娠诊断···32
　　一、早期妊娠的诊断···32
　　二、中、晚期妊娠的诊断··33
　　三、胎姿势、胎产式、胎先露、胎方位···34
第二节　产前检查···36
　　一、产前检查的时间、次数及孕周··36
　　二、产前检查的内容···36
　　三、产科检查··38
第三节　胎儿健康状况评估···44
　　一、确定是否为高危儿··44
　　二、胎儿宫内状态监护··44
　　三、胎儿成熟度检查···52
　　四、胎盘功能检查··53

第四章　孕前和孕期保健···54
第一节　孕前保健···55
　　一、孕前风险评估··55
　　二、孕前咨询··55
　　三、知情干预··56
第二节　孕妇管理和生活指导··57
　　一、孕妇管理和保健任务···57
　　二、孕期营养与体重管理···58
　　三、其他生活指导··61
第三节　孕期常见问题与处理··62
　　一、上消化道不适··62
　　二、便秘···63
　　三、痔···63
　　四、下肢水肿和静脉曲张···63
　　五、下肢肌肉痉挛··63
　　六、腰背痛···63
　　七、耻骨联合分离··63
　　八、骨盆带疼痛···64
　　九、腕管综合征···64
　　十、泌尿系统症状··65

　　十一、孕期睡眠问题 ···65
　　十二、孕期心理问题 ···65
　第四节　出生缺陷的三级预防 ···66
　　一、概述 ···66
　　二、产前筛查 ···66
　　三、产前诊断 ···67
　第五节　分娩的准备 ···69
　　一、分娩准备的健康教育 ···69
　　二、分娩计划的制订 ···71
　　三、家庭的准备 ···71

第五章　正常分娩 ···73
　第一节　分娩动因 ···74
　　一、子宫的生理性变化 ···74
　　二、分娩发动的内分泌变化 ···74
　第二节　分娩期的内分泌变化 ···75
　第三节　影响分娩的因素 ···76
　　一、生理因素 ···76
　　二、精神心理因素 ···80
　第四节　枕先露的分娩机制 ···81
　第五节　先兆临产及临产 ···82
　　一、临床表现 ···82
　　二、处理原则 ···83
　　三、助产要点 ···83
　第六节　第一产程 ···84
　　一、临床表现 ···85
　　二、处理原则 ···85
　　三、助产要点 ···85
　第七节　第二产程 ···90
　　一、临床表现 ···90
　　二、处理原则 ···91
　　三、助产要点 ···91
　第八节　第三产程 ···95
　　一、临床表现 ···96
　　二、处理原则 ···96
　　三、助产要点 ···96
　第九节　产后2h的观察与处理 ···98
　　一、临床表现 ···98
　　二、处理原则 ···99
　　三、助产要点 ···99

第十节 分娩镇痛…………………………………………………………………100
一、药物分娩镇痛……………………………………………………………100
二、非药物分娩镇痛…………………………………………………………101

第六章 正常产褥……………………………………………………………………104
第一节 产褥期妇女的生理变化和心理调适………………………………105
一、产褥期妇女的生理变化…………………………………………………105
二、产褥期妇女的心理调适…………………………………………………106
第二节 产褥期的临床表现和护理…………………………………………107
一、产褥期的临床表现………………………………………………………107
二、产褥期护理与康复………………………………………………………108

第七章 母乳喂养……………………………………………………………………113
第一节 母乳喂养的重要性和乳汁的成分…………………………………114
一、母乳喂养的定义和重要性………………………………………………114
二、不同时期母乳的变化特点………………………………………………115
三、母乳的营养成分及功能…………………………………………………116
四、乳汁中的生物活性成分及功能…………………………………………116
第二节 乳房的结构、泌乳生理及母乳喂养各时期支持…………………117
一、女性乳房的解剖…………………………………………………………117
二、乳房的组织学……………………………………………………………118
三、调节乳腺结构及功能的激素……………………………………………118
四、乳汁分泌机制及泌乳生理分期…………………………………………119
五、母乳喂养各时期支持……………………………………………………120
第三节 母乳喂养的技巧……………………………………………………121
一、母乳喂养的体位…………………………………………………………121
二、托乳房的方法……………………………………………………………122
三、婴儿的含接姿势…………………………………………………………123
四、挤乳、母乳的储存与处理………………………………………………123
第四节 哺乳期乳房常见问题和处理方法…………………………………124
一、乳头问题…………………………………………………………………124
二、乳汁淤积…………………………………………………………………124
三、乳腺脓肿…………………………………………………………………125
四、乳腺炎……………………………………………………………………125
第五节 患病母亲及特殊婴儿母乳喂养……………………………………125
一、婴儿的口腔解剖…………………………………………………………125
二、早产儿母乳喂养…………………………………………………………126
三、患病母亲的母乳喂养……………………………………………………126

第八章　妊娠并发症 129
　第一节　流产 130
　第二节　早产 134
　第三节　过期妊娠 139
　第四节　异位妊娠 141
　第五节　妊娠剧吐 145
　第六节　妊娠期高血压疾病 148
　第七节　妊娠期肝内胆汁淤积症 156

第九章　胎盘与胎膜异常 160
　第一节　胎盘异常 161
　　一、前置胎盘 161
　　二、胎盘植入性疾病 165
　　三、胎盘早剥 165
　　四、异常形状胎盘 169
　　五、前置血管 170
　第二节　胎膜早破 170

第十章　羊水量与脐带异常 174
　第一节　羊水量异常 175
　　一、羊水过多 175
　　二、羊水过少 178
　第二节　脐带异常 180
　　一、脐带缠绕 180
　　二、脐带打结 180
　　三、脐带扭转 181
　　四、脐带长度异常 181
　　五、脐带附着异常 181
　　六、单脐动脉 181

第十一章　胎儿异常及多胎妊娠 182
　第一节　巨大儿 183
　第二节　胎儿生长受限 185
　第三节　胎儿窘迫 189
　第四节　胎儿畸形 191
　第五节　死胎 194
　第六节　多胎妊娠 196

第十二章　妊娠合并症 201
　第一节　妊娠合并心脏病 202

第二节　妊娠合并糖尿病……………………………………………………208

第三节　妊娠合并病毒性肝炎………………………………………………212

第四节　妊娠合并贫血………………………………………………………216

第五节　妊娠合并血小板减少症……………………………………………219

第六节　妊娠合并甲状腺功能亢进…………………………………………222

第七节　妊娠合并急性阑尾炎………………………………………………225

第八节　妊娠合并急性胰腺炎………………………………………………227

第九节　妊娠合并性传播疾病………………………………………………230

　　一、梅毒……………………………………………………………………230

　　二、获得性免疫缺陷综合征……………………………………………232

第十节　妊娠合并子宫肌瘤…………………………………………………234

第十一节　妊娠合并系统性红斑狼疮………………………………………236

第十二节　妊娠合并恶性肿瘤………………………………………………240

　　一、妊娠合并子宫颈癌…………………………………………………240

　　二、妊娠合并卵巢肿瘤…………………………………………………242

第十三章　高危妊娠的识别与管理………………………………………244

第一节　常见高危妊娠因素…………………………………………………245

　　一、社会经济因素………………………………………………………245

　　二、母体因素……………………………………………………………245

　　三、胎儿因素……………………………………………………………246

第二节　高危妊娠的识别……………………………………………………247

　　一、孕前筛查……………………………………………………………247

　　二、孕期筛查……………………………………………………………247

　　三、分娩期筛查…………………………………………………………249

第三节　高危妊娠的管理……………………………………………………249

　　一、妊娠风险分级管理…………………………………………………250

　　二、高龄孕妇的管理……………………………………………………250

　　三、超重或肥胖孕妇的管理……………………………………………250

　　四、剖宫产后阴道试产的管理…………………………………………251

　　五、高危儿的监测管理…………………………………………………251

　　六、终止高危妊娠的时机………………………………………………251

　　七、助产要点……………………………………………………………251

第十四章　异常分娩………………………………………………………254

第一节　异常分娩概述………………………………………………………255

第二节　产力异常……………………………………………………………257

　　一、子宫收缩乏力………………………………………………………257

　　二、子宫收缩过强………………………………………………………260

第三节　产道异常……………………………………………………………262

一、骨产道异常 ···262

二、软产道异常 ···265

第四节 胎位异常 ··267

一、持续性枕后位、枕横位 ·························268

二、胎头高直位 ···270

三、前不均倾位 ···271

四、面先露 ···271

五、臀先露 ···273

六、肩先露 ···277

七、复合先露 ··278

八、胎位异常的助产要点 ·························279

第十五章 分娩期并发症 ·····························281

第一节 子宫破裂 ···282

第二节 羊水栓塞 ···285

第三节 脐带脱垂 ···291

第四节 产后出血 ···294

第十六章 异常产褥 ·································302

第一节 产褥感染 ···303

第二节 产后抑郁症 ······································307

第三节 妊娠期及产褥期静脉血栓栓塞症 ·······311

第十七章 新生儿与新生儿疾病 ···············317

第一节 新生儿概述 ······································318

一、新生儿的概念 ·····································318

二、新生儿的分类 ·····································318

三、胎龄评估 ··319

第二节 正常足月儿的特点与护理 ··················319

一、正常足月儿的特点 ·······························319

二、正常足月儿的护理要点 ·························320

第三节 新生儿早期基本保健技术 ··················321

一、新生儿早期基本保健技术的概念 ············321

二、新生儿早期基本保健技术的内容 ············322

第四节 新生儿常见异常症状的早期识别与护理 ···324

一、发热 ··324

二、低体温 ···325

三、呼吸困难 ··325

四、呼吸暂停 ··326

五、呕吐 ··326

六、腹胀 327

七、呕血和便血 327

八、血尿 328

九、惊厥 329

第五节　新生儿常见疾病处理 330

一、新生儿窒息 330

二、新生儿产伤性疾病 337

三、新生儿黄疸 340

四、新生儿低血糖症 342

五、新生儿脐部病变 344

第十八章　助产相关技术 346

第一节　阴道检查 347

第二节　催引产术 349

一、促宫颈成熟 350

二、缩宫素静脉滴注 352

第三节　人工破膜术 354

第四节　外倒转术 355

第五节　内倒转术 357

第六节　臀位阴道助产术 359

一、臀位助产 359

二、臀位牵引术 362

第七节　肩难产助产术 363

第八节　胎头吸引术 366

第九节　产钳助产术 369

第十节　特殊情况下的接产技术 372

一、早产接产技术 372

二、双胎接产技术 373

三、意外紧急分娩接产技术 373

第十一节　人工剥离胎盘术 374

第十二节　宫腔填塞术 375

一、宫腔纱条填塞术 375

二、宫腔球囊填塞术 376

第十三节　会阴切开及缝合术 377

第十四节　软产道裂伤缝合术 382

第十五节　子宫内翻徒手复位术 385

第十六节　剖宫产术 387

一、剖宫产手术的指征 387

二、剖宫产手术的时机 387

三、剖宫产手术的术前准备 388

四、麻醉方式的选择及其注意事项 ⋯⋯⋯⋯⋯⋯⋯⋯⋯⋯⋯⋯⋯⋯⋯⋯⋯ 388

五、子宫下段剖宫产手术的主要步骤 ⋯⋯⋯⋯⋯⋯⋯⋯⋯⋯⋯⋯⋯⋯⋯⋯ 388

六、剖宫产术后管理 ⋯⋯⋯⋯⋯⋯⋯⋯⋯⋯⋯⋯⋯⋯⋯⋯⋯⋯⋯⋯⋯⋯⋯ 389

七、减少剖宫产手术及促进剖宫产手术快速恢复的措施 ⋯⋯⋯⋯⋯⋯⋯ 389

八、剖宫产术后母婴并发症 ⋯⋯⋯⋯⋯⋯⋯⋯⋯⋯⋯⋯⋯⋯⋯⋯⋯⋯⋯⋯ 389

九、剖宫产的质量管理 ⋯⋯⋯⋯⋯⋯⋯⋯⋯⋯⋯⋯⋯⋯⋯⋯⋯⋯⋯⋯⋯⋯ 390

第十七节　产科中医适宜技术 ⋯⋯⋯⋯⋯⋯⋯⋯⋯⋯⋯⋯⋯⋯⋯⋯⋯⋯⋯⋯ 390

一、经穴推拿技术 ⋯⋯⋯⋯⋯⋯⋯⋯⋯⋯⋯⋯⋯⋯⋯⋯⋯⋯⋯⋯⋯⋯⋯⋯ 391

二、耳穴贴压技术 ⋯⋯⋯⋯⋯⋯⋯⋯⋯⋯⋯⋯⋯⋯⋯⋯⋯⋯⋯⋯⋯⋯⋯⋯ 392

三、穴位敷贴技术 ⋯⋯⋯⋯⋯⋯⋯⋯⋯⋯⋯⋯⋯⋯⋯⋯⋯⋯⋯⋯⋯⋯⋯⋯ 394

四、中药热熨敷技术 ⋯⋯⋯⋯⋯⋯⋯⋯⋯⋯⋯⋯⋯⋯⋯⋯⋯⋯⋯⋯⋯⋯⋯ 395

第十九章　避孕节育及其相关技术 ⋯⋯⋯⋯⋯⋯⋯⋯⋯⋯⋯⋯⋯⋯⋯⋯⋯⋯ 397

第一节　常用避孕方法 ⋯⋯⋯⋯⋯⋯⋯⋯⋯⋯⋯⋯⋯⋯⋯⋯⋯⋯⋯⋯⋯⋯⋯ 398

一、工具避孕法 ⋯⋯⋯⋯⋯⋯⋯⋯⋯⋯⋯⋯⋯⋯⋯⋯⋯⋯⋯⋯⋯⋯⋯⋯⋯ 398

二、药物避孕法 ⋯⋯⋯⋯⋯⋯⋯⋯⋯⋯⋯⋯⋯⋯⋯⋯⋯⋯⋯⋯⋯⋯⋯⋯⋯ 400

三、其他避孕方法 ⋯⋯⋯⋯⋯⋯⋯⋯⋯⋯⋯⋯⋯⋯⋯⋯⋯⋯⋯⋯⋯⋯⋯⋯ 402

第二节　女性绝育方法 ⋯⋯⋯⋯⋯⋯⋯⋯⋯⋯⋯⋯⋯⋯⋯⋯⋯⋯⋯⋯⋯⋯⋯ 402

一、经腹输卵管结扎术 ⋯⋯⋯⋯⋯⋯⋯⋯⋯⋯⋯⋯⋯⋯⋯⋯⋯⋯⋯⋯⋯⋯ 403

二、经腹腔镜输卵管绝育术 ⋯⋯⋯⋯⋯⋯⋯⋯⋯⋯⋯⋯⋯⋯⋯⋯⋯⋯⋯⋯ 403

第三节　避孕失败后的补救措施 ⋯⋯⋯⋯⋯⋯⋯⋯⋯⋯⋯⋯⋯⋯⋯⋯⋯⋯⋯ 403

一、早期终止妊娠的方法 ⋯⋯⋯⋯⋯⋯⋯⋯⋯⋯⋯⋯⋯⋯⋯⋯⋯⋯⋯⋯⋯ 403

二、中期终止妊娠的方法 ⋯⋯⋯⋯⋯⋯⋯⋯⋯⋯⋯⋯⋯⋯⋯⋯⋯⋯⋯⋯⋯ 405

第四节　避孕节育措施的选择 ⋯⋯⋯⋯⋯⋯⋯⋯⋯⋯⋯⋯⋯⋯⋯⋯⋯⋯⋯⋯ 406

第二十章　产房安全与质量管理 ⋯⋯⋯⋯⋯⋯⋯⋯⋯⋯⋯⋯⋯⋯⋯⋯⋯⋯⋯⋯ 408

第一节　现代产房的设置及环境管理要求 ⋯⋯⋯⋯⋯⋯⋯⋯⋯⋯⋯⋯⋯⋯⋯ 409

一、总体要求 ⋯⋯⋯⋯⋯⋯⋯⋯⋯⋯⋯⋯⋯⋯⋯⋯⋯⋯⋯⋯⋯⋯⋯⋯⋯⋯ 409

二、产房人员配置 ⋯⋯⋯⋯⋯⋯⋯⋯⋯⋯⋯⋯⋯⋯⋯⋯⋯⋯⋯⋯⋯⋯⋯⋯ 409

三、产房的环境及设施管理 ⋯⋯⋯⋯⋯⋯⋯⋯⋯⋯⋯⋯⋯⋯⋯⋯⋯⋯⋯⋯ 409

四、一体化产房 ⋯⋯⋯⋯⋯⋯⋯⋯⋯⋯⋯⋯⋯⋯⋯⋯⋯⋯⋯⋯⋯⋯⋯⋯⋯ 412

第二节　产房安全管理相关制度 ⋯⋯⋯⋯⋯⋯⋯⋯⋯⋯⋯⋯⋯⋯⋯⋯⋯⋯⋯ 412

一、产房工作制度 ⋯⋯⋯⋯⋯⋯⋯⋯⋯⋯⋯⋯⋯⋯⋯⋯⋯⋯⋯⋯⋯⋯⋯⋯ 413

二、仪器设备、抢救物品、药品管理制度 ⋯⋯⋯⋯⋯⋯⋯⋯⋯⋯⋯⋯⋯⋯ 413

三、查对制度 ⋯⋯⋯⋯⋯⋯⋯⋯⋯⋯⋯⋯⋯⋯⋯⋯⋯⋯⋯⋯⋯⋯⋯⋯⋯⋯ 413

四、危重患者抢救制度 ⋯⋯⋯⋯⋯⋯⋯⋯⋯⋯⋯⋯⋯⋯⋯⋯⋯⋯⋯⋯⋯⋯ 414

五、新生儿抢救制度 ⋯⋯⋯⋯⋯⋯⋯⋯⋯⋯⋯⋯⋯⋯⋯⋯⋯⋯⋯⋯⋯⋯⋯ 414

六、新生儿交接制度 ⋯⋯⋯⋯⋯⋯⋯⋯⋯⋯⋯⋯⋯⋯⋯⋯⋯⋯⋯⋯⋯⋯⋯ 414

七、死婴管理制度 ⋯⋯⋯⋯⋯⋯⋯⋯⋯⋯⋯⋯⋯⋯⋯⋯⋯⋯⋯⋯⋯⋯⋯⋯ 415

八、胎盘处置管理制度 ⋯⋯⋯⋯⋯⋯⋯⋯⋯⋯⋯⋯⋯⋯⋯⋯⋯⋯⋯⋯⋯⋯ 415

第三节 建立产房快速反应团队 415
一、建立 RRT 的重要性 416
二、RRT 的成员组成 416
三、RRT 的设备准备及使用 416
四、RRT 的启动和工作流程 416
五、RRT 的培训、模拟演练及效果 417
第四节 产房安全与持续质量改进 417
一、产房分娩质量与安全指标 417
二、产房持续质量改进 418

附录 420
附录一 心脏病妇女妊娠风险分级及分层管理制度 420
附录二 孕产妇妊娠风险评估表 421
附录三 贝克抑郁量表 424
附录四 产后抑郁筛查量表 425
附录五 常用甾体激素避孕药的比较 426
附录六 常用甾体激素避孕药的成分及给药途径 427
附录七 WHO 安全分娩核查表中文版(2018 版) 428
附录八 产科专业医疗质量控制指标(2019 版) 430

中英文名词对照索引 433

参考文献 443

URSING

第一章

绪　论

01章　数字内容

学 习 目 标

- **知识目标：**
  1. 掌握助产学与助产士的定义、助产士的实践范畴与角色。
  2. 熟悉助产人文关怀的内涵和助产伦理相关原则。
  3. 了解助产专业的发展、现状和展望，以及助产理论的起源和发展。
- **能力目标：**
  1. 能在助产实践中践行助产士的各种角色。
  2. 能将助产理论与实践相结合，为母婴提供优质助产服务。
- **素质目标：**
  在助产实践中，遵循以妇女为中心的助产服务理念，基于助产人文关怀的内涵和伦理原则，促进自然分娩，守护母婴安康。

第一节 助产专业的内涵

一、助产学相关定义

(一)助产学

助产学(midwifery)是一门研究女性妊娠、分娩和产褥全过程,传播正确助产服务理念和传授助产实践技能的科学。助产学以正常妊娠及分娩的管理为核心,提倡自然分娩,以最恰当的干预争取最好的母婴结局,同时强调高危妊娠的动态观察、早期识别及配合处理。它涉及范围广、整体性强,具有很强的特异性和独立性。

(二)助产士

2005 年,国际助产士联盟(the International Confederation of Midwives,ICM)首次对助产士进行了定义,并于 2011 年基于"ICM 基本助产实践必需能力"和"ICM 全球助产教育标准"对原定义进行了更新。助产士(midwife)指成功完成所在国认可的助产教育课程(该课程基于 ICM 基本助产实践必需能力和 ICM 全球助产教育标准框架),获得注册和/或合法执业的资格,使用"助产士"名称,并具备助产实践胜任力的人员。在我国,助产士指接受护理(或助产)学历教育,并经过助产专业技术培训,取得护士执业证书并获得母婴保健资格证的专业技术人员。

二、助产士的实践范畴和特点

近年来,联合国人口基金会(United Nations Population Fund,UNFPA)、世界卫生组织(WHO)和国际助产士联盟(ICM)联合发布的系列《世界助产状况报告》中指出,助产士在终止可预防的孕产妇和新生儿的死亡以及改善母婴健康方面发挥着关键作用。随着全球范围内,政府和社会对促进自然分娩、保障母婴安康的倡导,助产实践已逐步向连续性、系统化和专业化方向发展。

(一)实践范畴

ICM 在助产士的定义中明确了助产士的实践范畴,指出助产士是具有责任感和责任担当的专业人员,以伙伴身份在妊娠、分娩和产褥期为妇女提供必要的支持、护理和咨询,独立地执行正常产妇的接产工作,照护新生儿和婴儿;以专业人士的角色参与处理妊娠、分娩及产褥期中复杂、异常的情况;向妇女、家庭、社区提供咨询和教育,范围从围产期教育延伸到家庭生育规划、育儿教育、妇女性生殖健康以及儿童问题。与实践范畴相对应,助产士的实践场所也从医院延伸至家庭、社区、门诊或在其他任何允许的医疗服务机构。然而,基于各国助产专业的发展现况,助产士的实践范畴也存在着一定程度的差异。

1. 国外助产士的主要实践范畴 通常一些西方国家的助产士注册后享有基本检查权和处方权。常规的孕期随访、检查和正常分娩可以由助产士全程管理,医院的产科医生主要关注高危孕产妇的管理。

瑞典助产士享有较高的专业自主权,助产士所提供的卫生保健服务覆盖了 ICM 所界定的全部实践范畴。除围产期的助产服务外,还包括保障生殖健康和提供公共卫生服务两大实践领域。具体包括:①围产期的助产支持。负责孕前健康咨询,正常妊娠期、分娩期和产褥期的管理以及新生儿照护。经过超声技能培训后的助产士还可为孕妇进行相应级别的超声检查。②计划生育工作。介绍不同避孕方法、开具避孕药处方、为妇女放置或取出宫内节育器等。③妇科保健。提供妇科体检,指导如何自我检查乳房和处理更年期问题等。④其他相关服务,如为青少年提供性健康教育等。

英国作为欧洲助产士制度较完善的国家之一,妇女自然分娩均由助产士接生,遇紧急情况下才转诊给医师。英国中央委员会规定,助产士须提供妇女孕期、产时及产后期必要的监测、照护及建议;产妇接生、照护新生儿与婴儿;对妇女、家庭及社区提供健康教育(包括孕前和产前教育、妇科保健、家庭计划与儿童照护等）。工作场地包括医院、诊所、分娩中心、居家或其他允许的服务机构执业。

2. **国内助产士的主要实践范畴**　目前，我国助产士的实践领域涉及：①围产期的健康咨询。孕前和孕期健康咨询及健康指导和照护。②分娩期的照护。正常产妇分娩的接生，新生儿早期基本保健，非药物减痛，生理、心理、社会和信息等产时支持性照护；协助医师共同处理妊娠、分娩及产褥期中的复杂状况。③产褥期照护。产妇、新生儿的照护，母乳喂养指导。④其他。协助助产专业学生的临床教学等。然而，由于医生在产科服务中的主体地位，我国助产士尚无基本检查、处方权。助产士实践场所多局限于产房，实践领域多局限于产房接生和急救的配合。近年来，随着孕妇学校的普及以及助产士门诊的开展，助产士的实践领域开始向围产期保健延伸，但也仅限于健康咨询。

(二) 助产实践的特点

1. **实践内容的整体性**　妇女的妊娠、分娩、产褥是一个系统的过程，受生理、心理、社会、文化、精神等多方面因素的综合影响；同时，服务对象涉及孕产妇、胎婴儿以及家庭其他成员。因此，助产士需要综合运用助产学、预防医学、伦理学以及家庭社会学等多学科知识开展以孕产妇及其家庭为中心的整体化助产服务。

2. **实践过程的连续性**　妇女的妊娠、分娩、产褥是一个连续的、动态的过程，各阶段相互协调、相互影响。因此，助产士需要充分掌握孕产妇生育全程的信息，及时、准确地评估孕产妇的动态需求，为其提供连续性的助产支持。

3. **实践性质的特殊性**　产科的工作特点是"急"和"快"。随着生育政策的调整，高龄产妇、瘢痕子宫等的比例增加，产科危急患者增多。同时，孕产妇、胎婴儿的情况变化快，医疗监护抢救和照护能否及时到位，关系到母亲和围产儿的安危。因此，要求助产士监测细致、反应敏捷、判断准确、技术娴熟，具备与产科、儿科和麻醉科等医师合作的团队意识，以保证母儿安全。

三、助产士的角色

随着现代医学模式的改变、助产实践范畴的拓展，助产士以往单一的角色逐渐向多重角色转变，其担任的角色内涵也延伸到更广的领域。

1. **照护者**　助产士应对孕产妇的社会、文化、精神、心理和生理状况全面评估，重视其身心需求，为其提供有针对性的生理、信息和情感等整体照护以及必要的医疗操作，配合医生进行各种并发症的抢救，促进妇女积极孕产体验，保障母婴安康。

2. **支持者**　助产士应与孕产妇建立伙伴关系，促进、支持并维护孕产妇健康的权利，为其提供全面的关怀与支持，帮助其建立应对分娩的自信心；尊重孕产妇的文化差异，支持其为自己的健康做决定并尊重、支持她们所做的决定，陪伴孕产妇顺利度过整个围产期。

3. **合作者**　助产士在孕产全程需要与孕产妇及其家属合作，维持和促进母婴的健康；同时，在助产服务中还需与其他妇幼保健、医疗人员、社会工作者紧密合作，相互配合和支持，保障母婴安全，促进母婴安康。

4. **健康教育者**　助产士在许多场合须行使教育者的职能，在医院对孕产妇及其家属进行健康教育，提供孕期保健、产前准备、产科合并症的预防、产后保健、母乳喂养和育婴等知识；在社区向居民宣传母婴健康知识；在学校向助产专业学生传授专业知识和技能。

5. **管理者**　每个助产士都有管理的职责。普通助产士需管理母婴和产房环境，促进母婴健康。领导者需管理人力资源和物资资源，组织助产工作的实施，提高助产工作的质量和效率。

6. **研究者**　助产士应开展助产科学研究以及实证应用，解决复杂的临床问题及助产教育、管理等领域中的相关问题，完善助产理论，推动助产专业的发展。

7. **改革者**　助产士应适应社会发展的需要，不断优化助产的服务模式，推动助产事业的发展。

Note:

四、助产服务模式

全球范围内，助产工作服务模式种类较多，此处主要介绍产科医生主导模式和助产士主导模式。

（一）产科医生主导模式

产科医生主导模式指整个围产期照护以产科医生为主导，实行以医疗措施为主、助产士照护为辅的工作模式。以医生为主导的服务模式对于异常妊娠和分娩的管理更加全面有效，更大程度地保证了母婴的安全。但由于妊娠分娩本身并不是一个病理过程，同时在人力资源有限的情况下，医生较难提供全面的生理、心理以及社会方面的帮助，使得此种模式有时会导致过多的医学干预，难以充分发挥孕产妇的主观能动性，削弱了自然分娩所需的助力。

（二）助产士主导模式

ICM 倡导的是"助产士主导的连续性服务模式"，强调妊娠分娩是一个正常的生理过程，助产士是低危孕产妇的专业照护者。助产士主导模式指助产士在产前、产时及产后提供连续性照护，包括为孕妇提供个体化的教育、咨询及产前照护，监测产妇及其家庭在整个分娩过程中的生理、心理以及社会健康，将不必要的医疗技术干预减少到最小，及时识别且转诊需要产科或其他专家照护的孕产妇。

助产士主导模式同产科医生主导模式的区别主要体现在理念、关注点、照护提供者与孕产妇的关系以及分娩时干预措施的使用的不同。产科医生主导模式着重于妊娠及分娩中存在并发症的孕产妇。与之相比，助产士在满足正常孕产妇的需求方面更具有专业性，包括保护、支持、加强孕妇自然分娩及正常哺乳，提高自然分娩率，同时更加关注妇女对怀孕和分娩经历的期望及心理建设，增加其对分娩过程的满意度。该模式主要在新西兰和澳大利亚等国家实行，当地完善的急救转运体系是其安全性的保障。

助产士主导模式可分为责任制助产模式和团队助产模式。奥尔巴尼助产实践（Albany midwifery practice，AMP）是最早的责任制助产模式。AMP 由 8 位助产士组成，是基于社区的自雇式助产士团队，每 2 位助产士结伴工作，每人每年分别负责一定社区内 30 多位孕产妇及胎婴儿的产前、产时和产后护理。AMP 诊所设在社区中心，产前检查和产后护理在家庭或诊所进行，产时根据产妇的需要和选择，助产士陪伴产妇到医院、分娩中心或家庭分娩。团队助产模式是基于医院的助产士团队，团队成员轮流在医院诊所和产房工作，负责孕期检查、产程观察并接生。与 AMP 相似，助产士提供 24h 待命（on call）陪伴分娩，但因助产士轮转于门诊和产房，可能会出现陪伴分娩的助产士与产妇在孕期没有见过的问题，在一定程度上影响了助产服务的连续性。

我国助产服务模式多为产科医生主导模式，而助产士的职责多集中于产时管理，工作场合主要在产房，缺乏对孕产妇整个围产期的连续性照护。近年来，随着助产士"一对一"陪产或全程责任制陪产逐渐开展，孕妇学校和助产士门诊的设立和推广，助产连续性照护已由产时向产前、产后延伸，连续性助产照护在形式和内容上都有了实质性发展。然而，助产士职称系列的缺失以及人力资源的短缺现象是助产士主导的连续性服务模式推广和发展的主要障碍。

循 证 护 理

以助产士为主导的连续性服务模式与其他生育妇女照护模式的比较

在全球绝大多数国家和地区，助产士是生育妇女的主要照护者。其他地区生育妇女的照护以产科医生或家庭医生为主导，或采用医生与助产士共同负责的共享服务模式。学者们纳入 13 项研究、16 242 名研究对象（包括低危和高危孕产妇）进行了系统回顾。结果显示，与以医生为主导的服务模式和共享服务模式相比，助产士主导的连续性服务模式为母婴带来益处且没有明确的不良影响。主要益处包括：硬膜外麻醉使用率降低，会阴切开术和阴道助产术减少；妇女在分娩过程中被熟悉的助产士照护的比率增加,自然分娩率增加;而剖宫产率没有差异;接受助产士主导的连续性服务模式的妇女发生早产或在妊娠 24 周前流产的比率更低,尽管在妊娠 24 周后及总体流产的风险没有差异。纳入的研究中,助产士主导的连续性服务模式均由执业助产士提供,不包括非专业或传统助产士;分娩均在医院内进行。结论:绝大多数妇女应获得以助产士为主导的连续性服务模式。对于有明确医学或产科并发症的妇女,本建议应谨慎使用。

第二节 助产专业的历史、现状及展望

一、助产专业的发展史

(一) 国外助产专业的发展史

1. **原始自助式阶段** 人类依靠繁衍而延续,但助产作为一种职业并不是与分娩活动相伴产生的。在此阶段,妇女多依靠自己完成分娩过程,在当时这几乎被视作一种妇女的本能。

2. **中世纪** 在中世纪的欧洲,女性治疗师被视为威胁。在此阶段,包括助产士在内的女性治疗师,其执业资格和专业实践严格管理和制约,甚至被控告和迫害。

3. **16 世纪初至 17 世纪** 16 世纪初,欧洲出现了最早的助产手册 *Sloan Manuscript*。在此之后,德国法兰克福市出版了一本名为 *Rosengarten* 的指南,供助产士和医生使用。17 世纪,一名军医的妻子路易丝·布尔乔亚(Louise Bourgeois)首次出版了完整的助产学著作,并在巴黎成立了第一所助产士培训学校。

4. **18 世纪初至 19 世纪中叶** 18 世纪初,产时医源性感染的发现促使苏格兰医生亚历山大·戈登(Alexander Gordon)呼吁制定更严格的执业标准,要求在接产前执行外科洗手等无菌操作技术。19 世纪中叶,随着医疗专业的兴起,男性开始加入女性助产士的行列,但助产专业化的进程遭到了男性产科医生的阻挠。

5. **19 世纪末至 20 世纪中叶** 1881 年,英国政府成立了助产士训练班(1947 年改为皇家助产学院)。1902 年,英国政府通过了英格兰助产士法,成立了中央助产士委员会(Central Midwives Board),对专业助产士的培训、注册、执业等进行监管。1948 年,英国开始实施国民卫生服务制度,助产服务被纳入国民卫生服务中,非高危孕产妇皆由国家认证的助产士(state-certified midwife,SCM)负责,助产士逐渐获得认可。然而,此阶段对孕产妇照护的权利仍掌握在全科医生的手中。

6. **20 世纪中后期至今** 20 世纪 60 年代后,由于分娩的过度医疗化以及医院分娩率的增加,英国和美国的妇女和卫生保健服务提供者开展了系列运动,提出医疗模式已不适用于所有妇女,主张妇女应在分娩过程中发挥主导作用,从妇产科医生手中取得生育的主动权。20 世纪 90 年代后期,促进正常分娩系列运动的开展,通过倡导助产士是正常分娩过程的最佳照护者,进一步为助产士专业自主权的获得创造了条件。

(二) 国内助产专业的发展史

1. **传统助产士阶段** 在古代,分娩属于家庭事件,在女性朋友、家人或传统助产士的帮助下完成。到 14 世纪后期,助产逐渐成为一种女性"职业",此期从事助产的人员被给予多种称谓,如"坐婆""看产""稳婆"或"产婆",20 世纪早期开始被称为"接生婆"。这些传统助产士的接生技能一般来自个人分娩和照顾家人的经验,或是师徒传授,或是家族内传。传统助产士的资质主要取决于年龄、个人生孩子的经历以及在当地的声望。尽管此阶段的传统助产士没有经过正式培训,但她们遵循着整体观,独立从事接生工作。其理念受中国传统思想影响,强调身、心的统一。20 世纪初期,随着西方医学知识的引入,政府开始通过生物医学培训的方式改善传统的中国助产方法。

Note:

2. 1928—1979 年 1928 年 7 月 9 日,我国第一个《助产士条例》发布,第一个助产士注册体系也随之建立。至此,助产成为一个专业。这是中国助产发展史上重要的里程碑,标志着传统助产到现代助产的转变。1929 年,杨崇瑞医生在北平创办了中国第一所助产学校——北平国立第一助产学校,成为当时培养助产士的最高学府。1943 年,政府修订了助产相关的条例、法规、章程,成立了协会组织;各地政府通过制定执行系列地方性法规,积极促进助产的发展。1950 年,第一次全国妇幼卫生工作座谈会确定将对妇女儿童威胁最大的接生问题列为妇幼保健的首要任务,提出"改造产婆,推行新法接生"的工作方针,取得巨大成就。1952 年,助产本科教育停止,仅保留 2~3 年制的中专、大专教育。1966 年,助产教育停办。1972 年重新开始助产教育。自此,助产教育体系一直维持着 3 年制中专教育。

3. 1980 年至今 20 世纪 80 年代,我国以"医疗卫生现代化"作为国家卫生事业工作重点,实施医疗卫生体制改革,促进了我国医疗技术的快速发展。1979 年,卫生部颁布的《卫生技术人员职称及晋升条例(试行)》中将助产士纳入医师范畴,职称管理纳入医疗防疫人员体系。随后颁布的《关于对当前卫生技术人员晋升工作中几个具体问题的意见》中提出,助产士可根据本人实际情况,以助产或妇幼保健工作为主的可按医师晋升,以护理工作为主的可按护师晋升,促使助产士向医疗和护理专业分流。同时,与逐步恢复、不断升格教育层次的临床医学和护理学专业相比,此阶段助产教育始终停滞于中专层次,直到 20 世纪末,才开始大专层次教育。

二、助产专业的现状与展望

(一)国际助产专业的现状与展望

近年来,联合国在千年发展目标(Millennium Development Goals,MDGs)和可持续发展目标(Sustainable Development Goals,SDGs)中,持续提出降低孕产妇和新生儿死亡率、促进女性生殖和母婴安康。这一全球性目标促使国际社会关注助产专业规范化及制度化的发展。

1. 国际助产士联盟(ICM) 国际助产士联盟于 1919 年创立,作为全球助产士的专业组织,致力于加强各国助产士协会间的联系,与国际组织合作,最终达成促进母婴安康的共同目标。2011 年,ICM 提出,"制定法律法规、开展助产教育、设立专业协会"是发展全球助产专业的三大关键支柱,并相继制定了助产法律法规的全球标准(global standards for midwifery regulation)、助产教育的全球标准(global standards for midwifery education)、助产士协会能力的全球评估工具(member association capacity assessment tool)。

2.《世界助产状况报告》 自 2011 年起,联合国人口基金会(UNFPA)、世界卫生组织(WHO)和国际助产士联盟(ICM)陆续发布了 2011 年、2014 年和 2021 年《世界助产状况报告》,为全球投资助产士、促进助产专业发展提供依据。历年的《世界助产状况报告》中均证实了助产士在降低孕产妇和新生儿死亡率、促进母婴安康中的关键作用,也揭示了全球助产人力资源匮乏的现状。2014 年《世界助产状况报告》对助产服务的可得性、可及性、可接受性以及质量进行了评价,并在此基础上提出了"助产 2030"(Midwifery 2030)的 10 个目标和实现策略。2021 年《世界助产状况报告》进一步证实了助产士作为性健康、生殖健康、孕产妇、新生儿和青少年健康(sexual,reproductive,maternal,newborn and adolescent health,SRMNAH)人力资源的核心成员的重要性和有效性。报告同时指出,为使助产士充分发挥其潜力,需要在四个关键领域加大投资。①卫生人力资源的规划、管理和法规以及工作环境:建立卫生人力资源数据系统,制订能够反映助产士自主权和专业实践范畴的人力资源规划方案,强化基础卫生保健,建立赋能助产士的工作环境和有效的管理系统;②高质量的教育和培训:高质量的教育和培训师资及机构;③通过以助产士为主导的方式改善 SRMNAH:改善沟通交流与合作伙伴关系,采用以助产士为主导的服务模式,优化助产士的角色;④助产领导力和管理:设立高级助产士职位,强化制度能力,促进助产士在推动卫生政策改革中的作用。

(二)我国助产专业的现状与展望

近年来,我国政府、妇幼保健专业团体和广大助产学者,以 ICM 助产专业发展三大支柱为依据,不断探索,以促进我国助产专业的快速复兴。

1. 建立全国性助产士专业协会 全国性助产士协会的建立,能够通过专业组织在教育、临床实践、科研以及专业竞争力等方面的监管和引领,促进专业的发展,保障妇女及其家庭的安康,同时保护助产士自身的权益。2015 年,中国妇幼保健协会助产士分会成立。作为全国性助产士专业协会,助产士分会的成立对我国助产专业建设和发展具有划时代的意义。近年来,中国妇幼保健协会助产士分会通过助产士规范化培训、专科助产士培训以及以助产岗位为基础的助产士核心能力建设,培养专业的助产士人才队伍;通过搭建平台,构建课程体系,开展公益微课堂等,助力母婴健康事业发展;通过撰写系列助产临床实践指南,促进助产士行业的规范化、标准化发展;通过举办全国助产士大会,开发政策资源,开展国际国内广泛的学术交流。以"助产 2030"为目标,助产士专业协会从政策、服务模式、实践方向、职业环境等方面赋能助产士,促进我国助产全方位的改革和发展。

2. 形成多层次的助产教育体系 我国助产学历教育在较长时间内以单一的中专层次教育为主,直到 20 世纪末才开始了大专层次的高等助产专业教育。教育层次的单一性使得本专业领域一直缺乏引领专业发展的带头人和专业研究人员,导致专业发展相对缓慢。2014 年,国家卫生和计划生育委员会启动大学本科助产专业招生试点工作,在全国 8 所本科院校开展助产学本科试点教育。2017 年 3 月,在教育部发布的《2017 年度普通高等学校本科专业备案和审批结果》中,助产学专业第一次以独立专业的形式出现。经教育部批准,南方医科大学、浙江中医药大学、河北医科大学、遵义医学院 4 所高校成为国内首批开设助产学本科专业人才培养的院校,拉开了我国助产高等教育的序幕。近年来,随着助产专业的不断发展,包含专科、本科、研究生教育在内的多层次助产教育体系正在逐渐形成。

3. 完善助产士的行业管理 目前,国家卫生健康委员会和各地卫生行政部门已经明确将助产士纳入护士管理程序和职称系列。然而,国际及国内专家均指出,助产学有其自身的学科特色及理论基础,偏重于健康促进而非疾病护理,助产士不能等同于一般意义上的接生护士,而是介于医生与护士之间的特殊专业人员。为保障我国妇女及其家庭获得高质量的助产服务,制定关于助产士的法律法规,设立卫生系统内助产士独立职称系列、明确准入和注册的标准和程序,规范助产士的职责和实践范围势在必行。自成立之日起,中国妇幼保健协会助产士分会始终致力于推动我国助产行业规范化及法制化建设进程,先后构建了适合我国的助产士核心胜任力分级体系,组织编写《我国助产法律立法动议研究报告》。2018 年,在职称系列中设立助产专业的可行性研究专家论证会上,中国妇幼保健协会助产士分会就设立助产专业职称的必要性、可行性,以及所面临的挑战、障碍和机遇等相关问题进行讨论,进一步推动助产专业职称的设立。

第三节 助产学相关理论

助产学的理论研究自 20 世纪 60 年代开始,至 20 世纪 90 年代得到深化发展。至 21 世纪初,助产学开始以一个新的视角审视生育本质,进入了当代助产理论时代。

一、助产理论概述

(一) 助产理论

助产理论(midwifery theory)指对助产现象及本质的规律性、系统性认识,用以描述、解释、预测和管理助产现象。其意义在于为助产实践、科研、管理及教学等方面提供科学依据,促进助产专业发展。现代助产学理论框架中包含五个基本要素,即人、环境、健康、助产和自我认知。在助产学理论的发展过程中,对于以上五个要素的解读反映了助产理念和实践的时代变迁。

1. 人(person) 作为助产的服务对象,人是助产专业最为关注的因素。人是一个开放系统,与周围环境持续不断地发生互动。每个人都是一个独特的个体,具有思考、判断、选择及适应的能

Note:

力。助产中的人主要指生育妇女和胎婴儿,也可延伸至家属,以及妇女所处的家庭、社区、团体或整个社会。

2. 环境(environment)　是个人、家庭、团体及社区共同组成的一个系统。人的生存有赖于与环境持续不断地互动,并进行物质和能量的交换。人通过与环境的互动形成自己独特的生活及行为模式,并与他人及环境保持协调一致。人与环境相互影响、相互依存。

3. 健康(health)　是一个人在生理、心理和社会等方面都处于良好的状态,是人与环境的动态平衡过程。每个人都有维持自己生命、健康及幸福的能力。怀孕与分娩通常是正常的生理过程,助产服务的核心就是促进孕产妇的健康和幸福。

4. 助产(midwifery)　是健康科学中一门独立的学科,是促进正常分娩、保障母婴安康的重要手段。其核心理念是以"妇女为中心",视怀孕分娩为正常的生理过程,相信妇女正常分娩的能力,尊重妇女的尊严和自主权,在生育全程中为妇女提供连续的、整体的、个体化的支持、照护和咨询。助产学通过持续的专业教育、科学研究、实证支持等方法,来保障高质量的助产服务,以适应和满足不断发展的社会需求。

5. 自我认知(self-knowledge)　是助产士所持有的个人或集体信念,是对来自其他专业的知识、自身的经验,以及源于生活的价值观和态度的整合。助产士的自我认知(尤其是对生育过程的自我认知),可从根本上影响到助产士对以上四个核心概念的理解,进而影响其在助产实践中的态度和行为。因此,作为助产学的第五个核心概念,助产士的自我认知是其他四个核心概念的基础,并与其相互影响。

(二) 助产理论的分类

按照助产理论现有信息的来源可分为以下三类:

1. 源于对现有知识的演绎推理　通过演绎方法(如对先存知识或理论的检验)形成的理论,而后应用到助产实践。这些知识和理论可来源于其他学科,如社会学;或基于护理学理论;或源于助产学本身。

2. 源于对实证经验的归纳　通过对实践中所收集的证据进行归纳而形成的理论。

3. 源于演绎与归纳的结合　将以上两者整合而形成的理论,即将其他学科理论相关内容的应用与源于助产实践的实证相结合。

(三) 生育模式与助产理论

助产学以生育妇女的照护为研究中心。在社会发展过程中,不同的生育模式对助产理论的形成产生了重要的影响。本部分介绍 Robbie Davis-Floyd 总结的,对助产理论发展具有重要影响的三种生育模式:技术性生育模式、人性化生育模式和整体化生育模式。

1. 技术性生育模式(technocratic paradigm of childbirth)　该模式基于传统生物医学模式。从身心分离的视角,将生育女性看作可被分割的"机器部件";视生育过程为独立于社会行为的实体;强调对生育过程的控制和科技至上的理念。

2. 人性化生育模式(humanistic paradigm of childbirth)　该模式基于"以人为本"的人文关怀理念。从身心合一的视角,把生育女性看作有机生物体,视其为有思想、有情感且生活在特定环境之中的、完整的社会人;重视生育过程的社会性;强调生理 - 心理 - 社会综合层面的照护,以孕产妇为中心,尊重其文化背景、生命价值及个体需求。

3. 整体化生育模式(holistic paradigm of childbirth)　基于复杂性科学的理念和方法,将传统医学的整体观念与现代科学的实证方法结合,与中医理念一脉相承。从身、心、灵三者统一的视角,把生育女性看作持续与外界交换的"能量场";强调生育过程的整体性;重视生育女性自身的整体性,也关注其与自然的整体性。

以上三种生育模式的本质区别在于对生育女性身心关系以及产科工作方法的界定。然而在助产实践中,这三种模式所包含的内容并非绝对排他,而是在第五个助产基本要素"助产士的自我认

Note:

知"的引导下进行整合,以适应不同工作情境。同样,助产理论的形成和建立也受这三种模式的综合影响。

知识拓展

国际助产士联盟(ICM)助产理念

1. 妊娠与分娩通常是正常的生理过程。

2. 妊娠与分娩是一段意义深远的经历,对孕产妇、家庭及其所处社区都有着重要的意义。

3. 助产士是生育妇女最适合的照护者。

4. 助产服务要促进、保护和支持妇女的人权以及性生殖健康的权利,尊重种族和文化差异。助产服务要基于公正、平等以及尊重人类尊严的伦理原则。

5. 助产服务在本质上是整体的、连续的,是以对妇女的社会、文化、精神、心理和生理状况了解为基础的。

6. 助产服务是促进个体解放的,它保护、提高妇女的健康状态和社会地位,帮助其建立应对分娩的自信心。

7. 助产服务是以与妇女建立伙伴关系的方式进行的,认可妇女自我决定的权利,是一种尊重的、个性化的、连续的以及非独裁式的服务。

8. 通过正式的、持续的助产教育、科学研究以及实证应用,来指导和保证助产服务的伦理性及质量。

二、助产理论的起源与发展

助产理论的起源可追溯到 20 世纪 60 年代。随着助产教育的不断完善,助产专业化发展进程的加速,学者对助产的现象及本质进行了不断的探索,助产理论在 20 世纪 90 年代得到了进一步的深化和发展。

(一) 助产理论的起源

Ernestine Wiedenbach 是美国著名的护理理论家之一。因其在建立护理理论时已注册为美国护士 - 助产士,并且其理论的提出基于产科服务,故被认为是最早在助产领域提出理论的学者。Wiedenbach 指出助产照护的目标是满足人(照护对象)对帮助的需求。1964 年,她在对助产照护实践和观察的归纳性研究的基础上,形成了"助产照护实践与过程理论:帮助的需求"。Wiedenbach 把"帮助的需求"定义为"个体对能够恢复或提高自身能力的方法或活动的需求,以达到使用自身能力来应对其所处环境中的内在需求的目的"。

该理论模型在实践层面由"识别""帮助""验证""协调"四个要素构成,即当帮助的需求存在时,这种需求可通过孕产妇身体或情绪呈现。助产士应能感知并识别其需求,依此制订帮助计划,协调相关资源,采取措施予以帮助,并在帮助过程中对服务效果予以验证和调整。

(二) 助产理论的发展

Wiedenbach 的理论模型代表着助产专业理论的起源。在此基础上,助产理论在实践中得到进一步深化和发展。主要代表理论包括:

1. 母性角色和情绪相关理论 美国助产学者 Reva Rubin 在 20 世纪 60 年代末提出的母性角色塑造(attainment of the maternal role)理论;美国产科护理学者 Ramona T.Mercer 在 20 世纪 80 年代末提出的产前压力理论(theory of antepartum stress)和母性角色达成(maternal role attainment)理论;英国助产学者 Jean Ball 在 20 世纪 80 年代末提出的母亲情绪健康的躺椅理论(the deck chair theory of maternal emotional wellbeing)。

Note:

2. 分娩空间和权利相关理论　澳大利亚助产学者 Kathleen Fahy 等人在 20 世纪 80 年代末提出的分娩领地理论（birth territory theory）。

3. 助产组织和实践的指导理论　英国护理学者 Rosamund Bryar 在 20 世纪 70 年代末和 80 年代初提出的组织管理以及助产实践的行动策略（the action approach to organizations and midwifery practice）。

三、当代助产理论

进入 21 世纪，助产学者们为降低生育过程中不必要的医疗干预，促进正常分娩，不断地尝试和探索指导助产学科发展的新理论。在这一时期，英国著名助产学者 Soo Downe 及其所带领的生育与健康研究团队（research in childbirth and health，REACH）基于复杂性理论和健康本源理论，进行了一系列研究。这些研究从一个新的视角对生育和产科服务的本质和结果进行了诠释，开创了助产理论的新时代。

（一）复杂性理论

复杂性理论（complexity theory）是一种新型的跨学科方法论。该理论认为系统是动态的、能够自我组织和自我适应的。因此，系统时常处于一种不稳定的变化状态，难以用固定的工具或规则进行量化。本部分应用非线性动力学理论与分形理论对生育系统的复杂性进行阐述。

1. 非线性动力学理论（non-linear dynamics theory）　该理论认为现实世界大多数对象在本质上都属于非线性动力学。现有实证主义的方法论是一种基于人群水平的简单线性的思维方法，难以为个体水平的复杂问题提供有效的解决方案。在生育系统中，妊娠和分娩的母体处于一种社会 - 心理 - 神经 - 激素的动态活动中，动态地适应多种不同激素和生理信号的输入。这些生化信号、细胞信号、（产时）肌肉信号以及信号应答间存在着相互连通的反馈回路。妊娠和分娩的母体处于一种神经系统的复杂状态，且受社会和心理因素影响。

鉴于生育系统的复杂动态关系，如坚持认为妊娠和分娩是一种简单的线性现象，助产士易做出错误的决策。认识到生育系统的复杂动态关系，可减少对孕产妇的不必要医疗干预。

2. 分形理论（fractal theory）　该理论指出，复杂系统具有一种自相似性（self-similarity），即在系统的各个层面都可观察到相似的现象，用于揭示无规则现象内部所隐藏的规律性、层次性和确定性。对生育系统而言，这种自相似性提示，分娩的最佳环境是可以通过分形创建的，其主要的自相似特征包括平静、自信、信任和专业知识，以及一种关爱妇女、婴儿、其配偶、工作人员和管理者健康和幸福的氛围。相反，不良的分娩环境也会反映出相应的自相似特征，如恐惧感，工作人员、管理者和产妇间的不信任或疏离等。将不良环境转变为最佳环境，需要一种能够重视个人和环境中有益和积极因素的方法，健康本源理论为此提供了理论基础。

（二）健康本源理论

健康本源理论（salutogenesis）由美国裔以色列心理学家 Aaron Antonovsky 在 1979 年提出。Antonovsky 认为健康是在完全不健康和完全健康这条轴线上移动的一种连续变量。与传统的强调疾病和风险因素的病理模型不同，健康本源理论认为应该更注重人们获得健康的资源和能力，维持和促进个体向着轴线上健康一端不断前进。因此，健康本源理论从健康促进的角度，探索如何利用个体潜在和现存的资源，促进其向有益自身身心健康方向发展。在此基础上，Antonovsky 构建了有益健康模型，包含心理一致感（sense of coherence，SOC）和一般抗性资源（generalized resistance resources）两个核心概念。心理一致感指个体在应对生活中面临的内外环境刺激时，所保持的一种可控且有意义的自信倾向，由以下三个基本要素构成：

1. 可理解性（comprehensibility）　指个体认为内外界环境的应激源是有结构的、可预测的和可解释的，是 SOC 的认知成分。

2. 可管理性（manageability）　指个体有能力调动自身和外部环境资源应对面临的挑战，是

SOC 的工具成分。

3. **富有意义**（meaningfulness） 指个体认为生活具有意义、值得为来自外界环境的应激和挑战付出时间和精力，是 SOC 的动机成分。

一般抗性资源指个体可利用的、用于对抗压力的资源，包括生理、心理、社会和物质资源（金钱、知识、体验、自尊、信仰、社会支持、健康行为、看待生活的角度等）。

健康本源理论一经出现，便在母婴保健领域产生了强烈反响。它让人们从一个新的视角去看待原本视为病理的产科症状（如产痛、过期妊娠、产程缓慢等）。Downe 和 McCourt 建议可采纳健康本源理论中所有健康幸福的概念，从与病理学对立的视角来重构妇女的健康照护和研究。1994 年，Downe 及其同事结合以上理论，对正常分娩进行了概念分析。自此，在对正常分娩的认识上，人们开始从"过度的风险评估"转向对"转化""快乐""高兴""成为母亲"和"幸福"等积极概念的探讨。近年来，该理论在助产领域的应用已逐渐从理念引导，向以有益健康模型为指导的实践干预转化。

尽管以上理论有待深入研究，但现有证据提示，母亲与胎儿的生理 - 心理 - 社会的初始状态，分娩环境，服务提供者的态度、行为、知识和技能，妇女及其家庭的价值和信念之间相互关联。因此，当代助产理论建议，助产人员需要转换专业视角，从复杂性理论和健康本源理论（salutogenesis）出发，将妊娠和分娩视为个体独一无二的、复杂的、动态的自适应系统（而非简单的、可预测的线性过程），以此来指导助产实践。

第四节 助产人文关怀与伦理

一、助产人文关怀

人文关怀的核心在于以人为本，肯定人性和人的价值，倡导人的个性解放和自由平等，尊重人的理性思考，关怀人的精神生活。助产服务中的人文关怀根植于以妇女为中心的助产理念中，倡导将生育女性视为有思想、有情感且生活在特定环境之中的、完整的社会人，尊重其文化背景、生命价值及个体需求。2009 年，英国学者 Toders 等人构建了卫生保健中的人文关怀价值框架。该框架由八个人文关怀的哲学要素构成，不仅阐述了卫生保健中人文关怀的内涵，也为助产工作中人文关怀的实施提供了实践指导。

1. **照护对象的体验**（insiderness） 助产人文关怀需要助产士体验照护对象的感觉、情绪及其与情绪相关的生活。对助产士来说，分娩过程重在理解孕产妇的经历，而不是将其看作一个有问题、风险和疾病的客观物体。例如，对于患有糖尿病的孕产妇，助产士的照护重点不仅是糖尿病症状的管理，也需要关注照护对象情绪和感受的个体需求。

2. **照护对象的能动性**（agency） 助产人文关怀需要助产士激发照护对象的能动性，通过与其分享信息，帮助其根据个体需求做出知情选择。照护对象的能动性是人性化助产服务的基础，剥夺了照护对象的选择权和自我控制感会使其感到缺乏尊重。

3. **照护对象的独特性**（uniqueness） 助产人文关怀需要助产士将每个照护对象看作独一无二的个体，识别和理解她们的独特特质，发现她们的关注点，而不是将其简化为用年龄、性别和种族等一系列个体特征来划分的类别。按照个体特征划分孕产妇的类别，如高龄初产妇或未成年孕妇，可能会阻碍助产士对孕产妇个人生活背景的理解，进而导致基于刻板印象的助产照护。

4. **照护对象的归属感**（togetherness） 助产人文关怀需要助产士关注照护对象的归属感需求，为其提供连续性的助产服务模式。人不是孤立存在的，而是生活在由家庭、朋友等所构成的社会团体中。当妇女怀孕后，助产士进入其社会团体，在提供连续性助产服务的过程中与其建立信任关系，为其提供支持。

5. **照护对象的意义构建**（sense-making） 助产人文关怀需要助产士在进行常规照护时，尤虑和理解照护对象个体的经历和事件；否则，助产士所提供的建议就会变得没有意义，易被忽视。例如，对于有严重经济困难的孕产妇，健康和平衡的饮食可能并不是她的优先考虑。了解其饮食行为背后的原因，理解其经历，将有助于助产士为其提供有针对性的帮助。

6. 照护对象的个人历程（personal journey）　助产人文关怀需要助产士意识到，分娩虽然只是照护对象生命历程中的一小部分，但对于正在经历分娩的女性以及对未来可能有恐惧感的女性来说，却是非常重要的人生阶段。分娩情境虽然是助产士的工作日常，但对于孕产妇来说却非常陌生。如果助产士忽略了这一点，会导致其对孕产妇的个体希望和恐惧缺少认识，进而无法提供有效支持。

7. 照护对象的场所意识（sense of place）　助产人文关怀需要助产士为照护对象提供熟悉的环境和物品，以促进其舒适感和安全感。孕产妇离开了熟悉的环境，会感到不安，所处的场所会影响其尊严、隐私和幸福感。目前，许多产科服务都能为孕产妇提供家庭化的分娩环境，但其他方面也需要考虑，如家人探访的次数、陪伴的人数以及食物的选择等。

8. 照护对象的具体化（embodiment）　助产人文关怀需要助产士遵循"与妇女在一起"的原则，了解照护对象的生理、社会、心理和精神需求。如果在助产照护中过度强调以任务为导向，会影响助产士对孕产妇作为一个完整的人的认识，也会使其忽视孕产妇分娩过程中的个人历程。例如，产后的会阴疼痛对许多产妇来说都是真实的经历，但其严重程度和致残效果往往被助产士忽视。助产士为其提供常规镇痛，但往往没有详细地了解疼痛可能对产妇的个人影响。

目前，我国助产人文关怀尚处于起步阶段，助产服务所提供的人文关怀内涵仍停留在尊重孕产妇、表达关爱、舒适护理、保障母婴安全的层次。对于理解孕产妇文化背景、协调人际关系、满足个性需要等要素，临床助产士的关注较少。运用科学方法和工具分析照护对象的共性和个性化需求，有针对性地提供以人为本的全方位的、连续的、个体化的助产服务是临床工作者和研究者需要努力的方向。

二、助产伦理实践

助产伦理学是运用一般伦理学原理，研究和指导助产领域的道德现象、道德关系、道德问题和道德建设的学说和理论。助产工作由于其服务对象的特殊性，涉及生育、婚姻、家庭、社会等诸多方面，使得其伦理问题更为复杂和突出。发展助产伦理，能使助产人员在伦理层面建立起对工作的敏感度，认清其本人的道德立场及偏见，使其在面临伦理困境时，能够有原则可循，做出恰当的伦理决策，减少患者的痛苦，优化助产服务品质。

（一）基本原则

1. 尊重原则　尊重原则要求承认照护对象享有作为人的尊严和权利，凡是涉及其利益的医疗行动，都应事先获得照护对象的许可才能进行。尊重原则首先要求尊重照护对象的自主性，自主是尊重原则的核心概念和理论基础。

2. 不伤害原则　医疗技术本身存在两重性。不伤害原则的真正意义不在于消除任何医疗伤害，而在于强调为照护对象高度负责、保护其健康和生命的医学伦理理念和作风，正确对待医疗伤害现象，在实践中努力使其免受不应有的医疗伤害。

3. 有利原则　有利原则比不伤害原则更广泛，要求所采取的行动能够预防伤害、消除伤害，确有助益，把有利于照护对象健康放在第一位并切实为其谋利益。

4. 公正原则　公正的一般含义是公平正直，没有偏私。公正有两个原则：形式上的公正原则和实质上的公正原则。形式上的公正原则指在有关方面，对同样的人给予相同的待遇，对不同的人给予不同的待遇。实质上的公正原则规定了在一些有关的方面，根据生命质量、需求的迫切程度、支付能力和先来后到等考量因素的不同，分配负担和收益。当今倡导的医学服务公正，应该是形式公正与实质公正的有机统一。

(二)伦理准则

医学伦理学的应用准则是助产伦理准则的基础,包括知情同意、医疗最优化、医疗保密,它们为医疗实践提出了更加具体的伦理要求和伦理指导。

1. 知情同意 是尊重原则的具体表现形式和要求,指在照护对象和助产士之间,当对照护对象做出诊断或推荐一种照护方案时,要求助产士必须向照护对象提供包括诊断结论、照护方案、后果以及治疗费用等方面真实充分的信息,尤其是方案的性质、作用、依据、损害、风险以及不可预见的意外等情况。照护对象或其家属经过深思熟虑自主做出选择,以相应的方式表达其接受或拒绝此种方案的意愿和承诺,并在照护对象明确承诺后才可最终确定和实施拟定的方案。知情同意包含知情和同意两层含义,其中知情是基础,同意是关键,保护照护对象的自主权是核心。

2. 医疗最优化 是有利原则和不伤害原则在临床工作中的具体应用,指在临床实践中,照护方案的选择和实施追求以最小的代价获取最大效果的决策,也叫最佳方案原则。

3. 医疗保密 通常指医务人员在医疗中不向他人泄露能造成医疗不良后果的有关照护对象孕产或疾病状况的隐私。我国现行法律法规中照护对象的基本权利含有隐私权。隐私权指照护对象享有不公开自己病情、家族史、接触史、身体隐蔽部位和异常生理特点等个人生活秘密和自由的权利,医院及其工作人员不得非法泄密。

《国际助产伦理准则》从助产人际关系、助产士实践准则、助产士职责及继续教育等方面阐述了助产人员应遵守的伦理准则。英国、澳大利亚等也相继颁布了具有地区特点的助产伦理准则来指导助产士的临床实践决策和活动,对建立系统规范的助产伦理体系起到了提纲挈领的作用。目前我国台湾地区已颁布相关的助产伦理准则,大陆地区尚未出台针对助产的助产伦理准则。

(余艳红 蔡文智 张 晶)

思 考 题

1. 结合文献研读和临床实践,深入对比分析 Robbie Davis-Floyd 提出的技术性生育模式、人性化生育模式和整体化生育模式,并阐述这三种生育模式对国内外助产实践的影响。

2. 2021 年,某医院迎来了一位特殊的孕妇。因其是听障人士,受到了特别关注。由于听不清助产士和医生的指示,相较一般的孕妇,她表现得更为焦虑。然而,陪伴在孕妇身边的助产士拉起她的手,用眼神和纸笔进行特殊又温暖的"对话",将沟通落实于字里行间,"两腿分开""双手紧握""用力,加油!"有时候来不及写,就用手势辅助,竖大拇指告诉产妇"真棒",握拳头告诉她"加油"。在多位助产士的鼓励和帮助下,经过 40min 的努力,孕妇终于顺利诞下一女,露出了无声的笑容。

请思考:

(1)结合人文关怀价值框架,分析本案例中助产士所提供的照护包含了哪些人文关怀要素?

(2)如果你作为该产妇的责任助产士,你还会为其提供哪些助产支持?

URSING

第二章

妊 娠 生 理

02章

02章 数字内容

───── 学习目标 ─────

- 知识目标：
  1. 掌握受精与着床的过程、胎盘的功能及妊娠期母体生理与心理变化特点。
  2. 熟悉胚胎及胎儿发育特点。
  3. 了解胎膜、脐带及羊水的功能。
- 能力目标：
  能进行妊娠生理变化相关的健康教育。
- 素质目标：
  具有热爱生命，尊重生殖医学伦理原则的职业素养。

妊娠(pregnancy)是胚胎和胎儿在母体内发育成长的过程。成熟卵子受精是妊娠的开始,胎儿及其附属物自母体排出是妊娠的终止,全程 38 周,约 266d。临床上妊娠时间是以末次月经(last menstrual period,LMP)来潮开始计算,故妊娠全过程约 40 周。

第一节　受精、受精卵发育与胚胎着床

一、受精

受精(fertilization)指精子与卵子结合形成受精卵的过程,受精发生在排卵后数小时内,整个受精过程约需 24h,可分为 3 个阶段。

1. **精子获能(capacitation)**　性交时精液被射入阴道,精子从精浆中游出,以 3mm/min 的速度通过鞭毛摆动方式穿越子宫颈、子宫腔进入输卵管管腔,在此过程中生殖道分泌物中的淀粉酶降解精子顶体表面的糖蛋白,降低顶体膜稳定性,使精子具有受精能力,此过程称为精子获能,需 7h 左右,获能的部位主要是子宫和输卵管。

男性每次射精量为 1.5~6ml,每毫升精液内的精子数目在 2 000 万以上,但最后能到达卵子的数目只剩 15~50 个,其中仅有一个精子能与卵子结合形成受精卵。射出的精液中精子密度过低将影响男性生育功能,甚至造成男子不育症。射出的精液中活动精子>32%,正常形态精子>4%,才能正常受孕。

2. **顶体反应(acrosome reaction)**　卵子从卵巢排出,经输卵管伞部拾卵作用进入输卵管内,停留在输卵管壶腹部或峡部等待受精。当卵子与获能的精子相遇时,精子头部顶体外膜破裂,释放出顶体酶,溶解卵子外围的放射冠和透明带,称为顶体反应。借助酶的作用,精子穿过放射冠和透明带。

3. **受精卵(zygote)形成**　穿过透明带的精子外膜与卵子胞膜接触并融合,精子进入卵子内,卵子迅即完成第二次减数分裂形成卵原核,卵原核与精原核融合形成受精卵,受精完成。受精卵的染色体为二倍体,其数目恢复 46 条,完成受精过程。性染色体 XX 的胚胎是女性,性染色体 XY 的胚胎是男性。受精卵的形成标志着新生命的诞生。

二、受精卵发育、输送与着床

1. **双细胞阶段**　受精一般发生在输卵管的壶腹部。受精卵形成后开始进行细胞有丝分裂,这种特殊的有丝分裂过程称为卵裂(cleavage)。同时借助输卵管蠕动和纤毛推动,向宫腔方向移动。受精后 24~36h 受精卵分裂为双细胞阶段,以后每 12h 分裂一次,形成多个子细胞称为分裂球(blastomere)。

2. **桑椹胚(morula)**　受精后 72h 受精卵分裂为 16 个细胞的实心胚,外观如桑椹,故称为桑椹胚。

3. **晚期囊胚(late blastocyst)**　受精后第 4d,桑椹胚向宫腔移动,并迅速分裂增生,细胞数量不断增多,同时细胞之间出现许多小腔隙,并逐渐融合成一个大腔,内含液体,形成囊状胚,称为胚泡(blastocyst)或早期囊胚(early blastocyst)。受精后第 5~6d 早期囊胚进入宫腔,透明带消失,囊胚体积迅速增大,继续分裂发育,形成晚期囊胚。

早期囊胚进入宫腔时,细胞逐渐分化为两部分,组成囊胚壁的单层细胞与吸收营养有关,称为滋养层(trophoblast),此层会植入子宫内膜,逐渐发展成胎盘一部分,并供应胚胎营养;位于囊胚腔内侧的一群细胞,称为内细胞群,将来形成胚体的始基。

4. **胚胎着床(implantation)**　晚期囊胚种植于子宫内膜的过程称胚胎着床,也称胚胎植入(implantation)。

(1)胚胎着床的过程:着床在受精后第6~7d开始,第11~12d完成。胚胎着床经过定位(apposition)、黏附(adhesion)和侵入(invasion)3个环节。①定位:胚胎着床前透明带消失,晚期囊胚以其内细胞团端接触子宫内膜,多在子宫后壁上部。②黏附:晚期囊胚黏附在子宫内膜后,囊胚表面滋养细胞分化为两层,外层为合体滋养细胞,内层为细胞滋养细胞。③侵入:合体滋养细胞分泌蛋白溶解酶,溶解子宫内膜,使囊胚向子宫内膜植入,直至完全埋入子宫内膜中且被内膜覆盖。同时合体滋养层形成绒毛突起物,合体滋养细胞分泌人绒毛膜促性腺激素(human chorionic gonadotropin,hCG),使得黄体不会退化而继续分泌雌激素及孕激素,维持妊娠。

子宫有一个极短的敏感期允许受精卵着床,此期称为"着床窗口期"。为提供良好的着床环境,子宫内膜会发生一系列相应改变,其中子宫内膜的容受性是囊胚能否成功着床的关键。子宫内膜的容受性指子宫内膜对囊胚的接受能力,即允许囊胚黏附并植入的重要阶段,它受严格的时间限制,一般在排卵后第6~9d,子宫内膜在卵巢分泌雌激素及孕激素作用下,子宫内膜细胞处于分泌期,细胞肥大,分泌旺盛,是胚胎植入的最佳时期。在此之后,子宫内膜不再接受胚胎植入。体外受精-胚胎移植,即试管婴儿,其囊胚植入失败大多是由于子宫内膜容受性原因导致。

(2)胚胎着床必须具备的条件:①透明带必须准时消失。②囊胚分化为细胞滋养细胞和合体滋养细胞。③囊胚和子宫内膜同步发育且功能协调。④孕妇体内分泌足够量的雌激素和孕酮。

(3)胚胎着床的部位:着床通常在子宫体或底部,多见于子宫后壁。若胚胎着床位置异常,在子宫腔以外着床则发生异位妊娠。

胚胎形成并着床是胚胎早期发育的两个重要过程。着床的过程受母体雌激素和孕激素的精细调节。若母体内分泌紊乱,子宫内膜的分泌期与胚胎发育不同步,着床便不能完成。胚胎着床还需要正常的子宫腔内环境,若子宫有炎症、腔内有避孕环,均可阻碍胚胎着床,导致不孕或早期流产。受精、受精卵发育、输送与着床的过程见图2-1。

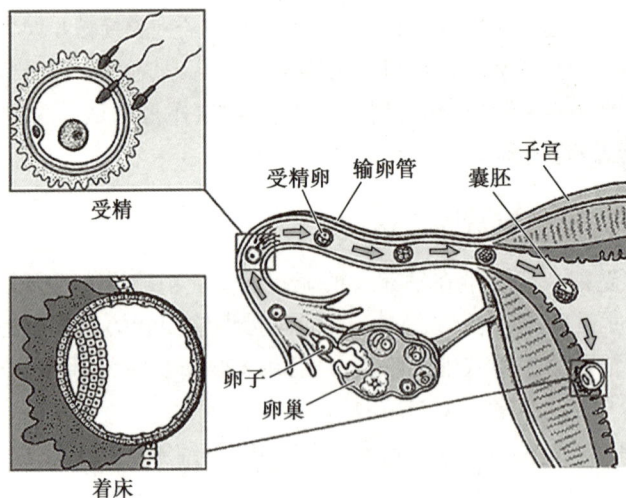

图2-1 受精、受精卵发育、输送与着床

知识拓展

体外受精-胚胎移植技术

正常受孕是精子和卵子在输卵管相遇,二者结合形成受精卵,受精卵分裂,形成囊胚后在子宫腔着床发育成为胎儿。若各种原因引起的输卵管阻塞,使精子卵子不能相遇,从而导致不孕。解决的方法是设法使精子与卵子在体外相遇并受精形成胚胎,然后将胚胎移植到子宫内,这就是体外受精-胚胎移植(in vitro fertilization-embryo transfer,IVF-ET)技术。利用 IVF-ET 技术产生的婴儿称为"试管婴儿"。1978 年 7 月 25 日,人类历史上第一例"试管婴儿"在英国诞生。1988 年中国第一例"试管婴儿"在北京大学第三医院出生。

先进的生殖医学研究已将人类生殖的自我控制推向新的极限。IVF-ET 技术已经发展到第三代。第一代 IVF-ET 技术,主要是解决因女性因素引致的不孕。第二代 IVF-ET 技术为卵母细胞内单精子显微注射技术,可以解决因男性因素引致的不育问题。第三代 IVF-ET 技术为植入前遗传学诊断,是从生物遗传学的角度,帮助人类选择生育健康的后代,为有遗传病的父母提供未来生育健康孩子的机会。

IVF-ET 技术是现代科学的一项重大成就,它开创了生殖医学的新纪元。

三、蜕膜的形成

胚胎着床后,在孕激素、雌激素作用下子宫内膜腺体增大,腺上皮细胞内糖原增加,结缔组织细胞肥大,血管充血,此时的子宫内膜称为蜕膜(decidua)。具有保护及营养胚胎的功能。按照蜕膜与胚胎的部位关系将蜕膜分为三部分。

1. **底蜕膜**(basal decidua) 囊胚着床部位的子宫内膜,与叶状绒毛膜相贴,以后发育成为胎盘的母体部分。

2. **包蜕膜**(capsular decidua) 覆盖在囊胚表面的蜕膜,随囊胚发育逐渐突向宫腔。

3. **真蜕膜**(true decidua) 又称壁蜕膜。底蜕膜及包蜕膜以外覆盖子宫腔其他部分的蜕膜,妊娠 14~16 周羊膜腔明显增大,包蜕膜和真蜕膜相贴近,宫腔消失(图 2-2)。

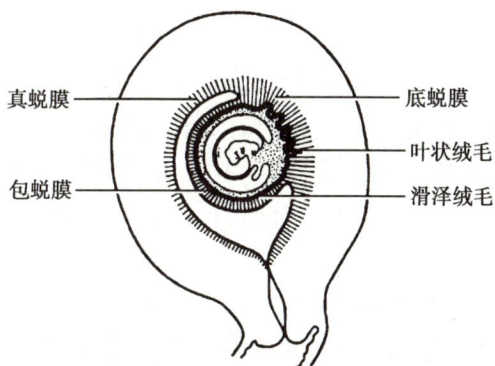
图 2-2 早期妊娠子宫蜕膜与绒毛的关系

四、三胚层的形成与分化

胚胎着床后,内细胞团分化出原始的内、外胚层,为二胚层期。二胚层间有一层基膜称为胚盘。原始外胚层与滋养细胞之间形成羊膜腔。以后外胚层再分化出胚内中胚层,即为三胚层期。在受精后第 4~8 周三胚层逐步分化形成各种器官。

外胚层主要分化为皮肤及附属物、唾液腺、乳腺、外耳道、鼻腔、晶状体、结膜、角膜、肛门及神经系统等。中胚层主要分化为泌尿生殖器官、肌肉、骨骼、结缔组织、循环系统等。内胚层主要分化为消化道、呼吸道、胸腺、甲状腺、肺、肝、胰腺、膀胱等各种管道。

在三胚层分化过程中,任何影响胚胎发育的因素均有导致胎儿畸形的危险。

第二节 胚胎及胎儿生长发育

孕龄从末次月经第 1d 开始计算,通常比排卵或受精时间提前 2 周,比着床提前 3 周,以 4 周(一个妊娠月)为一个孕龄单位,全过程约为 280d,即 40 周。妊娠 10 周(受精后 8 周)内称为胚胎,是主要器官分化的时期;从妊娠 11 周(受精第 9 周)起至足月,各器官进一步发育成熟,称为胎儿期。

一、胚胎的发育特点

胚胎期胚胎处于迅速成长的状态,是胎儿器官、四肢和其他生理系统分化、生成的关键期,也是胎儿发育的敏感期。胚胎期分胚胎前期和胚胎期,胚胎前期指受精开始到原始绒毛形成为止,约 14d。胚胎期指受精后的第 15d 起至第 8 周。胚胎在以上两阶段发育变化如下:

1. 胚胎前期　胚胎的主要变化包括:①受精后 3~4d 桑椹胚进入母体子宫。②受精第 6d,囊胚的滋养层植入母体子宫内膜并形成绒毛膜。③受精第 7~8d,胚胎外胚层、内胚层形成。④受精第 8~9d,羊膜、羊膜囊与卵黄囊开始形成,并出现羊水。⑤受精后第 10~21d 滋养层形成,绒毛膜分泌 hCG,并能在母体尿中验出。

2. 胚胎期　胚胎发育的主要变化包括:①受精第 15d,受精卵着床完毕,形成卵黄囊、体茎和绒毛膜。②受精第 3 周,胚胎呈梨状,头端宽、尾端窄,原条发育形成脊索,心脏、血液与血管开始形成,胚盘功能建立。③受精第 4 周,脑与脊髓形成并分化成前脑、中脑、后脑,可见眼睛的外形,臂与肢芽形成,心脏有 4 个腔室,可产生规律的心跳。④受精第 5 周,脑快速发育,胚胎颜面可见眼、耳、鼻及下颌的构造。⑤受精第 6 周,中枢神经与自主神经系统已形成,气管、支气管、肺开始发育,外耳在头部有明显的突起;中耳和内耳逐渐形成,胎儿的四肢开始有明显的发育,可辨认出手及手腕的构造。⑥受精第 7 周,左、右大脑半球开始形成,男女生殖器官开始发育并分化,但仍无法辨别性别,胎儿的四肢开始活动。⑦受精第 8 周,胎儿脐带的循环系统已建立。受精第 8 周末,胚胎初具人形,头大,占整个胎体近一半。能分辨出眼、耳、鼻、口、手指及足趾,各器官正在分化发育,心脏已形成。

二、胎儿的发育特点

1. 妊娠 12 周末　胎儿四肢短且臀部小,胎儿四肢可活动,脸、耳朵、眼睛、嘴都清晰可辨,可见心脏跳动,神经系统开始显示初步的反应能力,身长 8~9cm,顶臀长 6~7cm。生殖器官已经发育,部分可辨别性别。

2. 妊娠 16 周末　胎儿头部与四肢长出胎毛,皮肤菲薄呈深红色,无皮下脂肪。胎儿四肢活动频繁,胎儿身长约 16cm,顶臀长 12cm,体重约 110g。从外生殖器可确认性别,胎儿已开始出现呼吸运动,部分孕妇自觉胎动。

3. 妊娠 20 周末　胎儿皮肤暗红,全身覆盖毳毛,体表覆盖一层乳酪状的脂肪称为胎脂。肺泡发育完成,但无法进行气体交换。胎儿身长约 25cm,顶臀长 16cm,体重约 320g。胎儿可以吸吮拇指及吞咽羊水,并具有排尿功能。利用听诊器在下腹部能听到胎心。

4. 妊娠 24 周末　胎儿体表被胎脂覆盖,皮下脂肪较少,皮肤呈淡红色且有皱褶。指纹及脚纹出现。胎儿出现眉毛和睫毛。胎儿身长约 30cm,顶臀长 21cm,体重约 630g。胎儿各脏器均已发育,细小支气管和肺泡已经发育,出生后可有呼吸,但生存力极差。

5. 妊娠 28 周末　少量皮下脂肪沉积,皮肤粉红色,表面覆盖胎脂。眼睛半张开,四肢活动好,有呼吸运动。胎儿身长约 35cm,顶臀长 25cm,体重约 1 000g。出生后可存活,但易患特发性呼吸窘迫综合征。

6. 妊娠 32 周末　皮下脂肪迅速堆积,皮肤有光泽且呈粉红色,四肢较长且丰满。此期男婴的睾丸已下降至阴囊内,但有些仍停留在腹股沟管内。胎儿身长约 40cm,顶臀长 28cm,体重约 1 700g,生活力尚可,出生后注意护理可能存活。

7. 妊娠 36 周末　皮下脂肪较多,身体圆润,面部皱褶消失,指/趾甲已达指/趾端。胎儿身长约 45cm,顶臀长 32cm,体重约 2 500g,出生后能啼哭及吸吮,生活力良好,基本能存活。

8. 妊娠 40 周末　胎儿发育成熟,皮肤粉红色,皮下脂肪多,外观体形丰满。胎毛逐渐脱落,仅分布在背部与肩膀处,足底皮肤有纹理。胎儿身长约 50cm,顶臀长 36cm,体重约 3 400g。男性睾丸已降至阴囊内,女性大小阴唇发育良好。出生后哭声响亮,吸吮能力强,能很好存活。

三、胎儿的生理特点

(一)循环系统

胎儿的营养供给、代谢产物排出及气体交换,均需经胎盘转输后由母体完成。由于胎儿期肺循环阻力高及胎盘脐带循环的存在,胎儿期心血管循环系统不同于新生儿期。

1. **胎儿血液循环特点**

(1)解剖学特点:①胎儿具有一条脐静脉,来自胎盘的血液经脐静脉进入胎儿肝及下腔静脉。②两条脐动脉,来自胎儿的血液经脐动脉注入胎盘与母血进行物质交换。③动脉导管位于肺动脉与主动脉之间。④卵圆孔位于左右心房之间。

(2)血液循环特点:①胎儿下腔静脉血是混合血。有来自胎盘含氧量较高的血液,也有来自胎儿下半身含氧量较低的血液。来自胎盘的血液经脐静脉进入胎儿体内分为三支,一支直接入肝,一支与门静脉汇合入肝,此两支血液经肝静脉入下腔静脉;另一支经静脉导管直接入下腔静脉。②卵圆孔位于左右心房之间,其开口处正对下腔静脉入口,大部分下腔静脉血(氧饱和度为67%)直接经卵圆孔进入左心房,小部分折回进入右心房与上腔静脉混合进入右心室,随后进入肺动脉。③肺循环阻力较大,肺动脉血液绝大部分经动脉导管流入主动脉,仅1/3的血液经肺静脉入左心房。左心房血液进入左心室,继而进入主动脉直至全身后,经腹下动脉再经脐动脉进入胎盘,与母血进行气体及物质交换。因此,胎儿体内无纯动脉血,均为动、静脉混合血。进入肝、心、头部及上肢的血液含氧量较高,营养较丰富,以适应需要。注入胎儿肺及身体下半部的血液含氧量及营养相对较少。

2. **新生儿血液循环特点** 胎儿出生后,胎盘脐带循环中断,肺开始呼吸,肺循环阻力降低,血液循环逐渐发生改变。①脐静脉出生后闭锁为肝圆韧带,脐静脉的末支静脉导管出生后闭锁为静脉韧带。②脐动脉出生后闭锁,与相连的闭锁的腹下动脉成为腹下韧带。③动脉导管出生2~3个月完全闭锁为动脉韧带。④卵圆孔于出生后因左心房压力增高开始关闭,多在出生后6个月完全关闭形成卵圆窝(图2-3)。

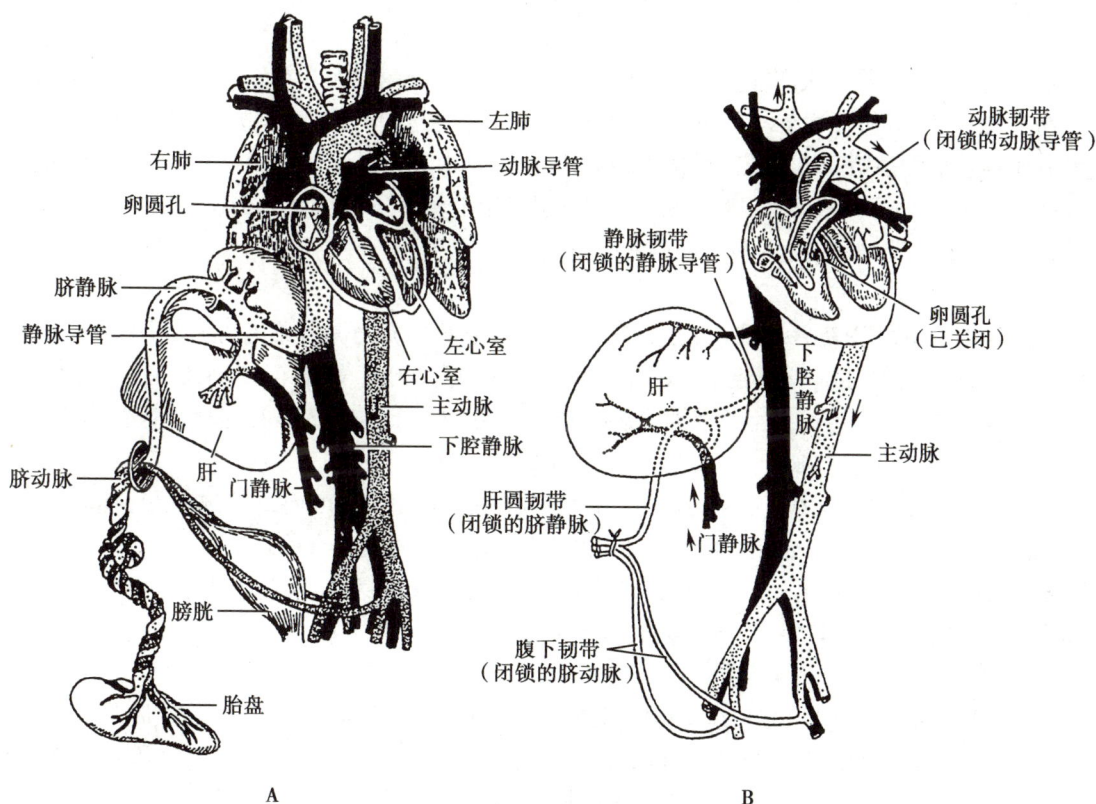

图 2-3 胎盘、胎儿及新生儿血液循环
A.胎儿的血液循环;B.新生儿的血液循环。

(二) 呼吸系统

胎儿期胎盘代替肺脏功能,母儿血液在胎盘进行气体交换。胎儿期胎儿呼吸系统结构与功能逐步发育完善。妊娠第 11 周 B 超可见胎儿胸壁运动,妊娠第 16 周时出现能使羊水进出呼吸道的呼吸运动。随着妊娠月份增加,胎儿肺逐渐发育成熟。胎儿肺成熟包括肺组织结构成熟及功能成熟。肺功能成熟指肺泡 Ⅱ 型细胞能合成肺表面活性物质,包括卵磷脂和磷脂酰甘油,此物质随着胎儿呼吸可排到羊水中,通过检测羊水中卵磷脂及磷脂酰甘油值,可以判定胎肺成熟度。新生儿出生后肺泡扩张,呼吸功能建立。表面活性物质能降低肺泡表面张力,有助于肺泡的扩张。若出生时胎肺不成熟,可导致呼吸窘迫综合征。糖皮质激素可刺激肺表面活性物质的产生,临床常用糖皮质激素预防肺透明膜病的发生。

(三) 消化系统

妊娠第 11 周胎儿小肠已有蠕动,妊娠第 16 周胃肠功能基本建立,胎儿能吞咽羊水,吸收水分、氨基酸、葡萄糖及其他可溶性营养物质。胎儿肝内缺乏许多酶,不能结合因红细胞破坏产生的大量游离胆红素。胆红素经胆道排入小肠氧化成胆绿素,胆绿素的降解产物导致胎粪呈黑绿色。

(四) 泌尿系统

妊娠第 11~14 周胎儿肾已有排尿功能,胎儿通过排尿参与羊水循环。妊娠第 14 周胎儿膀胱内已有尿液。

(五) 内分泌系统

妊娠第 6 周胎儿甲状腺开始发育,是胎儿最早发育的内分泌腺。妊娠第 12 周合成甲状腺素,甲状腺素促进胎儿大脑的发育。妊娠第 12 周至整个妊娠期,胎儿甲状腺对碘的蓄积高于母亲甲状腺。因此,孕期补碘要慎重。妊娠第 12 周胎儿胰腺开始分泌胰岛素。

(六) 神经系统

胎儿期是脑发育第一次高峰。正常胎儿神经系统发育最快的时间是在妊娠中期到出生后 18 个月。胎儿大脑随妊娠进展逐渐发育长大,胚胎期脊髓已长满椎管,但随后生长缓慢。妊娠 6 个月脑脊髓和脑干神经根的髓鞘开始形成。妊娠中期胎儿内、外及中耳已形成,妊娠第 24~26 周胎儿在宫内已能听见一些声音。妊娠第 28 周胎儿眼睛对光反射开始出现,对形象及色彩的视觉出生后才逐渐形成。神经系统最易受到宫内生长发育障碍的影响。

(七) 血液系统

1. **红细胞生成** 受精后 3 周末红细胞开始生成,妊娠第 10 周肝是红细胞的主要生成器官,以后骨髓、脾逐渐有造血功能。妊娠足月时,骨髓产生的红细胞占 90%。妊娠第 32 周红细胞生成素大量产生,故妊娠 32 周后出生的新生儿红细胞数约为 6.0×10^{12}/L。胎儿红细胞的生命周期短,仅为成人的 2/3,因此,需不断生成红细胞。

2. **血红蛋白生成** 妊娠前半期均为胎儿血红蛋白,至妊娠第 34~36 周,成人血红蛋白增多,至临产时成人血红蛋白占 75%。含胎儿血红蛋白的红细胞对氧具有较高的亲和力。

3. **白细胞生成** 妊娠 8 周以后胎儿血循环出现粒细胞。妊娠第 12 周胸腺、脾产生淋巴细胞,成为体内抗体的主要来源。妊娠足月时白细胞计数可高达 $(15~20) \times 10^9$/L。

(八) 生殖系统

胎儿的性别由性染色体决定,在受精卵形成时性染色体 XX 或 XY 已确定。男性胎儿睾丸于妊娠第 9 周开始发育,于临产前降至阴囊内,右侧睾丸高于左侧并下降较迟,女性胎儿卵巢于妊娠第 11~12 周开始发育。胎儿于妊娠 12 周以后通过外生殖器可辨别男女。

(九) 胎儿功能发育

1. **运动功能发育** 胎儿期胎动是胎儿最初的运动形式。胎动指胎儿在母体内自发的身体活动或蠕动。妊娠 32~34 周为胎动最活跃的时期。明显的胎动有 3 种类型:①缓慢的蠕动或扭动,在妊娠 3~4 个月时最易察觉;②剧烈的踢脚或冲撞,从妊娠 6 个月起增加,直至分娩;③剧烈的痉挛动作。

2. **神经反射发育** 妊娠 3 个月的胎儿已出现巴宾斯基反射、吸吮反射及握持反射的活动。妊娠 5 个月后,胎儿逐渐获得了防御反射、吞咽反射、眨眼反射和紧张性颈反射等本能动作。

3. **认知功能发育**

(1)视觉的发育:妊娠 4~5 个月,胎儿即有了视觉反应能力,对视觉刺激产生灵敏反应。

(2)听觉的发育:听觉在胎儿期就已经存在,胎儿听觉感受器在妊娠 6 个月时就已基本发育成熟。目前认为 5~6 个月的胎儿即开始建立听觉系统,可以听到透过母体的频率为 1 000Hz 以下的外界声音。

(3)味、嗅、触觉发育:味觉感受器在妊娠 3 个月时开始发育,到 6 个月时形成,出生时已发育得相当完好;胎龄 4~5 个月时胎儿已初步建立了触觉反应;妊娠 7~8 个月时胎儿的嗅觉感受器已相当成熟。

(4)记忆的发育:妊娠 8 个月左右已发生了听觉记忆。胎儿在妊娠末期已具有初步的听觉记忆能力。

(5)言语的发育:在妊娠 5~8 个月,胎儿已经有了初步的听觉反应,有了原始的听觉记忆能力,能大致区分出乐音、噪声和语音,并表现出对语言的辨别和记忆能力。

第三节 胎儿附属物的形成和功能

胎儿附属物由胎盘、胎膜、脐带和羊水构成。它们对胚胎和胎儿起保护、营养、呼吸、排泄等作用,对维持胎儿宫内的生命及生长发育具有重要意义。

一、胎盘

胎盘(placenta)是母体和胎儿间进行物质交换的重要器官,对宫腔内胚胎和胎儿的发育具有重要作用。胎盘由胎儿部分的羊膜(amnion)、叶状绒毛膜(chorion frondosum)和母体部分的底蜕膜构成。

(一)胎盘的形态

妊娠足月时,胎盘为圆形或椭圆形盘状,重 450~650g,直径 16~20cm,厚 1~3cm,中央厚,边缘薄。胎盘分胎儿面和母体面。胎儿面被覆羊膜,呈灰白色,光滑半透明,脐带附着于胎盘中央或稍偏,脐带动静脉从附着处分支向四周呈放射状分布直达胎盘边缘,其分支穿过绒毛膜板,进入绒毛干及其分支。母体面呈暗红色。从蜕膜板向绒毛膜伸出蜕膜间隔,不超过胎盘厚度的 2/3,将胎盘母体面分成肉眼可见的 20 个左右胎盘小叶。

(二)胎盘的结构

1. **羊膜** 构成胎盘的胎儿部分,是胎盘的最内层。羊膜是半透明薄膜,光滑,无血管、神经及淋巴,具有一定的弹性。正常羊膜厚 0.02~0.05mm,电镜见上皮细胞表面有微绒毛,便于羊水与羊膜间进行液体交换。

2. **叶状绒毛膜** 为胎盘的主要结构,构成胎盘的胎儿部分。绒毛膜由滋养层细胞与胚外中胚层共同组成。晚期囊胚着床后,滋养层细胞迅速分裂增殖,分化为内层的细胞滋养层和外层的合体滋养层。细胞滋养细胞是分裂生长的细胞;合体滋养细胞,是执行功能的细胞,由细胞滋养细胞分化而来。两层细胞在胚泡表面长出不规则突起,呈放射状排列,并突入蜕膜中,初具绒毛形态。这些绒毛中央为增生活跃的细胞滋养细胞,形成细胞中心索,外表为合体滋养层,是最早的干绒毛,称为初级绒毛;胚胎发育至第 2 周末或第 3 周初,胚胎中胚层逐渐伸入绒毛干内,形成间质中心索,改称为次级绒毛;约在受精后第 3 周末,胚胎血管长入间质中心索,绒毛内血管形成,称为三级绒毛。至此,滋养层和胚外中胚层已发育成为完善的绒毛膜。

位于底蜕膜部位的绒毛膜,因营养丰富,血供充足而干支茂盛,称为叶状绒毛膜,又称丛密绒毛膜,是组成胎盘的主要部分。与包蜕膜相邻的绒毛因血供缺乏,营养不足而逐渐退化,称平滑绒毛膜,是胎膜的组成部分。绒毛之间的间隙称绒毛间隙。绒毛干分支向绒毛间隙伸展形成终末绒毛网,绒毛末端悬浮于充满母血的绒毛间隙中的绒毛,称为游离绒毛;长入底蜕膜中起固定作用的绒毛,称为固定绒毛。

3. 底蜕膜 指胎盘附着部位的子宫内膜。固定绒毛的滋养层细胞与底蜕膜共同形成绒毛间隙的底,称为蜕膜板。

(三)胎盘的血液循环

胎盘内有母体和胎儿两套血液循环系统,在滋养细胞侵入子宫壁的过程中,子宫螺旋动脉破裂,直接开口于绒毛间隙,母体动脉血从子宫螺旋动脉流入绒毛间隙,每个绒毛干中均有脐动脉和脐静脉的分支,随着绒毛干一再分支,脐血管越来越细,最终形成胎儿毛细血管进入的三级绒毛,此时胎儿-胎盘循环建立。

母体血液经过底蜕膜螺旋动脉开口于绒毛间隙。妊娠晚期,母体子宫螺旋动脉内血液以每分钟约500ml流量进入绒毛间隙,胎儿血液以同样的流速流经胎盘。胎儿体内含氧量低、代谢废物浓度高的血液经脐动脉流至绒毛毛细血管,与绒毛间隙中的母血进行物质交换后,脐静脉将含氧量高、营养物质丰富的血液带回胎儿体内,螺旋动脉将含 CO_2 及代谢产物的血液带回母体排出体外。胎儿血和母血不相通,隔有绒毛毛细血管壁,绒毛间质及绒毛表面细胞层,构成母胎界面,有胎盘屏障(placental barrier)作用。母体和胎儿的血液在各自封闭的管道内循环,互不相混,但可进行物质交换(图2-4)。

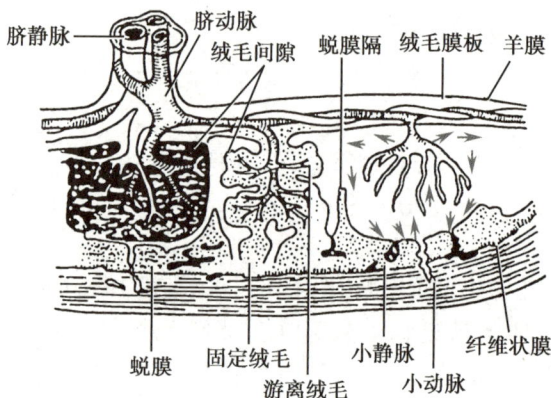

图2-4 胎盘结构与胎儿循环

(四)胎盘的功能

胎盘介于胎儿与母体之间,具有物质交换、防御、合成以及免疫等功能。

1. 物质交换功能 包括气体交换、营养物质供应和排出胎儿代谢产物。物质交换及转运方式有多种。①简单扩散:物质通过细胞质膜从高浓度区扩散至低浓度区,不消耗能量,如 O_2、CO_2、水、钠钾电解质等。②易化扩散:物质通过细胞质膜从高浓度区向低浓度区扩散,不消耗能量,但需特异性载体转运,如葡萄糖的转运。③主动运输:物质通过细胞质膜从低浓度区逆方向扩散至高浓度区,需要消耗能量及特异性载体转运,如氨基酸、水溶性维生素及钙、铁等。④其他:较大物质可通过细胞质膜裂隙,或通过细胞膜内陷吞噬后,继之膜融合,形成小泡向细胞内移动等方式转运,如大分子蛋白质、免疫球蛋白等。

(1)气体交换:母儿间 O_2 和 CO_2 在胎盘中以简单扩散方式交换,相当于胎儿呼吸系统的功能。①氧交换:母体子宫动脉血氧分压(PO_2)为95~100mmHg,绒毛间隙内血 PO_2 为40~50mmHg,而胎儿脐动脉血 PO_2 为20mmHg,经绒毛与绒毛间隙的母血进行交换后,胎儿脐静脉血 PO_2 为30mmHg以上,氧饱和度达70%~80%,母体每分钟可供胎儿氧 7~8ml/kg。尽管 PO_2 升高不多,但胎儿血红蛋

白对 O_2 的亲和力强,能从母血中获得充分的 O_2。孕妇处于某些疾病状态时,如心功能不全、贫血、肺功能不良、子痫前期等,母血 PO_2 降低,胎儿获得 O_2 明显不足,容易发生胎儿生长受限或胎儿窘迫。②二氧化碳交换:母体子宫动脉血二氧化碳分压(PCO_2)为 32mmHg,绒毛间隙内血 PCO_2 为 38~42mmHg,较胎儿脐动脉血 PCO_2 48mmHg 稍低,但 CO_2 的扩散速度比 O_2 快 20 倍,故胎儿 CO_2 容易通过绒毛间隙直接向母体迅速扩散。

(2)营养物质供应:葡萄糖是胎儿代谢的主要能源,以易化扩散方式通过胎盘,胎儿体内的葡萄糖均来自母体。氨基酸、钙、磷、碘和铁以主动运输方式通过胎盘。脂肪酸、钾、钠、镁、维生素 A、维生素 D、维生素 E、维生素 K 以简单扩散方式通过胎盘。胎盘中还含有多种酶(如氧化酶、还原酶、水解酶等)能将复杂化合物分解为简单物质,如将蛋白质分解为氨基酸、脂质分解为非酯化脂肪酸等,也能将简单物质合成后供给胎儿,如葡萄糖合成糖原、氨基酸合成蛋白质等。

(3)排出胎儿代谢产物:胎儿代谢产物如尿素、尿酸、肌酐、肌酸等,经胎盘转输入母血,由母体排出体外。

2. 防御功能　母血中的免疫物质如 IgG 可以通过胎盘,对胎儿起保护作用。但是胎盘的防御功能很有限,各种病毒(如流感病毒、风疹病毒、巨细胞病毒等)容易通过胎盘侵袭胎儿;细菌、弓形虫、衣原体、支原体等不能通过胎盘屏障,但可在胎盘部位形成病灶,破坏绒毛结构后进入胎体,感染胚胎及胎儿;某些药物可以通过胎盘作用于胎儿,导致胎儿畸形甚至死亡,故妊娠期用药应慎重。

3. 合成功能　胎盘合体滋养细胞能合成多种激素、酶和细胞因子,对维持正常妊娠起重要作用。激素包括蛋白类、多肽类和甾体激素,酶有缩宫素酶、耐热性碱性磷酸酶等。胎盘还能合成前列腺素、多种神经递质和多种细胞因子与生长因子。

(1)人绒毛膜促性腺激素(hCG):为蛋白类激素。胚胎着床后,胎盘合体滋养细胞开始分泌 hCG,在受精后 10d 左右,即月经周期的第 24~25d 可用放射免疫法自母体血清中测出,是诊断早孕的敏感方法之一。妊娠第 8~10 周 hCG 分泌达到高峰值,持续 10d 后迅速下降,妊娠中晚期血清浓度仅为峰值的 10%,直至分娩,一般产后 2 周内消失。

hCG 的功能包括:①维持黄体,使月经黄体变为妊娠黄体,增加甾体激素的分泌以维持妊娠。②hCG 与黄体生成素(luteinizing hormone,LH)相似的生物活性,诱发排卵。③抑制淋巴细胞的免疫性,保护胚胎滋养层不受母体的免疫攻击。④能与母体甲状腺细胞 TSH 受体结合,刺激甲状腺活性。

(2)人胎盘催乳素(human placental lactogen,hPL):为多肽激素,由胎盘合体滋养细胞分泌,妊娠 5~6 周用放射免疫分析法可在母体血浆中测出 hPL,随妊娠进展其分泌量持续增加,至妊娠 34~36 周达高峰并维持至分娩,产后迅速下降,产后 7h 即测不出。

hPL 的功能包括:①促进乳腺腺泡发育,刺激乳腺上皮细胞合成乳白蛋白、乳酪蛋白和乳珠蛋白,为产后泌乳做准备。②有促进胰岛素生成作用,使母血胰岛素值增高。③通过脂肪分解作用提高游离脂肪酸、甘油浓度,以游离脂肪酸作为能源,抑制母体对葡萄糖的摄取,使多余葡萄糖运送给胎儿,成为胎儿的主要能源。因此,hPL 是促进胎儿发育的重要"代谢调节因子"。④抑制母体对胎儿的排斥作用。

(3)雌激素、孕激素:胚胎着床后,卵巢的月经黄体转变为妊娠黄体,继续分泌雌激素、孕激素以维持妊娠。自妊娠第 8~10 周起黄体逐渐萎缩,由胎盘合成雌激素、孕激素,参与妊娠期母体各系统的生理变化。①雌激素:妊娠早期由卵巢黄体产生,妊娠 10 周后主要由胎儿-胎盘单位合成。妊娠晚期妇女体内雌三醇值为非孕妇女的 1 000 倍,雌二醇及雌酮值为非孕妇女的 100 倍。②孕激素:妊娠早期由卵巢妊娠黄体产生。妊娠 8~10 周后,胎盘合体滋养细胞是产生孕激素的主要来源。其代谢产物为孕二醇在孕妇尿中排出。孕激素在雌激素协同作用下,对妊娠期子宫内膜、子宫肌层、乳腺以及母体其他系统的生理变化起重要作用。雌激素、孕激素均有免疫抑制作用,据认为这是母体免疫系统不会排斥具有抗原性胚胎的重要因素。

(4)酶:胎盘能合成多种酶,主要有缩宫素酶和耐热性碱性磷酸酶。①缩宫素酶:为糖蛋白,随妊娠月份增长而增加,至妊娠末期达高值。其生物学意义尚不十分明了,主要作用是灭活缩宫素以维持妊娠。②耐热性碱性磷酸酶:妊娠 16~20 周自母体血清中测出,直至胎盘娩出后其值下降,产后 3~6d 消失。动态测其数值,可作为检查胎盘功能的一项指标。

4. 免疫功能 胎儿是同种半异体移植物。正常妊娠母体不排斥胎儿,其具体机制目前尚不清楚,可能与早期胚胎组织无抗原性、母胎界面的免疫耐受以及妊娠期母体免疫力低下有关。

二、胎膜

胎膜(fetal membranes)由平滑绒毛膜和羊膜组成。胎膜外层为绒毛膜,内层为羊膜,妊娠末期两者紧密相贴,但能分开。

胎膜的主要功能是保持羊膜腔的完整性,吸收羊水,维持羊水平衡,对胎儿有保护作用;胎膜还含有大量花生四烯酸(前列腺素前身物质)的磷脂,以及能催化磷脂生成游离花生四烯酸的溶酶体,对发动分娩有一定作用。

三、脐带

脐带(umbilical cord)是连接胎儿与胎盘的条索状组织,一端连于胎儿腹壁脐轮,另一端附着于胎盘胎儿面,胎儿借助脐带悬浮于羊水中。足月妊娠的脐带长 30~100cm,平均约 55cm,直径 0.8~2.0cm。脐带内有一条脐静脉,两条脐动脉。脐血管周围为含水量丰富的胶样组织,称为华通胶(Wharton's jelly),有保护脐血管的作用。另外,脐带内的华通胶内含前列腺素,使脐带切断后血管收缩止血。脐带没有神经分布,故切断后母亲与新生儿并不会感到不适。

脐带是母体与胎儿气体交换、营养物质供应和代谢产物排出的重要通道,脐静脉将吸纳了丰富营养和氧气的血液送回胚胎,脐动脉将胚胎的静脉血运送到胎盘绒毛间隙,与母体血液进行物质交换。因此,脐带受压使血流受阻时,可致胎儿缺氧甚至死亡;脐带过短,胎儿娩出时易引起胎盘早期剥离。脐带过长易造成脐带缠绕胎儿颈部或肢体,影响胎儿发育。

四、羊水

羊膜腔内含有的液体称为羊水(amniotic fluid)。胎儿某些先天性畸形常伴有羊水过多或过少,因此,妊娠期可通过检测羊水,早期诊断某些先天性畸形。

1. 羊水的来源 ①妊娠早期的羊水主要来自母体血清经胎膜进入羊膜腔的透析液。②妊娠中期以后,胎儿尿液成为羊水的主要来源,使羊水的渗透压逐渐降低。③妊娠晚期胎儿肺参与羊水的生成,每天 600~800ml 液体从肺泡分泌至羊膜腔。④羊膜、脐带华通胶及胎儿皮肤渗出液体,但量少。

2. 羊水的吸收 ①羊水的吸收约 50% 由胎膜完成。②妊娠足月胎儿每天吞咽羊水 500~700ml,经消化道进入胎儿血循环,形成尿液再排至羊膜腔中,故消化道也是吸收羊水的重要途径。③脐带每小时能吸收羊水 40~50ml。④孕 20 周前,胎儿角化前皮肤有吸收羊水的功能,但量很少。

3. 母体、胎儿、羊水三者间的液体平衡 羊水在羊膜腔内不断进行液体交换,以保持羊水量相对恒定。母儿间的液体交换主要通过胎盘,每小时约 3 600ml。母体与羊水的交换主要通过胎膜,每小时约 400ml。羊水与胎儿间主要通过胎儿消化管、呼吸道、泌尿道以及角化前皮肤进行交换。

4. 羊水量、性状、成分与性质 妊娠期羊水量逐渐增加,妊娠 10 周时羊水量约 30ml,20 周时约 400ml,妊娠 36~38 周达高峰,羊水量为 1 000~1 500ml,此后羊水量逐渐减少,妊娠 40 周羊水量约 800ml。过期妊娠羊水量明显减少,可减少至 300ml 以下;妊娠早期羊水为无色澄清液体,妊娠晚期羊水略显混浊,可见羊水内悬有小片状物;羊水的成分主要是水占 98%~99%,1%~2% 为无机盐及有机物。妊娠早期羊水成分除蛋白质含量及钠浓度偏低外,与母体血清及其他部位组织间液成分相似;妊娠晚期羊水成分含有肌酐、尿素、尿酸、胎儿脱落的毳毛、胎脂和上皮细胞等;羊水比重为

1.007~1.025,羊水呈中性或弱碱性,pH 约为 7.20,在 pH 试纸上呈蓝色,可作为胎膜是否破裂的鉴别方法。

5. 羊水的功能 羊水具有保护胎儿和母亲的作用。羊水具有以下功能:

(1)适量的羊水使胎儿在宫腔内有一定的活动度,避免胎儿受到挤压,防止胎儿与胎膜粘连。

(2)保持子宫腔内的温度恒定。

(3)适量的羊水缓冲宫壁压力,使宫腔内压力均匀分布,保护胎儿不受外来损伤。

(4)胎儿吞咽或吸入羊水可促进胎儿消化道和肺的发育,同时有利于胎儿的体液平衡。

(5)减少母体因胎动引起的不适。

(6)临产时,羊水能传导子宫收缩的压力,同时形成前羊水囊有利于扩张子宫颈口。

(7)破膜后可润滑产道,同时有冲洗阴道、减少感染的作用。

第四节 妊娠期母体变化

一、妊娠期母体的生理变化

妊娠后,孕妇在胎盘分泌激素的作用下,体内各系统发生一系列适应性生理变化,以满足胎儿生长发育和分娩的需要,并为产后的哺乳做好准备。因此,做好孕妇妊娠期生理调适对母儿健康至关重要。

(一) 生殖系统的变化

生殖系统是妊娠期变化最大的系统,其中子宫是妊娠期母体变化最大的器官。

1. 子宫 妊娠期子宫的重要功能是孕育胚胎和胎儿,同时在分娩过程中起重要作用。

(1)子宫体增大:妊娠期子宫肌纤维肥大、变长,间质的血管和淋巴管增多,因此,子宫体增大且变软。①子宫形态与大小:妊娠早期子宫呈球形且不对称,妊娠 12 周后,子宫增大超出盆腔,在耻骨联合上方可触及;足月妊娠时子宫体增大至 35cm×25cm×22cm,呈纵椭圆形。②子宫重量:足月妊娠子宫重量约 1 100g,较未孕时增加近 20 倍。③宫腔容量:由非妊娠期时的 5ml 增加至妊娠足月时的 5 000ml 左右,约增加 1 000 倍。④子宫壁:子宫壁厚度非孕时约 1cm,妊娠中期逐渐增厚达 2.0~2.5cm,至妊娠末期又逐渐变薄为 1.0~1.5cm 或更薄。⑤子宫血管:妊娠期子宫血管扩张、增粗,子宫血流量增加,以适应胎儿 - 胎盘循环的需要。孕早期子宫血流量为 50ml/min,主要供应子宫肌层和蜕膜,妊娠足月时子宫血流量为 450~650ml/min,其中 80%~85% 供应胎盘。子宫螺旋血管走行于子宫肌纤维之间,子宫收缩时血管被紧压,子宫血流量明显减少,因此,频繁的宫缩可导致胎儿缺氧。⑥子宫内膜:受精卵着床后,在孕激素、雌激素作用下子宫内膜腺体增大,腺上皮细胞内糖原增加,结缔组织细胞肥大,血管充血。⑦子宫位置:妊娠晚期的子宫轻度右旋,与乙状结肠占据在盆腔左侧有关。⑧ Braxton Hicks 收缩:自妊娠 12~14 周子宫出现无痛性、不规律、不对称的收缩,这种生理性无痛宫缩称为 Braxton Hicks 收缩。

(2)子宫峡部:指子宫体与子宫颈之间最狭窄的部分。非妊娠时长约 1cm,妊娠后峡部变软,并随着妊娠进展逐渐伸展拉长变薄,成为软产道的一部分,称为子宫下段。临产时长 7~10cm,是产科剖宫产术的常用切口部位。

(3)子宫颈:妊娠早期宫颈黏膜充血及组织水肿,宫颈肥大、变软,呈紫蓝色。宫颈管内腺体肥大,宫颈黏液分泌量增多,形成较稠的 "黏液栓",可防止病原体侵入宫腔。接近临产时,宫颈管变短并出现轻度扩张,宫颈鳞 - 柱状上皮交界处外移,宫颈表面由柱状上皮覆盖,出现假性宫颈糜烂现象。

2. 卵巢 妊娠期卵巢略增大,排卵和新卵泡发育均停止。妊娠 6~7 周前产生大量雌激素、孕激素,以维持妊娠。妊娠 10 周以后,黄体功能由胎盘代替,妊娠黄体开始萎缩。

3. 输卵管 妊娠期输卵管伸长,但肌层无明显肥厚,黏膜上皮细胞变扁平,在基质中可见蜕膜细胞。有时黏膜也可见到蜕膜反应。

4. 阴道　妊娠期阴道黏膜变软,充血水肿呈紫蓝色。阴道壁皱襞增多,周围结缔组织变疏松,肌肉细胞肥大,使阴道伸展性增加,有利于分娩时胎儿的通过。阴道分泌物增多呈白色糊状。阴道上皮细胞含糖原增加,乳酸含量增多,使阴道 pH 降低,不利于致病菌生长,防止感染。

5. 外阴　妊娠期外阴部充血,皮肤增厚,色素沉着。大阴唇内血管增多及结缔组织松软。妊娠时由于增大的子宫压迫,盆腔及下肢静脉血回流受阻,部分孕妇会发生下肢、外阴静脉曲张,产后可以自行恢复。

(二)乳房的变化

1. 乳房发育　妊娠早期乳房开始增大,血液循环增加,充血明显,孕妇自觉乳房发胀。乳头敏感性增强,刺激乳头可引起宫缩,导致流产。乳头、乳晕色素沉着,颜色加深。乳晕上的皮脂腺肥大形成散在的小隆起,称蒙氏结节(Montgomery's tubercles)。这些结节分泌油性物质以保护乳头和乳晕的皮肤,避免干燥皲裂。

2. 泌乳准备　胎盘分泌的雌激素刺激乳腺腺管的发育,孕激素刺激乳腺腺泡的发育,垂体催乳素、人胎盘催乳素等多种激素参与乳腺发育,为产后泌乳做准备。在妊娠后期,尤其接近分娩期,乳房变得更大,挤压乳房时可有数滴稀薄黄色液体溢出,称初乳(colostrum)。但并无大量乳汁分泌,这可能与大量雌激素、孕激素抑制乳汁生成有关。产后胎盘娩出,雌激素、孕激素水平迅速下降,乳汁开始分泌。以上乳房变化在初产妇更为明显,经产妇由于前次妊娠乳房已经变大,再次妊娠时以上变化不大。

(三)血液系统的变化

1. 血容量　血容量于妊娠 6~8 周开始增加,至妊娠 32~34 周达高峰,平均约增加 1 450ml,其中血浆平均增加 1 000ml,红细胞平均增加 450ml,血浆量的增加多于红细胞的增加,出现生理性血液稀释,故孕妇出现生理性贫血。

2. 血液成分的变化

(1)红细胞:妊娠期骨髓造血增加,网织红细胞轻度增多。由于血液稀释,红细胞计数约为 3.6×10^{12}/L(非孕妇女约为 4.2×10^{12}/L),血红蛋白值约为 110g/L(非孕妇女约为 130g/L),血细胞比容从未孕时 0.38~0.47 降至 0.31~0.34。孕妇铁的储备较少,孕妇容易发生缺铁性贫血,影响胎儿生长发育。因此,妊娠中、晚期开始补充铁剂。此外,红细胞沉降率加快,应注意与病理性红细胞沉降率加快相鉴别。

(2)白细胞:妊娠期白细胞计数轻度增加,一般为 $(5~12) \times 10^9$/L,有时可达 15×10^9/L。分娩期及产褥期白细胞计数显著增加,一般 $(14~16) \times 10^9$/L,有时可达 25×10^9/L。主要为中性粒细胞增多,淋巴细胞、单核细胞及嗜酸性粒细胞几乎无变化。

(3)凝血因子:妊娠期凝血因子 II、V、VII、VIII、IX、X 增加;血浆纤维蛋白原增加,妊娠晚期平均为 4.5g/L(非孕妇女平均为 3g/L),比非孕妇女约增加 50%。因此,妊娠期血液处于高凝状态,故产后胎盘剥离面血管内可以迅速形成血栓止血,防止产后出血。

(4)血浆蛋白:生理性血液稀释导致血浆蛋白降低,妊娠中期为 60~65g/L,主要是白蛋白减少,约为 35g/L,以后持续此水平直至分娩。

(5)血小板:目前对于妊娠期血小板计数的变化尚不明确。妊娠期由于血小板破坏增加、血液稀释或免疫因素等,可导致妊娠期血小板减少,部分孕妇在妊娠晚期会进展为妊娠期血小板减少症。虽然血小板数量下降,但血小板功能增强以维持止血。血小板计数多在产后 1~2 周恢复正常。

(四)循环系统的变化

1. 心脏　妊娠期由于膈肌升高,心脏向左、向上、向前移位,更贴近胸壁,心尖部左移 1~2cm,心浊音界稍扩大,心电图因心脏左移出现电轴左偏约 15°;心脏容量从妊娠早期至孕末期约增加 10%,孕妇休息时心率每分钟增加 10~15 次;由于血流量增加、血流加速及心脏移位使大血管扭曲,多数孕妇心尖区及肺动脉区可闻及 1~2 级柔和的吹风样收缩期杂音,产后逐渐消失。

2. 心排血量 心搏出量自妊娠 10 周开始逐渐增加,妊娠 32~34 周达高峰,较未孕时增加 30%,每次心排血量平均为 80ml,维持此水平直至分娩;由于妊娠期心排血量受活动影响显著。因此,临产后尤其是第二产程子宫收缩较强及产妇用力,可以导致心排血量显著增加,心脏负担加重,故妊娠合并心脏病的孕妇容易在妊娠 32~34 周及分娩期发生心力衰竭。

3. 血压与静脉压 妊娠早期及中期血压偏低,妊娠 24~26 周后血压轻度升高。一般收缩压无变化,舒张压因外周血管扩张、血液稀释及胎盘形成动静脉短路而轻度降低,故脉压稍增大。妊娠期由于盆腔血液回流至下腔静脉的血量增加,以及右旋增大的子宫又压迫下腔静脉使血液回流受阻,使孕妇下肢、外阴及直肠的静脉压增高。加之妊娠期静脉壁扩张,故孕妇易发生痔、外阴及下肢静脉曲张,同时也增加深静脉血栓(deep vein thrombosis,DVT)的发生风险。因此,孕妇妊娠晚期应避免长时间站立。孕妇若长时间仰卧位,可引起回心血量减少、心排血量降低、血压下降,称仰卧位低血压综合征(supine hypotensive syndrome)。若立即将孕妇采取侧卧位,上述症状即可缓解。因此,妊娠中、晚期孕妇多采取侧卧位,可解除对子宫对腹部血管的压迫,改善静脉回流。

(五) 呼吸系统的变化

1. 妊娠期呼吸系统生理变化 妊娠期胸廓横径及前后径加宽,使胸廓周径加大,膈肌上升使胸腔纵径缩短,但胸腔总容积不变,肺活量不受影响。妊娠中、晚期孕妇耗氧量增加 10%~20%,孕妇有过度通气现象,这有利于提供孕妇和胎儿所需的氧气。妊娠期受雌激素影响,呼吸道黏膜充血、水肿,妊娠期易发生上呼吸道感染。妊娠中、晚期因子宫增大,腹肌活动幅度减少,使孕妇以胸式呼吸为主。妊娠期呼吸次数变化不大,每分钟不超过 20 次,但呼吸较深。平卧后有呼吸困难感,睡眠时稍垫高头部可减轻症状。

2. 妊娠期肺功能变化 肺活量无明显改变。潮气量约增加 39%,通气量每分钟约增加 40%,肺泡换气量约增加 65%,残气量约减少 20%。以上肺功能的变化使动脉血 PO_2 增高达 92mmHg,PCO_2 降至 32mmHg,以利于供给孕妇及胎儿所需氧量。

(六) 消化系统的变化

1. 妊娠早期 约有半数妇女出现不同程度的恶心、呕吐,尤其在清晨起床时更为明显,食欲与饮食习惯也有改变,如食欲减退,厌油腻,喜酸性食物,甚至偏食等,称为早孕反应。一般于妊娠 40 多天出现,妊娠 12 周左右消失;妊娠期受雌激素影响,齿龈增厚、水肿充血,易于出现牙龈出血,少数孕妇牙龈出现血管灶性扩张,即妊娠龈瘤,分娩后自然消失。

2. 妊娠中、晚期 由于孕激素使平滑肌张力降低、肌肉松弛,以及妊娠子宫增大压迫,使胃肠蠕动减少、减弱,胃排空时间延长,易出现上腹部饱胀感、肠胀气及便秘;胃贲门括约肌松弛,胃内酸性内容物逆流至食管下部产生胃烧灼感;胆囊排空时间延长,胆汁稍黏稠使胆汁淤积,妊娠期间容易诱发胆囊炎及胆结石;妊娠期子宫增大,邻近器官发生移位,如阑尾炎可表现为右侧上腹部或中腹部疼痛,易于误诊。

(七) 泌尿系统的变化

1. 肾脏负担加重 由于孕妇及胎儿代谢产物增多,肾负担加重。肾血浆流量及肾小球滤过率于妊娠早期均增加,并在整个妊娠期维持高水平。肾小球滤过率比非妊娠时增加 50%,肾血浆流量则增加 35%。由于肾小球滤过率增加,而肾小管对葡萄糖再吸收能力不能相应增加,故孕妇饭后可出现糖尿,应注意与真性糖尿病相鉴别。

2. 尿频 妊娠早期由于增大的子宫压迫膀胱而引起尿频,妊娠 12 周以后子宫体高出盆腔,压迫膀胱的症状消失。妊娠末期,由于胎先露进入盆腔,孕妇再次出现尿频,甚至腹压稍增加即出现尿液外溢现象。

3. 肾盂肾炎 妊娠中期肾盂及输尿管增粗,蠕动减弱,尿流缓慢,且右侧输尿管受右旋子宫压迫等,孕妇易发生肾盂积水、肾盂肾炎,且以右侧多见,可通过左侧卧位预防。

（八）内分泌系统的变化

1. 垂体　妊娠期腺垂体增生1~2倍,嗜酸细胞肥大增多称"妊娠细胞",产后10d左右恢复。垂体分泌激素发生以下变化:

（1）促性腺激素（gonadotropin,Gn）分泌减少:妊娠黄体及胎盘分泌的大量雌激素、孕激素,对下丘脑及腺垂体的负反馈作用,使妊娠期垂体分泌的卵泡刺激素（folicle-stimulating hormone,FSH）及LH减少,故卵巢内的卵泡不再发育成熟,也无排卵。

（2）催乳素（prolactin,PRL）分泌增加:妊娠期垂体分泌催乳素增加,促进乳腺发育,为产后泌乳做准备。妊娠7周开始增多,妊娠足月分娩前达高峰为非孕妇女的10倍。产后下降,未哺乳的产妇于产后3周降至非孕水平,而哺乳的产妇需要产后3个月左右降至非孕水平。

（3）促黑素细胞刺激激素（melanocyte stimulating hormone,MSH）的分泌增多:使孕妇皮肤色素沉着。

2. 甲状腺　妊娠期由于腺组织增生和血管增多,甲状腺呈中等度增大。大量雌激素使肝脏产生甲状腺素结合球蛋白,但血清中游离甲状腺激素并未增多,故孕妇通常无甲状腺功能亢进表现。

3. 甲状旁腺　妊娠中、晚期甲状旁腺素逐渐升高,有利于为胎儿提供钙。

4. 肾上腺皮质　肾上腺皮质内层网状带分泌的睾酮增加,导致孕妇阴毛、腋毛增多增粗。

（九）皮肤的变化

1. 皮肤色素沉着　妊娠期皮肤变化主要表现为色素沉着。由于妊娠期腺垂体分泌促黑素细胞刺激激素的增加,加之大量的雌激素、孕激素有黑色素细胞刺激效应,使黑色素增加。黑色素沉着在孕妇乳头、乳晕、腹白线、外阴等处,颜色加深;若色素沉着于颧颊部、眶周、前额、上唇及鼻部,边缘清晰,呈蝶状褐色。

2. 妊娠纹（striae gravidarum）　指妊娠期间子宫增大使孕妇腹壁皮肤张力加大,皮肤的弹力纤维断裂,出现紫色或淡红色不规则平行的裂纹,称为妊娠纹。一般初产妇为紫红色,经产妇为银色光亮。

（十）新陈代谢的变化

1. 基础代谢率　妊娠早期稍下降,妊娠中期开始逐渐增高,至妊娠晚期增高15%~20%。妊娠期需要的总能量约80 000kcal,平均每天约增加300kcal。

2. 体重　妊娠13周前体重无明显变化,孕妇体重于妊娠13周以后每周增加350g,如果超过500g要注意隐性水肿。整个妊娠期体重平均增长12.5kg。如增加过多,应注意水肿的发生。母亲孕前体重及孕期增加的体重与胎儿出生体重密切相关。因此,调控好孕期体重是做好围产期保健的重要内容。

3. 碳水化合物代谢　妊娠期胰腺分泌胰岛素与胎盘产生的胰岛素酶相拮抗使胰岛素分泌相对不足,孕妇出现空腹血糖低于非孕期,餐后高血糖和高胰岛素血症,以利于对胎儿葡萄糖的供给。妊娠期糖代谢的特点和变化可致妊娠期糖尿病的发生。

4. 脂肪代谢　妊娠期肠道吸收脂肪能力增强,血脂较孕前增加,脂肪能较多积存。妊娠期能量消耗多,糖原储备少,能量消耗过多时,体内动用大量脂肪使血中酮体增加发生酮血症,妊娠剧吐时孕妇尿中出现酮体。

5. 蛋白质代谢　妊娠期胎儿的生长发育使孕妇对蛋白质的需要量明显增加,呈正氮平衡。如果蛋白质储备不足,血浆蛋白减少,组织间液增加,可以出现水肿。

6. 矿物质代谢　胎儿的生长发育需要大量的矿物质,如钙、铁等。足月妊娠胎儿骨骼储存钙约30g,其中80%在妊娠最后3个月内积累。因此,妊娠中、晚期应注意加强饮食中钙的摄入,必要时补充钙剂;妊娠期孕妇需要铁约1 000mg,其中300mg转运给胎儿。孕期铁的需求主要在妊娠晚期,为6~7mg/d。多数孕妇铁的储存量不能满足胎儿生长和孕妇的需要,一般在妊娠中、晚期开始补充铁剂。

（十一）骨骼、关节及韧带的变化

妊娠期由于胎盘分泌的松弛素（relaxin），使骨盆韧带松弛，椎骨间关节、耻骨联合、骶髂关节处关节活动度增加。随着子宫逐渐增大，腰椎曲度也随之增加，致使背部肌肉与韧带强力牵拉导致腰骶部及肢体疼痛不适。部分孕妇耻骨联合松弛、分离导致疼痛、活动受限。妊娠晚期孕妇重心向前移，为保持身体平衡，孕妇头部与肩部应向后仰，腰部向前挺，形成典型的孕妇姿势。

二、妊娠期母体的心理变化

无论是计划妊娠还是意外妊娠，新生命的到来都会对孕妇及其家庭生活产生较大影响，不同妊娠阶段孕妇及家庭成员会有不同的心理反应，面临不同的心理发展任务。因此，协助孕妇做好心理调适至关重要。

（一）妊娠期的心理变化

妊娠期孕妇不仅全身各系统发生了一系列生理变化，在妊娠期的不同阶段孕妇也会发生一系列心理变化。因此，做好妊娠期孕妇心理保健，有助于产后亲子关系的建立及母亲角色的完善。

1. **妊娠早期**

（1）矛盾心理：在刚得知怀孕时，许多孕妇会感到震惊，有部分会对自己的受孕成功感到矛盾和忧喜参半。尤其非计划妊娠的孕妇，此时既享受妊娠的兴奋，又觉得妊娠不是时候，可能因工作、学习等原因，暂时不想要孩子，也可能由于初为人母，既缺乏抚养孩子的知识和技能，又缺乏可以利用的社会支持系统，经济负担过重或家庭条件不许可所导致。

（2）情绪波动：妊娠后由于体内激素的变化，会使孕妇情绪变得很脆弱。同时怀孕所带来的各方面压力，孕妇往往变得易怒、哭泣、烦闷、忧郁等，情绪波动大。

2. **妊娠中期**　此期孕妇逐渐增大的腹部、自我感受到的胎动，使孕妇真正感受到了孩子的存在，可出现"筑巢反应"。孕妇开始接受怀孕的事实，穿孕妇装，更加关注胎儿，开始幻想胎儿的长相及自己成为母亲的情形，感受到兴奋与骄傲。部分孕妇会通过阅读相关书籍、与有经验人士交谈等途径获取胎教、营养、运动等方面的保健知识。

3. **妊娠晚期**　此期孕妇的身躯日益庞大，活动日趋困难，身体功能也越来越失去控制感，许多妊娠不适的症状日益明显，这些会使孕妇感到活动受限，所以会强烈渴望终止妊娠，以求能从怀孕的束缚中解脱。同时，孕妇又会担心生产时的疼痛和自己及胎儿的安全，充满焦虑和恐慌。部分孕妇在分娩方式的选择上反复权衡利弊，一方面对顺产分娩疼痛产生恐惧，担心是否会发生难产；另一方面对剖宫产麻醉问题、术后切口愈合问题、是否对孩子有影响等问题产生顾虑。通常，此期孕妇会觉得自己很脆弱且需要别人的注意和关心。

整个妊娠期孕妇会更多专注于自己的身体，注重穿着、体重、休息和一日三餐。这种专注使孕妇能更好地调节与适应，以迎接新生儿的来临，但也可能会使丈夫及家庭成员感到受冷落，影响家庭关系。

（二）妊娠期的心理发展任务

根据美国妇产科护理学专家鲁宾（Rubin）的研究，孕妇为接受新生命诞生，维持个人及家庭的功能完整，必须完成以下心理发展任务：

1. **确保母儿顺利度过妊娠期、分娩期**　妊娠期孕妇为确保自己和胎儿的健康发展，其注意力集中在自己与胎儿的健康方面，为此孕妇会通过阅读有关书籍、咨询专家、定期产检等方式寻求母儿健康保健知识，并按照医生建议，补充维生素，摄取均衡饮食，保证足够的休息和睡眠，使整个妊娠期保持最佳的健康状态。

2. **促使家庭重要成员接受新生儿**　孩子的出生会对整个家庭产生影响。随着妊娠的进展，孕妇逐渐接受了孩子，并开始寻求家庭重要成员对孩子的接受和认可。在此过程中，其丈夫是关键人物；由于他的接受和支持，孕妇才能完成孕期心理发展任务和形成母亲角色的认同。

Note:

3. 学会对孩子的奉献 孕妇在妊娠期必须学习为孩子奉献自己的行为,必须开始调整自己,发展自理与自制的能力,学会给予,延迟自己的需要以满足胎儿的需要,以适应胎儿的成长,并为产后承担照顾孩子的重任做好准备。

4. 情绪上与胎儿连成一体 随着妊娠的进展,孕妇和胎儿建立起亲密的感情,尤其是胎动出现以后,孕妇常借助抚摸、对着腹部讲话等行为表达她对胎儿的情感。如果幻想理想中孩子的模样,会使她与孩子更加亲近,那么这种情绪及行为的表现将为她日后与新生儿建立良好情感奠定基础。

知 识 拓 展

准爸爸的心理变化

妻子怀孕后,准爸爸在妻子妊娠和分娩各阶段都会产生不同的心理变化与调适,一般会经历以下几个过程:

1. 宣告期 指确认怀孕后的几小时至数周,主要发展任务是确认妊娠。如果是计划妊娠,准爸爸会表现得非常兴奋且骄傲,立即向亲友宣布妻子怀孕的喜讯。相反,如果是计划外的,部分准爸爸则会呈现出沮丧或震惊,并产生心理压力,甚至会出现与孕妇类似的生理、心理症状。

2. 停滞期 持续数天至数周,准爸爸的发展任务是接受胎儿并适应现实。

3. 焦点期 始于妊娠28~30周,止于分娩。主要发展任务是接受胎儿的出生,转变为父亲的角色。此时准爸爸会对配偶更加关心,部分准爸爸会与配偶一起参与产前训练课程,学习如何照顾孕妇。但随着预产期的接近,部分准爸爸会越来越担心分娩时产妇与胎儿的安全,担心自己是否有足够的能力抚养孩子等。

针对准爸爸的心理变化,需要对其进行心理调适。首先让准爸爸了解妊娠相关的知识,知道妊娠、分娩等都是生理过程,不必过分焦虑,但都需要丈夫的支持与照顾,共同完成孕育任务。

(张秀平)

思 考 题

1. 描述受精、受精卵发育与胚胎着床的过程。
2. 陈述胎儿附属物的形成与功能。
3. 阐述妊娠期妇女生理和心理变化特点。

第三章

妊娠诊断与产前检查

03章 数字内容

学习目标

知识目标:

1. 掌握早、中、晚期妊娠的诊断方法;电子胎心监护图形的术语及意义;评估胎儿健康状况的常用技术。
2. 熟悉产前检查的内容。
3. 了解评估胎儿成熟度的常用方法。

能力目标:

1. 能对电子胎心监护图形进行描述和初步解读。
2. 能用实例说明无应激试验和催产素激惹试验的原理、方法及分类。

素质目标:

具有尊重、爱护孕产妇,保护孕产妇隐私的职业精神。

妊娠期从末次月经的第一天开始计算,约为280d(40周)。临床上分为3个时期:妊娠13^{+6}周以前称为早期妊娠(first trimester),第14~27^{+6}周称为中期妊娠(second trimester),第28周及其以后称为晚期妊娠(third trimester)。

第一节　妊娠诊断

导入情境与思考

某女士,26岁,已婚。既往月经规律,停经50d。近3d晨起恶心,厌油腻,伴有轻度尿频,基础体温高温相持续4周。

请思考:

1. 该女士最有可能的诊断是什么?

2. 判断依据是什么?

一、早期妊娠的诊断

早期妊娠也称为早孕,是胚胎形成、胎儿器官分化的重要时期,因此早期妊娠的诊断主要是确定妊娠、胎数、孕龄,排除异位妊娠等病理情况。

【症状与体征】

1. **停经(cessation of menstruation)**　有性生活史的健康育龄期妇女,平时月经周期规则,一旦月经过期,应考虑到妊娠,停经10d以上,尤应高度怀疑妊娠。若停经已达8周以上,则妊娠的可能性更大。停经是妊娠最早出现的症状,但不是妊娠的特有症状,需与内分泌紊乱等引起的闭经相鉴别。

2. **早孕反应(morning sickness)**　在停经6周左右出现畏寒、头晕、流涎、乏力、嗜睡、食欲减退、喜食酸物、厌恶油腻、恶心、晨起呕吐等症状,称为早孕反应。部分患者有情绪改变。多在停经12周左右自行消失。早孕反应的严重程度和持续时间因人而异。

3. **尿频**　由前倾增大的子宫在盆腔内压迫膀胱所致。当子宫增大超出盆腔后,尿频症状自然消失。

4. **乳房变化**　自觉乳房轻度胀痛,查体见乳头、乳晕着色加深,有明显的静脉显露,乳头增大,乳房体积逐渐增大,乳晕周围皮脂腺增生出现深褐色的蒙氏结节。哺乳期妇女妊娠后乳汁明显减少。

5. **妇科检查**　阴道黏膜和宫颈阴道部充血呈紫蓝色。妊娠6~8周时,双合诊检查子宫峡部极软,感觉宫颈与宫体之间似不相连,称为黑加征(Hegar sign)。随妊娠进展,子宫逐渐增大变软,呈球形。妊娠8周时,子宫为非孕时的2倍,妊娠12周时为非孕时的3倍,宫底超出盆腔,可在耻骨联合上方触及。

6. **其他**　部分患者出现雌激素增多的表现,如蜘蛛痣、肝掌、皮肤色素沉着(面部、腹白线、乳晕等)。部分患者出现不伴有子宫出血的子宫收缩痛或腹胀、便秘等不适。

【辅助检查】

1. **妊娠试验(pregnancy test)**　通常受精后8~10d即可用放射免疫法测出受检者血液中hCG升高。临床上也常用早孕试纸检测受检者尿液,该方法简单、快速。结果阳性结合临床表现可诊断妊娠。但要确定是否为宫内妊娠,尚需超声检查。

Note:

2. **超声检查**　妊娠早期超声检查的主要目的是确定宫内妊娠及胎儿是否存活,排除异位妊娠、滋养细胞疾病、盆腔肿块等。确定胎数,若为多胎,可通过胚囊数目和形态判断绒毛膜性(图 3-1)。估计孕龄,停经 35d 时,宫腔内见到圆形或椭圆形妊娠囊(gestational sac,GS);妊娠第 6 周时,可见到胚芽和原始心管搏动。妊娠 11~13^{+6} 周测量胎儿顶臀长(crown-rump length,CRL)能较准确地估计孕周,校正预产期,同时检测胎儿颈项透明层厚度(nuchal translucency,NT)和胎儿鼻骨(nosal bone)等,可作为早孕期染色体疾病筛查的指标。妊娠 9~13^{+6} 周超声检查可以排除严重的胎儿畸形,如无脑儿。

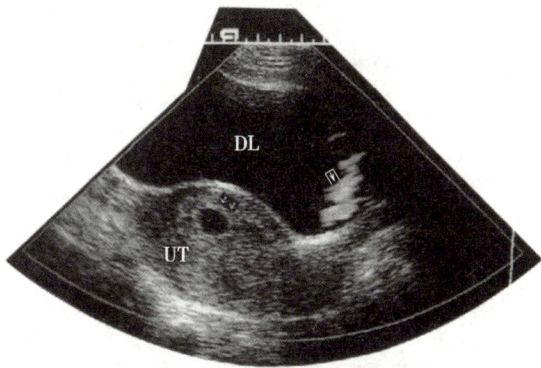

图 3-1　早期妊娠的超声图像

【诊断】

血或尿 hCG 阳性、超声检查见胚芽和原始心管搏动才能确诊正常的早期妊娠。若临床高度怀疑妊娠,血或尿 hCG 阳性而超声检查未发现孕囊或胚芽,不能完全排除妊娠。可能是超声检查时间太早或异位妊娠,需要定期复查。

根据超声测量估计孕龄:根据末次月经推算的预产期部分存在不准确性,尤其月经周期不规律者需要妊娠早期超声确认或校正。超声检查是确定宫内妊娠"金标准",特别是妊娠早期测量胎儿 CRL 来估计孕龄是最为准确的方法,妊娠 ≥ 14 周则采用双顶径、头围、腹围和股骨长度综合判断孕龄。如果妊娠 22 周前没有进行超声检查确定或者校正孕龄,单纯根据末次月经推算的预产期,称为日期不准确妊娠。

二、中、晚期妊娠的诊断

中、晚期妊娠是胎儿生长和各器官发育成熟的重要时期,这个时期的诊断主要是判断胎儿生长发育情况、宫内状况和发现胎儿畸形。

【病史与症状】

有早期妊娠经历,自觉腹部逐渐增大。孕妇可感觉到胎动,扪及胎体,听到胎心音。

【体征与检查】

1. **子宫增大**　腹部检查可见增大的子宫,手测子宫底高度或尺测耻上子宫长度可估计胎儿大小及孕周(表 3-1)。子宫底高度因孕妇的脐耻间距离、胎儿发育情况、羊水量、单胎、多胎等有差异。不同孕周的子宫底增长速度不同,妊娠 20~24 周时增长速度较快,平均每周增长 1.6cm,至 36~39^{+6} 周增长速度减慢,每周平均增长 0.25cm。正常情况下,子宫高度在妊娠 36 周时最高,至妊娠足月时因胎先露入盆略有下降。

2. **胎动**(fetal movement,FM)　指胎儿的躯体活动。初产妇一般于妊娠 18~20 周开始自觉有胎动,经产妇感觉略早于初孕妇。胎动随妊娠进展逐渐增强,至妊娠 32~34 周达高峰,妊娠 38 周后逐渐减少。胎动夜间和下午较为活跃,常在胎儿睡眠周期消失,持续 20~40min。妊娠 28 周以后,正常胎动次数 ≥ 10 次 /2h。

3. **胎体**　妊娠达 20 周后,经腹壁能触到子宫内的胎体。妊娠达 24 周以后,触诊能区分胎头、胎背、胎臀和胎儿肢体。胎头圆而硬,用手经阴道轻触胎头并轻推,有浮球感;胎背宽而平坦;胎臀宽而软,形状不规则;胎儿肢体小且有不规则活动。随妊娠进展,通过四步触诊法能够查清胎儿在子宫内的位置。

Note:

表 3-1　不同孕龄的宫底高度和子宫长度

妊娠周数	手测宫底高度	尺测耻上子宫长度 /cm
12 周末	耻骨联合上 2~3 横指	
16 周末	脐耻之间	
20 周末	脐下 1 横指	18（15.3~21.4）
24 周末	脐上 1 横指	24（22.0~25.1）
28 周末	脐上 3 横指	26（22.4~29.0）
32 周末	脐与剑突之间	29（25.3~32.0）
36 周末	剑突下 2 横指	32（29.8~34.5）
40 周末	脐与剑突之间或略高	33（30.0~35.3）

4. **胎心音**　听到胎心音能够确诊为妊娠且为活胎。于妊娠 12 周后用多普勒胎心听诊仪能够探测到胎心音；妊娠 18~20 周用一般听诊器经孕妇腹壁能够听到胎心音。胎心音呈双音，似钟表"滴答"声，速度较快，正常每分钟 110~160 次。胎心音应与子宫杂音、腹主动脉音、脐带杂音相鉴别。

【辅助检查】

1. **超声检查**　超声检查不仅能显示胎儿数目、胎产式、胎先露、胎方位，有无胎心搏动，胎盘位置及其与宫颈内口的关系，羊水量，评估胎儿体重，还能测量胎头双顶径、头围、腹围和股骨长等多条径线，了解胎儿生长发育情况。在妊娠 20~24 周，可采用超声进行胎儿系统检查，筛查胎儿结构畸形。

2. **彩色多普勒超声**　可检测子宫动脉、脐动脉和胎儿动脉的血流速度和波形。妊娠中期子宫动脉血流舒张期早期切迹（diastolic notching）可评估子痫前期的风险，妊娠晚期的脐动脉搏动指数（pulsatile index，PI）和阻力指数（resistance index，RI）可评估胎盘血流，胎儿大脑中动脉（middle cerebral artery，MCA）的收缩期峰值流速（peak systolic velocity，PSV）可判断胎儿贫血的程度。

三、胎姿势、胎产式、胎先露、胎方位

妊娠 28 周前，由于胎儿小，羊水相对较多，胎儿在子宫内活动范围较大，胎儿位置不固定。妊娠达 32 周后，胎儿生长迅速，羊水相对减少，胎儿与子宫壁贴近，胎儿的姿势和位置相对恒定，但亦有极少数胎儿的姿势和位置在妊娠晚期发生改变，胎方位甚至在分娩期仍可改变。胎儿位置的诊断需要根据腹部四步触诊、阴道或肛门检查、超声检查等综合判断。

1. **胎姿势（fetal attitude）**　指胎儿在子宫内的姿势。正常胎姿势为胎头俯屈，颏部贴近胸壁，脊柱略前弯，四肢屈曲交叉于胸腹前，其体积及体表面积均明显缩小，整个胎体成为头端小、臀端大的椭圆形。

2. **胎产式（fetal lie）**　指胎体纵轴与母体纵轴的关系（图 3-2）。胎体纵轴与母体纵轴平行者，称为纵产式（longitudinal lie），占足月妊娠分娩总数的 99.75%；胎体纵轴与母体纵轴垂直者，称为横产式（transverse lie），仅占足月分娩总数的 0.25%；胎体纵轴与母体纵轴交叉者，称为斜产式。斜产式是暂时的，在分娩过程中多转为纵产式，偶尔转成横产式。

3. **胎先露（fetal presentation）**　指最先进入骨盆入口的胎儿部分。纵产式有头先露和臀先露，横产式为肩先露。根据胎头屈伸程度，头先露分为枕先露、前囟先露、额先露及面先露（图 3-3）。臀先露分为单臀先露、完全臀先露、不完全臀先露（图 3-4），不完全臀先露可以分为单足先露、双足先露等。横产式时最先进入骨盆的是胎儿肩部，为肩先露。偶见胎儿头先露或臀先露与胎手或胎足同时入盆，称为复合先露（图 3-5）。

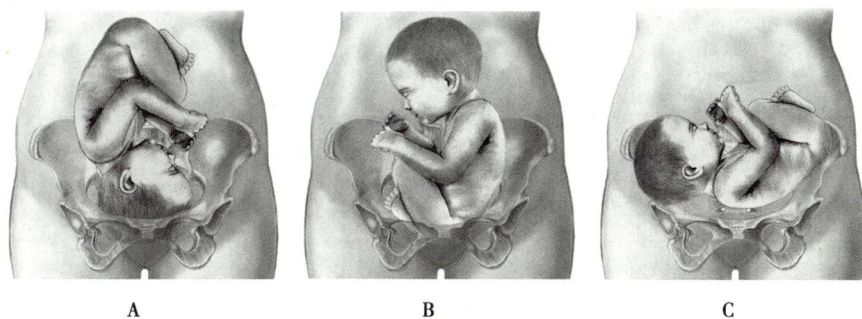

图 3-2　胎产式
A. 纵产式（头先露）；B. 纵产式（臀先露）；C. 横产式（肩先露）。

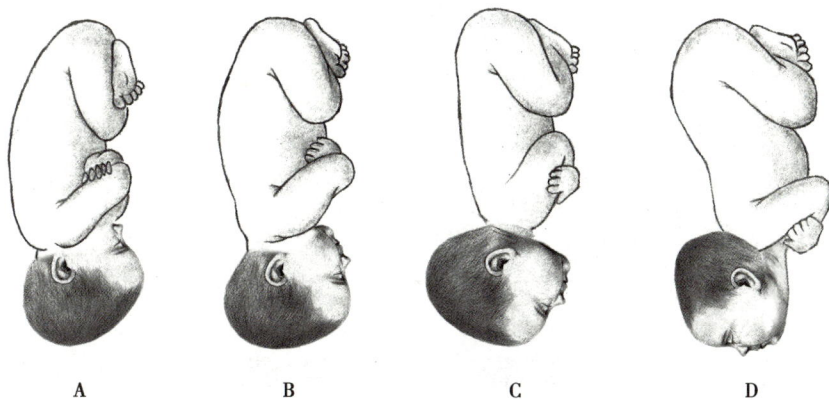

图 3-3　头先露的种类
A. 枕先露；B. 前囟先露；C. 额先露；D. 面先露。

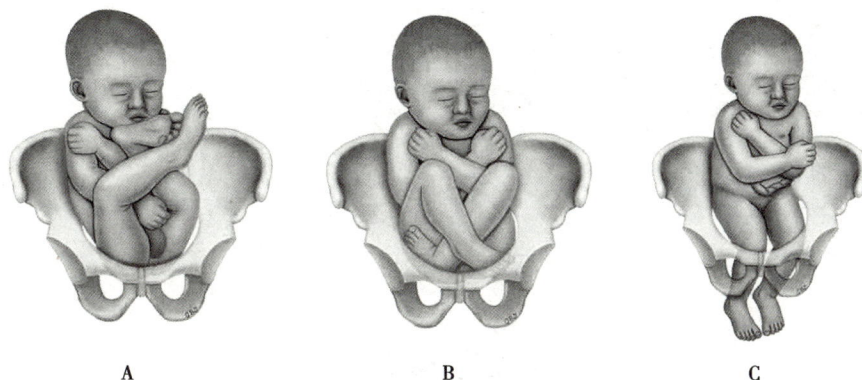

图 3-4　臀先露的种类
A. 单臀先露；B. 完全臀先露；C. 不完全臀先露。

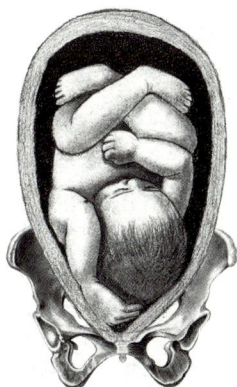

图 3-5　复合先露

4. 胎方位(fetal position) 指胎儿先露部的指示点与母体骨盆的关系。枕先露以枕骨、面先露以颏骨、臀先露以骶骨、肩先露以肩胛骨为指示点。每个指示点与母体骨盆入口左、右、前、后、横的不同位置构成不同胎方位。头先露、臀先露各有 6 种胎方位,肩先露有 4 种胎方位。例如,枕先露时,胎头枕骨位于母体骨盆的左前方,应为枕左前位,余可类推(表 3-2)。

表 3-2 胎产式、胎先露和胎方位的关系及种类

纵产式	头先露	枕先露	枕左前(LOA) 枕左横(LOT) 枕左后(LOP)
			枕右前(ROA) 枕右横(ROT) 枕右后(ROP)
		面先露	颏左前(LMA) 颏左横(LMT) 颏左后(LMP)
			颏右前(RMA) 颏右横(RMT) 颏右后(RMP)
	臀先露		骶左前(LSA) 骶左横(LST) 骶左后(LSP)
			骶右前(RSA) 骶右横(RST) 骶右后(RSP)
横产式	肩先露		肩左前(LSCA) 肩左后(LSCP)
			肩右前(RSCA) 肩右后(RSCP)

第二节 产前检查

导入情境与思考

某孕妇,30 岁。拟行产前检查,宫底在脐上 3 横指,胎心音在脐下左侧听得最清楚,耻骨联合上扣及圆而硬浮球样物。若胎头枕部在骨盆左前。

请思考:

1. 该孕妇的孕周大约是多少?
2. 如何判断胎儿的胎先露和胎方位?

一、产前检查的时间、次数及孕周

产前检查(antenatal care)是检测胎儿发育和宫内生长环境,监护孕妇各系统变化,促进健康教育与咨询,提高妊娠质量,减少出生缺陷的重要举措。规范和系统的产前检查是确保母儿健康与安全的关键环节。妊娠早、中、晚期孕妇因胎儿的变化不同,产前检查的次数与内容也不同。

首次产前检查的时间应从确诊妊娠开始,针对发展中国家无合并症的孕妇,世界卫生组织(2016年)建议产前检查次数至少 8 次,检查时间分别为妊娠<12 周、20 周、26 周、30 周、34 周、36 周、38 周和 40 周。根据我国《孕前和孕期保健指南(2018 年)》,目前推荐的产前检查孕周分别是妊娠 6~13^{+6} 周,14~19^{+6} 周,20~24 周,25~28 周,29~32 周,33~36 周,37~41 周(每周 1 次)。有高危因素者,可酌情增加次数。产前检查的主要目的:确定孕妇与胎儿的健康状况;估计和核对孕期或胎龄;制订产前检查计划。

二、产前检查的内容

产前检查的内容包括详细询问病史、全面体格检查、产科检查、必要的辅助检查和健康教育指导(表 3-3)。

表 3-3　产前检查的方案

检查次数	常规保健项目	必查项目	备查项目	健康教育及指导
第 1 次检查 (6~13^{+6} 周)	1. 建立孕期保健手册 2. 确定孕周，推算预产期 3. 评估孕期高危因素 4. 血压、体重与体重指数 5. 妇科检查 6. 胎心率(妊娠 12 周左右)	1. 血常规、尿常规 2. 血型(ABO 和 Rh) 3. 空腹血糖 4. 肝功能和肾功能 5. 乙型肝炎表面抗原 6. 梅毒血清抗体筛查和 HIV 筛查 7. 地中海贫血筛查(广东、广西、海南、湖南、湖北、四川、重庆等地) 8. 早孕期超声检查(确定宫内妊娠和孕周)	1. HCV 筛查 2. 抗 D 滴度(Rh 阴性者) 3. 75g OGTT(高危妇女) 4. 甲状腺功能筛查 5. 血清铁蛋白(血红蛋白<110g/L 者) 6. 宫颈细胞学检查(孕前 12 个月未检查者) 7. 宫颈分泌物检测淋球菌和沙眼衣原体 8. 细菌性阴道病的检测 9. 早孕期非整倍体母体血清学筛查(10~13^{+6} 周) 10. 妊娠 11~13^{+6} 周超声检查，测量胎儿颈项透明层厚度 11. 妊娠 10~13^{+6} 周绒毛活检 12. 心电图	1. 流产的认识和预防 2. 营养和生活方式的指导 3. 避免接触有毒有害物质和宠物，慎用药物 4. 孕期疫苗的接种 5. 改变不良生活方式；避免高强度的工作、高噪声环境和家庭暴力 6. 保持心理健康 7. 继续补充叶酸 0.4~0.8mg/d 至 3 个月，有条件者可继续服用含叶酸的复合维生素
第 2 次检查 (14~19^{+6} 周)	1. 分析首次产前检查的结果 2. 血压、体重 3. 宫底高度 4. 胎心率	无	1. 无创产前检测(NPT)12~22^{+6} 周 2. 中孕期非整倍体母体血清学筛查(15~20 周) 3. 羊膜腔穿刺检查胎儿染色体(16~22 周)	1. 中孕期胎儿非整倍体筛查的意义 2. 非贫血孕妇，如血清铁蛋白<30μg/L，应补充元素铁 60mg/d，诊断明确的缺铁性贫血孕妇，应补充元素铁 100~200mg/d 3. 开始常规补充钙剂 0.6~1.5g/d
第 3 次检查 (20~24 周)	1. 血压、体重 2. 宫底高度 3. 胎心率	1. 胎儿系统超声筛查(20~24 周) 2. 血常规 3. 尿常规	阴道超声测量宫颈长度(早产高危)	1. 早产的认识和预防 2. 营养和生活方式的指导 3. 胎儿系统超声筛查的意义
第 4 次检查 (25~28 周)	1. 血压、体重 2. 宫底高度 3. 胎心率	1. 75g OGTT 2. 血常规 3. 尿常规	1. 抗 D 滴度复查(Rh 阴性者) 2. 宫颈阴道分泌物胎儿纤维连接蛋白(fFN)检测(宫颈长度为 20~30mm 者)	1. 早产的认识和预防 2. 营养和生活方式的指导 3. 妊娠期糖尿病筛查的意义
第 5 次检查 (29~32 周)	1. 血压、体重 2. 宫底高度 3. 胎心率 4. 胎位	1. 产科超声检查 2. 血常规 3. 尿常规	无	1. 分娩方式指导 2. 开始注意胎动 3. 母乳喂养指导 4. 新生儿护理指导
第 6 次检查 (33~36 周)	1. 血压、体重 2. 宫底高度 3. 胎心率 4. 胎位	尿常规	1. B 族链球菌(GBS)筛查(35~37 周) 2. 肝功能、血清胆汁酸检测(32~34 周，怀疑妊娠肝内胆汁淤积症的孕妇) 3. NST 检查(34 孕周以后)	1. 分娩前生活方式的指导 2. 分娩相关知识 3. 新生儿疾病筛查 4. 抑郁症的预防
第 7~11 次检查(37~41 周)	1. 血压、体重 2. 宫底高度 3. 胎心率 4. 胎位	1. 产科超声检查 2. NST 检查(每周 1 次)	宫颈检查(Bishop 评分)	1. 分娩相关知识 2. 新生儿免疫接种 3. 产褥期指导 4. 胎儿宫内情况的监护 5. 超过 41 周，住院并引产

(一) 病史

1. 年龄 年龄<18 岁或 ≥35 岁妊娠为高危因素,≥35 岁妊娠者为高龄孕妇。

2. 职业 从事接触有毒物质或放射线等工作的孕妇,其母儿不良结局的风险增加,建议计划妊娠前或妊娠后调换工作岗位。

3. 本次妊娠过程 了解妊娠早期有无早孕反应、病毒感染及用药史;胎动开始时间和胎动变化;饮食、睡眠和运动情况;有无阴道流血、头痛、眼花、心悸、气短、下肢水肿等症状。

4. 推算及核对预产期(expected date of confinement,EDC) 推算方法是按末次月经第一天算起,月份减 3 或加 9,天数加 7。有条件者应根据妊娠早期超声检查的报告来核对预产期,尤其对记不清末次月经日期或哺乳期无月经来潮而受孕者,应采用超声检查来协助推算预产期。若根据末次月经推算的孕周与妊娠早期超声检查推算的孕周时间间隔超过 5d,应根据妊娠早期超声结果校正预产期;妊娠早期超声检测胎儿顶臀长(CRL)是估计孕周最准确的指标。

5. 月经史及孕产史 月经周期的长短影响了预产期的推算和胎儿生长发育的监测。初产妇应了解孕次、流产史;经产妇应了解有无难产史、死胎死产史、分娩方式、分娩过程以及有无产后出血史,了解出生时新生儿情况。

6. 既往史及手术史 了解有无高血压、心脏病、结核病、糖尿病、血液病、肝肾疾病等,注意其发病时间及治疗情况,有无手术史及手术情况。

7. 家族史 询问家族中有无妊娠合并症、双胎妊娠及其他与遗传相关的疾病。对遗传疾病家族史者,可以在妊娠早期行绒毛活检,或在妊娠中期做羊水或脐静脉血胎儿染色体核型分析;应由专科医师做遗传咨询,以减少遗传病儿的出生率。

8. 配偶情况 着重询问健康状况,有无遗传性疾病等。

(二) 体格检查

观察孕妇发育、营养及精神状态;注意步态及身高,身材矮小(<145cm)者常伴有骨盆狭窄;测量体重,计算体重指数(body mass index,BMI),评估营养状况。测量血压、正常血压不应达到或超过 140/90mmHg;进行系统的全身体格检查,特别要注意检查乳房发育情况、乳头大小及有无乳头凹陷;检查脊柱及下肢有无畸形;常规妇科检查了解生殖道发育及是否畸形。

三、产科检查

产科检查包括腹部检查、骨盆大小的评估、外阴阴道检查及胎儿情况。检查前先告知孕妇检查的目的,检查时动作尽可能轻柔,以取得合作。适时行 B 超检查。注意保护孕妇的隐私。胎儿情况详见本章第三节胎儿健康状况评估。

(一) 腹部检查

孕妇排尿后仰卧于检查床上,头部稍抬高,暴露腹部,双腿略屈曲分开,放松腹肌。检查者站在孕妇的右侧。

1. 视诊 注意腹部形状及大小,腹部有无妊娠纹和手术瘢痕。腹部过大,宫底过高者,应考虑多胎妊娠、巨大胎儿、羊水过多、孕周推算错误等;腹部过小、宫底过低者,应考虑胎儿生长受限、羊水过少、孕周推算错误等。如孕妇腹部向前突出,即尖腹,多见于初产妇;孕妇腹部向下悬垂,即悬垂腹,多见于经产妇,应考虑可能伴有骨盆狭窄。

2. 触诊 先用软尺测子宫底高度及腹围。子宫底高度指耻骨联合上缘到宫底的弧形长度;腹围是平脐绕腹一周的数值。随后进行四步触诊法(four maneuvers of Leopold)检查子宫大小、子宫形状、胎产式、胎先露、胎方位及胎先露是否衔接(图 3-6)。在做前三步手法时,检查者面向孕妇面部,做第四步手法时,检查者应面向孕妇足端。

第一步:检查者两手置于子宫底部,了解子宫外形并手测宫底高度,根据其高度估计胎儿大小与妊娠周数是否相符。然后以两手指腹相对交替轻推,判断子宫底部的胎儿部分,若为胎头,则硬而圆且有浮球感,如为胎臀,则软而宽且形态不规则。

第二步:检查者两手分别置于腹部左右侧,一手固定,另一手轻轻深按进行检查,两手交替,触到平坦饱满部分为胎背,并确定胎背向前、向侧方或向后。触到可变形的高低不平部分为胎儿肢体,有时能感觉到胎儿肢体在活动。

第三步:检查者右手拇指与其余4指分开,置于耻骨联合上方,握住胎先露部,进一步查清是胎头或胎臀,左右推动以确定是否衔接。若胎先露部仍可以左右移动,表示尚未衔接入盆。若胎先露部不能被推动,则已衔接。

第四步:检查者左右手分别置于胎先露部的两侧,沿骨盆入口方向往下深压,进一步核查胎先露部的诊断是否正确,并确定胎先露部入盆程度。先露为胎头时,一手能顺利进入骨盆入口,另一手则被胎头隆起部阻挡,该隆起部称胎头隆突。枕先露时,胎头隆突为额骨,与胎儿肢体同侧;面先露时,胎头隆突为枕骨,与胎背同侧。

3. 听诊　胎心音在靠近胎背上方的孕妇腹壁上听得最清楚,听诊部位取决于先露部及其下降程度。枕先露时,胎心音在脐右下方或左下方;臀先露时,胎心音在脐右上方或左上方;肩先露时,胎心在靠近脐部下方听得最清楚(图3-7)。

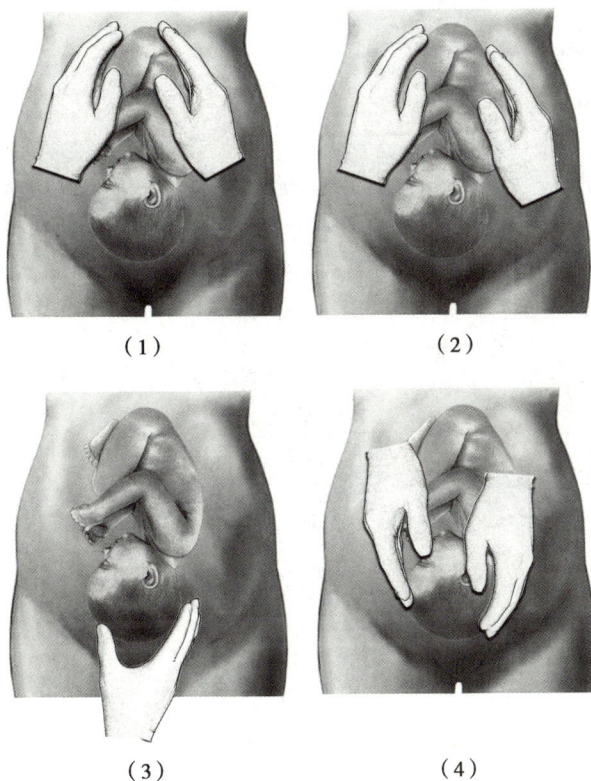

图 3-6　胎位检查的四步触诊法

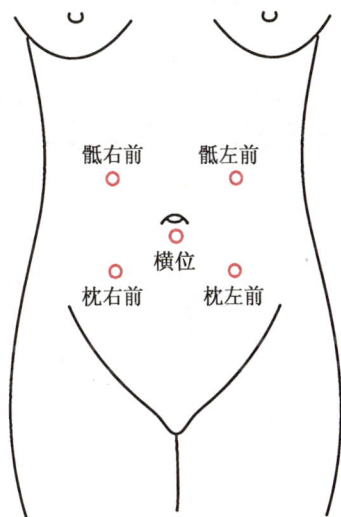

图 3-7　不同胎位胎心音听诊部位

(二) 骨盆大小的评估

骨盆大小的评估包括临床评估和影像学评估。临床评估包括骨盆相关解剖及骨盆测量。骨盆大小及其形状对分娩有直接影响,故产前检查时可做骨盆测量,以判断胎儿能否顺利经阴道分娩。骨盆测量有外测量和内测量两种。

1. 骨盆相关解剖　女性骨盆(pelvis)是躯干和下肢之间的骨性连接,是支持躯干和保护盆腔脏器的重要器官,同时又是胎儿娩出时必经的骨性产道,其大小、形状直接影响分娩过程。通常女性骨盆较男性骨盆宽浅,有利于胎儿娩出。

Note:

(1)骨盆的组成

1)骨盆的骨骼：骨盆由骶骨（sacrum）、尾骨（coccyx）及左右两块髋骨（coxae）组成。每块髋骨又由髂骨（ilium）、坐骨（ischium）和耻骨（pubis）融合而成；骶骨由5~6块骶椎融合而成，呈楔（三角）形，其上缘明显向前突出，称为骶岬（promontory），是产科骨盆内测量对角径的重要标志。尾骨由4~5块尾椎合成（图3-8）。

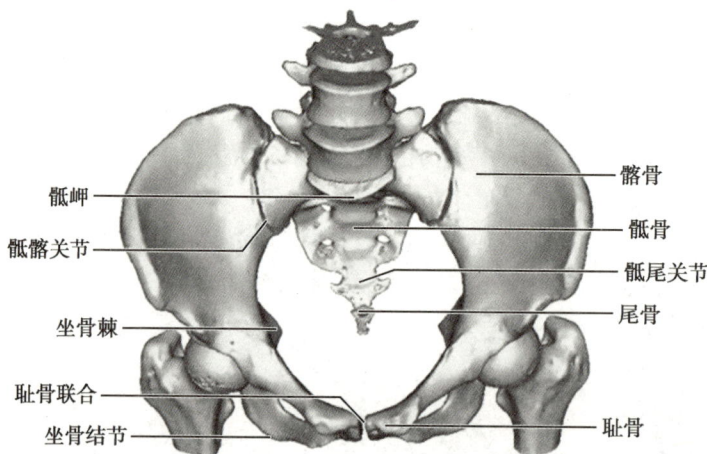

图 3-8　正常女性骨盆（前上观）

2)骨盆的关节：包括耻骨联合（public symphysis）和骶髂关节（sacroiliac joint）和骶尾关节（sacrococcygeal joint）。在骨盆的前方两耻骨之间由纤维软骨连接，称为耻骨联合，妊娠期受女性激素影响变松动，分娩过程中可出现轻度分离，有利于胎儿娩出。在骨盆后方，两髂骨与骶骨相接，形成骶髂关节。骶骨与尾骨相连，形成骶尾关节，有一定活动度，分娩时尾骨后移可加大出口前后径。

3)骨盆的韧带：连接骨盆各部之间的韧带中，有两对重要的韧带，一对是骶、尾骨与坐骨结节之间的骶结节韧带（sacrotuberous ligament），另一对是骶、尾骨与坐骨棘之间的骶棘韧带（sacrospinous ligament），骶棘韧带宽度即坐骨切迹宽度，是判断中骨盆是否狭窄的重要指标。妊娠期受性激素影响，韧带松弛，有利于分娩（图3-9）。

(2)骨盆的分界：以耻骨联合上缘、髂耻缘及骶岬上缘的连线为界，将骨盆分为假骨盆和真骨盆两部分。假骨盆又称大骨盆，位于骨盆分界线之上，为腹腔的一部分，其前方为腹壁下部，两侧为髂骨翼，其后方为第5腰椎。假骨盆与产道无直接关系。真骨盆又称小骨盆，是胎儿娩出的骨

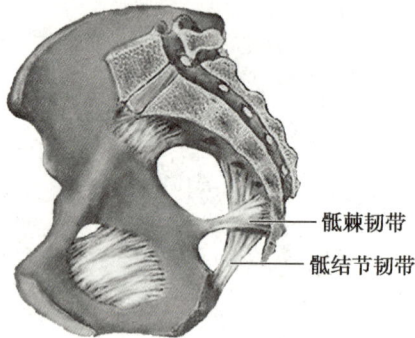

图 3-9　骨盆的韧带

产道（bony birth canal）。真骨盆有上、下两口，上口为骨盆入口（pelvic inlet），下口为骨盆出口（pelvic outlet），两口之间为骨盆腔（pelvic cavity）。骨盆腔后壁是骶骨和尾骨，两侧为坐骨、坐骨棘和骶棘韧带，前壁为耻骨联合和耻骨支。坐骨棘位于真骨盆中部，肛诊或阴道诊可触及。两坐骨棘连线的长度是衡量中骨盆横径的重要径线，同时坐骨棘又是分娩过程中衡量胎先露部下降程度的重要标志。耻骨两降支的前部相连构成耻骨弓。骨盆腔呈前浅后深的形态，其中轴为骨盆轴，分娩时胎儿沿此轴娩出。

(3)骨盆的类型：根据骨盆形状（按Callwell与Moloy分类），分为4种类型（图3-10）。

1)女型（gynecoid type）：骨盆入口呈横椭圆形，入口横径较前后径稍长。耻骨弓较宽，坐骨棘间径≥10cm。最常见，为女性正常骨盆，我国妇女占52%~58.9%。

女型

扁平型

类人猿型

男型

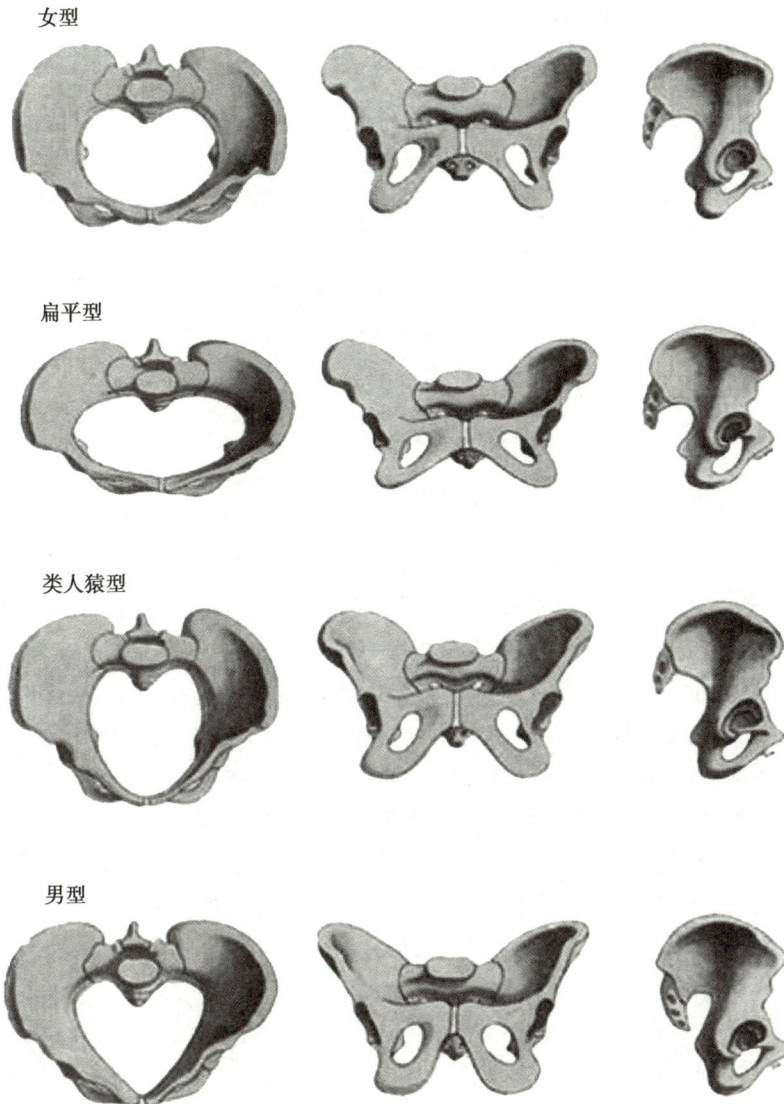

图 3-10 骨盆的 4 种基本类型及其各部比较

2）扁平型（platypelloid type）：骨盆入口呈扁椭圆形，入口横径大于前后径。耻骨弓宽，骶骨失去正常弯度，变直向后或深弧形，故骶骨短骨盆浅，较常见，我国妇女占 23.2%~29%。

3）类人猿型（anthropoid type）：骨盆入口呈长椭圆形，入口前后径大于横径。骨盆两侧壁稍内聚，坐骨棘较突出，坐骨切迹较宽，耻骨弓较窄，骶骨向后倾斜，故骨盆前部较窄而后部较宽。骨盆的骶骨往往有 6 节，较其他类型骨盆深。我国妇女占 14.2%~18%。

4）男型（android type）：骨盆入口略呈三角形，两侧壁内聚，坐骨棘突出，耻骨弓较窄，坐骨切迹窄呈高弓形，骶骨较直而前倾，致出口后矢状径较短。骨盆腔呈漏斗形，往往造成难产。少见，我国妇女仅占 1%~3.7%。

上述 4 种基本类型只是理论上的归类，临床所见多是混合型骨盆。骨盆的形态、大小除有种族差异外，其生长发育还受遗传、营养与性激素的影响。

（4）骨盆底（pelvic floor）：由多层肌肉和筋膜构成，封闭骨盆出口，承托并保持盆腔脏器（如内生殖器、膀胱及直肠等）于正常位置。若骨盆底结构和功能出现异常，可导致盆腔脏器脱垂或引起功能障碍；分娩可以不同程度地损伤骨盆底组织或影响其功能。

骨盆底前方为耻骨联合和耻骨弓，后方为尾骨尖，两侧为耻骨降支、坐骨升支和坐骨结节。两侧坐骨结节前缘的连线将骨盆底分为前后两个三角区：前三角区为尿生殖三角，向后下倾斜，有尿道和

Note:

阴道通过;后三角区为肛门三角,向前下倾斜,有肛管通过。骨盆底由外向内分为 3 层(图 3-11)。

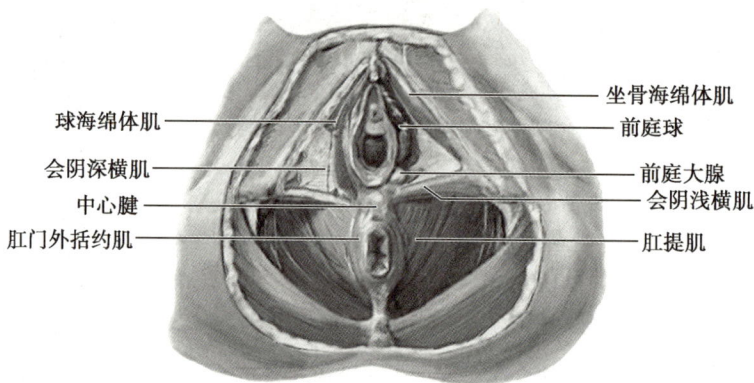

球海绵体肌
会阴深横肌
中心腱
肛门外括约肌

坐骨海绵体肌
前庭球
前庭大腺
会阴浅横肌
肛提肌

图 3-11 骨盆底

1)外层:位于外生殖器及会阴皮肤及皮下组织的下面,由球海绵体肌、坐骨海绵体肌、会阴浅横肌、肛门外括约肌组成。此层肌肉的肌腱汇合于阴道外口与肛门之间,形成中心腱。①球海绵体肌:覆盖前庭球和前庭大腺,向前经阴道两侧附于阴蒂海绵体根部,向后与肛门外括约肌交叉混合。此肌收缩时能紧缩阴道,故又称阴道括约肌。②坐骨海绵体肌:始于坐骨结节内侧,沿坐骨升支及耻骨降支前行,向上止于阴蒂海绵体(阴蒂脚处)。③会阴浅横肌:从两侧坐骨结节内侧面中线向中心腱汇合。④肛门外括约肌:为围绕肛门的环形肌束,前端汇合于中心腱。

2)中层:为尿生殖膈。由上、下两层坚韧的筋膜及其间的会阴深横肌、尿道括约肌组成,覆盖于由耻骨弓、两侧坐骨结节形成的骨盆出口前部三角形平面上,又称三角韧带,其中有尿道和阴道穿过。会阴深横肌自坐骨结节的内侧面伸展至中心腱处。尿道括约肌环绕尿道,控制排尿。

3)内层:即盆膈(pelvic diaphragm),是骨盆底最坚韧的一层,由肛提肌及其内、外面各覆一层筋膜组成。自前向后依次有尿道、阴道和直肠穿过。

会阴(perineum)有广义与狭义之分。广义的会阴指封闭骨盆出口的所有软组织,前起自耻骨联合下缘,后至尾骨尖,两侧为耻骨降支、坐骨升支、坐骨结节和骶结节韧带。狭义的会阴指位于阴道口和肛门之间的楔形软组织,厚 3~4cm,又称为会阴体(perineal body),由表及里为皮肤、皮下脂肪、筋膜、部分肛提肌和会阴中心腱。会阴中心腱由部分肛提肌及其筋膜和会阴浅横肌、会阴深横肌、球海绵体肌及肛门外括约肌的肌腱共同交织而成。会阴伸展性大,妊娠后期会阴组织变软,有利于分娩。分娩时需保护会阴,避免发生裂伤。

肛提肌(levator ani muscle)是位于骨盆底的成对扁阔肌,向下、向内合成漏斗形,肛提肌构成骨盆底的大部分。每侧肛提肌自前内向后外由 3 部分组成。①耻尾肌:为肛提肌的主要部分,肌纤维起自耻骨降支内侧,绕过阴道、直肠,向后止尾骨,其中有小部分肌纤维止于阴道及直肠周围,分娩过程中耻尾肌容易受损伤而可致产后出现膀胱、直肠膨出。②髂尾肌:起自腱弓(即闭孔内肌表浅筋膜的增厚部分)后部,向中间及向后走行,与耻尾肌汇合,绕肛门两侧,止于尾骨。③坐尾肌:起自两侧坐骨棘,止于尾骨与骶骨。在骨盆底肌肉中,肛提肌起最重要的支持作用。又因肌纤维在阴道和直肠周围交织,有加强肛门和阴道括约肌的作用。

骨盆腔从垂直方向可分为前、中、后 3 部分,当骨盆底组织支持作用减弱时,容易发生相应部位器官松弛、脱垂或功能缺陷。在前骨盆腔,可发生膀胱和阴道前壁膨出;在中骨盆腔,可发生子宫和阴道穹隆脱垂;在后骨盆腔,可发生直肠和阴道后壁膨出。

2. **骨盆测量** 有外测量和内测量两种。骨盆内测量详见第十八第一节阴道检查。骨盆外测量是产前常规检查,能间接判断骨盆大小及其形状,主要测量髂棘间径、髂嵴间径、髂耻外径、坐骨结节间径这四条径线以及耻骨弓角度。已有充分证据表明,测量髂棘间径、髂嵴间径、髂耻外径并不能预测产时头盆不称,目前临床已经很少使用。①髂棘间径:测量两髂前上棘外缘的距离,正常值23~26cm;②髂嵴间径:测量两髂嵴外缘最宽的距离,正常值为25~28cm;③骶耻外径:测量第5腰椎棘突下至耻骨联合上缘中点的距离,正常值为18~20cm;④坐骨结节间径又称出口横径,两个坐骨结节之间的距离8.5~9.5cm;⑤耻骨弓角度:用左右手拇指指尖斜着对拢,放在耻骨联合下缘,左右两拇指放在耻骨降支上,测量有拇指间角度,正常值为90°,小于80°为异常。

(三) 外阴阴道检查

1. **外阴检查**　女性外生殖器又称外阴(vulva),是女性生殖器官的外露部分,包括耻骨联合至会阴及两股内侧之间的的组织,由阴阜、大阴唇、小阴唇、阴蒂和阴道前庭(图3-12)。

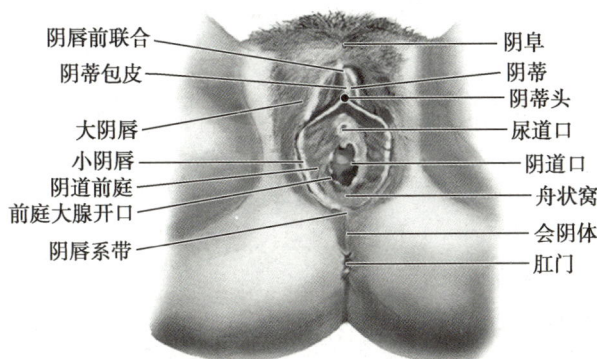

图3-12　女性外生殖器

(1) 阴阜(mons pubis):为耻骨联合前面隆起的脂肪垫。青春期发育时,其上的皮肤开始生长呈倒三角形分布的阴毛。阴毛的疏密与色泽存在种族和个体差异。

(2) 大阴唇(labium majus):为两股内侧一对纵行隆起的皮肤皱襞,自阴阜向下向后延伸至会阴。大阴唇外侧面为皮肤,青春期后有色素沉着和阴毛,内含皮脂腺和汗腺;大阴唇内侧面湿润似黏膜。皮下为疏松结缔组织和脂肪组织,含丰富血管、淋巴管和神经,外伤后易形成血肿。未产妇女两侧大阴唇自然合拢,产后向两侧分开,绝经后大阴唇逐渐萎缩。

(3) 小阴唇(labium minus):系位于两侧大阴唇内侧的一对薄皮肤皱襞,表面湿润、色褐、无毛,富含神经末梢。两侧小阴唇前端融合,再分为前后两叶,前叶形成阴蒂包皮,后叶形成阴蒂系带。大、小阴唇后端汇合,在正中线形成阴唇系带(frenulum labium pudendal)。

(4) 阴蒂(clitoris):位于两小阴唇顶端下方,与男性阴茎同源,由海绵体构成,在性兴奋时勃起。阴蒂分为三部分,前为阴蒂头,暴露于外阴,富含神经末梢,对性刺激敏感;中为阴蒂体;后为两阴蒂脚,附着于两侧耻骨支上。

(5) 阴道前庭(vaginal vestibule):为一菱形区域,前为阴蒂,后为阴唇系带,两侧为小阴唇。阴道口与阴唇系带之间有一浅窝,称为舟状窝(fossa navicularis),又称为阴道前庭窝,经产妇受分娩影响,此窝消失。此区域内包括以下结构:

1) 前庭球(vestibular bulb):又称为球海绵体,位于前庭两侧,由具有勃起性的静脉丛组成,其前端与阴蒂相接,后端膨大,与同侧前庭大腺相邻,表面被球海绵体肌覆盖。

2) 前庭大腺(major vestibular gland):又称巴氏腺(Bartholin gland),位于大阴唇后部,被球海绵体肌覆盖,如黄豆大小,左右各一,腺管细长(1~2cm),向内侧开口于阴道前庭后方小阴唇与处女膜之间的沟内。性兴奋时,分泌黏液起润滑作用。正常情况下不能触及此腺,若腺管口闭塞,可形成前庭大腺囊肿,则能触及并看到;若伴感染,可形成脓肿。

3) 尿道外口(external orifice of urethra):位于阴蒂头后下方,圆形,边缘折叠而合拢。尿道外口后壁上有一对并列腺体,称为尿道旁腺,尿道旁腺开口小,容易有细菌潜伏。

Note:

4）阴道口（vaginal orifice）和处女膜（hymen）：阴道口位于尿道外口后方的前庭后部。其周缘覆有一层较薄的黏膜皱襞，称为处女膜，内含结缔组织、血管及神经末梢。处女膜多在中央有一孔，圆形或新月形，少数呈筛状或伞状。孔的大小变异很大，小至不能通过一指，甚至闭锁；大至可容两指，甚至可处女膜缺如。处女膜可因性交撕裂或由于其他损伤破裂，并受阴道分娩影响，产后仅留有处女膜痕。

2. 阴道检查　妊娠期可行阴道检查，特别是有阴道流血和阴道分泌物异常时。分娩期检查可协助确定骨盆大小、宫颈容受和宫颈口开大程度，评估宫颈 Bishop 评分。阴道检查详见第十八章第一节阴道检查。

第三节　胎儿健康状况评估

导入情境与思考

某孕妇，34 岁，妊娠 37^{+2} 周。主诉近 3d 来胎动减少，前来就诊。
请思考：
1. 针对该孕妇应进行哪些检查？
2. 发现检查结果有哪些改变，可判断出现慢性胎儿窘迫？

100 多年前，胎儿评估的方法还相当原始。20 世纪 70 年代以来，评估胎儿健康状况的技术取得显著进步。现在用于预测胎儿健康的技术主要集中于胎儿的生物物理发现，包括心率、运动、呼吸和羊水的产生。这些发现有助于开展产前胎儿监测，防止胎儿死亡和避免不必要的干预。

一、确定是否为高危儿

高危儿包括：①孕龄 <37 周或 ≥42 周；②小于孕龄儿或大于孕龄儿；③出生体重 <2 500g；④出生 1min Apgar 评分 0~3 分（表 3-4）；⑤产时感染；⑥手术产儿；⑦高危妊娠产妇的新生儿；⑧新生儿的兄姐有严重的新生儿病史或新生儿期死亡等。

表 3-4　Apgar 评分

体征	出生后 1min 内应得的分数		
	0 分	1 分	2 分
心率	0	<100 次/min	≥100 次/min
呼吸	0	浅慢而不规则	佳
肌张力	松弛	四肢稍屈曲	四肢活动好
对刺激反应（弹足底或导管插鼻）	无反应	有些动作如皱眉	哭、咳嗽、恶心、喷嚏
皮肤颜色	全身苍白	躯干红，四肢青紫	全身红润

二、胎儿宫内状态监护

妊娠早期可行妇科检查确定子宫大小及是否与孕周相符。B 超检查可在妊娠第 5 周见到妊娠囊，妊娠第 6 周见到胚芽和原始心管搏动，妊娠 11~13^{+6} 周 B 超测量胎儿颈项透明层厚度（NT）和胎儿发育情况。

妊娠中期借助手测或尺测宫底高度和腹围，判断胎儿大小及是否与孕周相符，监测胎心率；应用 B 超监测胎儿发育，筛查结构异常，协助胎儿染色体异常的筛查与诊断。

Note:

妊娠晚期除产科检查外,还需询问孕妇自觉症状,监测心率、血压变化和下肢水肿情况,及时进行必要的全身检查。

(一) 孕妇自我监护

1. **胎动**　被动的未受刺激的胎儿活动在妊娠 7 周就已开始,到妊娠结束时变得更加复杂和协调。胎动监测是孕妇自我评价胎儿宫内状况的简便经济的有效方法。一般妊娠 20 周开始自觉胎动,胎动夜间和下午较为活跃。胎动常在胎儿睡眠周期消失,持续 20~40min。妊娠 28 周以后应每周进行胎动计数 1 次,胎动计数 <10 次 /2h 或减少 50% 者提示有胎儿缺氧可能。妊娠 28~36 周,应每周进行胎动计数 2 次。妊娠 36 周后,应每天进行胎动计数。平均胎动计数 ≥6 次 /2h 为正常,<6 次 /2h 或减少 50% 者提示胎儿缺氧可能。

Nijhuis 在 1982 年描述了胎儿的四种行为状态。

状态 1:是一种静止状态,即安静的睡眠,胎心率基线的摆动幅度小。

状态 2:包括频繁的全身运动、持续的眼球运动和更宽的胎儿心率振荡。这种状态类似于新生儿的快速眼动(REM)或主动睡眠。

状态 3:包括在没有身体运动和没有心率加速的情况下持续的眼球运动。这个状态的存在是有争议的。

状态 4:是一种剧烈的眼球运动和心率加速的身体运动。这种状态对应于新生儿的清醒状态。

2. **呼吸**　胎儿呼吸的一大特点是存在胸壁的反向运动且不连续,即在吸气(A)时,胸壁矛盾地塌陷,腹部突出,而在呼气(B)时,胸壁膨胀。新生儿或成人的呼吸运动与之相反。对这种矛盾的解释是胎儿可能通过咳嗽来清除呼吸道中少量吸入的羊水。1974 年,Dawes 确定了两种类型的呼吸运动:第一种是喘息或叹息,发生频率为每分钟 1~4 次;第二种是不规则的呼吸爆发,发生的频率高达每分钟 240 次。后一种快速呼吸运动与快速眼球运动有关。虽然目前尚未完全了解胎儿呼吸反射的生理基础,然而羊水的交换对正常肺发育是必不可少的。除低氧血症外,目前还发现几种因素会影响胎儿的呼吸运动,包括低血糖、声音刺激、吸烟、羊膜腔穿刺、先兆早产、孕周和胎心率本身及分娩(分娩时正常呼吸可停止)。因为胎儿的呼吸运动是间歇性的,因此当胎儿呼吸消失时,不能说明胎儿生命就一定有危险;而且多种因素可以影响正常胎儿的呼吸,临床上多应用其他评估胎儿的生物物理指标,如心率。

3. **心率**　胎龄影响胎儿心率的加速或反应性。

(二) 电子胎心监护

电子胎心监护(electronic fetal monitoring,EFM)指应用胎心率电子监护仪将胎心率曲线和宫缩压力波形持续地描记成供临床分析的图形,即胎心宫缩图,是一种评估胎儿宫内状态的手段。其目的在于及时发现胎儿宫内缺氧,以便及时采取进一步的措施(图 3-13)。其优点是连续观察并记录胎心率(fetal heart rate,FHR)的动态变化,同时描记子宫收缩和胎动的情况,并反应三者之间的关系。监护可在妊娠 32 周开始,高危妊娠孕妇酌情提前。当低危孕妇出现胎动异常、羊水量异常、脐血流异常等情况时,应及时进行 EFM,进一步评估胎儿情况。

1. **EFM 图形术语及定义**　对 EFM 图形的完整描述包括 5 个方面,即胎心率基线水平、基线变异、加速、减速及宫缩(表 3-5)。

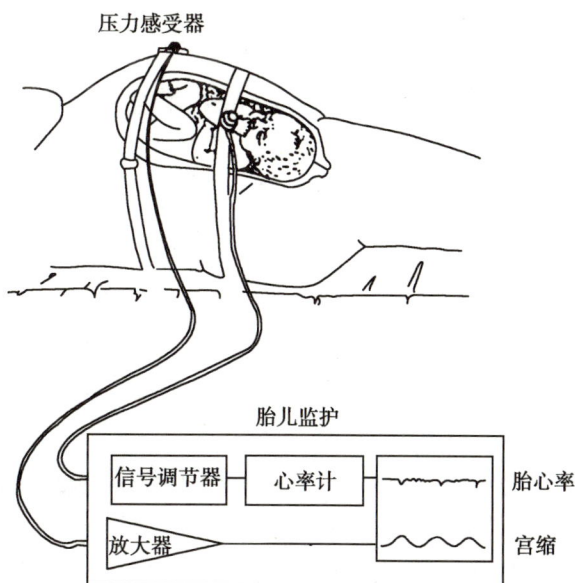

图 3-13　胎心监护仪

表3-5　电子胎心监护的评价指标

名称	定义
胎心率基线水平	指任何 10min 内胎心率平均水平(除胎心加速、减速和显著变异的部分外),持续 2min 以上的图形,该图形可以是不连续的 ①正常胎心率基线:110~160 次 /min;②胎儿心动过速:胎心基线>160 次 /min,持续 ≥10min; ③胎儿心动过缓:胎心基线<110 次 /min,持续 ≥10min
基线变异	指每分钟胎心率自波峰到波谷的振幅改变。按照振幅波动程度分类。①变异消失:振幅波动完全消失;②微小变异:振幅波动 ≤5 次 /min;③中等变异(正常变异):振幅波动 6~25 次 /min;④显著变异:振幅波动>25 次 /min
加速	指基线胎心率突然显著增加,开始到波峰时间<30s。从胎心率开始加速至恢复到基线胎心率水平的时间为加速时间 妊娠 ≥32 周胎心加速标准:胎心加速 ≥15 次 /min,持续时间>15s,但不超过 2min 妊娠<32 周胎心加速标准:胎心加速 ≥10 次 /min,持续时间>10s,但不超过 2min 延长加速:胎心加速持续 2~10min。胎心加速 ≥10min 则考虑胎心率基线变化
早期减速	指伴宫缩出现的减速,通常是对称性地、缓慢地下降到最低点再恢复到基线。减速的开始到胎心率最低点的时间 ≥30s,减速的最低点常与宫缩的峰值同时出现;一般来说,减速的开始、最低值及恢复与宫缩的起始、峰值及结束回步
晚期减速	指伴随宫缩出现的减速,通常是对称性地、缓慢地下降到最低点再恢复到基线。减速的开始到胎心率最低点的时间 ≥30s,减速的最低点通常晚于宫缩峰值;一般来说,减速的开始、最低值及恢复分别延后于宫缩的起始、峰值及结束
变异减速	指突发的显著的胎心率急速下降。减速的开始到最低点的时间<30s,胎心率下降 ≥15 次 /min,持续时间 ≥15s,但<2min。当变异减速伴随宫缩时,减速的起始、深度和持续时间与宫缩之间无固定规律。典型的变异减速是先有一初始加速的肩峰,紧接一快速的减速,之后快速恢复到正常基线伴有一继发性加速(双肩峰)
延长减速	指明显的低于基线的胎心率下降。减速程度 ≥15 次 /min,持续时间 ≥2min,但不超过 10min。胎心减速 10min 则考虑胎心率基线变化
反复性减速	指 20min 观察时间内,≥50% 的宫缩均伴发减速
间歇性减速	指 20min 观察时间内,<50% 的宫缩伴发减速
正弦波形	胎心率基线呈现平滑的类似正弦波样摆动,频率固定,3~5 次 /min,持续 ≥20min
宫缩	正常宫缩:观察 30min,10min 内有 5 次或者 5 次以下宫缩 宫缩过频:观察 30min,10min 内有 5 次以上宫缩。当宫缩过频时应记录有无伴胎心率变化

（1）胎心率基线水平:在 10min 内胎心波动范围在 5 次 /min 内的平均胎心率,并除外加速、减速和显著变异的部分。正常胎心基线范围是 110~160 次 /min。胎儿心动过速(tachycardia)指胎心基线>160 次 /min,持续 ≥10min(图 3-14);胎儿心动过缓(bradycardia)指胎心基线<110 次 min,持续 ≥10min(图 3-15)。

（2）胎心率基线变异:指胎心率基线上的上下周期性波动。中度变异 6~25 次 /min,提示胎儿健康;若变异减少(<3~5 次 /min)或消失(<2 次 /min),提示胎儿可能缺氧,需进一步评估;若过度变异(>25 次 /min),提示存在脐带因素(图 3-16)。

（3）周期性胎心率变化:指与子宫收缩有关的胎心率变化,是评价子宫收缩后胎心改变的参考指标,可分为三种类型。

1）无变化:指子宫收缩后胎心率仍保持原基线率上。表明胎盘功能良好,胎儿有足够的储备力。

2）加速(acceleration):指胎心一过性的增速,也可伴随着宫缩的出现和消失。提示胎儿有良好的交感神经反应。妊娠 ≥32 周表现为胎心加速 ≥15 次 /min,持续>15s,不超过 2min;若<32 周,则加速应 ≥10 次 /min,持续>10s,不超过 2min。

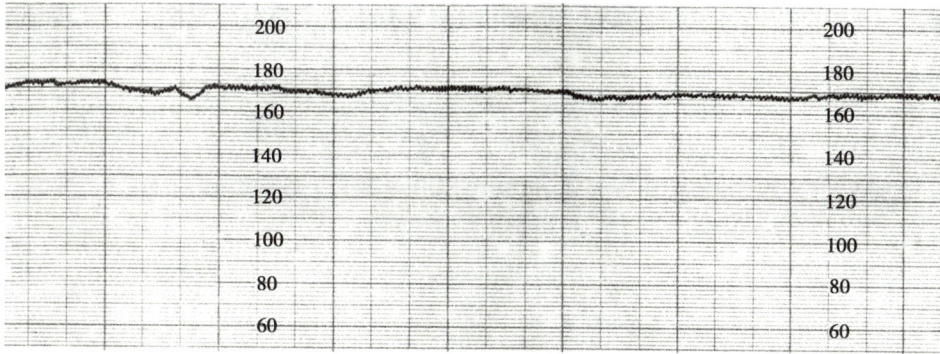

图 3-14 胎儿心动过速

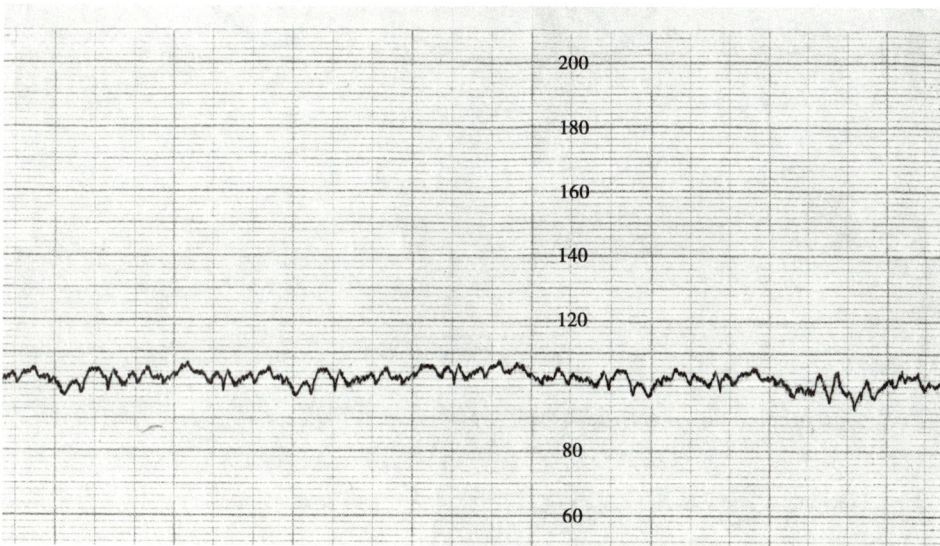

图 3-15 胎儿心动过缓

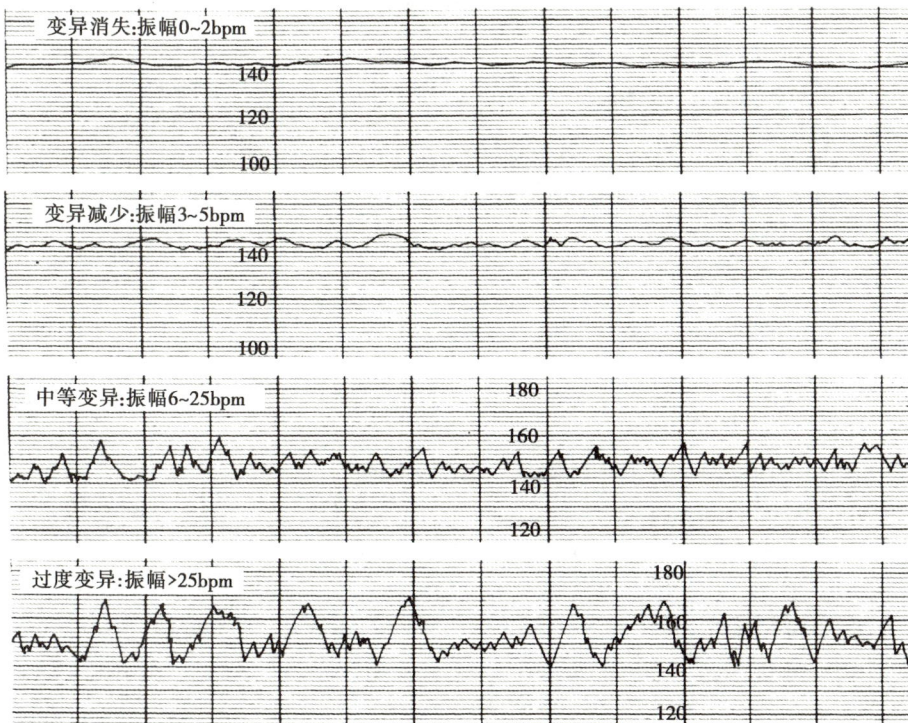

图 3-16 胎心率基线变异

Note:

3）减速（deceleration）：胎心率周期性的下降，根据与宫缩关系可分为早期减速、晚期减速、变异减速。

早期减速（early deceleration，ED）：指胎心率减速与宫缩同时出现，宫缩达最高峰，胎心同步下降到最低点，宫缩结束后胎心率回到原水平，胎心率减速幅度不超过 40 次 /min。一般是胎头受压引起。判读要点：伴随宫缩出现的减速，通常是对称地、缓慢地下降到最低点再恢复到基线，开始到最低点的时间 ≥30s，减速的最低点常与宫缩的峰值同时出现（图 3-17）。

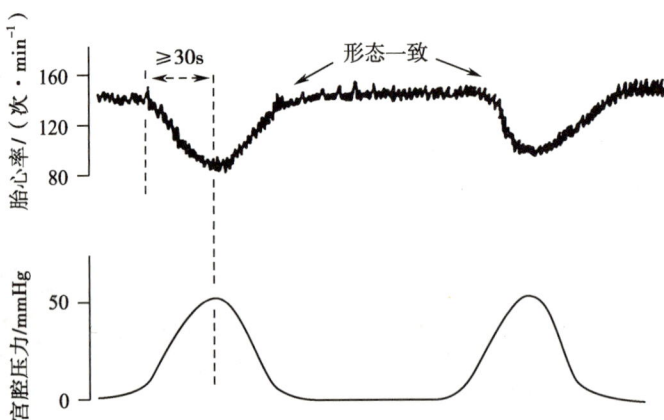

图 3-17　早期减速

晚期减速（late deceleration，LD）：指减速始于宫缩高峰后出现，其特点为下降缓慢，恢复亦缓慢，持续时间较长。多提示子宫胎盘功能不良，胎儿缺氧。判读要点：伴随宫缩出现的减速，通常是对称地、缓慢地下降到最低点再恢复到基线，开始到最低点的时间 ≥30s，减速的最低点通常延迟于宫缩峰值（图 3-18）。

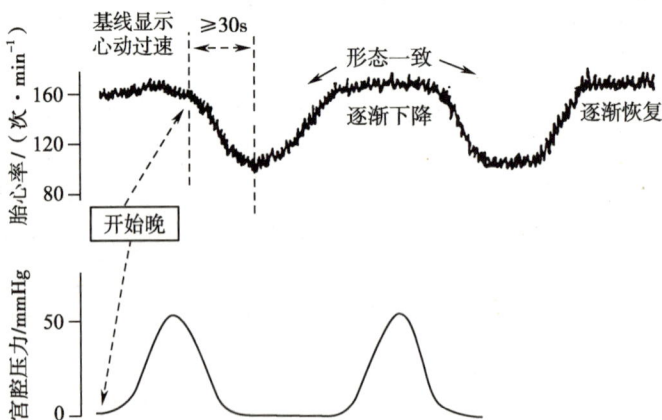

图 3-18　晚期减速

变异减速（variable deceleration，VD）：指减速的出现与宫缩无关，减速幅度和持续时间长短不一，图形多变，常呈 V 形和 U 形，下降及回升较迅速。一般认为是由脐带受压所致。判读要点：变异减速伴随宫缩，减速的起始、深度和持续时间与宫缩之间无规律（图 3-19）。

（4）宫缩：正常宫缩指监护>30min，每 10min 平均宫缩频率 ≤5 次；宫缩过频指监护>30min，每 10min 平均宫缩频率>5 次。如有宫缩过频，应确定有无相关联的胎心减速。宫缩过频可自发产生，也可能由于药物诱发所致。

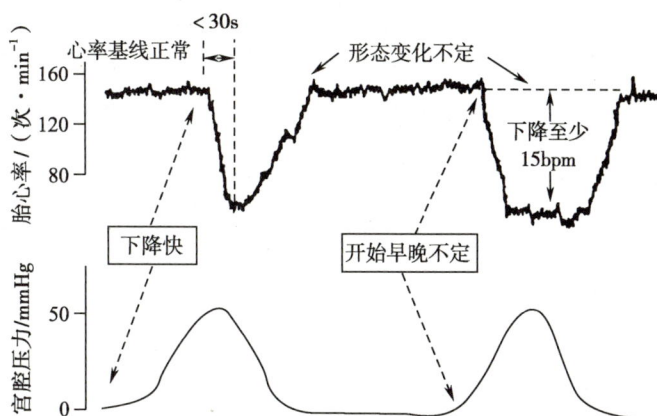

图 3-19　变异减速

2. 预测胎儿宫内储备能力

(1)无应激试验(non-stress test, NST):指在无宫缩、无外界负荷刺激下,对胎儿进行胎心宫缩图的观察和记录,以了解胎儿储备能力。

1)原理:在胎儿不存在酸中毒或神经系统发育不完善的情况下,胎动时会出现胎心率的短暂上升,预示着正常的自主神经功能。无反应最常见的情况是胎儿睡眠周期所致,但也可能与胎儿神经系统抑制(如酸中毒)有关。

2)方法:孕妇取坐位或仰卧位,一般监测 20min。由于胎儿存在睡眠周期,NST 可能需要监护40min 或更长时间。

3)分型及处理:NST 可分为反应型和无反应型(表 3-6)。

表 3-6　NST 的结果判读及处理

参数	正常 NST (先前的"有反应型")	不典型 NST (先前的"可疑型")	异常 NST (先前的"无反应型")
胎心率基线	110~160 次 /min	100~110 次 /min; >160 次 /min,<30min	胎心过缓<100 次 /min; 胎心过速>160 次 /min,超 过 30min
基线变异	6~25 次 /min(中度变异); ≤5 次 /min(变异缺失及微 小变异),持续<40min	≤5 次 /min,持续 40~80min	≤5 次 /min,持续 ≥80min ≥25 次 /min,持续>10min
减速	无减速或偶发变异减速,持 续<30s	变异减速,持续 30~60s	变异减速,持续时间 ≥60s 晚期减速
加速(≥32 周)	40min 内 2 次或 2 次以上加 速超过 15 次 /min,持续 15s	40~80min 内 2 次以下加速超过 15 次 /min,持续 15s	大于 80min 2 次以下加速超 过 15 次 /min,持续 15s
加速(<32 周)	40min 内 2 次或 2 次以上加 速超过 10 次 /min,持续 10s	40~80min 内 2 次以下加速超过 10 次 /min,持续 10s	大于 80min 2 次以下加速超 过 10 次 /min,持续 10s
处理	继续随访或进一步评估	需要进一步评估	复查;全面评估胎儿状况;生 物物理评分;及时终止妊娠

(2)宫缩应激试验(contraction stress test, CST):指观察胎心率对宫缩的反应。

1)原理:在宫缩的应激下,子宫动脉血流减少,可促发胎儿一过性缺氧表现。对已处于亚缺氧状态的胎儿,在宫缩的刺激下缺氧逐渐加重将诱导出现晚期减速。宫缩的刺激还可引起脐带受压,从而出现变异减速。

2）适应证和禁忌证：当 EFM 反复出现 NST 无反应型，可疑胎儿宫内缺氧状态时，可行 CST 进一步评估胎儿宫内状态。CST 相对禁忌证即阴道分娩的禁忌证。当 NST 严重异常，如出现正弦曲线（图 3-20）时，胎儿宫内缺氧状态已非常明确，不需要进行 CST，以免加重胎儿缺氧状态，并延误抢救胎儿的时机。

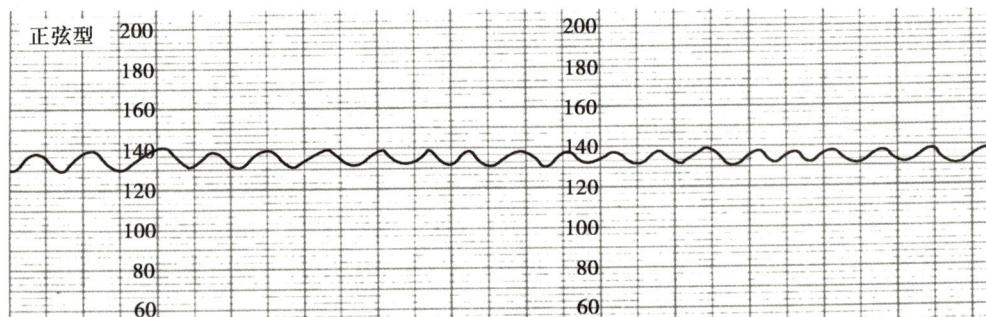

图 3-20 正弦曲线

3）方法：足够的宫缩定义为至少 3 次 /10min，每次持续至少 40s，若产妇自发的宫缩满足上述要求，无须诱导宫缩，否则可通过刺激乳头或静脉滴注缩宫素诱导宫缩。

4）CST 图形结果判读：主要基于是否出现晚期减速。①阴性：无晚期减速或明显的变异减速。②可疑（有下述任一种表现）：间断出现晚期减速或明显的变异减速；宫缩过频（>5 次 /10min）；宫缩伴胎心减速，时间 >90s；出现无法解释的监护图形。③阳性：50% 或以上的宫缩后出现晚期减速，即使宫缩频率 <3 次 /min。④不满意：宫缩 <3 次 /10min 或无法解释的图形。

（3）声音刺激试验：响亮的外部声音可用于惊醒胎儿，诱发胎心率加速，这种方法称为声音刺激试验。将一种声音发生器置于孕妇腹部，每 1~2s 产生声刺激，最多可以重复刺激 3 次，每次最多刺激 3s。声音刺激试验阳性定义为在刺激后快速出现的良好的加速反应。

（4）胎儿生物物理评分：主要有 Manning 5 项评分法和 Vintzileous 6 项评分法，其中 Manning 5 项评分法备受重视，被喻为"胎儿宫内 Apgar 评分法"。

Manning 5 项评分法，由胎儿电子监护的无应激试验（NST），结合超声显像观察胎儿呼吸样运动（FBM）、胎动（FM）、胎儿肌张力（FT）、羊水量（AFV）构成，以进行综合评分（表 3-7），每项 2 分，满分 10 分。结果 ≥8 分为健康胎儿；5~7 分为胎儿窘迫可疑，应于 24h 内复测或进一步评估，若仍 <6 分，则终止妊娠；若 ≤4 分，应及时终止妊娠（表 3-8）。

表 3-7 Manning 5 项评分法

指标	2 分（正常）	0 分（异常）
NST	胎心率基线变异 6~25 次 /min >2 次胎动，加速 ≥15 次 /min，持续 ≥15s	胎心率基线变异 <5 次 /min <2 次胎动，加速 <15 次 /min，持续 <15s
FBM	30min 内 ≥1 次，持续 ≥30s	30min 内无 FBM，或持续 <30s
FM	30min 内 ≥3 次，躯干和肢体活动 （连续出现均计为 1 次）	30min 内 ≤2 次躯干和肢体活动
FT	30min 内 ≥1 次，胎儿躯干或肢体伸展后恢复到屈曲位，或手张开及合拢	胎儿躯干或肢体缓慢伸展但不能完全恢复到屈曲位，或无胎动
AFV	≥1 个羊水暗区，最大羊水垂直径 ≥2cm	无或最大羊水垂直径 <2cm

表 3-8　胎儿生物物理评分及临床处理原则

评分	胎儿状况	处理原则
10	无急慢性缺氧	每周复查 1 次,高危妊娠每周复查 2 次
8	急慢性缺氧可能性小	每周复查 1 次,高危妊娠每周复查 2 次,羊水过少可终止妊娠
6	可疑急慢性缺氧	24h 内复查,仍然 ≤6 分或羊水过少,可终止妊娠
4	可有急或慢性缺氧	24h 内复查,仍然 ≤6 分或羊水过少,可终止妊娠
2	急性缺氧或伴慢性缺氧	若胎肺成熟,终止妊娠;胎肺不成熟,给予糖皮质激素治疗 48h 内终止妊娠
0	急、慢性缺氧	终止妊娠,若胎肺不成熟,同时激素治疗

（5）产时 EFM

1）产时 EFM 的指征和频率：对于低危孕妇,间断听胎心,听诊频率见表 3-9。每次听诊至少持续 60s,包括宫缩前、中、后。间断听诊发现异常,应即刻行 EFM。对于高危孕妇,可根据情况适当增加频率。

表 3-9　低危孕妇间断胎心听诊的频率

时期	间断听诊频率
第一产程	
潜伏期(宫口<6cm)	每 30~60min 听诊一次胎心,并记录
活跃期(宫口≥6cm)	每 30min 听诊一次胎心,并记录
第二产程	每 10min 听诊一次胎心,并记录

2）产时 EFM 评价方法——三级系统：①Ⅰ类为正常 EFM 图形,对于胎儿正常血氧状态的预测价值极高,不须特殊处理。②Ⅱ类是可疑的图形,需要综合考虑孕妇、胎儿的临床情况,实施进一步的评估、监测、必要的临床干预以及再评估,直至转为Ⅰ类 EFM 图形。③Ⅲ类是异常的图形,预示着胎儿正在或即将出现窒息等异常。一旦出现,必须立即宫内复苏,包括为孕妇供氧、改变体位、停止催产、静脉输液、治疗母体低血压等,同时终止妊娠(详见第五章第六节第一产程)。

由于 EFM 图形反映的是胎儿在监护时间内的酸碱平衡状态,故常需要对其进行动态观察,以动态了解胎儿宫内情况。EFM 的优势在于它对预测胎儿正常酸碱平衡有极高的灵敏度,而其缺陷在于对胎儿酸中毒和神经系统损伤的预测缺乏特异性。临床工作中,EFM 图形的处理还应该结合孕妇个体情况、孕妇和胎儿是否存在高危因素及产程进展等因素进行综合分析。

科 学 证 据

美国妇产科医师学会指南：产前胎儿监护

A 级证据

● 与羊水指数相比,羊水最大暗区垂直深度小于 2cm 诊断羊水过少可减少不必要的产科干预而不增加不良围产结局。

● 宫内生长受限的胎儿,脐动脉血流速度测量联合 NST、胎儿生物物理评分(biophysical profile,BPP)监测可改善预后。

B 级证据

● NST 结果异常,通常需进一步行 CST 或 BPP。

C级证据

● 对于有多种合并症,或严重并发症的高危的孕妇(如慢性高血压合并胎儿宫内生长受限),产前监护可开始于需提前终止妊娠(此时获益最大)的孕周。

● 无产科禁忌证的情况下,产前胎儿监护异常的孕妇可尝试引产术,产时密切监测胎心率及宫缩情况。

● 单纯持续羊水过少(羊水最大暗区垂直深度小于2cm),孕36~37周可终止妊娠。孕周不足36周,且胎膜完整的羊水过少,结合孕周及母胎状况个体化治疗,确定终止妊娠时机。如果不打算终止妊娠,随诊羊水量、NST和胎儿生长情况。

(三)胎儿影像学监测及血流动力学监测

1. **胎儿影像学监测** B超是目前使用最广泛的胎儿影像学监护仪器,可以观察胎儿大小(包括胎头双顶径、腹围、股骨长)、胎动及羊水情况;还可以进行胎儿畸形筛查,发现胎儿神经系统、泌尿系统、消化系统和胎儿体表畸形,且能判定胎位及胎盘位置、胎盘成熟度。对可疑胎儿心脏异常者可应用胎儿心动超声检查胎儿心脏的结构与功能。

2. **胎儿血流动力学监测** 彩色多普勒超声检查能检测胎儿脐动脉和大脑中动脉血流。脐动脉血流常用指标有收缩期峰值流速和舒张末期流速比值(S/D值)、搏动指数(PI)、阻力指数(RI),随妊娠期增加,这些指标值应下降。尤其在脐动脉舒张末期血流缺失时,围产儿死亡率约10%。

三、胎儿成熟度检查

胎儿成熟度(fetal maturity)测定在高危妊娠管理中非常重要,因为肺透明膜病是早产儿的主要死亡原因。因此,了解胎肺成熟度是提高早产儿存活的关键。可通过临床评估、超声检查及胎肺成熟度检查来测定胎儿成熟度。

1. **临床评估** 明确胎龄可以判断胎儿成熟度。根据Usher统计,孕周≥37周时肺透明膜病发病率几乎为零。此外,还可以计算胎儿发育指数。计算公式:宫底高度−3×(月份+1),胎儿发育指数<−3提示胎儿未成熟,−3与+3之间提示胎儿成熟,>3提示胎儿过大、羊水过多或双胎。

2. **超声检查** 超声测定胎头双顶径判断胎儿成熟度,双顶径≥8.5cm提示胎儿成熟。此外,超声检查胎盘成熟度,间接判断胎儿的成熟度。胎盘Ⅲ级提示胎儿已成熟。B超检查按胎盘的声像特点分为4级(表3-10)。

表3-10 胎盘成熟度分级

分级	胎盘部位			孕周	肺成熟
	绒毛膜板	胎盘实质	基底层		
0级	界线清楚,光滑	微细光点分布均匀	无增强光点	<30	0
Ⅰ级	界线清楚,轻微波形起伏	散在回声增强光点	无增强光点	30±1	65%
Ⅱ级	出现切迹伸入胎盘实质,未达基底层	线性连状回声增强光点	线性排列回声增强光点	36±1	87.50%
Ⅲ级	切迹深达基底板	中心出现无回声的光环及不规则增强光点	大片融合的回声增强区产生声影	38±1	100%

3. **胎肺成熟度检查**

1)孕周:妊娠满34周(经妊娠早期超声核对)胎儿肺发育基本成熟。

2)卵磷脂与鞘磷脂比值(lecithin/sphingomyelin ratio,L/S):若羊水L/S≥2,提示胎儿肺成熟。也可羊膜腔穿刺取羊水10到20ml做羊水振荡试验(泡沫试验),间接估计L/S值,监测肺成熟度,但该方法敏感性低,准确性稍差。

3)磷脂酰甘油(phosphatidylglycerol,PG):PG 阳性,提示胎肺成熟。

4. 脐动脉血流监测 结果判定:孕 26~28 周 S/D 值为 3.4~3.3,33 周为 2.6,40 周为 2.2。妊娠期高血压疾病伴有胎儿宫内窘迫者 S/D 值均>3。

5. 胎儿头皮周围血气分析 正常胎儿血 pH 为 7.25~7.30,PO_2>2.1kPa(16mmHg),PCO_2<8.0kPa(60mmHg)。pH 为 7.20~7.25 时,为胎儿缺氧;pH<7.20 时,为胎儿酸中毒严重。

四、胎盘功能检查

胎盘是供给胎儿营养和排泄胎儿代谢产物的器官,因此,通过检查胎盘功能,可以间接了解胎儿在宫内的健康状况。检查胎盘功能有多种方法可供选择。

1. 胎动 胎动每 12h<10 次时,提示胎盘功能低下。

2. 孕妇尿中雌三醇测定 24h 尿 E3 值并动态连续观察若急剧减少 30%~40%,或妊娠末期连续多次测定 24h 尿 E3 值在 10mg 以下者,表示胎儿胎盘功能减退。此外,随意尿测得雌激素 / 肌酐(E/C)比值 ≤ 10,亦提示胎儿胎盘功能减退。

3. 彩超 通过彩超监测,可以明确知道胎盘的位置、厚度、是否过度成熟等,还可以检查出异常胎盘,如副胎盘、轮状胎盘、球拍状胎盘、前置胎盘、胎盘早剥等,对了解胎盘的功能有重要作用。

（芦沁蕊）

思 考 题

1. 早期妊娠的临床表现、辅助检查有哪些?

2. 某初孕妇,30 岁。月经周期约为 28d,已停经一段时间,末次月经及胎动开始时间记不清,无明显早孕反应,用尺测量耻骨联合上子宫底高度为 29cm,腹围为 90cm,四步触诊于子宫底部触到较软而宽不规则的胎臀,在耻骨联合上方触到圆而硬的胎头,胎背位于母体腹部左前方。

请思考:

(1)该孕妇的孕周大约是多少?

(2)该孕妇是什么胎方位? 何处听胎心最为清楚? 正常胎心每分钟是多少次?

(3)该孕妇监护胎儿情况最简单的方法是什么?

NURSING

第四章

孕前和孕期保健

04章 数字内容

- 知识目标：
  1. 掌握孕期常见问题的应对策略，孕期营养和体重管理的原则。
  2. 熟悉产前筛查和产前诊断的区别和联系，分娩的准备。
  3. 了解孕前保健和孕期保健的概念和任务。
- 能力目标：
  能运用所学知识因地制宜地开展孕前保健和孕期保健，对妊娠晚期孕妇进行分娩知识的相关指导与健康教育。
- 素质目标：
  以孕妇及其家庭为中心，尊重孕妇及其家庭知情选择的权利。

孕期保健（prenatal care）指从确定妊娠之日开始至临产前为孕妇和胎儿提供的系列保健服务，是围产期保健的重要组成部分。孕期保健的出发点是保证孕妇以最低风险分娩出健康婴儿。一般来说，大部分的妊娠是低危的，无高危因素。随着社会文明的进步，"健康中国"理念的提出，孕期保健的目标和内涵均发生相应转变：不仅仅局限于保障母婴安全，还需关注出生缺陷的预防、出生人口素质的提高；同时还需改善围产期妇女的个人体验，帮助孕产妇家庭顺利度过人生重要转变期。

另外，在孕前最大程度地优化备孕夫妇的整体健康水平应被视作孕期保健的良好前奏。要保障母婴安全，改善妊娠结局，提高人口素质，保健工作应从孕前计划妊娠开始，实现和孕期保健的无缝对接。

第一节　孕前保健

导入情境与思考

某女士，27岁。今日与丈夫一起来到孕前保健门诊咨询优生优育等事宜。经交谈发现，其丈夫从事的工作长期接触放射线，且因工作原因常需应酬。夫妻双方偶有饮酒，其他无明显特殊。

请思考：

针对目前情况，助产士应如何对该夫妻进行孕前个性化指导？

孕期保健水平的不断提高使母婴死亡率大幅下降，但出生缺陷、早产和低出生体重等不良妊娠结局的发生并没有相应降低，所以不能单纯依靠孕期保健，还需将关口前移至备孕阶段，大力提倡计划妊娠和孕前保健。孕前保健（preconceptional care，PCC）指通过孕前评估育龄夫妇双方在生理、心理和社会行为等方面存在的可引起不良妊娠结局的各种危险因素，采取相应预防和干预措施，最大程度地优化备孕夫妇的整体健康水平，以达到保障生殖健康、改善妊娠结局、降低出生缺陷、提高出生人口素质的目的。孕前保健主要包括三部分内容：孕前风险评估、孕前咨询和知情干预。风险评估是基础，只有通过评估识别出重要的危险因素，才能针对性地向目标人群提供咨询并采用有效的干预措施。

一、孕前风险评估

孕前风险评估主要通过孕前健康检查和系统评估完成。评估内容较为广泛，包括了解夫妻双方的个人病史、家族史、生活习惯和生活方式等，必要的体格检查、实验室检查和影像学检查；常见传染病的筛查；高危人群还须做常见性传播疾病的筛查；男女生殖功能检查；根据以往病史和免疫接种情况做特殊病原体的检测；有需要者可进行染色体检查等。2010年国家人口计生委、财政部联合印发的《国家免费孕前优生健康检查项目试点工作的通知》中列出了国家免费孕前优生健康检查19项基本服务内容。对所获得的信息和检查结果进行综合分析，识别和评估夫妇存在的可能导致出生缺陷等不良妊娠结局的遗传、环境、心理和行为等方面的风险因素。依据评估结果，将受检夫妇区分为一般人群和高风险人群。一般人群指经评估未发现可能导致出生缺陷等不良妊娠结局风险因素的计划妊娠夫妇；高风险人群指经评估发现一个或多个方面有异常的计划妊娠夫妇。最后形成评估建议。

二、孕前咨询

在孕前风险因素评估的基础上，根据夫妻双方的具体情况，指导备孕夫妇从孕前开始进行生理、心理、行为、生活方式等方面的调整，避免不良环境因素和生活习惯对精子、卵子和胚胎的影响，对检查出来的可能影响优生优育的疾病进行治疗，选择最佳状态和最佳时机受孕。孕前咨询过程中健康

Note:

教育和健康促进是最基础的核心内容,遵循普遍性指导和个性化指导相结合的原则,是促进夫妻双方不良生活方式和行为改变的基础,也是促进夫妻双方采取知情干预行动的助推力。

(一) 普遍性指导

对风险评估未发现异常的计划妊娠夫妇,即一般人群,告知其可以准备妊娠,并给予普遍性健康指导,指导内容如下:

1. 制订妊娠计划　提倡适龄生育,建议有准备、有计划的妊娠,避免大龄生育,介绍计划受孕方法和避孕措施。

2. 合理营养　平衡膳食,适当增加肉、蛋、奶、蔬菜、水果摄入,保证营养均衡,根据情况科学地补充营养素及微量元素。

3. 补充叶酸　叶酸是一种 B 族维生素,人体不能合成,必须依靠从体外摄取。但仅靠自然饮食,很难摄取足够的叶酸。对于无高危因素的妇女推荐:孕前 3 个月开始每天服用含有 0.4~0.8mg 叶酸的复合维生素片剂,并持续到孕早期,也可覆盖整个孕期。富含叶酸的食物有谷物、菠菜、扁豆、芦笋、花椰菜、玉米、柑橘等。

4. 谨慎用药,计划受孕期间尽量避免使用药物。

5. 避免接触生活及职业环境中的有毒有害物质(如放射线、高温、铅、汞、苯、甲醛、农药等),避免密切接触家畜,不养宠物。

6. 保持健康的生活方式和行为。

7. 保持心理健康。

8. 预防慢性疾病和感染性疾病。

9. 告知若接受孕前优生健康检查 6 个月或更长时间后仍未怀孕,夫妇双方应共同接受进一步咨询、检查和治疗。

(二) 个性化咨询指导

对风险评估为高风险的计划妊娠夫妇,进行面对面咨询,给予个性化指导。在普遍性指导的基础上,告知存在的风险因素及可能给后代带来的危害,提出进一步诊断、治疗或转诊的建议和干预措施,必要时建议暂缓怀孕。指导主要包括以下内容:

1. 及时治疗和控制慢性疾病、感染性疾病。

2. 合理调整药物,病情需要时避免使用可能影响胎儿正常发育的药物。

3. 改变不良生活习惯,戒除吸烟、饮酒行为,调整饮食结构,适当运动。

4. 脱离接触物理、化学等有毒有害物质(如放射线、高温、铅、汞、苯、农药等)的工作及生活环境,远离家畜、宠物。

5. 接受心理咨询和辅导,缓解精神压力,消除不良情绪。

6. 对于特定病毒易感人群,指导接种风疹、乙肝等疫苗。

7. 对于有高遗传风险的夫妇,指导接受遗传咨询。遗传咨询(genetic counselling)是由从事医学遗传的专业人员对咨询者就其提出的家庭中遗传性疾病的发病原因、遗传方式、诊断、预后、复发风险、防治等问题予以解答,并就咨询者提出的生育相关问题提出医学建议。当存在以下情况时,应建议进行遗传咨询:①夫妇双方或家系成员患有某些遗传病或先天畸形者。②不明原因智力低下或先天畸形儿的父母。③曾生育过遗传病患儿或先天畸形的夫妇。④不明原因的反复流产或有死胎、死产等情况的夫妇。⑤孕前长期接受不良环境或孕早期受不良环境影响。⑥患有某些慢性病的夫妇。⑦常规检查或常见遗传病筛查发现异常者。⑧近亲婚配。⑨其他需要咨询者,如婚后多年不育的夫妇,或 35 岁以上的高龄孕妇。

三、知情干预

孕前保健遵循知情选择的原则,对于上述咨询建议和干预措施,咨询者作为健康的第一责任人,在充分知情的情况下有权利做出自主选择。孕前风险评估和咨询并不能直接达到孕前保健的目的，夫妻双方在评估和咨询以后的行为才是关键。若夫妻双方不认同或不接受咨询建议，医务人员应尊重被咨询者意愿，并做好"未接受医学建议"的书面记录。

第二节 孕妇管理和生活指导

一、孕妇管理和保健任务

（一）孕妇的系统管理

为了加强对孕产妇的系统管理，使有限资源发挥最大效益，我国的围产期保健采取三级管理模式，依托三级组织网络，上下转诊协作，共同完成孕产妇和婴幼儿的保健工作。

妇女在确诊怀孕后应尽早在一级保健机构建立孕产妇系统保健手册，这标志着进入孕期保健阶段。理想情况下，孕妇应在妊娠10周左右选择好未来分娩的医疗机构，开始接受系统的孕期保健服务。我国大部分地区建立了孕产妇系统保健手册制度，保健手册从确诊怀孕开始直至产褥期结束一直跟随孕产妇，它是整个孕产期管理的纽带和轨迹载体。保健手册应记录每次产前检查的情况，并由分娩所在医院负责记录住院分娩的具体情况，一级保健机构进行产后访视和记录，最后将手册汇总至妇幼保健管理部门进行数据统计和分析。

（二）孕期保健的主要任务

孕期保健的主体是孕妇及其家庭，只有通过和孕妇及其家庭的有效合作，才能完成孕期保健任务。因此，在孕期保健的整个过程中，医务人员应以孕妇及其家庭的需求为导向，整合多种资源，多途径地加强孕产妇及其家庭的自我管理、自我照护能力，从生理、心理、社会、文化等多方面促进妊娠、分娩、哺育新生命这一自然历程的顺利进行。

为了保障母胎安全，实现孕期保健的多重目标，孕期保健的主要任务包括：健康教育和健康促进；为分娩和父母角色转变做准备；监测和识别高危因素并在必要时进行医学支持。

（三）孕期保健的实施

1. 孕期保健服务团队 孕期保健服务需要包括产科医生和助产士在内的多学科团队共同完成。助产士主要负责低危孕妇的管理，工作的重点在于信息支持、健康促进、促进自然分娩等。同时助产士需具有识别高危因素的专业能力，及时识别和转诊高危孕妇。产科医生主要负责高危孕妇的管理，必要时对高危孕妇进行知情干预。由相对固定的医务人员或团队提供产前服务，将有利于建立医务人员、孕产妇及其家庭之间良好的互动关系，增加孕妇及其家庭的依从性，有利于进行系统管理，从而完成孕期保健的三大任务。

2. 孕期保健具体实施途径

（1）产前检查：监测与识别高危因素主要通过产前检查来实现。通过系统的产前检查，对高危因素进行筛查，对存在高危因素的孕妇进行重点监护、重点管理。这是降低孕产妇死亡率、围产儿死亡率和病残儿出生率的有效手段（详见第三章妊娠诊断与产前检查）。

（2）健康教育：健康教育和健康促进以及为分娩和父母角色转变做准备两大任务更多的是通过和孕妇家庭建立良好的互动关系，以信息支持和健康教育的方式实现。在健康教育后，孕妇及其家庭掌握了必需的知识和技能，自我管理能力提高，自主地进行自我监测，积极参与医疗行为管理，达到孕期保健的目的。

为了提高健康教育和健康促进的效果，使孕妇及其家庭达到知、信、行的高度统一，可提供多种健康教育形式。现行较为普遍和成熟的包括助产士门诊、孕妇学校、小组制同伴支持等。随着信息技术和互联网的飞速发展，健康教育也逐渐开始利用多媒体技术，使得健康教育的形式更加多样化，其效果也有了显著提高。

Note:

1）助产士门诊：一对一健康教育和助产服务的主要模式。借助门诊平台，发挥助产士专业特长，提供以孕妇及其家庭为中心的个体化的服务内容。

每次门诊助产士须营造一种尊重和陪伴的氛围，使准父母感到每一次的交流互动都是有价值的，能从中获取所需信息、知识和技能。妊娠对于孕妇及其家庭而言，都需要经过生理和心理的调整适应。助产士可协助孕妇更好地理解孕期自身的变化、胎儿的发育，做好心理、生活方式、社会支持等方面的调适。同时助产士必须了解不同孕期主要产前检查项目，并能够识别结果是否异常，必要时将孕妇及时转诊至产科医生或其他相关专业人员。

孕早期健康教育的主要内容应包括但不限于：详细的孕期常规检查和产前筛查内容；孕期营养和膳食，包括叶酸的补充等；健康的生活方式，包括规律生活、适当运动、戒烟酒等；孕期生理变化所导致的不适及其解决方案；异常情况的自我监测和应对方法等。

孕中晚期健康教育的主要内容应集中在：继续给予信息支持；帮助应对孕中晚期的生理不适；孕晚期重点了解孕妇对分娩服务的需求，和孕妇家庭共同制订分娩计划，帮助孕妇掌握分娩知识和技能，应对分娩疼痛的技巧，知情选择分娩镇痛和家属陪伴等。有条件可以参观产房，和产房工作人员接触，增加孕妇的控制感。另外，提前指导新生儿的照护技能，包括母乳喂养；产后心理调适技能，为产后适应做前期准备。

2）群体性健康教育：主要形式是孕期保健服务机构所提供的孕妇学校。如今，许多地区开设了孕妇学校，多以专业人士宣讲的形式为主，为孕妇及其家庭提供学习所需知识和技能的机会。以普适性内容为主，如孕期营养和膳食；分娩相关知识和技能；新生儿的照护；孕期自我监护等内容。孕妇学校性价比高，但难以监测受者的行为是否改变，难以提供个性化服务。若辅以助产士门诊的一对一个性化服务，可以达到更好的效果。

3）小组制健康教育：一般针对特殊人群，如二胎、多胎妊娠家庭及瘢痕子宫妊娠家庭等。采用小组制可以在普适性健康教育的基础上，增加有针对性的内容，同时可促进境况相同的孕妇家庭进行交流，分享各自的体验，有利于健康教育内容的掌握和落实，增加准父母的自信心。但小组成员不宜过多，以免影响效果。

二、孕期营养与体重管理

营养是保证胎儿正常生长发育的物质基础，孕妇的营养状况直接或间接地影响自身和胎儿健康。例如，营养不良性贫血可降低生育能力和增加妊娠期并发症的发生；超重和肥胖以及孕期体重增长过多也成为当前备受关注的公共和个人健康问题，两者均可给孕妇及其子代带来近期和远期不良影响。从妊娠到出生后2岁是通过营养干预预防成年慢性病的机遇窗口期。因此，保证孕期合理营养对母体健康和下一代的正常身心发育具有重要意义。

（一）妊娠期体重管理

体重已成为反映人体营养和健康状况的一个标志，也是评定营养状况最简单、最直接可靠的指标。2021年，中国营养学会发布《中国妇女妊娠期体重监测与评价》，按中国成人体重指数切点，分别给予在不同妊娠前体重指数情况下，单胎妊娠妇女体重增长范围和妊娠中晚期每周体重增长推荐值（表4-1）。妊娠期体重总增长值在推荐总增长值范围内为妊娠期增重适宜，低于总增长值下限为妊娠期增重不足，高于总增长值上限为妊娠期增重过多。其中，妊娠早期无论妊娠前体重指数情况如何，妊娠早期体重增加超过2.0kg均提示体重增加过多，由于妊娠剧吐等导致体重明显下降时，应结合临床情况综合评价；妊娠中晚期每周体重增长值在推荐值范围内为妊娠中晚期增重速率正常，低于其下限提示妊娠中晚期增重较慢，高于其上限提示妊娠中晚期增重较快，还应结合胎儿大小、妊娠妇女的膳食摄入、运动情况、水肿程度等进行综合评价。同时还应注意，该文件适用于对我国妇女单胎自然妊娠体重增长的评价，不适用于身高低于140cm或妊娠前体重高于125kg的妇女。妊娠期合并症和并发症患者应结合临床意见进行个体化评价。

表 4-1 妊娠期妇女体重增长推荐值

妊娠前女性体重指数分类	总增长值范围 /kg	妊娠早期增长值范围 /kg	妊娠中晚期增长值范围（平均值）/(kg·周$^{-1}$)
低体重（BMI<18.5kg/m²）	11.0~16.0	0~2.0	0.37~0.56（0.46）
正常体重（18.5kg/m² ≤ BMI<24.0kg/m²）	8.0~14.0	0~2.0	0.26~0.48（0.37）
超重（24.0kg/m² ≤ BMI<28.0kg/m²）	7.0~11.0	0~2.0	0.22~0.37（0.30）
肥胖（≥ 28.0kg/m²）	5.0~9.0	0~2.0	0.15~0.30（0.22）

（二）孕期营养需要

适宜的能量和营养素摄入对孕妇机体和正在发育的胎儿均很重要。孕早期胎儿的生长发育速度相对缓慢，孕妇的基础代谢并无明显改变；孕中期开始，胎儿生长发育逐渐加速，母体的基础代谢也逐渐升高。因此，孕早期的能量和营养素摄入与非孕妇女相同，孕中晚期推荐在非孕妇女能量推荐摄入量的基础上每天分别增加 300kcal 和 450kcal，并在平衡膳食的基础上增加相应的营养素摄入。另外，影响能量需要的因素有很多，如孕前体重、孕期体重增长量、活动程度等。保证适宜能量摄入的最佳方法，是密切监测和控制孕期每周体重的增长。

食物中的碳水化合物、脂肪和蛋白质，不仅作为三大产能营养素为人体提供所需的能量，还发挥其他生物学功能，其表现形式不同，功能就会有所不同，甚至相差甚远。例如，不同食物含有碳水化合物的种类、数量不同，影响着食物的血糖指数（glycemic index，GI），摄入过多添加糖将增加糖尿病和肥胖的风险，因此应控制添加糖的供能百分比在 10% 以下，推荐孕妇经常吃一些粗粮、杂粮和全谷类食物，以得到更多的维生素、矿物质、膳食纤维和抗氧化物质。再者，膳食脂肪中必需脂肪酸在人体内不能合成，必须由食物供给。二十二碳六烯酸（docosahexaenoic acid，DHA）属于 n-3 长链多不饱和脂肪酸，妊娠期足量的 DHA 摄入对于胎儿大脑和视网膜发育至关重要。中国营养学会推荐妊娠期膳食脂肪的供能百分比为 20%~30%，其中饱和脂肪酸、单不饱和脂肪酸及多不饱和脂肪酸应分别维持在<10%、10% 和 10%，n-6 和 n-3 多不饱和脂肪酸的比值为 4∶1~6∶1。

总之，孕期应保证多样化的平衡膳食，同时关注一些特殊营养素的摄入，最大限度地满足孕期营养需求。孕期需要的主要营养素及其功能、缺乏所造成的不良影响，以及主要膳食来源详见表 4-2。

表 4-2 孕期所需主要营养素及其功能、膳食来源和推荐量

营养素	主要功能	孕期缺乏的影响	主要膳食来源	AMDR/RNI[①]
碳水化合物	提供能量和膳食纤维；抗生酮作用	酮症；孕期体重增长不足、胎儿生长受限	粮谷类和薯类、根茎类蔬菜、水果	总能量的50%~65%
蛋白质	构成和修复人体组织，构成体内各种生理活性物质；提供能量	影响胎儿生长发育	动物性食品、豆制品、谷类	孕早期:55g/d 孕中期:70g/d 孕晚期:85g/d
脂肪	能量来源和储存形式；提供必需脂肪酸；促进大脑和视网膜发育	胎儿视觉及神经功能发育受损	各种动植物油、肉类、鱼类和蛋类中DHA含量丰富	总能量的20%~30%
矿物质 钙	骨骼和牙齿成分；参与凝血、神经传导	孕妇下肢抽搐、骨质软化症；胎儿先天性佝偻病	奶及奶制品,虾皮、豆类及其制品,芝麻、海带及部分绿叶菜	孕早期:800mg/d 孕中期:1 000mg/d 孕晚期:1 000mg/d

续表

	营养素	主要功能	孕期缺乏的影响	主要膳食来源	AMDR/RNI[①]
矿物质	铁	血红蛋白和肌红蛋白及一些酶的成分	孕妇缺铁性贫血；早产、低出生体重；婴儿期较早出现缺铁及缺铁性贫血	动物血、肝脏、瘦肉	孕早期：20mg/d 孕中期：24mg/d 孕晚期：29mg/d
	锌	参与酶的组成，促进生长发育和组织再生	胎儿生长发育迟滞	贝壳类海产品、红色肉类及其内脏	9.5mg/d
	碘	参与甲状腺素合成	新生儿呆小病	海带、海藻、鱼虾、贝类食品及碘盐	230μg/d
维生素	维生素A	参与蛋白质合成和细胞分化、维持正常生长发育和视觉功能	孕早期缺乏可致胎儿肺、泌尿系统和心脏畸形；胎儿生长受限、低出生体重及早产	肝脏、肾脏、鱼肝油、全脂奶、奶酪、蛋黄、多脂的海鱼	孕早期：700μg RAE/d 孕中期：770μg RAE/d 孕晚期：770μg RAE/d[②]
	维生素D	调节钙磷代谢	孕妇骨质软化症；新生儿低钙血症和手足抽搐	海水鱼(如沙丁鱼)、肝脏、蛋黄等动物性食品及鱼肝油制剂	10μg/d
B族维生素	维生素B$_1$	参与能量代谢；维持正常肠道功能	孕妇胃肠道功能下降；新生儿脚气病	全谷物、豆类、干果类	孕早期：1.2mg/d 孕中期：1.4mg/d 孕晚期：1.5mg/d
	维生素B$_2$	参与能量代谢	胎儿生长发育迟缓，缺铁性贫血	动物肝脏、肾脏、心脏、乳汁及蛋类	孕早期：1.2mg/d 孕中期：1.4mg/d 孕晚期：1.5mg/d
	维生素B$_{12}$	参与核酸的合成；维持神经组织正常功能	早期习惯性流产；胎儿神经管畸形和脊柱裂风险增加	肉类、动物内脏、鱼、禽及蛋类	2.9μg/d
	叶酸	参与核酸和蛋白质的合成	妊娠期贫血；胎儿生长发育迟缓，神经管畸形	动物肝脏、蛋类、豆类、酵母、绿叶蔬菜、水果及坚果类	600μg DFE/d[③]

注：

① AMDR：acceptable macronutrient mistribution range，宏量营养素的可接受范围；RNI：recommended nutrients intakes，推荐摄入量。

② RAE：retinol activity equivalents，视黄醇活性当量。

③ DFE：dietary folate equivalent，膳食叶酸当量。

(三) 孕期膳食指导

1. 妊娠早期的膳食指导

(1)膳食宜清淡、适口：以清淡、少油腻为主，烹调多样化。为减轻恶心和呕吐的程度，可吃一些易消化的食物，如馒头、烤面包干、烧饼、饼干等。对于呕吐严重伴有脱水的孕妇，应多食水分丰富的蔬菜、水果，以补充水分、B族维生素、维生素C和钙、钾等无机盐，防止酸中毒，减轻妊娠不适感觉。

(2)宜少食多餐：进餐的餐次、数量、种类及时间应根据孕妇的食欲及妊娠反应轻重及时进行调整,采用少食多餐的办法保证进食量。应每天尽量摄入 40~50g 蛋白质,以维持正氮平衡。

（3）多摄入富含叶酸的食物并补充叶酸:孕期叶酸应达到 600μg DFE/d。孕妇保证每天摄入多种类蔬菜 400g,其中一半以上应为新鲜绿叶蔬菜,这样可提供约 200μg DFE 叶酸。天然食物中存在的叶酸生物利用率低,而合成的叶酸生物利用率高,因此,除摄入富含叶酸的食物外,还应补充叶酸 400μg/d,以满足机体需要。

（4）戒烟、戒酒:妊娠期间大量饮酒有致畸作用,乙醇可以通过胎盘进入胎儿血液,造成胎儿宫内发育不良,中枢神经系统发育异常、智力低下等。建议妊娠期间戒酒。孕妇应避免吸烟或被动吸烟,烟草中的尼古丁和烟雾中的氰化物、一氧化碳等均可能导致胎儿缺氧、营养不良和发育迟缓。

（5）妊娠反应严重孕妇的膳食:不过分强调平衡膳食,但孕妇每天至少摄入 130g 碳水化合物,首选富含碳水化合物的粮谷类易消化食物。对于完全不能进食的孕妇,应及时就医,以免因脂肪分解产生的酮体对胎儿的神经系统造成不良影响。

2. 妊娠中晚期的膳食指导

（1）适当增加鱼、禽、蛋、瘦肉、海产品的摄入量:动物性食品孕中期增加 50g/d,孕晚期增加 125g/d。建议每周 2~3 次鱼类膳食,以提供胎儿脑发育的 DHA。

（2）适当增加奶类的摄入:奶或奶制品富含优质蛋白质,是钙的良好来源。建议每天至少摄入牛奶 250ml(低脂牛奶 400~500ml)或者相当量的奶制品,以满足钙的需要。

（3）常吃含铁丰富的食物:孕妇是缺铁性贫血的高危人群。建议摄入含铁丰富的食物,如动物血、肝脏、瘦肉等。必要时在医生指导下补充小剂量铁剂。同时注意多摄入富含维生素 C 的蔬菜和水果,或在补充铁剂时补充维生素 C 制剂,以促进铁的吸收和利用。

三、其他生活指导

（一）孕期运动

孕期规律的身体活动有利于维持孕期体重的适宜增长,降低妊娠期糖尿病的发病风险,促进自然分娩,缓解腰部疼痛,保持孕期健康的精神状态。户外活动还有助于改善维生素 D 的营养状态,以促进胎儿骨骼的发育和母体自身的骨骼健康。孕期运动的目的是保持或适当提高自身健康水平,运动的强度取决于孕妇孕前的身体情况和运动规律。助产士或产科医生在对每个孕妇进行全面评估后可给出运动的指导和建议。对于没有禁忌证的孕妇,建议每天或每周大部分天数进行 20~30min 中等强度的有氧运动。适宜的运动形式包括散步、快走、游泳、孕妇瑜伽等。

1. 对于孕前不锻炼的孕妇,可先从每周 3d、每天 15min 的低强度运动开始,逐渐增加运动强度和运动频率至每周 4~7d、每天 20~30min,避免运动强度突然增大。

2. 对于孕前有规律运动习惯的孕妇,可在孕期继续保持,孕妇应与医生或助产士商讨随着孕期进展这些运动方式是否需要适当调整以及如何进行调整。

3. 肥胖孕妇应养成健康的生活方式,包括正确的饮食调整和适当的身体运动,从低强度、短周期的锻炼开始,逐渐提高运动强度,延长运动时间。

尽管运动锻炼对于妊娠期妇女具有诸多好处,但孕妇需要监测自己的运动强度并听从专业人员的建议,确保没有过度运动。运动时应确保运动环境的安全和适宜,并注意适当水分和能量的补充,避免长时间锻炼和饱食后立即锻炼。同时应注意并不是所有情况均适合进行孕期运动锻炼,如严重的心血管系统、呼吸系统、泌尿系统疾病;严重的甲状腺疾病;急性感染性疾病;有流产或早产的风险;宫颈功能不全或宫颈环扎术后;重度贫血;胎膜破裂等。

（二）孕期工作安排

大部分孕妇在孕期继续工作是安全的。对于没有并发症的孕妇,如果其工作环境没有影响母婴安全的潜在危险,原则上可继续工作直至产程发动。但应避免高强度体力劳动或精神压力大的工作,因有增加胎儿生长受限、妊娠期高血压疾病、胎膜早破、早产的可能性。我国 2012 年通过的《女职工

Note:

劳动保护特别规定》中规定：女职工在孕期不能适应原劳动的，用人单位应当根据医疗机构的证明，予以减轻劳动量或者安排其他能够适应的劳动。对妊娠 7 个月以上的女职工，用人单位不得延长劳动时间或者安排夜班劳动，并应当在劳动时间内安排一定的休息时间。对于有高危因素的孕妇，应根据具体情况决定是否工作以及工作强度。

（三）孕期旅行

对于没有并发症、母胎均安好的低危孕妇，一般可以耐受高海拔飞行时的相对缺氧环境带来的如心率加快、血压升高、氧分压下降等影响，但依然要考虑目的地是否有足够的医疗资源覆盖等，以应对突发状况。此外，孕妇长时间乘坐飞机等交通工具会增加静脉血栓发生的风险，所以在妊娠中晚期，孕妇应避免或减少长途旅行，不可避免的出行要注意乘坐期间适时进行提高小腿肌张力的活动，如适当走动、按摩小腿、穿弹力袜等。驾驶或乘坐汽车时，应正确使用安全带。为避免对胎儿造成损害，安全带的一条应绕过髋部，置于子宫下方；另一条应经两乳之间经过，系到子宫侧上方，并要松紧适度。

（四）孕期性行为

传统理论上性交可能诱发临产，这是因为性交对子宫下段的物理刺激、性高潮时释放内源性催产素、精液中前列腺素的直接作用或感染物质暴露增加等原因。然而，大多数研究并未显示孕期性生活和早产临产、早产分娩、感染性并发症等不良妊娠结局有关，所以目前没有证据禁止孕期性生活。但若存在前置胎盘、阴道出血、胎膜破裂等情况，或存在流产早产风险时应避免性交。

（五）孕期药物的使用

因为在新药的安全性和有效性的研究中通常不会纳入孕妇，所以关于药物在妊娠期对产妇及胎儿的影响，或所需的剂量调整，能获得的相关信息十分有限。因此建议全孕期尽量避免使用药物，特别是在孕早期，因为这是胎儿发育的重要时期，如孕期确需使用，必须充分权衡利弊，并在医生指导下进行。

第三节　孕期常见问题与处理

妊娠期间，孕妇各系统发生一系列的变化，在适应胎儿生长发育需要的同时，为分娩做准备。这些变化也会给孕妇带来不同程度的不良影响，如恶心呕吐、腰背酸痛、尿频、便秘等。助产士需要掌握必要的知识和技能，帮助孕妇缓解这些变化所带来的不适，增加舒适度，改善孕期体验。

一、上消化道不适

妊娠期间，因孕激素使平滑肌张力降低，胃贲门括约肌松弛，胃内酸性内容物逆流至食管下部产生胃烧灼感；胃排空时间延长，易出现上腹部饱满感，约有半数的孕妇会出现恶心、呕吐。轻度呕吐是一种自限性的症状，通常在妊娠第 6 周开始，10~12 周左右明显减轻甚至消失。其典型表现是晨起恶心，起床后可能发生呕吐。呕吐的情况往往从早到晚逐渐减弱，但恶心的症状常持续存在。虽然妊娠期恶心呕吐的过程较长，但在没有重度营养不良情况下，妊娠期的恶心呕吐一般不会引起不良妊娠结局。

对于轻度恶心呕吐一般不做处理。孕妇应该学会判断自己最能耐受的食物，避免重油腻、带有刺激性气味、辛辣、过甜以及高脂肪的食物；避免出现饥饿感和过度饱食，少量多餐；过度劳累和压力可能会加重不适症状，可适当增加休息时间；含服生姜片或服用姜汤对于减轻恶心呕吐症状有一定作用，可作为非药物性治疗的选择。若无缓解，可每天三次口服维生素 B_6 10~20mg。若孕妇持续呕吐，则会逐渐显露出妊娠剧吐的症状，如有重度恶心及呕吐、体重减轻超过孕前体重的 5%、尿量减少等情况，应及时就医。

二、便秘

妊娠期间，孕激素水平升高导致结肠平滑肌运动减弱，排空时间延长，加之增大子宫和胎先露对肠道下段的压迫，使得便秘成为孕妇的常见主诉。为了预防和缓解便秘症状，需增加膳食纤维和液体的摄入，多吃易消化、富含纤维的蔬菜水果。同时每天进行适当的运动，养成按时排便的良好习惯。以上方法效果不佳时可酌情给予通便药治疗。双糖类渗透性泻药乳果糖是目前我国常用的治疗孕产期便秘的通便药，常用起始剂量 30ml/d，维持剂量每天 15~30ml，疗程 2~4 周。妊娠期应避免使用峻泻剂，也不应灌肠，以免引起流产或早产。蓖麻油可刺激子宫收缩，过多地使用矿物油会干扰脂溶性维生素的吸收，应避免在妊娠期使用。

三、痔

痔是局部静脉压力增加导致的肛管静脉曲张，在妊娠晚期和产后尤为常见，30%~40% 孕产妇会受到痔的影响，包括瘙痒、出血、刺激和 / 或疼痛等。增大子宫的压迫，使痔静脉回流受阻，直肠静脉压增高，使得妊娠期易发生痔或使原有痔加重。便秘会使痔的症状加重，因此，孕产妇应多吃水果蔬菜、补充充足的水分，尽量减少和缓解便秘。必要时，可在医生指导下局部使用抗炎剂、止痒剂等进行保守治疗，以缓解痔带来的不适症状。

四、下肢水肿和静脉曲张

妊娠晚期，孕妇常会出现踝部、小腿下半部轻度水肿，休息后可消退，属于生理现象；同时由于增大的子宫压迫下腔静脉造成股静脉压力增高，部分孕妇会出现静脉曲张。因此应避免长时间站立，睡眠时取侧卧位、下肢垫高 15°，以促进下肢血液回流，改善水肿症状。必要时可在下肢使用弹性绷带或穿弹力袜，以改善静脉曲张的症状。若水肿症状明显，休息后无法消退，应考虑妊娠合并肾脏疾病、低蛋白血症等。

五、下肢肌肉痉挛

孕期下肢肌肉痉挛可能与钙镁离子水平、血液循环改变有关，但尚不清楚确切的病因。尽管下肢肌肉痉挛并不会导致持续性损害，但疼痛明显。痉挛通常发生在晚上，孕妇会被突然袭来的疼痛惊醒。当下肢肌肉痉挛时，拉伸腓肠肌（勾脚）、下床行走、抖腿后抬高腿部、伸展和按摩痉挛的肌肉可能会对缓解症状有帮助。

六、腰背痛

腰背痛是孕妇常见问题，特别是在具有腰痛史和多产的女性中更为常见。可能与胎盘分泌的松弛素使骨盆韧带及椎骨间关节韧带松弛有关；同时为了代偿子宫的增大，会发生腰部脊柱过于前凸、颈部前屈以及双肩下移，也和腰背痛有关。腰背痛可发生在妊娠期的任何时候，妊娠后期更为常见。大多数孕妇的症状是活动时加剧，休息时缓解。疼痛发生在腰部，可放射至大腿部或下腹部。大部分孕妇的腰背痛在产后缓解，但也有部分产妇在分娩后 2~3 年内仍持续存在腰痛。

对腰背痛的孕妇，助产士可给予相应指导，帮助减轻症状。平时以能够支撑足弓的低跟鞋代替平跟鞋；避免床太软，最好睡硬板床；建议孕妇采用侧卧位，并保持双膝和髋部弯曲，将枕头放在两膝之间。在提起物体时，先蹲下屈膝，保持背部挺直，避免弯腰；避免提重物。坐下时，背部应有良好的支撑，可在背后垫小枕头。

七、耻骨联合分离

耻骨联合分离（diastasis of symphysis pubis）指骨盆前方两侧耻骨的纤维软骨联合处，因外力而发生微小的错移,表现耻骨联合距离增宽或上下错动而出现局部疼痛和下肢抬举困难等功能障碍的软组织损伤性疾病。在妊娠期、分娩时或产后都有可能发生耻骨联合分离,虽发病率较低,却给孕产妇带来一定的痛苦和生活上的不便。

在非妊娠的妇女中,正常的耻骨联合间隙为 4~5mm。在妊娠第 10~12 周时由于高松弛素的作用,耻骨联合开始增宽,妊娠妇女的耻骨联合间隙可增加至少 2~3mm,当此间隙过度增宽时,活动性增加,便会出现耻骨上疼痛、压痛、肿胀和水肿,髋关节外展、外旋活动受限等耻骨联合分离症状。疼痛可放射至腿部、髋部或背部,并且在承重、行走、上楼梯、翻身等情况下加重;疼痛剧烈者可能造成单侧或双侧下肢难以负重,不能行走;甚至出现坐骨神经痛、膀胱功能障碍及大便失禁。耻骨联合分离的距离并不一定与症状严重程度或功能受损程度相一致。一般情况下,耻骨联合分离的诊断是基于持续存在的症状和影像学检查发现分离超过 10~13mm;但是对于妊娠期妇女,由于可以根据症状和对治疗的反应做出临床诊断,因此放射影像学检查并非必要。

对于妊娠期的耻骨联合分离一般采取保守的对症治疗,旨在减轻疼痛。轻者一般不做处理。疼痛明显者,应卧床休息,采用侧卧位,必要时使用支架或骨盆腹带支撑、固定骨盆,以减轻疼痛;亦可在行走时使用助行器或拐杖,减轻对骨盆的压力。对于分离 ≥40mm 并伴有持续疼痛的妇女,可采取切开复位内固定术。大多数耻骨联合分离患者预后良好,疼痛在产后 1 个月内缓解,亦有部分产妇胎儿娩出后疼痛随之消失。

八、骨盆带疼痛

骨盆关节的活动性增加和不对称性使骨盆区在妊娠期容易出现疼痛。骨盆带疼痛(pelvic girdle pain,PGP)是一种发生在髂嵴后方和臀沟之间的刺痛,尤其是在骶髂关节附近,其发病率约为 20%。与骶髂关节相关的后骨盆疼痛常见。疼痛可能会放射至大腿背面,并可能与耻骨联合分离并发。疼痛通常在走路或进行活动时出现,这些活动要求孕妇单腿支撑或者进行抬腿运动,如爬楼梯、穿衣服或者从床上起身。患有骨盆带疼痛的孕妇走路时会出现"鸭步步态"。骨盆带疼痛也可在承重时加重,久坐亦可引发疼痛,可通过后骨盆疼痛激惹试验(posterior pelvic pain provocation)对后骨盆关节疼痛进行评估:患者呈仰卧位状态,髋部屈曲 90°,检查者在患者膝盖上施加沿股骨向髋部的压力,同时将另一只手置于患者对侧髂前上棘以固定骨盆,引出同侧臀部疼痛即为检查阳性。

对于妊娠相关 PGP 的孕妇应给予生活指导。尽量避免导致两侧骨盆位置不对称的活动,如跷二郎腿、拉伸、推拉单侧骨盆、提举起重物或是单侧用力等;采用侧卧位,可在两腿之间夹个枕头,使用腰垫;下床时先将两膝盖并拢,然后侧身起来;腰带或支架可以增加骶髂关节的稳定性,并且改善骨盆、背部、髋部和双腿的承重力,对后骨盆关节疼痛有一定效果;骨盆带疼痛并不是性生活禁忌,但应避免受压,可以尝试侧卧位;疼痛明显时采取适当的镇痛方式以缓解症状,如理疗、按摩、针灸等。约80% 的患者在分娩后 6 个月内完全恢复,但部分患者恢复期较长,甚至超过 2 年。

九、腕管综合征

腕管综合征(carpal tunnel syndrome,CTS)是妊娠期常见的并发症,指腕管的正中神经受压引起的拇指、示指和中指的感觉异常、感觉减退、疼痛或麻木。受累患者常常从睡眠中醒来,伴有正中神经分布区域的烧灼感、麻木和麻刺感,75% 左右的患者为双侧发病。患者常报告会甩动手部以缓解不适,与非妊娠个体相似。孕妇患病率增加的原因被认为是由妊娠相关的液体潴留导致腕管中的神经受压所致,也可能与妊娠期激素变化影响骨骼肌肉系统有关。症状往往发生于妊娠晚期,但也可发生于任何时间。大多数病例在产后数周至数月时间逐渐缓解。对于母乳喂养的女性,症状可延长数月。在后续妊娠中可能复发。

缓解症状的方法包括使用镇痛剂和手腕夹板,必要时可考虑进行外科手术。在夜间将手腕用夹板固定于中立位或轻度伸展位,对于严重病例,需要全天用夹板固定手腕。因为该疾病预后好,常在产后缓解,妊娠期间很少需要采用皮质类固醇注射或手术以松解屈肌支持带。

十、泌尿系统症状

尿频(1d排尿超过7次)和夜尿增多(夜间排尿≥2次)是妊娠期常见的症状。尿频与多种因素有关:孕早期膀胱受到增大子宫的压迫而出现尿频,待增大的子宫超越盆腔后症状往往缓解;随着孕周的增长,增大的子宫会将膀胱向前上方推移并压扁,从而使膀胱容量减小;孕晚期,胎头入盆后,膀胱、尿道压力增加,部分孕产妇可出现尿频和尿失禁。这些症状无须特殊处理,但是若出现尿失禁的症状,则需要进行盆底肌肉锻炼,必要时进行盆底康复治疗。

十一、孕期睡眠问题

充足的睡眠是保持健康和最佳日常状态的必要条件。女性怀孕期间,睡眠时间和睡眠质量会随着妊娠的进展而发生动态变化。妊娠早期,可能由于孕酮的催眠作用,女性会感到疲劳,会引起犯困等现象,从而增加了睡眠时间;妊娠后期,由于子宫增大,压迫膀胱,会出现尿频等现象,而影响睡眠。

部分孕妇也会存在睡眠问题,特点是睡眠碎片化,总睡眠时长减少,进入睡眠后觉醒更多,浅睡眠增多,以及深度睡眠减少。妊娠期间存在睡眠问题可能对母胎健康产生影响。改善睡眠的建议包括:

1. **保持规律的作息时间**　每天早晨明亮光照有助于提高警觉性,保持规律的昼夜节律。

2. **创造低刺激的睡眠环境**　保持卧室昏暗、凉爽、安静,对于容易因环境刺激而导致睡眠中断的人,使用遮光窗帘、耳塞等有助于创造最佳的睡眠环境。

3. **选择舒适的睡姿**　孕妇应使用舒适的床垫和枕头,可采用自己喜欢的睡姿。妊娠中晚期可以在膝盖之间、腹部下方和背后放置枕头,以保持舒适体位。孕晚期应避免仰卧位。

4. **控制日间睡眠时间**　日间持续约20min的短暂小睡有助于缓解白天的疲劳和困倦。如果存在夜间睡眠问题,则应避免日间睡眠,特别是在傍晚时分。对于需要进行轮班工作的孕妇,日间小睡一般是必要的,有助于减轻疲劳。

5. **避免在午后摄入含咖啡因的食物**　含咖啡因的食物可能会影响睡眠。另外,不良的妊娠结局是否与咖啡因的摄入有关尚存争议。建议怀孕期间咖啡因摄入量最好限制在200~300mg/d。

6. **其他**　定期进行适当运动;睡前避免使用电子产品;使用放松技巧帮助入睡等。

若孕妇采用上述睡眠卫生建议后睡眠问题仍难以缓解,则应转介至专科医生处,以排除睡眠障碍。

十二、孕期心理问题

女性对妊娠的反应不一,可伴随短暂的焦虑和恐惧,这些均为正常现象,助产士应告知孕妇并且鼓励她们说出自己的真实感受。若以往没有心理疾病病史,大多数妇女孕期心理问题仅仅是一些轻微症状,伴焦虑的抑郁性神经症最为常见,恐惧、焦虑状态和强迫症也时有发生。大多数情况下,这些神经症症状在孕中期就会消失,不会增加孕妇在产后罹患产后抑郁的风险。对于那些怀孕一开始就有慢性神经症症状表现的孕妇,症状很可能会持续整个孕期,并在孕晚期和产褥期加剧。

助产士在孕产妇心理保健方面可发挥重要作用。助产士可以通过系统的助产士门诊与孕妇及其家庭建立相互信任的伙伴关系,创造一种充满关怀和理解的沟通氛围,给予孕妇所需要的信息、支持、辅导、安慰和鼓励。在此过程中易于发现那些可能损害心理健康的潜在问题,对于轻微生理不适的持续抱怨和顾虑,很可能是某些孕妇心理问题的唯一表现形式。但一般来说,孕期情绪不稳是可以察觉的,需要助产士对孕妇进行持续评估。英国国家卫生与临床优化研究所(National Institute for Health and Care Excellence,NICE)推荐了一种简单、易于操作的问询方法来觉察孕妇可能存在的抑郁问题,包括两个问题:"在过去的一个月,你经常有情绪低落、沮丧或绝望的感觉吗?""在过去的一个月,你经常觉得做事提不起兴趣或者没有愉悦感吗?"若孕妇对这两个问题均回答"是",那么就需要提出第三个问题:"有什么事情是你觉得需要或想要得到帮助的?"作为后续评估,可以使用筛查工具,如焦虑、抑郁筛查量表,但最好由受过相关训练的助产士或专业人士进行。对于有心理精神疾病史的孕妇,需要多学科合作开展工作,助产士需要参与其中,发挥其相应的职业功能。

此外,大部分孕妇,尤其是初产妇,由于缺乏分娩方面有关知识,担心母婴安全问题以及第一产程漫长的宫缩疼痛会导致孕妇产生恐惧等心理。因此,在孕晚期,助产士应帮助孕妇及家庭了解妊娠与分娩的特点,协助其参与分娩的准备过程,通过让孕妇及家属参与分娩预演,制订分娩计划,提高他们对分娩的正确认知,减轻对分娩产生的恐惧,增强自然分娩信心。

第四节 出生缺陷的三级预防

出生缺陷(birth defect)指婴儿出生前发生的身体结构、功能或代谢异常。出生缺陷可由染色体畸变、基因突变等遗传因素或环境因素引起,但大多数出生缺陷属于多因素复杂疾病,是遗传、环境、社会、心理、行为等多种因素共同作用的结果。

一、概述

据估计,我国目前出生缺陷发生率在 5.6% 左右。出生缺陷已成为影响人口素质和群体健康的公共卫生问题。为了减少出生缺陷的发生,世界卫生组织提出了出生缺陷的三级预防策略:一级预防主要是通过孕前保健,预防出生缺陷胚胎或胎儿的形成;二级预防是通过产前筛查和产前诊断识别胎儿严重先天缺陷,早期发现,早期干预,减少缺陷儿的出生;三级预防是在缺陷儿出生后及时诊断、及时治疗,防止发病、致残。

二、产前筛查

产前筛查(prenatal screening)是采用简便、经济、无创的方法对孕妇进行检查,从中挑选具有出生缺陷高风险的孕妇进行产前诊断,以提高产前诊断的阳性率,减少不必要的侵入性产前诊断。但是产前筛查试验不是确诊试验,筛查阳性结果意味着患病的风险升高,并非诊断疾病;阴性结果提示风险无增加,亦不能排除该疾病。因此,筛查需遵循知情同意的原则自愿进行;筛查结果阳性者须告知患者需要进一步的确诊试验;筛查结果阴性者,也应告知孕妇因为筛查试验的特点,仍有假阴性的可能。事实证明,筛查中知情同意告知的贯彻实施,对减少后续不必要的医疗纠纷有重要意义。因此,产前筛查必须满足以下条件:①该疾病在筛查人群中有较高的发病率且危害严重;②能为筛查阳性者提供进一步的产前诊断及有效干预措施;③筛查方法无创、廉价、易于接受。产前筛查是出生缺陷二级预防的重要内容;④被筛查者应自愿参与,做到知情选择,并为被筛查者提供全部有关的医学信息和咨询服务。

目前较为成熟的产前筛查的疾病是以唐氏综合征为代表的胎儿非整倍体的染色体疾病、神经管畸形以及胎儿结构畸形。

(一)非整倍体产前筛查

1. 母血清学筛查 是目前最常用的方法,即唐氏综合征筛查,简称"唐筛"。按照时间可分为早期唐筛(通常为孕 10~13^{+6} 周)和中期唐筛(通常为孕 15~20 周)。早期唐筛常用指标为游离绒毛膜促性腺激素 β 亚单位(F-β-hCG)、妊娠相关血浆蛋白 A(PAPP-A),可和超声测量胎儿颈项透明层厚度联合以提高检出率。中期唐筛检测指标为甲胎蛋白(AFP)、β-hCG、游离雌三醇(uE3)、抑制素 A(inhibin A)(四联检测),根据孕妇血清中上述标志物高低、孕妇年龄、孕周、体重等综合计算出胎儿 21- 三体和18- 三体的发病风险,中孕期还可筛查出胎儿开放性神经管缺陷的风险。因孕妇上述标志物的血浓度随孕龄而改变,故风险计算一定要参考准确孕龄,常用早孕期胎儿顶臀长计算孕周作为参照。值得强调的是,唐筛的目的不是诊断唐氏综合征,而是筛选出患此病可能性较大的胎儿,以确定是否需要进一步的检查。

2. **超声测量胎儿颈项透明层厚度**（nuchal translucency，NT） 通常在妊娠 11~13^{+6} 周（胎儿顶臀长为 45~84mm）时进行。非整倍体患儿因颈部皮下积水、NT 增宽，常处于相同孕周胎儿第 95 百分位数以上。如果结合母血清学 PAPP-A、F-β-hCG 检测，可进一步提高检出率、降低假阳性率。NT 测量需要由经过专业培训的医生进行，所以这种在妊娠早期联合使用血清学和 NT 测量的筛查方法只推荐在有条件的医疗机构进行。

3. **无创产前检测**（noninvasive prenatal test，NIPT） 无创产前检测技术在临床上的使用越来越普遍。孕 10 周起即可进行 NIPT 检测，最佳孕周为 12~22^{+6} 周。通过采集孕妇外周血，对血浆中胎儿来源的游离 DNA 进行二代测序，进行生物信息学分析得出胎儿 21- 三体、18- 三体、13- 三体及性染色体异常的风险。相对血清学筛查，其敏感性和特异性都较高。

（二）神经管畸形筛查

开放性神经管畸形（neural tube defects，NTDs）最常见的类型为无脑儿和脊柱裂。无脑儿表现为胎儿颅骨和脑组织的缺失，是致死性的畸形，如果孕期没有被发现，可以持续妊娠达足月。脊柱裂则表现为部分椎管未完全闭合，根据类型不同，可以有或无神经症状，严重者表现为下肢截瘫。神经管缺陷是造成胎儿、婴儿死亡和残疾的主要原因之一。

1. **血清学筛查** 约 95% 的神经管畸形患儿没有家族史，但约 90% 的孕妇血清和羊水中的 AFP 水平升高，这是因为当胎儿为开放性神经管畸形（无脑儿、脊柱裂等）时，脑脊液中的 AFP 可直接进入羊水，使羊水中的 AFP 异常升高，母血中的 AFP 也随之升高。因此，AFP 可作为 NTDs 的筛查指标，筛查应在妊娠 15~20 周进行。3%~5% 的 NTDs 患儿为非开放性畸形，羊水 AFP 水平在正常范围。

2. **超声筛查** 99% 的 NTDs 可以通过妊娠中期的超声获得诊断。

（三）胎儿结构畸形筛查

胎儿结构畸形涉及机体所有器官，占出生缺陷的 60%~70%。超声筛查是最常用的方法。

1. **妊娠早期超声影像学筛查** 除 11~13^{+6} 周测量胎儿 NT 外，部分无脑儿、脊柱裂等畸形也可被发现。

2. **妊娠中期超声影像学筛查** 检测孕周通常为 20~24 周，此时胎动活跃，羊水相对多，胎儿骨骼尚未钙化、脊柱声影影响小，便于多角度观察胎儿结构。胎儿结构筛查在胎儿头面、颈、胸、腹及脊柱、四肢均有规定的检查内容；还包括胎盘、脐带的检查。建议所有孕妇在这一时期均进行一次系统的胎儿超声检查。需由经过培训合格的超声科医师进行。

三、产前诊断

产前诊断（prenatal diagnosis）指在胎儿出生前应用各种检测手段，对严重的先天性和遗传性疾病做出诊断，为宫内治疗或选择性终止妊娠提供依据。

（一）产前诊断的对象

孕妇有下列情形之一者，需要建议其进行产前诊断检查：①羊水过多或者过少。②胎儿发育异常或者胎儿有可疑畸形。③孕早期时接触过可能导致胎儿先天缺陷的物质。④夫妇一方患有先天性疾病或遗传性疾病，或有遗传病家族史。⑤曾经分娩过先天性严重缺陷婴儿。⑥年龄超过 35 周岁。除此之外，产前筛查结果属于高危的孕妇，也应属于产前诊断的目标人群。

（二）产前诊断的疾病

1. **染色体病** 包括染色体数目和结构异常。染色体数目异常有多倍体和非整倍体。染色体结构异常以缺失、重复、倒位、易位常见。患染色体病的胎儿可死于宫内，反复流产，或体格 / 智力发育异常。早期自然流产中染色体异常约占一半。

2. **性连锁遗传病** 以 X 连锁隐性遗传病居多，如红绿色盲、血友病等。致病基因在 X 染色体上,携带致病基因的男性发病;携带致病基因的女性为携带者,生育的男孩 50% 是患者,50% 为健康者。生育的女孩表型均正常,但有 50% 的可能为携带者。因此,在无法诊断疾病基因时,可根据性别考虑是否终止妊娠。性连锁隐性遗传病的男性患者与正常女性婚配,生育的男孩不会患病,生育的女孩均为携带者。

3. 先天性代谢缺陷病 多为常染色体隐性遗传病。因基因突变导致某种酶缺失,引起代谢抑制、代谢中间产物累积而出现临床表现。除少数几种疾病在出生早期能够通过饮食控制法(如苯丙酮尿症)或药物治疗(如先天性甲状腺功能减退)使其不发病外,多数尚无有效治疗方法,因此进行产前诊断极为重要。

4. 先天性胎儿结构畸形 包括全身各器官的结构异常。产前超声检查可诊断出六大致死性畸形:无脑儿、严重脑膨出、严重开放性脊柱裂、严重胸腹壁缺损伴内脏外翻、单腔心、致死性软骨发育不良。结构畸形的胎儿染色体核型不一定异常。

(三)产前诊断的常用方法

目前,产前诊断主要针对胎儿结构异常和胎儿遗传疾病。

1. 胎儿结构异常的常用产前诊断方法

(1)产前诊断超声:指针对产前超声筛查发现的胎儿异常进行系统的、针对性的检查,并提供影像学诊断。产前超声诊断有其局限性,针对不同疾病有不同误诊率,超声诊断不能等同于临床诊断,更不能替代病理诊断。

(2)磁共振:由于具有较高软组织对比性、高分辨率、多方位成像能力和成像视野大等优点,磁共振技术成为产前诊断胎儿结构异常的有效补充手段。当超声检查发现异常,但不能明确诊断时,可使用磁共振技术辅助诊断。

2. 胎儿遗传疾病的常用产前诊断方法

(1)取样技术:包括有创和无创取样技术。有创取样技术主要包括羊膜腔穿刺术、绒毛穿刺取样和经皮脐血管穿刺取样。无创取样技术指通过孕妇外周血获取胎儿 DNA、RNA 或者胎儿细胞进行产前诊断。

1)羊膜腔穿刺术(amniocentesis):是目前应用最广泛、相对安全的产前诊断技术。一般在孕 16 周后进行。抽取羊水,获得羊水中的胎儿细胞或者胎儿 DNA 进行遗传学分析,结果可靠。

2)绒毛穿刺取样(chorionic villus sampling,CVS):是孕早期产前诊断的主要取材方法,优势在于能在孕早期对胎儿进行遗传学诊断,帮助决定是否终止妊娠,减少大孕周引产对孕妇的伤害。一般在孕 10 周后进行。抽取绒毛组织进行遗传学分析。

3)经皮脐血管穿刺取样(percutaneous umbilical blood sampling,PUBS):是获取脐血的产前诊断技术,一般在妊娠 18 周后进行。由于 PUBS 风险相对较高,其应用一般仅限于其他诊断性操作无法提供充分的诊断证据时,权衡利弊后在充分知情同意的情况下进行。

(2)实验室技术:对获得的样本进行遗传学分析的技术,包括:传统染色体核型分析、荧光原位杂交(fluorescence in situ hybridization,FISH)、定量荧光聚合酶链式反应(quantitative fluorescence polymerase chain reaction,QF-PCR)、染色体微阵列分析(chromosomal microarray analysis,CMA)、DNA 测序技术等。

(四)产前诊断后的处理

一旦产前诊断发现胎儿畸形,产科医生应充分告知,帮助父母自主决策。某些选择需经当地伦理委员会批准后方可执行。处理的方法有:

1. 终止妊娠或继续妊娠。

2. 必要时医源性早产。

3. 安排好孕妇分娩所在的机构,保证新生患儿一出生即可得到及时治疗。

4. 在技术条件允许的情况下,也可进行胎儿干预。

第五节　分娩的准备

导入情境与思考

某孕妇,22岁,孕1产0,单胎,头位,妊娠36周。今晨起感觉腹部发紧,约半小时1次,每次持续10~20s。午餐后宫缩程度同前,但夫妻二人十分紧张,以为即将分娩,遂来产科急诊就诊。值班助产士了解情况后,与孕妇及其丈夫交流,发现这对年轻夫妻平素未进行正规产检,对妊娠及分娩相关知识均不了解。因此,助产士对这对夫妻进行了相关健康教育,制订了完善的分娩计划。

请思考:

1. 该孕妇目前主要存在的问题是什么?

2. 目前助产士应关注的重点是什么? 如何针对该孕妇进行健康教育?

一、分娩准备的健康教育

对于大部分孕妇来说,特别是初产妇,由于缺乏分娩方面有关知识,容易对分娩时宫缩疼痛、母婴安全产生害怕和担忧,导致其产生焦虑和恐惧心理,而这些负性心理正是影响产程进展和母婴安全的重要因素,会加重分娩不适与疼痛。因此,助产士有必要在孕晚期的孕妇学校健康教育中帮助孕妇做好充足分娩准备健康教育。健康教育的内容可从以下几个方面进行:

(一)识别临产先兆

告知孕妇临产先兆的一些症状,如胎儿下降感、假临产和见红,让孕妇能够明确何种情况需要入院,何种情况可以继续在家观察。同时可向孕妇介绍孕晚期胎膜早破的表现及应对措施,并强调孕晚期自数胎动的重要性。

(二)准备分娩物品

不同医疗机构待产和分娩所需准备的用物略有不同,医务人员应根据所在医疗机构的具体情况,提前告知孕妇准备待产及分娩物品。以下建议可作为参考:

1. 母亲的用物准备　包括身份证、产科建档资料、产褥垫、卫生纸、内衣裤、纸巾、吸管、水杯、胎心监护带、待产时的点心和水等。

2. 新生儿的用物准备　包括柔软、舒适、便于穿脱的衣物,质地柔软、吸水、透气性好的纯棉织品尿布或一次性洁净纸尿裤。此外,还要准备婴儿包被、毛巾、口水巾,并分类做好记号,以免家属接婴儿时准备不全。

(三)指导产前活动锻炼

孕晚期可指导孕妇坚持孕期锻炼,可继续原有的孕期锻炼内容和强度,也可根据孕妇的具体情况,进行适当调整。步行依然是孕晚期的一种安全、简单、易行的锻炼方式,建议孕妇在公园和人员相对少的安静地区活动,避免超市和人员拥挤的场所。值得注意的是,由于孕晚期子宫及胎儿较前增重明显,在孕晚期运动时,应注意控制运动时间,避免长时间站立,尽量避免负重、弯腰、挤压腹部动作。同时避免一个人锻炼,应确保若在运动过程中有突发情况(如临产、胎膜早破),孕妇知道如何寻求帮助。

(四)熟悉分娩环境

以图片或幻灯片放映的形式向产妇及家人展示产房环境和产房设施,让其提前熟悉产房环境;同时,建议孕妇在产程中可选择调节室内光线,播放平时喜爱的音乐、电影和电视等方式,营造产时自我放松的氛围,消除对陌生环境的焦虑心理,减少对产房的恐惧,加快产程进展。

Note:

（五）预演分娩体位

告知产妇在产程中采取本能的体位和活动，这不仅能增进母亲舒适，还能矫正潜在的或已存在的胎头位置异常，促进产程进展和分娩。此外，助产士可在孕晚期和孕妇共同探讨各种分娩体位的方法和作用，告知产妇最佳的分娩体位是自己感到最为舒适的体位，鼓励产妇在产程中选择自己喜欢的姿势；助产士可根据产妇意愿示范和预演相应体位，如蹲位、侧躺、反坐或配合应用分娩球等，鼓励孕妇积极采用自由体位。

（六）指导分娩不适的应对技巧

告知孕妇分娩时有多种方式可协助减轻分娩时的不适感，但这些方法都须具备 3 个前提条件：①孕妇在分娩前已获得有关分娩方面的知识，如在妊娠晚期，即妊娠 28 周后，已进行过腹式呼吸运动的练习，且已会应用腹式呼吸运动来减轻分娩时的不适；②在临产宫缩时保持腹部放松，则宫缩带来的不适感会减轻；③可通过分散注意力缓解疼痛。因此，在孕晚期时，即开始指导孕妇进行锻炼。目前常用的减轻分娩时不适的方法如下：

1. 拉玛泽呼吸法 由法国产科医生拉玛泽（Lamaze）提出，是目前使用较广的分娩呼吸法。拉玛泽呼吸法可以有效地让产妇在分娩时将注意力集中在对自己的呼吸控制上，从而转移疼痛，适度放松肌肉，能够在产痛和分娩过程中保持镇定，达到加快产程并让婴儿顺利出生的目的。具体应用方法如下：

（1）廓清式呼吸：在呼吸运动开始和结束前，均深吸一口气后再完全吐出。其目的在于减少快速呼吸导致的过度换气，从而保证胎儿的有效供氧。

（2）神经肌肉控制运动：也称"放松运动"，指通过有意地放松某一肌肉，然后使身体其他部分的肌肉自然放松，以达到孕妇无皱眉、握拳或手臂僵直等肌肉紧张现象。可通过触摸紧张部位、回忆美好事物或听轻松愉快的音乐达到放松的目的，从而使全身肌肉放松，减少分娩过程中因不自觉的紧张而造成不必要的肌肉用力和疲倦。

（3）意志控制的呼吸：主要是注意控制呼吸的节奏。在潜伏期，用缓慢而有节奏性的胸式呼吸，频率为正常呼吸的一半；随着产程进展，宫缩的频率和强度增加，进入活跃期时用浅式呼吸，频率为正常呼吸的 2 倍；当宫口开大到 7~8cm 时，产妇的不适感最严重，此时选择喘息 - 吹气式呼吸，方法是先快速地呼吸 4 次后用力吐气 1 次，并维持此节奏至宫缩结束，同时应注意避免过度换气。

（4）划线按摩法：未做胎心监护时，孕妇可用双手指尖在腹部做环形运动，做时压力不宜太大，以免引起疼痛，也不宜太小，引起酥痒感。也可以单手在腹部用指尖做横"8"字形按摩。若腹部有胎心监护仪时，则可按摩大腿两侧（图 4-1）。

2. 瑞德法 由英国产科医师迪克·瑞德（Dick Read）提出。其认为分娩恐惧会导致过分紧张，从而强化宫缩疼痛。若能打破恐惧 - 紧张 - 疼痛的循环，便能减轻因子宫收缩引起的生理疼痛。瑞德法也包括采用放松技巧和腹式呼吸技巧。

（1）放松：孕妇身体放松，取侧卧位，让腹部的重量施于床垫上，身体的每一部位均不交叠。

（2）腹式呼吸：孕妇平卧，集中精神使腹肌提升，缓慢地呼吸，每分钟呼吸 1 次，呼气与吸气比为 1∶1。在分娩末期，当腹式呼吸已不足以应付时，可改用快速的胸式呼吸。其目的是转移孕妇的注意力，减轻全身肌肉的紧张感，迫使腹部肌肉升起，使子宫能在收缩时轻松而不受限制，以维持子宫良好的血液供应。

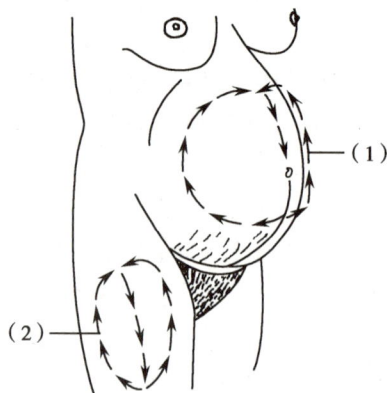

图 4-1 划线按摩法

3. 布莱德雷法 又称"丈夫教练法"，由产科医师罗伯特·布莱德雷（Robert Bradley）提出。其认为放松和控制呼吸技巧与方法同瑞德法，主要强调丈夫在妊娠、分娩和新生儿出生后最初几天中的重要性。通过丈夫鼓励产妇适当活动来促进产程，且可以指导产妇用转移注意力的方法来减轻疼痛。

二、分娩计划的制订

分娩计划(birth plan)源于西方国家。1980年左右,欧美国家助产工作者逐步将分娩计划引入产科领域。1993年随着 *Changing Childbirth* 的报道,育龄妇女分娩计划成为英国产科政策制定者的关注焦点,这份具有里程碑意义的报道提倡孕妇自我选择权利,孕妇分娩选择成为产科服务中的新项目。2007年,随着英国政府政治文件 *Choice Access and Continuity of Care* 的颁布,分娩计划成为产科服务中的重要内容,并保证了孕妇及家庭有机会在整个孕产保健过程中做出明智选择。2013年,WHO推荐孕妇将分娩计划书作为表达对分娩的期望和需求的工具,并认为分娩计划是一种促进围产期适宜照护服务的干预策略。目前在欧美等国家,特别是英国,分娩计划应用非常广泛。我国还处于探索阶段。

分娩计划制订是在专业人员指导下,根据孕妇自身分娩意愿与需求选择照护情况,是孕妇对分娩的一个自我规划过程。分娩计划制订的内容主要包括:分娩期的饮食、活动与休息、分娩陪伴者、分娩环境、分娩体位、分娩方式、分娩镇痛、分娩意愿和需求、分娩的医院、分娩后婴儿照护者等方面的内容。每当孕妇到保健中心或者产科门诊进行产前检查,孕妇及家人应及时与产科工作者讨论并修订分娩计划,如果出现并发症等情况时要随时改变初始计划。

制订有效的分娩计划,助产士应考虑:①孕妇和伴侣的个人需求和偏好是什么?②助产士怎样建立同理心,设身处地地考虑孕妇的需求?③如何利用分娩计划,更好地赋予孕妇权利?④助产士能做些什么,让这对夫妇在专业照顾下感到安全?⑤在分娩计划方面,怎样做才能显得更加"母亲友好型"?

分娩计划制订的临床意义:孕妇和助产士共同精心制订分娩计划并做好充足孕期准备,对分娩期产妇心理和生理均会产生积极的作用,可降低非医学指征剖宫产率、会阴侧切率,减少孕产妇分娩恐惧、产后抑郁症及产后焦虑的发生,提高产妇满意度,缩短总产程时间,促进自然分娩。此外,可促进孕产妇和医务人员之间交流,增加孕产妇对分娩的认知,使医务人员更了解孕妇的分娩期望,进而改善产妇分娩体验,增加对分娩的控制度和分娩期望的满意度。

三、家庭的准备

分娩不是孕妇一个人的任务,而是关乎整个家庭的事情。妊娠与分娩对于孕妇及其家庭而言,都需要经历生理和心理状况的阶段性调整与准备。助产士应该评估妇女的家庭支持系统,尤其是配偶对此次妊娠的态度。对准父亲而言这是一项心理压力,会经历与准母亲同样的情感和冲突,他可能会为自己骄傲,也会为即将来临的责任和生活形态的改变而感到焦虑,他会为妻子在妊娠过程中的身心变化而感到惊讶与迷惑,更会因时常要适应妻子多变的情绪而不知所措。因此,评估准父亲的感受和态度,才能有针对性地协助他承担父亲角色,继而成为孕妇强有力的支持者。此外,还需要评估孕妇的家庭经济情况、居住环境、宗教信仰以及孕妇在家庭中的角色等。

助产士应协助家庭成员(特别是其配偶)了解妊娠与分娩的特点,协助其配偶参与分娩的准备过程,使妊娠、分娩成为更有意义的家庭经验,帮助孕妇及其家庭为新生儿的出生以及亲子关系的建立做好准备,通过让家属参与产房分娩预演,提高他们对分娩的正确认知,减轻焦虑与恐惧,增强自然分娩信心。对于丈夫陪伴分娩,助产士应该通过健康教育让孕妇及家属提前学习分娩相关知识,获取分娩相关的知识和技能,增加其角色主导作用,增强陪产丈夫角色适应力,发挥陪产者的正面作用,以避免陪伴分娩流于形式,真正达到保护、促进、支持自然分娩。

在分娩过程中,助产士应向产妇及家属解释分娩过程进展情况,提供产妇各种信息以便选择,帮助他们做出正确的决策;同时建立产妇及家属对分娩疼痛正向的看法,用和善的言行去鼓励产妇,采取适当的方法帮助产妇减轻分娩疼痛,消除疼痛带来的不良情绪,充分调动双方的主观能动性,以积极的态度迎接生命的到来。

(丁　焱　郭洪花)

思 考 题

1. 某孕妇,28 岁,孕 2 产 0,单胎。妊娠 11 周来医院登记建卡。孕妇主诉孕前体重 70kg。首次产检身高 163cm,体重 75kg。完成首次产科检查的内容后,助产士和孕妇及其丈夫进行交流、咨询。

请思考:

(1)除了常规的信息和健康教育内容外,现阶段助产士应重点强调的内容是什么?

(2)针对以上问题,助产士应如何对该孕妇进行健康教育?

2. 某初产妇,32 岁,孕 36 周,孕 1 产 0,单胎,头位。近日在丈夫的陪伴下常规来医院进行产检,进行胎心监护时,助产士和孕妇进行交流、咨询。谈话时夫妻双方均表现得焦虑不安,孕妇表示非常害怕宫缩疼痛,其丈夫则担心在分娩过程中自己言行有失,影响到分娩过程和结局。

请思考:

(1)针对以上问题,助产士对孕妇及其丈夫各自的健康教育重点是什么?

(2)可通过哪些方法帮助孕妇减少分娩时的不适?

Note:

URSING

第五章

正常分娩

05章
05章　数字内容

─── 学习目标 ───

- 知识目标：
  1. 掌握先兆临产与临产的鉴别；以枕先露为例的分娩机制；各产程的定义、临床表现、处理原则及助产要点。
  2. 熟悉正常分娩及其定义；正常分娩的影响因素；子宫收缩力的特点。
  3. 了解分娩相关的内分泌变化；分娩镇痛常用方法及特点。
- 能力目标：
  能运用所学知识对产妇进行诊断、管理，并正确运用助产技能帮助产妇舒适、安全地分娩，保障新生儿安全降生并进行"三早"。
- 素质目标：
  倾听产妇感受，充分运用专业技能与沟通能力，温柔、自信地提供产妇精神、心理支持，主动、积极地促进产妇舒适，支持产妇的分娩意愿。

妊娠满 28 周(196d)及以后,胎儿及其附属物从临产开始到由母体子宫娩出至体外的过程称为分娩(delivery)。其中,妊娠满 28 周至不满 37 足周(196~258d)期间分娩称早产(premature labor);妊娠满 37 周至不满 42 足周(259~293d)期间分娩称足月产(term labor);妊娠满 42 周后(≥294d)的分娩称过期产(postterm labor)。正常分娩指妊娠 37 周 ~41^{+6} 周的孕妇自然临产,产程进展正常,胎儿以头位自然娩出,且分娩后母儿状态良好的分娩。分娩全过程是从出现规律宫缩至胎儿、胎盘娩出为止,简称为总产程。临床上根据不同阶段的特点又分为三个产程。其中,第一产程指从规律宫缩开始,到宫颈口完全扩张的过程;第二产程指从宫口开全到胎儿娩出为止;第三产程指从胎儿娩出后到胎盘胎膜娩出的过程。决定分娩进展的因素包括产力、产道、胎儿及精神心理因素。

第一节　分娩动因

分娩发动的原因复杂,目前仍不清楚。虽然有关分娩启动的一些学说试图给予解释,如炎症反应学说、子宫下段形成及宫颈成熟学说、神经介质理论、免疫学说、机械性理论以及内分泌控制理论等,但都不能圆满地阐述分娩动因。一般认为产程启动是母体、胎儿和胎盘相互作用的结果。

一、子宫的生理性变化

(一)分娩前及分娩时子宫的生理性变化

临产前阶段子宫静息状态结束,子宫肌层与宫颈的形态及结构发生生理性改变。此期特点:①子宫肌层缩宫素受体剧增。②子宫肌细胞间隙连接增加。③子宫肌细胞内钙离子浓度增加。④宫颈软化成熟及子宫下段形成。

分娩阶段特点为:①子宫平滑肌对缩宫素的敏感性增强。②子宫规律性收缩,宫颈扩张。

(二)子宫生理性变化的机制

1. **子宫肌细胞间隙连接增多**　妊娠期间,肌细胞间隙连接数量少,分娩过程持续增加,产后急剧下降。细胞间隙连接可使肌细胞兴奋同步化,协调收缩活动,增强子宫收缩力,并可增加肌细胞对缩宫素的敏感性。

2. **子宫肌细胞内钙离子浓度增加**　子宫肌细胞收缩需要肌动蛋白和磷酸化肌浆球蛋白及能量供应。子宫肌细胞内钙离子浓度增加,可激活肌浆球蛋白轻链激酶,并加速了肌浆球蛋白磷酸化与肌动蛋白结合形成调节单位使 ATP 酶活化,ATP 转化为 ADP,为子宫收缩提供能量。

3. **子宫肌层白细胞募集**　炎症在产程启动中也起到了重要作用。产程启动时,大量白细胞进入子宫肌层、子宫颈、绒毛膜和羊膜,被激活的白细胞释放炎性因子,促进钙离子进入子宫平滑肌细胞,并增加前列腺素的生成,从而强化子宫收缩。中性粒细胞则通过释放细胞酶,促进宫颈扩张。

二、分娩发动的内分泌变化

(一)母体方面

妊娠期时,子宫呈静止状态,孕激素、前列环素、松弛素、一氧化氮及其他激素抑制子宫收缩,以保证妊娠顺利进行。妊娠足月时,母亲与胎儿的生理变化和激素相互作用,进而引发临产。宫颈成熟是分娩启动的必备条件,触发宫颈改变的因素包括炎症因子、缩宫素和前列腺素活动的增加。子宫肌层兴奋性增高、自发性活动增多以及对刺激子宫收缩物质的反应性增加预示子宫从静止期过渡到活跃期,孕激素作用不再居于主导地位,子宫静止期间活跃的前列环素、松弛素、一氧化氮等子宫抑制剂的作用消除。同时,雌激素作用增强,在雌激素的影响下,子宫肌层细胞的前列腺素受体和雌激素受体功能强化,子宫平滑肌间的缝隙连接允许肌肉纤维间的直接交流,引起以低速、短距力量为特征的同步性子宫收缩。前列腺素促进子宫收缩,增加子宫肌层对缩宫素的敏感性,并刺激缝隙连接形成。

1. **前列腺素(PGs)的作用**　妊娠期子宫的蜕膜、绒毛膜、羊膜、脐带、胎盘和子宫平滑肌以及胎

儿下丘脑 - 垂体 - 肾上腺系统均能产生 PGs。PGs 能诱发宫缩、增加子宫敏感性并能促进宫颈成熟。

2. 雌激素的作用 ①增加间隙连接蛋白和缩宫素受体合成,促进子宫功能转变。②刺激蜕膜及羊膜合成与释放前列腺素,并促进子宫收缩及宫颈软化成熟。③促进钙离子内流从而促进子宫收缩。

3. 孕激素的作用 正常妊娠时,孕激素是抑制子宫收缩的主要激素,由于血清孕激素水平远高于受体所对应的亲和力水平,因此很难分析出孕激素变化与妊娠调控间的直接关系。目前研究表明,孕激素 / 雌激素比值下降与分娩发动密切相关。

4. 缩宫素的作用 ①促使蜕膜前列腺素的合成与释放。②促进肌细胞间隙连接蛋白的合成。③使子宫肌层对缩宫素敏感性增强。④促进宫颈成熟及子宫下段形成。

(二) 胎儿方面

一直以来,研究学者就猜想作为分娩的重要参与要素,胎儿在分娩的启动中发挥着重要作用。孕激素和一氧化氮的水平下降有助于促进胎盘分泌促肾上腺皮质激素释放激素(CRH),胎盘 CRH 进入胎儿体内,刺激胎儿下丘脑 - 垂体 - 肾上腺轴,促使胎儿肾上腺分泌皮质醇,皮质醇可以诱导胎儿肺成熟;同时,通过诱导前列腺素合成,进而引发子宫收缩。胎儿和母体间激素交换主要通过胎膜。

第二节 分娩期的内分泌变化

规律的、不断增强的宫缩是进入分娩期的标志,分娩既是一种生理过程,也是一种应激过程,多种激素参与其中。这些激素通过调节子宫收缩影响产程进展,也对调节产妇情绪、影响产妇的疼痛感受起着重要作用。

(一) 缩宫素

缩宫素由下丘脑产生,通过脑垂体释放,并以脉冲形式进入母体循环,与子宫平滑肌的缩宫素受体结合,通过钙离子依赖通道刺激子宫收缩。内源性缩宫素在分娩时增加,促进子宫收缩娩出胎儿,胎儿娩出时达峰值,随后继续帮助胎盘娩出。在此过程中,影响宫缩强度和频率的主要因素是缩宫素受体的数量和其对缩宫素的敏感度,而不是缩宫素产生和释放的改变。所以,长时间或重复使用合成缩宫素药物,可能引起宫缩强度和频率降低,最终导致产程进展缓慢或产后子宫收缩不良。缩宫素还发挥着镇痛的作用,助产士可通过营造舒适、幽暗、温馨的环境,促使产妇放松,这有助于促进内源性缩宫素的释放。外源性缩宫素因无法通过血脑屏障,则无此效应。

(二) 前列腺素

由羊膜、绒毛膜和蜕膜产生的前列腺素以协同分泌的方式促进子宫收缩活动,前列腺素的分泌也可因炎性因子的刺激而增加。

(三) 内啡肽

内啡肽是一种由边缘系统合成释放的天然阿片类镇痛物质,妊娠期开始增加,分娩时达高峰,胎儿出生后 20min 内下降。内啡肽能够减轻疼痛并改变产妇的意识状态,引发愉悦感和欣快感,高水平内啡肽可以帮助产妇应付分娩过程,减轻产妇的压力和疼痛。陪产人员可通过拥抱、抚触等方法促进产妇内啡肽的释放,从而起到缓解疼痛的效果。

(四) 儿茶酚胺类激素

分娩时产妇的应激状态会导致肾上腺素和去甲肾上腺素等儿茶酚胺类激素释放增加,一般会在分娩结束时达到最大生理水平,在胎儿出生后迅速减少。儿茶酚胺升高会提高母亲的注意力和精力水平,更加倾向于保护胎儿。但儿茶酚胺过度分泌,会导致母体血液重新分布,从子宫、胎盘和其他非重要器官分流到心脏、大脑、骨骼肌等重要应激器官,胎盘血液供应减少,致使胎儿缺氧,还会直接抑制宫缩,延长产程,增加产后出血的发生。因此,助产士应通过健康教育及有效的产程管理使产妇对自然分娩有一个全面的、正性的认知,避免在分娩过程中,产妇过度焦虑引起儿茶酚胺大量释放。

第三节 影响分娩的因素

产妇的生理因素与精神心理因素共同影响着分娩。生理因素包括产力、产道和胎儿，是影响分娩的主要原因。同时，产妇良好的精神心理状态，对分娩可以起到促进作用；反之，则会阻碍分娩进展，甚至会对胎儿产生不良影响。

一、生理因素

(一) 产力

将胎儿及其附属物从宫腔内逼出的力量称为产力，产力包括子宫收缩力（uterine contraction）、腹肌及膈肌收缩力和肛提肌收缩力。

1. **子宫收缩力** 是临产后的主要产力，贯穿于分娩的全过程。临产后的宫缩能使宫颈管逐渐缩短直至消失、宫口扩张、胎先露下降，最后胎儿以及胎盘娩出。临产后正常子宫收缩力的特点如下：

(1) 节律性：宫缩的节律性是临产的标志。每次宫缩都是由弱渐强（进行期），维持一定时间（极期，一般 30~40s），随后由强渐弱（退行期），直至消失进入间歇期（图 5-1）。足月临产时宫缩间歇期一般为 5~6min，宫缩持续 30s 以上。当宫口开全时，间歇期仅 1~2min，宫缩可持续达 60s。如此反复，直至分娩结束。宫缩极期时宫腔压力于第一产程末可达 40~60mmHg，于第二产程期间增至 100~150mmHg，而间歇期仅为 6~12mmHg。宫缩时，子宫肌壁血管和胎盘受压，致使子宫和胎盘绒毛间隙的血流减少，但宫缩间歇期，子宫肌松弛，子宫血流量恢复至原来水平，胎盘绒毛间隙血流重新充盈。宫缩的节律性有利于胎儿适应分娩过程，不发生缺氧性损害。

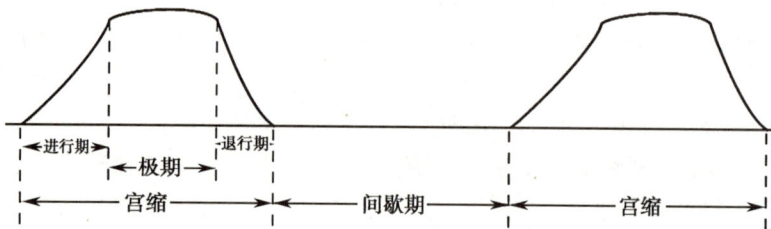

图 5-1 临产后正常宫缩节律性示意图

(2) 对称性和极性：正常宫缩起自两侧子宫角部，迅速向子宫底中线集中，左右对称，再以 2cm/s 速度向子宫下段扩散，约 15s 均匀协调地扩展至整个子宫，此为子宫收缩力的对称性。宫缩以子宫底部最强最持久，向下逐渐减弱，子宫底部收缩力的强度几乎是子宫下段的 2 倍，此为子宫收缩力的极性。对称性和极性保证了子宫收缩力的方向指示向下，为子宫颈口方向（图 5-2）。

(3) 缩复作用：子宫体部平滑肌的收缩特点与其他部位的平滑肌不同。每当宫缩时，子宫体部肌纤维缩短变粗，间歇期肌纤维虽然松弛变长变细，但不能恢复到原来的长度，经反复收缩，肌纤维越来越短，这种现象为缩复（retraction）。子宫底部的肌肉最厚，这一区域产生的收缩力最强，缩复作用也最明显，而越向子宫峡部的子宫下段则因被动拉伸，而变得越来越薄，逐渐形成胎儿通过的肌性通道。子宫底方向肌纤维的缩复作用使宫腔容积逐渐缩小，结合子宫收缩力的对称性和极性，迫使胎先露部下降、宫颈管逐渐缩短消失、宫口扩张。

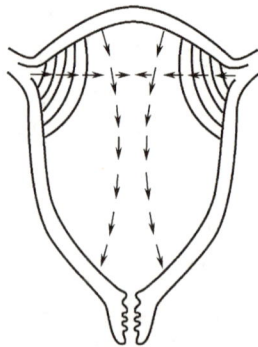

图 5-2 子宫收缩力的对称性与极性

2. **腹肌及膈肌收缩力** 腹肌及膈肌收缩力（简称"腹压"）是第二产程时娩出胎儿的重要辅助力量。宫口开全后，每次宫缩时，前羊水囊或胎先露部压迫骨盆底组织和直肠，反射性地引起排便动作，产妇主动屏气向下用力,腹肌及膈肌强有力的收缩使腹压增高,增高的腹压促使子宫内胎儿向下运动,进而促进胎儿娩出。在第二产程配合宫缩运用效果更好,能使胎儿顺利娩出。在第三产程也能迫使已剥离的胎盘娩出。但过早运用腹压容易导致产妇疲劳和宫颈水肿,使产程延长。

3. 肛提肌收缩力 宫口开全后,胎先露部压迫盆底组织,从而引起肛提肌收缩。肛提肌收缩力有协助胎先露部在骨盆腔进行俯屈、内旋转的作用。当胎头枕部位于耻骨弓下时,能协助胎头仰伸和娩出。胎儿娩出后,胎盘降至阴道时,肛提肌收缩力也有助于胎盘娩出。

(二)产道

产道是胎儿娩出的通道,分为骨产道与软产道两部分。

1. 骨产道 指真骨盆,其大小、形态与分娩顺利与否密切相关。分娩过程中骨产道变化较少,因重力、产力以及产妇体位变化的作用,各骨骼之间可能会有轻度的移位,使骨盆容积稍增加。为了理解方便,将骨盆腔分为 3 个平面,每个平面由多条径线组成。

(1)骨盆入口平面(plane of pelvic inlet):其前方为耻骨联合上缘,两侧为髂耻缘,后方为骶岬上缘。在入口平面上有 4 条径线(图 5-3)。①入口前后径:即真结合径。耻骨联合上缘中点至骶岬前缘正中间的距离,正常值平均为 11cm。②入口横径:两髂耻缘间的最大距离,正常值平均为 13cm。③入口斜径:左右各一。左侧骶髂关节至右侧髂耻隆突间的距离为左斜径;右骶髂关节至左髂耻隆突间的距离为右斜径,正常值平均为 12.75cm。考虑到入口平面呈前后径略短、横径长的横向类椭圆形,因此骨盆入口平面影响分娩多因为前后径狭窄,入口前后径的长短与分娩关系密切。

(2)中骨盆平面(plane of pelvic mid):为骨盆最小平面,在产科临床有重要意义。其前方为耻骨联合下缘,两侧为坐骨棘,后方为骶骨下端。有 2 条径线(图 5-4)。①中骨盆前后径:耻骨联合下缘中点通过两侧坐骨棘连线中点至骶骨下端间的距离,正常值平均为 11.5cm。②中骨盆横径:也称坐骨棘间径,为两坐骨棘间的距离,正常值平均为 10cm。考虑到中骨盆平面呈前后径略长、横径略短的纵椭圆形,因此在此平面上多因为横径狭窄影响分娩,中骨盆横径是胎先露部通过中骨盆的重要径线。

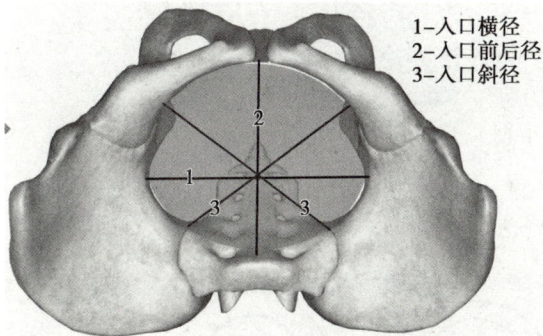

图 5-3 骨盆入口平面各径线

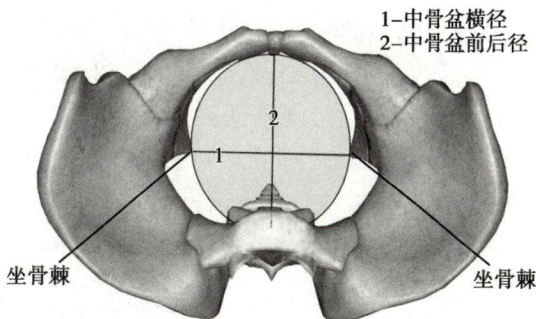

图 5-4 中骨盆平面各径线

(3)骨盆出口平面(plane of pelvic outlet):由两个不在同一平面的三角形组成,前三角平面顶端为耻骨联合下缘,两侧为耻骨降支;后三角平面顶端为骶尾关节(或称为骶骨尖),两侧为骶结节韧带。其共同的底边称为坐骨结节间径。有 3 条径线(图 5-5)。①出口前后径:耻骨联合下缘至骶尾关节间的距离(图 5-6),正常值平均为 11.5cm。②出口横径(transverse of outlet):两坐骨结节间的距离,也称坐骨结节间径,正常值平均为 9cm,是胎先露部通过骨盆出口的径线,出口平面造成分娩困难多因此径线狭窄,此径线与分娩关系极为密切。

(4)骨盆轴与骨盆倾斜度:骨盆轴(pelvic axis)为连接骨盆各平面中心点的假想曲线。此轴上段向下向后,中段向下,下段向下向前(图 5-7)。分娩时,胎儿沿此轴娩出,助产时也应按此轴方向协助胎儿娩出。骨盆倾斜度指妇女直立时,骨盆入口平面与水平面形成 60°~70° 的骨盆倾斜度,若骨盆倾斜度过大,常影响胎头衔接。产妇在分娩时采用的体位不同也会影响骨盆倾斜度。

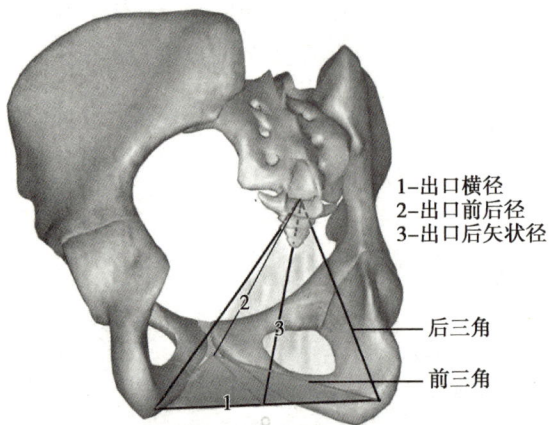

1—出口横径
2—出口前后径
3—出口后矢状径

后三角

前三角

图 5-5　骨盆出口各径线

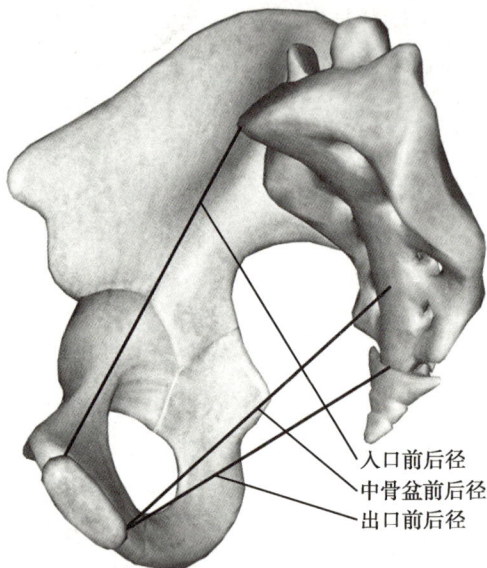

入口前后径
中骨盆前后径
出口前后径

图 5-6　骨盆矢状切面图

2. 软产道　由子宫下段、宫颈、阴道、外阴及骨盆底软组织构成的弯曲管道。

（1）子宫下段的形成：由非孕时长约 1cm 的子宫峡部伸展形成。子宫峡部于妊娠 12 周后逐渐扩展成为宫腔的一部分，至妊娠晚期逐渐被拉长形成子宫下段。临产后的规律宫缩进一步拉长子宫下段达 7~10cm，成为软产道的一部分。由于子宫肌纤维的缩复作用，子宫上段肌壁越来越厚，子宫下段肌壁被牵拉越来越薄（图 5-8），子宫上下段的肌壁厚薄不同，在两者间的子宫内面形成一环状隆起，称生理缩复环（physiological retraction ring）。正常情况下，此环不易自腹部见到。当产程受阻，子宫上段变得更加厚而短，甚至可在产妇腹部看到子宫两段交界，被称为病理性缩复环（具体见第十五章第一节子宫破裂）。

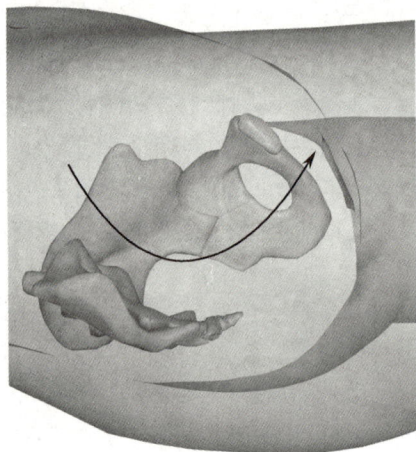

图 5-7　骨盆轴

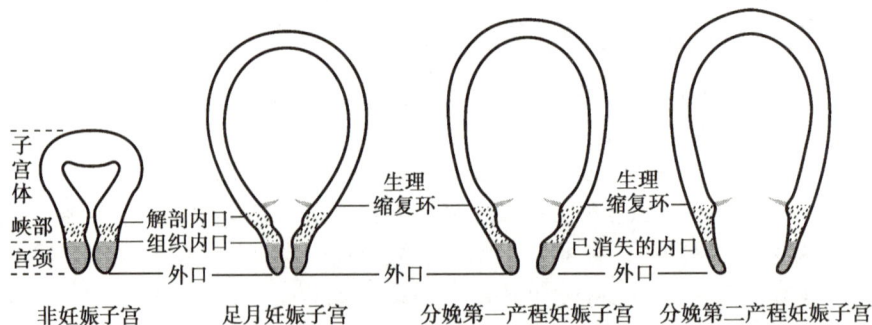

子宫体
峡部
宫颈

解剖内口
组织内口
外口

生理缩复环

外口

生理缩复环

已消失的内口

外口

非妊娠子宫　　足月妊娠子宫　　分娩第一产程妊娠子宫　　分娩第二产程妊娠子宫

图 5-8　子宫下段形成及宫口扩张

（2）宫颈的变化

1）宫颈的软化成熟：宫颈呈圆柱形或梭形，主要由结缔组织构成，含少量弹力纤维及平滑肌纤维。宫颈的软化和成熟是宫颈消失和扩张的基础，触发因素包括炎症、缩宫素和前列腺素活动的增加。非孕期子宫颈紧缩，质地韧且宫颈口紧闭，妊娠后子宫颈胶原束受激素的影响在孕中期变得松散,分娩前数周到数天的时间里,宫颈含水量增加,同时胶原蛋白重新排列、结缔组织被胶原酶和弹性蛋白酶破坏,这使宫颈组织变得更加柔软,为宫颈的消失与扩张做好准备。前列腺素 PGE_2 和 $PGF_{2\alpha}$ 的分泌可以促宫颈成熟,诱导分娩发动。

2)宫颈管消失(cervical effacement):宫颈内腔呈梭形称为宫颈管(cervical canal),其下端为宫颈外口,与阴道相通。初产妇的宫颈管长为 2.5~3.0cm,宫颈外口呈圆形;经产妇受分娩影响形成横裂,将宫颈分为前唇、后唇。临产后规律宫缩及缩复作用向上牵拉,同时胎先露部衔接使前羊水于宫缩时不能回流,而子宫下段的蜕膜发育不良,胎膜容易与该处蜕膜分离而向宫颈管突出形成楔状前羊水囊(图 5-9),致使宫颈内口向上向外扩张,宫颈管形成漏斗状。随着产程的继续,宫颈管逐渐变短直至消失。初产妇多是宫颈管先消失,宫口后扩张;经产妇多是宫颈管消失与宫口扩张同时进行(图 5-10)。临床上用百分比来评价子宫颈变短消失的程度,0% 为没有变短消失,100% 为完全变短消失。也可以用实际长度来描述。

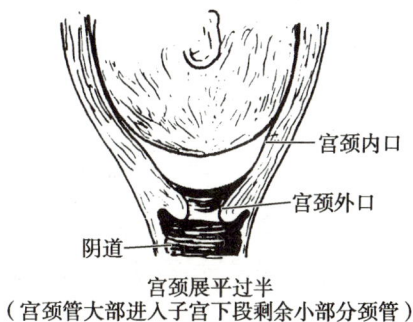

宫颈展平过半
(宫颈管大部进入子宫下段剩余小部分颈管)

图 5-9 楔形前羊水囊

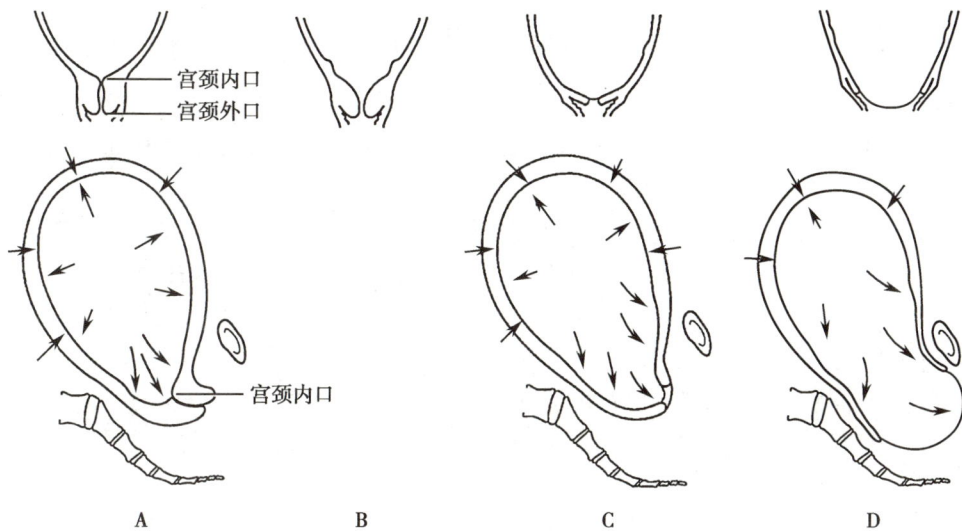

图 5-10 宫颈管消失与宫口扩张步骤
A. 分娩前;B. 分娩刚开始;C. 宫颈管全部消失;D. 宫口开全。

3)宫口扩张(cervical dilatation):临产后宫口扩张主要是子宫收缩及缩复作用向上牵拉的结果,楔状前羊水囊也协助扩张宫口。临床评估宫颈扩张是以测量宫口直径的长度(cm)来表示,0cm 表示子宫颈外口闭合,10cm 表示宫口开全。宫口开全的 10cm 是根据胎头枕下前囟径的长度确定的,足月胎儿的枕下前囟径大约是 9.5cm,在正常头位分娩机转中,这是胎头俯屈时最大的前后径线。胎膜多在宫口近开全时自然破裂,破膜后,胎先露部直接压迫宫颈,扩张宫口的作用更明显。

(3)骨盆底组织、阴道及会阴的变化:前羊水囊及胎先露部先扩张阴道上部,破膜后胎先露部下降直接压迫骨盆底组织,使软产道下段形成一个向前弯曲的长筒形,前壁短后壁长,阴道外口开向前上方,阴道黏膜皱襞展平,阴道扩张。肛提肌向下及向两侧扩展,肌纤维拉长,使约5cm 厚的会阴体变薄为2~4mm,以利于胎儿通过。阴道及骨盆底的结缔组织和肌纤维于妊娠期肥大、血管增粗,血运丰富,使临产后的会阴体可承受一定的压力。

(三)胎儿

胎儿能否顺利通过产道,还取决于胎儿大小、胎位以及有无造成分娩困难的特殊情况。

1. 胎儿大小 是决定分娩难易的重要因素之一,而胎头是胎儿身体最大、可塑性最差、最难通过

Note:

骨盆的部分。胎头和母体骨盆是否适应,是决定能否阴道分娩的关键。为了更好地理解胎头对分娩的影响,需要了解胎头的颅骨组成和重要径线。

(1)胎头颅骨:由两块顶骨、额骨、颞骨及一块枕骨构成。颅骨间缝隙称颅缝,两顶骨间为矢状缝,顶骨与额骨间为冠状缝,枕骨与顶骨间为人字缝,颞骨与顶骨间为颞缝,两额骨间为额缝。两颅缝交界空隙较大处称囟门:位于胎头前方的囟门呈菱形称前囟(大囟),位于胎头后方的囟门呈三角形称后囟(小囟)(图5-11)。颅缝与囟门之间均有软组织覆盖使胎头具有一定的可塑性。在分娩过程中颅缝及颅骨轻度重叠使头颅体积缩小,以适应骨盆的形态和大小,这就是胎头的可塑性,胎头可塑性的程度与骨质薄厚及硬度有关。

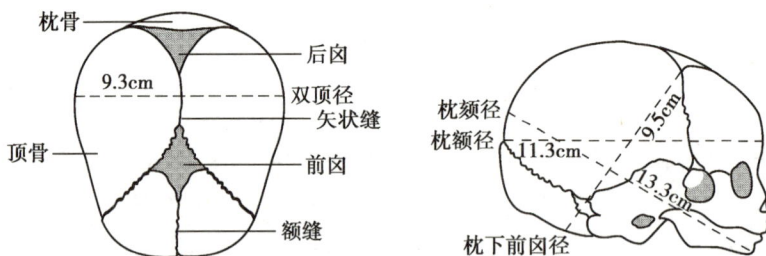

图 5-11 胎头颅骨、颅缝、囟门及径线

(2)胎头径线:主要有四条。①双顶径(biparietal diameter,BPD):为两顶骨隆突间的距离。孕足月时均值约9.3cm。临床以超声测此值判断胎儿大小。②枕额径(occipito-frontal diameter):为鼻根上方至枕骨隆突的距离,胎头多以此径线衔接,孕足月时均值约为11.3cm。③枕下前囟径(suboccipito bregmatic diameter):为前囟中央至枕骨隆突下方的距离,这是胎头侧面观的最小径线,胎头俯屈后以此径线通过产道,分娩将更容易完成,孕足月时均值约9.5cm。④枕颏径(occipito-mental diameter):为颏骨(下颌骨颏部)下方中央至后囟顶部间的距离,面先露时胎头以此径线通过产道,孕足月时均值约13.3cm。

2. **胎位** 产道为一纵行管道。纵产式时,胎体纵轴与骨盆轴相一致,容易通过产道。头先露时,胎头先通过产道,其余胎体较易娩出,其中枕前位更利于完成分娩机转,易于分娩,其他胎位会不同程度地增加分娩的困难,如面先露、额先露等;臀先露时,胎臀先娩出,胎臀较胎头周径小且软,产道不能充分扩张,当后面胎头娩出时头颅无变形机会,使胎头娩出困难。肩先露时,胎体纵轴与骨盆轴垂直,足月活胎不能通过产道,对母儿威胁极大。

3. **特殊情况** 胎儿畸形,如脑积水、联体儿等,因为胎头或胎体过大,使其通过产道困难,造成难产,双胎及多胎妊娠也会对阴道分娩产生阻碍。

二、精神心理因素

随着生物医学模式转向生物-心理-社会医学模式,人们越来越重视孕妇精神心理因素对分娩过程的影响。绝大多数孕产妇会因各种刺激因素导致轻重不一的焦虑或恐惧,这些不良的精神心理状态,会影响机体内部的平衡和适应力,影响产程进展。

分娩恐惧(fear of childbirth)是孕产妇面对分娩过程中的应激状态,分娩过程中的不良事件及未知恐惧,可导致孕产妇身心障碍和分娩应对困难,这是女性孕产期常见心理问题,其产生原因主要来自:

1. **疼痛** 宫缩痛是女性分娩过程中最重要的应激源,也是产妇拒绝自然分娩的重要原因,疼痛导致分娩恐惧产生,而分娩恐惧又可加重产时疼痛体验。

2. **焦虑** 产妇会因担心产程进展不顺利,胎儿发生意外等导致焦虑,焦虑不断加重,会增加分娩恐惧发生的风险。

3. **产时服务模式**　住院分娩模式下,女性对分娩原本拥有的主导和控制角色逐渐被产科医务人员取代,是否能生、什么时候生、怎么生都变成医控事件,女性控制角色的弱化和无助感导致恐惧情绪产生,对医护人员缺乏信任、担心医护人员不友好、被独自留下等进一步导致了分娩恐惧的发生。

4. **负面信息或经历**　相当数量的初产妇通过网络、报刊、友人、亲戚等渠道听闻到夸大的不良分娩信息,从而害怕和恐惧分娩的过程,害怕疼痛、出血以及可能会发生难产,担心自己不能坚持,害怕胎儿性别不理想、胎儿畸形等,导致分娩恐惧;而经产妇前次消极分娩经历也可能导致分娩恐惧,如紧急剖宫产或阴道助产,使孕产妇丧失自然分娩的意向和信心。

5. **其他**　陌生的产房环境及周围待产妇因疼痛而发出的呻吟、哭喊都会形成不良刺激,此外,进入产房后与亲属分开,产妇得不到亲情的关心和支持,感到孤独、恐惧,形成恶性循环。

在分娩过程中产妇的上述情绪改变可导致子宫收缩乏力、宫口扩张缓慢、胎先露部下降受阻、产程延长、产妇体力消耗过多,同时也促使产妇神经内分泌发生变化,交感神经兴奋,释放儿茶酚胺,导致心率加快、血压升高、呼吸急促、肺内气体交换不足,严重者可能因此出现胎儿窘迫。所以,产科医生和助产士必须认识到精神心理因素是影响分娩的重要因素之一,应尽可能运用科学评估方法及早发现孕产妇精神心理健康问题,并积极进行相应干预。

第四节　枕先露的分娩机制

分娩机制(mechanism of labor)指胎先露部通过产道时,为适应骨盆各个平面不同形状以及骨盆轴的走向,而被动地进行一系列适应性转动,以其最小径线通过产道的全过程。现代助产理论强调胎儿在分娩过程中的主动性作用,其在宫缩作用下的旋转运动和原始生理反射对完成分娩起着重要作用。临床上枕先露占95.55%~97.55%,以枕左前位最多见,故以枕左前位为例说明其分娩机制(彩图5-12),包括衔接、下降、俯屈、内旋转、仰伸、复位、外旋转、胎肩及胎儿娩出。

1. **衔接(engagement)**　胎头双顶径进入骨盆入口平面,颅骨的最低点接近或达到坐骨棘水平,称为衔接。胎头多呈半俯屈状态进入骨盆入口,以枕额径衔接。由于枕额径大于骨盆入口平面前后径,胎头矢状缝多在骨盆入口平面右斜径上,枕骨位于骨盆入口的左前方。大部分初产妇可在预产期前1~2周内衔接,经产妇多在分娩开始后衔接。如初产妇临产后胎头仍未衔接,应警惕有头盆不称或其他异常的可能。

2. **下降(descent)**　胎头沿骨盆轴前进的动作称为下降,贯穿于分娩的全过程,并与其他动作相伴随。宫缩是胎头下降的主要动力,因此胎头下降呈间歇性,即宫缩时胎头下降,宫缩间歇期胎头稍回缩,以减少骨盆与胎头间的相互挤压,对母婴有利。宫缩通过以下方式促使胎头下降:①宫缩时压力通过羊水传导,经胎轴传至胎头;②宫缩时宫底直接压迫胎臀;③宫缩时胎体伸直伸长有利于压力传递;④腹肌膈肌的收缩压力经子宫传至胎儿。观察胎头下降程度是临床判断产程进展非常重要的标志。

3. **俯屈(flexion)**　当胎头继续下降至骨盆底遇到阻力,处于半俯屈状态的胎头进一步俯屈,使胎儿的颏部更加接近胸部,使胎头衔接时的枕额径改变为枕下前囟径,以适应产道形态,有利于胎头进一步下降。

4. **内旋转(internal rotation)**　枕先露时胎头枕部最低,当胎头下降到骨盆底遇到阻力时,肛提肌收缩将胎儿枕部推向阻力小、部位宽的前方,即枕部向母体中线方向旋转45°到达耻骨联合后方,使胎头矢状缝与中骨盆的前后径相一致的旋转动作称为内旋转。内旋转是完成分娩必不可少的环节,除非胎儿非常小。胎头多于第一产程末完成内旋转,与此同时,胎儿肩部处于左前位。

5. **仰伸(extention)**　当胎头完成内旋转后,俯屈的胎头继续下降达到阴道外口。宫缩、腹压迫使胎头下降,而肛提肌收缩又将胎头向前推进,两者的合力使胎头沿骨盆轴下段"向下向前"的方向前进,胎头枕骨下部达耻骨联合下缘时,即以耻骨弓为支点,胎头逐渐仰伸,胎儿的顶、额、鼻、口、颏相继从会阴体前缘娩出。此时胎儿的双肩径沿骨盆入口平面的左斜径进入骨盆。

6. 复位及外旋转　胎头娩出后,为使胎儿与胎肩恢复正常解剖关系,胎头枕部向母体左外旋转 45°,回到原来方向,称复位(restitution)。然后胎肩在骨盆腔内继续下降,到达中骨盆平面时,为适应中骨盆平面前后径长、横径短的特点,胎儿前(右)肩在产力和盆底软组织的阻力所致的合力作用下,向前向母体中线方向旋转 45°,此时胎儿双肩径转成与骨盆出口前后径相一致的方向,此时胎头枕部需在母体外继续向母体左外侧旋转 45°,以保持胎头与胎肩的正常解剖关系,胎头的这一旋转称外旋转(external rotation),胎头外旋转的本质是胎肩在母体骨盆内发生“内旋转”。

7. 胎肩及胎儿娩出　胎头外旋转后,胎儿在产力的作用下继续下降,继而胎儿前(右)肩在耻骨弓下先娩出,后(左)肩从会阴体前缘娩出,胎体及下肢随之娩出,完成分娩全部过程。

分娩机制各动作虽然在这里分别独立介绍,但过程的实质是连续的,下降动作贯穿分娩全过程。助产士必须熟悉分娩机制,掌握分娩规律,才能正确判断与处理分娩过程中出现的一些复杂而特殊的问题。

第五节　先兆临产及临产

导入情境与思考

某经产妇,31 岁,孕 39^{+4} 周。因不规律宫缩 2d,阴道少量血性分泌物入院,测血压 120/75mmHg,宫高 32cm,腹围 90cm,胎心率 150 次/min,宫缩 5~15s/15~20min,阴道检查宫口容 1 指。入院第 2d,宫缩仍为 5~15s/15~20min,阴道检查宫口容 1 指。

请思考:

1. 该产妇的诊断是什么?

2. 根据该产妇病情,应如何处理?

一、临床表现

(一)先兆临产

分娩发动前,往往出现一些预示即将临产的症状,如胎儿下降感、不规律宫缩以及阴道少量流血(俗称见红)。这些症状预示着不久将临产,称为先兆临产(threatened labor)。

1. 不规律宫缩　又称假临产(false labor)。分娩发动前,由于子宫肌层敏感性增强,可出现不规律宫缩。特点:①宫缩频率不一致,持续时间短(小于 30s)且不恒定,间歇时间长且不规律。②宫缩强度不增强。③常在夜间出现,清晨消失。④不伴有宫颈管缩短、宫口扩张等宫颈形态学变化。⑤给予镇静药物可以抑制。

2. 胎儿下降感(lightening)　由于胎先露部下降入骨盆,使宫底位置相应降低。多数初产妇自觉上腹部较前舒适,也有人称为“腹部轻松感”。但下降的先露部可能压迫膀胱引起尿频的症状。大部分初产妇的胎儿下降感可能发生在临产前 2 周或更早,经产妇可能要到临产时才会出现明显的胎儿下降。

3. 见红(show)　当宫颈成熟时,宫颈毛细血管破裂而少量出血,与宫颈管内的黏液相混合而排出,称见红。见红是产程即将开始前的一个征象,通常预示随后几天将会正式临产。但如果近期有阴道检查或性行为,见红就不能作为判断临产的征象。如果阴道流血较多,甚至超过月经量,应考虑是否有前置胎盘或胎盘早剥等异常产前出血的情况发生。

4. 其他　有些孕妇在临产前会感觉到一过性的体能大增,其原因不明。在排除其他病因存在的情况下,发生一过性的腹泻、消化不良、恶心、呕吐也是即将临产的征兆,这些胃肠道症状通常与临产前前列腺素、雌激素生成增加和孕激素水平下降有关。

(二) 临产

临产(labor)的重要标志为有规律且逐渐增强的子宫收缩,持续时间 30s 及以上,间歇 5~6min,同时伴进行性宫颈管消失、宫口扩张以及胎先露下降。此时用镇静药物不能抑制宫缩。

确定是否临产需严密观察宫缩的频率、持续时间及强度。同时在无菌条件下行阴道检查,了解宫颈软硬、长度、位置、宫口扩张情况及先露部的位置。目前多采用 Bishop 评分法判断宫颈成熟度(表 5-1),估计试产的成功率,满分为 13 分,>9 分试产均成功,7~9 分的成功率为 80%,4~6 分成功率为 50%,≤3 分均失败。所以在临床为鉴别真假临产,需要连续观察,判断在宫缩情况下是否有宫颈形态学变化。

表 5-1　Bishop 评分法

指标	分数			
	0	1	2	3
宫口开大 /cm	0	1~2	3~4	≥5
宫颈管消退 /% (未消退为 2~3cm)	0~30	40~50	60~70	≥80
先露位置 (坐骨棘水平 =0)	−3	−2	−1~0	+1~+2
宫颈硬度	硬	中	软	
宫口位置	朝后	居中	朝前	

二、处理原则

评估并判断产妇是否临产,是否有高危因素,能否阴道分娩。

三、助产要点

(一) 评估和监测

1. **健康史**　询问并查阅产前记录,了解产妇个人资料,包括姓名、年龄、身高、体重、营养状况、既往史、月经史、婚育史、家族史等,对既往有不良孕产史的产妇需了解相关原因。询问产妇本次妊娠经过,包括末次月经、预产期、产前检查、实验室检查结果以及特殊检查项目及其结果,孕期有无特殊接触史,有无腹痛、阴道流血或液体流出等情况。

2. **分娩知识储备**　评估孕妇是否接受过分娩教育,包括分娩方式、分娩镇痛方法、分娩时可能发生的问题及发生问题后的求助对象;评估孕妇家人是否接受过相关教育,是否有意愿与孕妇一起度过分娩期。

3. **生命体征**　测量产妇的体温、脉搏、呼吸及血压。临产后,产妇的脉搏、呼吸可稍增快。

4. **胎儿宫内情况**　胎心监测是产程中极为重要的观察指标,每个新转入待产室的产妇,首先应评估胎心情况,正常胎心率为 110~160 次 /min,临产后更应严密监测胎心的变化,并注意与产妇的脉搏区分。目前没有最满意的胎儿体重预测方法,可根据孕妇宫高、腹围等数据结合超声估计胎儿体重。

5. **子宫收缩**　观察并记录子宫收缩的情况;若已临产,核实规律宫缩开始的时间、强度和频率。

6. **宫口扩张及胎头下降**　宫口扩张与胎先露下降的速度和程度是产程观察的两个指标。临产后适时在宫缩时行阴道检查,了解宫颈位置、软硬度、宫颈管消退和宫口扩张程度;了解胎位及胎先露下降程度、羊膜囊破裂与否以及骨盆腔的形状和大小。

7. 胎膜破裂   评估胎膜是否破裂。如未破,阴道检查时可触及有弹性的水囊;如已破,则推动先露部可见羊水流出。确定破膜时间、羊水颜色、性状及量。

8. 分娩疼痛   评估产妇既往对疼痛的感受及应对方法,对宫缩疼痛是否有心理准备以及是否了解应对缓解宫缩疼痛的方法。

(二) 教育与支持

1. 住院的时机与准备   告知产妇入院所需携带物品,包括相关文件证明、产妇衣服和婴儿的衣服包被,食物和水,其他卫生用品。如果出现以下症状:黏稠的血性分泌物(见红)、规律的子宫收缩、有阴道流液(胎膜破裂)及时医院就诊。

2. 教会孕妇自我监测   阴道少量出血是正常产兆,如阴道流出透明液体、活动时增多,则有胎膜破裂可能。若孕妇是在院外发生羊水破裂,孕妇应尽量先平卧,记录时间,有条件可以垫上卫生巾,根据羊水量、颜色、是否有阴道异物感或自觉不适决定呼叫急救电话或自行前往医院。

3. 饮食管理   临产后产妇胃肠功能减弱,加上宫缩引起的不适,多不愿进食,有些产妇还可能出现恶心、呕吐等情况。但分娩过程会消耗大量体力与水分,应鼓励低危产妇自由进食饮水,并在宫缩间歇期少量多次进食高热量、清淡、易消化饮食。

4. 疼痛管理   根据产妇疼痛程度和意愿选择镇痛措施。教会产妇掌握分娩时必要的呼吸技术和躯体放松技术。产妇如有明显的腹痛、腰骶部胀痛等症状,根据其严重程度,可选择按摩、热敷或改变体位等方法缓解。

5. 心理支持   与孕妇交谈,鼓励孕妇陈述对本次妊娠的感受,是否有信心完成分娩;鼓励产妇说出对于分娩最为忧虑的问题,同时观察孕妇行为是否发生分娩恐惧;也可用心理评估工具对孕妇状况进行评估。入院后助产士应向产妇及其家属介绍产房环境,讲解分娩过程及相应的医疗措施,加强产妇和家人对正常分娩过程的理解。产妇可能因宫缩疼痛以及担心害怕分娩能否顺利进行而产生焦虑、恐惧等情绪,助产士应尊重产妇,耐心回答产妇提出的问题,安抚其不良情绪,让产妇认识到自己在正常分娩过程中的主动地位和作用,增强自然分娩的信心,避免过度紧张和过早住院等待。对即将采取的有关检查和操作,事先予以解释和说明,争取产妇的全力配合。建议家人陪伴和安抚产妇,增加其安全感。

(三) 处理与配合

1. 注意临产与假临产的区分   宫口是否进行性开大是临产与假临产主要的区别,注意有的妊娠晚期未临产的产妇宫口可自然松弛开大 1~2cm 或更大,但是没有进行性变化,仍然应当视为未临产。

2. 临产的产妇以休息为主,尽量减少不必要的干预。若产妇过度疲劳,精神紧张,遵医嘱适当应用地西泮等镇静药物,以帮助产妇休息。

第六节 第一产程

导入情境与思考

有位著名的分娩教育家、导乐师总结分娩经历时说:"这不是女人生命中的另一天。"她的研究发现,15~20 年后妇女仍能清楚准确地记得当年分娩时她的助产士和丈夫曾经做过的事和说过的话。

请思考:

1. 助产士在整个分娩过程中充当什么角色?

2. 在产程管理中,助产士应发挥什么作用?

第一产程,又称宫颈扩张期,指临产开始直至宫口完全扩张,即宫口开全(10cm)。

一、临床表现

1. **规律宫缩** 产程开始时,子宫收缩力弱,间歇期为5~6min,持续30s或以上。随着产程进展,宫缩间歇期缩短,持续时间延长,强度增加。当宫口开全时,宫缩持续时间可达1min以上,间歇仅1min或稍长。

2. **宫口扩张(cervical dilatation)** 当宫缩逐渐频繁且不断增强时,宫颈管变软、变短,宫颈展平后宫口逐渐扩大。开始宫口扩张速度较慢,后期速度加快。宫口开全后,宫口边缘消失,宫颈成为子宫下段的一部分。

3. **胎先露下降** 是评估胎儿能否经阴道分娩的重要观察指标。随着产程进展先露部逐渐下降,尤以宫口开大5cm后下降迅速,直到先露部达到外阴及阴道口。

4. **胎膜破裂(rupture of membranes)** 简称破膜,俗称"破水"。宫缩时,羊膜腔内压力增高,胎先露部下降。胎儿先露部衔接后,将羊水分隔成前、后两部分,在胎先露前面的羊水量不多,约100ml,称前羊水,其形成的囊称前羊膜囊。宫缩时前羊膜囊楔入宫颈管内,有助于宫口扩张。随着产程进展,宫缩继续增强,当羊膜腔压力增加到一定程度时胎膜自然破裂,前羊水流出。自然分娩多在宫口开全前胎膜自然破裂。

二、处理原则

严密观察产妇及胎儿的生命体征,观察产程进展情况,及时处理异常情况,协同家属共同提供产程中的照顾与护理。

三、助产要点

(一)评估和监测

1. **健康史** 了解产妇年龄、身高、体重、步态、营养状况及皮肤弹性等一般情况。评估此次分娩宫缩开始的时间、频率和强度;胎膜是否破裂,若已破膜,则询问并记录破膜的时间、羊水量、性状、颜色和气味;有无阴道流血,若有流血,则询问并记录流血的时间、量、颜色、性状及伴随症状;同时,要注意评估胎动情况和产妇的其他不适主诉。查看妊娠期有关检查,如梅毒快速血浆反应素(RPR)检测情况、血红蛋白检查结果、破伤风免疫状况、HIV检查情况。评估既往妊娠分娩史,包括妊娠次数和分娩次数;既往剖宫产史、产钳或胎吸史,或其他并发症,如产后出血、既往会阴Ⅲ度裂伤史。

2. **生命体征** 每4h监测1次生命体征。若发现血压升高或体温升高,应通知产科医师进行评估和处理。宫缩时,血压会升高5~10mmHg,间歇期复原;若发现血压异常,应增加测量次数并给予相应的处理。

3. **胎心** 临产后应严密监测胎心的频率、强度、规律性和宫缩后胎心有无改变。根据产妇的状况和医生的医嘱调整监护的策略和方法,并把结果及时汇报医生。一般低危孕妇,常规行电子胎心监护1次后,产程中采用多普勒间断听诊胎心,如间断听诊异常,可选择持续电子胎心监护。

(1)胎心听诊:可用木质听筒、听诊器、多普勒胎心听诊仪。胎心听诊应在宫缩后进行,正常胎心率为110~160次/min,潜伏期间隔30~60min听诊一次;活跃期间隔30min听诊一次,每次听诊1min。此法简单有效,但是仅能获得每分钟胎心率,不能分辨胎心的瞬间变化,不能识别胎心率变异以及胎心率与宫缩、胎动的关系,容易忽略胎心的早期改变。

(2)电子胎心监护:用电子胎心外监护描记胎心曲线。目前国际上存在多种产时EFM的评价系统,考虑结果评价的科学性和实用性,目前采用的是三级系统评价产时胎心监护(表5-2)。Ⅰ类为正常EFM图形,对于胎儿正常血氧状态的预测价值极高,无须特殊干预;Ⅲ类为异常EFM图形,对于预测胎儿正在或即将出现窒息、神经系统损伤、胎死宫内有很高的预测价值,因此一旦出现,需要立即结束分娩,根据当时临床情况,迅速采取干预措施以改善异常的胎心监护图形,可采取的干预措施包括但并非仅限于吸氧、改变体位、停止使用缩宫素、治疗母体低血压等。上述两种情况之间的图形被定义为Ⅱ类,是可疑的 EFM 图形。对于这一类图形需要后期进一步的评估、监测、必要的临床干预以及再评估,直至转为Ⅰ类 EFM 图形。在各种Ⅱ类 EFM 图形中,存在胎心加速(包括自发加速及声震刺激引起的加速)或正常变异,提示胎儿宫内状态良好。

表 5-2　产时电子胎心监护三级评价系统

分类	描述
Ⅰ类	同时包括以下各项: 基线范围:110~160 次 /min 胎心基线变异:中度 晚期减速或变异减速:不存在 早期减速:有或无 加速:有或无

提示:正常的胎心监护图形,提示在监护期内胎儿酸碱平衡状态良好。后续的观察可按照产科情况常规处理,不需要特殊干预

| Ⅱ类 | 包括除去Ⅰ类和Ⅲ类的所有其他类型的图形。在临床监测中相当一部分的胎心监护是Ⅱ类图形。
Ⅱ类胎心监护图形有以下任何一种情况:
1. 基线
　心动过缓不伴基线变异的消失
　心动过速
2. 胎心基线变异
　基线变异减少
　基线变异消失不伴反复减速
　基线显著变异
3. 加速　胎儿受刺激后没有产生胎心加速
4. 周期或间歇性减速
　频发变异减速伴有基线中度变异或变异减少
　延长减速在 2~10min
　频发晚期减速伴基线中度变异
　伴有其他特征的变异减速,如恢复缓慢、"尖峰型"或"双峰型" |

提示:可疑的胎心监护图形。既不能提示胎儿宫内有异常的酸碱平衡状况,也没有充分证据证明是Ⅰ类或Ⅲ类胎心监护图形。Ⅱ类胎心监护图形需要持续监护和再评估。评估时需充分考虑产程、孕周,必要时实施宫内复苏措施。如无胎心加速伴微小变异或变异缺失,应行宫内复苏;如宫内复苏后胎心监护图形仍无改善或发展为Ⅲ类监护图形,应立即分娩

| Ⅲ类 | 有下列任一种情况:
1. 胎心基线变异消失并伴有以下任一种情况:
　频发晚期减速
　频发变异减速
　心动过缓
2. 正弦波图形 |

提示:异常的胎心监护图形,提示在监护期内胎儿出现异常的酸碱平衡状态,必须立即宫内复苏,同时终止妊娠

　　总的来说,胎心监护图形对预测胎儿正常酸碱平衡有极高的灵敏度,而对胎儿酸中毒和神经系统损伤的预测缺乏特异性。有关胎心监护的诠释有一定的主观性,不同专家对于异常图形的解读有时会不一致,EFM 图形的处理还应该结合孕妇个体情况、孕妇和胎儿是否存在高危因素及产程进展等因素进行综合分析。但对可疑胎心监护结果一定要及时采取措施,尽量减少新生儿不良结局的发生。

4. **子宫收缩** 产程中需连续、定时观察并记录子宫收缩的规律、持续时间、间歇时间及强度。每隔 1~2h 观察 1 次宫缩情况，每次至少观察 3~5 次宫缩，并做记录，总结子宫收缩情况对产程进展的影响。宫缩强度结果易受其他因素影响，因此，临床以宫缩的频率来对宫缩进行评估。常用观察子宫收缩方法包括触诊法及仪器监测。

(1)触诊法：助产人员将手掌置于产妇的腹壁上，宫缩时可感到宫体部隆起变硬、间歇期松弛变软，触诊法测得的宫缩强度多以(+)、(++)表示，但判读有明显的主观性，无法测得真正的宫腔内压力。

(2)仪器监测：用胎儿电子监护仪描记宫缩曲线，可测出宫缩的频率、强度及每次宫缩的持续时间，可以作为反映宫缩的客观指标。电子胎心监护有两种类型。①宫外监护(external electronic monitoring)：指将测量宫缩强度的压力探头置于宫体接近宫底部，并用腹带固定于产妇腹壁上，连续描记 20min，可显示子宫收缩开始、高峰、结束及相对强度。必要时延长观察时间或重复监测，是目前较普遍使用的方法。②宫内监护(internal electronic monitoring)：适用于胎膜已破，宫口扩张至少 1cm 者。将充水塑料导管通过宫颈口置入胎儿先露部上方的羊膜腔内，外端连接压力感受器，即可测定和记录宫腔静止压力及宫缩时压力变化。所得结果较准确，但有引起宫内感染的可能，临床较少使用。

5. **宫口扩张及胎先露下降** 宫口扩张及胎先露下降的速度和程度，是产程进展的重要标志和指导产程的主要依据。目前多采用产程图(partogram)来描记和反映宫口扩张与胎先露下降情况(图 5-13)。按照产程曲线的画法可分为交叉型和伴行型两种。横坐标为临产时间(h)，纵坐标有宫颈扩张程度(cm)，由下至上是 0~10cm，以及胎先露下降程度(cm)，由上至下是 -5~+5cm。每次检查后将结果记录在产程图上，并随时间推移连续描记形成宫口扩张曲线与胎先露下降曲线，两条曲线相交叉。而伴行型产程图不同的是把胎先露下降程度改为由下至上是 -5~+5cm，则显示出两条曲线随时间推移相伴而行，逐渐上升。在描记习惯上，有时为了图形直观醒目，会分别使用红圈和蓝叉描记宫颈扩张和先露下降。使用产程图对产程进展情况一目了然。但之后的研究发现，应用产程图对围产结局并无改善。因此，2009 年起，WHO 不再推荐将产程图作为产程管理的常规工具应用。

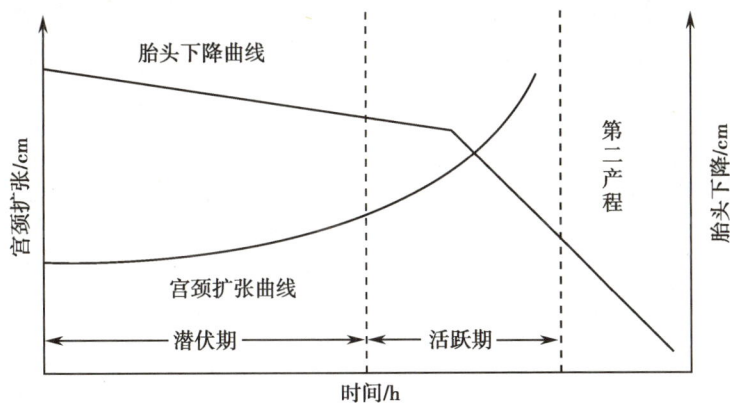

图 5-13 产程图

知 识 拓 展

产程图的发展历史

产程图是 1954 年 Friedman 首先创建，并于 1955 年和 1965 年先后报告了宫颈扩张曲线和胎头下降曲线，系统地描绘了产程图，将第一产程分为潜伏期及活跃期 2 个时期，活跃期又分为加速期、最大加速期和减速期 3 个阶段。1972 年，英国医生 Phillpott 在产程图上标出警戒线和处理

Note:

线,是从宫口开大 3cm 处后 4h 为预期宫口开全的时间,将此二者连线为警戒线,在警戒线后 4h 再画一条与警戒线平行的线作为处理线。两线之间为警戒区,如跨过处理线,产程可能异常,应积极处理。1994 年,WHO 推荐使用的第 1 版产程图包括 8h 的潜伏期,警戒线的起点在宫口扩张 3cm 处,终点在 7h 后的 10cm 处,斜率为 1cm/h,处理线位于警戒线右侧 4h 处,并同时记录胎先露下降情况和产程干预措施等。2000 年,第 2 版产程图不再描记潜伏期,将活跃期起点定为宫口扩张 4cm 处。2006 年,第 3 版产程图进一步改进及简化,应用颜色分区,不再标注胎先露下降情况等。

然而,在研究特殊分娩人群时,如诱导临产的分娩人群、肥胖人群及应用积极产程干预措施管理方案的人群的产程特点时发现,应用 Friedman 分娩曲线不能指导此类产科实践。2008 年,Lavender 等对应用产程图与否对围产结局的影响进行了系统评价,证据发现应用产程图对围产结局并无改善。因此,2009 年,WHO 不再推荐将产程图作为产程管理的常规工具应用。

2020 年,中华医学会妇产科学分会产科学组联合中华医学会围产医学分会发布《正常分娩指南》,根据宫口扩张曲线将第一产程分为潜伏期和活跃期。潜伏期(latent phase)指从规律宫缩至宫口扩张 5cm,为宫口扩张的缓慢阶段,初产妇一般不超过 20h,经产妇不超过 14h。胎先露在潜伏期下降不明显。活跃期(active phase)指从宫口扩张 5cm 至宫口开全,为宫口扩张的加速阶段,初产妇的活跃期一般不超过 12h,经产妇不超过 10h。多数产妇活跃期宫口扩张速度应 ≥ 0.5cm/h,如果产妇活跃期宫口扩张速度低于 1cm/h 亦属正常,母胎状况良好时不必干预。

胎先露下降情况在枕先露时以胎头颅骨最低点与坐骨棘平面的相对位置关系来表示。坐骨棘平面是判断先露高低的标志。头先露时,胎头颅骨最低点到达坐骨棘平面,以"0"表示;在坐骨棘平面上 1cm 时,以"-1"表示;在坐骨棘平面下 1cm 时,以"+1"表示,余依此类推(图 5-14)。初产妇在分娩开始时胎头多已衔接,胎先露颅骨最低点可达坐骨棘平面或稍向上,经产妇则多在坐骨棘平面以上。胎头于活跃期下降加快,平均每小时下降 0.86cm,可作为估计分娩难易的有效指标。一般宫口开大 4~5cm 时,胎头应达坐骨棘水平。如发现产程进展异常,在评估原因的同时汇报医生,及时处理。

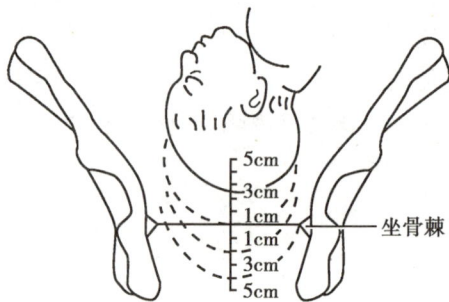

图 5-14 胎先露下降

临床可通过阴道检查(详见第十八章第一节阴道检查)了解宫口扩张及先露下降情况。阴道检查能直接摸清胎头,触及矢状缝及囟门,确定胎方位,了解宫颈消退和宫颈口扩张情况,进行 Bishop 评分,并可进行骨盆的内测量了解骨产道情况,以决定分娩方式。前置胎盘为阴道检查的禁忌证。阴道检查应在严密消毒外阴后检查者戴无菌手套进行。产程中应尽量避免不必要的阴道检查,以免增加感染机会。

超声对产程评估和阴道助产有重要辅助意义,已逐渐在临床中推广应用。诸多研究表明,相比于传统的阴道内诊检查,超声对产程的检测评估更加快速准确,并且在一定程度上可以减少阴道检查的次数,降低产妇不适感以及反复检查带来的感染风险。利用超声可以监测宫颈扩张程度、胎头下降、胎方位等,可评估产程进展,指导产程管理,选择合适的分娩方式。

6. 胎膜破裂 胎膜多在宫口近开全时自然破裂。一旦胎膜破裂,应立即听诊胎心,并观察羊水性状和流出量,有无宫缩,同时记录破膜时间。对于产程进展顺利者,不建议宫口开全之前常规行人工破膜术。正常羊水的颜色随孕周增加而改变。足月以前,羊水是无色、澄清的液体;足月时因有胎脂、胎儿皮肤脱落细胞、毳毛、毛发等物质混悬其中,羊水则呈轻度乳白色并混有白色的絮状物。

7. 心理评估 评估产妇对分娩的认知情况,是否有信心完成自然分娩,有没有主动参与的意愿,产程中对陪伴的需求。

(二)教育与支持

1. 环境管理 提供安静舒适且私密的环境,保持暗光,温湿度适宜。助产人员应态度温和,检查或处理前告知产妇,让其有心理准备。尽量避免让产妇听见其他人的哭喊声,目睹操作或抢救场面,有条件的可以安排一对一独立待产和分娩,以避免产妇间相互影响。

2. 饮食管理 孕妇在产程中可按意愿进食,鼓励产妇进食清淡、易消化及少渣的食物,如粥、面条;饮水及等渗饮料,如纯水、运动饮料、果汁、热巧克力等。其中等渗饮料优于纯水,过量饮用纯水可能导致产妇低钠血症和新生儿脑水肿。对于分娩镇痛或中转剖宫产可能性高的产妇,应避免吃固体食物,可饮用高能量无渣饮料,如清澈果汁、碳酸饮料、运动饮料等。如产妇呕吐明显无法进食或因剖宫产而须禁食时,需静脉补液给予营养支持,以保证产妇的精力和体力。

3. 体位管理 不限制孕妇姿势,鼓励孕妇离床活动,自由体位待产。助产士可综合考虑产妇喜好、体能与肌力、舒适度、产程进展、胎方位、产房人力设备资源情况,协助产妇采用不同的体位。体位种类繁多,主要有卧位、立位、坐位、跪位、蹲位,根据身体纵轴与水平面的关系,可以大致分为卧位和直立位,结合前倾、摇摆、不对称等因素以及不同的支撑辅具(如分娩椅、分娩球、软垫、分娩凳),可以衍生出不同的体位变化,能有效缓解疼痛、促进产程进展。其中卧位更适合疲劳、药物分娩镇痛后肌力不足的产妇,而直立位可更好地借助重力,结合前倾、摇摆、不对称,有助于增加骨盆活动度,小幅度调整骨盆径线,促进异常胎位的矫正,从而促进产程进展。

有下列情况之一的不适合自由活动体位或根据医嘱协助孕妇摆放体位:①胎膜已破且胎头高浮者。②并发重度妊娠期高血压疾病者。③有异常出血者。④妊娠合并心脏病者。⑤臀位、横位已出现分娩先兆者。宫缩间歇期,尽量促使孕妇得到充分的休息和睡眠。鼓励家属陪伴,不能让孕妇独处一室。可在宫缩时指导呼吸动作,轻揉腰骶部以缓解不适症状。

4. 疼痛管理 询问孕妇对疼痛的感受,了解疼痛的部位及程度,充分与产妇沟通后,根据疼痛评估的结果以及产妇的具体情况选用不同的分娩镇痛方法。正常分娩中首先选择非药物方法镇痛。自由体位活动是减轻疼痛最简单有效的方法,也是最基本的方法。直立体位也是预防胎儿缺氧的有效方法,要避免平卧位和半坐后仰的体位,可不断尝试以找到让产妇感觉到舒适的体位。产痛特别强烈或产妇过度紧张乏力者,可根据医嘱选择适合的药物或麻醉方法减痛(详见第五章第十节分娩镇痛)。

5. 排尿与排便 每 2h 提醒产妇排尿 1 次,以免膀胱充盈影响胎先露下降及子宫收缩。排尿困难者,应警惕有无头盆不称,必要时可导尿。产妇有便意时,需判断直肠是否有大便以及宫口扩张程度,排便时应有人陪伴前往,注意不要长时间屏气用力排便,避免加重宫颈水肿,或造成接产不及时、无保护自产可能。

6. 清洁卫生 保持孕妇会阴部清洁,备皮会增加孕妇的不舒适感,所以不推荐阴道分娩前常规备皮。助产人员应协助产妇擦汗、更衣、更换床单等以促进产妇舒适。破膜后,为保持外阴清洁及预防感染,必要时可给予会阴擦洗。

7. 心理支持 助产士应向产妇和家属做自我介绍,并充分利用沟通技巧及专业知识获取产妇的信任与依赖,鼓励产妇说出自己的感受,抒发自己紧张、焦虑、恐惧等不良情绪,助产人员在安抚的同时,要肯定并表扬产妇参与分娩决策的积极性,不断增加产妇自然分娩的信心,尽可能提供心理社会支持。

8. 信息支持 综合分析产妇及胎儿情况,重温分娩计划,并与孕妇讨论分娩的相关事宜,如陪产、延迟结扎脐带、母婴皮肤接触及母乳喂养等。进行分娩指导,包括分娩方式、产程中如何配合、分娩体位(详见第五章第七节第二产程)、分娩镇痛方法的选择(详见第五章第十节分娩镇痛)。

(三)处理与配合

1. 宫缩异常 当宫缩频率 ≥ 5 次 /10min,持续 20min 以上,应考虑宫缩过频。应用缩宫素的产妇,应立即停止使用,尽快上报医生,必要时可给予宫缩抑制剂。若产程中宫缩乏力,可刺激产妇乳头,改变体位,保障能量供给和休息。在无禁忌证的条件下,可遵医嘱以小剂量缩宫素静脉滴注促进宫缩(详见第十八章第二节催引产术)。

2. **人工破膜** 因产程需要,必要时遵医嘱可在产程不同阶段人工破膜,促进产程进展,破膜后需评估羊水性状,判断胎先露入盆情况,及时发现并预防脐带脱垂,破膜后应注意外阴清洁,垫上消毒垫(详见第十八章第三节人工破膜术)。

3. **筛查乙型溶血性链球菌阳性的孕妇** 在临产或胎膜破裂后立即遵医嘱使用抗生素治疗。

知识拓展

活跃期的变迁

随着新产程临床实践的应用,新、旧产程的评价成为临床热点问题。Oladapo 等的系统评价纳入了发表于 1986—2016 年的 7 项观察性研究的 90 000 余例自然临产、阴道分娩且围产儿结局正常的低危孕妇。该研究评估了第一产程中宫口每扩张 1cm 所需要的时间及其相应的斜率变化。这些研究的第 95 百分位数显示,宫口扩张 3~4cm、4~5cm,常需要 4h 以上;经产妇的情况与初产妇类似;宫口扩张达 5cm 后,宫口扩张速度明显增快,宫口扩张 5~6cm 的中位速度为 1.49cm/h,第一产程均在宫口扩张 5~6cm 时出现加速(宫口扩张速度 >1cm/h),此后随着产程的进展,宫口扩张速度变得更快。综合上述研究,2020 年中华医学会妇产科学分会产科学组联合中华医学会围产医学分会发布的《正常分娩指南》采纳了 2018 年 WHO 的推荐,以宫口扩张到 5cm 作为进入活跃期的标志。

科学的活跃期界定可减少不必要的产程干预,改善母儿结局,无论以 5cm 还是 6cm 作为活跃期的标准,最重要的理念其实是在产程管理中有更多的耐心和信心,鼓励产妇树立阴道分娩的自信,在母儿安全的前提下,密切观察产程的进展,促进阴道分娩,降低剖宫产率,最大程度地为母儿安全保驾护航。

第七节 第二产程

第二产程又称胎儿娩出期,指从宫口开全至胎儿娩出的全过程。初产妇需 1~2h,如未行椎管内镇痛,初产妇第二产程超过 3h 可诊断第二产程延长;如行椎管内镇痛,超过 4h 可诊断。经产妇通常数分钟即可完成,如未行椎管内镇痛,超过 2h 可诊断第二产程延长;如行椎管内镇痛,超过 3h 可诊断。

一、临床表现

宫口开全后,胎膜多已自然破裂,若仍未破裂,因其影响胎头下降,故应行人工破膜。破膜后,宫缩常暂时停止,产妇略感舒适。随后宫缩重现且较前增强,每次持续 1min 或以上,间歇期仅 1~2min。当胎头下降至骨盆出口压迫盆底组织时,产妇有排便感,并不自主地向下用力屏气。随着产程进展,会阴膨隆并变薄,肛门括约肌松弛。此时有两种现象:胎头于宫缩时露出于阴道口,露出部分不断增大,在宫缩间歇期胎头又回缩至阴道内,称胎头拨露(head visible on vulval gapping)(图 5-15);随着产程进一步发展,胎头露出部分逐渐增多,当双顶径越过骨盆出口,宫缩间歇期胎头也不再回缩,称胎头着冠(crowning of head)。此后会阴极度扩张,产程继续进展,胎头

图 5-15 胎头拨露

枕骨于耻骨弓下露出,出现仰伸动作,额、鼻、口和颏部相继娩出。胎头娩出后,接着出现胎头复位及外转旋,随后前肩和后肩相继娩出,胎体很快娩出,后羊水随之涌出,子宫底下降至脐平,至此第二产程结束。胎儿娩出后产妇自觉轻快。经产妇第二产程短,有时仅需几次宫缩即可完成胎头娩出。

宫口开全时,宫口处蜕膜与胎膜分离较前增大,故第二产程时产妇的阴道血性分泌物增多。产妇伴随宫缩不由自主地向下屏气用力,主动增加腹压,体力消耗大,常表现为大汗淋漓、腰骶部酸痛等。

二、处理原则

引导产妇积极配合,密切监护产妇及胎儿的安全,协助胎儿顺利娩出,争取最好的母婴结局。

三、助产要点

(一) 评估和监测

1. 回顾第一产程经过和处理情况,密切观察产妇生命体征。评估产妇体能情况,适时补充热量。

2. 助产士需确保产妇能顺利进行沟通及互动,并已掌握正确的呼吸方法,在助产士的引导下能在合适的时机运用腹肌的力量向下屏气用力;产妇能信任助产士的引导,并完成助产士的配合要求。

3. 评估产妇心理状况,评估其有无焦虑、急躁、恐惧情绪,对正常分娩有无信心。

4. 评估产程进展情况。宫口开全后,胎膜多已自然破裂,若仍未破膜,会影响胎头下降,应在宫缩间歇期行人工破膜术,注意观察羊水的性状、色、量及气味。行阴道检查时应注意胎先露的位置、胎方位、产瘤大小及宫缩时先露下降的程度。当胎头下降异常时,应对胎方位进行评估,必要时可以使用超声检查协助判断胎方位。

5. 第二产程宫缩持续时间可达60s,间隔1~2min。宫缩质量与第二产程时限密切相关,必要时可给予缩宫素加强宫缩,但需注意,如宫缩频而强,可能影响胎盘血液循环,造成胎儿窘迫。

6. 低危产妇可间断胎心听诊,每5~10min听诊1次。对于高危产妇,可根据情况适当增加听诊频率。是否进行持续电子胎心监护,应根据医疗机构情况及产妇病情决定。如出现胎心异常,应在实施宫内复苏措施的同时尽快结束分娩。

(二) 教育与支持

1. **环境管理** 鼓励持续陪伴,不能让孕妇独处一室。根据当地的医疗条件,为孕妇提供家庭化的分娩环境。

2. **饮食管理** 大量出汗的产妇需注意补充水分,不应限制产妇饮食,宫缩间歇期鼓励适量摄入流质和半流质食物或水分。

3. **排尿管理** 指导孕妇及时排空膀胱,必要时可进行导尿。

4. **促进舒适** 产妇出汗较多,助产士应及时擦干产妇手、面部的汗水。

5. **体位管理** 产妇分娩时的体位在不同国家或地区各有不同,每种体位各有优缺点。目前国内多数产妇采用屈膝半卧位,此种分娩体位的优点包括:①有利于观察产程进展,监测宫缩与胎心。②可充分暴露会阴。③有利于保护会阴及控制产妇使用腹压。④有利于经阴道助产手术的操作。⑤新生儿处理较为便利。但可能会压迫盆腔血管,影响胎盘血供,增加胎儿窘迫发生机会;屈膝半卧位时与生理性使用腹压姿势相悖,失去了胎儿的重力加速产程的作用会导致产程延长。

在母婴情况良好的时候,鼓励产妇采取自由体位分娩,如侧卧位、坐位、站立位等,但要考虑到是否有利于胎头下降、产妇的舒适度和方便助产人员观察,可提供如分娩凳、分娩球等相关支持工具,或调整产床,能够支持产妇在不同的体位分娩(图5-16)。

不同分娩体位,总结如下:

(1)卧位

1)仰卧位(屈膝半卧位):产妇臀部及膝盖屈曲,仰卧在产床上,可床头略升起,该体位仍是目前接生最常用的体位,对于有急产倾向、子宫收缩较强和胎儿较小的产妇,为避免产程进展过快所致的产道损伤,宜选此类胎位。优点是便于进行阴道助产手术操作,利于助产人员观察产程进展。缺点是长时间仰卧可能出现仰卧位低血压,减少胎儿血氧供应,导致胎儿窘迫;骨盆可塑性小,容易造成头盆不称的假象;胎儿重力在分娩中失去促进作用;增加产妇不安与分娩疼痛;妨碍枕后位或枕横位胎头转至枕前位等。

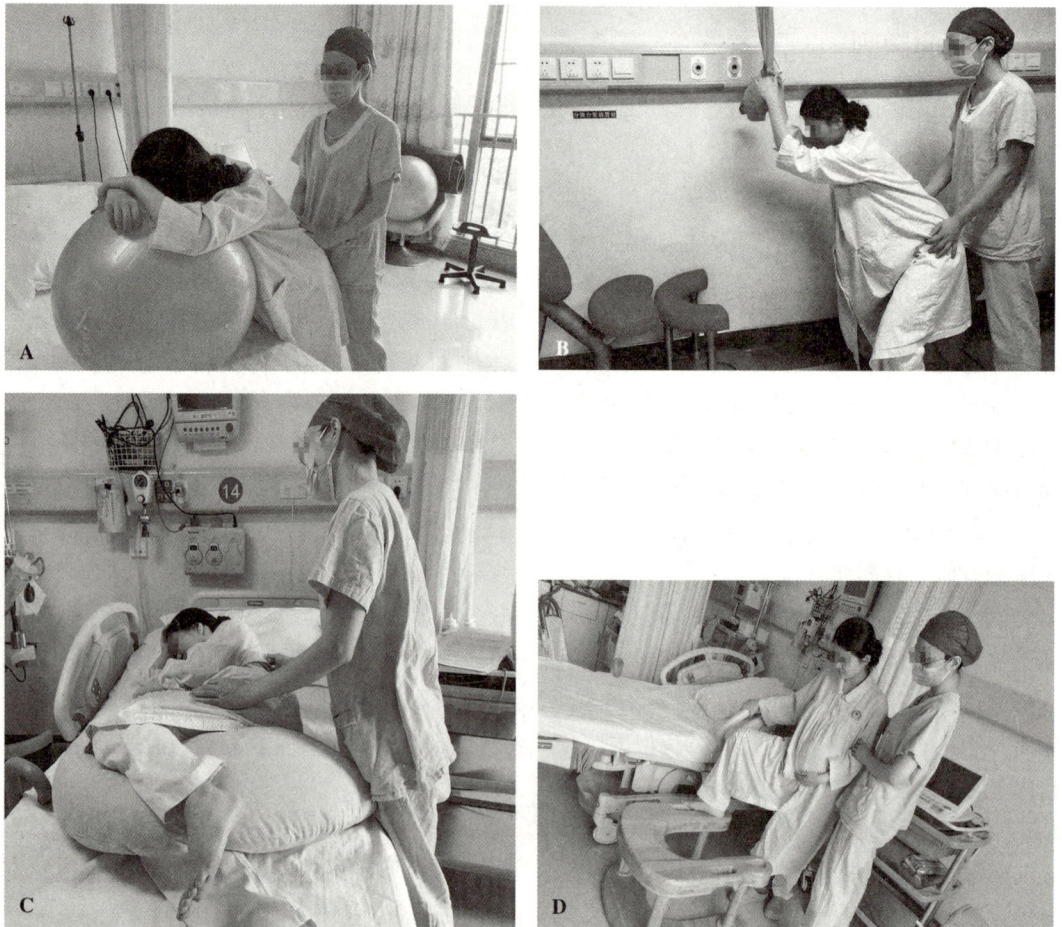

图 5-16 自由体位分娩支持工具
A. 借助分娩球的前倾站位;B. 借助悬吊绳的前倾半蹲位;C. 借助垫枕的侧卧位;D. 借助分娩凳的不对称站立位。

2)侧卧位(图 5-17):产妇侧卧,双手握住产床扶手,屈曲双腿,双脚着力于脚架处,指导产妇屏气用力。此胎位适用于产程进展过快,并发妊娠期高血压疾病、使用椎管内麻醉镇痛、第二产程痔疮加重引起疼痛、胎心减速、髋部外展有困难的产妇,或产妇感觉舒服自愿选择。该体位使用镇痛药物较为安全,但助产人员在接生时操作较为不便,指导产妇侧卧朝向时,需考虑胎位方向。

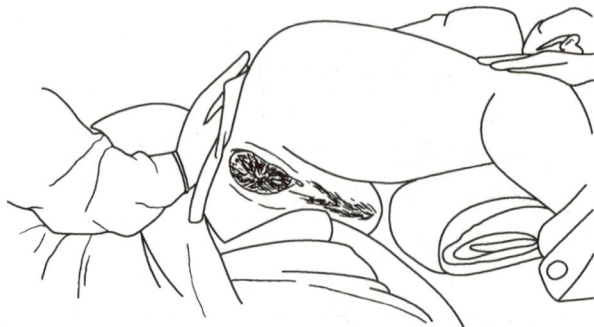

图 5-17 侧卧位接产

（2）直立体位：可以更有效地利用重力，有助于胎先露更好地压迫宫颈，同时增大骨盆出口径线，有利于胎头下降，缩短产程。产程进展缓慢、宫缩乏力的孕妇可优先选择。直立体位产妇可随时变换体位，自由度高，可减轻产妇紧张情绪，还能减少产妇腰骶部压迫，有利于缓解腰骶部疼痛。缺点是分娩时间过长可能引起会阴部水肿；胎头娩出过快，易造成新生儿颅内出血及产妇阴道、会阴裂伤；产妇维持平衡难度较大；同时也为助产士保护会阴、处理新生儿增加了难度。该体位不适用于急产或可疑急产的产妇。

1）站立位：产妇面对分娩床站立在地面上，双脚分开，双手握住把手，宫缩时双膝微屈使用腹压，间歇期坐在椅子上休息（图5-18）。

2）蹲位：产妇可取地面或产床上实施。双脚平放于平面上，双手拉住床栏等支撑物，助手在一边协助，宫缩时指导产妇下蹲使用腹压，间歇期坐在椅子上，或坐在地面会阴垫上休息。蹲位分娩时，一两次宫缩后必须让产妇站立或伸直双腿休息一会儿，避免发生神经性麻木。该体位更便于调整骨盆角度、更利于产妇用力，故有胎头较大、头盆倾式不均、枕后位或枕横位的产妇更适用。

3）坐位：产妇坐于分娩床或分娩凳上，双手握床把或分娩凳拉手，双脚着力于产床脚架处或地面。有支撑的坐位使产妇更加舒适，但采用该体位6~8次宫缩后产程无进展的产妇应及时变换体位。

4）跪位：产妇双膝跪在床上或有软垫的地面，也可以身体前倾趴在陪伴人员膝上或其他支撑物上，两腿分开，向下用力（图5-19）。该体位比侧卧位、仰卧位或坐位更能放大骨盆入口径线，也更适用于枕后位产妇。可在产妇膝盖处绑缚棉垫以改善产妇的舒适度。

图 5-18　站立位接产

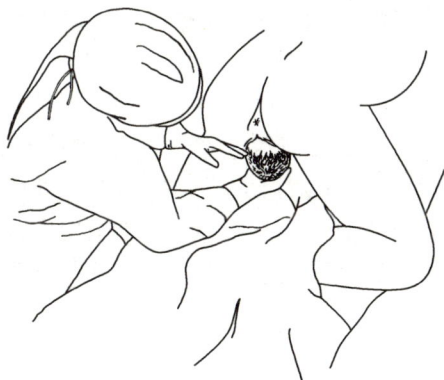

图 5-19　跪位接产

6. **指导产妇用力**　宫缩时孕妇可根据自身感觉自主向下用力，助产士予以鼓励与引导。关于第二产程延迟用力尚存在争议，WHO推荐在胎儿监护正常、孕妇状态良好的情况下，如果胎儿先露位于 S+2 以上和/或非枕前位，孕妇没有迫切的用力意愿时可密切观察，但使用椎管内镇痛的初产妇在第二产程开始时即应在指导下用力。

7. **信息支持**　助产士与产妇及陪伴人员做充分的沟通。①告知孕妇第二产程平均时长，并且时长因人而异，及时提供产程进展情况。②告知孕妇第二产程可自由体位以及不同体位的作用及风险：直立体位可降低会阴侧切及阴道助产的风险，但可能增加产后出血及会阴Ⅱ度以上裂伤的风险；尽量避免仰卧位；对于椎管内镇痛的孕妇，目前研究并未发现哪种体位最佳，应当根据孕妇的当时情况及喜好选择。③指导孕妇第二产程中如何呼吸、用力等减少会阴损伤的措施配合及风险。④告知孕妇新生儿出生后即刻母婴皮肤接触（skin-to-skin contact）、早哺乳、早吸吮的益处。

8. 心理支持　第二产程中助产士应全程一对一陪伴产妇，及时提供产程进展情况，给予产妇安慰、支持与鼓励，缓解其紧张和恐惧情绪。

（三）处理与配合

初产妇胎头拨露，经产妇宫口扩张 6cm 且宫缩规律有力时，可做接产准备。

1. 接产前准备

（1）环境：调节并保持产房温度在 25~28℃。

（2）物品：产包、带有秒针的时钟。新生儿辐射台提前预热，调节温度至 32~34℃；检查复苏气囊、面罩、吸引及吸氧装置，使其均处于功能状态。气囊和面罩应放置在距离分娩床 2m 内。复苏区域和复苏气囊等设备与产床 1：1 配备，多胎分娩按多胎数目准备复苏区域和复苏人员。

（3）人员：多胎分娩按多胎数目配备复苏人员。助产人员着装规范，态度和蔼，语言柔和，告知产妇准备接生，并取得产妇信任与配合。鼓励孕妇选择自己感觉舒适的体位分娩，鼓励家属陪伴。确保孕妇排空膀胱，必要时可行导尿术。

（4）选择并协助产妇采取合适的分娩体位。

（5）清洁与消毒：接生人员在初产妇胎头拨露 4cm×5cm 时，经产妇宫口近开全后，会阴体膨隆紧张时，暴露会阴进行清洁与消毒，准备接生，可在普通产床，也可在分娩支持工具上接产。不必常规剃除阴毛。清洁会阴部，用消毒棉球蘸温水清洗会阴部，顺序是小阴唇、大阴唇、阴阜、大腿内上 1/3、会阴及肛门周围。消毒会阴部，用消毒棉球蘸聚维酮碘溶液消毒会阴部，顺序同上。

（6）铺巾摆台：助产士外科洗手，穿无菌衣，戴无菌手套，打开产包，铺好消毒巾，按照方便使用的顺序摆放断脐的器械，由近到远依次摆放止血钳 2 把、脐带夹 1 个或脐带结扎绳 1 根、脐带剪（刀）1 把。WHO 建议不必常规铺无菌巾，以免破坏正常菌群，且铺无菌巾会影响母婴裸露肌肤接触，有关消毒与铺巾可根据医院具体要求调整。

2. 保护会阴，协助胎儿娩出　传统会阴保护法要求当胎头拨露、会阴联合紧张时，接生者左手轻按胎头，帮助胎头俯屈，控制胎头过快娩出，当胎头枕部位于耻骨弓下露出时，接生者利用右手大鱼际及手掌按于会阴体随宫缩起伏自然向上托起，宫缩间歇期放松，以免压迫过久引起会阴水肿。左手于拨露时帮助胎头俯屈（图 5-20），着冠后帮助胎头仰伸（图 5-21），并控制胎头娩出速度，直至胎头娩出。胎头娩出后，耐心等待下一次宫缩（1~2min），胎头复位、外旋转自然完成后，胎儿双肩径与骨盆前后径一致，接生者轻轻向下向外牵拉，协助胎儿前肩自耻骨弓下先娩出（图 5-22），继之托胎颈向上，使后肩从会阴前缘缓慢娩出（图 5-23）。双肩娩出后，保护会阴的右手放松，双手协助胎体娩出。此法缺点在于保护会阴过早，对会阴压迫过久，可能导致会阴局部缺血严重，弹性下降，还会影响对会阴状态的正确评估。

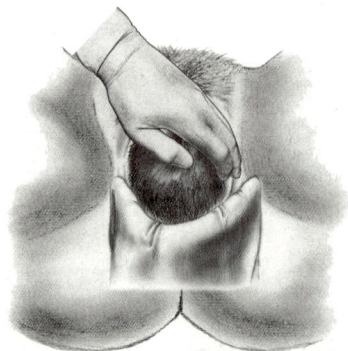

图 5-20　保护会阴，协助胎头俯屈　　　　图 5-21　保护会阴，协助胎头仰伸

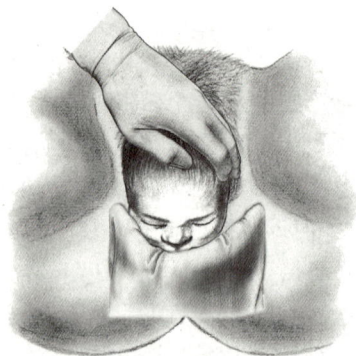

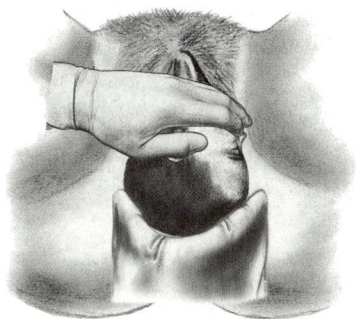

图 5-22 保护会阴,协助前肩娩出

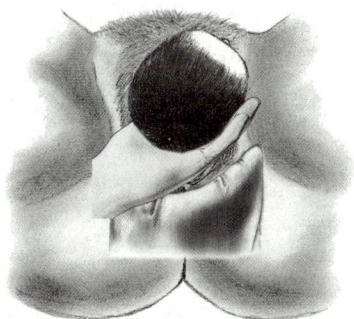

图 5-23 保护会阴,协助后肩娩出

目前临床提倡的操作方法是无保护会阴或适度保护会阴接生法,目的在于使会阴体逐步扩张伸展,减少会阴损伤。胎头拨露使会阴联合紧张时,单手或双手均匀控制胎头娩出速度,不做协助胎头俯屈动作,不干预胎头娩出的角度和方向,胎头双顶径达到外口时,可稍停留,避免用力,指导产妇张口哈气,使会阴充分扩张。双顶径娩出时不要刻意协助胎头仰伸,产力好的产妇可于间歇期用力使胎头缓缓娩出。双手托住胎头,娩肩时不要用力下压,以免增加会阴裂伤程度,前肩娩出后,双手托住胎头轻轻上抬,缓缓娩出后肩。此法在不增加产妇和新生儿风险的前提下,可降低会阴侧切率,减少了产妇出血、感染和产后会阴不适的发生,使分娩回归自然。但对助产人员的熟练度和产妇的配合程度要求较高。

胎头娩出后,在等待娩肩的过程中,若口鼻有较多黏液流出,右手可协助轻轻挤压出新生儿鼻咽部的分泌物。胎头娩出后迅速检查有无脐带绕颈,若有,应触摸脐带搏动,检查脐带缠绕是否过紧,脐带有搏动且较松者,可用手将脐带顺胎肩推上或沿胎头滑下。若脐带绕颈过紧,立即用两把血管钳夹住一段脐带从中间剪断,注意不要伤及胎儿颈部,脐带松解后再协助胎肩娩出(图 5-24)。

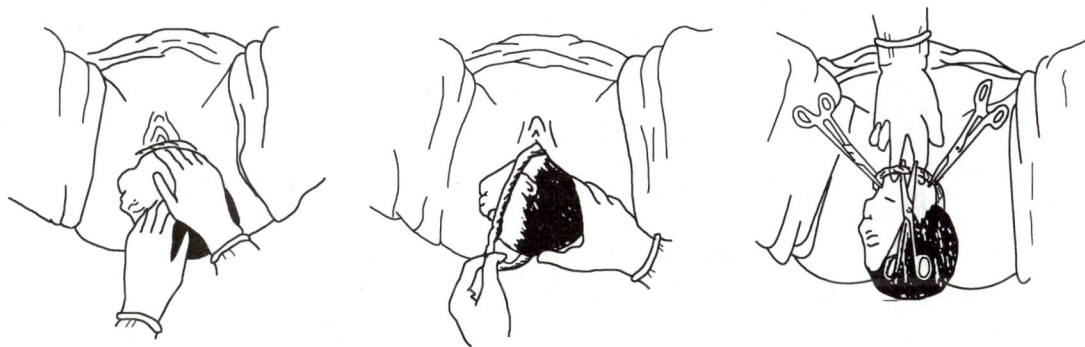

图 5-24 脐带绕颈的处理

3. 预防产后出血 头位胎儿前肩娩出后、胎位异常胎儿全身娩出后或多胎妊娠最后一个胎儿娩出后,予以缩宫素 10U 加入 500ml 液体中以 100~150ml/h 静脉滴注,或缩宫素 10U 肌内注射,也可选用卡贝缩宫素 100μg 单剂静脉推注。如果缺乏缩宫素,可选择麦角新碱或米索前列醇促进宫缩(由助手完成)。新生儿娩出后将聚血器放置产妇臀下以计量出血。

第八节 第三产程

第三产程,又称胎盘娩出期,指从胎儿娩出后至胎盘胎膜娩出,即胎盘剥离和娩出的全过程,需 5~15min,不应超过 30min。

Note:

一、临床表现

胎儿娩出后,宫底降至脐平,宫缩暂停,产妇骤感轻松,数分钟后宫缩又重新出现,宫底上升并伴有阴道少量流血。这是由于子宫肌纤维的继续收缩和缩复作用使子宫上段变厚,宫腔容积突然明显缩小,胎盘不能相应缩小而与子宫壁发生错位而剥离。剥离面出血形成胎盘后血肿。子宫继续收缩,剥离面积增加,直至胎盘完全剥离而排出。

(一)胎盘剥离征象

1. 宫体变硬呈球形,胎盘剥离后降至子宫下段,下段被扩张,宫体呈狭长形被推向上方,宫底升高达脐上(图 5-25)。

2. 阴道口外露的脐带段自行延长。

3. 阴道少量流血。

4. 用手掌侧在产妇耻骨联合上方轻压子宫下段,宫体上升而外露的脐带不再回缩。胎盘剥离后从阴道排出体外。

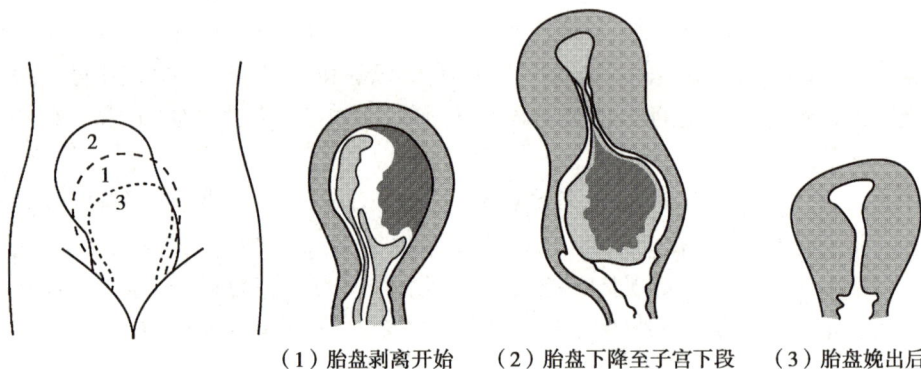

（1）胎盘剥离开始　　　（2）胎盘下降至子宫下段　　　（3）胎盘娩出后

图 5-25　胎盘剥离时子宫的形状

(二)胎盘剥离及娩出方式

1. **胎儿面娩出式(Schultze mechanism)**　也称希氏法,多见。胎盘从中央开始剥离,而后向周围剥离,剥离血液被包于胎膜内,胎盘娩出时胎儿面先露出阴道口。胎盘娩出时无阴道流血,娩出后见少量阴道流血。

2. **母体面娩出式(Duncan mechanism)**　也称邓氏法。胎盘从边缘开始剥离,再向中央剥离,血液沿剥离面流出,胎盘娩出时母体面先露出阴道口。因为胎盘娩出时未完全剥离,所以先有较多量阴道流血,随后胎盘娩出。纯粹母体面娩出者临床少见。临床上可见到母体面和胎儿面混合娩出者。

二、处理原则

密切观察阴道出血情况,协助胎盘顺利娩出;密切观察新生儿情况,协助母婴早接触、早开奶、早吸吮。发现异常需立即分辨病因,配合医生及时处理。

三、助产要点

(一)评估和监测

1. 回顾第一、二产程的经过和处理情况,询问产妇是否有头晕、头痛、心慌、恶心等感觉,观察产妇生命体征,是否出现面色苍白、血压下降、出冷汗等危象,发现异常立即查找原因并报告医生。

2. 询问产妇身体感受,有无进食、进饮的意愿,如感疲劳,可闭眼休息。助产人员帮助产妇擦干汗水,柔声告知目前产妇及新生儿情况,需在产妇腹部完成新生儿断脐等操作,嘱咐产妇平躺勿动,如感不适,可告知助产人员。

Note:

3. 询问腹痛情况是否有所缓解,告知胎盘剥离时会出现腹痛加剧,需配合助产士使用腹压,促使胎盘顺利娩出。

4. 心理状况 评估产妇心理变化,对所分娩的新生儿性别是否满意,产妇及家属的心理动态以及是否接受新生儿等;评估产妇是否继续以积极的心态完成胎盘娩出及第一次哺乳。

(二) 教育与支持

1. 心理支持 分娩后产妇的心理主要表现为关心新生儿有无畸形,是否健康,以及新生儿的外貌、性别等,心理压力较大,容易产生焦虑等负面情绪而影响子宫收缩,导致产后出血。助产人员应态度亲切,并有足够的耐心,告知新生儿情况,并鼓励产妇继续努力,顺利度过第三产程。

2. 信息支持 助产人员应对孕妇讲解第三产程过程及常用操作;宣教母乳喂养、早期皮肤接触的益处,鼓励产妇接触并抚摸新生儿。

(三) 处理与配合

1. 新生儿处理

(1)新生儿娩出后助产人员应大声说出娩出时间和性别,将新生儿放置于预先铺好毛巾的母亲腹部,如羊水清或羊水混但新生儿有活力,在 5s 内开始彻底擦干新生儿,时间 20~30s,擦干顺序为眼睛、面部、头、躯干、四肢及背部。擦干过程中快速进行 Apgar 评分以及是否有明显畸形。对于出生时羊水清亮且出生后已建立自主呼吸的新生儿,不推荐进行常规口鼻吸引,必要时(分泌物多或有气道梗阻)可用洗耳球或吸管清理口鼻腔分泌物,但需避免过度用力吸引。当羊水胎粪污染时,应评估新生儿有无活力,新生儿有活力时,继续初步复苏;新生儿无活力时,应在 20s 内完成气管插管,并用胎粪吸引管吸引胎粪(详见第十七章第四节新生儿常见异常症状的早期识别与护理)。

(2)早接触:与产妇核对性别,将经擦干和初步检查的新生儿腹部向下,头偏向一侧,放于产妇胸前。取另一清洁预热干毛巾覆盖婴儿,戴上小帽,行母婴皮肤接触,并注意保暖。之后台下巡回助产士应注意及时与产妇核对新生儿双腕带并佩戴。

(3)处理脐带前需更换消毒手套,在新生儿出生至少 60s 后或待脐带血管搏动停止(出生后1~3min),用 2 把无菌止血钳分别在距脐带根部 2cm 和 5cm 处夹住脐带,在距脐带根部 2~5cm 处一次断脐,目前常用气门芯、脐带夹、血管钳等结扎,如用无菌粗线结扎,需进行双重结扎,两道结扎线之间间隔 0.5cm。WHO 建议医院分娩并严格执行无菌操作的条件下,不必在脐带断端及周围使用任何消毒剂(除非有感染迹象),不包扎脐带,保持脐带断端暴露、清洁和干燥,这样更有利于脐带脱落。

(4)评估和记录新生儿第 1min、5min、10min Apgar 评分,以心率、呼吸、肌张力、咽反射及皮肤颜色 5 项体征为依据进行评分,8~10 分属于正常新生儿,具体方法详见第十七章第五节新生儿常见疾病处理。根据所在医疗机构要求记录分娩记录及新生儿情况。

2. 产妇处理

(1)娩出胎盘:如宫缩良好,阴道出血不多,助产人员在胎儿娩出后等待胎盘自然娩出,正确处理胎盘娩出可减少产后出血的发生。胎儿娩出后子宫先有短暂间歇,之后经几次宫缩胎盘才开始剥离,所以切忌在胎盘尚未完全剥离前,用手按揉、下压子宫底或用力牵拉脐带,以免引起胎盘部分剥离而出血或拉断脐带,甚至造成子宫内翻。根据症状确认胎盘已剥离,以左手握住宫底,拇指置于子宫前壁,其余 4 指放于子宫后壁并按压,同时右手轻拉脐带,当胎盘娩至阴道口时,接生者双手捧起胎盘,向一个方向旋转并缓慢向外牵引,协助胎盘完整剥离并排出(图 5-26)。胎膜排出时,如发现胎膜部分断裂,可用血管钳夹住断裂上端的胎膜,继续向原方向轻轻旋转牵拉,直至胎膜完全排出。胎盘胎膜娩出后,按摩子宫刺激其收缩以减少出血,同时注意观察并测量出血量。

(2)检查胎盘胎膜:将胎盘铺平,用无菌纱布清除胎盘母体面上的血液凝块,检查母体面的形状、色泽、质地,有无胎盘小叶缺损及钙化、梗死等,测量胎盘直径与厚度。疑有小叶缺损可用牛乳测试法,即从脐静脉注入牛乳。若见牛乳从胎盘母体面溢出,溢出部位则为胎盘小叶缺损部位。然后将脐带提起,检查胎膜是否完整,测量破膜破裂口至胎盘边缘的距离。再检查胎盘胎儿面,查看脐带附着部位、有无脐带真假结、是否为单脐动脉、有无脐带水肿等,测量脐带长度,注意胎盘胎儿面边缘有无血管断裂,及时发现副胎盘。若有副胎盘、部分胎盘或大部分胎膜残留时,应在无菌操作下徒手伸入宫腔或用大刮匙取出残留组织。若仅有少量胎膜残留时,可用子宫收缩剂促进其自然排出,称重胎盘,将上述检查结果详细记录。

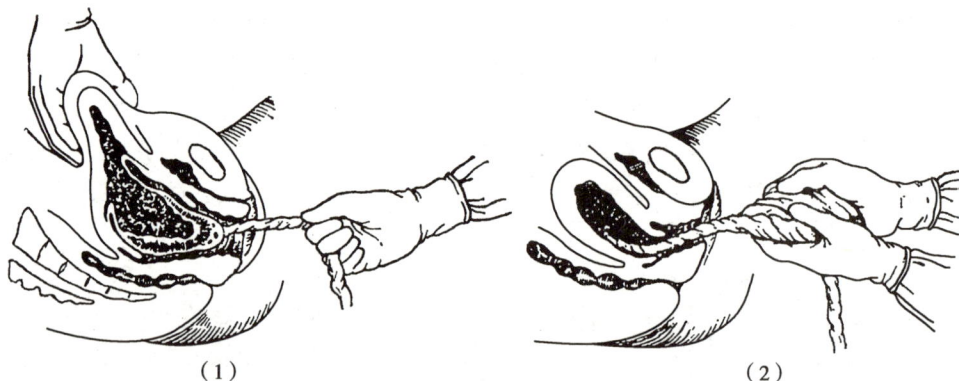

（1）　　　　　　　　　　　　　　（2）

图 5-26　协助胎盘胎膜娩出

（3）检查软产道:检查会阴、小阴唇内侧、尿道口周围、阴道、阴道穹隆及子宫颈有无裂伤。若有裂伤,应立即缝合。

3. 第三产程从新生儿娩出开始计时,密切注意有无胎盘娩出征象,如超过 30min,或未超过30min 胎盘未完全剥离而出血多时,在做好预防产后出血的准备下,可行手取胎盘术,助产士配合医生完成操作(详见第十八章第十一节人工剥离胎盘术)。

4. 胎儿娩出后需严密监测子宫收缩强度,观察阴道出血量、速度及有无阴道凝血块。发现宫缩乏力应及时处理;对于已预防性使用缩宫素的产妇,不推荐为预防产后出血而采取持续子宫按摩;评估阴道流血的颜色、量及出血的时间,可用称重法、容积法和面积法等,如考虑产后出血发生,需尽快探明病因,配合医生进行救治(详见第十五章第四节产后出血)。

第九节　产后 2h 的观察与处理

产后 2h,以往临床上也称为第四产程。

一、临床表现

产后 2h 是产后出血的高危时期,产程中过度疲劳、多次宫腔操作、凝血功能障碍、巨大儿或急产者更易发生产后出血,产妇会表现为阴道出血增多或因阴道血肿出现肛门及会阴疼痛、坠胀感,如发生休克,产妇会表现为面色苍白、出冷汗、寒战、打哈欠、烦躁不安等,并出现口渴、头晕、心慌、乏力等自觉症状。

由于胎盘娩出,胎盘血流停止,大量的血液进入母体循环;腹压突然降低,使大量的血液淤积在腹腔内,以上各种原因都可加重心脏负担,合并心脏病的产妇可能会发生心力衰竭。有妊娠高血压疾病的产妇,可能会出现血压增高,或因过度疲劳、新生儿的性别不理想或健康状况引起的情绪波动等,诱发子痫。一旦发生应立即报告医生并配合抢救。

产妇可能因分娩过程中膀胱受压使其黏膜充血、水肿,肌张力降低;以及产程中应用的解痉镇静剂、麻醉剂等药物时膀胱的张力下降;加之产妇会阴伤口疼痛不敢用力排尿及不习惯卧床排尿等原因,使产妇容易发生排尿困难,导致尿潴留。产后尿潴留处理不及时会影响子宫收缩导致产后出血,并可引起泌尿系感染,因此要及时协助产妇排空膀胱。

Note:

产后 2h 又称新生儿抢救的黄金时期,此期如能及时发现问题对新生儿的抢救有极为重要的意义,所以助产人员在观察产妇的同时也要加强对新生儿的巡护,注意新生儿保暖,保持侧卧(防止呛咳或窒息),观察新生儿的面色(尤其是唇周的颜色)、呼吸、心率、吸吮反射以及脐带有无渗血等。及时发现新生儿的异常情况,以便在最佳时间开展积极抢救。

二、处理原则

密切观察产妇及新生儿基本情况,发现异常,配合医生有效地实施救治;促进早接触、早吸吮,确保母乳喂养顺利实施。

三、助产要点

(一)评估和监测

1. 回顾第二、三产程的经过,鼓励产妇说出身体感受,通过表扬、肯定等态度,帮助产妇淡化分娩过程中的不良经历,助产人员需注意观察产妇是否出现面色苍白、血压下降、出冷汗等危象,发现异常立即查找原因并报告医生。

2. 监测产妇生命体征、子宫收缩和阴道流血情况。低风险产妇胎盘娩出后第 1h,每 15min 检查 1 次生命体征、子宫收缩和阴道流血情况;胎盘娩出后第 2h,每 30min 检查 1 次,并做好记录。高风险产妇酌情增加检查次数,缩短观察间隔时间。

3. 监测新生儿生命体征。每隔 15min 监测 1 次新生儿的呼吸和体温,呼吸情况包括有无呻吟、胸廓凹陷、呼吸急促或缓慢等呼吸困难;监测体温,新生儿的正常腋下体温是 36.5~37.5℃,如低于正常,需要改善保暖(如袋鼠式护理);高于正常,需考虑是否过度保暖所致(如置于直接光照下),改变保暖措施体温仍不能回归正常,需考虑异常情况,及时上报医生。

4. 评估新生儿活动和肌张力、皮肤颜色、脐带外观、有无产伤和畸形等,如无明显异常,助产人员可柔声告知产妇,并告知还需完成的新生儿护理。

5. 评估母婴接触及母乳喂养状况。鼓励产妇拥抱新生儿,加强肌肤接触,积极完成第一次母乳喂养,并告知哺乳时可能会出现子宫收缩痛,因为新生儿吸吮乳头在刺激泌乳的同时,可刺激子宫收缩,促进恶露排出。

6. 评估产妇心理变化,是否有分娩结束的喜悦与放松;如有烦躁、焦虑、伤心等负面心理状态,需查找原因;评估产妇是否能继续以积极的心态哺育照护新生儿。

(二)教育与支持

1. **饮食管理** 鼓励产妇进食进饮,尊重产妇意愿,可给予产妇清淡、易消化食物,补充水分与热量。

2. **促进舒适** 帮助产妇擦干汗水,更换会阴垫,提高产妇舒适度,调暗产房灯光,尽量让产妇休息;持续陪伴,不能让产妇和新生儿独处一室。

3. **排尿** 产妇如膀胱充盈,应鼓励产妇自行解小便,如因疼痛或膀胱受压过久而发生排尿困难,可给予湿热敷、滴水声诱导、针灸、肌内注射新斯的明等方法缓解,必要时可考虑留置导尿。

4. **皮肤接触** 新生儿娩出后与母亲保持不间断的持续皮肤接触至少 90min,如果母亲由于并发症等不能和新生儿进行皮肤接触,应教会另外一名家庭成员(如父亲)正确操作方法。在此期间严密观察新生儿的生命体征及觅乳征象,当出现流口水、张大嘴、舔舌或嘴唇、寻找及爬行动作、咬手指动作时,指导母亲开始母乳喂养。大部分新生儿出生 20min 后会出现觅乳征象,少数新生儿需要更长时间,助产士应根据具体情况指导哺乳体位和新生儿含接姿势;鼓励产妇拥抱新生儿,加强肌肤接触,积极完成第一次母乳喂养,并告知哺乳时可能会出现子宫收缩痛,因为新生儿吸吮乳头在刺激泌乳的同时,可刺激子宫收缩,促进恶露排出。这个过程为早接触、早吸吮、早开奶,即三早。

5. **第四产程监测的必要性** 请产妇耐心等待;教会产妇产后会阴护理;告知产妇如何观察阴道

出血及宫缩情况。

(三) 处理与配合

1. 新生儿常规保健操作，应推迟到出生后 90min 进行，新生儿完成第一次母乳喂养后进行。助产士可在母亲旁边完成，清洁双手，向母亲解释准备操作的内容和结果。

(1)新生儿体检：再次详细进行新生儿体格检查，检查内容包括呼吸、活动、肌张力、皮肤颜色、脐带外观、有无产瘤、胎记、产伤和外观畸形等。测量新生儿身长、体重、体温并告知产妇。

(2)检查脐带断端：如脐带断端被粪便或尿液污染，可用清洁的水清洗后擦干保持干燥。如果脐带断端出血，需重新结扎脐带。

(3)眼部护理：常规进行新生儿眼部护理可以预防严重的眼部感染，尤其是在生殖道感染发生率较高地区。新生儿早期基本保健技术(early essential newborn care，EENC)指南建议应用预防眼部感染的药物，推荐红霉素眼膏，也可使用各地医疗卫生机构批准和推荐的药物。使用红霉素眼膏时，将长约 0.5cm 眼膏从下眼睑鼻侧一端开始涂抹，扩展至眼睑的另一端。另一只眼睛同样用药。眼部护理 1 次用药即可。如果眼睑发红、肿胀或分泌物过多，需专科诊疗。

(4)给予维生素 K_1：建议常规给新生儿使用维生素 K_1 预防出血，使用剂量是 1mg(< 1 500g 的早产儿用 0.5mg)，肌内注射，注射部位为新生儿大腿中部正面靠外侧。

(5)预防接种：具体接种的疫苗在不同地区有差异，应遵循当地卫生行政部门的规定。

2. 如产妇有产后出血征象，需及时分辨病因，报告医生，配合救治详见第十五章第四节产后出血。如产妇有会阴及肛门坠胀感或疼痛，需警惕阴道血肿的发生，可行肛查明确诊断，如有血肿需切开后清理淤血，进行缝合止血，血肿大且有活动性出血及时通知医生进行处理，详见第十八章第十四节软产道裂伤缝合术。

3. 新生儿发生窒息征象，按《中国新生儿复苏指南(2021 年)》配合医生进行抢救，详见第十七章第五节新生儿常见疾病处理。

第十节　分娩镇痛

疼痛是生理、生物和社会文化因素相互作用的总和，每个方面都是影响疼痛体验的先决因素。每一次分娩体验都是独一无二的，产妇在分娩过程中所经历的阵痛也是高度个体化的，助产人员的行为可以极大地影响产妇应对分娩阵痛的能力和对分娩过程的体验。

分娩疼痛表现形式有所差异，几乎所有产妇都会有下腹部疼痛，有些产妇会感觉到与宫缩相关的腰痛，有些产妇会有持续性腰痛。通常认为第一产程中的疼痛与子宫下段受到机械性牵拉、宫颈扩张和在经过反复宫缩后子宫肌肉内的酸血症有关，局部的物理及生化因素形成生物电信号，经神经通路传导入大脑，经中枢整合后形成疼痛感觉。

虽然疼痛的原始信号来源于子宫局部的生物电信号，但心理、社会、空间、时间因素可能通过影响自主神经和中枢神经不同功能区域而改变疼痛感觉的强度。产妇对分娩的心理准备、期望、对分娩的恐惧以及产程中情感支持的相互作用，都会影响到产妇对疼痛的感知。大多数产妇认为分娩疼痛超出预期，对分娩的恐惧，曾经痛苦的分娩经历，也会加重产妇对疼痛的感知。疼痛在夜间往往比白天更严重，不熟悉的环境也会增加疼痛的感知程度。助产士提供的个性化照顾和支持能有效改善产妇对疼痛的感知(图 5-27)。

一、药物分娩镇痛

随着麻醉医师进入产房，在临床麻醉中普遍使用的一些镇静与镇痛药物，逐渐用于分娩镇痛。

1. **全身应用镇静药**　常在分娩早期单独使用或与镇痛药配伍使用，以减轻产妇的焦虑与疼痛，以便产妇得到适当的休息。主要包括地西泮、咪达唑仑等。

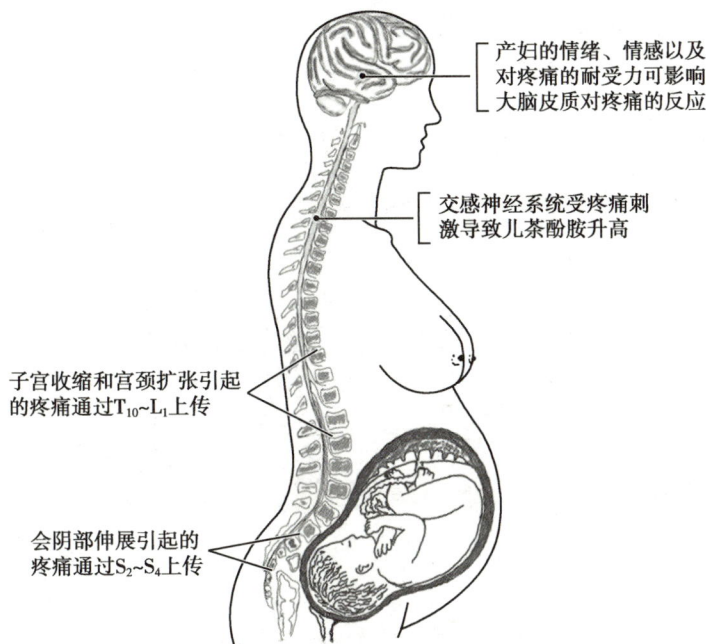

图 5-27　分娩疼痛的生理学基础

（图中标注）

产妇的情绪、情感以及对疼痛的耐受力可影响大脑皮质对疼痛的反应

交感神经系统受疼痛刺激导致儿茶酚胺升高

子宫收缩和宫颈扩张引起的疼痛通过T_{10}~L_1上传

会阴部伸展引起的疼痛通过S_2~S_4上传

2. **全身应用阿片类药物**　此类药物的镇痛效果与呼吸反射抑制的效果通常成正相关,如果镇痛效果满意,呼吸抑制的风险也可能增加。近年来常用患者自控给药模式取代肌内注射或静脉给药模式,以减少药物用量。主要包括哌替啶、芬太尼、阿芬太尼等。

3. **全身吸入麻醉**　是目前较常用的分娩镇痛方式,采用 50% 浓度氧化亚氮镇痛装置,在第一产程和第二产程让产妇自持麻醉面罩放置于口鼻部,于宫缩前 20~30s 做深呼吸数次,待产痛明显减轻或消失时,面罩即可移去。但此法效果不确定,孕妇也很难掌握合适的呼吸时机。

4. **局部麻醉药物及镇痛技术**

（1）局部神经阻滞法:包括宫颈旁阻滞和会阴神经阻滞,前者对第二产程阴道及会阴扩张痛无效,后者主要针对第二产程镇痛,适用于出口产钳等助产操作。

（2）椎管内阻滞:可达到最确切的镇痛,孕产妇可保持清醒,能主动参与分娩过程,目前已成为国内外分娩镇痛的标准选择。临床上甚至以"分娩镇痛"代指椎管内药物镇痛。主要包括硬膜外腔麻醉镇痛、蛛网膜下腔麻醉镇痛、腰硬联合麻醉,其中硬膜外腔麻醉镇痛应用最为广泛(彩图 5-28)。

二、非药物分娩镇痛

非药物分娩镇痛多使用物理方法,对母儿不良影响少见。WHO 鼓励优先应用非药物分娩镇痛。

1. **对身体实施干预的镇痛技术**

（1）自由体位:在第一产程及第二产程均可采用自由体位。自由体位可以让产妇骨盆与胎位处于相对变化的过程中,促使产妇主动关注自己的感觉;同时,也避免长时间的固定体位导致局部组织长时间受压缺血而加重不适(详见第五章第六节第一产程及第七节第二产程)。

（2）中医镇痛技术:详见第十八章第十七节产科中医适宜技术。

（3）经皮神经电刺激(transcutaneous electrical nerve stimulation,TENS):是一种非侵入性的方法,通过使用表皮层电极神经刺激器,持续刺激背部胸椎和骶椎两侧,使局部皮肤和子宫的痛阈提高。电刺激法能有效减轻分娩疼痛且产妇乐于使用,对母体和胎儿无副作用,成为分娩镇痛的重要方法之一。建议使用无线装置,不会限制产妇活动。

（4）穴位注射法:选择 L_5 棘突划一纵行中线,左右分别旁开 2~3cm 为注射点,由此两个注射点各向下 2cm 处共 4 个注射点,消毒后,一手绷紧局部皮肤,一手持注射器,针头斜面向上与皮肤成 5° 角刺入

Note:

皮内，注入无菌注射用水 0.1~0.2ml，使局部隆起形成半球状皮丘，皮肤变白并露出毛孔 (图 5-29)。皮丘可通过局部机械性压迫作用，提高疼痛的阈值，竞争性阻断部分神经传导，从而起到镇痛作用。

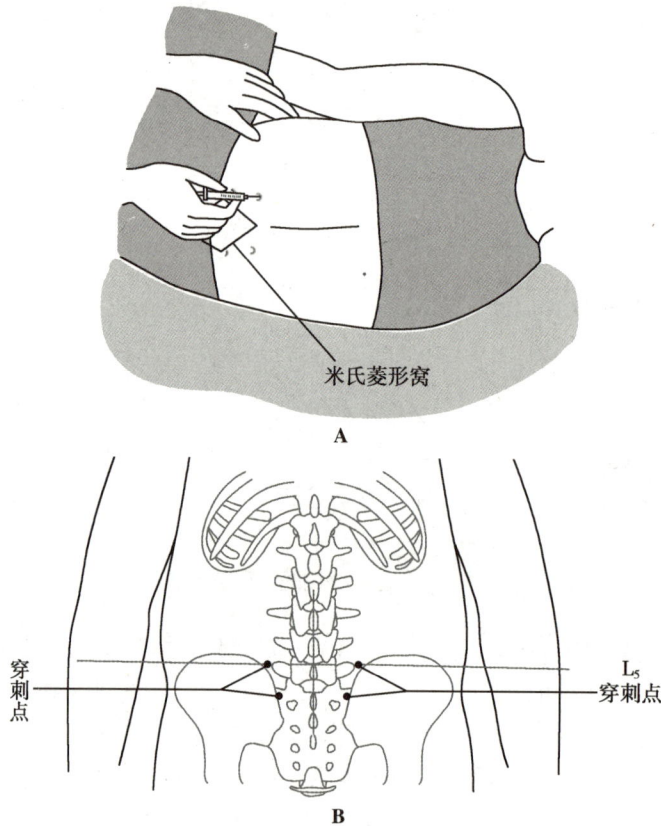

图 5-29　穴位注射法
A. 穴位注射；B. 注射点。

（5）水疗（图 5-30）：在第一产程或第二产程早期，用不超过 38℃ 的温水喷淋产妇不适感明显的部位，骶尾部或体前；也可选择在产妇进入活跃期后进行池浴，温水应浸泡至产妇肩部，持续 1~1.5h，即可获得明显效果。水疗可以促进催产素和内啡肽的释放，并通过对疼痛部位施加愉快的刺激减少伤害性信息的传递，合适的水温还能使产妇体内儿茶酚胺释放减少，改善子宫灌注，促进宫缩，同时还能降低肌肉紧张、疼痛，促进生理性分娩，并给予妇女更大的满足感，值得在临床上进行推广。

（6）热/冷疗：热疗指用热水袋、电热毯、热毛巾热敷产妇的腰背部、下腹、腹股沟和会阴，可改善血液循环缓解疼痛，同时增加结缔组织的伸展性。冷疗通常用冰袋、冷毛巾等放在孕妇的胸部、面部和背部，以舒适却不感觉寒战为度，可用于缓解肌肉痉挛、消除炎症和水肿。必要时可使用冷热交替治疗。

图 5-30　水疗

2. 心理支持疗法　是通过改变产妇心理状态，改变影响分娩的神经-内分泌-免疫调控网络，达到控制产妇紧张情绪、减轻产痛的一种非药物疗法。

（1）催眠分娩：与温柔分娩或宁静分娩具有相似的生育健康观点与放松技术，需通过分娩前教育与相关培训，运用心理学技术改变孕妇及家属对分娩过程及分娩疼痛的认知，利用松弛治疗渐进放松、体验催眠与自我催眠，在自然分娩过程中，使产妇处于自由的舒适体位，在催眠音乐或语言的引导中通过呼吸调节实现自我放松和催眠，以减轻分娩疼痛。

（2）呼吸放松：在产程中连续有节奏地进行呼吸是一种自我镇静技术,促进身体放松,良好的呼吸方式使产妇放松,增强产妇的信心并转移对疼痛的注意力。研究发现,呼吸是产妇应对分娩疼痛最常用方法,而对于那些因为疼痛改变了呼吸模式的产妇,会失去控制,引起焦虑和紧张,使得氧耗量增加、换气过度和呼吸性碱中毒,造成恶性循环。对于产程中呼吸紊乱的产妇,可以在宫缩间期指导呼吸的技巧,如慢呼吸、轻呼吸等,帮助产妇减慢呼吸,建立稳定的呼吸节奏,使产妇回到更本能的情感状态。

（3）陪伴分娩：也称导乐（doula）式分娩,由一个具有生育经验和产科专业知识的女性,在产前、产时及产后给予产妇持续的心理、生理和情感上的支持与鼓励,使产妇在舒适、安全、轻松的环境下顺利分娩。这是目前心理疗法的重要模式。

3. 营造舒适生产环境的镇痛方法

（1）芳香疗法（aromatherapy）：又名香薰疗法,指由芳香植物所萃取的精油作为媒介,以按摩、沐浴、熏香等方式,经由呼吸道或皮肤吸收入体内,通过刺激嗅觉中枢和身体不同部位神经循环以达到舒缓情绪和促进身体放松的一种自然疗法。茉莉和薰衣草是产程中最常用的精油。镇痛时,在腹部或下背部涂抹精油并进行圆圈状的按摩运动,可刺激皮肤中枢反射,促进内啡肽释放,缓解疼痛。

（2）家庭式分娩（family delivery）：指医院提供集待产、分娩、产后康复为一体的家庭式产科病房,营造温馨的分娩环境,丈夫或其他家属陪伴产妇,鼓励产妇及其家人参与分娩决策。家庭式产房的应用不仅可以缩短产程,还可以减轻分娩疼痛,减少新生儿窒息的发生率。

（3）音乐治疗（music therapy）：具有消除紧张、焦虑、抑郁等不良情绪的作用,可以刺激内啡肽的分泌,降低儿茶酚胺的水平而缓解疼痛或增加疼痛耐受。音乐可按产妇的喜好选择,也可以在音乐治疗专业人士的指导下,根据不同宫缩特点选择,产妇休息和睡眠时应暂停音乐播放。如产妇曾经接受过音乐引导的放松与想象体验,在产程中使用可能会增强效果。

（蔡文智　褚静）

思 考 题

1. 某产妇,26岁。孕1产0,妊娠39周。规律宫缩8h,血压105/70mmHg,骨盆大小正常,预测胎儿体重2 700g,LOA,胎心好。阴道检查宫口开大4cm,S+1。

请思考：

（1）目前该产妇处于第一产程,可出现哪些临床表现？

（2）针对该产妇的情况应如何进行处理？

（3）该产妇在分娩过程中,应注意哪些事项？

2. 某产妇,27岁。孕2产1,40⁺⁶周。临产17h,阴道有少量淡绿色液体流出,宫缩25s/6~8min,胎心率148次/min。骨盆外测量为25-28-19-9cm,胎儿体重估计2 800g。阴道检查：宫口开大2cm,宫口居中,宫颈管消退50%,宫颈软,S-2。

请思考：

（1）目前产妇的诊断是什么？

（2）该产妇的宫颈成熟度如何评分？

（3）可对该产妇进行哪些处理？

URSING

正常产褥

06章 数字内容

学习目标

- 知识目标：
  1. 掌握产褥期妇女的临床表现及护理要点。
  2. 熟悉产褥期妇女的生理变化和妇女的心理调适。
  3. 了解产褥期、子宫复旧、恶露的定义。
- 能力目标：
  能运用所学知识对产妇进行相应产褥期护理。
- 素质目标：
  具有尊重、爱护产妇,保护产妇的职业精神。

从胎盘娩出至产妇除乳腺外的全身各器官恢复至正常非孕期状态的一段时期称为产褥期（puerperium），一般为 6 周。产褥期以生殖器官和乳房的变化最为显著，其中生殖器官进行复旧，乳房则在妊娠期变化基础上发生旺盛的分泌活动，以供新生儿营养需要。产褥期的产妇除需要生理方面的调适外，心理方面也会因为孩子的出生、家庭成员的增加、新角色的扮演，与亲子关系建立的需求，而需要做各方面的调整。

第一节　产褥期妇女的生理变化和心理调适

一、产褥期妇女的生理变化

（一）生殖系统

1. **子宫**　产褥期子宫变化最大。自胎盘娩出后的子宫状态逐渐恢复至非孕状态的过程，称为子宫复旧（involution of uterus）。

（1）子宫体肌纤维的缩复：子宫复旧不是肌细胞数目的减少，而是肌细胞的缩小，主要由于肌细胞胞浆蛋白质分解被排出，胞浆减少，细胞体积缩小，裂解的蛋白质及其代谢产物通过肾脏排出体外，故产褥期内产妇尿中含氮量增加。随着子宫肌纤维的不断缩复使子宫体逐渐缩小，产后第 1d 子宫底平脐，以后每天下降 1~2cm。产后 1 周，在耻骨联合上可扪到子宫底约妊娠 12 周大小，重约 500g；产后 10d，子宫降至骨盆腔内，腹部检查触不到子宫底；产后 6 周恢复到正常未孕期大小。子宫重量也逐渐减少，由分娩结束时的 1 000g 降到非孕时的 50g。

（2）子宫内膜的再生：胎盘附着部蜕膜海绵层随胎盘排出，子宫胎盘附着面立即缩小到仅为原来面积的一半。子宫复旧导致开放的螺旋动脉及静脉窦压缩变窄和栓塞，出血逐渐减少直至停止。分娩后 2~3d 内，基底层蜕膜表面坏死，随恶露排出。子宫内膜残存的基底层再生新的功能层，约产后 3 周，除胎盘附着面外，子宫腔内膜基本完成修复，胎盘附着处的子宫内膜修复大约需 6 周。若在此期间胎盘附着面因复旧不良出现血栓脱落，可引起晚期产后出血。

（3）子宫颈：胎盘娩出后，子宫颈松软、壁薄皱起，子宫颈外口呈环状如袖口。产后 2~3d，宫口仍能通过 2 指。1 周后宫颈内口关闭，宫颈管复原。产后 4 周宫颈恢复至非孕时形态。分娩时宫颈外口 3 点及 9 点处常发生轻度裂伤，使初产妇的宫颈外口由产前圆形（未产型），变为产后“一”字形横裂（已产型）。

2. **阴道及外阴**　分娩后阴道壁肌肉松弛、肌张力低，阴道黏膜皱襞因过度伸展而消失。产褥期阴道腔逐渐缩小，阴道壁肌张力逐渐恢复，黏膜皱襞在产后 3 周左右开始复现，但在产褥期结束时阴道壁肌张力仍不能完全恢复至妊娠前状态。分娩后外阴有轻度水肿，产后 2~3d 后自行消退。会阴有轻度撕裂伤，或有会阴侧切缝合后，均可在 3~5d 内愈合。处女膜在分娩时撕裂形成残缺不全的痕迹，称为处女膜痕。阴道后联合多为愈合伤痕，是为经产特征。

3. **盆底组织**　盆底肌肉及筋膜常因分娩时过度扩张而失去弹力，也可出现部分肌纤维断裂。产褥期如能坚持产后运动，结合盆底康复训练，盆底肌肉可恢复至接近孕前状态。若盆底肌肉及筋膜严重断裂，产褥期内过早劳动，可导致阴道壁膨出甚至发生子宫脱垂。

（二）内分泌系统

分娩后雌激素、孕激素水平急剧下降，至产后 1 周时已降至未孕时水平。人胎盘催乳素于产后 6h 已不能测出。

非哺乳产妇通常在产后 6~10 周月经复潮，在产后 10 周左右恢复排卵。哺乳产妇因泌乳素的分泌可抑制排卵，月经复潮延迟，甚至在哺乳期间月经一直不来潮，平均在产后 4~6 个月恢复排卵。产后较晚恢复月经者，首次月经来潮前常有排卵，故哺乳妇女在月经复潮前也有受孕的可能。

（三）乳房

产后乳房的变化主要是泌乳。详见第七章第二节乳房的结构、泌乳生理及母乳喂养各时期支持。

（四）腹壁

腹壁皮肤受妊娠子宫膨胀的影响，弹力纤维断裂，腹直肌呈不同程度分离，产后明显松弛，张力低，需至产后 6 周或更长的时间才能恢复。妊娠期出现的下腹正中线色素沉着，于产褥期逐渐消退，原有的紫红色妊娠纹变为白色，成为永久性的白色妊娠纹。

（五）血液及循环系统

妊娠期血容量增加，于分娩后 2~3 周可恢复至未孕状态。产后 3d 内，由于子宫收缩，胎盘循环停止，大量血液从子宫进入体循环，以及组织间液的回吸收，使回心血量增加，特别在产后 24h 内，心脏负担再次加重。因此，心脏病的产妇易发生心力衰竭。

凝血系统的凝血活酶、凝血酶原及纤维蛋白原在妊娠晚期及产褥早期均增高，有利于胎盘剥离面迅速形成血栓，减少产后出血，但也可促进产后盆腔及下肢静脉内血栓形成，故产后应早期活动。纤维蛋白原、凝血活酶、凝血酶原于产后 2~3 周降至正常，红细胞计数及血红蛋白逐渐增多，白细胞计数于分娩期和产后 24h 内略升高，其中以中性粒细胞增长最多。

（六）泌尿系统

妊娠期潴留在体内的大量水分，于分娩后的最初几天经由肾脏排出，故产后尿量明显增加，通常产后 1 周内产妇每天尿量为正常成人尿量的 2~3 倍。在分娩过程中，膀胱因过分受压，导致膀胱黏膜充血、水肿，肌张力降低，加之产后外阴伤口疼痛，不习惯卧床排尿，产后疲乏等原因，容易发生尿潴留。膀胱充盈可影响子宫收缩而导致产后出血，因此要及时处理。妊娠期发生的肾盂及输尿管生理性扩张，产后 2~8 周恢复正常。

（七）消化系统

产后 1~2d 内产妇常感口渴，喜进汤食，但食欲欠佳，以后逐渐好转。胃肠蠕动减弱，约需 2 周恢复正常。产褥期因卧床时间长，缺乏运动，腹直肌及盆底肌肉松弛，加之肠蠕动减弱，易发生便秘。

二、产褥期妇女的心理调适

产后生理、心理的改变及新生儿的出生对产妇也是另一种新的变化，必须重新调整及适应。产妇需要从妊娠期和分娩期的不适、疼痛、焦虑中恢复，需要接纳家庭新成员及新家庭，这一过程称为产褥期心理调适。护理人员应了解产妇的心理变化，重视心理健康的评估和护理，使产妇能早期适应产后的生活，并使新生儿能得到良好的照顾。

美国心理学家 Rubin 于 1977 年针对产后妇女的行为和态度发表其研究结果，发现产后妇女将其生理和心理上的能量都反应在可以观察到的行为与态度上。研究表明，产后产妇心理调适要经历三个时期：依赖期、依赖 - 独立期和独立期。

1. **依赖期**　产后 2~3d 内，产妇通常较为被动，依赖护士做一些活动或做决定，并且非常关心自己的需要，尤其重视睡眠及饮食。这种依赖行为是由于产后会阴伤口的疼痛、产后痛、产后过度疲劳以及产妇不知道如何照顾新生儿等引起。产妇通常喜欢向护理人员或家人谈论自己的妊娠、待产和分娩的经过，刚刚完成分娩的母亲，特别是初产妇会表现得非常快乐兴奋，对自己能够完成分娩过程很满足，不停向别人诉说，积极与他人分享自己做母亲的幸福，对新生儿的一切感到好奇，憧憬家庭未来的生活时光。这种行为将有助于产妇接受生产的事实。因此，护理人员应注意倾听，感受她的喜悦和经历。

依赖期的心理问题，主要是对新角色的心理适应问题，即从孕妇到母亲的心理转变，这种心理适应问题在初产妇尤其突出。例如，分娩后家人重点关注新生儿，产妇会因此产生嫉妒心理，或产妇对孩子的容貌和性别失望。依赖期产妇一方面身体很虚弱，另一方面神经系统又高度兴奋，并且还面临着一个新生命，所以这段时期的心理支持对产后恢复、角色转换、母婴感情的建立都非常有益。

Note:

2. 依赖-独立期 经过 2~3d 的休息及调适，产妇会由关心自己的生理需要，慢慢地将注意力转移到新生儿身上。产妇开始接受婴儿，关注婴儿并认识到母亲的责任。虽然还有一些不适和疲劳，但开始对照顾孩子表现出强烈的兴趣和愿望，主动参与照顾新生儿的工作，并期待自己能胜任母亲的角色。因此，此期是健康教育的最佳时期。护士应为产妇示范护理婴儿的技巧，并在产妇操作时进行指导效果会更好。虽然产妇表现出较强的独立性，但由于知识和技能的缺乏，更需要护士和家人的鼓励，帮助树立自信心。产妇能否顺利度过这一阶段，对产妇的生活和亲子关系的建立会产生影响。

3. 独立期 产后 2 周至 1 个月，产妇终于能重新设定自己的新角色，新家庭形成并正常运作，产妇、家人和婴儿已成为一个完整的系统，形成新的生活形态。新生儿给家庭带来欢乐和责任，产妇逐渐开始恢复分娩前的家庭生活劳动。在这一时期，产妇及其丈夫常常承受许多压力，如兴趣与需要背离、哺育孩子、承担家务及维持夫妻关系中各自角色的冲突矛盾与合作等。此期家庭成员互相关心、支持合作十分重要，而且这个过程将会延伸到孩子成长的岁月中。

知 识 拓 展

亲子依附（parent-child attachment）关系的建立

分娩后，产妇与新生儿便形成了所谓的母子（女）关系，这种母子（女）关系的形成是以后持续亲子依附过程的一项重要因素。依附（attachment）指婴儿对照顾者的一种察觉与反应，而连接（bonding）指父母对孩子产生的一种特殊情感，这两种过程是相互的关系，即母亲的行为会唤起婴儿的反应，而新生儿的行为又能引起母亲的反应。亲子间会表现出一些亲密感的行为，如抚摸、亲吻、眼对眼注视、拥抱等。

第二节 产褥期的临床表现和护理

一、产褥期的临床表现

（一）生命体征

1. 体温 产后体温一般多在正常范围，有些产妇产后 1d 内体温略有升高，但一般不超过 38℃，这可能与产程延长致过度疲劳有关。未母乳喂养或未做到及时有效母乳喂养的产妇，通常于产后 3~4d 因乳房血管、淋巴管极度充盈也可发热，体温高达 37.8~39℃，称为泌乳热（breast fever），一般持续 4~16h，体温即下降，不属病态。

2. 脉搏 产后因子宫胎盘循环停止以及卧床休息等原因，故脉搏一般略慢，60~70 次/min，一般产后 1 周可恢复正常。

3. 呼吸 产后呼吸深而慢，14~16 次/min，由于产后腹压降低，膈肌下降，由怀孕期间的胸式呼吸变为腹式呼吸。如果产妇有疼痛或焦虑的情形，则呼吸频率会加快；相反，止痛药和麻醉药品的使用会使呼吸频率下降。

4. 血压 产后血压一般无变化，若血压下降，需警惕产后出血，对妊娠期高血压疾病的产妇产后应监测血压，预防产后子痫的发生。

（二）子宫复旧

胎盘娩出后，子宫收缩变得圆而硬，子宫底一般在脐下 1 横指。产后第 1d 因子宫颈外口升至坐骨棘水平，使子宫底稍上升平脐，以后每天下降 1~2cm，产后 10d 子宫降入骨盆腔内，此时腹部检查于耻骨联合上方摸不到子宫底。

（三）产后宫缩痛

产褥早期因子宫的收缩，常引起阵发性的腹部剧烈疼痛，尤其是经产妇更为明显，称为"产后宫缩痛"。一般持续 2~3d 后会自行消失。当婴儿吸吮产妇乳房时，可反射性刺激垂体后叶分泌缩宫素增加，使疼痛加重。宫缩痛一般可承受，多在产后 1~2d 出现，持续 2~3d 自然消失，不须特殊用药，也可酌情给予镇痛剂。

（四）恶露

产后随子宫蜕膜特别是胎盘附着处蜕膜的脱落，含有血液、坏死蜕膜组织等物经阴道排出，称为恶露（lochia）。根据其颜色及内容物分为血性恶露（lochia rubra）、浆液性恶露（lochia serosa）和白色恶露（lochia alba）（表 6-1）。

正常情况下，恶露有血腥味但无臭味，持续 4~6 周，总量 250~500ml。血性恶露约持续 3d，以后转为浆液性恶露，约 2 周后变为白色恶露，再持续 2~3 周后干净。

表 6-1 正常恶露性状

	血性恶露	浆液性恶露	白色恶露
持续时间	产后最初 3d	产后 4~14d	产后 14d 以后
颜色	红色	淡红	白色
内容物	含大量血液、少量胎膜、坏死蜕膜组织	少量血液，较多的坏死蜕膜组织、子宫颈黏液、细菌	大量白细胞、坏死蜕膜组织、表皮细胞及细菌等

（五）褥汗

产后 1 周内，孕期潴留的水分通过皮肤排泄，产妇表现出汗多，尤其以夜间睡眠和初醒时更明显，习称"褥汗"，不属病态。

二、产褥期护理与康复

（一）子宫复旧评估与恶露观察

1. 子宫复旧的评估 产后 2h 内严密观察宫缩情况，每 30min 检查 1 次，共 4 次。如子宫底上升，子宫体变软，则可能有宫腔积血，应在腹部按摩子宫以刺激子宫收缩，排除血块，可以预防产后出血。回到母婴室后应在每天同一时间测量子宫底高度，观察子宫复旧情况。检查前嘱产妇先排空膀胱，仰卧床上，测量由耻骨联合上缘至宫底的距离（或测脐部至宫底的距离），记录为耻上几厘米或脐下几厘米。护理人员应向产妇讲解有关子宫复旧的过程，指导产妇及其家属如何触摸子宫底，以及出血量多时如何按摩子宫底。

2. 恶露 恶露的评估应包括恶露量、颜色和气味的变化。恶露量开始应和经血量接近，但因人而异，由于哺乳时可释放缩宫素促进子宫收缩，所以在哺乳时恶露量会增多。腹压增加时恶露量增加，特别是初次下床时，应提前告知产妇，以免引起不必要的惊慌。产后 2h 内每 30min 检查恶露情况，产后第 3~8h 内，每隔 1h 检查恶露一次，以后每 8h 一次。鼓励产妇勤换会阴垫，在处理会阴垫后必须洗手。更换会阴垫时，应评估恶露的量和颜色。若恶露量多且色鲜红，应检查是否有子宫颈或阴道壁的撕裂伤；若产后子宫复旧欠佳，血性恶露可增多，持续时间长；若有臭味，可能有残留胎盘、胎膜或感染，应仔细观察及时处理。阴道有组织物掉出时，应保留送病理检查。疑有感染时，应查白细胞及中性粒细胞分类及计数，做阴拭子细菌培养及药物敏感试验，同时应注意体温和脉搏的变化。

（二）会阴护理

分娩后，外阴及阴道可能有伤口，子宫颈尚未闭合，子宫腔内胎盘剥离后有较大创面，且恶露在阴道和会阴部的存留，为细菌生长提供有利环境，所以产后会阴部易感染，并上行至宫内感染或引起泌尿系统的感染。因此，必须做好外阴的清洁卫生，预防感染，促进愈合，增加产妇舒适感。

每天 2~3 次用 0.05% 聚维酮碘液或 1∶5 000 高锰酸钾溶液或 1∶2 000 苯扎溴胺溶液冲洗或擦洗会阴。每次冲洗或擦洗前应先排净小便，掌握由上至下、由内向外，会阴切口单独擦洗的原则。分娩时会阴受压，产后有会阴肿胀、压痛，表皮微血管破裂可能会有瘀斑，因此动作要轻柔，勿使冲洗或擦洗的液体冲进阴道，以免引起感染。冲洗或擦洗后垫好消毒会阴垫，平时应尽量保持会阴部清洁干燥。

每次冲洗外阴时要观察恶露量、性质及气味。产妇能自理或会阴无伤口者，护士应指导产妇进行会阴部的自我护理。冲洗外阴时，应观察伤口愈合情况，水肿严重者局部可用红外线照射，或 50% 硫酸镁湿热敷，95% 乙醇湿敷，每天 2~3 次，每次 20min，可消肿消毒，促进伤口愈合。伤口疼痛时可适当服止痛剂，若疼痛剧烈或有肛门坠胀感应通知医生检查，以便发现外阴及阴道壁深部血肿并及时处理。如有侧切伤口，应嘱产妇健侧卧位，勤换会阴垫，以免恶露浸泡会阴伤口。一般于产后 3~5d 拆线，拆线前应排大便一次，拆线后 1 周内避免下蹲，以防伤口裂开。若伤口感染，应提前拆线引流。伤口局部有硬结或分泌物时，于分娩后 7~10d 可温水坐浴，但恶露量多且颜色鲜红者应禁止坐浴。

（三）产后疼痛护理

一般初产妇的子宫收缩呈现连续紧张性，因此较少出现产后痛的情况。而经产妇、多胎分娩、胎儿过大或羊水过多的产妇，其子宫收缩属于阵挛性，所以产后会经历较强烈的子宫收缩疼痛感。如果产后痛造成产妇不适感加剧，应教会产妇进行呼吸和放松，以减轻产后痛，必要时遵医嘱给予止痛药。

（四）产后尿潴留和便秘的预防及处理

产后产妇尿量增多，充盈的膀胱可影响子宫收缩。护士应于产后 4~6h 内督促并协助排尿，但产妇常因产后会阴伤口疼痛，卧床小便不习惯，产后疲乏，以及分娩过程中膀胱受压、肌张力减低等原因影响顺利排尿。如产后 6~8h 产妇仍不能自行排尿，子宫底上升达脐以上，或在子宫底下方触及一囊性肿块，表明有尿潴留，此时护士应讲明排尿的意义，解除产妇思想顾虑并采取以下方法协助排尿，如协助产妇坐起或下床小便、用温开水冲洗外阴或听流水声音诱导排尿反射，也可按摩膀胱或针刺三阴交、关元、气海等穴位刺激膀胱肌收缩排尿。上述方法无效时，应在无菌操作下导尿并留置导尿管，开放引流 24~48h，使膀胱肌肉休息并逐渐恢复其张力，必要时给予抗生素预防感染。

产后产妇因卧床时间长、运动减少、肠蠕动减弱、腹肌松弛等因素均易发生便秘。产后应鼓励产妇多饮水，多食蔬菜类及水果，尽早下床运动，以防便秘发生。已发生便秘者，可口服适量缓泻药，或采用开塞露通便，无效者可用甘油灌肠剂或温肥皂水灌肠。

（五）产后盆底康复护理

1. 妊娠分娩对盆底功能的影响

（1）妊娠分娩对盆底肌肉的影响：妊娠期子宫重量增长近 20 倍，胎头对盆底肌肉和神经肌肉接头部分产生直接压迫、牵拉作用。阴道分娩时，盆底肌肉和神经被极度牵拉，以致发生断裂，特别是耻骨尾骨肌中部，是肛提肌最容易损伤部分。有研究发现，阴道分娩后产妇的肛提肌存在肌源性与神经源性改变，既有急性期改变又有慢性期改变，认为急性期的改变可能发生在阴道分娩过程中，而慢性期变化可能是妊娠期神经和盆底肌肉长时间受到牵拉和压迫造成的。

产钳助产、第二产程延长、肛门括约肌撕裂、产妇年龄增大都是造成肛提肌隐性损伤的危险因素，并且可能是导致某些女性发生产后盆底功能紊乱的原因。而产钳助产、第二产程延长、新生儿出生体重大、会阴正中切开和枕后位是引起显性和隐性肛门括约肌损伤的危险因素，并且这种损伤会持续到产后 6 个月。

（2）妊娠分娩对盆底神经的影响：目前，有足够的证据证明盆底功能障碍与神经损伤有关。临产和阴道分娩会引起不同程度的阴部神经及其分支损伤，神经功能的损害程度与第二产程过长、胎儿体重过大、产钳助产及多产有关，而与分娩方式无关，临产后急诊剖宫产也可能引起盆底神经损伤。大多数神经损伤可于产后 6 个月内自然恢复，仅有少部分发生永久性神经损伤。

2. 产后盆底康复的概念和方案　产后盆底康复指在科学的健康理念指导下，综合运用现代康复

Note:

治疗技术,恢复、改善或重建女性在妊娠和分娩过程中受到不同程度损伤的盆底有关功能,预防和治疗盆底功能障碍性疾病。

产后是盆底康复的重要时机,根据产后妇女不同时期的生理特点制订不同的盆底康复治疗方案。产后42d内,一般不进行器械辅助的盆底康复,只能通过自行适应性盆底肌锻炼促进产后盆底功能的恢复,也可以进行盆底功能恢复有关的健康指导,当出现相关盆底功能障碍(如尿潴留)时及时对症处理。产后42d至产后3个月是盆底组织及肌肉康复的关键时期,在检查评估后可以对产妇开始进行以电刺激及生物反馈等为主要手段的系统的个性化盆底康复治疗措施,同时让产妇在家中进行自我盆底肌康复锻炼作为辅助,有条件的产妇可使用盆底康复器辅助训练。产后3个月至产后1年应注重康复后效果的评估及随访,如存在盆底功能障碍,应进行必要的补充或强化性盆底康复。

3. 产后盆底康复的措施

(1)产后健身操:产褥期适当地尽早运动及做产后健身操,可以增强阴道口和尿道口肌肉张力,并且使骨盆底恢复其支托生殖器官和泌尿器官的功能,以免子宫脱垂、膀胱膨出、子宫后屈而引起腰酸背痛或膀胱膨出。产后运动可促进血液循环,预防血栓性静脉炎。促进肠蠕动,增进食欲及预防便秘。根据产妇情况,运动量从小到大、由弱到强循序渐进练习。一般从产后第2d即可开始,每1~2d增加1节,每节做8~16次。出院后继续做产后保健操直至产后6周。产后健身操见图6-1。

第1节:仰卧,深吸气,收腹部,然后呼气。

第2节:仰卧,两臂直放于身旁,进行缩肛与放松动作。

第3节:仰卧,两臂直放于身旁,双腿轮流上举和并举,与身体成直角。

第4节:仰卧,髋与腿放松,分开稍屈,脚底放在床上,尽力抬高臀部及背部。

第5节:仰卧坐起。

第6节:跪姿,双膝分开,肩肘垂直,双手平放在床上,腰部进行左右旋转动作。

第7节:全身运动,跪姿,双臂支撑在床上,左右腿交替向背后高举。

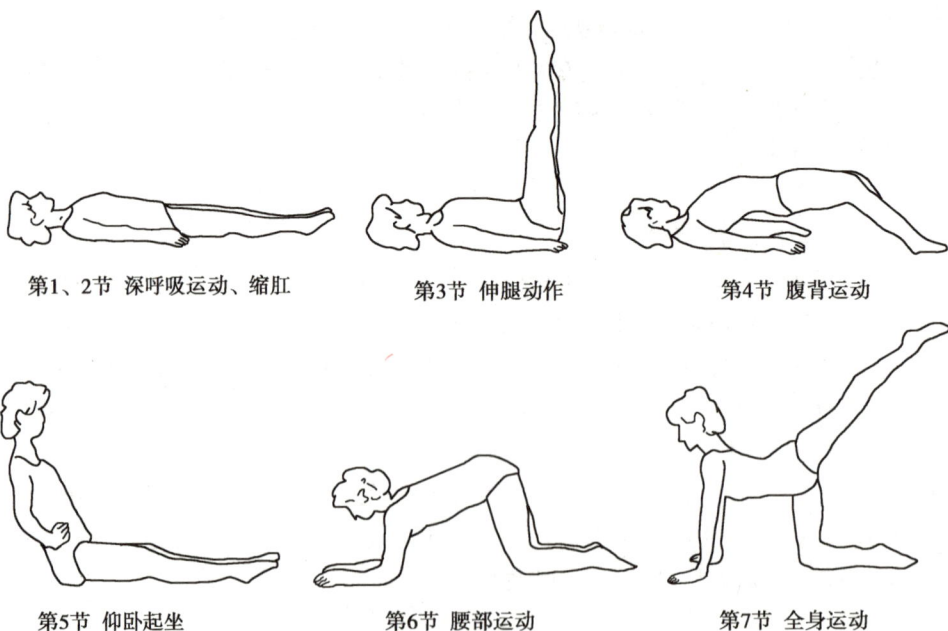

第1、2节 深呼吸运动、缩肛　　第3节 伸腿动作　　第4节 腹背运动

第5节 仰卧起坐　　第6节 腰部运动　　第7节 全身运动

图6-1 产后健身操

(2)凯格尔训练(Kegel训练):最经典的盆底肌肉训练方法,通过有意识地自主收缩以肛提肌为主的盆底肌肉群,以达到锻炼盆底肌肉的目的,使尿道括约肌及肛门括约肌功能得到改善。产后第1d应向产妇介绍盆底肌功能训练的目的方法和注意事项,取得产妇配合即可开始训练。嘱产妇排空

膀胱后做收缩肛门和阴道的动作或憋尿动作(图6-2)。过程一：收缩1s,放松1~2s,连续收缩5次后,休息10s,肌肉工作：休息=1：2；过程二：收缩维持5s,放松10s。两个过程交叉或分别进行均可,从第1次训练做15次收缩开始,逐渐增加收缩次数,10~15min/次,3次/d。一般6周以后有明显改善。该方法为主动锻炼方法,采取站、坐、躺不同姿势均可,坚持锻炼可持续终生。

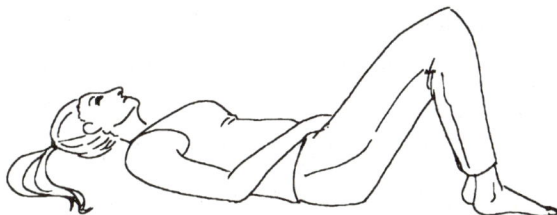

图6-2 Kegel训练

(3)盆底康复器(阴道哑铃)辅助训练：利用康复器的重力作用。刺激盆底肌进行收缩,从而达到锻炼盆底肌肉的目的。阴道哑铃由带有金属内芯的医用材料塑料球囊组成,尾部有一根细线(图6-3)球囊的形状和体积相同,质量20~68g,分为5个重量级,由轻到重逐渐练习。每天将阴道哑铃清洗干净后放入阴道,成站立状态,维持15min左右,1~2次/d,循序渐进逐渐增加重量,使用熟练后可进行走路、抬腿、咳嗽、轻跳等技巧性训练,一般3个月后评估康复效果。

(4)电刺激联合生物反馈疗法：生物电反馈刺激仪(图6-4)通过对产妇盆底进行电刺激,唤醒盆底肌肉本体感觉,修复神经和肌肉,并将盆底肌肉活动的信息转化成听觉和视觉信号反馈给产妇,同时接受产妇的肌电或生物反馈信号,从而达到治疗肌肉松弛的作用。专业人员可根据产妇具体情况制订或随时修正适合产妇的个体化治疗方案,将专用的阴道探头置入阴道内,连接仪器,根据个体化治疗方案,将电极片贴在不同的部位,先给予不同频率和脉宽的电刺激15min,再给予生物反馈15min,30min/次,2~3次/周,10~15次/疗程,恢复不佳者,可在治疗结束后3个月进行下一个疗程。

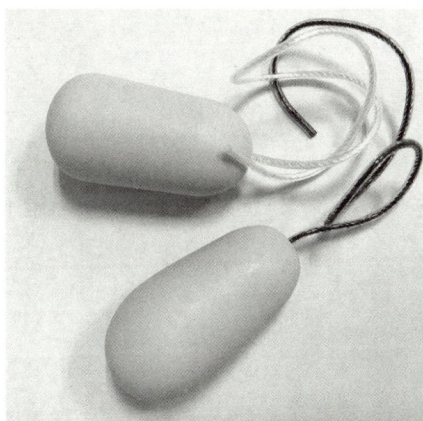

图6-3 阴道哑铃

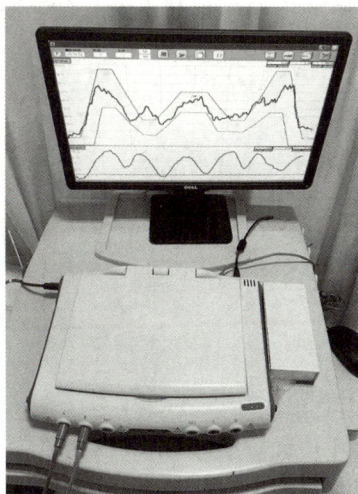

图6-4 生物电反馈刺激仪

(六)产后乳房护理

产妇应穿大小适宜的胸罩,以支持增大的乳房,减轻不适感,每次哺乳前,产妇应洗净双手,用温湿毛巾擦净乳房。哺乳时护士应进行喂养方面知识和技能的指导,预防乳房肿胀或乳头皲裂,产妇因病或其他原因不能哺乳者,应及时回乳,详见第七章第四节哺乳期乳房常见问题和处理方法。

(七)出院指导

产妇住院期间,护理人员应根据产后母体生理、心理变化,适时地在日常护理工作中进行母乳喂

Note:

养、新生儿护理知识及技能、产褥期自我护理的注意事项等健康指导。产妇在出院前 1d,护士应认真评估其身体状况,以及是否具备护理婴儿的知识及技能,是否具备自我护理的能力;若有疑问应及时给予指导,必要时应与家属交流沟通,商讨解决问题的措施。告知产妇随访的时间,确保母婴在产后 42d 到医院随访。

(八) 产后避孕

一般产褥期恶露尚未排净时,不宜进行性生活,因为此时子宫创面未完全修复,易发生感染。产后 42d 检查确认生殖器官已复原的情况下,可恢复性生活。排卵可发生在月经未复潮前,故应采取避孕措施,可选用工具法,包括男性工具法(避孕套)和女用工具法(宫内节育器)以及口服避孕药等方法。哺乳的母亲不宜口服避孕药,因激素可通过乳汁而影响婴儿,应选用工具避孕。一般正常分娩者产后 3 个月,剖宫产者产后 6 个月可放置宫内节育器,但应与医生讨论具体的放置时间。

(九) 产后访视

产妇出院后到产后 42d,社区医疗保健人员应到家中进行 2~3 次产后访视,通常在出院后 3d、产后 14d 及 28d。内容包括询问产妇饮食、大小便、恶露及哺乳等情况,检查两侧乳房、会阴伤口、剖宫产腹部伤口等,如发现异常,及时处理。对于曾经有过妊娠期、分娩期和产褥期各种严重并发症或合并症的产妇,应了解其恢复情况,做相应检查和必要的处理。在访视产妇同时进行新生儿访视,询问新生儿出生情况,分娩情况,有无窒息,出生体重,卡介苗、乙肝疫苗接种情况;出生后睡眠、哺乳、大小便情况,检查新生儿黄疸是否消退、脐带是否脱落;宣传指导母乳喂养,指导口腔、脐带、臀部、皮肤的护理以及呼吸道肠道感染的预防等。

(十) 产后 42d 复查

产妇出院时应预约在产后 42d 带孩子到分娩医院进行产后复查,如有异常情况者,可提前进行。检查时应了解产妇全身及生殖器官恢复的情况,会阴、阴道伤口愈合情况,骨盆底的肌肉张力,乳房及泌乳情况,测量血压,必要时做血红蛋白及红细胞计数、尿蛋白及尿常规检查。婴儿在儿科进行全身检查和新生儿测评,了解喂养及发育状况,进行保健咨询。对有并发症的产妇应及时给予治疗,有合并内外科疾病患者,应督促其前往相关科室行进一步治疗。

(吴丽萍)

思 考 题

1. 阐述正常产褥期妇女的生理和心理变化。

2. 某产妇,28 岁。孕 1 产 1,孕 41 周,自然分娩产后 4h。交班时助产士发现产妇在产后一直未解小便。

请思考:

(1)产妇可能出现的问题是什么?

(2)助产士应如何预防和处理该问题?

NURSING

第七章

母乳喂养

07章 数字内容

─── 学习目标 ───

- 知识目标：
1. 掌握母乳喂养的技巧、哺乳期乳房常见问题及母乳喂养支持。
2. 熟悉乳房的结构、泌乳的生理基础、乳汁的成分及功能；熟悉患病母亲的母乳喂养指导。
3. 了解母乳喂养各时期支持。
- 能力目标：
能运用所学知识对产妇及其家庭进行母乳喂养指导和健康教育。
- 素质目标：
具有尊重母婴、爱护母婴、保护母婴的职业精神。

人类母乳喂养历史从物种诞生之初就已经存在,乳汁对哺乳动物的意义至关重要。从生物进化角度来说,哺乳动物如果没有足够的乳汁哺育幼崽,后代将无法正常生长。母乳喂养是人类的本能,是哺乳动物繁衍生息过程中一项重要的生物学活动,直接关系到种族的健康素质。坚持母乳喂养是母亲的责任,而推广和保护母乳喂养则是助产士及全社会的责任。

第一节 母乳喂养的重要性和乳汁的成分

母乳是婴儿成长最自然、最安全、最完整的天然食物,含有婴儿生长发育所需的营养物质。母乳成分非常复杂,不仅含有各种营养物质、微量元素,还含有许多活性成分。母乳喂养对婴儿的终身健康至关重要。

一、母乳喂养的定义和重要性

(一)母乳喂养的定义

1. **纯母乳喂养** 指除母乳外,不给婴儿吃其他任何食品和饮料,包括水(除药物、维生素、矿物质滴剂外)。用杯喂、胃管或者奶瓶等方法喂食母亲吸出的母乳均属纯母乳喂养,有学者认为,母乳库捐献母乳也可以包括在纯母乳喂养中。

2. **几乎纯母乳喂养** 除母乳外,婴儿还会进食维生素水、果汁,但每天不超过 2 次,每次不超过 2 口。

3. **部分母乳喂养** 也称混合喂养,指除母乳喂养外,还进行人工喂养。部分母乳喂养分为高比例母乳喂养(母乳占全部婴儿食物 80% 及以上的喂养)、中等比例母乳喂养(母乳占全部婴儿食物 20%~79% 的喂养)、低比例母乳喂养(母乳占全部婴儿食物 20% 以下的喂养)。

4. **几乎不提供母乳喂养** 又称象征性母乳喂养,即每天不超过 2 次,每次吸吮不超过 2 口。

5. **奶瓶喂养** 指用奶瓶来喂婴儿,不管奶瓶中是什么食物,其中也包括挤出的母乳。

6. **人工喂养** 指用人工食品喂养婴儿,完全没有母乳喂养。

7. **适时添加辅食** 指在适宜的时候除母乳喂养以外添加其他食品,如在出生 4~6 个月后。

(二)母乳喂养的重要性

母乳喂养是儿童健康和发育的基础。世界卫生组织建议,鼓励女性纯母乳喂养至 6 个月,并继续母乳喂养至 2 岁或更长时间,使婴儿充分获得母乳的益处,得到最佳营养,提高抵抗力。研究证实母乳在免疫学、营养学、生殖生理学和心理学等方面有着特殊的功能,因此母乳喂养对母亲、婴儿的健康有诸多益处。

1. **母乳喂养对婴儿的益处**

(1)提供全面的营养物质:对于营养良好的母亲,母乳喂养能满足 0~6 个月婴儿的营养和生长需要。①母乳中含有最适合婴儿消化吸收的各种营养物质,且比例合适。随着婴儿生长发育需要的变化,母乳的质和量会发生相应变化,以适应婴儿的需求。②母乳中钙磷比例合适,含铁量甚微,但易吸收,各种维生素含量与母亲所进食物有密切关系。③牛乳中的铁只有约 10% 可以吸收,而母乳中的铁约 50% 可被吸收。对于纯母乳喂养的婴儿来说,母乳中的铁足够健康足月婴儿 6 个月前的需要。在 6 个月后,适当添加富含铁的辅食,以减少缺铁性贫血的发生概率。

(2)免疫调节功能方面:乳汁中至少有 50 种成分具有免疫特性。母乳中大部分乳清蛋白是由抗感染蛋白组成,主要为分泌性 IgA、IgM、IgG 等,这些抗体物质在肠道中不被降解,因而具有抗病毒及抗细菌的高度活性。母乳中含有淋巴细胞、巨噬细胞等多种免疫活性细胞和丰富的免疫球蛋白;此外,母乳中含有乳铁蛋白、转铁蛋白、溶菌酶、补体及其他酶类,故母乳有较强抗感染作用。

(3)预防过敏:母乳中所含的蛋白质对新生儿来说是同种蛋白,不属于抗原,不会被新生儿的免疫系统所排斥,从而降低致敏性,减少过敏现象的发生。

Note:

（4）促进发育：母乳中含有长链多不饱和脂肪酸和氨基酸比例适宜的蛋白质，这些都是促进婴儿大脑发育所必需的物质，如半胱氨酸转化而来的牛磺酸的含量达 435mg/L，是牛乳的 10~30 倍，能促进婴儿神经系统和视网膜的发育。

（5）对婴儿远期的影响：婴儿期的母乳喂养有利于青春期或者成年后保持相对较低的血压和血清总胆固醇，以及相对较低的 2 型糖尿病、超重或者肥胖发生率。此外，母乳喂养对早产儿更重要，未进行母乳喂养的早产儿发生坏死性小肠结肠炎、新生儿败血症、青春期代谢综合征的风险以及再入院率都显著升高。这些未进行母乳喂养的早产儿和母乳喂养的早产儿相比，神经系统发育面临更高的风险。

2. 母乳喂养对母亲的益处

（1）促进良好分娩结局：新生儿吸吮刺激促使母亲机体产生催乳素，促进缩宫素的分泌，促进子宫收缩，预防产后出血。

（2）促进产后身心健康：通过母乳喂养可消耗妊娠期储存的脂肪，有助于促进母亲体形恢复；可推迟月经复潮及排卵；能降低产妇产后抑郁的发生。

（3）促进母婴关系建立：母乳喂养为母亲和婴儿提供了专属于他们的独特情感经历，母乳喂养帮助母婴形成一种亲密、依恋的关系，使得母亲在情感上感到满足。同时，缩宫素是一种有效的神经内分泌肽，能够有效抑制下丘脑 - 垂体轴的应激反应，从而促进母婴关系的建立。

（4）促进妇女远期健康：母乳喂养能够降低妇女发生生殖系统癌症（如乳腺、子宫内膜和卵巢）、风湿性关节炎、2 型糖尿病、高血压、高血脂、骨质疏松和心血管疾病的风险。

3. 母乳喂养对家庭的益处

（1）减少人工喂养费用及人力：母乳喂养是很自然的过程，母亲按需哺乳，无须计算奶量。母乳温度适宜、无污染，可以随时按需哺乳。人工喂养时，需要奶瓶、奶嘴以及增加奶粉配制、奶瓶清洗等环节，且价格昂贵，不但增加家庭经济负担，还增加人力成本。

（2）减少婴幼儿医疗开支：母乳喂养的早产儿住院合并症少，住院时间短，可减少家庭在医疗卫生方面的开支。

二、不同时期母乳的变化特点

随着时间的推移，乳汁成分会发生变化，通常分为初乳、过渡乳和成熟乳。在正常哺乳的情况下，乳汁早期变化明显，然后相对稳定，但在不同时期，为适应婴儿各阶段的生长发育需求，乳汁的成分在一个相对较窄的范围内略变动，以满足婴儿的需求。

1. 初乳　从怀孕的中后期开始到产后 2~5d 的乳汁，被称为初乳。初乳的量有限，但可以满足婴儿最初几天的需要。初乳是一种浓稠的、略带黏性的液体，乳糖含量较低还包含大量的分泌性免疫球蛋白（IgA）、低聚糖和生长激素，初乳和成熟乳相比蛋白质、脂溶性维生素、矿物质、寡糖、乳铁蛋白等含量更高，初乳的主要作用是免疫而非营养，因为初乳中的免疫球蛋白提供了大量的被动免疫，促进婴儿免疫系统发育，从不同的方面来保护婴儿。

2. 过渡乳　产后 2~5d 到产后 10d 的乳汁，被称为过渡乳。过渡乳并不是一种独立的乳汁类型，而是从初乳到成熟乳过渡阶段的乳汁，与初乳相比过渡乳的分泌量大大增加，乳房在这个阶段也会变得大而硬挺。过渡乳的蛋白质和免疫球蛋白的浓度下降，脂肪、乳糖、水溶性维生素的浓度逐渐增加。

3. 成熟乳　产后 10d 以后的乳汁，被称为成熟乳。其比过渡乳更稀薄且含水量更多。成熟乳又分为前乳和后乳，前乳在喂养开始时出现，含有更多的碳水化合物，成熟乳的成分处于相对稳定状态，但也会根据婴儿的成长发生改变。成熟乳中几乎所有成分的合成和 / 或分泌速率大幅度增加，尤其是乳糖、酪蛋白、α- 乳清蛋白、脂质、钙和钾。另外相较于初乳，成熟乳中脂肪、糖类及能量均较高，蛋白质含量低。在成熟乳分泌阶段，母乳喂养形成供需平衡，产妇每天产生 700~800ml 母乳，具体乳量也会因人而异，产生的乳汁对于婴儿而言恰好可以满足其在不同成长阶段的需求。

Note:

三、母乳的营养成分及功能

母乳成分主要包括水分、蛋白质、脂肪、乳糖、碳水化合物、维生素和矿物质等,每种成分都有特定的功能,确保婴儿获得最优质的营养。

1. **水分**　母乳中水分的含量约占 80%。WHO 等权威机构均推荐 6 个月内的婴儿应纯母乳喂养,不需要额外添加水分。

2. **蛋白质**　母乳中的蛋白质是牛乳的 1/3 左右,牛乳中所含的蛋白质大部分是酪蛋白,它在婴儿胃中形成稠的不易消化的凝块,而人乳中酪蛋白较少,而且在婴儿胃中只形成软的凝块且较易于消化。二者含的乳清蛋白亦不同,人乳中大部分乳清蛋白由抗感染蛋白组成,可保护婴儿免于感染,动物乳汁中不含这类可以保护婴儿免于感染的蛋白。乳清蛋白主要包括乳铁蛋白、α- 乳清蛋白、免疫球蛋白、酶类和生长因子等。

3. **脂肪**　母乳中的脂肪包含甘油三酯、磷脂、胆固醇等,提供婴儿 45%~55% 的能量来源。初乳中脂肪含量较少,过渡乳和成熟乳脂肪含量逐渐增加。人乳中脂肪颗粒小,含有脂肪酶,有助于消化、吸收。母乳中胆固醇的含量是牛乳的 3 倍,丰富的胆固醇有利于婴儿中枢神经系统髓鞘磷脂化。

4. **碳水化合物**　母乳中碳水化合物含量相对恒定,提供婴儿所需能量的 40%。其主要成分是乳糖,乳糖中 90% 以上为乙型乳糖。乳糖能促进双歧杆菌、乳酸杆菌生长,抑制大肠杆菌繁殖,减少婴儿肠道感染。乳糖还能够促进婴儿大脑发育,脑苷脂的糖基即半乳糖和葡萄糖,是脑神经系统发育所必需的。

5. **维生素**　是人体重要的营养素之一,含量少,但活性强,能够维持机体基本生理功能。维生素包含水溶性维生素和脂溶性维生素(维生素 A、维生素 D、维生素 E、维生素 K)。除维生素 D 和维生素 K 外,营养良好的母亲可提供 1 岁以内婴儿所需的维生素。维生素 K 是凝血因子合成所必需的,母乳中维生素 K 含量仅为牛乳的 1/4,且出生时储存量低。由于肠道正常菌群未建立,尚不能合成维生素 K,各个国家对于维生素 K 的管理策略略有不同,为预防新生儿维生素 K 缺乏相关性出血,通常产后肌内注射维生素 K。

6. **矿物质**

(1)钙:母乳中钙浓度 200~300mg/L,低于牛乳,但钙磷比例恰当,其吸收率(50%~70%)远高于牛乳(20%)。钙和磷是骨骼和牙齿的重要组成部分,并对维持神经与肌肉兴奋性和细胞膜的正常功能有重要作用。哺乳期女性骨密度会下降,但离乳后骨密度增加,较未哺乳女性高。

(2)铁:母乳中铁的含量平均为 0.5~1.0mg/L,铁参与血红蛋白的构成,携带氧。各种动物的乳汁中铁的含量都非常少,母乳中的高乳糖和维生素 C 会帮助铁的吸收,婴儿对母乳中铁的吸收率是牛乳的 5 倍。大多数正常婴儿具有充足的铁的储备,因此母乳中的铁足够健康足月婴儿前 6 个月的需要。在 6 个月后,适当添加富含铁的辅食,以减少缺铁性贫血的发生概率。

(3)锌:对婴儿成长和发育有着重要的作用。锌不足会引起婴儿皮肤病变、免疫功能低下和生长发育迟缓等。母乳能满足 6 个月内婴儿对锌的需求,是锌的重要来源,生物利用率远高于牛乳,母乳喂养婴儿很少会缺锌。

(4)钠:母乳中的钠在初乳中含量高,以后逐渐降低,离乳时又会升高。

四、乳汁中的生物活性成分及功能

母乳中含有大量活性物质,尤其是初乳。目前已经了解的包括 13 种以上生长因子、68 种细胞因子、415 种蛋白、200 种以上母乳寡聚糖及大量中链脂肪酸和免疫细胞。这些物质为婴儿提供免疫保护,促进婴儿各个器官的发育。

1. **免疫活性成分**　母乳与牛乳最主要的区别在于具有增强婴儿免疫力的作用,其免疫活性成分主要包括:

（1）免疫球蛋白：新生儿免疫功能未健全，对呼吸道、消化道等的病原体免疫力主要来源于乳汁，尤其是免疫球蛋白（immunoglobulin A，IgA）。免疫球蛋白主要存在形式为分泌型 IgA（sIgA），初乳含量最高，特别是分泌型 IgA。分泌型 IgA 进入胃肠道，不易受到胃酸和消化酶的破坏，sIgA 能覆盖黏膜表面，通过黏膜吸收直接进入新生儿血液中，再由上皮细胞分泌分布于其他黏膜，有效抵抗包膜病毒、轮状病毒、脊髓灰质炎病毒、呼吸道合胞病毒、肠道及呼吸道细菌等，还能刺激婴儿生成 sIgA，从而起到特异性保护作用。

（2）乳铁蛋白（lactoferrin）：是乳汁中重要的乳清蛋白之一，占母乳总蛋白的 10%~15%，含量仅次于 α- 乳清蛋白，早产母乳含量高于足月母乳，足月母乳的初乳中含量高，具有多种生物活性功能。乳铁蛋白是一种铁的结合蛋白，所以与铁离子的结合极为活跃，与细菌竞争三价铁，从而抑制肠道细菌的生长；还可以刺激肠道黏膜细胞的增殖和分化，增加肠道黏膜的面积，增强肠道的吸收能力。水解后的乳铁蛋白功能除了杀菌外，还可以阻碍病毒的渗透和吸收。此外，因乳铁蛋白富含正电荷，可与病原体表面带负电荷的分子相互作用，以革兰氏阳性菌的脂磷壁酸、革兰氏阴性菌的脂多糖、念珠菌的细胞壁为靶目标，引起病原体的溶解。

（3）溶菌酶（lysozyme）：又称胞壁酸酶，是母乳中具有抗感染活性的主要酶之一，是一种低分子量水解酶，能水解革兰氏阳性菌黏多糖的碱性酶，能水解降解革兰氏阳性菌细胞壁的肽聚糖，从而达到抑菌杀菌作用，在初乳中含量高。产后 6 个月后活性渐渐增加，富含氨基酸，与早期大脑成熟和视网膜发育有关。

2. 活性细胞 母乳中含有各种免疫活性细胞，它们具有很强的活力，初乳中更多。活性细胞有白细胞（包括巨噬细胞、中性粒细胞、淋巴细胞等）和干细胞。白细胞的种类和数量随着哺乳时间的改变而有所变化。

3. 益生菌 母乳中含有多种益生菌（probiotics），已经检测到的益生菌包括：双歧杆菌（bifidobacterium）、乳酸杆菌（lactobacillus）、梭状芽孢杆菌（clostridium）、肠球菌（enterococcus）、肠杆菌（enterobacter）和拟杆菌（bacteroide）。母乳喂养是有菌喂养。益生菌主要黏附在肠黏膜上，可以保护肠道不受有害菌的侵袭，并刺激增强肠道免疫功能。很多人体所需的营养素，如 B 族维生素等，是由益生菌在肠道内合成的，益生菌可以提高钙、镁、锌的吸收率。

4. 促进大脑发育活性物质 人类大脑比其他哺乳动物更加发达，大脑发育最早的阶段是胎儿期最后 3 个月和产后最初 2 年。2 岁时大脑达到成人大脑的 80%，为了满足婴儿大脑发育的需要，母乳中含有多种生物活性成分，促进大脑发育，如二十二碳六烯酸（DHA）和花生四烯酸（AA），通过促进健康的神经系统生长、修复和髓鞘化，参与婴儿早期神经系统发育。母乳中长链多不饱和脂肪酸含量占总脂肪酸含量的约 22%，对婴儿中枢神经系统的发育以及视觉发育有重要作用。早产儿的母乳喂养对获取充足的 DHA 和 AA 非常重要。母乳中的脂肪酸可以降低早产儿发生支气管肺发育不良、坏死性小肠结肠炎及早产儿视网膜病变的风险。

第二节　乳房的结构、泌乳生理及母乳喂养各时期支持

乳房是人类和所有哺乳动物的特有器官，对婴儿的存活和种族的繁衍十分重要，且乳腺发育及其泌乳活动是哺乳动物最突出的形态生理特征。

一、女性乳房的解剖

女性乳房为一对称的性征器官，形状及大小与种族和遗传有关。成年女性乳房上界为第 2 或第 3 肋间，下界为第 6 或第 7 肋间，内界为胸骨旁线，外界为腋中线，内侧三分之二位于胸大肌表面，外侧三分之一位于前锯肌表面，最下部覆盖于腹直肌上部的腱膜上，腺体外上部呈角状伸向腋窝称为腋尾部乳腺。乳房位于胸浅筋膜所构成的囊内，中心为乳头，位于第 4 或第 5 肋间与锁骨中线相交处，

Note:

乳头直径一般为 0.8~1.5cm，突出于乳晕皮肤水平。乳头的形态与哺乳有很大关系，甚至关系到能否成功母乳喂养。乳头周围为环状乳晕，直径为 1.5~6.0cm，青春期乳晕颜色呈玫瑰红色，妊娠、哺乳期色素沉着，呈深褐色甚至黑色。乳晕内含有乳晕腺，为变形的皮脂腺，妊娠时显著增大，称蒙氏结节。胸浅筋膜向乳房深部延伸，将乳房分隔成 15~20 个呈放射状排列的腺叶，每一腺叶分成 20~40 个乳腺小叶，每一乳腺小叶又由 10~100 个平均直径 44.8μm 的腺泡组成，为乳腺的分泌部。乳腺腺泡紧密地排列在小乳管周围，腺泡的开口与小乳管相连。多个小乳管汇集成小叶间乳管，多个小叶间乳管进一步汇集成一根整个腺叶的乳腺导管，称输乳管。输乳管共 15~20 根，以乳头为中心呈放射状排列，汇集于乳晕，开口于乳头，称为输乳孔。输乳管在靠近开口的 1/3 段略为膨大，称为输乳管窦，有储存乳汁的作用（彩图 7-1）。

二、乳房的组织学

乳房由皮肤、纤维组织、脂肪组织和腺体组织构成，含有丰富的血管、神经和淋巴管，同时还有与之关系紧密的邻近组织，如肌肉、筋膜、腋窝组织等。因乳腺组织比例很小，故脂肪和结缔组织是乳房轮廓的主要基础，其间含丰富的血管和淋巴管，脂肪组织包绕在乳腺周围，脂肪量的多少决定了乳房的大小，正常体积为 250~350ml。乳房外上象限的腺体最多，因而此处患病的机会也最多。

乳房的动脉主要是来自胸外侧动脉、胸廓内动脉的肋间穿支和肋间动脉的外侧支。乳房的静脉与淋巴管伴行。乳房的淋巴管网可分浅、深两组，浅组位于皮内和皮下，深组位于乳腺小叶周围和输乳管壁内，两组吻合广泛。乳房的淋巴网非常丰富，淋巴流向与炎症的扩散和癌细胞转移的途径关系密切，具有重要的临床意义。

乳房的神经支配主要来自躯体感觉神经和与血管相随的自主神经。支配乳房的躯体神经主要是颈丛的第 3~4 支和第 2~6 肋间神经的皮肤支。颈 3~4 脊神经的前支支配乳房上部的皮肤感觉；下部皮肤感觉来源于第 2~6 肋间神经；肋间神经的内侧支支配乳房内侧的皮肤感觉，外侧支支配乳房外侧的皮肤感觉。支配乳房的交感神经中枢位于第 2~6 胸段脊髓的灰质侧角内，节后纤维通过肋间神经的皮支分布至乳房，部分沿胸外侧动脉和肋间动脉进入乳房，分布于皮肤、乳头、乳晕和乳腺组织。

三、调节乳腺结构及功能的激素

激素是内分泌腺体分泌的化学产物，具有调节特定器官组织的功能。泌乳过程受一系列复杂激素的影响，包括生殖激素、孕酮、人胎盘催乳素、催乳素、缩宫素和代谢激素。激素会影响乳汁的排出、产奶量、乳腺组织以及母亲生理的其他方面。

1. **孕激素** 维持妊娠，在整个妊娠期都维持在较高水平。催乳素在妊娠期被孕妇体内孕激素所抑制，阻碍乳腺细胞大量泌乳。产后胎盘娩出，孕激素快速下降，使催乳素水平上升，触发泌乳 I 期。

2. **催乳素** 又称泌乳素。泌乳素由垂体前叶分泌，对启动和维持泌乳都至关重要。泌乳素在妊娠期促进乳腺导管、乳腺腺泡和乳腺小叶的分化与成熟，但其水平不足以让女性的乳腺细胞分泌大量的乳汁。泌乳素在妊娠 3 个月时开始上升，以后逐渐升高，至足月时可升高 10 倍。因为妊娠期孕妇血中雌激素和孕酮水平很高，可抑制泌乳素的泌乳作用，因此妊娠期乳腺虽已具备泌乳的能力却不泌乳。血浆泌乳素水平的上升或下降与乳头受到刺激的频率、强度和持续时间有关，新生儿吸吮频率与母亲泌乳素水平成正相关，泌乳素主要是晚上进行分泌，清晨 3：00、4：00 血清的泌乳素分泌浓度是中午的 1 倍。所以夜间喂奶对于保持奶量尤其有帮助。婴儿持续吸吮 45min 后可使血液中泌乳素水平达到高峰，每天保证 8~12 次的哺乳，即产妇做到按需哺乳，可保持血清泌乳素水平在下次哺喂时不下降。泌乳素可以作为一种天然的镇静剂，促进母亲休息。

3. **催产素** 又称缩宫素，由下丘脑视上核和室旁核的大神经内分泌细胞合成，以轴浆运输的方式经下丘脑垂体束到达神经垂体并储存，在适宜刺激的作用下，催产素被释放入血液循环。催产素是促进乳汁排出的关键激素,婴儿的吸吮会激发催产素。催产素作用于乳腺腺泡的肌上皮细胞,腺泡内压力增高,引发喷乳反射。催产素还能刺激母亲子宫收缩,预防母亲产后出血。

4. 雌激素 在卵巢、肾上腺和胎盘中产生。它刺激子宫、阴道和其他生殖器官的生长。雌激素影响女性第二性征的发展。在乳房中,雌激素会导致乳腺导管和导管之间的结缔组织生长。

5. 黄体酮 在卵巢和胎盘中产生,与雌激素一起,黄体酮可以维护和维持生殖道及月经周期,这种激素对于维持妊娠至关重要,并有助于乳房中乳汁分泌细胞的发育。在妊娠期黄体酮有抑制泌乳素的作用,分娩后胎盘滞留或胎盘残留及其伴随的孕酮可影响泌乳Ⅱ期乳汁的生成。

四、乳汁分泌机制及泌乳生理分期

人类通过各种研究方法,探索乳汁的分泌机制。尽管仍有很多未知,但目前的研究发现,乳汁分泌是一个连续动态的过程,从开始到结束,根据不同的特点分为几个时期。理解泌乳各个时期,对母乳喂养的宣教和指导有重要意义。

(一)乳汁分泌机制

乳房发育可简单划分为青春期前、青春期、妊娠期和泌乳期。乳腺在青春期和妊娠期的发育,决定腺泡数量的多少,决定着它的泌乳潜能有多大。

分娩后,随着胎盘剥离并排出体外,产妇血液中雌激素、孕激素、孕酮等激素水平急剧下降,解除对泌乳素的抑制。此时,由垂体前叶分泌的泌乳素水平迅速上升,至产后2h达高峰。泌乳素作用于乳腺组织促进乳汁生成和分泌,触发泌乳Ⅱ期。新生儿对乳房的吸吮刺激能促进泌乳素大量分泌,同时乳房的排空也会刺激泌乳素升高。哺乳时,新生儿吸吮刺激乳头与乳晕的神经末梢,信号传入母亲的垂体前叶,抑制多巴胺和各种泌乳反馈抑制因子的分泌,刺激垂体前叶呈现脉冲式分泌泌乳素,泌乳素释放入血,血液中泌乳素浓度迅速增加,泌乳素通过刺激乳晕复合体的神经末梢来调节乳汁生成,并促使乳汁释放入乳腺导管。同时,新生儿吸吮对乳晕刺激的信号传导至下丘脑,触发垂体后叶释放缩宫素。缩宫素经血液循环运至乳腺,与腺泡肌上皮细胞中的受体相互作用,引起乳腺组织中腺泡和细小导管周围的平滑肌收缩,腺泡内压力增高,乳汁被挤入导管流向乳头射出,引起喷乳反射(又称"射乳反射")。若乳汁在乳房聚集,乳房内压增加可致乳房上皮细胞合成泌乳反馈抑制因子,通过下调细胞表面泌乳素受体来阻断乳汁分泌过程。此外,产妇的营养、睡眠、健康情况和情绪状态都将影响乳汁的分泌。

(二)泌乳生理分期

泌乳期主要包括泌乳Ⅰ期、泌乳Ⅱ期、泌乳Ⅲ期和泌乳Ⅳ期,从妊娠中期开始到泌乳完全终止。

1. 泌乳Ⅰ期(secretory differentiation) 也称乳腺分化期,从孕中期到产后2d。是乳房发育中最关键的阶段。通常在妊娠16~20周泌乳素水平逐渐升高,刺激乳腺腺泡周围的上皮细胞分化成为泌乳细胞,此时乳腺仅分泌少量含丰富免疫球蛋白的初乳,乳量不大,乳房没有十分充盈,有利于婴儿在母亲乳房上吸吮吞咽,母亲找到舒适的哺乳方式,是建立良好母乳喂养关系的最佳开始。

2. 泌乳Ⅱ期(secretory activation) 也称泌乳活化期,在产后第3~8d,是乳腺细胞开始大量泌乳的时期。泌乳Ⅱ期包括乳汁的合成和喷出。由泌乳素和催产素共同作用以协调泌乳功能。泌乳Ⅱ期的启动有3个必要条件:胎盘娩出孕酮撤退、催乳素上升、乳汁有效频繁排空。泌乳Ⅱ期启动是大量泌乳开始的时间,启动时不仅出现激素水平的改变,同时乳腺细胞间的细胞旁路途径逐渐关闭,伴随着乳汁成分从初乳向成熟乳的变化。由于母婴方面的因素会造成泌乳启动延迟,在母亲方面主要包括初产妇、剖宫产、1型糖尿病、分娩镇痛和液体平衡、肥胖、多囊卵巢综合征、甲状腺功能减退、妊娠期卵巢黄体膜囊肿、胎盘残留、希恩综合征、严重的抑郁、单独催乳素缺乏症以及乳房手术等因素;在婴儿方面主要包括吸吮无效、早产儿吸吮无力、婴儿舌系带过短或者向前延伸过长、上颚畸形以及先天性心脏病等因素。

3. 泌乳Ⅲ期(或称泌乳维持期) 泌乳启动后,乳腺能长时间持续进行泌乳活动,即泌乳维持,指

Note:

在产后第 9d 至乳腺退化前这段时期。婴儿吸吮引起乳头刺激,母亲体内生成的泌乳素和催产素更多。在哺乳的各个时期,母乳是一种活性物质,它能够满足婴儿的免疫和营养需求。

4. 泌乳Ⅳ期(或称复旧期) 指分泌乳汁的乳腺上皮细胞因为离乳而变得多余从而凋亡然后被脂肪细胞取代的过程。

值得注意的是,以上四个时期并不是独立的,特别是泌乳Ⅱ期,会受很多因素的影响,因此,乳汁分泌是一系列连续的过程。另外,家庭和社会的支持、母亲和家人母乳喂养相关知识和技能的掌握也是维持和促进泌乳的重要因素,助产士应该做支持、保护、促进母乳喂养的践行者。

五、母乳喂养各时期支持

数据表明,我国绝大多数孕产妇在医院内分娩。因此医院内的助产士和医护人员有必要掌握这个关键时期的母乳喂养知识和技能。做好母亲及家庭的健康教育、评估和指导工作,使产妇及家庭成员对母乳喂养充满信心,分娩后早期的母乳喂养支持和指导至关重要。

(一) 分娩后早期母乳喂养支持

美国儿科学会、美国妇产医学会围产期指南认为,健康足月儿应该在出生后立即进行母婴皮肤接触。初次母乳喂养建议在产后 1h 内,因为这是婴儿最警醒的时期,正常婴儿初次开始吸吮母乳的时间不一样,这就需要助产士在分娩后至少 90min 内创造更多的母婴充分皮肤接触的机会,不因一些常规的护理操作而打扰母婴中断皮肤接触延迟母乳喂养。

助产士应保证分娩后母婴同室,保持 24h 内母婴分离小于 1h,从而加快母乳喂养启动。一项研究显示,分娩后即刻母婴皮肤接触且未开始母乳喂养前,婴儿出生后 15~45min,产妇血液中缩宫素水平上调 1.8 倍,2h 后快速下降。此时婴儿无干扰地趴在母亲胸前进行肌肤接触,吸吮手指、流口水、舔嘴唇、咂嘴、向上爬动、衔乳和吸吮等行为完全出现时,能引发强烈的缩宫素和泌乳素反应,有利于早期母乳喂养的建立,而且寻乳等一系列行为,比单纯吸吮更能刺激缩宫素释放。这不仅能有利于婴儿早期开始母乳喂养,还能避免婴儿早期体重丢失、低血糖、低体温等,优化婴儿从宫内到宫外的环境过渡。另外,分娩后立即母婴皮肤接触,有利于母婴之间的情感联系,母亲的体温、心跳、气味和目光是婴儿安全感的重要来源,对婴儿心理的健康成长至关重要。

(二) 产后 72h 内母乳喂养支持

此阶段是母乳生成的开始时期,大量研究证明,分娩后 72h 是母乳喂养成功的关键期。助产士应指导母亲对婴儿进行按需哺乳,因为乳汁生成过程是在正反馈机制作用下运转的,给婴儿喂奶次数越多,身体就能产生更多的乳汁满足婴儿的需求。产后前 2d 母亲的乳汁尚未大量分泌,婴儿频繁吸吮,从乳房里移出母亲的乳汁,有利于保持泌乳。产后 72h 内,如果婴儿在出生最初 2d,每天都有 8~12 次母乳哺喂,泌乳启动会在 48h 左右发生,如果婴儿吸吮不好,泌乳启动会延迟。在关键时期,助产士需要对母亲和家庭进行知识普及,告知婴儿频繁进食及夜间哺喂的意义所在,同时指导母亲休息、饮食、精神上的放松也是保证乳汁充足的关键。

(三) 辅食添加与母乳喂养

正常情况下母乳可以满足 6 个月婴儿所需的全部营养。从 6 个月到 12 个月,母乳仍可满足婴儿营养需求的一半以上,12~24 个月母乳也至少可以提供婴儿所需营养的三分之一。婴儿满 6 个月时,婴儿的消化器官相对发育成熟,可以消化母乳以外的多样化食物,可以接受能量密度高的固体食物。根据 2022 年中国营养学会推出的《7~24 月龄婴儿喂养指南》,辅食添加的原则是每次只添加一种新食物,由少到多、由稀到稠、由细到粗,循序渐进。从富含铁的泥糊状开始加辅食,每引入一种新的食物应适应 2~3d,密切观察是否出现呕吐、腹泻、皮疹等不良反应,适应一种食物后再添加其他新的食物,不盲目回避易过敏食物。辅食从泥糊状逐渐过渡到固体食物。1 岁内适时引入各种食物。进餐时父母或喂养者与婴幼儿应有充分的交流,识别其饥饱信号,并及时回应,鼓励进食,但绝不强迫喂养,每次进餐时间不超过 20min。

（四）返岗后母乳喂养支持

随着我国职业女性不断增多，其返岗后的母乳喂养支持非常重要。助产士应指导职业母亲上班前提前储备好一些母乳的库存，母亲按照上班后的作息时间调整、安排好婴儿的哺乳时间。不足 6 个月的婴儿只吃母乳，婴儿的吸吮刺激对泌乳量的保持仍然重要，通常建议早上哺乳或吸乳后出门上班，母亲下班回家之后及夜间睡觉期间母乳喂养，最好亲自喂哺婴儿，在家期间母亲多与婴儿亲密接触，以促进乳汁持续分泌，如果母亲能在午休时间回家喂养最佳。鼓励母亲在单位每 3h 应吸一次奶，每次 30min 左右，每天可在同一时间吸奶，吸出的奶存在冰箱冷藏或冷冻室里。下班后运送母乳的过程中，仍需以冰块覆盖以保持低温，回家后立即放入冰箱中储存。所有储存的母乳注明吸出的时间，便于每次取用。

第三节　母乳喂养的技巧

母乳喂养虽然包含了复杂的生理过程，但大部分母亲和婴儿都很容易掌握哺乳。对于母亲和婴儿来说，哺乳是先天本能和后天学习技巧结合的过程，母亲天生有拥抱和依偎婴儿的愿望。助产士指导母乳喂养应从哺乳姿势、母亲喂养过程的舒适度、婴儿的含接乳房等方面进行，并注意不同的哺乳姿势有不同的优点，母亲可以根据自己的喜好对婴儿实施哺喂。

一、母乳喂养的体位

母亲的哺乳体位有坐位（包括：摇篮式、交叉式、橄榄球式）和卧位（包括：侧卧式和半躺式），无论采取何种体位，都要保证使母亲和婴儿都舒服，才能保证哺乳成功。

1. **母亲哺乳姿势的要点**　婴儿紧贴母亲身体。婴儿头和身体呈一条直线。婴儿的脸对着母亲的乳房，鼻子对着乳头，下颌贴乳房。若是新生儿，母亲不仅要托住其头部和肩部，还要托住臀部，使新生儿的整个身体得到支撑。

2. **哺乳姿势**　哺乳姿势没有一个绝对的对或错的标准，每个母亲和婴儿都可以找到适合他们的姿势。

（1）摇篮式（麦当娜式）哺乳（图 7-2）：母亲坐在有靠背的椅子上或倚靠住床头，使身体得到足够的支撑，全身放松。注意座椅高度适中，当座椅较高时准备脚蹬将脚垫高，用这个姿势哺乳时，用母亲手臂的肘关节内侧支撑住婴儿的头，让婴儿的头部枕在臂弯处，如果是新生儿还要托住新生儿的臀部，让婴儿面向母亲并且尽量贴近母亲的身体，此时新生儿的鼻尖应对着母亲的乳头，另一只手可随意放或支撑着母亲的乳房。新生儿的头和躯干成一条直线，不应扭着头。此种姿势适合产后可以坐姿哺乳的母亲，同时也是最常见的哺乳姿势。

（2）交叉式哺乳（图 7-3）：母亲选择舒适的坐位，后背得到足够的支撑，将婴儿贴近横抱在身前，用乳房对侧的胳膊抱住婴儿，母亲用前臂托住婴儿的身体，婴儿的头枕在母亲的手上，母亲的手在婴儿的耳朵或更低一点的水平托住婴儿的头部，用枕头帮助托着婴儿的身体，可用乳房同侧的手托起乳房。此种姿势适用于早产儿、吸吮力弱、衔乳有困难的婴儿，交叉式对于小婴儿来说，背部受到较好的支撑。

图 7-2　摇篮式

（3）环抱式（橄榄球式）哺乳（图 7-4）：母亲选择坐位或半坐位，将哺乳枕或垫子垫在身体一侧，上身采取直立的姿势或者稍前倾，母亲将婴儿放在胳膊下，用枕头托住婴儿的身体，婴儿的头枕在母亲的手上，母亲的另一只手托住乳房，帮助婴儿含接好乳房。这种姿势适合剖宫产腹部有伤口的母亲,可以避免婴儿压到腹部伤口;也适用于乳房过大、乳头扁平、婴儿含接困难、早产儿和双胞胎婴儿哺乳。

图 7-3　交叉式

图 7-4　橄榄球式

(4)侧卧式哺乳(图 7-5):母亲采用舒适放松的体位侧卧,后背可使用靠垫支撑,头枕在枕头的边缘,母亲的手臂要放在上方枕头旁,另一只手支撑婴儿的后背,不要用手按住婴儿的头部,让婴儿的头部能自由活动。这个姿势适合产后初期、喂夜奶和剖宫产术后的母亲。

(5)半躺式哺乳(图 7-6):这是一个适用性很广泛的哺乳姿势,又称生物养育法。它有很特殊的作用,如纠正婴儿乳头混淆,增强母婴联结,是适合母亲乳头条件欠佳的哺乳方式。母亲在床上或沙发上向后半躺45°,头颈部、肩膀、腰部使用枕头和靠垫做好支撑,使母亲达到舒适的角度。将婴儿面向母亲,借重力将婴儿抱在母亲胸前,做到婴儿与母亲胸贴胸,头高于臀部,身体成一条直线,婴儿的双手双脚要有支撑点。母亲的双手搂抱婴儿的肩部及臀部,等待婴儿脸颊触碰到乳头时,慢慢自主寻乳。这个过程时间也许会有些长,需提醒母亲要耐心并注意保暖。这个姿势适合产后早期皮肤接触时哺乳、乳头混淆的婴儿亲喂、乳房大及双胞胎的母亲。

图 7-5　侧卧式

图 7-6　半躺式

二、托乳房的方法

选择舒适的哺乳姿势后,母亲可使用一手托起乳房,大拇指放在乳房的上方,其余4指贴在乳房下的胸壁上,示指支撑着乳房基底部,托乳房的手不要太靠近乳头处,手呈 C 字形,如(图 7-7)。拇指和示指可以轻压乳房改善乳房形态,这样可以使乳晕紧缩,乳头更突出,使婴儿更容易含接。婴儿含接后,如果母亲的乳房大而且下垂,可用手托住乳房帮助乳汁流出。如果乳房小而高,则喂哺时不需要总托住乳房。医务人员尽可能不要去碰母亲和婴儿。

三、婴儿的含接姿势

母亲采用C字形方法托起乳房后,用乳头轻触婴儿口周,建立觅食反射,刺激婴儿张大嘴巴,母亲顺势将乳头和大部分乳晕送入婴儿口中含接。

助产士指导母亲掌握观察含接姿势的要点,正确的含接是婴儿的下颌紧贴于母亲的乳房,嘴张得很大,将乳头及大部分乳晕含在嘴中,舌头呈勺状环绕乳晕,下唇向外翻,面颊鼓起呈圆形,乳房上方外露的乳晕比下方多,能看到吞咽动作或听到吞咽声,婴儿慢而深地吸吮,有时突然暂停。成功含接的关键是让婴儿张大嘴并含住尽可能多的乳晕,这样婴儿可以将乳头吸至嘴巴的深处,婴儿的牙龈和舌头会包裹乳晕,并给予其一定的压力。助产士指导时要告知母亲正确的含接,婴儿吸吮时母亲乳头没有疼痛感(彩图7-8,图7-9)。

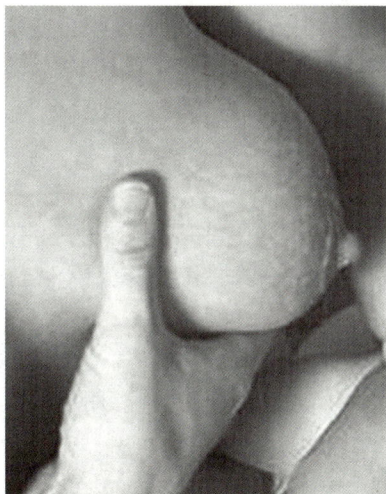

图 7-7　托起乳房的方法

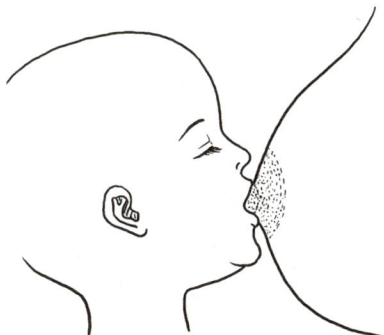

图 7-9　错误含接姿势

四、挤乳、母乳的储存与处理

母亲在母乳哺育期间有时也需要从她们的乳房中挤出乳汁。正确的挤奶方法可以帮助母亲建立喷乳反射,帮助母亲坚持母乳喂养。母乳中含有大量活性成分,母亲因各种原因需要母乳储存,助产士需要指导母亲如何正确地储存母乳。

1. 挤奶

(1)适应证:缓解奶胀,去除乳腺管堵塞或乳汁淤积。当母婴分离或者母亲工作外出时,母亲或婴儿生病时,为了保持泌乳,排空乳房,需要吸出乳汁。早产儿、低体重儿、没有吸吮能力时,奶量不足需追加奶量时,都需要吸奶或挤奶。

(2)操作频率:每2~3h 1次,每天至少挤奶8次,每侧3~5min,两侧交替进行,挤奶持续20~30min,强调夜间挤奶。

(3)操作方法

1)彻底洗净双手。

2)刺激射乳反射:喝一些热的饮料如牛奶、汤类,不要喝咖啡和浓茶。热敷乳房。按摩后背。

3)选择舒适的坐位或站位,将容器放在乳房附近。母亲选择一个舒适的体位,保持上身直立,身体前倾,把拇指和示指分别放在距离乳头根部2~3cm处,二指相对,其他手指托住乳房,另一只手拿着盛放乳汁的容器,拇指和示指要先往胸壁的方向轻轻地下压,反复地一挤一放,不应该有疼痛感,压力应作用在拇指及示指间乳晕下方的乳房组织上。以同样的方式依各个方向按压乳晕,将乳房内每

Note:

个乳腺管的乳汁都挤出来。

2. 母乳的储存

(1)新鲜母乳:室温 16~29℃可保存 4h 最佳,在非常干净的条件下 6~8h 可接受。

(2)冷藏母乳:冰箱冷藏室 4℃的条件下母乳可保存 4d 最佳,在非常干净的条件下 5~8d 可接受。

(3)冷冻母乳:母乳放在 ≤−18℃的冷冻室内时,在 6 个月最佳,12 个月可接受。

(4)解冻的母乳:冰箱冷藏室 4℃的条件下母乳可保存 24h。

第四节　哺乳期乳房常见问题和处理方法

母乳喂养有非常重要的价值,而且并不复杂,但全球的母乳喂养率却并不理想。造成母乳喂养失败的原因很多,但其中母亲因为母乳哺育中的乳头疼痛、乳汁淤积、乳腺炎等母乳喂养问题而停止母乳喂养是常见原因之一。助产士要与父母交流婴儿的喂养情况,宣传母乳喂养,针对哺乳期乳房问题提供针对性指导,为母亲及家庭提供专业知识、母乳喂养技术和咨询,特别是在出生后的最初几周内,加强出院后 48~72h 的随访。

一、乳头问题

婴儿出生后的前几周是一个家庭的关键适应期。有些家庭会一帆风顺地度过,而有些家庭可能需要外部的支援。这个关键时期,助产士和医护人员通过指导和支持母亲及家庭能够帮助他们避免各种乳房问题,如乳头疼痛、扁平乳头等。

1. 乳头疼痛　正常情况下母亲哺乳时,乳头应该没有明显不适,或者仅有轻微的牵拉感。乳头疼痛是大多数母亲放弃母乳喂养的重要原因之一,11%~96% 的母亲在母乳喂养期间有乳头疼痛的经历,甚至出现乳头皲裂、红肿、脱皮、水疱、出血等症状,主要发生在产后最初 2 周。乳头疼痛在婴儿吸吮后出现,最常见的原因是婴儿衔乳不良,有的乳头疼痛是由于婴儿的口腔结构异常,如舌系带过短、舌头过短、高腭弓或腭裂,这些解剖上的差异会造成吸吮困难。另外,有的乳头疼痛可能与乳头形状、肿胀、感染、吸乳器或乳盾使用不当有关。疼痛的表现不同,可以是刺痛、发痒、灼热感,或是钝痛和刀割痛。乳头疼痛和乳头损伤重在预防,主要是喂养姿势和含乳技巧指导、对症治疗和创面支持治疗。总之,乳头疼痛早期干预可减少更严重的乳头损伤出现,能有效提高母乳喂养率。

2. 扁平乳头　是乳头本身的高度很小或经刺激无收缩反应的乳头。如果乳头无法经过刺激突出,可能会认为婴儿不能很好地在乳房上吸吮,这是与婴儿在奶瓶上吸吮时相比而得出的结论。其实,婴儿在母亲乳房上吸吮,必须将乳头和大部分乳晕含在口中,婴儿不是只吸吮乳头,而是将乳头和乳晕下面的乳房组织含进嘴里形成一个"长奶嘴",乳头仅占此"奶嘴"的 1/3。也可以适时给予母亲哺乳姿势体位的调整、含接乳房模式的调整、进行手法塑形以及使用辅助工具的相应帮助,如使用半躺式哺乳姿势,充分皮肤接触下进行自主寻乳的尝试;指导母亲用手对乳房进行塑形,使之形成"三明治"等方法。

二、乳汁淤积

乳汁淤积指哺乳期间乳汁不能及时排出乳房,引起乳房局部硬块或乳房肿胀,有淤积部位疼痛,伴有或不伴有发热。乳汁淤积可发生在哺乳期的任何时段,根据乳汁淤积的范围可以分为乳房肿胀、乳管堵塞和积乳囊肿。乳汁淤积发生的常见原因有乳头过小或内陷;婴儿含接困难;婴儿口腔结构异常(舌系带短、唇系带短、腭裂等);乳汁过多;排空不完全;外力压迫乳房;婴儿面神经功能缺陷,使乳汁不能有效移出乳房;喂养次数改变等造成乳汁淤积。

乳汁淤积的处理要避免一切导致淤积的诱发因素。乳汁淤积的治疗方法是预防,需要尽早并频繁给婴儿哺乳以帮助乳房排空。助产士可以建议母亲先哺喂乳汁淤积一侧的乳房,在下一次哺乳时换过来哺乳,以确保适当且彻底排空。如果乳房出现严重充盈,会导致乳头变平且婴儿难以衔接,排出乳汁及减轻肿胀最好的办法是直接给婴儿喂奶。如果因为某些原因不能成功给婴儿喂奶,可以使用手挤奶或吸奶器协助吸奶。

三、乳腺脓肿

脓肿是乳房内脓液的局部聚集,脓液由破碎的细胞构成,被炎症区域包围。未能治疗的乳腺炎可以导致乳房内一个或几个脓肿的形成。乳腺脓肿需要结合母亲乳房局部表现、医生查体和超声检查等综合诊断。治疗原则是及时将脓液引流出来,传统的治疗措施是切开引流,缺点是手术切口大、术后换药痛苦、愈合后瘢痕不美观等。近年使用较多的是微创排脓的措施,如针吸穿刺抽脓、置管引流等,母亲同时接受药物抗感染治疗。若患侧乳房暂时不能喂奶,期间还需要继续通过手或吸奶器挤奶。在治疗周期结束后,可以恢复患侧乳房喂奶。

四、乳腺炎

哺乳期乳腺炎是在哺乳期乳腺发生的炎症,不一定存在细菌感染。乳腺炎分为急性和亚急性乳腺炎。金黄色葡萄球菌是哺乳期乳腺炎和乳腺脓肿最常见的病原菌。其他病原菌包括表皮葡萄球菌、大肠埃希氏菌、化脓性链球菌等,偶见厌氧菌感染。

哺乳期乳腺炎的诊断以临床表现为主,辅以实验室检查及乳腺超声检查。临床表现为乳腺皮肤局部出现皮温升高、红肿、疼痛、腋下淋巴结肿大,伴或不伴发热,实验室检查可见白细胞、中性粒细胞、C 反应蛋白增高,乳腺超声检查为腺体局部回声增强或减低。最初出现乳腺炎症状时就开始治疗非常重要。早期治疗有利于快速康复,减少乳房脓肿的危险。治疗乳腺炎包括乳汁的有效排出,需要母亲充分休息,保证足够而均衡的营养摄入,避免过度紧张和劳累,继续母乳喂养或挤奶,频繁而有效地进行乳汁移出,也可以尝试不同的姿势喂奶以帮助改变阻塞的位置。如果通过以上方法硬块没有消失,或者母亲发热至 38.5℃以上,需要及时就医。如果需要使用抗生素,请指导母亲按医嘱服药,最好选用可以继续母乳喂养的安全抗生素。

第五节 患病母亲及特殊婴儿母乳喂养

母亲可能面临涉及自身以及婴儿健康的挑战,或者二者兼而有之。医护人员应该对有特殊需要的婴儿父母提供支持,促进母亲和婴儿建立正常关系,通过母乳优化婴儿的健康。

一、婴儿的口腔解剖

口腔是消化道的起始部分,借口裂与外界相通,后经咽峡与咽相通。口腔结构由上颌骨、上下牙槽、上下嘴唇、双颊、舌、口底部、硬腭、软腭、悬雍垂、前后腭弓组成,容纳液体和固体食物,完成吸吮、咬、咀嚼和形成食团的动作。婴儿的口腔结构适合吸吮。婴儿口腔密闭空间小,口腔里有脂肪垫和舌头,下颌小并轻微向后缩。小而紧的口腔结构可以更容易含接和挤压乳晕。下颌运动会产生负压,舌头位于最低位置时真空度达到最高,吸吮时舌头进行的蠕动,让婴儿可以从乳房摄取乳汁。有效的乳房喂养促进上腭的发育并使得下颌肌肉强健,舌头变薄并逐渐向下倾斜,肌肉更有力,脂肪垫消失,口腔空间增加。口腔神经运动发育进一步成熟,婴儿的舌头、嘴唇和双颊能更好地控制口中的液体和食物。随着原始反射的消失,吸吮模式变得更加主动,口腔运动渐渐适合咀嚼,开始支持固体食物。婴儿出生后的 12 个月内口腔和咽喉发生显著的改变,口腔结构的发育伴随着喂养的不同阶段。

完整协调的口腔结构有利于吸吮、呼吸、吞咽和咀嚼、语言等功能的协调进行,口腔任何一种结构和功能的缺陷,都可能引起相关功能的改变或者失调。先天性遗传问题,如新生儿唇裂、腭裂、神经系统发育障碍,后天获得性缺陷如产伤、早产、疾病等均会对口腔的功能造成影响。因此,充分了解口腔结构,认识口腔的运动规律,做好口腔系统的评估对母乳喂养实践者具有非常重要的意义。

二、早产儿母乳喂养

母乳喂养对于降低早产儿/低出生体重儿相关并发症和改善生存质量非常重要。但在实施母乳喂养的过程中面临的困难和挑战也更多,母婴皮肤接触同样是保障母乳喂养成功的有效措施之一。

早产是新生儿死亡的主要原因。据统计每年超过100万早产儿死亡,占全球范围5岁以下儿童死亡原因中的35%,是最主要的死因之一。由于宫内生长发育进程突然中断,早产儿出生后与足月儿相比,患多种疾病及并发症的概率更高,而且出生体重越低,胎龄越小,出生后死亡率和早产并发症发生率越高。母乳喂养具有种属特异性,起保护作用是它的营养成分、生物活性、免疫调控、表观遗传学等协同作用的结果。而且母乳的保护作用与不同疾病的发病机制有关,如母乳对迟发型败血症的保护机制与炎症相关疾病,如坏死性小肠结肠炎(necrotizing enterocolitis,NEC)、支气管肺发育不良(broncho-pulmonary dysplasia,BPD)和早产儿视网膜病变(retinopathy of prematurity,ROP)的机制可能有所不同。母乳降低疾病的效果成剂量相关性,这意味着母乳剂量越高、保护作用越大。早产儿母乳成分与足月儿母乳不同,其营养价值和生物学功能更适合早产儿需求,人工喂养的任何模仿措施都达不到母乳的神奇效果。推动早产儿母乳喂养,不仅能提高早产儿的存活率,改善早产儿健康结局,对于早产儿家庭、医疗机构和整个社会来说也有重要的医疗经济学价值。晚期早产儿指胎龄满34周而未满37周的早产儿。晚期早产儿由于生长发育还不完善,不能完全与足月儿一样对待。同时晚期早产儿的吸吮频率低吸吮力较弱,容易导致泌乳延迟或失败。助产士和护士针对晚期早产儿的特点,指导母亲进行频繁的袋鼠式护理,增加泌乳素分泌;对于生命体征稳定吸吮力好的早产儿,鼓励皮肤接触,直接哺乳;对于吸吮力弱的早产儿皮肤接触后立即挤奶或吸奶,根据早产儿的生命体征和吸吮能力,适时过渡到乳房喂养;母亲记录每天吸乳过程和吸乳量,医护人员了解母亲产乳信息,给予针对性指导;助产士和医护人员每小时对晚期早产儿进行生命体征的评估;指导母亲收集和储存母乳。

为保证早产母亲在母婴分离条件下能够足量泌乳,新生儿重症监护病房(newborn intensive care unit,NICU)应提供有效的母乳喂养支持,对于母婴分离的母亲,尽早挤奶,设法让早产儿吃到初乳。助产士指导母亲在产后1h内就开始挤出初乳,对于那些出生时更小、更嗜睡或者出生后第一个24h内无法成功含乳的早产儿,助产士或医护人员可以用勺子、滴管或者其他方法喂养早产儿。初乳口腔免疫法,又称初乳口腔护理或初乳口腔涂抹,指用1ml注射器抽取0.3~0.5ml初乳,滴注到早产儿口腔黏膜上,或者使用长棉签蘸取初乳,涂抹到早产儿的颊黏膜上,每4h一次,适用于最弱小的早产儿,具有安全、易行、无不良反应等优点,能促进早开奶、肠黏膜细胞增长、显著缩短早产儿达到全肠道喂养时间、降低败血症发生率、抑制促炎细胞因子释放、增加循环中免疫保护因子水平等。

母乳是早产儿微量肠内喂养的首选食物。早产儿在生命早期情况稳定后,应尽早开始肠内营养支持。原则是循序渐进增加奶量,否则容易发生喂养不耐受。

三、患病母亲的母乳喂养

当母亲存在感染时,因担忧病原体的母婴传播,经常获得"为了安全而采用人工喂养"这类缺乏循证医学证据的建议。大量研究证明,新生儿(特别是早产儿)母乳喂养时,发生呼吸道感染、腹泻、坏死性肠炎、晚发性脓毒症和疟疾等的风险明显低于人工喂养。纯母乳喂养6个月的婴儿,发生呼吸道感染的风险仅为完全人工喂养婴儿的33%~37%,胃肠道感染仅为后者的46%,婴儿哮喘发生率也明显降低。因此,纯母乳喂养所具有的广谱抗感染作用是其他动物乳不可替代的。

(一) HIV 母亲的母乳喂养

母乳喂养能增加HIV母婴传播。如果未采取任何干预措施,HIV母婴传播率高达30%~40%。研究证实,HIV感染母亲的子代,完全人工喂养时,感染率最低;纯母乳喂养6个月以上时,感染率较低;混合喂养时,感染率最高。因此,HIV感染母亲的子代应避免混合喂养,无论母亲是否接受抗病毒治疗,完全人工喂养可最大限度地减少 HIV 母婴传播,有条件者建议完全人工喂养。但在不能提供足够营养配方奶的地区,因人工喂养导致的其他传染病和营养不良是婴幼儿死亡的重要原因,因此,完全采取人工喂养可能不切实际。选择完全人工喂养还是纯母乳喂养,还应取决于家庭经济条件、人员结构以及当地的医疗条件,应权衡利弊后再做决定。

(二)病毒感染母亲的母乳喂养

母亲患有病毒感染性疾病时经常担心是否能够继续母乳喂养,或者被家人建议暂停哺乳。对于常见的病毒感染,大多没有绝对禁忌证;而在相对禁忌证中,大部分情况都被认作是对婴儿或对母婴存在理论上或潜在的风险。

1. 单纯疱疹病毒感染母亲的母乳喂养 单纯疱疹病毒是一种终身病毒。疱疹性病变的母亲可通过直接或间接接触病变将疱疹病毒传播给婴儿。如果乳房无疱疹,可直接哺乳,但应避免婴儿与疱疹处接触。如果乳房有疱疹,不能直接哺乳。指导母亲应注意洗手。

2. 水痘病毒感染母亲的母乳喂养 对于妊娠期发生的水痘,如果在分娩前水疱已结痂脱落,此时无传染性,产后可直接哺乳。分娩时水痘尚未结痂,或哺乳期发生水痘,母婴需暂时隔离,新生儿注射普通人免疫球蛋白。水痘常出现在胸部,需避免直接哺乳。指导母亲应注意洗手。

3. 带状疱疹病毒感染母亲的母乳喂养 如带状疱疹未发生在胸部或乳房,则可直接哺乳;如果发生在胸部,则不能与疱疹直接接触,应将乳汁吸出或挤出保持泌乳,用健康的一侧乳房进行哺乳。如果在乳房或乳房周围发生带状疱疹,则乳汁需消毒后再哺乳。指导母亲应注意洗手。

4. 乙型肝炎病毒感染母亲的母乳喂养 乙型肝炎,简称"乙肝",是由乙型肝炎病毒(HBV)引起的肝脏感染,由受感染者的血液、精液或其他体液传播。HBV 感染不是母乳喂养的禁忌证,不论孕妇 HBeAg 阳性还是阴性,即使母亲高病毒载量都应鼓励新生儿母乳喂养,且在预防接种前就可以开始哺乳。随着乙肝疫苗和 HBIG 联合免疫预防的普及,HBV 母婴传播率明显降低。世界卫生组织推荐对 HBsAg 阳性母亲的新生儿,应在出生后 12h 内,尽早进行乙肝免疫球蛋白和乙肝疫苗接种完成双阻断,可以阻断大部分产时和产后 HBV 的传播,即使进行母乳喂养也不会增加婴儿再感染的机会。乳头皲裂或损伤出血、婴儿口腔溃疡或舌系带剪开造成口腔损伤等,均可哺乳。无须检测乳汁 HBV DNA 水平。

知识拓展

早产儿强化母乳喂养

强化母乳喂养的早产儿早期生长发育指标相较纯母乳喂养者具有明显的优势。母乳强化的目标是为母乳喂养的早产儿提供营养物质的推荐摄入量,以帮助维持婴儿的生长。Brown 等多个临床研究的系统评价显示,住院期间强化母乳喂养早产儿较纯母乳喂养早产儿的体重增长多增加 1.81~2.3g/(kg·d),身长每周多增加 0.26cm,头围多增加 0.12cm,其他研究也有相似结果。《新生儿重症监护病房推行早产儿母乳喂养的建议》中提出了我国强化母乳喂养的时机,当早产儿每天摄入母乳量达到 80~100ml/kg 时,开始进行强化母乳喂养。从小剂量开始添加,根据早产儿的耐受情况逐渐加量至全量。

知识拓展

母亲用药和母乳安全性的总体认识

越来越多的证据表明,绝大多数母亲可以在服药期间母乳喂养,对婴儿并无危害。单纯地根据药物说明书上的慎用警告而随意停止母乳喂养通常是错误的,会影响母乳喂养的成功。

Note:

2013 年美国儿科学会(AAP)发布的哺乳期用药报告指出,对于哺乳期女性和婴儿来说,绝大多数药品和疫苗是安全的,大多数药物或治疗手段对母婴均无明显不良影响,母乳喂养的获益远远大于母乳中大多数药物对婴儿的不良影响。关于哺乳期药物安全性的分类有很多种,如美国儿科学会将哺乳期用药分为 6 大类,可以供临床参考。美国 FDA 于 2014 年 12 月公布了新的规定,与以往不同的是,消除了一些不确定因素,更好地帮助医生评价哺乳期妇女用药对哺乳期婴儿安全性的影响。我国目前没有实行妊娠期和哺乳期用药安全的分级制度,西药的安全性一般参照美国 FDA 制定的分级。

(徐鑫芬 刘 军)

思 考 题

1. 阐述乳汁的成分、母乳喂养的技巧、哺乳期乳房常见问题及母乳喂养的支持。

2. 某产妇,32 岁。宫内孕 34^{+1} 周,孕 1 产 1,乙肝病毒携带者,自然分娩一女婴,体重 2 300g。因早产导致母婴分离,出生后新生儿即刻转到 NICU 病房观察,责任护士安置好产妇后,为其进行入院介绍以及母乳喂养知识的健康教育。

请思考:

(1)该产妇可以母乳喂养吗?

(2)该产妇为了保持泌乳,应该如何做?

(3)该产妇挤出的乳汁如何储存?

URSING

第八章

妊娠并发症

08章 数字内容

─── 学习目标 ───

- 知识目标:
  1. 掌握常见妊娠并发症的临床表现、处理原则和护理要点。
  2. 熟悉常见妊娠并发症的诊断、鉴别及对母儿的不良影响。
  3. 了解各种妊娠并发症的病因及发病机制。
- 能力目标:
  能运用所学知识对孕产妇进行围产期管理。
- 素质目标:
  具有尊重、关爱孕产妇,保护孕产妇的职业精神。

正常妊娠时,胚胎着床在宫腔的适当部位,并继续生长发育,至足月时临产分娩。若胚胎定植在宫腔以外,或胚胎或胎儿在子宫内生长发育的时间过短或过长,或者母体出现妊娠特有的脏器损害,即为妊娠并发症。常见的妊娠并发症有流产、早产、过期妊娠、异位妊娠、妊娠剧吐、妊娠期高血压疾病、妊娠期肝内胆汁淤积症等。

第一节　流　产

妊娠不足 28 周、胎儿体重不足 1 000g 而终止者,称为流产(abortion)。发生在妊娠 12 周前者,称为早期流产,发生在妊娠 12 周或之后者,称为晚期流产。流产分为自然流产和人工流产,本节仅阐述自然流产。

【病因与发病机制】

(一)病因

引起流产的病因包括胚胎因素、母体因素、父亲因素和环境因素。

1. **胚胎因素**　胚胎染色体异常是早期流产最常见的原因,占 50%~60%。其中染色体数目异常最多见,以三体居多,常见的有 13- 三体、16- 三体、18- 三体等;染色体结构异常引起的流产并不常见。导致胚胎染色体异常的原因尚不清楚,但孕妇年龄越大,胚胎染色体发生异常的风险越高已达成共识。此外巨细胞病毒、风疹病毒以及弓形虫感染等也是导致胚胎流产的原因。

2. **母体因素**　母体内分泌功能异常、免疫功能异常以及生殖器官异常等是母体因素导致流产的常见原因。

(1)内分泌异常:如甲状腺功能减退、未控制的糖尿病、高泌乳素血症、多囊卵巢综合征以及黄体功能不全等均可导致流产。

(2)免疫功能异常:如抗磷脂综合征及系统性红斑狼疮等自身免疫功能异常者,临床上可导致自然流产,甚至复发性流产。此外父母的组织相容性抗原(human leukocyte antigen,HLA)相容性过大,母儿血型不合等,也可使胚胎或胎儿受到排斥而发生流产。

(3)生殖器官异常:子宫畸形(如子宫发育不良、双子宫、单角子宫、双角子宫、纵隔子宫等)、子宫肌瘤(黏膜下肌瘤或肌壁间肌瘤)、子宫腺肌瘤、宫腔粘连等,均可影响胚胎着床和发育而导致流产。宫颈功能不全,引发胎膜早破导致晚期流产。

(4)不良习惯:孕妇过量吸烟、酗酒,过量饮咖啡,过量注射吗啡等毒品,均可能导致流产。

(5)全身性疾病:如严重感染性疾病及慢性肝肾疾病等。

3. **父亲因素**　有研究表明精子的染色体异常可导致自然流产。但临床上精子畸形率异常增高是否与自然流产相关尚无明确证据。

4. **环境因素**　过多接触放射线或砷、铅、甲醛、苯、氯丁二烯、氧化乙烯等化学物质,均可能引起流产。

(二)发病机制

1. **早期流产**　胚胎多在排出前已死亡,多伴有底蜕膜出血、周边组织坏死、胚胎绒毛分离,已分离的胚胎组织如同异物,可引起子宫收缩,妊娠物多能完全排出。少数排出不全或者不能完全排出,导致出血量较多。无胚芽的流产多见于妊娠 8 周前,有胚芽的流产多见于妊娠 8 周后。

2. **晚期流产**　多数胎儿排出前后还有生机,临床过程与早产及足月产相似,流产时先出现腹痛和宫缩,然后排出胎儿、胎盘,同时出现阴道流血;或在没有明显产兆的情况下宫口扩张、胎儿排出。

【临床表现及分类】

早期流产的临床过程表现为停经后先出现阴道流血,后出现腹痛;晚期流产的临床过程表现为

先出现腹痛(阵发性子宫收缩),后出现阴道流血。按自然流产发展的不同阶段,分为以下临床类型:

1. **先兆流产(threatened abortion)**　妊娠 28 周前阴道少量流血,常为暗红色或血性白带,无妊娠物排出,随后出现阵发性下腹痛或腰背痛。妇科检查宫颈口未开,胎膜未破,子宫大小与停经周数相符。经休息及治疗后症状消失,可继续妊娠;若阴道流血量增多或下腹痛加剧,则可能发展为难免流产。

2. **难免流产(inevitable abortion)**　又称不可避免流产。在先兆流产的基础上,阴道流血量增多,阵发性下腹痛加剧,或出现阴道流液(胎膜破裂)。妇科检查宫颈口已扩张,有时可见胚胎组织或胎囊堵塞于子宫颈口,子宫大小与停经周数相符或者略小。B 超检查仅见胚囊,无胚胎或胎儿,或无心管搏动。

3. **不全流产(incomplete abortion)**　难免流产继续发展,部分妊娠物排出宫腔,或胎儿排出后胎盘滞留宫腔或嵌顿于宫颈口,影响子宫收缩,导致大量出血,甚至休克。妇科检查可见宫颈口已扩张,宫颈口有妊娠物堵塞及持续性血液流出,子宫小于停经周数。

4. **完全流产(complete abortion)**　指妊娠物已全部排出,阴道流血逐渐停止,腹痛逐渐消失。妇科检查宫颈口闭合,子宫接近正常大小。

5. **特殊情况的流产**

(1)稽留流产(missed abortion):又称过期流产,指宫内胚胎或胎儿已死亡后未及时排出,滞留宫腔内。表现为早孕反应消失,有先兆流产症状或无任何症状,随着停经时间延长,子宫不再增大反而缩小。若已到中期妊娠,孕妇腹部不见增大,胎动消失。妇科检查宫颈口未开,子宫较停经周数小,质地不软,未闻及胎心。

(2)复发性流产(recurrent spontaneous abortion,RSA):指连续发生自发性流产 2 次及 2 次以上,在妊娠 28 周之前的胎儿丢失。复发性流产大多数为早期流产,复发性流产的原因与偶发性流产基本一致,但各种原因所占比例有所不同,如胚胎染色体异常的发生率随着流产次数的增加而下降。流行病学方面夫妻双方高龄、多次流产是风险因素。早期复发性流产常见原因为胚胎染色体异常、免疫功能异常、甲状腺功能减退及黄体功能不全等;晚期复发性流产常见原因为子宫解剖结构异常、自身免疫异常、血栓前状态等。

(3)流产合并感染(septic abortion):多见于阴道流血时间较长的流产患者。流产过程中,阴道流血时间长,有组织残留于宫腔内或不洁流产,有可能引起宫腔感染,常为厌氧菌及需氧菌混合感染。严重感染可扩展至盆腔、腹腔甚至全身,并发盆腔炎、腹膜炎、败血症及感染性休克。

【诊断与鉴别诊断】

(一) 诊断

根据病史及临床表现多能确诊,仅少数需行辅助检查。确诊后,还需确定流产的临床类型,决定相应的处理方法。

1. **病史**　有无停经史、早孕反应及出现的时间、阴道流血量及持续时间,有无阴道排液及妊娠物排出,有无腹痛及腹痛的部位、性质、程度。了解有无发热、阴道分泌物有无异味可协助诊断流产合并感染,有无反复流产史有助于诊断复发性流产。对初次就诊的 RSA 患者应仔细采集病史及家族史,有助于初步评估患者可能的流产原因和预后,以便更有针对性地进行病因学筛查。

2. **体格检查**　检查并监测生命体征,检查有无贫血及感染征象。消毒外阴后行妇科检查,了解宫颈口是否扩张,有无妊娠物堵塞或羊膜囊膨出,子宫大小与停经周数是否相符,有无压痛;双侧附件有无压痛、增厚或者包块。操作应轻柔。

3. **辅助检查**

(1)B 超检查:对于可疑先兆流产者,根据妊娠囊的形态,有无胎心搏动,确定胚胎或胎儿是否存活,以指导正确的治疗方法。若妊娠囊形态异常或位置下移,提示预后不良。不全流产及稽留流产均可借助 B 超检查协助确诊。对 RSA 患者建议于孕 6~7 周时行首次超声检查,如见异常应每隔 1~2 周定期复查,根据孕囊大小、胚芽发育、心管搏动以及卵黄囊等情况综合判断胚胎发育是否正常,避免盲目保胎。一般认为孕囊平均直径达 25mm,仍未见胚芽,胚芽 7mm 以上仍未见心管搏动者,均预示流产不可避免。

(2)妊娠试验:尿妊娠试验有妊娠诊断价值,早孕期血 β-hCG 水平仅反映绒毛活性,与妊娠结局并无直接相关。对 RSA 患者妊娠后可根据情况考虑检测血 β-hCG 水平。

(3)孕激素测定:妊娠早期孕激素水平波动大,不建议常规进行监测,血孕酮水平仅可协助判断先兆流产的预后。对 RSA 患者不推荐检测早孕期血清孕酮水平及其变化。有研究表明,异常妊娠中仅 1% 患者的血孕激素水平 ≥25ng/ml,如果血孕激素水平<5ng/ml,则无论宫内或宫外妊娠,胚胎已停止发育。

(4)其他检查:血常规可判断出血程度,白细胞和 C 反应蛋白、降钙素原可判断有无感染存在。复发性流产患者可行妊娠物以及夫妇双方染色体检查。

(二)鉴别诊断

首先应鉴别流产的类型(表 8-1),早期自然流产应与异位妊娠、葡萄胎、功能失调性子宫出血以及子宫肌瘤等鉴别。

表 8-1 流产类型的鉴别

流产类型	临床表现		组织物排出	宫颈口检查	子宫大小
	出血量	下腹痛			
先兆流产	少	轻微	无	闭合	与妊娠周数相符
难免流产	增多	加重	无	扩张	相符或略小
不全流产	多	减轻	部分排出	扩张,有组织物堵塞	小于妊娠周数
完全流产	少	无	全部排出	闭合	正常或略大

【预防】

(一)孕前预防

1. 前次流产后月经恢复正常可以考虑再次妊娠。以往认为流产会使子宫内膜受到创伤,创面修复需要至少 3~6 个月时间。

2. 养成良好的生活习惯,戒烟戒酒。

3. 休养期间积极参加相对舒缓的体育锻炼,增强体质。

4. 注意均衡营养,摄取足够的维生素与矿物质。

5. 夫妻双方做好孕前检查与遗传咨询,彻底治疗相关疾病后再备孕。

6. 严重内外科疾病的患者,积极治疗原发病,病情稳定并且评估后再考虑怀孕。

7. 黄体功能不足的妇女,在月经中期和怀孕初期补充黄体酮。

8. 复发性流产的妇女,应仔细采集病史和家族史,以便更有针对性地进行病因学筛查。

(二)孕期预防

1. 再次怀孕后,应避免烟、酒及重体力劳动等不良因素。

2. 早孕期禁止性生活。

3. 保持情绪愉快。

4. 发现异常情况,及时去医院检查,根据孕囊大小、胚胎发育、心管搏动以及卵黄囊等情况综合判断胚胎发育是否正常,避免盲目保胎。

5. 了解引起流产的相关因素,尽量避免直接因素。

【处理原则】

确诊后,应根据不同类型进行相应处理。

1. **先兆流产** 临床上以保胎治疗为原则,约60%的先兆流产者经恰当治疗后能够继续妊娠。对患者进行心理指导,减少患者不必要的思想紧张和顾虑,精神紧张者可给予少量对胎儿危害小的镇静剂。建议卧床休息,合理营养、严禁性生活,阴道检查操作注意轻柔,同时超声监测胚胎是否存活。黄体功能不足者可给予补充孕激素。甲状腺功能减退者可遵医嘱给予口服药物治疗。先兆晚期流产者可服用宫缩抑制剂,宫颈功能不全者于妊娠12~16周可酌情行预防性宫颈环扎术。

2. **难免流产** 一旦确诊,原则上应尽早使胚胎及胎盘组织完全排出。早期流产可行清宫术,对妊娠物仔细检查,并送病理检查;复发性流产患者建议做绒毛染色体核型分析,明确流产原因。晚期流产时,子宫较大,阴道出血较多,可用缩宫素促进子宫收缩。当胎儿及胎盘排出后检查是否完整,必要时刮宫以清除宫内残留妊娠物,并予抗生素预防感染。

3. **不全流产** 一经确诊,应尽快行刮宫术或钳刮术,清除宫腔内残留组织。阴道大量出血伴休克者,应同时输液、输血,并给予抗生素预防感染。

4. **完全流产** 流产症状消失,B超检查证实宫腔内无残留物,若无感染征象,可不予以特殊处理。

5. **稽留流产** 死亡胎儿及胎盘组织在宫腔内稽留过久,可导致严重的凝血功能障碍及弥散性血管内凝血(disseminated intravascular coagulation,DIC)的发生,应行血常规、凝血功能检查,并做好输血准备。若凝血机制异常,在补充促凝血物质,包括纤维蛋白原、新鲜冰冻血浆、血小板等,纠正凝血功能异常的情况下行刮宫术。子宫<12孕周者,可行刮宫术,刮宫时可给予缩宫素,手术时应特别小心,避免子宫穿孔,一次不能刮净,于术后5~7d后再次刮宫。子宫≥12孕周者,可口服米非司酮加米索前列醇,或静脉滴注缩宫素,促使胎儿、胎盘排出。术后酌情B超检查,以确认宫腔残留物是否完全排出,并加强抗感染治疗。

6. **复发性流产** 夫妻双方染色体异常,应在妊娠前行遗传咨询,确认能否妊娠,告知再发的风险;宫颈功能不全者可在妊娠12~16周行宫颈环扎术,术后定期随访;纵隔子宫、宫腔粘连、黏膜下肌瘤等可行宫腔镜手术,改善子宫状态,建议针对不同的子宫情况,制订个性化的治疗计划,与患者充分沟通,了解手术的利弊及术后再妊娠可能的并发症,如胎盘植入、子宫破裂等;黄体功能不全者可在排卵后开始给予黄体支持;抗磷脂抗体阳性患者妊娠后可使用低分子肝素治疗,用药期间监测药物的不良反应;甲状腺功能减退者给予甲状腺激素治疗,当甲状腺功能恢复正常3个月后再考虑妊娠,孕期严密监测甲状腺功能根据指标变化及时调整用药剂量。

7. **流产合并感染** 治疗原则为在控制感染的同时尽快清除宫内残留物。若阴道流血不多,先选用广谱抗生素2~3d,待感染控制后再行刮宫。若阴道流血多,在静脉滴注抗生素及输血同时,先用卵圆钳将宫腔内残留的大块组织夹出,使出血量减少,禁忌刮匙全面搔刮宫腔,以免造成感染扩散。术后继续应用广谱抗生素,待感染控制后再行彻底刮宫。若已合并感染性休克者,应积极进行抗休克治疗,病情稳定后行彻底刮宫。严重的感染性流产可并发盆腔脓肿、血栓性静脉炎、感染性休克、急性肾衰竭及DIC等,应高度重视并积极预防,必要时切除子宫去除感染源。

【助产要点】

(一)评估和监测

1. **健康史** 详细询问停经史、有无早孕反应等,了解妊娠期间有无全身性疾病、生殖器官疾病、内分泌功能失调;有无腹痛及腹痛的部位、性质和程度;有无阴道流液及妊娠物排出;有无伴随发热,阴道分泌物的性状、量、颜色及有无异味;有无有害物质接触史等。对多次发生自然流产者还应详细询问既往发病的过程、时间。关注辅助检查结果,通过血或尿妊娠试验及B超检查,判断孕周、流产的预后。血常规等检查有助于了解有无出血、感染及凝血功能障碍。

2. 密切观察病情　流产主要表现为停经、腹痛和阴道流血。应注意观察孕妇的生命体征,识别有无贫血、感染等征象。观察阴道分泌物的颜色、性状、量及腹痛情况,注意宫颈口是否扩张,羊膜囊是否膨出,有无妊娠产物堵塞于宫颈口内;若阴道有排出物,注意观察是否是妊娠产物及其完整性;观察子宫大小与停经周数是否相符,有无压痛等。检查双侧附件有无肿块、增厚及压痛。如发现有休克征象,应立即通知医生并做好抢救配合。

(二) 教育与支持

1. 心理支持　建立良好的护患关系,观察孕妇的情绪反应,加强心理护理。对先兆流产者,稳定情绪,帮助其树立继续妊娠的信心。对已发生流产的患者,帮助分析流产的原因,减少其自责情绪,鼓励家属给予足够的心理支持,减轻患者的心理负担。

2. 休息与饮食　对先兆流产者,指导其适度休息,进行营养与饮食的指导。

3. 疾病教育　与患者及家属共同讨论此次流产的原因,并向他们讲解流产的相关知识,帮助他们为再次妊娠做好准备,纠正不良生活习惯。流产后禁止性生活1个月,对于习惯性流产者,指导染色体异常的夫妇进行相应的遗传咨询,确定是否可以再次妊娠。对于病因明确者对因治疗,如宫颈内口松弛者建议妊娠前行宫颈内口修补术,或于妊娠12~16周行宫颈内口环扎术;子宫畸形者妊娠前行矫治术。流产后若突然发生大量活动性出血、发热、持续或剧烈腹痛等需及时就诊。

(三) 处理与配合

1. 预防感染　在密切观察病情的基础上,发现有感染征象及时报告;加强会阴部护理,嘱患者使用一次性会阴垫,及时更换,保持会阴部清洁干燥,养成良好的卫生习惯;遵医嘱给予抗生素治疗。

2. 症状护理　观察腹痛及阴道流血情况,监测生命体征,正确估计出血量,积极配合医生,对于难免流产及不全流产者及时终止妊娠,加强宫缩,预防大出血,防止休克。

3. 配合医生进行处理　不同的流产类型处理方式不同。

(1)先兆流产:嘱孕妇适度休息,减少刺激,禁止性生活,若黄体功能不足,遵医嘱积极治疗并及时了解胚胎发育情况。

(2)难免流产和不全流产:做好终止妊娠的准备,协助医生行吸宫术或钳刮术,预防出血及感染。

(3)完全流产:若无感染征象,一般不做特殊处理。

(4)稽留流产:协助医生促使胎儿及附属物的排出,避免时间过长引起凝血功能障碍。

(5)复发性流产:预防再次发生为主,指导男女双方进行详细检查,明确病因,对症治疗。

(6)流产合并感染:遵医嘱给予抗生素治疗,同时协助医生清除宫腔内残留物。

第二节　早　产

导入情境与思考

某孕妇,28岁。孕1产0,孕33周。4h前爬楼梯后突感阵发性下腹痛,伴有下坠感,阴道分泌物增加,遂急诊入院。平素月经规律。孕期规律产检,结果无异常。体格检查:生命体征平稳,心肺听诊无异常。专科检查:宫高30cm,腹围90cm,电子胎心监护显示胎心基线140bpm,呈反应型,宫缩每4~6次/min,持续10~15s。阴道可见少量清亮液体流出,无流血。消毒进行阴道检查,宫口未开。

辅助检查:pH试纸变蓝;阴道彩超提示:宫颈内口呈V形开放,内见羊膜囊嵌入征象,闭合宫颈管长1.3~1.5cm。

请思考:

1. 该孕妇最可能的诊断是什么？诊断依据有哪些？

2. 该孕妇不同阶段的配合和助产要点有哪些？

Note:

早产指妊娠满 28 周至不足 37 周间分娩者。此时娩出的新生儿称早产儿,体重 1 000~2 499g。有些国家已将早产时间的下限定义为妊娠 24 周或 20 周。根据原因不同,早产分为自发性早产和治疗性早产。国内早产占分娩总数的 5%~15%。近年来由于早产儿治疗和监护手段的进步,其生存率明显提高,伤残率下降。

【分类、病因与高危人群】

(一) 分类

早产分为自发性早产(spontaneous preterm labor)和治疗性早产(preterm delivery for maternal or fetal indications)。自发性早产又分为胎膜完整早产和未足月胎膜早破(preterm premature rupture of membranes,PPROM)。

(二) 病因

1. **母体感染**　如生殖道感染、绒毛膜羊膜炎。宫颈锥切术后缺少宫颈黏液栓,抵抗逆行感染的能力降低,易发生胎膜早破引发早产。

2. **子宫畸形或子宫过度膨胀**　如单角子宫容量受限或羊水过多、多胎妊娠等。

3. **宫颈内口松弛**　导致前羊膜囊楔入,受压不均。

4. **妊娠合并症和并发症**　母体因素不能继续妊娠者,如并发重度子痫前期、子痫、产前出血、妊娠期肝内胆汁淤积症、严重心肺疾病、控制不佳的糖尿病等。

(三) 高危人群

1. 既往有晚期流产及(或)早产史者。

2. 孕妇年龄过小或过大者,孕妇 ≤ 17 岁或 >35 岁。

3. 过度消瘦的孕妇,BMI<19kg/m², 或孕前体重<50kg,营养状况差,易发生早产。

4. 不良嗜好者,有烟酒嗜好或吸毒孕妇,早产风险增加。

5. 阴道超声检查,孕中期阴道超声检查发现子宫颈长度<25mm 的孕妇。

6. 有子宫颈手术史者,如宫颈锥切术、环形电极切除术、子宫发育异常者。

7. 妊娠间隔过短者,两次妊娠间隔如控制在 18~23 个月,早产风险相对较低。

8. 多胎妊娠及辅助生殖技术助孕者。

9. 胎儿及羊水量异常者。

10. 有妊娠合并症或并发症者。

【预测】

早产的先兆表现缺乏特异性,易造成过度诊断和治疗。部分早产发生前缺乏典型的临床表现,容易漏诊。因此,有必要对有高危因素的孕妇进行早产预测以评估早产的风险。

1. **既往史**　前次晚期自然流产史或早产史的患者,不包括治疗性晚期流产或早产。

2. **经阴道超声宫颈长度测定**　妊娠 24 周前宫颈长度<25mm,或宫颈内口漏斗形成伴有宫颈缩短,提示早产风险增加。其中对宫颈长度<15mm 和>30mm 的阳性和阴性预测价值更大。

3. **宫颈分泌物生化检测**　超声检测宫颈长度在 20~30mm,对早产的预测价值尚不确定,可进一步做宫颈分泌物的生化指标检测,以提高预测的准确性,尤其对没有早产典型临床表现的孕妇。检测指标包括:胎儿纤维连接蛋白(fFN)、磷酸化胰岛素样生长因子结合蛋白 1(phIGFBP-1)、胎盘 α 微球蛋白(PAMG-1),其中 fFN 的阴性预测价值在临床的运用也逐渐开展。

【临床表现、诊断与鉴别诊断】

(一) 临床表现

早产的主要临床表现是子宫收缩,开始为不规律宫缩,常伴有少许阴道流血或血性分泌物,逐渐

Note:

发展为规律宫缩,其过程与足月临产相似。早产可分为先兆早产和早产临产两个阶段。

1. **先兆早产(threatened preterm labor)** 指妊娠满28周至不足37周,孕妇有规律宫缩(每20min≥4次或每60min≥8次),但宫颈尚未扩张,经阴道超声测量宫颈长度≤20mm。

2. **早产临产(preterm labor)** 指妊娠满28周至不足37周,出现规律性子宫收缩(每20min≥4次或每60min≥8次),同时宫颈管进行性缩短(宫颈缩短≥80%),伴有宫颈口扩张。

(二)诊断与鉴别诊断

诊断早产并不困难,但应注意与妊娠晚期出现的生理性子宫收缩(Braxton Hicks contractions)相鉴别。生理性子宫收缩常表现为不规律、无痛感,且不伴有宫颈管消退及宫颈口扩张等改变,因此也称为假早产(false preterm labor)。

【对母儿的影响】

1. **对母体的影响** 增加手术产的概率,对孕妇的心理造成负担。

2. **对胎儿的影响** 早产是导致围产儿死亡和伤残的首要原因,此外早产儿容易发生各种近期和远期并发症。近期并发症如新生儿呼吸窘迫综合征、缺血缺氧性脑病、坏死性小肠结肠炎、各种感染等。远期并发症如脑瘫、慢性肺疾病,视网膜病变导致的失明、听神经异常、智力障碍等。

【预防】

1. **加强产前保健系统**

(1)孕前宣教:避免低龄(≤17岁)或高龄(>35岁)妊娠;合理安排妊娠间隔(>6个月);保持良好的生活习惯,避免不良嗜好;控制好原发病如糖尿病、高血压、甲状腺功能亢进等,如有服药应积极进行药物咨询。

(2)孕期注意事项:孕妇应尽早就诊,建立围产期保健卡并定期产前检查;尽早识别早产的高危因素并进行针对性评估和处理;指导孕期卫生,积极治疗泌尿生殖道感染,孕晚期节制性生活,以免胎膜早破;均衡饮食,保持体重的合理增长;戒烟戒酒。

2. **特殊的预防措施**

(1)宫颈环扎术:①以病史为指征的宫颈环扎术,也称预防性宫颈环扎术。典型的病史表现为有≥3次的妊娠中期自然流产史或早产史,一般建议于妊娠12~16周行手术;②以体格检查为指征的宫颈环扎术,指在妊娠中期排除胎盘早剥及临产的前提下,体格检查发现宫颈口已扩张,甚至羊膜囊已经脱出宫颈外口,排除感染、宫缩以及其他禁忌证后进行的环扎术,也称紧急宫颈环扎术;③以超声检查为指征的宫颈环扎术,指既往有晚期流产或早产史的孕妇,此次妊娠为单胎,妊娠24周前超声检查宫颈长度<25mm,可行以超声为指征的宫颈环扎术,也称应急性宫颈环扎术。行宫颈环扎术后的孕妇,妊娠满37周以后应拆除宫颈环扎的缝线。

(2)孕酮制剂:有研究提示孕酮对预防早产有一定的作用。常用于单胎,妊娠中期宫颈短的孕妇,不管其是否有晚期流产史及早产史。

(3)子宫颈托:近年有研究报道,运用子宫颈托对妊娠中期宫颈管短的宫颈功能不全患者有一定预防作用,但研究效果尚存在争议。

以上各项预防措施主要针对单胎孕妇,对多胎孕妇的效果尚缺乏充足的循证医学证据。

【治疗】

治疗原则:若胎膜完整,在母胎情况允许时尽量保胎至34周,密切监护母儿情况,适时停止早产的治疗。

(一)先兆早产的处理

1. **适当休息** 宫缩较频繁但宫颈无改变者,不必卧床和住院,但需注意适当减少活动的强度和避免长时间的站立；宫颈已经有改变的先兆早产者，可住院并注意休息，休息时可适当左侧卧位，以提高子宫胎盘血流量，使子宫平滑肌松弛从而减少自发性宫缩。

2. 避免不必要的肛诊及阴道检查 如果宫缩频繁应行阴道检查以了解子宫颈容受及扩张情况。

（二）早产临产的处理

1. 一般处理 需住院治疗，卧床休息，以左侧卧位为宜。保持外阴清洁，避免不必要的肛诊和阴道检查。

2. 抑制宫缩

（1）抑制宫缩的目的：防止即刻早产，暂时延迟分娩，特别在孕周较小的孕妇，如能抑制宫缩达48h，可使皮质类固醇促胎肺成熟发挥最大的效能，为宫内转运争取时间。

（2）应用条件：①早产临床诊断明确；②妊娠 28 周以上；③无继续妊娠的禁忌证；④胎儿能继续生长；⑤宫颈口扩张 ≤4cm，产程尚处于潜伏期。

（3）禁忌证：死胎、严重胎儿畸形、子痫、绒毛膜羊膜炎等不使用宫缩抑制剂。

（4）药物的选择及作用机制

1）β_2 肾上腺素受体激动剂：药物直接作用于平滑肌细胞膜上的受体，与相应受体结合后，激活腺苷环化酶而使平滑肌细胞中的环磷酸腺苷（cAMP）含量增加，抑制肌质网释放钙使细胞质内钙含量减少，使子宫肌松弛而抑制宫缩。同时可兴奋 β_1 受体，有心血管系统等方面的副作用。用药期间应密切观察患者的主诉及心率、血压、宫缩变化，并限制静脉输液量，以防肺水肿。

2）钙通道阻滞剂：作用机制是抑制钙离子通过平滑肌细胞膜上钙通道的重吸收，使细胞质内钙含量降低，从而使子宫平滑肌松弛，抑制子宫收缩。常用药物为硝苯地平，首次剂量 20mg，维持剂量 10~20mg，每天 3~4 次口服，根据宫缩情况调整。服药中注意观察孕妇心率及血压，防止血压过低。已经使用硫酸镁的孕妇慎用，以防血压急剧下降。

3）前列腺素抑制剂：吲哚美辛为前列腺素抑制剂，通过抑制环氧合酶，减少花生四烯酸转化为前列腺素，抑制子宫收缩。主要用于妊娠 32 周前的早产。妊娠 32 周后禁用，禁忌证有孕妇血小板功能不良、出血性疾病、肝功能不良、胃溃疡、有对阿司匹林过敏的哮喘病史等。

4）缩宫素受体拮抗剂：阿托西班是选择性缩宫素受体拮抗剂，作用机制是竞争性结合子宫平滑肌和蜕膜的缩宫素受体，削弱缩宫素兴奋子宫平滑肌的作用。作用迅速，输注开始 10min 内，宫缩即明显减少，子宫得到舒缓。治疗应在确诊早产临产后尽快开始，宫缩持续存在时，应考虑替换疗法。

3. 硫酸镁的应用 高浓度的镁离子直接作用于子宫平滑肌细胞，拮抗钙离子对子宫收缩活性，有较好的抑制宫缩的作用。应用硫酸镁对妊娠 32 周前早产胎儿的中枢神经系统有保护作用，不但能降低早产儿的脑瘫风险，而且能减轻脑瘫的严重程度。推荐妊娠 32 周前早产者常规应用硫酸镁作为胎儿中枢神经系统保护剂。硫酸镁使用过程中应当注意观察以下内容：①膝腱反射存在；②呼吸 ≥16 次/min；③尿量 ≥17ml/h 或 ≥400ml/24h；④备有 10% 葡萄糖酸钙。镁离子中毒时停用硫酸镁并静脉缓慢推注（5~10min）10% 葡萄糖酸钙 10 ml。合并肾功能不全、心肌病、重症肌无力等情况时，硫酸镁应慎用或减量使用。用药期间可同时监测血清镁离子浓度。

4. 促胎肺成熟 孕周<35 周，1 周内有可能分娩的孕妇应接受糖皮质激素促胎肺成熟治疗。如果用药后超过 2 周，仍存在<34 周早产可能者，可重复一个疗程。

5. 控制感染 感染是早产的重要原因之一，应对未足月胎膜早破、先兆早产和早产临产的孕妇做阴道分泌物细菌学检查（包括 B 族链球菌）。有条件可做羊水感染指标相关检查，阳性者选用对胎儿安全的抗生素；对胎膜早破早产者，预防性使用抗生素。

（三）早产分娩的处理

1. 早产儿尤其是<32 孕周的极早产儿需要良好的新生儿救治条件，故应转到有早产儿救治能力的医院（宫内转运）分娩。

2. 大部分早产儿可以经阴道分娩,产程中加强胎心监护有助于识别胎儿窘迫,尽早处理;分娩镇痛以硬脊膜外阻滞麻醉镇痛相对安全;不提倡常规会阴侧切,也不支持无指征的产钳助产;对臀位特别是足先露者应根据当地早产儿治疗护理条件权衡剖宫产利弊,因地制宜选择分娩方式。

3. 早产儿出生后适当延长60s左右后断脐带,可减少新生儿输血的需要及50%的新生儿脑室内出血。

【助产要点】

(一) 评估和监测

1. 健康史 问孕妇年龄、生育情况,有无妊娠期并发症、合并症,有无外伤、精神创伤等致病因素存在,既往有无有流产、早产或本次妊娠有无阴道流血史等,应详细询问并记录孕妇既往出现的症状及接受治疗的情况。关注辅助检查结果,通过B超检查确定胎儿宫内情况,胎心监护仪监测宫缩及胎心情况。

2. 监测母体情况 密切监测孕妇的生命体征,评估孕妇子宫收缩、阴道流血的情况,胎膜是否破裂,评估宫颈或宫口扩张的情况。

3. 监测胎儿情况 指导孕妇自我监测胎动变化,监测胎心率,行胎心电子监护等评估胎儿宫内情况。

(二) 教育与支持

1. 心理支持 高度重视早产保胎孕妇的心理状态,积极进行疏导。引导早产的孕妇及家属讲出其担忧的问题及心理感受,将分娩过程及所采取的治疗方案向其说明,以缓解其焦虑心理。如早产不可避免,帮助孕妇做好早产的准备,讲解早产及早产儿出生后护理治疗等相关知识,以减少不必要的担心。

2. 休息与饮食 指导孕妇卧床休息,一般取左侧卧位,减少自发性宫缩,改善子宫血流量和胎盘功能,增加胎儿氧供与营养。指导孕妇饮食应清淡、营养易消化,保持大便通畅,预防便秘,防止过度用力排便腹压增大造成早产。

3. 病因或诱因的消除 指导孕妇保证充足的休息与睡眠,营养均衡,并保持心情舒畅,避免紧张,焦虑和抑郁等不良情绪,妊娠晚期避免过度性生活。

4. 定期产前检查 重视妊娠期保健并积极参与产前保健指导活动;特别对早产高危群体,应加强对高危妊娠的管理,积极治疗妊娠合并症、并发症,预防胎膜早破。做好早产的识别和处理,发现有宫缩、阴道流血、流液等异常情况及时就诊。如发生先兆早产应适当休息并配合医生进行治疗;若明确宫颈功能不全者,积极配合治疗于妊娠12~16周行宫颈环扎。

(三) 处理与配合

1. 积极预防感染 感染是早产的重要原因之一,指导孕妇预防感染。已发生胎膜早破者需密切监测孕妇的体温、脉搏、血压等生命体征,并关注血常规、阴道分泌物细菌性检查的结果,发现有感染征象及时报告;胎膜早破的孕妇应加强会阴部护理,使用一次性会阴垫,及时更换,保持会阴部清洁干燥,养成良好的卫生习惯;必要时遵医嘱使用抗生素预防感染。

2. 用药处理 遵医嘱使用宫缩抑制药物,并观察药物副作用。常用药物有盐酸利托君、硝苯地平、阿托西班、吲哚美辛等。盐酸利托君使用时可使孕妇出现心率加快、血钾下降、血糖增高、恶心呕吐、出汗、头痛等情况,应密切观察用药反应,必要时行心电监护。当患者心率>120次/min时,应减少滴速;当心率>140次/min时,应停药;若出现胸痛等症状,应立即停药并进行心电监护。阿托西班使用时,应严格按照要求进行配制和滴速控制。硫酸镁用于孕32周前的孕妇有胎儿脑保护作用,用法及注意事项详见早产临产的处理。分娩前,遵医嘱给予孕妇糖皮质激素治疗,如地塞米松、倍他米松等,以促进胎儿肺成熟,预防新生儿呼吸窘迫综合征的发生。

3. 产程处理 当早产已不可避免时,应做好分娩的准备,临产后慎用镇静剂,以免发生新生儿呼吸抑制,分娩过程中可给予产妇氧气吸入。根据病情需要选择合适的分娩方式,经阴道分娩者,加强胎儿监护,如有胎儿窘迫应严格把握指征,合理运用会阴侧切、胎头吸引术及产钳助产术等缩短第二产程,减少分娩过程中对胎头的压迫,避免早产儿颅内出血的发生,提高早产儿存活率。如胎头不正、胎儿成熟度低等,可采用剖宫产结束分娩。

4. **做好早产儿抢救及护理** 做好新生儿复苏及转运的准备,根据医嘱备早产儿抢救用药。

第三节 过期妊娠

平时月经周期规则,妊娠达到或超过 42 周($\geq$ 294d)尚未分娩者,称为过期妊娠(postterm pregnancy)。其发生率占妊娠总数的 3%~15%。过期妊娠的胎儿围产期风险增加,胎儿窘迫、胎粪吸入综合征、胎儿过熟综合征、新生儿窒息、围产儿死亡、巨大儿以及难产等不良结局的发生率增高,并随妊娠期延长而增加。近年来由于对妊娠>41 周孕妇的积极处理,过期妊娠的发病率明显下降。

【病因及发病机制】

过期妊娠的病因目前仍不清楚,可能与下列因素有关:

1. 胎儿下丘脑 - 垂体 - 肾上腺轴功能失调,导致肾上腺皮质激素、前列腺素及雌二醇等引发分娩的内源性物质产生不足。

2. 雌孕激素比值失调,孕激素占优势,抑制前列腺素及缩宫素的作用。

3. 遗传因素导致胎盘硫酸酯酶缺乏,胎儿胎盘单位无法将活性较弱的脱氢表雄酮转变为雌二醇及雌三醇。

4. 胎儿头盆不称或胎位异常,导致胎先露对宫颈内口及子宫下段的刺激减弱。

【病理】

1. **胎盘** 过期妊娠的胎盘病理有两种类型:一种是胎盘功能正常,除重量略有增加外,胎盘外观和镜检均与足月妊娠胎盘相似;另一种是胎盘功能减退。

2. **羊水** 正常妊娠 38 周后,羊水量随妊娠推延逐渐减少,妊娠 42 周后羊水迅速减少,约 30% 减少至 300ml 以下,羊水粪染率明显增高,达到足月妊娠的 2~3 倍;若同时伴有羊水过少,羊水粪染率达 71%。

3. **胎儿** 过期妊娠胎儿的生长模式与胎盘功能有关,可以分成以下 3 种:

(1)正常生长及巨大儿:胎盘功能正常者,能维持胎儿继续生长,约 25% 成为巨大儿,其中 5.4% 胎儿出生体重>4 500g。

(2)胎儿过熟综合征(postmaturity syndrome):过熟儿表现出过熟综合征的特征性外貌,与胎盘功能减退、胎盘血流灌注不足、胎儿缺氧及营养缺乏等有关。典型表现包括:皮肤干燥、松弛、起皱、脱皮,脱皮尤其以手心和脚心明显;身体瘦长、胎脂消失、皮下脂肪减少,表现为消耗状;头发浓密,指 /趾甲长;新生儿睁眼、异常警觉和焦虑,"小老人"容貌。因为羊水减少和胎粪排出,胎儿皮肤黄染,羊膜和脐带呈黄绿色。

(3)胎儿生长受限:小样儿可与过期妊娠并存,后者更增加胎儿的危险性,约 1/3 过期妊娠死产儿为生长受限小样儿。

【诊断】

准确核实孕周,确定胎盘功能是否正常是判断胎儿安危状况的关键。

(一)核实孕周

1. **病史** ①以末次月经第 1d 计算:平时月经规则、周期为 28~30d 的孕妇,停经 $\geq$ 42 周尚未分娩,可诊断为过期妊娠。若月经周期超过 30d,应酌情顺延。②根据排卵日推算:月经不规则、哺乳期受孕或末次月经记不清楚的孕妇,可根据基础体温提示的排卵期推算预产期,若排卵后 ≥280d 仍未分娩者可诊断为过期妊娠。③根据性交日期推算预产期。④根据辅助生殖技术(如人工授精、体外受精胚胎移植术)的日期等推算预产期。

2. 临床表现　早孕反应开始出现时间、胎动开始出现时间以及早孕期妇科检查发现的子宫大小,均有助于推算孕周。

3. 辅助检查　①根据超声检查确定孕周,妊娠 20 周内,超声检查对确定孕周有重要意义。早期妊娠以胎儿顶臀径(CRL)推算孕周较准确,中期妊娠则综合胎儿双顶径、腹围和股骨长度推测预产期最好。②根据妊娠早期血、尿 hCG 增高的时间推算孕周。

(二) 判断胎儿安危状况

1. 胎动　孕妇通过胎动计数进行自我监测,如胎动明显减少提示胎儿缺氧。

2. 电子胎心监护　无应激试验(non-stress test,NST)为无反应型,需进一步做催产素激惹试验(oxytocin challenge test,OCT),若多次反复出现胎心减速,提示胎盘功能减退,胎儿缺氧。出现胎心变异减速,常提示脐带受压,多与羊水过少有关。

3. B 超检查　观察胎儿胎动、肌张力、呼吸运动及羊水量。另外,脐血流仪检查胎儿脐动脉血流 S/D 值,有助于判断胎儿宫内状况。

4. 羊膜镜检查　观察羊水颜色,若已破膜,可直接观察流出的羊水有无粪染。

【对母儿的影响】

1. 对母体的影响　产程延长和难产率增高,使手术产率及母体产伤明显增加。孕妇的焦虑情绪也会增加。

2. 对胎儿的影响　过期妊娠可导致胎儿过熟综合征、胎儿窘迫、胎粪吸入综合征、新生儿窒息及巨大儿等围产儿发病率及死亡率均明显增高。过期胎儿的围产期风险增加主要因为脐带压迫与羊水过少,初期表现为胎心率增快或变异减速,最终可引起分娩期胎儿窘迫。

【处理原则】

妊娠 40 周以后胎盘功能逐渐下降,42 周以后明显下降,因此在妊娠 41 周以后,即考虑终止妊娠,尽量避免过期妊娠。若妊娠 41 周以后母儿无妊娠并发症和合并症(如妊娠期高血压疾病、妊娠期糖尿病、胎儿生长受限、羊水过少等)也可密切观察,继续等待。应根据胎儿宫内状况、胎儿大小、宫颈成熟度等综合分析,选择恰当的分娩处置方式。

1. 促进宫颈成熟(cervical ripening)　在宫颈不成熟情况下直接引产,阴道分娩失败率较高,反而增加剖宫产率。评价宫颈成熟度的主要方法是 Bishop 评分法。一般认为,Bishop 评分 ≥7 分,可直接引产;Bishop 评分<7 分,引产前先促宫颈成熟。目前,常用的促宫颈成熟的方法主要有 PGE$_2$ 阴道制剂和宫颈扩张球囊。

2. 引产术(labor induction)　宫颈已经成熟即可行引产术。常用静脉滴注缩宫素,诱发宫缩直至临产。胎头已衔接者,通常先人工破膜,1~2h 后开始滴注缩宫素引产。人工破膜即可诱发内源性前列腺素的释放,增加引产效果,又可观察羊水性状,但应排除胎儿宫内窘迫。

3. 产程处理　进入产程后应鼓励产妇采取舒适体位、吸氧。产程中最好连续监测胎心,注意羊水性状,必要时取胎儿头皮血测 pH,及早发现胎儿窘迫,并及时处理。过期妊娠时,常伴有胎儿窘迫、羊水粪染,分娩时应做相应准备。若羊水胎粪污染严重且黏稠者,胎儿娩出后立即在喉镜指引下行气管插管吸出气管内容物,以减少胎粪吸入综合征的发生。

4. 剖宫产术　过期妊娠时,胎盘功能减退,胎儿储备能力下降,因此可适当放宽剖宫产指征。

【助产要点】

(一) 评估和监测

1. **健康史**　询问孕妇一般情况和生育情况,评估有无月经周期过长、月经时间推后等情况核实孕周,询问早孕反应及胎动出现时间,有无过期妊娠的家族史。关注辅助检查结果,评估胎儿宫内情况及胎儿成熟度,以及判断胎盘功能。

2. **监测母体情况**　分娩前嘱孕妇每天坚持自数胎动,必要时行胎儿电子监护。临产后连续监测胎心率、胎动及宫缩,注意羊水性状,及早发现胎儿窘迫,并协助医生及时处理。

3. **监测胎儿情况**　根据胎心及胎动变化,动态评估胎儿宫内安危。

(二) 教育与支持

1. **心理支持**　向孕妇及家属讲解病情,引导孕妇及家属讲出其担忧的问题及心理感受,讲解分娩过程及治疗方案,以缓解焦虑心理。

2. **定期产前检查**　在 36 孕周以后每周至少行一次产前检查。如果预产期超过 1 周仍无分娩征兆,应积极去医院检查,由医生根据胎儿大小、羊水多少,测定胎盘功能、胎儿成熟度,结合 B 超等再次核实孕周。

3. **加强休息**　鼓励产妇左侧卧位、吸氧以改善胎儿缺氧状态。指导临产的孕妇适当活动,如散步等。

(三) 处理与配合

1. **缩宫素引产**　输液泵小剂量静脉滴注缩宫素为安全常用的引产方法,应从小剂量循序增量,专人观察宫缩强度、频率,持续监测胎心率并记录;警惕过敏反应;宫缩过强应及时停用缩宫素,必要时使用宫缩抑制剂;用量不宜过大,以防发生水中毒。

2. **人工破膜术**　适用于宫颈条件成熟,头先露并已衔接的产妇。风险包括:脐带脱垂或受压、母儿感染、前置血管破裂和胎儿损伤。人工破膜术应在宫缩间歇期进行,以避免羊水急速流出引起脐带脱垂或胎盘早剥。破膜前后要监测胎心率,破膜后观察羊水性状、颜色、量和胎心率变化情况。

3. **分娩过程**　积极评估胎儿情况,必要时采取会阴侧切术、胎头吸引术、产钳助产术等,协助胎儿娩出,缩短第二产程。

第四节　异 位 妊 娠

正常妊娠时,受精卵着床于子宫腔内膜,当受精卵于子宫体腔以外着床,称异位妊娠(ectopic pregnancy),习惯上称宫外孕。异位妊娠是妇产科常见的急腹症之一,若不及时诊断和处理,严重时可危及生命。

【病因与发病机制】

异位妊娠包括输卵管妊娠(tube pregnancy)、卵巢妊娠(ovarian pregnancy)、腹腔妊娠(abdominal pregnancy)、阔韧带妊娠(broad ligament pregnancy)及宫颈妊娠(cervical pregnancy)等。

异位妊娠发生率近年上升趋势明显,以输卵管妊娠最常见,占异位妊娠的 95% 左右。常见原因包括以下几方面:

1. **输卵管炎症**　是输卵管妊娠的主要病因。输卵管黏膜炎或输卵管周围炎常造成输卵管周围粘连、扭曲、管腔狭窄、管壁肌蠕动减弱,影响受精卵的运行。

2. **输卵管妊娠史或手术史**　曾有输卵管妊娠史,不管是经过保守治疗后自然吸收,还是接受输卵管保守性手术,再次异位妊娠的发生率达 10%。有输卵管绝育史及手术史者,输卵管妊娠的发生率为 10%~20%。

Note:

3. **输卵管发育不良或功能异常**　输卵管过长、肌层发育不良或黏膜纤毛缺乏等。

4. **辅助生殖技术**　近年来由于辅助生殖技术的应用,使输卵管妊娠发生率升高,既往少见的异位妊娠,如卵巢妊娠、宫颈妊娠、腹腔妊娠等的发生率升高。

5. **避孕失败**　包括宫内节育器(intrauterine device,IUD)避孕失败、口服紧急避孕药失败等均可增加异位妊娠的发生率。

6. **其他**　子宫肌瘤或卵巢肿瘤等压迫输卵管,使受精卵运行受阻。子宫内膜异位症可能增加受精卵着床于输卵管的可能性。

【临床表现】

1. **症状**

(1)停经:是常见的临床表现,多有 6~8 周的停经史,也有 20%~30% 患者无明显停经史,或有不规则阴道流血被误认为月经。

(2)腹痛:输卵管妊娠患者就诊的主要症状,占 95%。常表现为一侧下腹部隐痛或突感一侧下腹部撕裂样疼痛,常伴有恶心、呕吐。当血液积聚于直肠子宫陷凹处时,出现肛门坠胀感。出血多时疼痛可向全腹部扩散,血液刺激膈肌时可引起肩胛部放射性疼痛。

(3)阴道流血:占 60%~80%,胚胎死亡后常表现为不规则阴道流血,色暗红或深褐,量少呈点滴状,一般不超过月经量,少数患者阴道流血较多,类似月经。阴道流血可伴有蜕膜管型或蜕膜碎片排出,由子宫蜕膜剥离所致。

(4)晕厥与休克:由于腹腔内出血及剧烈疼痛可出现晕厥,出血过多可出现失血性休克。出血量越多出血速度越快,症状出现越迅速越严重,但往往与阴道流血量不成正比。

(5)腹部包块:当输卵管妊娠流产或破裂所形成的血肿时间较久者,因血液凝固与周围组织或器官发生粘连形成包块。

2. **体征**

(1)一般情况:当腹腔出血不多时,血压可代偿性轻度升高;大量出血时,患者可出现面色苍白、脉搏细弱、血压下降等休克表现。

(2)腹部检查:下腹有明显压痛及反跳痛,尤以患侧为著,腹肌紧张轻微。出血较多时,叩诊有移动性浊音。

(3)妇科检查:阴道内常有少量血液,来自宫腔。输卵管妊娠流产或破裂者,阴道后穹隆饱满,宫颈举痛或摇摆痛明显,为输卵管妊娠的主要体征之一。内出血多时,检查子宫有漂浮感。

【诊断与鉴别诊断】

(一) 诊断

输卵管妊娠未发生流产或破裂时,临床表现不明显,诊断较为困难,需采用辅助检查确诊。输卵管妊娠流产或破裂后,多数患者临床表现典型,诊断多无困难。诊断有困难时,应严密观察病情变化。需要时可采用必要的辅助检查。

1. **hCG 测定**　尿或血 hCG 测定对早期诊断异位妊娠至关重要,超过 99% 的异位妊娠患者hCG 阳性。但注意 hCG 阴性者,仍不能完全排除异位妊娠,单一的血清 hCG 浓度测定无法判断妊娠活性与部位,应结合患者病史、临床表现、超声检查等;连续的血清 hCG 水平有助于区分正常与异常妊娠。

2. **超声诊断**　超声检查对异位妊娠诊断必不可少,阴道 B 超检查较腹部 B 超准确性高。异位妊娠的声像特点:宫腔内未探及妊娠囊,宫旁出现低回声区,该区若查出胚芽及原始心管搏动,可确诊异位妊娠。输卵管妊娠流产或破裂后,若腹腔内存在无回声暗区或直肠子宫陷凹处积液暗区,对诊断异位妊娠有价值。

3. **阴道后穹隆穿刺** 是一种简单可靠的诊断方法,适用于疑有腹腔内出血的患者。抽出暗红色不凝固血液,说明有腹腔内出血。后穹隆穿刺阴性不能排除输卵管妊娠。

4. **腹腔镜检查** 不再是异位妊娠诊断的"金标准"。目前很少将腹腔镜作为检查的手段,而更多作为手术治疗的手段。

(二) 鉴别诊断

输卵管妊娠应与流产、急性输卵管炎、急性阑尾炎、黄体破裂及卵巢囊肿蒂扭转鉴别。具体可见表 8-2。

表 8-2 异位妊娠的鉴别诊断

	输卵管妊娠	流产	急性输卵管炎	急性阑尾炎	黄体破裂	卵巢囊肿蒂扭转
停经	多有	有	无	无	多无	无
腹痛	突然撕裂样剧痛,自下腹一侧向全腹扩散	下腹中央阵发性坠痛	两下腹持续性疼痛	转移性右下腹部疼痛	下腹一侧突发性疼痛	下腹一侧突发性疼痛
阴道出血	量少,暗红色,可有蜕膜组织	量少或过多,有小血块或组织物排出	无	无	无或如月经量出血	无
休克	可有,程度与外出血不成正比	可有,程度与外出血成正比	无	无	无或有轻度休克	无
体温	正常,有时稍高	正常	升高	升高	正常	稍高
盆腔检查	宫颈举痛,一侧下腹疼痛,宫旁或直肠子宫陷凹有肿块	子宫增大变软	两侧下腹疼痛,输卵管积液时触及肿块	直肠指检右侧高位压痛	一侧附件压痛	卵巢肿块边缘清晰,蒂部触痛明显
白细胞计数	正常或稍高	正常	增高	增高	正常或稍高	稍高
白红蛋白	下降	正常	正常	正常	下降	正常
后穹隆穿刺	可抽出不凝血液	阴性	可抽出渗出液或脓液	阴性	可抽出血液	阴性
妊娠试验	多为阳性	多为阳性	阴性	阴性	阴性	阴性
超声显像	一侧附件低回声区,其内或有妊娠囊	宫内可见妊娠囊	两侧附件低回声区	子宫附件区无异常图像	一侧附件低回声区	一侧附件肿物

此外,在鉴别诊断中要注意了解受孕方式,如果是辅助生殖技术助孕的孕妇出现下腹疼痛,即使超声提示宫内妊娠,也需高度警惕可能存在宫内妊娠同时合并异位妊娠情况。

【处理原则】

治疗原则根据患者的临床病情、生育期望以及输卵管损伤程度等来决定,包括手术治疗和非手术治疗。

1. **手术治疗**

(1) 适应证:①生命体征不平稳或有腹腔内出血征象者;②异位妊娠有进展者(血 hCG>3 000U/L 或进行性升高、有胎心搏动,附件区包块增大);③不能随诊者;④药物治疗有禁忌证或无效者;⑤持续性异位妊娠者。

(2)手术方式

1)根治手术:适用于无生育要求的输卵管妊娠、内出血并发休克的急症患者。重症患者应在积极纠正休克的同时,尽快行手术切除患侧输卵管,并酌情处理对侧输卵管。

2)保守手术:适用于有生育要求的年轻妇女。根据受精卵着床部位及输卵管病变情况选择术式,若为伞部妊娠可行挤压将妊娠产物挤出;壶腹部妊娠行切开输卵管取出胚胎再缝合;峡部妊娠行病变节段行切除及断端吻合。手术若采用显微外科技术可提高以后的妊娠率。注意术后仍有 hCG 反复上升的风险。术中自体输血是抢救严重内出血伴休克的有效措施之一,尤其在缺乏血源的情况下更重要。输卵管妊娠行保守手术后,残余滋养细胞有可能继续生长,再次发生出血,引起腹痛等,称为持续性异位妊娠(persistent ectopic pregnancy)。如输卵管妊娠保守手术后血清 hCG 水平升高,术后 1d 下降<50%,或术后 12d 未下降至术前值的 10% 以下,均可诊断为持续性异位妊娠。

2. 药物治疗 采用化学药物治疗,适用于病情稳定的输卵管妊娠患者及保守手术后发生持续性异位妊娠者。

(1)适应证:①无药物治疗的禁忌证;②输卵管妊娠未发生破裂;③妊娠囊直径<4cm;④血 hCG<2 000U/L;⑤无明显内出血。

(2)禁忌证:①生命体征不稳定;②异位妊娠破裂;③妊娠囊直径≥4cm 或≥3.5cm 伴胎心搏动;④药物过敏、慢性肝病、血液系统疾病、活动性肺部疾病、免疫缺陷、消化性溃疡等。

(3)用药方式:化疗主要采用全身用药,也可局部用药。目前全身用药常用甲氨蝶呤(MTX),抑制滋养细胞增生,使胚胎组织坏死、脱落、吸收。治疗期间需要监测病情变化、血 hCG 及超声检查,同时注意药物毒副作用。

3. 期待治疗 适用于无腹痛或合并轻微腹痛的病情稳定患者,超声检查未提示有明显的腹腔内出血,输卵管妊娠肿块的平均直径不超过 30mm 且没有心管搏动,血清 hCG 水平<1 000~2 000U/L,期待治疗必须向患者说明病情及征得患者的知情同意。

【助产要点】

(一)评估和监测

1. 健康史 询问孕妇年龄、生育情况及月经史等,准确推断停经时间,了解避孕方法(是否放置宫内节育器),有无发生输卵管妊娠的高风险因素。盆腔检查时是否有漂浮感,能否触及小包块及存在轻压痛;是否有宫颈举摆痛。关注辅助检查结果,结合血 hCG、B 超检查结果,协助医生行阴道后穹隆穿刺,明确诊断,判断患者异位妊娠的结局。

2. 密切观察病情 监测孕妇的生命体征及面色、神志等变化,评估腹痛、阴道流血等情况,评估有无贫血和休克的先兆表现,正确估计阴道流血量、尿量等。

3. 休克识别 重视孕妇的主诉,及早识别内出血及休克征象,若发现孕妇出血增多、腹痛加剧、肛门坠胀感明显等,及时报告医生。

(二)教育与支持

1. 心理支持 关注孕妇的心理变化,手术前应简洁明了地向孕妇及家属讲明手术的必要性,减少和消除孕妇的紧张、恐惧心理;术后应帮助患者以正常的心态接受此次妊娠失败的现实,向她们讲解异位妊娠的相关知识及再孕注意事项,减少因害怕再次发生异位妊娠而抵触妊娠的不良情绪,也可提高患者的自我保健意识。

2. 休息与活动 指导患者卧床休息、减少剧烈活动,避免增加腹压的动作和活动,如突然改变体位,用力咳嗽、便秘等,减少异位妊娠破裂的机会。

3. 饮食指导 指导摄取足够的营养物质,尤其是富含铁蛋白的食物,如动物肝脏、鱼肉、豆类、黑木耳等。

4. 卫生宣教 保持良好的卫生习惯,保持生殖系统的健康。输卵管妊娠的预防在于防止输卵管的损伤和感染,防止发生盆腔感染。发生盆腔炎后须立即彻底治疗,以免延误病情。

5. 加强随访 帮助孕妇以正确的心态接受此次妊娠失败的现实,讲述异位妊娠的有关知识,由于输卵管妊娠者中有一定的再发生率及不孕率,因此应告诫患者下次妊娠要及时就医,并且不轻易终止妊娠。

(三)处理与配合

1. 配合医生积极纠正休克症状 吸氧、开放静脉通道、配血、输血、输液、止血,维持血容量,做好术前准备。如果已出现腹腔内出血较多或失血性休克孕妇,按急诊危重患者进行抢救。

2. 用药护理 对使用化疗药物治疗孕妇遵医嘱正确留取血标本,以监测治疗效果。同时密切监测副作用的发生,常用药物有甲氨蝶呤,不良反应较小,常表现为恶心呕吐等消化道反应,有时可出现轻微肝功能异常,药物性皮疹、脱发等,大部分反应是可逆的。

知 识 拓 展

剖宫产瘢痕妊娠

剖宫产子宫瘢痕妊娠(caesarean scar pregnancy,CSP)指受精卵、滋养细胞种植于剖宫产后子宫瘢痕处。临床表现为既往有子宫下段剖宫产史,此次停经后伴有不规律阴道流血。由于该瘢痕处肌壁薄弱且纤维组织多,此处妊娠后容易发生子宫破裂、大出血,甚至孕中晚期胎盘植入等严重并发症,危及孕产妇生命安全。

临床上剖宫产再次妊娠者在妊娠早期需要通过B超确定妊娠囊与剖宫产子宫切口关系,大多数CSP预后凶险,一旦确诊多建议终止妊娠。治疗选择个体化方案,治疗方法包括药物和/或手术治疗。甲氨蝶呤是首选的药物,手术是治疗CSP的有效手段,主要有宫腔镜清宫术、子宫动脉栓塞术(UAE)、局部病灶切除加修补术、宫腹腔镜联合(子宫动脉阻断+清宫术)以及阴式或腹式瘢痕妊娠切除术等,必要时可行全子宫切除术。

第五节 妊娠剧吐

妊娠剧吐(hyperemesis gravidarum,HG)指孕妇妊娠早期出现严重而持续的恶心、呕吐,并引起脱水、酮症甚至酸中毒,需要住院治疗,出现恶心呕吐的孕妇中有 0.3%~1% 发展为妊娠剧吐。

【病因与发病机制】

病因不明,目前推测妊娠剧吐的发生与神经内分泌因素有关。

1. 内分泌因素

(1)绒毛膜促性腺激素(hCG)水平升高:有学者提出妊娠剧吐可能与 hCG 水平升高有关,早孕反应的发展和孕妇血中 hCG 水平变化相吻合,在多胎妊娠和葡萄胎患者血中 hCG 高于正常妊娠,其发病风险增加。

(2)甲状腺功能改变:60% 的 HG 患者可伴发短暂的甲状腺功能亢进,呕吐的严重程度与游离甲状腺素显著相关。

2. 精神因素 特定人格类型或特定心理障碍与妊娠剧吐的关系,已有多年的争论。

3. 其他危险因素 包括晕动病史、偏头痛,家族史或既往妊娠剧吐史。

【临床表现】

1. 症状 多数妊娠剧吐发生在妊娠 10 周以前。典型表现为妊娠 6 周左右出现恶心、呕吐,并随妊娠的进展进行性加重,至妊娠 8 周左右发展为持续性呕吐,不能进食,导致孕妇脱水、电解质紊乱甚至酸中毒。极为严重者出现嗜睡、意识模糊、谵妄,甚至昏迷、死亡。

2. **体征**　体重下降,下降幅度可超过发病前的 5%,出现明显消瘦、极度疲乏、口唇干裂、皮肤干燥、眼球凹陷及尿量减少等症状。孕妇肝肾功能受损,出现黄疸、血胆红素和转氨酶升高、尿素氮和肌酐增高、尿蛋白和管型。严重者可因维生素 B_1 缺乏引起 Wernicke 脑病。

【诊断与鉴别诊断】

(一) 诊断

妊娠剧吐为排除性诊断,应仔细询问病史,根据病史及妇科检查,首先确诊早孕,并排除葡萄胎引起剧吐的可能性。

(二) 病情危重指标

1. 心率>120 次 /min。
2. 持续黄疸或蛋白尿,或肝肾功能受损。
3. 不明原因持续高热,体温在 38℃ 以上。
4. 一系列低血钾、酸中毒症状。
5. 视力障碍或视网膜出血。
6. 多发性神经炎。
7. 出现 Wernicke 脑病。

(三) 鉴别诊断

妊娠剧吐应排除可能引起呕吐的其他疾病,如胃肠道感染(伴腹泻)、胆囊炎、胆道蛔虫、胰腺炎(伴腹痛,血浆淀粉酶水平升高达正常值 5~10 倍)、病毒性肝炎、尿路感染(伴排尿困难或腰部疼痛)等。妊娠剧吐患者常存在促甲状腺素的抑制状态,如无甲状腺本身疾病存在,不能诊断甲状腺功能亢进。如果妊娠剧吐症状持续至妊娠中期,应注意与少见的消化道恶性肿瘤进行鉴别。

【辅助检查】

妊娠剧吐在临床上容易确诊,辅助检查的目的是判断疾病的严重程度。

1. **尿液检查**　尿酮体检测阳性,说明饥饿状态下机体动员脂肪组织供给能量,使脂肪代谢的中间产物酮体聚积,同时注意尿比重、蛋白尿及管型尿。

2. **血常规**　测定红细胞及血红蛋白含量等,因血液浓缩致血红蛋白水平升高,严重者可达 150g/L 以上,血细胞比容达 45% 以上。

3. **生化指标**　患者血清钾、钠、氯水平下降,呈代谢性低氯性碱中毒,67% 的患者肝酶水平升高,血清胆红素、血清淀粉酶和脂肪酶也可升高,肾功能不全时出现尿素氮、肌酐水平升高。

4. **动脉血气分析**　测定血 pH、二氧化碳结合力等,上述指标通常在纠正脱水、恢复进食后正常。

5. **眼底检查及神经系统检查**　必要时行此检查。

6. **超声检查**　排除多胎妊娠、滋养细胞疾病等。

【并发症】

1. **甲状腺功能亢进**　60%~70% 的妊娠剧吐孕妇可出现短暂的甲状腺功能亢进,机制在于 β-hCG 与 TSH 的 β 亚单位结构化学结构相似,故在妊娠后升高的 β-hCG 刺激甲状腺分泌甲状腺激素,继而反馈性抑制 TSH 水平。甲状腺功能亢进常为暂时性,一般无须使用抗甲状腺药物。孕 20 周复查甲状腺功能常恢复正常。

2. **Wernicke 脑病**　为严重呕吐引起维生素 B_1 严重缺乏所致,一般在妊娠剧吐持续 3 周后发病。约 10% 的妊娠剧吐患者并发该病,主要特征为眼球震颤、视力障碍、步态和站立姿势受影响,可发生木僵或昏迷甚至死亡。治疗后死亡率为 10%,未治疗者的死亡率高达 50%。

3. **维生素 K 缺乏**　频繁呕吐导致维生素 K 摄入不足,有时伴有纤维蛋白原及血浆蛋白减少,孕妇可有出血倾向,如鼻出血等。

【处理原则】

严重呕吐并发酮症或出现严重并发症时需要住院治疗,包括静脉补液、补充多种维生素尤其是 B 族维生素、纠正脱水及电解质紊乱、合理使用止吐药物、预防并发症。

1. **支持治疗**　避免早晨空腹,鼓励少食多餐,进食清淡、易消化及高热量食物,必要时禁食。避免接触容易诱发呕吐的食物、气味等。注意改善孕妇的心理状态并积极进行心理疏导。

2. **纠正脱水及电解质紊乱**

(1) 每天静脉补液量 3 000ml 左右,可选择生理盐水、葡萄糖盐水、葡萄糖液或平衡液,补充维生素 B_6、维生素 B_1、维生素 C,连续输液至少 3d,维持每天尿量 ≥ 1 000ml。孕妇如不能进食,注意先补充维生素 B_1 再输注葡萄糖,以防发生 Wernicke 脑病。

(2) 预防及纠正低钾血症,补钾 3~4g/d,严重低血钾时可补钾至 6~8g/d,原则上每 500ml 尿量补钾 1g 较为安全,注意监测血清钾水平和心电图。

(3) 合并代谢性酸中毒者,可给予碳酸氢钠或乳酸钠纠正。

3. **止吐治疗**　由于妊娠剧吐发生于妊娠早期,正值胎儿最易致畸的敏感时期,因而止吐药物的安全性备受关注。

(1) 甲氧氯普胺:在妊娠早期应用甲氧氯普胺并未增加胎儿畸形、自然流产的发生风险。

(2) 昂丹司琼:仍缺乏足够证据证明昂丹司琼对胎儿的安全性,虽然其绝对风险低,但使用时仍需权衡利弊。

(3) 异丙嗪:止吐效果与甲氧氯普胺基本相似。

(4) 糖皮质激素:甲泼尼龙可以缓解妊娠剧吐的症状,但鉴于其妊娠早期应用与胎儿唇裂相关,应避免在妊娠 10 周前作为一线治疗用药,仅作为顽固性妊娠剧吐患者的最后止吐方案。

4. **病情危重时终止妊娠**　如持续黄疸或蛋白尿;体温持续升高>38℃;卧床休息时心率大于 120 次/min;出现多发性神经炎及神经性体征;有颅内出血或眼底出血经治疗不好转及伴发 Wernicke 脑病等。

【助产要点】

(一) 评估和监测

1. **健康史**　询问孕妇的生育情况,有无消化系统疾病、糖尿病等内科疾病史,有无视力异常等。关注辅助检查结果,通过尿液、血液实验室检查评估孕妇自身情况,通过 B 超检查了解胎儿情况。

2. **密切观察病情**　评估早孕反应出现的时间及主要症状。评估呕吐次数及呕吐量,以及呕吐物有无胆汁及咖啡样物质。评估孕妇生命体征、精神状态,询问体重下降的情况,通过评估孕妇的尿量、皮肤黏膜是否干燥、眼窝有无下陷等综合判断孕妇脱水情况。评估皮肤巩膜颜色,评估尿液颜色。密切观察胎儿宫内情况,注意有无阴道流血、腹痛等先兆流产的症状。

(二) 教育与支持

1. **心理支持**　反复发生孕吐者,会产生不同程度的压力及焦虑情绪,应关心其心理状态,关心、体贴孕妇,避免情绪激动。使其了解妊娠呕吐是一种常见的生理现象,经过治疗和护理是可以缓解的,消除不必要的思想顾虑,树立继续妊娠的信心,提高心理舒适度,一般妊娠 12 周以后孕吐情况会消失或好转,使之对妊娠充满信心。

2. **保证妊娠期营养**　恶心呕吐轻者晨起可吃咸味食物,少食多餐,避免空腹。根据体重变化增加热量和蛋白质摄入,多食新鲜蔬菜和水果,增加膳食纤维,注意铁、钙、碘的摄入,食物多样化,粗细粮搭配。

3. 指导孕妇注意口腔卫生　保持口腔清洁,饭后漱口,早、晚用软毛刷刷牙,孕吐后迅速清理,并用温开水漱口。

4. 适当休息　尽量避免高负荷工作,少到人多拥挤的公共场所,避免接触有毒化学物质和放射性物质。

(三) 处理与配合

1. 营养治疗　孕妇因呕吐进食摄入减少,长期易导致热量不足、水电解质紊乱,遵医嘱予适当输注营养素。

2. 输液治疗　输液前做好解释工作,选择合适的输液通道,熟练操作,加强输液通道的管理,避免输液并发症的发生。

3. 积极配合医生完成各项检查　监测患者酮体、电解质、肝功能、心电图等,出现异常情况时及时向医生汇报,以便于酌情调整治疗方案,注意观察检查结果的动态变化。

第六节　妊娠期高血压疾病

导入情境与思考

某孕妇,31 岁。孕 2 产 1,36^{+6} 周,单活胎待产。因"停经 36^{+6} 周,发现血压升高 1 周"入院。孕妇自诉轻微头晕,无头痛、腹痛、视物模糊等症状。平素月经规律。

体格检查:T 36.8℃,P 98 次 /min,R 20 次 /min,BP 166/114mmHg,心肺听诊无异常。专科检查:妊娠腹,宫高 32cm,腹围 94cm,子宫底剑突下 2+ 指,无宫缩,胎心 142 次 /min,阴道无流血流液,双下肢轻度凹陷性水肿。

辅助检查:尿蛋白(++)。

请思考:

1. 该孕妇的医疗诊断是什么?

2. 根据当前孕妇的状况,列举病情观察的重点和助产配合要点。

妊娠期高血压疾病(hypertensive disorders of pregnancy,HDP)指妊娠与血压升高并存的一组疾病,包括妊娠期高血压(gestational hypertension)、子痫前期(preeclampsia)、子痫(eclampsia)、慢性高血压并发子痫前期(chronic hypertension with superimposed preeclampsia)和妊娠合并慢性高血压(chronic hypertension in pregnancy)。其发病率为 5%~12%。该组疾病严重影响母婴健康,可伴有脑、心、肝、肾等多脏器功能损害,是导致孕产妇及围产儿病死率升高的主要原因。

【病因与发病机制】

(一) 高危因素

年龄 ≥40 岁,初次产检时 BMI ≥35kg/m^2;子痫前期家族史(母亲或姐妹),既往子痫前期病史,高血压遗传因素等;以及存在的内科疾病或隐匿存在的疾病(包括高血压病、肾脏疾病、糖尿病和自身免疫性疾病,如系统性红斑狼疮、抗磷脂综合征等);初次妊娠、妊娠间隔时间 ≥10 年,此次孕早期或首次产前检查时收缩压 ≥130mmHg 或舒张压 ≥80mmHg,孕早期尿蛋白定量 ≥0.3g/24h 或持续存在随机尿蛋白不低于(+),多胎妊娠等也是子痫前期发生的风险因素。

(二) 病因与发病机制

妊娠期高血压疾病的发病原因和机制尚未完全阐明,子痫前期是一种多因素、多机制及多通路致病的疾病,有学者提出"两阶段"学说。第一阶段为临床前期,即子宫螺旋动脉滋养细胞重铸障碍,导致胎

Note:

盘缺血和缺氧,释放多种胎盘因子;第二阶段胎盘因子进入母体血液循环,促进系统性炎症反应的激活及内皮血管的损伤,引起子痫前期 - 子痫的临床表现。关于病因和发病机制的主要学说有以下几种:

1. **子宫螺旋小动脉重铸不足** 滋养细胞侵入螺旋小动脉不全,子宫肌层螺旋小动脉未发生重铸,使得螺旋小动脉狭窄,最终导致胎盘灌注减少和缺氧,激起全身性炎症反应从而最终导致子痫前期的发生。

2. **炎症免疫过度激活** 母体对于父亲来源的胎盘和胎儿抗原的免疫耐受缺失或者失调,可能是子痫前期病因的重要组成部分。

3. **血管内皮损伤** 氧化应激、抗血管生成和代谢性因素,以及其他炎症介质可导致血管内皮损伤而引发子痫前期。

4. **遗传因素** 子痫前期是一种多因素多基因疾病,有家族遗传倾向:患子痫前期的母亲其女儿子痫前期发病率为 20%~40%;患子痫前期的妇女其姐妹子痫前期发病率为 11%~37%;双胞胎中患子痫前期的妇女其姐妹子痫前期发病率为 22%~47%,遗传模式尚不清楚。

5. **营养因素** 已发现多种营养因素如低蛋白血症,钙、镁、锌、硒等缺乏与子痫前期的发生发展可能有关,但尚需更多的临床研究进一步证实。

【临床表现及分类】

1. **妊娠期高血压** 妊娠 20 周后首次出现高血压,收缩压 ≥140mmHg 和 / 或舒张压 ≥90mmHg,于产后 12 周内恢复正常,尿蛋白检测阴性。产后方可确诊。

2. **子痫前期 - 子痫**

(1) 子痫前期:妊娠 20 周后出现收缩压 ≥140mmHg 和 / 或舒张压 ≥90mmHg,伴有尿蛋白 ≥0.3g/24h,或尿蛋白 / 肌酐 ≥0.3,或随机尿蛋白(+);或虽无蛋白尿,但伴有下列任何一项者:血小板减少($<100\times10^9$/L),肝功能损害(血清转氨酶水平 > 正常值 2 倍),肾功能损害(血肌酐水平 >1.1mg/dl 或 > 正常值 2 倍),肺水肿,新发生的中枢神经系统异常或视觉障碍。

子痫前期的患者出现下述任一表现可诊断为重度子痫前期(severe preeclampsia):

1)血压持续升高:收缩压 ≥160mmHg 和 / 或舒张压 ≥110mmHg(卧床休息,两次测量间隔时间至少 4h)。

2)血小板减少($<100\times10^9$/L)。

3)肝功能损害(血清转氨酶水平 > 正常值 2 倍),严重持续性右上腹或上腹部疼痛,不能用其他疾病解释,或二者皆存在。

4)肾功能损害(血肌酐水平 >1.1mg/dl 或无其他肾脏疾病时肌酐浓度 > 正常值 2 倍)。

5)肺水肿。

6)新发生的中枢神经系统异常或视觉障碍。

(2)子痫:在子痫前期基础上发生不能用其他原因解释的抽搐。子痫的前驱症状短暂,表现为抽搐、面部充血、口吐白沫、深昏迷;随之深部肌肉僵硬,很快发展成典型的全身高张阵挛惊厥、有节律的肌肉收缩和紧张,持续 1~1.5min,期间患者无呼吸动作;此后抽搐停止,呼吸恢复,但患者仍昏迷,最后意识恢复,但易激惹、烦躁。

3. **慢性高血压并发子痫前期** 慢性高血压妇女妊娠前无蛋白尿,孕 20 周后出现蛋白尿;或孕前有蛋白尿,孕后蛋白尿明显增加;或出现血压进一步升高等上述重度子痫前期的任何一项表现。

4. **妊娠合并慢性高血压** 妊娠 20 周前发现收缩压 ≥140mmHg 和 / 或舒张压 ≥90mmHg(除外滋养细胞疾病);或妊娠 20 周后首次诊断高血压并持续到产后 12 周以后。

【诊断与鉴别诊断】

根据病史、临床表现和辅助检查可做出诊断。由于本病临床表现的多样性,应注意评估是否合并

Note:

多脏器损害。

1. **病史** 妊娠前有无高血压、糖尿病、肾病、系统性红斑狼疮等病史,有无妊娠期高血压疾病家族史,近期有无头痛、头晕及眼花等临床症状,是否有短时间内体重异常增加、尿量减少等情况;发现血压异常增高及尿蛋白异常的时间等。

2. **高血压** 同一手臂至少测量 2 次,收缩压 ≥140mmHg 和 / 或舒张压 ≥90mmHg 为高血压。若血压较基础血压升高 30/15mmHg,但低于 140/90mmHg 时不作为诊断依据,但需要加强观察。对于首次发现血压高者,建议间隔 4h 及以上复测。对于收缩压 ≥160mmHg 和 / 或舒张压 ≥110mmHg 的严重高血压,应密切监测血压。为保证测量的准确性,应选择型号合适的袖带(袖带长度是上臂围的 1.5 倍)。

3. **尿蛋白** 高危孕妇建议每次产检时检测尿蛋白,可疑子痫前期的孕妇测 24h 尿蛋白定量。尿蛋白的诊断标准包括以下之一:①尿蛋白 ≥0.3g/24h;②尿蛋白 / 肌酐 ≥0.3;③尿蛋白定性不小于(+)。注意避免阴道分泌物或羊水污染尿液。

4. **辅助检查** 包括以下常规检查:血常规,尿常规,肝功能,肾功能、尿酸,凝血功能,心电图,电子胎心监护,超声检查胎儿、胎盘和羊水等。应视病情发展、诊治需要酌情增加其他检查项目,如眼底检查、动脉血气分析等。

5. **鉴别诊断** 临床中子痫前期应与慢性肾炎合并妊娠、HELLP(hemolysis, elevated liver enzymes and low platelets)综合征等相鉴别,子痫应与癫痫、脑炎、脑膜炎、脑肿瘤、脑血管畸形破裂出血、糖尿病高渗性昏迷、低血糖昏迷等相鉴别。

(1)妊娠合并慢性肾炎:既往有慢性肾炎病史,或妊娠 20 周前有明显浮肿、蛋白尿和高血压;尿常规有尿蛋白、红细胞及管型,血肌酐升高。隐匿型肾炎仅有轻度尿液改变,包括蛋白尿、管型尿及镜下血尿等,可以没有高血压等其他症状。

(2)HELLP 综合征:指在子痫前期的基础上出现溶血、肝酶升高和血小板减少的综合征。典型表现包括外周血涂片可见破裂红细胞,血清胆红素升高(以间接胆红素为主),血清结合珠蛋白降低,乳酸脱氢酶升高和血红蛋白明显降低。

(3)妊娠期急性脂肪肝:典型临床表现为妊娠晚期的恶心、呕吐、上腹痛、黄疸、乏力;部分患者伴发子痫前期;常伴有肝、肾功能异常,表现为谷丙转氨酶、碱性磷酸酶、血清胆红素升高(直接胆红素为主),尿胆红素阴性,尿酸、肌酐、尿素氮均升高;多数患者可有凝血功能障碍和低血糖。B 超可提示脂肪肝,肝穿刺活检病理表现为弥漫性微滴性脂肪变性。

(4)强直性 - 痉挛性抽搐疾病:子痫需要与其他进行鉴别,如癔病、高血压脑病、脑血管意外(包括出血、血栓、畸形血管破裂等)、癫痫、颅内肿瘤、代谢性疾病(低血糖、低血钙)、脑白质病变、脑血管炎等相鉴别。

(5)免疫系统疾病:当出现血压升高、血小板减少及肾功能损害等,需要与抗磷脂综合征及系统性红斑狼疮等鉴别。

【病理生理变化及对母儿影响】

妊娠期高血压的基本病理生理变化是全身小血管痉挛和血管内皮损伤,全身各系统靶器官血流灌注减少而造成损害,出现不同的临床征象,包括心血管、血液、肾脏、肝脏、脑和子宫胎盘灌流等。

1. **心血管系统** 子痫前期患者血管平均动脉压升高,左心室收缩功能下降;冠状动脉痉挛导致不同程度的心肌损害,形成低排高阻型血流动力学改变,易发展为急性左心衰竭;而组织液向肺间质和肺泡渗漏,尤其是存在严重低蛋白血症时,极易发生急性肺水肿。

2. **血液系统** 主要病理改变为凝血功能异常、血液浓缩。部分子痫前期患者可出现血小板减少,血浆中部分凝血因子的水平降低,红细胞形态异常和急性溶血。患者血液浓缩,有效循环血量减少,表现为血细胞比容增加,血液黏滞度增加等;还可引起严重的低蛋白血症,可出现全身明显水肿,甚至出现腹腔、胸腔、心包腔的浆膜腔积液。

3. **肾脏**　子痫前期患者肾小球扩张,内皮细胞肿胀,纤维素沉积于内皮细胞。血浆蛋白自肾小球漏出形成蛋白尿。肾灌注和肾小球滤过率下降,导致血尿酸和肌酐水平升高。肾脏功能严重损害可导致少尿及肾衰竭。

4. **肝脏**　常表现为血清转氨酶水平升高。患者可出现肝脏细胞缺血缺氧坏死,严重时出现门静脉周围出血,甚至肝被膜下血肿形成、自发性肝破裂等严重并发症。

5. **脑**　脑血管痉挛,通透性增加,导致脑水肿、充血、局部缺血、血栓形成及出血等。CT检查脑皮质呈低密度区,并有局部缺血和点状出血,提示脑梗死,与昏迷及视力下降、失明相关。大范围脑水肿表现为思维混乱和感觉迟钝,少数患者可出现昏迷,甚至脑疝。子痫前期患者脑血管阻力和脑灌注压均增高,可致明显头痛。

6. **子宫胎盘灌注**　子宫螺旋动脉重铸不足导致胎盘灌流下降,加之内皮损害及胎盘血管急性动脉粥样硬化,使胎盘功能下降,出现胎儿生长发育受限,胎儿窘迫。胎盘血管破裂出血,可导致胎盘早剥,严重时威胁孕妇及胎儿生命。

7. **内分泌及代谢**　由于血管紧张素转化酶增加,妊娠晚期盐皮质激素、去氧皮质酮升高可导致钠潴留,血浆胶体渗透压降低,细胞外液可超过正常妊娠,但水肿与子痫前期的严重程度及预后相关性不高。子痫抽搐后,可出现酸中毒及呼吸代偿性的二氧化碳丢失,致使血中碳酸盐浓度降低。

【预防】

目前尚无证据表明能在一般人群中预防妊娠期高血压疾病的发生。以下措施对高危人群的预防可能有效:

1. **合理饮食**　没有足够的证据证明限制食盐摄入可以降低子痫前期的发病,也不推荐肥胖孕妇限制热量摄入。对于钙摄入低的人群(<600mg/d),推荐口服钙至少1g/d以预防子痫前期。

2. **小剂量阿司匹林**　对存在子痫前期复发风险的孕妇,如子痫前期病史(尤其是有较早发生子痫前期病史或重度子痫前期病史),有胎盘疾病史(如胎儿生长受限、胎盘早剥病史),存在肾脏疾病及高凝状况等子痫前期高危因素者,可在妊娠早中期(妊娠12~16周)开始每天服用小剂量阿司匹林50~150mg,根据个体因素决定用药时间,预防性用药可维持到妊娠26~28周。

3. **适度锻炼**　体育运动可预防高血压性心血管病变,妊娠期应适度锻炼,合理安排休息,以保持妊娠期身体健康。

【处理原则】

治疗的基本目标是在对孕妇及胎儿损伤最小的情况下终止妊娠;治疗的基本原则是休息、镇静、解痉,有指征地降压、利尿,密切监测母胎情况,适时终止妊娠。

(一) 评估和监测

目的是了解病情轻重和进展情况,及时合理干预,避免不良临床结局发生。根据病情决定检查频率和内容。

1. **症状和体征**　有无头痛、胸闷、眼花、上腹部疼痛等自觉症状,检查血压、尿常规、体重、尿量、胎心、胎动等。

2. **母体辅助检查**　包括眼底检查、凝血指标,心、肝、肾功能,血脂、尿蛋白定量和电解质等检查,以及自身免疫性疾病相关指标等。

3. **胎儿辅助检查**　包括电子胎心监护,超声监测胎儿发育、羊水量,如可疑胎儿生长受限,注意检测脐动脉和大脑中动脉血流阻力等。

4. **检查项目和频率**　根据病情决定,注意个体化,便于掌握病情变化。诊断为子痫前期的孕妇,产前检查频率为每周1次甚至每周2次。

Note:

（二）一般处理

1. 妊娠期高血压和子痫前期孕妇可门诊治疗，重度子痫前期孕妇应住院治疗。

2. 摄入充足的碳水化合物和高蛋白、低脂肪食物，适量补充多种维生素，如维生素 C、维生素 E，以及适量补钙，不建议限制盐摄入。

3. 保障休息，为保证充足睡眠，必要时可睡前口服地西泮 2.5~5mg。

（三）降压治疗

收缩压达到 160mmHg 和 / 或舒张压达到 110mmHg 的孕妇必须进行降压治疗。收缩压 ≥140mmHg 和 / 或舒张压 ≥90mmHg 的高血压患者建议进行降压治疗。对于未并发脏器功能损害者，收缩压应控制在 130~155mmHg，舒张压可控制在 80~105mmHg；对于并发脏器功能损害者如合并有糖尿病、肾脏疾病、肝脏、心脏或凝血功能障碍时，血压控制标准应降至更低水平，收缩压应降至 130~139mmHg，舒张压应降至 80~89mmHg。降压过程力求平稳下降，不可低于 130/80mmHg，以保证子宫胎盘血流灌注。

应选择不减少肾脏和胎盘血流，对胎儿影响小的药物。

1. **拉贝洛尔（Labetalol）** 为 α_1 和非选择性 β 肾上腺素能受体阻滞剂，在有效降低血压时不影响肾脏及胎盘的血流，为目前国内重度子痫前期最常用的降压药之一。不能用于哮喘患者。

2. **硝苯地平（nifedipine）** 为二氢吡啶类钙离子通道阻滞剂。其副作用常表现为心悸、头痛，使用时需密切监测血压。因其与硫酸镁有协同作用，故不建议联合使用。

3. **酚妥拉明（phentolamine）** α 肾上腺素能受体阻滞剂。根据降压效果调整滴注剂量。

4. **硝酸甘油（nitroglycerin）** 作用于氧化亚氮合酶，可同时扩张静脉和动脉，降低心脏前、后负荷，主要用于合并急性心力衰竭和急性冠脉综合征时高血压急症的降压治疗。

5. **硝普钠（sodium nitroprusside）** 强效血管扩张剂，孕期仅适用于其他降压药物应用无效的高血压危象孕妇。产前应用不超过 4h。用药期间严密监测心率及血压。

6. **尼莫地平（nimodipine）** 二氢吡啶类钙通道阻滞剂，选择性扩张脑血管。副作用主要表现为头痛、心悸、恶心及颜面潮红。

7. **甲基多巴（methyldopa）** 可兴奋血管中枢的 α 受体，抑制外周交感神经而降低血压，妊娠期使用效果较好。副作用主要为嗜睡、便秘、口干、心动过缓。

（四）硫酸镁与解痉治疗

硫酸镁是子痫治疗的一线药物，也是重度子痫前期预防子痫发作的重要药物。对于非重度子痫前期患者一般不建议常规应用硫酸镁。

1. **作用机制** ①抑制运动神经末梢释放乙酰胆碱，阻断神经肌肉间信息传导，松弛骨骼肌；②刺激血管内皮细胞合成前列环素，抑制内皮素合成，降低机体对血管紧张素 Ⅱ 的反应，缓解血管痉挛状态；③阻断谷氨酸通道阻止钙离子内流，解除血管痉挛、减少血管内皮损伤；④提高孕妇和胎儿血红蛋白的亲和力，改善氧代谢。

2. **用药指征** ①控制子痫抽搐及防止再抽搐；②预防重度子痫前期进展为子痫；③重度子痫前期患者临产前用药，预防产时子痫及产后子痫。硫酸镁不可用作降压药。

3. **用药原则** ①预防和治疗子痫的硫酸镁用药方案相同；②分娩前未使用硫酸镁者，分娩过程中可直接使用硫酸镁，并持续至产后 24~48h；③注意保持硫酸镁血药浓度的稳定性。

4. **用药方案** ①子痫抽搐：静脉用药负荷剂量为 4~6g，溶于 10% 葡萄糖溶液 20ml 静脉推注 15~20min，或溶于 5% 葡萄糖溶液 100ml 快速静脉滴注，继而以 1~2g/h 静脉滴注维持；或者夜间睡眠前停用静脉给药，改为肌内注射，用法为 25% 硫酸镁 20ml+2% 利多卡因 2ml 臀部深部肌内注射。24h 硫酸镁总量为 25~30g。②预防子痫发作：适用于重度子痫前期和子痫发作后，负荷剂量 2.5~5g，维持剂量与控制子痫处理相同。用药时间根据病情需要调整，一般每天静脉滴注 6~12h，24h 总量不超过 25g。③子痫复发抽搐：可追加静脉负荷剂量用药 2~4g，静脉推注 2~3min，继而 1~2g/h 静脉滴注维持。④若为产后新发现高血压合并头痛或视物模糊,建议启用硫酸镁预防产后子痫前期-子痫;控制子痫抽搐24h后需要再评估病情,病情不稳定者需要继续使用硫酸镁预防复发抽搐。

5. 注意事项　详细见本章第二节早产中的治疗部分,考虑对胎儿骨质的不良影响,建议产前用药不超过5~7d。

(五) 镇静

镇静药物可缓解孕产妇的精神紧张、焦虑症状,改善睡眠,当应用硫酸镁无效或有禁忌时,可以选择镇静药物来预防并控制子痫。

1. 地西泮(diazepam)　具有镇静、抗惊厥、肌肉松弛作用。对胎儿及新生儿的影响较小。

2. 冬眠药物　广泛抑制神经系统,用于解痉降压,控制子痫抽搐。冬眠合剂由哌替啶100mg、异丙嗪50mg、氯丙嗪50mg组成,常以1/3或1/2量肌内注射,或以半量加入5%葡萄糖液250ml内静脉缓慢滴注。考虑到氯丙嗪可使血压快速下降,减少肾脏及胎盘的血供,导致胎儿缺氧,且对母儿肝脏有一定的影响,故仅用于硫酸镁治疗效果不佳者。

3. 苯巴比妥钠　具有镇静、抗惊厥、控制抽搐的作用,该药可致胎儿呼吸抑制,故分娩前6h慎用。

(六) 利尿

不主张常规应用利尿剂,仅当患者出现全身性水肿、脑水肿、肺水肿、肾功能不全、急性心力衰竭时,酌情使用呋塞米等快速利尿剂。甘露醇主要用于脑水肿,属于高渗性利尿剂,孕妇心力衰竭或潜在心力衰竭时禁用。甘油果糖适用于伴有肾功能损伤的患者。严重低蛋白血症伴有腹水者,考虑补充白蛋白后再给予利尿剂。

(七) 糖皮质激素治疗与促胎肺成熟

详见第八章妊娠并发症第二节早产。

(八) 终止妊娠

子痫前期患者经积极治疗母胎状况无改善或者病情持续进展的情况下,终止妊娠是唯一有效的治疗措施。胎儿已达到成熟的子痫前期患者应尽快分娩,无并发症的较早发生的(发病孕周<34周)子痫前期可考虑延迟分娩的保守治疗或期待疗法,以延长孕龄,减少因胎儿不成熟而致的围产儿死亡。

1. 终止妊娠时机　应考虑孕周、孕妇病情及胎儿情况等多方面因素。

(1)妊娠期高血压、子痫前期孕妇可期待至孕37周以后终止妊娠。

(2)重度子痫前期:妊娠不足24周的孕妇经治疗病情不稳定者建议终止妊娠;孕24~28周者根据母胎情况及当地母儿诊治能力决定是否可以行期待治疗;孕28~34周,如病情不稳定,经积极治疗24~48h病情仍加重,促胎肺成熟后应终止妊娠;若病情稳定,可以考虑期待治疗,并建议提前转至具备早产儿救治能力的医疗机构。妊娠大于34周的孕妇,应考虑终止妊娠。

(3)子痫:控制病情后即可考虑终止妊娠。

2. 终止妊娠的方式　如无产科剖宫产指征,原则上可以考虑阴道试产。但如果不能短时间内阴道分娩、病情有可能加重,可考虑放宽剖宫产指征。

3. 分娩期间注意事项　①应继续降压治疗并将血压控制在≤160/110mmHg;注意平稳控制血压;②注意观察自觉症状变化;监测胎心变化;③预防产时或产后子痫的发生;④积极预防产后出血;⑤产时产后不可使用麦角新碱类药物。

(九) 产褥期治疗

重度子痫前期孕妇产后应继续应用硫酸镁至少24~48h,预防产后子痫;产后72h内,回心血量增加,外周血管阻力加大,仍然容易发生脑或肺水肿、心脏衰竭、肾功能不全或脑出血,因此产后仍应积极监测血压,继续应用抗高血压药物控制血压,预防和管理不良并发症。子痫前期孕妇产前卧床时间过长或产后长期卧床,建议增加肢体活动,促进血液循环,同时可酌情使用低分子肝素等预防血栓

Note:

形成。

(十) 子痫的治疗

子痫的治疗原则:控制抽搐和防止抽搐复发;预防并发症和损伤发生;及时终止妊娠。子痫发作时的紧急处理包括:一般急诊处理,控制抽搐,控制血压,预防子痫复发及适时终止妊娠;同时应监测心、肝、肾、中枢神经系统等重要脏器功能,凝血功能和水电解质酸碱平衡。

1. **一般急诊处理** 子痫发作时应保持气道通畅,维持呼吸、循环功能稳定,密切观察生命体征、尿量(留置导尿管)等。预防坠地外伤、唇舌咬伤。

2. **控制抽搐** 硫酸镁是治疗子痫及预防抽搐复发的首选药物。具体用法详见"硫酸镁与解痉治疗"部分。当患者存在硫酸镁应用禁忌或硫酸镁治疗无效时,可考虑应用地西泮、吗啡、苯妥英钠或冬眠合剂控制抽搐,子痫产妇产后需继续应用硫酸镁24~48h,继续严密观察病情变化。

3. **降低颅内压** 选用 20% 甘露醇 250ml 快速静脉滴注可降低颅内压。

4. **控制血压** 子痫孕产妇死亡最常见的原因是脑血管意外。当收缩压持续 ≥160mmHg,舒张压 ≥110mmHg 时需采取积极的处理。

5. **纠正缺氧和酸中毒** 给予面罩和气囊给氧,根据动脉血气 pH、二氧化碳分压、碳酸氢根浓度等,适量给予 4% 碳酸氢钠纠正酸中毒。

6. **终止妊娠** 抽搐一旦停止应积极考虑终止妊娠。

【助产要点】

(一) 评估和监测

1. **健康史** 询问孕妇年龄、生育等情况,既往有无高血压病史、高血压家族史,有无妊娠期高血压的高危因素,妊娠后有无头晕、头痛、视物模糊、上腹疼痛、水肿等症状及蛋白尿等征象。关注辅助检查结果,通过评估眼底检查、凝血指标、心肝肾功能、血脂和电解质,以及自身免疫性疾病相关指标等检查结果判断患者的病情变化。

2. **密切监测母体状况** 对于妊娠期高血压和子痫前期的孕妇,根据病情需要增加产前检查的次数,加强母儿监护。监测生命体征,尤其是血压、体重,询问患者有无头晕、头痛、视力改变、上腹部不适等症状。测量血压时同一手臂至少测量 2 次,对于首次发现血压升高者,应间隔 4h 或以上复测血压。为确保测量的准确性,建议选择型号合适的袖带(袖带长度是上臂围的 1.5 倍)。

3. **密切监测胎儿状况** 指导孕妇自我监测胎动,严密监测胎心,必要时行电子胎心监护及超声监测胎儿宫内状况,协助进行尿蛋白测定、血液检查及胎盘功能检查等。密切关注神志、尿量等变化,及早识别脑出血、脑水肿、急性肾衰竭、胎盘早剥等并发症。发现病情有变化时及时通知医生进行处理,预防子痫前期及子痫等严重并发症。

(二) 教育与支持

1. **心理支持** 在治疗及护理过程中,耐心倾听孕产妇的诉说,表达理解、同情孕妇的感受;对孕产妇及其家属进行适当的安慰;解释治疗过程及治疗方案,缓解其焦虑心理,增加安全感。

2. **活动与休息** 保持足够的休息,每天 8~10h 的睡眠,适当侧卧位增加胎盘绒毛的血供。保持心情愉快,可以听音乐放松心情。分娩后根据自己状况适当增加运动,以恢复体力。保持病室环境安静,避声光刺激,限制陪伴和探视人数,治疗及护理操作等尽量轻柔并集中进行,减少对患者的刺激;子痫患者尽量置于单间,避免患者再次抽搐。当发现孕妇夜间睡眠差、疲倦或烦躁等不适时,应及时通知医生,遵医嘱给予针对性处理,预防子痫抽搐发生。

3. **营养均衡** 饮食结构合理,避免过饱饮食以增加心脏负担。注意补充足量的蛋白质、维生素、钙、铁、锌及铜等营养素,尤其对有妊娠期高血压疾病高危因素者,应及早补钙。减少动物蛋白和过量盐的摄入,但不建议严格限制盐和液体的摄入。

4. **健康随访** 定期产检,监测血压及尿蛋白等动态变化;指导孕妇自我监测胎动;一旦发现有异常情况立即就诊。指导产妇在计划下一次妊娠时做好孕前检查及保健咨询,应告知孕期心血管疾病的风险,定期健康体检,建议终生随访。

(三) 处理与配合

1. 用药护理

(1)硫酸镁用药护理:使用硫酸镁治疗时,应使用输液泵严格控制硫酸镁的入量及速度,并严密观察其副作用。血清镁离子的有效治疗浓度为 1.8~3.0mmol/L,超过 3.5mmol/L 可能出现中毒症状。使用时需注意:①膝腱反射存在;②呼吸 ≥16 次 /min;③尿量 ≥17ml/h 或 ≥400ml/24h;④备有 10% 葡萄糖酸钙。镁离子中毒时停用硫酸镁并静脉缓慢推注(5~10min)10% 葡萄糖酸钙 10ml。合并肾功能不全、心肌病、重症肌无力等情况时,硫酸镁应慎用或减量使用。用药期间可同时监测血清镁离子浓度。具体用药方案见本节处理原则。

(2)降压药的用药护理:具体用药情况见本节处理原则。

(3)利尿剂的用药护理:使用过程中应严密监测孕妇的出入量,水电解质平衡情况以及药物的不良反应,发现异常及时与医生联系,并予以纠正。

(4)扩容药的用药护理:扩容时需在解痉的基础上进行,扩容时应严密观察血压、脉搏、呼吸和尿量,防止发生肺水肿和心力衰竭。

2. 做好抢救准备 警惕子痫及其他严重并发症的发生,并准备下列物品:呼叫器,置于患者随手可及之处;放好床栏,防止坠床、受伤;急救车、吸引器、压舌板、舌钳、开口器等,以备随时使用;急救药品包括如硫酸镁、葡萄糖酸钙、甘露醇、硝酸甘油、酚妥拉明、硝普钠等。

3. 协助控制抽搐 一旦发生抽搐应尽快控制,首选药物是硫酸镁,必要时可加用强有力的镇静剂,抽搐控制后需专人护理。

4. 做好终止妊娠的准备 对决定经阴道分娩者,助产人员应认真做好接产前和母儿抢救的准备;决定剖宫产者,应配合医生做好术前准备。

5. 产时护理 第一产程中应严密监测孕妇的自觉症状、血压、脉搏、尿量、胎心、宫缩及产程进展的情况;遵医嘱必要时应用硫酸镁;必要时遵医嘱给予肌内注射哌替啶、地西泮镇静。第二产程中尽量缩短产程,避免产妇用力,可行会阴侧切术并采用产钳或吸引器助产。第三产程中需预防产后出血,在胎儿娩出前肩后立即肌内注射缩宫素,及时娩出胎盘并按摩子宫,观察产后血压及心率变化,重视患者的主诉。宫缩乏力者禁用麦角新碱,病情较重者于分娩开始即开放静脉通道。在产房留观2h,如病情稳定方可送回病房。

6. 产后护理 产后仍需密切观察产妇的自觉症状、血压、脉搏、尿量、子宫收缩及阴道出血情况,继续监测血压,产后48h内应至少每4h测量1次血压,产后24~48h内仍应继续硫酸镁治疗。及时处理宫缩痛、腹部伤口疼痛等,应警惕诱发子痫。如产后血压稳定,应鼓励参与新生儿喂养及护理。产后6周产妇血压仍未恢复正常时,应于产后12周再次复查血压,以排除慢性高血压。必要时建议转内科诊治。

知 识 拓 展

HELLP 综合征

HELLP 综合征以溶血、转氨酶水平升高及低血小板计数为特点,是妊娠期高血压疾病的严重并发症,可以发生在无血压升高或血压升高不明显或者没有蛋白尿的情况下,可以发生在子痫前期临床症状出现之前,也可以发生在抗磷脂综合征的病例。多数发生在产前,部分发生在产后。典型症状为全身不适、右上腹疼痛、体重骤增、脉压增大。少数孕妇可有恶心、呕吐等消化系统表现,高血压、蛋白尿的表现可不典型。确诊主要依靠实验室检查,需注意与血小板减少性紫癜、溶血性尿毒症综合征、妊娠期急性脂肪肝等相鉴别。

Note:

HELLP 综合征须住院治疗。在按照重度子痫前期对重要器官系统进行监测、保护及治疗的基础上，其他治疗措施包括：有指征地输注血小板和使用肾上腺皮质激素，整体评估孕妇状况，适时终止妊娠，必要时进行血浆置换或血液透析，给予合理的对症治疗和多学科管理。

第七节　妊娠期肝内胆汁淤积症

妊娠期肝内胆汁淤积症（intrahepatic cholestasis of pregnancy，ICP）是妊娠中、晚期特有的并发症，临床上以皮肤瘙痒和胆汁酸升高为特征，主要危害胎儿，围产儿并发症和死亡率增高。ICP 发病率为 0.8%~12.0%，有明显地域和种族差异，智利、瑞典及我国长江流域等地发病率较高。

【病因与发病机制】

目前尚不清楚，可能与女性激素、遗传及环境等因素相关。

1. **女性激素**　临床研究发现，ICP 多发生在妊娠晚期、双胎妊娠、卵巢过度刺激及既往使用口服复方避孕药者，以上均为高雌激素水平状态。雌激素可使 Na^+-K^+-ATP 酶活性下降，能量提供减少，导致胆汁酸代谢障碍；雌激素可使肝细胞膜中胆固醇与磷脂比例上升，胆汁流出受阻；雌激素作用于肝细胞表面的雌激素受体，改变肝细胞蛋白质形成，导致胆汁回流增加。也有学者认为高雌激素水平不是 ICP 致病的唯一因素，可能与雌激素代谢异常及肝脏对妊娠期生理性增加的雌激素高敏感性有关。

2. **遗传因素**　包括智利和瑞典在内的世界各地 ICP 发病率明显不同，且在母亲或姐妹中有 ICP 病史的妇女中发生率明显增高。ICP 的种族差异、地区分布性、家族聚集性和再次妊娠的高复发率均支持遗传因素在 ICP 发病中的作用。

3. **环境因素**　ICP 发病率与季节有关，冬季高于夏季。可能与夏季妊娠妇女血硒水平明显升高有关。

【临床表现】

1. **瘙痒**　无皮肤损伤的瘙痒为主要的首发症状，初起为手掌、脚掌或脐周瘙痒，可逐渐加剧而延及四肢、躯干、颜面部；瘙痒程度各有不同，常呈持续性，白昼轻，夜间加重，严重者甚至引起失眠。70% 以上发生在妊娠晚期，平均发病孕周为 30 周，也有少数在孕中期出现瘙痒的病例。瘙痒症状常出现在实验室检查异常结果之前，大多在分娩后 24~48h 缓解，少数在 48h 以上。

2. **黄疸**　出现瘙痒后 2~4 周内部分患者可出现黄疸，一般不随孕周的增加而加重，黄疸发生率较低，10%~15%，多数仅出现轻度黄疸，于分娩后 1~2 周内消退。ICP 孕妇有无黄疸与胎儿预后关系密切，有黄疸者羊水粪染、新生儿窒息及围产儿死亡率显著增加。

3. **皮肤抓痕**　ICP 不存在原发皮损，但因瘙痒抓挠皮肤可出现条状抓痕，皮肤组织活检无异常发现。

4. **其他表现**　偶有上腹部不适、恶心、呕吐、食欲减退、腹痛、腹泻、轻微脂肪粒等非特异性症状，极少数孕妇出现体重下降及维生素 K 相关凝血因子缺乏，后者可能增加产后出血的风险。

【筛查与诊断】

（一）筛查

1. **ICP 高发地区**　由于 ICP 在部分地区发病率较高，临床无特征性表现，因此有筛查的必要。具体推荐：①产前检查应常规询问有无皮肤瘙痒，有瘙痒者即测定并动态监测胆汁酸水平变化。②有 ICP 高危因素者，孕 28~30 周时测定总胆汁酸水平和肝酶水平，测定结果正常者于 3~4 周后复查。总胆汁酸水平正常,但存在无法解释的肝功能异常也应密切随访,每1~2周复查一次。③无瘙痒症状者以及非ICP高危孕妇,孕32~34周常规测定总胆汁酸水平和肝酶水平。

2. 非ICP高发地区 孕妇如出现皮肤瘙痒、黄疸、肝酶和胆红素水平升高,应测定血清胆汁酸水平。

(二)诊断

孕期出现其他原因无法解释的皮肤瘙痒和肝功能异常,而分娩后瘙痒症状消失、肝功能恢复正常,排除其他皮肤疾病和肝胆系统疾病(如过敏性皮炎、病毒性肝炎及胆道梗阻性疾病等)后即可诊断为ICP。

(三)辅助检查

1. 血清胆汁酸水平 血清总胆汁酸(total bile acid,TBA)水平改变是诊断ICP最主要的实验室证据,也是监测病情及治疗效果的重要指标。无诱因的皮肤瘙痒及血清 TBA>10μmol/L,可诊断为ICP,血清 TBA>40μmol/L 提示病情较重。

2. 肝功能测定 血清谷丙转氨酶(ALT)和谷草转氨酶(AST)水平轻、中度升高,为正常水平的2~10倍,一般不超过1 000U/L,可诊断为ICP,ALT较AST更敏感。谷氨酰转移酶(GGT)水平也可升高,可伴血清胆红素水平升高,以直接胆红素为主。肝功能在产后4~6周恢复正常。

3. 病毒学检查 诊断单纯性ICP应在排除肝炎病毒、EB病毒、巨细胞病毒感染的基础上。

4. 肝胆B超检查 虽然ICP肝脏无特征性改变,但建议常规检查肝胆B超以排除孕妇有无肝胆系统基础疾病。

(四)ICP分度

对ICP的严重程度进行划分有利于临床管理,常用指标包括血清总胆汁酸、肝酶水平、瘙痒程度以及是否合并其他异常。

1. 轻度 TBA为10~39.9μmol/L;主要临床症状为瘙痒,无其他明显症状。

2. 重度 TBA≥40μmol/L;临床症状严重并伴有其他情况,如多胎妊娠、妊娠期高血压疾病、复发性ICP、既往有因ICP的死胎史或新生儿窒息死亡史等,满足以上任何一条即为重度。

ICP的诊断为排除性诊断。出现其他原因无法解释的皮肤瘙痒和肝功能异常,应在排除皮肤和其他肝脏疾病后可疑诊为ICP。需与非胆汁淤积引起的瘙痒性疾病,如皮肤病、妊娠特异性皮炎、过敏反应、尿毒症性瘙痒等相鉴别。妊娠早期与妊娠剧吐鉴别,妊娠晚期与病毒性肝炎、肝胆石症、急性脂肪肝、子痫前期和HELLP综合征等鉴别。疑诊后的ICP在产后进行"修正诊断",依据包括:皮肤瘙痒在分娩后24~48h消退,肝功能在产后4~6周恢复正常。

【对母儿的影响】

1. 对母体的影响 皮肤瘙痒,皮肤抓痕,引起肝功能异常。ICP患者伴发明显的脂肪粒时,脂溶性维生素K吸收减少,可致产后出血。

2. 对胎儿及新生儿的影响 胆汁酸的毒性作用可使围产儿发病率和死亡率升高,发生胎儿宫内窘迫、早产、羊水胎粪污染等。此外,可突发胎死宫内、新生儿颅内出血等。胎儿死亡的常见原因包括:①胆汁酸引起胎盘绒毛血管的严重收缩,导致胎儿急性缺氧及突然死亡;②胆汁酸可引起胎儿心律失常致心搏骤停。

【处理原则】

治疗目标是缓解瘙痒症状,改善肝功能,降低血胆汁酸水平,加强胎儿宫内监护,延长孕周,改善妊娠结局。

1. 一般处理 适当卧床休息,取侧卧位以增加胎盘血流量,休息较差的患者夜间可给予镇静药物帮助睡眠。给予吸氧、高渗葡萄糖、维生素类及能量,既保肝又可提高胎儿对缺氧的耐受性。定期复查肝功能、血胆汁酸了解病情。

2. **胎儿监测**　通过胎动计数、电子胎心监护（EFM）及超声检查等密切监测胎儿情况。胎动是评估胎儿宫内状况最简便的方法，胎动减少、消失等是胎儿宫内缺氧的危险信号，应叮嘱孕妇注意胎动情况，有以上情况时立即就诊，并定期行电子胎心监护及脐动脉血流分析。测定胎儿脐动脉血流峰值流速和舒张末期流速比值（S/D 值）对预测围产儿预后有一定的意义。产科超声主要用于检测胎儿生长情况以及电子胎心监护有异常时的生物物理评分。

3. **药物治疗**　可以缓解临床症状，改善胆汁淤积的生化指标和围产儿预后，常用药物包括以下几类：

（1）熊去氧胆酸（ursodexycholic acid，UDCA）：为 ICP 治疗的一线用药。治疗期间每 1~2 周检查一次肝功能，监测生化指标的改变。

（2）S- 腺苷蛋氨酸（S-adenosyl methioninc，SAMe）：为 ICP 临床二线用药或联合治疗药物。

（3）地塞米松：长期使用可能降低新生儿头围和出生体重，增加母儿感染的风险，不作为治疗 ICP 的常用药物。主要用于妊娠 35 周前促进胎儿肺成熟，估计 7d 内分娩者，预防早产儿呼吸窘迫症的发生。用法详见第八章第二节早产。

4. **辅助治疗**

（1）护肝治疗：在降胆酸治疗的基础上使用护肝药物，葡萄糖、维生素 C、肌苷等保肝药物可改善肝功能。

（2）改善瘙痒症状：炉甘石液、薄荷类、抗组胺药物对瘙痒有缓解作用。

（3）维生素 K 的应用：当伴发明显的脂肪粒或凝血酶原时间延长时，为预防产后出血，应及时补充维生素 K，口服或肌内注射。

（4）中药：如茵陈汤等药物治疗 ICP 有一定效果。

5. **产科处理**　ICP 孕妇会发生无任何临床先兆的胎儿死亡，因此，选择最佳的分娩时机和方式、获得良好的围产结局是对 ICP 孕期管理的最终目的。关于 ICP 终止妊娠时机，至今没有良好的循证医学证据，终止妊娠的时机及方法需综合考虑孕周、病情严重程度及治疗后的变化趋势来评估，遵循个体化评估的原则而实施。

（1）病情严重程度：对于早期发病、病程长的重度 ICP，期待治疗的时间不宜过久。产前孕妇血清 TBA ≥ 40μmol/L 是预测围产儿不良结局的重要指标。

（2）终止妊娠的时机：推荐轻度 ICP 患者于妊娠 38~39 周终止妊娠；重度 ICP 患者于妊娠 34~37 周终止妊娠，根据治疗反应、有无胎儿窘迫、双胎或合并其他母体并发症等因素综合考虑。

（3）终止妊娠的方式：①阴道分娩，轻度 ICP，无产科及其他剖宫产指征，孕周 <40 周者，可考虑经阴道试产。产程中严密监测宫缩及胎心情况，做好紧急剖宫产及新生儿复苏准备，若可疑胎儿窘迫应适当放宽剖宫产指征。②剖宫产，重度 ICP，既往有 ICP 病史，并存在与之相关的死胎死产及新生儿窒息病史，胎盘功能严重下降或高度怀疑胎儿窘迫，合并双胎、多胎、重度子痫前期，存在其他阴道分娩禁忌证者，建议选择剖宫产终止妊娠。

【助产要点】

（一）评估和监测

1. **健康史**　询问孕妇的年龄、生育情况，既往有无其他引起瘙痒、黄疸及肝功能异常的疾病。关注辅助检查结果，通过血清胆汁酸测定、肝功能检查等评估病情变化。

2. **密切观察病情变化**　动态观察孕产妇有无皮肤瘙痒、抓痕、黄疸、产后出血、恶心、呕吐等症状。

3. **密切关注胎儿宫内安危**　遵医嘱行胎心电子监护，密切关注胎儿宫内情况，病情发生变化时及时汇报医生处理。

（二）教育与支持

1. **心理支持** ICP 孕妇最早出现的心理问题是焦虑和紧张,甚至恐惧、悲伤、抑郁、失眠等。引导患者及家属讲出其担忧的问题及心理感受,解释分娩过程及治疗方案,告知发现异常及时告知医护人员;指导并协助掌握放松疗法,多听音乐或看书,分散注意力,使其树立信心,保持良好的心态,积极配合治疗。

2. **休息与饮食** 适当卧床休息,以左侧卧位为宜,增加胎盘血流量;指导患者按时进食,饮食清淡,多吃高维生素、低脂肪、易消化的食物,如蔬菜、水果等,禁食辛辣、刺激及高蛋白食物。

3. **皮肤护理** 保持病房适宜的温度和湿度,帮助患者更换宽松、纯棉内衣并做好皮肤清洁,缓解瘙痒症状。洗浴用水不宜过热,勿使用肥皂等刺激性强的物品擦洗皮肤。皮肤出现抓痕时,可适当外用药物。皮肤瘙痒影响睡眠者给予镇静等对症治疗,改善瘙痒症状。

4. **加强随访监测** 产妇皮肤瘙痒一般在分娩后 24~48h 消退,肝功能在产后 4~6 周恢复正常。若在产后 6 周仍存在肝功能持续异常,则须排除潜在肝脏疾病。指导正确的避孕方法,避免使用含有雌孕激素的避孕药,以免诱发肝内胆汁淤积。

（三）处理与配合

1. **实施积极有效的治疗措施** 遵医嘱定时吸氧、静脉输注能量合剂,既保肝又可提高胎儿对缺氧的耐受性;对小于 34 周的孕妇,给予地塞米松治疗,以促胎肺成熟和降低血中雌激素水平,避免早产儿发生新生儿呼吸窘迫综合征,同时可使瘙痒症状缓解。

2. **做好终止妊娠的准备** 一旦发现异常情况,及时通知医生进行相应处理,适时终止妊娠,防止胎死宫内。根据孕周以及胎儿的状况选择恰当的终止妊娠方式。

3. **加强产程管理** 对于阴道分娩的产妇分娩前应制订产程计划,产程初期常规行 OCT 试验,产程中密切监测孕妇宫缩、胎心率变化,避免产程过长,做好新生儿窒息复苏及紧急剖宫产准备,若存在胎儿窘迫状态,放宽剖宫产指征。分娩时留取胎儿脐血查胆汁酸、肝功能及血常规,胎盘送病理检查。

4. **防止产后出血** ICP 患者肝内胆汁淤积,维生素 K 吸收减少,凝血功能障碍导致产后出血率增加,应积极预防和处置;通过子宫按摩、使用宫缩剂等有效地促进子宫收缩,避免产后出血。

5. **新生儿的护理** 对新生儿窒息、早产儿等及时实施有效的抢救复苏。保持体温恒定,必要时置暖箱内保暖。

（向 洁）

思 考 题

---

1. 阐述早产的临床表现、治疗原则及助产要点。

2. 某孕妇,30 岁。孕 1 产 0,孕 35 周,未规律产检。下肢水肿 3 周,经休息后不缓解,出现头晕头痛症状 2d,1h 前孕妇出现抽搐,急诊抬送入院。平素月经规律,孕妇母亲有高血压病史。

体格检查:T 36.7℃,P 102 次/min,R 20 次/min,BP 175/105mmHg,抽搐已停止,对答切题,瞳孔对光反射灵敏,心肺听诊无异常。专科检查:妊娠腹,宫高 31cm,腹壁硬,胎位触不清,未闻及胎心音。下肢及腹壁水肿(+++)。

辅助检查:尿蛋白(+++),Hb 102g/L。

请思考:

(1)该孕妇的医疗诊断是什么?

(2)针对上述诊断应如何进行处理?

(3)根据该孕妇当前的情况,应如何进行医护合作?

NURSING

第九章

胎盘与胎膜异常

09章 数字内容

———— 学习目标 ————

知识目标：

1. 掌握胎盘与胎膜异常疾病的临床表现、预防、处理原则及助产要点。

2. 熟悉前置胎盘、胎盘早剥和胎膜早破的概念，以及常见胎盘与胎膜异常疾病对母儿的危害。

3. 了解胎盘与胎膜异常疾病的病因及发病机制。

能力目标：

1. 能及时识别胎盘与胎膜疾病并配合医生对孕产妇进行管理。

2. 能为胎盘与胎膜异常疾病妇女及家庭提供健康教育。

素质目标：

1. 具有理解、尊重和爱护孕产妇的职业精神。

2. 与团队成员进行有效沟通合作。

胎盘、胎膜属于胎儿附属物,是保证胎儿正常生存、生长发育和顺利分娩的重要组织,若发生异常,将会对母儿造成严重影响。

第一节 胎盘异常

导入情境与思考

某孕妇,30 岁。孕 3 产 1,妊娠 30 周。因阴道出血 4h 入院。该孕妇 4h 前无明显诱因出现阴道出血,出血量多于月经量,色鲜红,无腹痛,急诊入院。否认出血性疾病及外伤史。检查:一般情况较好,无明显痛苦面容,血压 120/80mmHg。子宫软,无压痛,无宫缩,大小与妊娠周数相符。胎位:枕左前位,胎心率 143 次 /min。

请思考:

1. 该孕妇最可能的情况是什么?
2. 该孕妇的病情观察重点有哪些?

一、前置胎盘

正常妊娠时胎盘附着于子宫体部前壁、后壁或侧壁。妊娠 28 周后,胎盘附着于子宫下段,其下缘达到或覆盖宫颈内口,位置低于胎先露部,称为前置胎盘(placenta previa)。前置胎盘是妊娠晚期阴道出血常见原因,也是妊娠期严重并发症之一,处理不当可危及母儿生命安全。

【病因与发病机制】

1. **子宫内膜损伤或病变** 多产、多次刮宫、既往剖宫产或子宫手术造成的瘢痕子宫等是前置胎盘的高危因素。上述情况可引起子宫内膜炎或萎缩性病变,再次受孕时子宫蜕膜血管形成不良,胎盘血供不足,为摄取足够营养而增大胎盘面积,延伸到子宫下段。

2. **胎盘面积过大** 双胎妊娠时,胎盘面积增大,前置胎盘的发生率较单胎妊娠明显升高。

3. **胎盘形状异常** 主胎盘位置正常,而副胎盘位于子宫下段接近宫颈内口;膜状胎盘大而薄,可扩展到子宫下段。

4. **受精卵滋养层发育迟缓** 受精卵到达宫腔后,滋养层尚未发育到可着床的阶段,继续向下游走到达子宫下段,并在该处着床而发育成前置胎盘。

【分类】

前置胎盘可根据胎盘下缘与子宫颈内口的关系分为两大类(图 9-1)。

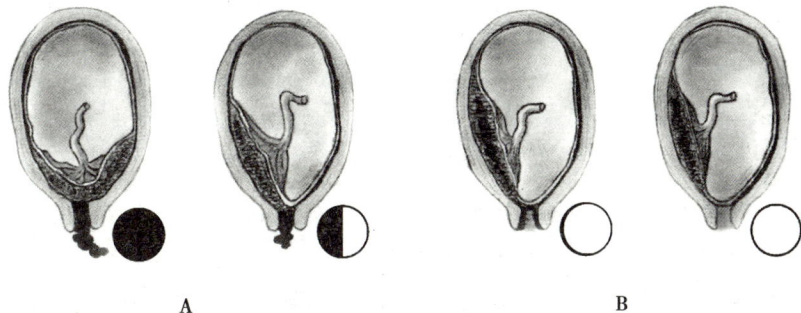

图 9-1 前置胎盘类型
A. 前置胎盘;B. 低置胎盘。

1. **前置胎盘**　胎盘完全或部分覆盖子宫颈内口,包括既往分类中宫颈内口完全为胎盘所覆盖的完全性前置胎盘(complete placenta previa)和宫颈内口部分为胎盘所覆盖的部分性前置胎盘(partial placenta previa)。

2. **低置胎盘**　胎盘附着于子宫下段,胎盘边缘距子宫颈内口的距离<20mm,包括既往分类的边缘性前置胎盘(marginal placenta previa)(胎盘下缘延伸至宫颈内口边缘,未覆盖宫颈内口)和低置胎盘(low lying placenta)(胎盘位于子宫下段,胎盘下缘距离宫颈内口<20mm)。

由于胎盘下缘与宫颈内口的关系可因宫颈管消失、宫颈口扩张而改变,前置胎盘类型也随之改变,诊断的时期不同,分类也不同。目前,临床上以处理前的最后一次检查结果来确定其分类。

【临床表现及诊断】

(一)临床表现

1. **症状**　典型症状是妊娠晚期或者临产时,发生无诱因、无痛性反复阴道流血。妊娠晚期由于子宫下段逐渐伸展延长,附着于子宫下段及宫颈内口的胎盘部分因不能相应伸展而与其附着处分离,导致血窦破裂出血。

出血前无明显诱因,出血时间、出血量的多少与前置胎盘类型有关。前置胎盘阴道流血多发生在妊娠32周前,可反复发生,量逐渐增多,也可一次发生大量出血。低置胎盘阴道出血多发生于妊娠36周以后,出血量较少或中等。也有不到10%的孕妇到足月仍无症状。对于无产前出血的前置胎盘患者,应考虑到胎盘植入的可能性。

2. **体征**

(1)全身情况:患者一般情况与出血量及出血速度有关,大量出血者呈现面色苍白、脉搏增快微弱、血压下降等休克表现。

(2)腹部检查:子宫软,无压痛,大小与妊娠周数相符。胎位清楚,由于子宫下段有胎盘占据,影响胎先露部入盆,故先露部高浮,常并发胎位异常。反复出血或一次出血量过多可使胎儿宫内缺氧,胎心改变,严重者胎死宫内。当前置胎盘附着于子宫前壁时,可在耻骨联合上方听到胎盘血流杂音。临产后,宫缩表现为阵发性,宫缩间歇期子宫完全松弛,无局限性压痛。

(二)诊断

1. **病史及临床表现**　既往有多次分娩、刮宫史、子宫手术史,或有辅助生殖技术受孕、双胎等,出现上述临床症状及体征,应考虑前置胎盘。

2. **辅助检查**

(1)阴道B超检查:是诊断前置胎盘最主要的检查方法,准确性高于腹部超声检查,能更清楚地辨认宫颈内口与胎盘的关系,确定前置胎盘类型。阴道探头观察宫颈内口的最佳位置是距宫颈2~3cm,因而前置胎盘患者进行该项检查是安全的。B超检查时须注意妊娠周数,妊娠中期胎盘占子宫壁面积的1/2,妊娠晚期约为1/3或1/4,因此妊娠中期胎盘贴近或覆盖宫颈内口的机会增多。随着子宫下段的形成,增加了宫颈内口与胎盘边缘的距离,原来附着在子宫下段的胎盘相对上移,而改变为正常位置胎盘。所以妊娠中期B超检查发现胎盘前置者,不宜诊断为前置胎盘,而应称为胎盘前置状态。

(2)腹部B超检查:可显示子宫壁、胎盘、胎先露及宫颈的位置,胎盘下缘与宫颈内口的关系等。

(3)磁共振:可以显示胎盘的位置以及胎盘与子宫肌层的关系,对前置胎盘合并胎盘植入有一定的辅助检查意义,但不能代替超声检查诊断前置胎盘。

3. **产后检查胎盘及胎膜**　对产前出血患者,产后应仔细检查胎盘胎儿面边缘,若有血管断裂,则提示有副胎盘;若前置部位的胎盘母体面可见陈旧血块附着,呈紫黑色或暗红色,或这些改变位于胎盘边缘,胎膜破口距胎盘边缘距离<7cm,则为低置胎盘。

【对母儿的影响】

(一) 对母体的影响

1. **贫血、休克** 前置胎盘对孕妇的主要威胁是阴道流血,反复阴道流血可致孕妇贫血,大量出血可致孕妇休克。

2. **产时、产后出血** 行剖宫产时,若子宫切口无法避开附着于前壁的胎盘,则导致出血增多。分娩后,由于子宫下段肌组织菲薄,收缩力差,附着于此处的胎盘不易完全剥离,一旦剥离,开放的血窦不易关闭,常发生产后出血。

3. **胎盘植入** 子宫下段的蜕膜发育不良,胎盘绒毛易穿透底蜕膜,侵入子宫肌层,发生部分植入或完全植入。

4. **产褥感染** 前置胎盘的胎盘剥离面靠近宫颈外口时,细菌易经阴道上行侵入胎盘剥离面,并且多数产妇贫血、免疫力下降,产褥感染机会增加。

(二) 对胎儿及新生儿的影响

前置胎盘孕妇若出血量多,子宫血供明显减少,可致胎儿窘迫甚至缺氧而死亡。前置胎盘常因出血而终止妊娠,因此早产率较高,新生儿呼吸窘迫综合征和贫血发生率增高,产后应进行血常规检查。

【预防】

积极有效避孕,避免多次刮宫或宫腔感染。加强妊娠期管理,按时产前检查。在妊娠期间若发生阴道流血,应及时就医,以便早期诊断,正确处理。

【处理原则】

前置胎盘的处理原则为抑制宫缩、减少出血、纠正贫血和预防感染。对于前置胎盘孕妇强调分级诊疗,一旦确诊,应在有条件的医院行产前检查和分娩。

(一) 期待疗法

期待疗法是在母儿安全的前提下延长孕龄,以降低围产儿病死率,适用于一般情况良好,妊娠<36周,胎儿存活,阴道流血不多,无须紧急分娩的前置胎盘孕妇。若有阴道流血或宫缩,建议住院治疗。

(二) 终止妊娠

前置胎盘终止妊娠的时机取决于多种因素,包括妊娠周数、胎儿大小、阴道流血情况、胎盘植入情况、是否合并感染、是否临产、有无妊娠期合并症或并发症等。对于无症状的前置胎盘孕妇,推荐36~38周终止妊娠;有反复阴道流血史,合并胎盘植入或其他高危因素者,可于妊娠34~37周终止妊娠。应充分与孕妇和家属就分娩方式及其风险进行沟通。

1. **剖宫产术** 是前置胎盘终止妊娠的主要方式,择期剖宫产术是首选。术前应完善检查,积极纠正休克,确保术中血液制品及止血药物和用品备齐,并预防性抗感染治疗。做好处理产后出血和抢救新生儿的准备。

2. 阴道分娩　无症状,无头盆不称的低置胎盘者,尤其是妊娠 35 周后经阴道 B 超测量胎盘边缘距子宫颈内口为 11~20mm 的孕妇,在严密监测下可阴道试产,同时应做好紧急剖宫产和输血的准备。

【助产要点】

(一) 评估和监测

1. 健康史　询问孕妇年龄、生育情况,有无剖宫产史、人工流产史及子宫内膜炎等前置胎盘的高危因素,评估阴道出血量及性状,有无伴随症状。

2. 病情监测　注意阴道流血情况,严密观察出血量和出血时间。监测产妇生命体征,尤其是大出血时,及时发现病情变化。动态评估血常规和出凝血时间,测定血型,了解孕妇是否有贫血、感染等异常情况。监测胎心率、胎动变化和胎儿生长发育情况。长期住院治疗的患者,血栓栓塞风险增加,要注意观察防范。

3. 评估孕妇的社会支持情况以及是否有焦虑等不良情绪。

(二) 教育与支持

1. 心理支持　加强与孕妇及家属的沟通,给予精神安慰。讲解本病的发病规律,解答相关问题,使孕妇及家属获得所需要的知识和信息,消除顾虑,积极主动地配合治疗和护理。鼓励家属给予孕妇情感支持。

2. 保证休息　嘱孕妇多卧床休息,以侧卧位为宜。做好日常生活护理,尤其要加强夜间的巡回观察。

3. 营养　建议孕妇多摄入高蛋白、高维生素及含铁丰富的食物,如动物肝脏、绿叶蔬菜以及豆类等,以纠正贫血,增强机体抵抗力;多食粗纤维食物,保持大便通畅,避免用力排便,以防诱发出血。

(三) 处理与配合

1. 期待疗法

(1)避免刺激:禁止做肛门检查和不必要的阴道检查;少做腹部检查,必要时应操作轻柔;禁止性生活,以防刺激引起出血。

(2)遵医嘱给予药物治疗:①宫缩抑制剂,可延长孕周,预防早产,应注意其对心血管的副作用。②糖皮质激素,对于妊娠<37 周,有阴道流血的前置胎盘孕妇,须促胎儿肺成熟。③铁剂、叶酸及维生素 C 等,纠正贫血。必要时输血,保持静脉输液通道通畅,维持血红蛋白水平 ≥110g/L,血细胞比容 ≥30%。④抗生素预防感染。

2. 终止妊娠

(1)建立静脉通道,配血,吸氧,保暖;遵医嘱进行输液、输血,补充血容量。

(2)须行剖宫产术者,做好术前准备,严密监测母胎情况。术后严密监测心、肺等重要器官功能,观察腹腔、阴道流血情况,监测生命体征及精神状态,遵医嘱检查血常规、尿常规、凝血功能及电解质等。观察有无感染及电解质紊乱征象。

(3)阴道分娩者,接产的关键是协助胎先露下降,宫口开大 3cm 以上时可行人工破膜,使胎先露压迫胎盘前置部分起到止血的作用,并可遵医嘱静脉滴注缩宫素以加强宫缩;严密观察宫缩、胎心、阴道流血情况和产程进展情况;胎儿娩出后及早遵医嘱使用宫缩剂预防产后出血;分娩后注意检查宫颈有无裂伤,如有裂伤及时缝合。若破膜后胎先露部下降不理想,仍有出血或分娩进展不顺利,应立即报告医生,配合行剖宫产术准备。如胎盘自娩困难,或出血增多,需人工剥离胎盘,操作轻柔,同时行子宫按压、宫腔填塞等止血。若出血仍不止,立即做好手术准备。

(4)做好新生儿复苏的抢救准备,严格按照高危儿护理。

3. 产后护理　胎儿娩出后及早使用宫缩剂,防止产后大出血的发生。保持外阴清洁,常规给予抗生素预防感染。指导产妇出院后注意休息,加强营养,纠正贫血,增强抵抗力。

二、胎盘植入性疾病

胎盘植入性疾病指胎盘的绒毛异常侵入子宫肌层的一类疾病。根据胎盘绒毛侵入的深度可分为3种。①胎盘粘连:胎盘绒毛附着于子宫肌层表面。②胎盘植入:胎盘绒毛侵入子宫肌层。③穿透性胎盘植入:胎盘绒毛穿透子宫肌层到达浆膜层,有时甚至侵入邻近器官。胎盘植入是导致产后出血、产褥感染和产后子宫切除的重要原因。剖宫产史和前置胎盘与胎盘植入的发生密切相关,尤其部分性甚至完全性前置胎盘产前无出血时,需要警惕合并胎盘植入。另外多次流产史、体外受精胚胎移植、高龄妊娠、子宫畸形等也是其可能的高危因素。

【临床表现及诊断】

胎盘植入性疾病在产前常无特殊临床表现,在分娩时的表现包括:胎盘娩出不完整;胎儿娩出后超过 30min,胎盘仍不能自行剥离,伴或不伴阴道出血;手取胎盘时剥离困难或发现胎盘与子宫肌壁粘连紧密无缝隙;剖宫产时见胎盘植入甚至穿透子宫肌层。

超声检查是产前诊断胎盘植入的最常用方法。磁共振作为补充诊断手段,多用于评估胎盘侵入肌层深度、子宫后壁的胎盘植入或超声检查难以确诊者。

【处理原则】

如产前已确诊,应转运至具备抢救条件且有胎盘植入处理经验的医疗机构。对于病情稳定的胎盘植入患者,目前一般建议在孕 $34\sim36^{+6}$ 周行择期剖宫产术结束妊娠。手术时提前备好充足血源,多学科会诊,制订完备的治疗方案,采用多种措施防治产后出血。阴道分娩多见于不合并前置胎盘及其他剖宫产指征,产前未诊断胎盘植入而分娩后才确诊者。

【助产要点】

阴道分娩时,若胎儿娩出 30min 后胎盘仍未剥离,切忌用力牵拉脐带,避免因存在胎盘植入而发生子宫内翻。因胎盘粘连进行徒手剥离胎盘时,先试行剥离,如发现胎盘植入而阴道出血不多时,应停止操作,不可强行剥离,立即报告医生,决定进一步治疗方案。

三、胎盘早剥

妊娠 20 周后,正常位置的胎盘在胎儿娩出前,部分或全部从子宫壁剥离,称胎盘早期剥离,简称胎盘早剥(placental abruption)。胎盘早剥发病率约为 1%,是妊娠晚期严重并发症之一,起病急、进展快,若处理不及时将严重威胁母儿生命。

【病因与发病机制】

胎盘早剥确切的病因与发病机制尚不清楚,可能与下列因素有关:

1. **血管病变** 妊娠期高血压疾病、慢性肾脏疾病或全身血管疾病时,底蜕膜螺旋小动脉痉挛或硬化,可导致远端毛细血管缺血、坏死甚至破裂出血,在底蜕膜和胎盘之间形成血肿,导致胎盘与子宫壁剥离。妊娠晚期或临产后,孕产妇若长时间仰卧,增大的妊娠子宫压迫下腔静脉,静脉血回流受阻,子宫静脉压升高,可导致蜕膜层静脉淤血或破裂,形成胎盘后血肿,可导致部分或全部胎盘与子宫壁分离。

2. **机械性因素** 腹部受到撞击、挤压;脐带缠绕或脐带过短,胎儿下降娩出时过度牵拉脐带;羊膜腔穿刺时,刺破前壁胎盘附着处血管,胎盘后血肿形成等均可引起胎盘早剥。

3. **宫腔内压力骤减** 未足月胎膜早破,羊水过多破膜时羊水流出过快或双胎妊娠分娩时第一胎

Note:

娩出过快,均可引起子宫腔内压力骤然降低,宫腔体积缩小,可导致胎盘与附着处子宫壁发生错位而剥离。

4. 其他 高龄、多产、吸毒、吸烟、接受辅助生育技术助孕、孕妇有血栓形成倾向、子宫肌瘤等也是胎盘早剥的高危因素。

【病理及病理生理】

胎盘早剥的主要病理变化是底蜕膜出血并形成血肿,使胎盘自附着处剥离。可分为显性和隐性(图9-2)。

1. 显性剥离(revealed abruption)或外出血 胎盘剥离面积小,血液很快凝固而出血停止,临床多无症状或症状轻微,仅见凝血块压迫胎盘,在胎盘母体面上遗留一压迹,往往于产后检查胎盘时方发现;若继续出血,形成胎盘后血肿,血液可冲破胎盘边缘和胎膜,经宫颈管流出。

2. 隐性剥离(concealed abruption)或内出血 胎盘边缘或胎膜与子宫壁未分离,或胎头进入骨盆入口压迫胎盘下缘,使血液积聚在胎盘与子宫壁之间不能外流,胎盘后血肿逐渐增大,胎盘剥离面也随之扩大。

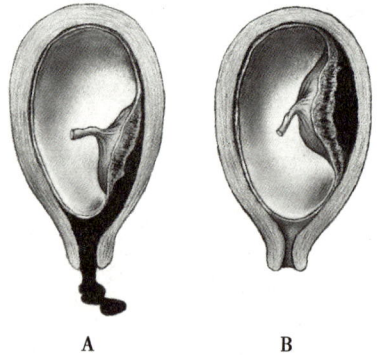

图9-2 胎盘早剥类型
A. 显性剥离;B. 隐性剥离。

隐性剥离内出血急剧增多时,胎盘后血液积聚,压力增加,可使血液浸入子宫肌层,引起肌纤维分离、断裂和变性。当血液浸入达浆膜层时,子宫表面呈现紫蓝色瘀斑,严重时整个子宫呈紫红色,尤以胎盘附着处明显,称子宫胎盘卒中(uteroplacental apoplexy)。此时肌纤维受血液浸渍,收缩力减弱,有可能发生产后大出血。

【临床表现及诊断】

(一)临床表现

典型临床表现是阴道流血、腹痛,可伴有子宫收缩和子宫压痛。出血特征为陈旧性不凝血,多发生在妊娠34周以后。胎盘早剥的严重程度与阴道出血量不相符。后壁胎盘的隐性剥离多表现为腰背部疼痛,子宫压痛可不明显。

早期表现通常是胎心率首先发生变化,宫缩间歇期子宫呈高张状态,宫底增高,严重时子宫呈板状,压痛明显,胎位触诊不清,胎心率改变或消失。随着剥离面增大,病情逐级加重,患者可迅速发生休克、凝血功能障碍甚至多器官功能损害。

临床上可应用胎盘早剥分级标准(表9-1)对病情进行评估。

表9-1 胎盘早剥分级标准

分级	临床特征
0级	胎盘后有小凝血块,但无临床症状;分娩后回顾性产后诊断
I级	阴道出血;子宫软,宫缩有间歇但张力偏高,有时局部明显压痛;无胎儿窘迫
II级	可能有阴道出血;有胎儿窘迫
III级	可能有阴道出血;子宫强直性收缩,触诊呈板状;持续腹痛;产妇出现失血性休克,伴或不伴DIC;胎儿死亡

(二)诊断

1. 病史及临床表现 产妇有血管病变,机械因素、高龄、多产或外伤等病史。0级和I级胎盘早剥临床表现不典型,应注意与前置胎盘相鉴别(表9-2)。要高度关注子宫张力和凝血功能的变化,子宫局部压痛及胎心改变。Ⅱ级、Ⅲ级胎盘早剥症状和体征比较典型,易做出诊断,主要与先兆子宫破裂相鉴别(表9-2)。胎心异常是胎盘早剥的重要临床表现和征兆,尤其合并宫缩过频时,应高度警惕胎盘早剥。

2. 辅助检查

(1)B超检查:可协助了解胎盘部位及胎盘早剥的类型,明确胎儿情况。典型的超声图像显示胎盘异常增厚,胎盘与子宫壁之间出现边缘不清楚的液性低回声区或胎盘边缘"圆形"裂开。但超声检查无异常发现也不能排除胎盘早剥。

(2)胎心监护:用于判断胎儿宫内状况,可出现胎心基线变异消失、胎心率减慢、变异减速、晚期减速、正弦波形等。

(3)实验室检查:主要监测孕产妇的贫血程度、凝血功能、肝肾功能及电解质等,DIC筛选试验结果可疑者进一步做纤溶系统确诊试验,以便及时发现DIC。血纤维蛋白原<250mg/L为异常。

表9-2 胎盘早剥与前置胎盘、先兆子宫破裂的鉴别诊断

	胎盘早剥	前置胎盘	先兆子宫破裂
病史	伴妊娠期高血压疾病、原发性高血压、外伤等	多次人流、分娩史	梗阻性分娩、剖宫产史
腹痛	突发剧烈腹痛	一般无腹痛	强烈宫缩、阵发性腹痛
出血	隐性或阵发性出血,贫血程度与阴道出血量不符	反复出血,贫血程度与阴道出血量一致	少量阴道流血或血尿
子宫	硬如板样、压痛,子宫较孕周大,宫底不断上升	子宫软、压痛,子宫与孕周相符	子宫下段压痛,病理性缩复环
胎儿	胎儿窘迫或死亡	一般无胎儿窘迫	多有胎儿窘迫
胎盘	母体面有血凝块及压迹	母体面有血凝块及压迹,胎膜破口距胎盘边缘<7cm	无特殊变化
B超	胎盘后有血肿、位置正常	胎盘位于子宫下段或覆盖子宫颈口	无特殊变化
实验室检查	血红蛋白进行性下降、血小板减少、凝血酶原时间延长、血纤维蛋白原下降	血红蛋白正常或下降	无特殊变化

【对母儿的影响】

(一)对母体的影响

1. 弥散性血管内凝血(DIC) 胎盘早剥是妊娠期发生凝血功能障碍最常见的原因。大量组织凝血活酶从剥离处的胎盘绒毛和蜕膜中释放,进入母体血液循环,激活凝血系统,可导致DIC。临床表现为皮肤、黏膜或注射部位出血,阴道出血不凝或仅有软凝血块,甚至发生血尿、呕血等。DIC病死率较高,应高度重视,积极预防。

2. 产后出血 产后子宫收缩乏力及凝血功能障碍均可导致产后出血。表现为胎盘娩出后发生大量阴道出血,血液常不凝固,检查时发现宫底不清,子宫轮廓不明显,患者可出现失血性休克和多器官功能衰竭。

3. 急性肾功能衰竭 胎盘早剥大量出血使肾脏血流灌注受损,引起肾皮质或肾小管缺血坏死,胎盘早剥多伴发妊娠期高血压疾病等血管病变,肾内小动脉痉挛、狭窄,肾脏缺血导致肾衰竭。

4. 羊水栓塞 胎盘早剥时,剥离面的子宫血窦开放,羊水栓塞发生率增加。

Note:

（二）对胎儿及新生儿的影响

胎盘早剥出血可引起胎儿急性缺氧，胎儿宫内死亡率、早产率、新生儿窒息率明显增高。胎盘早剥新生儿还可遗留神经系统发育缺陷等后遗症。

【预防】

健全孕产妇三级保健制度，对于患有妊娠期高血压疾病、慢性高血压、慢性肾炎等疾病的高危孕妇应加强妊娠期管理。预防宫内感染，妊娠晚期避免长时间仰卧位及腹部外伤。胎位异常行外倒转术纠正胎位时，操作须轻柔。处理羊水过多或双胎分娩时，避免宫腔内压力骤然降低。

【处理原则】

胎盘早剥的治疗原则为早期识别，积极纠正休克，及时终止妊娠，控制 DIC，减少并发症。根据孕周、胎盘早剥的严重程度、有无并发症、宫口开大情况、胎儿宫内状况决定治疗方案。

（一）纠正休克

迅速补充血容量是纠正失血性休克的关键，应积极输血、补液维持血液循环系统的稳定。根据血红白蛋量选择血液制品类型，有 DIC 者尽早纠正凝血功能障碍。维持血红蛋白在 100g/L，血细胞比容>30%，尿量>30ml/h。

（二）终止妊娠

一旦确诊Ⅱ、Ⅲ级胎盘早剥，应及时终止妊娠。0~Ⅰ级胎盘早剥的孕妇若妊娠 20~34^{+6} 周，一般情况良好，可保守治疗延长孕周，孕 35 周前应用糖皮质激素促胎肺成熟。密切监测胎盘早剥情况，权衡孕妇及胎儿的风险选择分娩时机。一旦出现明显阴道流血、子宫张力高、凝血功能障碍及胎儿窘迫时，立即终止妊娠。

1. **阴道分娩**　适用于 0~Ⅰ级胎盘早剥患者，一般情况较好，病情较轻，以外出血为主，宫口已开大，估计短时间内能结束分娩者。

2. **剖宫产**　适用于：①Ⅰ级胎盘早剥，出现胎儿窘迫征象者；②Ⅱ级胎盘早剥，孕 32 周以上，胎儿存活者；③Ⅲ级胎盘早剥，孕妇病情恶化，胎死宫内不能立即分娩者；④破膜后产程无进展者。当产妇病情加重危及生命时，无论胎儿是否存活，均应立即行剖宫产术。

（三）并发症处理

1. **产后出血**　胎儿娩出后立即给予宫缩剂，促进胎盘剥离，持续按摩子宫。预防 DIC，若有不能控制的出血或无血凝块，按照凝血功能障碍处理。可应用子宫压迫止血、动脉结扎、动脉栓塞、子宫切除等控制出血。

2. **凝血功能障碍**　在迅速终止妊娠、阻断促凝物质继续进入母体血循环的同时，纠正凝血机制障碍。补充血容量和凝血因子，及时、足量输入同等比例的红细胞悬液、血小板和血浆，或酌情输入冷沉淀，补充纤维蛋白原。还可应用肝素，阻断 DIC 的发展。

3. **肾功能衰竭**　若患者在改善休克后尿量仍<17ml/h 或<100ml/24h，可给予利尿剂，如呋塞米注射液 20~40mg 静脉注射，必要时可重复用药。短期内尿量不增加且肾功能检查异常，提示肾衰竭者，考虑行透析治疗。

【助产要点】

（一）评估和监测

1. **健康史**　询问孕妇一般情况和妊娠情况，有无外伤史及妊娠期高血压疾病、胎盘早剥等病史。

2. **症状识别**　当孕妇出现胎盘早剥的症状时，如突然发生持续性腹痛和 / 或腰酸、腰痛，阴道流血，应立即评估其血压、心率、尿量、阴道出血量以及有无胎心率异常，并及时报告医生。如出现腹痛剧烈，子宫硬如板状，宫缩无间歇，宫底上升，腹围增大，胎心音及胎位不清等表现，提示隐性出血，病情严重,应配合医生紧急处理。

3. 严密观察孕产妇生命体征,特别注意有无休克征象。注意宫底高度、子宫压痛、子宫壁的紧张度、阴道流血量及颜色。观察有无皮肤、黏膜或注射针孔出血,鼻出血,牙龈出血,咯血、呕血或阴道流血不凝等出血倾向。观察有无少尿或无尿症状,是否存在急性肾功能衰竭。

4. 持续监测胎心以判断胎儿宫内情况。

(二)教育与支持

1. **心理支持** 胎盘早剥孕妇入院时情况危急,孕妇及其家属会表现出不同程度的焦虑、无助,应稳定其情绪,解答疑问,介绍医疗护理措施的目的、操作过程和所需要的配合。对于胎儿死亡或子宫切除的患者提供情感支持,多陪伴患者,帮助其接受现实。

2. **休息与吸氧** 取侧卧位卧床休息,给予间断或连续性吸氧,以改善胎盘血氧供应情况。

3. **生命支持** 迅速建立静脉通路,备血,遵医嘱给予红细胞、血浆、血小板等积极补充血容量,改善血液循环。

(三)处理与配合

1. **阴道分娩** 行人工破膜使羊水缓慢流出,腹部包裹腹带压迫胎盘使其不再继续剥离,遵医嘱静脉滴注缩宫素以缩短第二产程。产程中密切观察产妇血压、脉搏、心率、子宫底高度、宫缩与阴道流血情况,建议全程行胎心电子监护监测胎儿宫内状况。做好阴道助产和新生儿抢救准备。一旦发现病情加重或出现胎儿窘迫征象,应配合医生行紧急剖宫产术。

2. **剖宫产** 当病情危重,医生决定行剖宫产术终止妊娠时,迅速做好术前准备和术中配合。剖宫产取出胎儿与胎盘后,立即遵医嘱宫体注射强宫缩剂并按摩子宫。若发现子宫胎盘卒中,经上述处理同时配合医生给予热盐水纱垫湿热敷子宫,多数子宫收缩可转佳。若子宫仍不收缩,发生 DIC 或无法控制的大量出血,应遵医嘱快速输注血液和凝血因子,并配合医生做好子宫切除术准备。

3. **产褥期管理** 密切观察生命体征、宫缩、恶露、伤口愈合情况。更换消毒会阴垫,保持会阴清洁,防止感染。指导患者加强营养,纠正贫血。根据产妇身体状况给予母乳喂养指导。死产者及时给予退乳措施。

四、异常形状胎盘

胎盘形状的异常包括副胎盘、膜状胎盘、轮状胎盘、肾形胎盘、马蹄形胎盘等。这些形态各异的胎盘分娩时容易残留在子宫腔内,是造成产时、产后出血和感染的重要原因之一。

(一)副胎盘

副胎盘(placenta succenturiate)是与主胎盘连接的另一小胎盘,两者以胎膜相连,内有血管相通。产后若不仔细检查,容易将副胎盘遗留于宫腔,引起产后大出血及感染。如果副胎盘是从主胎盘跨过宫颈内口到对侧,应注意有无血管前置。超声检查时正常胎盘附近或另一侧见到另一胎盘图像,其间距离一般超过 2cm,与主胎盘间没有胎盘组织相连。彩色多普勒血流图显示主、副胎盘间有血管相连,并提示为胎儿血管。

(二)膜状胎盘

膜状胎盘(membranaceous placenta)是一种罕见的胎盘形态异常,指功能性的绒毛覆盖全部胎膜,胎盘发育呈薄膜状结构,占据整个绒毛膜周边。特征性临床表现是反复的阴道流血,流血可以发生在妊娠各期,量不定。由于膜状胎盘绝大部分绒毛缺如,B 超显示胎盘的内部组织回声极少、绒毛间隙充血明显、胎盘的面积巨大,而胎盘与胎儿循环血量减少、交换功能障碍,易出现胎儿生长受限。

(三)轮状胎盘

轮状胎盘(placenta circumvallate)指胎盘的胎儿面中心内凹,周围环绕增厚的黄白色环,环是由双折的羊膜和绒毛膜构成,其间有退化的蜕膜及纤维。临床上有些孕妇可出现少量阴道出血,有些无症状,一直到分娩结束检查胎盘时才发现。

Note:

五、前置血管

前置血管指脐血管穿越胎膜位于宫颈内口,在胎儿先露部前方。前置血管未受压、未破裂时,没有临床症状。当胎膜破裂时,前置血管随之破裂,极易导致胎儿失血及失血性休克,胎儿死亡率极高。其典型临床症状是无痛性少量阴道流血,色鲜红,多发生在胎膜破裂时,出血稍多,伴胎心异常。胎儿先露部压迫前置的血管同样可以影响胎儿血供。由于出血来自胎儿,孕妇无特殊不适。

产前诊断前置血管十分困难。常规筛查脐带插入位置有助于发现,应用经阴道超声多普勒检查在宫颈内口上方发现脐血管回声,是诊断前置血管的主要手段。产时阴道检查扪及索状、搏动的血管,胎膜破裂时伴阴道流血,同时出现胎心率变化有助于前置血管的诊断。

产前已明确诊断的前置血管,应在具备母儿抢救条件的医疗机构进行待产。妊娠达 34~35 周,及时行剖宫产终止妊娠。若发生前置血管破裂,胎儿存活,应立刻剖宫产终止妊娠;胎儿若已死亡,则选择阴道分娩。

第二节　胎膜早破

导入情境与思考

某孕妇,28 岁。孕 1 产 0,孕 36 周。因发现阴道持续流液 3h 入院。该孕妇于某日凌晨 5 点醒来,突感有液体自阴道流出,无腹痛,在丈夫陪同下到医院就诊。查体可见宫颈口有液体流出,测试液体 pH>7,干燥后涂片可见羊齿植物叶状结晶。孕妇及家属非常担心,一直询问是否会影响胎儿。

请思考:

1. 该孕妇目前最可能的情况是什么?
2. 此时首要的处理措施有哪些?

胎膜早破(prelabor rupture of membranes,PROM)指胎膜在临产前自然破裂。根据发生时间可分为两类:妊娠达到及超过 37 周发生者称为足月胎膜早破,在足月单胎中发生率约为 8%;妊娠 37 周以前发生者称未足月胎膜早破(preterm PROM,PPROM),是早产的常见原因之一,发生率在单胎妊娠中为 2%~4%,在双胎妊娠中为 7%~20%。胎膜早破可引起早产、胎盘早剥、羊水过少和脐带脱垂等,孕产妇及胎儿感染率和围产儿病死率显著升高。胎膜早破孕周越小,围产儿预后越差。

【病因与发病机制】

胎膜早破常是多因素相互作用的结果,一般认为与以下因素有关:

1. **生殖道感染**　是胎膜早破的主要原因。细菌、衣原体或病毒上行感染可引起胎膜炎,使胎膜局部抗张力下降而破裂。

2. **胎膜受力不均**　头盆不称、胎位异常可使胎膜受压不均而破裂。宫颈功能不全,前羊膜囊楔入而受压不均,也可导致胎膜早破。

3. **羊膜腔压力增高**　宫内压力增加,覆盖于宫颈内口的胎膜为薄弱环节,容易发生破裂。常见于多胎妊娠、羊水过多和巨大儿等。

4. **营养因素**　缺乏维生素、锌和铜等,会影响胎膜的胶原纤维、弹力纤维合成,易引起胎膜早破。

5. **其他**　有 PROM 病史者、子宫颈长度短、妊娠中晚期出血、体重指数低、羊膜穿刺不当、撞击腹部或妊娠晚期性生活频繁等均有可能导致胎膜早破。

Note:

【临床表现及诊断】

(一) 临床表现

典型症状是孕妇突感液体从阴道流出,可混有胎脂或胎粪。阴道排液与胎膜破裂位置、孕妇体位变动、活动与否有关,腹压增加时流液量增加。排液通常为持续性,持续时间不等,开始量多然后逐渐减少,无腹痛等其他分娩的先兆。足月胎膜早破时检查触不到前羊水囊。少数孕妇仅感觉到外阴较平时潮湿。

(二) 诊断

1. 病史及临床表现 孕妇具有胎膜早破的高危因素,主诉阴道口有液体流出或外阴湿润。

2. 辅助检查

(1)阴道窥器检查:应用无菌窥器,可见液体自宫颈流出或后穹隆有较多积液,有时可见到胎脂样物质。子宫颈指诊会增加感染风险,除非孕妇即将分娩,应避免使用。

(2)阴道液 pH 检查:正常阴道液 pH 为 3.8~4.5,羊水 pH 为 7.1~7.3。以试纸测试阴道液,pH ≥ 6.5 视为阳性,胎膜早破的可能性极大。注意血液、宫颈黏液、尿液、精液等污染均可使测试出现假阳性。破膜时间长,假阴性率增高。

(3)阴道液涂片检查:取阴道后穹隆积液置于载玻片上,阴道液干燥片检查见羊齿植物叶状结晶为羊水。涂片用 0.5% 亚甲蓝染色可见淡蓝色或不着色胎儿皮肤上皮及毳毛;用苏丹Ⅲ染色见黄色脂肪小粒,用 0.5% 硫酸尼罗蓝染色可见橘黄色胎儿上皮细胞,可确定为羊水,准确率达 95%。精液与玻片上指纹污染可使检查出现假阳性。

(4)B 超检查:有助于判断胎儿发育大小、羊水量、胎盘功能、宫颈变化等。

(5)生化检查:测定胰岛素样生长因子结合蛋白 -1、胎盘 α 微球蛋白 -1,敏感性和特异性较高,主要用于难确诊的可疑 PROM 孕妇。

【对母儿的影响】

1. 对母体的影响 破膜后,阴道内的病原微生物易上行感染,宫内感染的风险随着破膜时间延长和羊水量减少而增加。绒毛膜羊膜炎是 PROM 的主要并发症,若孕妇体温升高(≥ 37.8℃),同时伴有阴道分泌物异味、母体白细胞计数 ≥ 15×10^9/L、母体心率 ≥ 100 次 /min、胎心率 ≥ 160 次 /min、宫底有压痛这些表现中的任何一项,应考虑绒毛膜羊膜炎。胎膜早破后宫腔压力改变,有时可引起胎盘早剥。

2. 对胎儿的影响 胎膜早破主要是诱发早产,由于早产儿不成熟及宫内感染,可导致各种并发症。羊水过多或胎先露未衔接者破膜时可引起脐带脱垂,以及继发羊水过少、脐带受压,均可致胎儿窘迫。如破膜时间长于 4 周,羊水持续过少,可出现胎儿宫内受压,表现为铲形手、弓形腿、扁平鼻等。

【预防】

加强围产期卫生宣教与指导,妊娠期积极预防和治疗生殖道感染,避免腹压突然增加或腹部撞击。补充足量的维生素、钙、锌及铜等营养素。宫颈内口松弛者,妊娠 12~14 周行宫颈环扎术,术后注意休息,保持局部清洁。

【处理原则】

(一) 足月胎膜早破

评估母胎状况,有无胎儿窘迫、绒毛膜羊膜炎、胎盘早剥、脐带脱垂、胎位异常、母体合并症等。无阴道分娩禁忌证的足月胎膜早破孕妇,宜在破膜后 2~12h 内积极引产,首选缩宫素静脉滴注。破膜超过 12h 可预防性应用抗生素。有剖宫产指征者,行剖宫产终止妊娠。

Note:

(二) 未足月胎膜早破

依据孕周、母胎状况、当地的医疗水平及孕妇和家属意愿进行综合决策。

1. 期待疗法　①妊娠 24~27^{+6} 周的孕妇根据母胎状况、当地医疗水平以及患者意愿决策,要求保胎者,应充分告知期待治疗过程中的风险。②妊娠 28~33^{+6} 周的孕妇,若无继续妊娠的禁忌证,可期待治疗至 34 周以上。

(1) 促胎肺成熟:妊娠<35 周的 PPROM 孕妇,应给予糖皮质激素治疗。

(2) 预防感染:临床常用氨苄西林联合红霉素静脉滴注,随后口服阿莫西林和红霉素。

(3) 抑制宫缩:妊娠<34 周者,可给予宫缩抑制剂 48h,配合完成糖皮质激素的促胎肺成熟治疗或宫内转运。常用宫缩抑制剂详见第八章第二节早产。

2. 终止妊娠　妊娠<24 周的 PPROM,由于胎儿存活率极低,母胎感染风险大,建议引产终止妊娠。妊娠 34~36^{+6} 周的 PPROM,可选择期待疗法或立即终止妊娠。无论任何孕周,在期待治疗中若发现胎儿监护异常、羊膜腔感染、胎盘早剥,均应立即终止妊娠。可综合考虑孕周、胎方位、早产儿存活率、有无羊水过少和绒毛膜羊膜炎,胎儿能否耐受宫缩等因素选择分娩方式。

【助产要点】

(一) 评估和监测

1. 健康史　准确核实孕周,进一步询问孕妇一般情况和孕育情况,流液前有无创伤及性生活,有无分泌物异常表现。流液前后胎动情况。

2. 及时发现绒毛膜羊膜炎　具体包括:根据医嘱监测体温、脉搏;观察宫缩情况,有无宫体压痛;观察阴道排液量、性状、颜色、气味等并记录;按医嘱监测胎心;按医嘱监测胎心;跟进孕妇实验室检查结果,如白细胞计数和 C 反应蛋白等检验结果。

3. 根据胎心及胎动变化,动态评估胎儿宫内安危。

4. 根据宫缩及宫颈变化,判断是否临产。

5. 了解孕妇及其家属心理状态和社会支持情况。

(二) 教育与支持

1. 心理支持　①引导孕妇及家属讲出其担忧的问题及心理感受。②解释羊水生成机制和胎膜早破发病规律,减少不必要的担心。③将诊治方案及可能出现的情况向其说明,争取配合。

2. 体位管理　若目前胎头高浮,嘱孕妇卧床休息,减少下床活动,预防脐带脱垂,但需要在床上加强翻身及四肢的屈伸活动,减少血栓风险。

3. 饮食管理　指导产妇进食清淡、易消化的饮食,以富含蛋白质、维生素、钙及粗纤维饮食为主。鼓励多饮水,保持大便通畅。

4. 教会孕妇自我监测胎动的方法,如有异常,及时汇报。

5. 指导产妇及其家属观察,如发现阴道流液较多、颜色异常、混浊、伴有恶臭等情况及时告知医护人员,必要时留下卫生巾及照片以便医护人员了解情况。

(三) 处理与配合

1. 做好脐带脱垂紧急处理预案。

2. 遵医嘱给予药物治疗　①对于未足月胎膜早破者,遵医嘱给予抑制宫缩药物,如硝苯地平、盐酸利托君、吲哚美辛等。盐酸利托君使用时可使母胎心率加快、血钾下降、血糖增高、水钠潴留等,应密切观察用药反应,监测生命体征和血糖,必要时行母亲及胎儿心电监护。②必要时遵医嘱给予硫酸镁行胎儿神经保护治疗。

3. 积极防治感染　①减少不必要的阴道检查。②放置吸水性好的消毒会阴垫于臀下并及时更换,保持清洁干燥;可以每天擦洗会阴部 2 次,尤其排便后清洁外阴,减少上行性感染机会。③遵医嘱予抗生素预防感染,并观察用药效果及不良反应。④若产妇体温>37.8℃,白细胞计数>15×10^9/L,

C 反应蛋白高于正常 30% 以上,阴道分泌物有异味,宫体部有压痛,提示有宫腔感染及绒毛膜羊膜炎的可能性,及时报告医生处理。

4. 引产的管理 根据医嘱静脉滴注缩宫素以诱发宫缩。缩宫素使用时需按照规范专人守护,密切观察产妇的生命体征、宫缩、胎心、产程进展情况并记录。做好缩宫素静脉滴注的健康教育,如注意勿随意调节滴速,如有便意感、强烈腹痛、呼吸困难等不适须及时告知护士等。如出现宫缩过强过密、胎心异常、子宫压痛等异常情况立即停止使用缩宫素,在告知医生同时阴道检查有无脐带脱垂,采用改变体位、吸氧等措施并观察病情变化,必要时遵嘱给予宫缩抑制剂。

5. 分娩时处理 根据病情需要选择合适的分娩方式。无明确剖宫产指征时可阴道试产,分娩过程中不必常规会阴切开和预防性产钳助产。无论何种方式分娩,均应避免胎头娩出过快,充分做好复苏准备工作,邀请新生儿科医生到场参与复苏。如有宫内感染推荐新生儿娩出后采集耳拭子和宫颈内口拭子进行细菌涂片及培养,胎盘胎膜建议送病理检查。新生儿按高危儿处理。

(侯 睿)

思 考 题

---

1. 某患者,35 岁。孕 3 产 2,妊娠 37 周。由于车祸撞击到腹部,突感剧烈腹痛。急诊入院后,查体:T 36.2℃,BP 109/61mmHg,R 98 次 /min。阴道无流血,子宫似足月大小,硬如板状,有明显压痛。胎位触诊不清,胎心率约为 80 次 /min。

请思考:

(1)该患者最可能发生的情况是什么?

(2)针对以上诊断,应如何进行处理?

(3)应如何进行医护合作以预防并发症?

2. 某孕妇,孕 1 产 0,妊娠 37 周。2h 前出现阴道出血,大于月经量,色鲜红,不伴腹痛。行阴道 B 超检查后发现宫颈内口完全为胎盘所覆盖,诊断为前置胎盘。

问题:

(1)前置胎盘对于母儿健康的影响主要有哪些?

(2)该孕妇适宜的分娩方式是什么?

(3)该孕妇分娩前后的照护要点有哪些?

NURSING

第十章

羊水量与脐带异常

10章 数字内容

学习目标

- 知识目标：
  1. 掌握羊水过多、羊水过少的概念；羊水量与脐带异常对母儿的危害及助产要点。
  2. 熟悉羊水量与脐带异常的临床表现和处理原则。
  3. 了解羊水量与脐带异常病因、发病机制及预防措施。
- 能力目标：
  能运用所学知识对孕妇进行相应的管理与监护。
- 素质目标：
  具有尊重、爱护孕产妇，保护孕产妇的职业精神。

羊水和脐带均是胎儿附属物。正常妊娠时,羊水在羊膜腔内不断进行液体交换,保持动态平衡。脐带是连接胎儿与胎盘的纽带,维持胎儿与母体之间的气体交换、营养物质供应、信息交换以及代谢产物的排出。如果妊娠及分娩过程中羊水量或脐带发生异常,可致胎儿窘迫,甚至危及胎儿以及孕妇的生命。

第一节　羊水量异常

导入情境与思考

某孕妇,25 岁。停经 32 周,腹胀、行动稍困难 2 周。检查见孕妇半卧位,腹部膨隆。宫底剑突下2 指,宫高 32cm,腹围 100cm,胎心 140 次 /min,遥远,胎位不清。

请思考:

1. 该孕妇最可能的诊断是什么? 需要做哪些辅助检查以明确诊断?

2. 下一步应采取哪些处理措施?

一、羊水过多

妊娠期间羊水量超过 2 000ml,称为羊水过多(polyhydramnios)。发生率为 0.5%~1%。羊水在数日内急剧增多,称为急性羊水过多;羊水量在数周内缓慢增多,称为慢性羊水过多。

【病因与发病机制】

羊水过多病因复杂,约 1/3 羊水过多原因不明,称为特发性羊水过多(idiopathic polyhydramnios)。2/3 羊水过多可能与胎儿畸形、妊娠合并症、并发症等有关。

1. **胎儿异常**　是引起羊水过多的主要因素,18%~40% 的羊水过多伴有胎儿畸形,特别是先天性神经系统畸形和消化道异常。神经系统畸形最常见,如无脑儿、脑脊膜膨出等,约占羊水过多畸形的50%。消化系统畸形主要是消化道闭锁,如食管闭锁、十二指肠闭锁或狭窄等,使胎儿不能吞咽羊水,导致羊水积聚而发生羊水过多。此外,腹壁缺陷、膈疝、心脏畸形、胎儿脊柱畸胎瘤畸形,以及新生儿先天性醛固酮增多症等代谢性疾病也是引起羊水过多的原因。

2. **妊娠合并症**　妊娠合并糖尿病、母儿 Rh 血型不合、妊娠期高血压疾病、重度贫血等疾病,均可导致羊水过多。

3. **多胎妊娠**　双胎妊娠并发羊水过多约为单胎妊娠的 10 倍。单绒毛膜双胎胎盘动静脉吻合,易并发双胎输血综合征,受血儿血容量过多,尿量增加,导致羊水过多。

4. **胎儿附属物疾病**　胎盘绒毛血管瘤直径>1cm 时,15%~30% 合并羊水过多。巨大胎盘、脐带帆状附着也可导致羊水过多。

【临床表现及分类】

羊水过多引起子宫异常增大。子宫腔内压力增加,子宫张力增高;同时增大的子宫压迫邻近的脏器等是羊水过多的主要临床表现。

1. **急性羊水过多**　较少见,多发生在妊娠 20~24 周。在数日内宫体急剧增大,产生一系列压迫症状。主要表现为呼吸困难,胸闷气急;腹壁张力增加,腹部胀痛;腹壁皮肤变薄,皮下静脉清晰可见。巨大的子宫向后压迫双侧输尿管,同时由于大量液体聚集于羊膜腔,孕妇出现少尿。子宫压迫下腔静脉,血液回流受阻,下腹部、下肢以及外阴严重水肿。腹部检查发现子宫大于妊娠周数,子宫张力增加,触诊打不到胎儿,听诊胎心遥远。部分孕妇不能平卧。

Note:

2. 慢性羊水过多 较多见,常发生在妊娠晚期。羊水增多速度缓慢,常在数周内出现,且羊水量为轻度或中度增多,孕妇能够耐受逐渐增大的子宫,压迫症状较轻,孕妇往往无明显不适。腹部查体与急性羊水过多相似。

【诊断与鉴别诊断】

(一)临床表现

妊娠期子宫迅速增大,胎位不清时,要考虑羊水过多。羊水过多时羊水的外观、性状与正常者并无异样,但应排除双胎妊娠、胎儿畸形、巨大儿、腹水、妊娠合并巨大卵巢囊肿等可能。

(二)辅助检查

1. B超检查 是诊断羊水过多的重要方法,不仅能够测量羊水量,还可以了解有无胎儿畸形、双胎妊娠等情况。B超诊断羊水过多的标准包括:

(1)羊水最大暗区垂直深度(amniotic fluid volume,AFV):显示胎儿与子宫壁间的距离,AFV ≥ 8cm 诊断为羊水过多。其中 AFV 8~11cm 为轻度羊水过多,≥12~15cm 为中度羊水过多,>15cm 为重度羊水过多。

(2)羊水指数(amniotic fluid index,AFI):是目前最常用的方法。具体方法为孕妇平卧,头部抬高30°,以孕妇脐部为中心,将子宫分成左上、右上、左下和右下 4 个象限,4 个象限的羊水最大暗区垂直深度之和为 AFI。AFI ≥ 25cm,诊断为羊水过多。其中 AFI 25~35cm 为轻度羊水过多,36~45cm 为中度羊水过多,>45cm 为重度羊水过多。超声检查除确诊是否有羊水过多外,还需要注意筛查胎儿有无发育异常,尤其是消化系统畸形和神经管畸形。

2. 胎儿疾病检查 需要排除胎儿染色体异常时,可行羊水细胞培养,或采集胎儿脐带血细胞培养。了解有无染色体数目及结构异常,排除三体型染色体异常。行羊水生化检查,如羊水中的甲胎蛋白水平情况,对诊断胎儿畸形也有一定提示作用。可通过测定羊水中胎儿血型,预测胎儿有无溶血性疾病。

3. 其他检查 母体的糖耐量试验,母体的抗体滴度检查以及感染性疾病的相关检查等。

【对母儿的影响】

1. 对母体的影响 羊水过多时子宫张力增高,孕妇易并发妊娠高血压疾病。胎膜早破、早产发生率增加。当胎膜破裂时,大量的羊水突然排出,导致宫腔压力骤降,胎盘的胎儿面和母体面的压力不平衡,使胎盘母体面的血管破裂导致胎盘早剥。羊水过多者子宫较大,子宫肌纤维过度伸展,当羊水突然减少时,平滑肌细胞不能有效收缩,导致宫缩乏力,胎儿娩出后易引起产后出血。此外,羊水过多者的胎位异常发生率增加,以致剖宫产率升高。

2. 对胎儿的影响 胎位异常发生率增多;破膜时大量羊水流出可引起脐带脱垂、胎儿窘迫及早产。早产儿发育不成熟,围生儿死亡风险增加。

【处理原则】

根据胎儿有无畸形、孕周大小、羊水过多的程度以及孕妇自觉症状的严重程度而定。轻度羊水过多若不伴有其他合并症,可在 39~39^{+6} 周终止妊娠;对于中、重度羊水过多,应采取个体化处理。中、重度羊水过多合并胎儿畸形的概率较高,胎儿应在三级医疗机构分娩。

(一)羊水过多合并胎儿畸形

应及时终止妊娠,方法包括以下两种:

1. 人工破膜引产术 采用高位破膜,使羊水以每小时 500ml 的速度缓慢流出,以免宫腔内压力骤减引起胎盘早剥。如果破膜过程不慎,胎膜破口过大,羊水大量涌出,应以手堵住宫口,或垫高臀部,以减缓流速。破膜放羊水过程中注意血压、脉搏及阴道流血情况。放羊水后,腹部放置沙袋或加腹带包扎以防休克。破膜后 12h 仍无宫缩,可静脉滴注缩宫素诱发宫缩。

2. 依沙吖啶引产 慢性羊水过多的孕妇,一般情况尚好,无明显心肺压迫症状,可采用经腹羊膜腔穿刺,放出适量羊水(1 000ml 左右)后注入依沙吖啶引产。

(二)羊水过多合并正常胎儿

积极寻找病因,治疗糖尿病、妊娠期高血压疾病等母体疾病。母儿血型不合者,必要时可行宫内输血治疗。同时根据羊水过多的程度与胎龄采取相应的处理方法。若妊娠足月,胎儿成熟,可终止妊娠,但羊水过多不是剖宫产指征。若孕周较小,胎儿尚未成熟,应在密切监护下继续妊娠,必要时住院观察。

1. 前列腺素合成酶抑制剂(吲哚美辛) 通过抑制胎儿排尿使羊水量减少。用药期间每周做一次 B 超动态监测羊水量变化情况。吲哚美辛可引起胎儿动脉导管狭窄或过早关闭,不宜长时间应用,妊娠>34 周者也不宜使用。

2. 经腹羊膜腔穿刺放羊水 羊膜腔穿刺的指征是羊水过多引起子宫张力增高及腹痛,或增大的子宫压迫引起呼吸困难。治疗目的是暂时缓解孕妇的压迫症状,争取时间促胎肺成熟;同时获取羊水检测胎肺成熟度。术前行 B 超检查或术中 B 超引导以确定穿刺点,尽量避开胎盘附着的部位,并且穿刺能到达羊水池。术中要求无菌操作,术后 B 超检查,排除胎盘早期剥离,且密切观察孕妇的生命体征。

如果羊水反复增加且症状严重者,妊娠 ≥ 34 周,胎肺已成熟,可考虑终止妊娠。如果胎肺不成熟,可在促胎肺成熟后引产。

无论选用何种方式放羊水,均应从腹部固定胎儿为纵产式,严密观察宫缩,注意有无胎盘早剥症状与脐带脱垂的发生,并预防产后出血。

【助产要点】

(一)评估和监测

1. 健康史 询问孕妇一般情况和孕育情况,评估有无糖尿病、高血压、母儿血型不合、贫血、多胎妊娠等病史,了解有无畸胎病史。

2. 根据妊娠期宫高、腹围、体重、超声检查结果,评估羊水量的变化。

3. 根据胎心、胎动的变化,动态评估胎儿宫内安危。

4. 根据产妇生命体征、胎心、宫缩及阴道流液与出血的情况,判断有无脐带脱垂和胎盘早剥的发生。

5. 了解孕妇及其家属心理状态和社会支持情况。

(二)教育与支持

1. 心理支持 主动、耐心地与孕妇及其家属讲解羊水过多的有关知识及注意事项。鼓励孕妇家人陪伴,并给予心理支持。教会孕妇放松技巧,如听音乐、看书,以保持情绪平和,缓解焦虑。

2. 体位管理 指导孕妇注意休息,休息时抬高水肿的下肢,增加静脉回流,减少压迫。有呼吸困难、心悸、腹胀等症状的孕妇取半卧位为宜,必要时给予特制的托腹带。如胎膜破裂尚未入盆,嘱孕妇卧位休息,防止脐带脱垂。

3. 饮食管理 指导孕妇低盐饮食,多食水果、蔬菜,保持大便通畅,以防用力排便时导致胎膜破裂。

4. 监测胎动 教会孕妇自我监测胎动情况,若出现体重剧增、胎动异常、腹痛、阴道流血或流液以及压迫症状等异常情况,应及时来院就医。

(三)处理与配合

1. 羊膜腔穿刺术的配合 ①向孕妇及家属讲解穿刺的目的及过程,取得知情同意。协助做好术前准备,严格无菌操作,配合医生完成羊膜腔穿刺术。②放羊水过程中,严密观察孕妇的生命体征、胎心率、宫缩、阴道流血等情况,及时发现胎盘早剥征象并且配合处理。③遵医嘱给宫缩抑制剂预防早产,给予抗生素预防感染。

2. **终止妊娠的配合** ①高位人工破膜,用穿刺针刺破胎膜 1~2 个小孔,使羊水缓慢流出,防止胎盘早剥、脐带脱垂、血压骤降与休克。②人工破膜时注意从腹部固定胎儿为纵产式。③监测母胎情况,严密观察羊水颜色、量,胎心音,孕妇的血压、心率、呼吸变化及阴道流血情况。④若破膜后出现子宫收缩乏力,可静脉滴注低浓度缩宫素加强宫缩,密切观察产程。⑤胎儿娩出后及时应用宫缩剂,预防产后出血的发生。产妇腹部放置沙袋,仔细检查胎儿有无畸形,胎盘、胎膜和脐带有无异常,详细记录。

二、羊水过少

妊娠晚期羊水量少于 300ml 者,称为羊水过少(oligohydramnios)。羊水过少的发病率为 0.4%~4.0%。羊水过少严重影响围生儿结局,羊水量少于 50ml,围生儿病死率高达 88%。

【病因与发病机制】

羊水生成及其循环机制尚未完全阐明。羊水过少主要与羊水产生减少或羊水外漏增加有关。临床多见于下列情况:

1. **胎儿畸形** 以胎儿泌尿系统畸形为主,如 Meckel-Gruber 综合征、Prune-Belly 综合征、胎儿先天性肾缺如、肾小管发育不全、输尿管或尿道梗阻、膀胱外翻等引起少尿或无尿,导致羊水过少。染色体异常、脐膨出、膈疝、法洛四联症、水囊状淋巴管瘤、小头畸形、甲状腺功能减退等也可引起羊水过少。

2. **胎盘功能减退** 过期妊娠、胎儿生长受限或者胎盘退行性变时导致胎盘功能减退,慢性缺氧引起胎儿血液循环重新分配,肾血流量下降,胎尿生成减少而致羊水过少。

3. **胎膜病变** 胎膜在羊水的平衡中有重要作用。当出现胎膜病变时,液体和物质交换受到限制,可能是羊水过少的原因。

4. **母体因素** 母体病变使胎盘的血液灌注相对不足而致羊水过少,常见于妊娠高血压疾病、系统性红斑狼疮等。孕妇脱水、服用某些药物,如利尿剂、布洛芬、卡托普利等也可发生羊水过少。

【临床表现】

孕妇自觉子宫增大较缓慢,胎动时常感腹痛,胎动可能减少。孕中期发生羊水过少者多合并胎儿畸形;孕晚期羊水过少,多与妊娠合并症、并发症有关,往往伴有慢性胎盘功能不全,易发生胎儿生长受限。产前检查发现子宫底高度小于同期妊娠,胎位异常发病率增加。电子胎心监护显示,NST 可呈无反应型。分娩时由于宫缩,使脐带受压加重,容易出现胎心异常,CST 显示变异减速和晚期减速;人工破膜时羊水流出少,有时呈粪染;常出现宫口扩张缓慢,产程延长。

【诊断】

1. **临床表现** 根据孕妇的症状及宫高小于相应孕周,初步判断是否有羊水过少。确诊羊水过少时应行阴道检查明确有无胎膜破裂。

2. **辅助检查**

(1)B 超检查:是最重要的辅助检查方法。建议采用羊水最大暗区垂直深度诊断羊水过少,使用羊水指数可能使羊水过少的诊断标准过宽,增加不必要的产科干预。妊娠晚期羊水最大暗区垂直深度(AFV)≤2cm 为羊水过少,≤1cm 为严重羊水过少。另外 B 超检查还能及时发现胎儿生长受限,以及胎儿肾缺如、肾发育不全、输尿管或尿道梗阻等畸形。

(2)胎儿宫内安危的评估:应用电子胎心监护及生物物理评分评价胎儿宫内状况是否良好。详见

第三章第三节胎儿健康状况评估。

（3）胎儿染色体检查：需排除胎儿染色体异常时可做羊水细胞培养，或采集胎儿脐带血细胞培养，做染色体核型分析，荧光定量 PCR 法快速诊断。

（4）羊水直接测量：破膜时以容器置于外阴收集羊水，或剖宫产时用吸引器收集羊水。羊水量少于 300ml 即可诊断，同时观测其性状有无异常。缺点是不能早期诊断。

【对母儿的影响】

1. **对母体的影响** 剖宫产率和引产率增加。

2. **对胎儿的影响** 羊水过少时，围产儿发病率和死亡率明显增高，死亡原因主要是胎儿缺氧和畸形。若羊水过少发生在妊娠早期，胎膜可与胎体粘连，造成胎儿畸形，甚至肢体短缺。若发生在妊娠中、晚期，子宫四周的压力直接作用于胎儿，容易引起胎儿肌肉骨骼畸形，如斜颈、曲背、手足畸形等。

【预防】

对育龄妇女应加强优生优育宣传指导，做好产前筛查工作，积极控制妊娠合并症和并发症，避免胎膜早破。

【处理原则】

根据胎儿是否畸形、孕周大小及羊水量多少选择治疗方案。

（一）羊水过少合并胎儿畸形

确诊胎儿畸形应尽早终止妊娠。可选用 B 超引导下经腹羊膜腔穿刺注入依沙吖啶引产。

（二）羊水过少合并正常胎儿

寻找与去除病因。增加补液量，改善胎盘功能，抗感染。孕妇自测胎动，定期超声及电子胎心监护检查，评估羊水量及胎儿宫内情况。

1. **终止妊娠** 妊娠晚期单纯性羊水过少与不良母儿结局相关，其中包括胎盘功能不全、胎粪吸入和脐带受压等。对于单纯性羊水过少，建议在 $36\sim37^{+6}$ 周终止妊娠。若妊娠已足月，胎儿可宫外存活者，尤其是合并妊娠高血压疾病、胎儿生长受限、胎儿窘迫等，更应积极终止妊娠。分娩方式应根据胎儿情况及产科指征决定。合并胎盘功能不良、胎儿窘迫，或破膜时羊水少且胎粪严重污染者，估计短时间不能结束分娩的，应采用剖宫产终止妊娠，以降低围产儿病死率。对胎儿贮备功能尚好，无明显宫内缺氧，人工破膜羊水清亮者，可以阴道试产。试产过程中，密切观察产程进展，连续监测胎心变化，尽早人工破膜，观察羊水性状，若出现胎儿窘迫征象，也应尽快剖宫产。

2. **增加羊水量期待疗法** 妊娠中期羊水过少时可采用经腹羊膜腔输液，可提高超声扫描清晰度，利于胎儿畸形的诊断；同时预防胎肺发育不良。产程中或胎膜早破时可经宫颈羊膜腔输液，适用于羊水过少伴频繁胎心变异减速或羊水 III 度粪染者，可缓解脐带受压，提高阴道安全分娩的可能性。

（三）胎膜早破引起羊水过少

按胎膜早破处理。

【助产要点】

（一）评估和监测

1. **健康史** 询问孕妇一般情况和孕产史，了解有无胎儿畸形生育史；了解孕妇有无妊娠期高血压疾病、系统性红斑狼疮以及一些特殊用药史。

2. 定期监测宫高、腹围、体重，定期超声检查，以判断胎儿生长发育情况和羊水量的多少。

3. 根据胎心及胎动变化，动态评估胎儿宫内安危。

4. 产程中根据产妇主诉、疼痛评估，判断分娩期疼痛情况以及分娩减痛的效果。

Note:

(二) 教育与支持

1. 心理支持 引导孕妇及家属讲出其担忧的问题及心理感受；解释羊水生成的机制和羊水过少的发病规律，减少不必要的担心；将诊疗方案及可能出现的情况向其说明，争取配合；对不良妊娠结局的产妇，给予情感支持。

2. 体位管理 嘱孕妇休息时取侧卧位，改善胎盘血液供应；避免各种不良刺激，适度运动，积极预防胎膜早破。

3. 饮食管理 指导产妇进食清淡易消化饮食，以富含蛋白质、维生素、钙及粗纤维饮食为主，同时可适当增加饮水量。预防便秘。

4. 教会孕妇自我监测胎动的方法，若胎动减少(2h 胎动次数<6 次或减少 50%)或出现腹痛、流液等症状，及时就诊。

(三) 处理与配合

1. 羊膜腔灌注治疗的配合 操作过程中注意严格无菌；灌注结束后，注意观察有无宫缩、阴道流液、发热及腹痛等情况；遵医嘱使用宫缩抑制剂，并观察药物作用与副作用。

2. 阴道试产的管理 产程中密切监测宫缩、胎心及羊水变化，应早期行人工破膜，观察羊水有无粪染，发现异常及时报告医生；对胎儿窘迫短时间内不能结束分娩者，应积极协助医生行剖宫产术前准备；做好抢救新生儿的准备，新生儿均按高危儿护理，并对新生儿进行认真全面的体格检查，进一步排除有无畸形。

第二节 脐 带 异 常

脐带异常可以分为脐带结构异常、脐带附着部位异常、脐带位置异常以及脐带血管性疾病。

一、脐带缠绕

脐带缠绕(cord entanglement)指脐带围绕胎儿颈部、四肢或躯干者。脐带缠绕中脐带绕颈最常见，绕颈一周者居多。发生的原因与脐带过长、胎儿小、羊水过多及胎动频繁等有关。

脐带缠绕的临床表现与缠绕松紧、缠绕周数及脐带的相对长度有关。绝大多数脐带缠绕不紧、相对长度足够，胎儿没有特殊临床表现。可能的临床表现包括：

1. 孕期主要表现为胎动异常、胎心异常，甚至胎儿死亡。电子胎心监护可见胎心率基线变异减少、频繁变异减速，严重者可致胎儿窘迫，甚至胎儿死亡。

2. 分娩期如果脐带相对过短，可以影响胎先露入盆，胎先露迟迟不衔接，使产程延长或停滞。也可以在宫缩的作用下，胎先露下降，造成脐带牵拉，缠绕过紧，此时比妊娠时更易出现胎儿窘迫，新生儿窒息，甚至围产儿死亡。

3. 超声检查有时可以见到缠绕处胎儿皮肤出现压迹，缠绕过紧可能出现脐血流异常。

出现上述情况时应高度警惕脐带缠绕，特别是胎心监护出现频繁变异减速，经吸氧、改变体位不能缓解时，应及时终止妊娠。产前超声诊断为脐带缠绕，分娩过程中应加强监护，一旦出现胎儿窘迫，及时处理。

二、脐带打结

脐带打结有真结和假结。脐带真结较为少见，为妊娠早期(3~4 个月)时，因脐带过长，在宫腔内形成环套，胎儿活动时穿越环套所致。真结尚未拉紧时无症状；若拉紧后，胎儿血液循环受阻可致胎儿生长受限、急性胎儿窘迫，甚至导致胎死宫内的发生。此外，临床还可见到脐带假结，指由于脐静脉较脐动脉长，脐静脉迂曲，或脐血管较脐带长，脐血管迂曲似结，通常对胎儿无大危害，无临床意义。脐带打结在产前难以发现，多数在分娩后确诊。

三、脐带扭转

脐带扭转(torsion of cord)指胎儿活动使脐带顺其纵轴扭转呈螺旋状,生理性扭转可达6~11周。如果脐静脉与静脉间的螺旋距离少于2cm时极有可能发生脐带过度扭转。脐带过度扭转在近胎儿脐轮部变细呈索状坏死,引起血管闭塞或伴血栓形成,胎儿可因血液循环中断而死亡。临床尚无有效的处理方法。

四、脐带长度异常

脐带正常长度为30~100cm,平均长度为55cm。脐带的安全长度须超过从胎盘附着处达母体外阴的距离。

1. **脐带过短** 若胎盘附着于宫底,脐带长度至少32cm方能正常分娩,故认为脐带短于30cm称为脐带过短(excessive short cords)。妊娠期间脐带过短无临床征象,临产后胎先露部下降,脐带被牵拉过紧,使胎儿血液循环障碍,出现胎心率异常;严重者致胎盘早剥。胎先露部下降受阻,引起产程延长,以第二产程延长居多。临产后疑有脐带过短,经处理胎心无改善应立即行剖宫产终止妊娠。

2. **脐带过长** 脐带长度超过100cm称脐带过长(excessive long cords)。过长的脐带易造成绕颈、绕体、打结、脱垂或脐带受压。

五、脐带附着异常

1. **球拍状胎盘** 正常情况下,脐带附着于胎盘胎儿面的近中央处。脐带附着于胎盘边缘者,称为球拍状胎盘(battledore placenta)。球拍状胎盘比较少见,且分娩过程中对母儿无明显影响,多在产后检查胎盘时发现。

2. **脐带帆状附着** 脐带附着于胎膜上,脐带血管通过羊膜与绒毛膜间进入胎盘者,称为脐带帆状附着(cord velamentous insertion),发生率为1%,双胞胎中较多见。若帆状血管的位置在宫体较高处,对胎儿的影响较小,只有在分娩时牵拉脐带,或者娩出胎盘时脐带附着处容易发生断裂,使产时出血的发生风险增高。如果胎膜上的血管跨过宫颈内口位于胎先露部前方,称为前置血管(vasa previa)。前置血管容易受到胎先露部压迫而发生血液循环阻断,导致胎儿窘迫或死亡。胎膜破裂时伴前置血管破裂,可导致胎儿失血休克或死亡。临床表现为胎膜破裂时发生无痛性阴道流血,伴胎心率异常或消失,胎儿死亡。产前超声检查时应注意脐带附着在胎盘的位置。

六、单脐动脉

正常脐带有2条脐动脉,1条脐静脉。脐带中只有1条动脉时,称为单脐动脉(single umbilical artery),B超检查利于诊断。诊断单脐动脉,应该进一步行高分辨彩超检查,明确是否同时存在其他发育异常,一旦有阳性发现,应行胎儿染色体检查及遗传咨询。单脐动脉不伴其他结构异常时,胎儿预后良好。

(陈春宁)

思考题

1. 某孕妇,28岁。孕1产0,孕34周。近几周自觉腹部增大,无明显呼吸困难。体格检查见腹部膨隆,触诊皮肤张力大,胎位不清,胎心音听诊不清晰。

请思考:

(1)该孕妇最可能的医疗诊断是什么?必要的检查有哪些?

(2)针对以上诊断应如何处理?

2. 阐述妊娠合并羊水过多与羊水过少对母儿的影响、处理原则及助产要点。

胎儿异常及多胎妊娠

11章 数字内容

学习目标

- 知识目标：

  1. 掌握胎儿异常及多胎妊娠的助产要点。

  2. 熟悉胎儿异常和多胎妊娠的处理原则。

  3. 了解胎儿异常的病因及发病机制。

- 能力目标：

  能运用所学知识评估和分析孕产妇的临床问题，并给出相应的护理方案。

- 素质目标：

  具有人文情怀、高度的责任心。

第一节　巨　大　儿

导入情境与思考

某孕妇,30 岁。孕 2 产 1,孕 40^{+5} 周,入院待产。既往无糖尿病、高血压等病史,平素月经规律,此次妊娠过程无明显异常。2018 年孕 40^{+2} 周娩下一女活婴,出生体重 3 950g,体健。

体格检查:生命体征平稳,心肺听诊未见明显异常。专科检查:妊娠腹型,宫高 35cm,腹围 120cm,估计体重 4 200g,骨盆内外测量无明显异常。

辅助检查:B 超提示宫内妊娠,单活胎。胎头双顶径 9.9cm、股骨长 7.9cm、腹围 38.4cm,羊水指数 8.0cm,S/D 值:1.8。

请思考:

1. 该孕妇入院后,观察重点有哪些?

2. 该孕妇在分娩期的助产要点有哪些?

巨大儿(macrosomia)指胎儿生长超过了某一阈值,目前国际上对于这一阈值的限定尚无统一标准。我国定义为新生儿体重≥4 000g,而一些欧美国家定义为新生儿体重≥4 500g,甚至有些国家将这一标准定为≥5 000g。巨大儿易发生相对头盆不称、产程延长及肩难产,从而导致软产道损伤、产后出血、产褥感染等。肩难产则易致新生儿臂丛神经损伤、缺氧缺血性脑病等,从而导致围产儿死亡率增加。

【高危因素】

孕妇肥胖、糖尿病(尤其是 2 型糖尿病)、既往巨大儿分娩病史、过期妊娠、经产妇、孕期体重增加过度、父母身材高大,以及民族、种族因素等均是巨大儿的高危因素。

【诊断与鉴别诊断】

1. **病史、临床症状和体征**

(1)病史及临床表现:孕妇有糖尿病、过期妊娠或巨大儿分娩史等。孕期体重增加过多,妊娠晚期可出现呼吸困难、腹部胀满等。

(2)腹部检查:腹部明显隆起,宫高>35cm、腹围过大。触诊胎体大、部分存在先露部高浮,若为头先露,多数胎头跨耻征阳性。胎心位置偏高,临产时尚未入盆。

2. **辅助检查**　B 超检查需测量胎儿双顶径、股骨长、腹围及头围等各项生物指标,必要时还需要测量胎儿肩径及胸径。但目前利用超声诊断巨大儿的阳性预测率仅为 60%~80%。

3. **鉴别诊断**　需与双胎妊娠、羊水过多、胎儿畸形、妊娠合并腹部肿物相鉴别。

知 识 拓 展

巨大儿预测指标

分娩后根据新生儿体重诊断巨大儿并不困难。但在分娩前,准确估计胎儿大小,预防巨大儿分娩时的相关并发症,才是临床诊疗的关键。目前尚无方法准确预测胎儿大小,产前对巨大胎儿判断以下列多项指标综合诊断为宜:①宫高＋腹围≥135cm;②宫高≥38cm;③B 超胎头双顶径≥9.5cm;④孕妇身高≥165cm;⑤妊娠延期≥7d;⑥孕期体重增加≥20kg;⑦产前体重≥68kg。符合上述 3 项者应怀疑巨大儿可能,该标准正确诊断率 72.73%。

【对母儿的影响】

1. **对母体的影响** 子宫过度扩张,易致宫缩乏力、产程延长、头盆不称,增加产后出血及剖宫产率。阴道分娩易出现肩难产,增加产后出血、产道损伤等风险。梗阻性分娩处理不当可导致子宫破裂,威胁产妇生命。

2. **对胎儿及新生儿的影响** 巨大儿易导致肩难产,肩难产处理不当或失败,可造成胎儿窘迫、死胎、新生儿窒息、臂丛神经损伤等一系列并发症,严重者会造成新生儿死亡。巨大儿远期发展为糖耐量受损、肥胖、血脂异常、代谢综合征、心血管疾病的概率增加。

【预防】

孕期体重管理,合理饮食、适当活动,避免体重增长过多。合并糖尿病者应积极控制血糖至理想范围内。

【处理原则】

1. **妊娠期管理** 定期产前检查及营养指导,对于有巨大儿分娩史或本次妊娠可疑巨大儿者,需控制体重,进行饮食及运动指导,有妊娠期糖尿病者控制血糖于正常范围。

2. **分娩时机及分娩方式选择** 尽量准确估计胎儿体重,依据头盆情况决定分娩方式。估计胎儿体重 ≥ 4 000g,可严密监护下阴道试产,但应放宽剖宫产指征。估计非糖尿病孕妇胎儿体重 ≥ 4 500g 或糖尿病孕妇胎儿体重 ≥ 4 250g,即使骨盆正常,为防止母儿产时损伤,建议剖宫产分娩。

【助产要点】

(一)评估和监测

1. **健康史** 详细询问病史,了解孕妇有无糖尿病、过期妊娠或巨大儿分娩史;孕期有无体重增加过多,孕晚期是否出现呼吸困难、腹部胀满等。

2. **妊娠期评估** 评估宫高、腹围和骨盆大小试产。超声检查需测量胎儿双顶径、股骨长、腹围及头围等各项生理指标。

3. 分娩过程中,严密观察产程进展,密切监护胎儿安危,认真填写产程图,防止并发症的发生。第一产程中,因子宫过度膨胀,可能导致宫缩乏力。若产程进展缓慢,要及时查找原因,积极处理。

4. 了解孕妇及其家属心理状态和社会支持情况。

(二)教育与支持

1. 在确定妊娠时或孕妇第一次产检时,应告知所有孕妇巨大儿的相关风险,孕期控制体重和适当运动的重要性,并充分告知孕妇实施的方法。妊娠期检查发现胎儿发育大于孕周或合并糖尿病孕妇,进行营养指导,通过饮食、运动等方式控制血糖和体重,并做好血糖监测记录,定期监测胎儿及胎盘功能。

2. **心理支持** 临产后及时与孕妇及其家属沟通产程进展、分娩过程及所采取的治疗方案,以缓解焦虑心理。

3. **健康教育** 告知产妇及其家属巨大儿可能出现的问题,指导其加强新生儿的观察,识别新生儿低血糖及低血钙的症状,如若出现异常症状表现,及时呼叫医护人员。

(三)处理与配合

1. **妊娠期体重控制** 发现胎儿生长过快,应排除母亲糖尿病,如确诊糖尿病,应积极治疗,控制血糖,同时转至营养医生,制订合理的饮食方案,定期根据孕妇和胎儿发育情况及时调整治疗方案。

Note:

2. 分娩期处理　①怀疑巨大儿的产妇临产后,应密切监测产程进展情况,包括子宫收缩的强度及持续时间、宫口开大及胎头下降的情况、胎心率的变化等。分娩前建立静脉通道,注意第三产程的积极处理,预防产后出血。②若胎头双顶径已达到或超过坐骨棘水平下方 2cm,第二产程延长时,可行产钳助产,但需警惕肩难产的发生。肩难产发生突然、难以预测,若处理不当,将导致母婴严重并发症,可借助一些助产手法娩出胎肩,如屈大腿、压前肩法、旋肩法等,同时提前做好新生儿抢救准备。肩难产处理详见第十八章第七节肩难产助产术。③巨大儿因胎头大,不易入盆,易出现原发性或继发性宫缩乏力,导致产程进展缓慢或停滞,若头盆不称,应尽早行剖宫产。④胎儿娩出后常规检查新生儿状况,对于肩难产新生儿应详细记录,请儿科、骨科医生查体,并及时将结果告知产妇及家属。⑤预防新生儿低血糖,在出生后 30min 监测血糖。出生后 1~2h 开始喂糖水,及早开奶。轻度低血糖者口服葡萄糖,严重低血糖者静脉输注。新生儿易发生低钙血症,应补充钙剂,多用 10% 葡萄糖酸钙 1ml/kg 加入葡萄糖液中静脉滴注。

3. 术后严密观察产妇,预防产后出血及感染。阴道助产的产妇,指导尽早排尿并进行会阴护理,重视产褥期卫生保健并积极进行产后盆底康复锻炼。

第二节　胎儿生长受限

导入情境与思考

某孕妇,35 岁。孕 1 产 0,孕 30 周。因发现血压升高 1 个月,加重 1d 入院。既往无糖尿病、高血压病史,平素月经规律。

体格检查:心率、脉搏正常,BP 150/98mmHg。专科检查:妊娠腹型,宫高 18cm,腹围 80cm。

辅助检查:B 超提示宫内妊娠,单活胎。相当于孕 27 周。

请思考:

1. 该孕妇主要考虑什么诊断? 诊断依据是什么?

2. 该孕妇的处理原则及护理重点有哪些?

胎儿生长受限(fetal growth restriction,FGR)指胎儿生长潜力受损,胎儿体重估计低于相应孕龄胎儿应有体重的第 10 百分位数的小于胎龄儿(small for gestational age infant,SGA)。FGR 的定义常与 SGA 混淆,SGA 指出生体重低于相应孕龄应有体重第 10 百分位数或低于其平均体重 2 个标准差的新生儿。

【病因与发病机制】

FGR 的病因复杂多样,主要包括以下几方面:

1. 母亲因素

(1)一般状况:年龄(<16 岁或>35 岁)、经济状况差、社会地位低下、不良生活习惯(如吸烟、酗酒、吸毒)、营养不良、孕期体重增长过少、放射性物质或有毒物接触史等。

(2)妊娠合并症与并发症:①妊娠期合并症,如孕前糖尿病、系统性红斑狼疮等免疫系统疾病,贫血、严重的肾功能不全、抗磷脂综合征、感染性疾病等。②妊娠期并发症,如妊娠期高血压疾病、多胎妊娠、胎盘早剥、过期妊娠、妊娠期肝内胆汁淤积症等。这些合并症和并发症均可导致胎盘循环障碍,胎盘灌注量降低,引起胎儿生长受限。

2. 胎儿因素

(1)先天畸形与染色体异常:先天畸形如胎儿严重先心病等,胎儿染色体异常如 21- 三体、18- 三体、13- 三体等。

Note:

(2)宫内感染：如风疹病毒、巨细胞病毒、弓形虫、疟疾、梅毒或结核等。

3. 胎盘因素及其他因素　导致胎盘结构和功能异常的各种病变均可引起子宫胎盘灌注降低，胎儿血供不足。其他因素如单脐动脉、脐带过长、脐带过细（尤其根部过细）、脐带边缘性或帆状附着、脐带扭转、脐带打结等。

【分类】

根据发生时间、胎儿体重以及病因将胎儿生长受限分为以下三类：

1. 内因性均称型 FGR　即原发性胎儿生长受限。在妊娠开始或在胚胎期，危害的决定因素已发生作用，胎儿在体重、头围和身长三方面生长均受限，头围及腹围均小。胎儿畸形发生率和围产儿死亡率高，预后不良，产后新生儿可能伴有脑神经发育障碍和小儿智力障碍。

2. 外因性不均称型 FGR　即继发性胎儿生长受限。危害因素在妊娠晚期才发生作用，如慢性肾炎等。胎儿在分娩期对缺氧的耐受力下降，易导致新生儿脑神经受损。出生后新生儿躯干发育正常，易发生低血糖。

3. 外因性均称型 FGR　为上述两型的混合型。高危因素作用于整个妊娠期，主要由于营养不良引起。胎儿较少出现宫内缺氧，但存在代谢不良，部分新生儿有生长及智力障碍。

【诊断】

FGR 的诊断基于准确的孕周计算，包括核实孕妇月经史、辅助生育技术的信息，以及妊娠早、中期的超声检查。通过评估孕妇体重及宫高变化，初步筛查 FGR，并经超声检查明确诊断。对有高危因素的孕妇，需动态监测胎儿生长发育的指标并做出临床诊断。

1. 临床指标　测量宫高、体重，估算胎儿大小，用于低危人群的筛查。

（1）宫高测定：宫高连续 3 周测量均在第 10 百分位数以下，为筛选 FGR 的指标。如果在妊娠 26 周后发现宫底高度低于孕周相应标准 3cm 以上，或与之前相比无增加，须行超声检查，评估胎儿体重及其他指标。宫底高度低于相应孕周平均值 4cm 以上，应高度怀疑 FGR。

（2）胎儿发育指数：胎儿发育指数 = 子宫高度（cm）−3 ×（月份 +1）。指数在 −3 和 +3 之间为正常，小于 −3 提示可能为 FGR。

2. 辅助检查

（1）B 超检查：超声检查评估胎儿体重小于第 10 百分位数和胎儿腹围小于第 10 百分位数，是目前较为认可的诊断 FGR 的指标。若超声评估诊断为 FGR 则须进一步超声检查，包括系统超声筛查（有无胎儿畸形）、胎盘形态、胎儿大小及脐动脉血流阻力、羊水量等，有助于明确潜在病因。超声的其他评估内容还应包括胎儿生物物理评分。

（2）实验室检查：如优生优育五项（TORCH）、抗心磷脂抗体（ACA）、甲状腺功能等检测，目的是寻找致病原因，严重 FGR 要行胎儿染色体检查及遗传代谢性疾病的筛查。

【对胎儿及新生儿影响】

FGR 增加胎死宫内、新生儿发病及新生儿死亡的风险；增加儿童时期认知发育障碍及成年后肥胖、2 型糖尿病、冠心病、脑卒中的发生风险。

【预防】

1. 通过控制高危因素的暴露从而降低发生 FGR 的风险，如戒烟、戒酒，控制合并症如高血压、糖尿病等。对营养不良孕妇进行均衡的营养补充，在饮食结构中注意营养素的合理搭配。无证据支持吸氧能预防 FGR，也无明确证据支持补充孕激素或静脉补充营养可以预防 FGR。

2. **阿司匹林**　既往有胎盘血流灌注不良病史（如 FGR、子痫前期、抗磷脂综合征）的孕妇，推荐

Note:

从妊娠 12~16 周开始服用小剂量阿司匹林至 36 周。

3. 低分子肝素　抗凝治疗对于预防高危孕妇发生 FGR 具有一定疗效,但目前尚无有关不良反应、新生儿长期预后方面的证据支持。

【**处理原则**】

治疗原则是积极寻找并尽快解除可能的病因,对症补充营养,改善胎盘循环,加强胎儿监测,适时终止妊娠。

1. 胎儿宫内安危的监测　FGR 一经确诊,应立即开始严密监测。目前较理想的监测方案是联合评估,即对胎动计数、多普勒超声、羊水量、生物物理评分、电子胎心监护和胎儿生长情况进行综合评估。

(1)胎动:须告知孕妇重视胎动的变化。

(2)电子胎心监护:临床常用,但目前尚无明确证据证实产前电子胎心监护可降低 FGR 的围产儿病死率。电子胎心监护异常在 FGR 中往往是迟发的,因此不是监测 FGR 胎儿宫内状况的唯一手段。

(3)超声监测羊水量:有助于 FGR 的鉴别诊断及发现胎盘血流灌注不足。

(4)生物物理评分:生物物理评分正常,则 1 周内胎死宫内的发生率较低。详见第十三章第二节高危妊娠的识别。

(5)脐动脉多普勒:是 FGR 最重要的监测方法,监测指标包括最大峰值血流速度 / 舒张末期血流速度、阻力指数和搏动指数。在 FGR 胎儿中,上述指标较正常妊娠均会不同程度地升高。脐动脉多普勒结果正常时,需每 1~2 周复查,但对严重的 FGR 则应适当增加监测频率。脐动脉血流指数异常(如搏动指数或阻力指数>孕龄平均值 2 个标准差)时,如果舒张末期血流存在,每周监测 2 次;如果舒张末期血流消失或反向,则需每天监测,必要时终止妊娠。

(6)孕期还需要监测大脑中动脉(middle cerebral artery,MCA)的搏动指数或阻力指数 / 脐动脉搏动指数(大脑 - 胎盘血流比)以及静脉导管的血流变化。

2. 妊娠期治疗

(1)一般治疗:孕妇戒酒、戒烟,治疗并发症与合并症。适度左侧卧位休息,可纠正子宫右旋,增加子宫胎盘血流量。

(2)药物治疗:低分子肝素、阿司匹林对 FGR 有一定的效果。

(3)静脉营养:对于营养不良孕妇可给予补充静脉营养,期望通过胎盘到达胎儿,以利于胎儿生长。但是,许多研究都证实静脉营养对于预防和改善 FGR 并没有确切的效果,因此并不推荐常规使用,而是仅用于孕妇营养不良或摄入不足者。

3. 终止妊娠的时机和方式　根据电子胎心监护、生化指标,综合评估胎儿宫内状况及宫颈成熟度来决定终止妊娠的时机及方式。

(1)终止妊娠的时机:胎儿确定为 FGR 后,决定分娩时间较困难,取决于导致 FGR 的潜在病因和孕周,必须在胎儿死亡的危险和早产的危害之间权衡利弊。FGR 无合并症和并发症且超声提示脐动脉、大脑中动脉、静脉导管血流无异常者,建议在 38~39^{+6} 周终止妊娠;FGR 患者合并有其他高危因素(如羊水过少、异常脐血流、患者有合并症或并发症等),建议在 34~37^{+6} 周终止妊娠;≤34 周需终止妊娠的 FGR 患者建议在具有新生儿抢救及治疗的医院就诊。对于预期可能在 34 周前终止妊娠者应用糖皮质激素,以促进胎肺成熟;可能在 32 周前终止妊娠者应用硫酸镁,以保护胎儿脑神经,详见第八章第二节早产。

(2)终止妊娠方式

1)阴道分娩:FGR 的孕妇若无急慢性胎儿窘迫、脐动脉多普勒正常,或搏动指数异常但舒张末期血流存在,可经阴道试产。注意产程中严密监测胎儿宫内状况,有条件者可持续电子胎心监护。

Note:

2）剖宫产：剖宫产与否主要根据产科指征而定。单纯的 FGR 并不是剖宫产的绝对指征。若 FGR 伴有脐动脉舒张末期血流消失或反向，须剖宫产尽快终止妊娠。

【助产要点】

（一）评估和监测

1. **健康史** 询问末次月经，必须准确确定胎龄，推荐使用早孕期 B 超来推算预产期，评估有无引起胎儿生长受限的高危因素。

2. **孕期评估和监护** 定期评估孕期体重、宫高、腹围的变化，评估子宫大小是否与孕周相符。超声评估胎儿生长发育情况，妊娠晚期还可通过无应激试验、脐动脉血流、生物物理评分监测胎儿宫内状况。若脐动脉多普勒血流异常，应进一步检查大脑中动脉和静脉导管多普勒。若脐动脉舒张末期血流消失或反向，提示需要及时干预。必要时进行电子胎心监护，判断 FGR 的病情严重程度、进展等。

3. 了解孕妇及其家属心理状态和社会支持情况。

（二）教育与支持

1. **一般指导** 孕妇多卧床休息并取左侧卧位，可增加子宫胎盘血流量，有利于胎儿营养物质的摄取，促进生长发育，必要时在右侧背后垫一软枕，保持体位舒适。督促其定期产检，指导产妇自数胎动。

2. **饮食指导** 采用高热量饮食，指导孕妇多食优质高蛋白，如蛋、瘦肉、牛奶、豆制品等，高维生素及绿色蔬菜。根据情况补充微量元素。对食欲差、进食少的孕妇应适当给予多酶片、维生素 B_1、维生素 B_2 等增进食欲，促进消化吸收。

3. **心理支持** 解除恐惧、焦虑、紧张情绪，关爱孕妇以减轻心理压力。讲解相关知识，分娩时给予鼓励，树立顺利分娩的信心。了解社会支持情况。

4. **健康教育** 注意 FGR 的诱发因素，积极防治妊娠合并症及并发症，早诊断、早干预可以减少后遗症的发生。向孕妇及家属讲解疾病可能的病因及治疗措施，指导孕妇饮食和生活习惯的改善。注意营养，减少疾病，避免接触有害毒物，禁烟酒。孕期需在医生指导下用药。

（三）处理与配合

1. **吸氧可改善胎儿的血气指标** 常态下吸氧 30min/ 次，2 次 /d，氧流量 2~3L/min。氧疗能有效提高孕妇血氧含量，有效地改善胎盘血液灌注不良，增加母胎间的交换，使胎儿应用营养物质障碍及胎儿营养物质的供给障碍得到改善，维持胎儿的正常生长。

2. **药物治疗** 孕期遵医嘱给予输复方氨基酸、乳化脂肪乳、葡萄糖等输液。用药过程中应注意药物用量、用法正确，在采取静脉滴注时加强巡视。经治疗无效而且胎儿胎盘功能测定有异常者，则在分娩前 1~2d 给地塞米松、维生素 K_1 肌内注射，促进胎肺成熟后，应尽快终止妊娠。

3. **产时监测** 产时胎儿窘迫发生率增加。疑诊 FGR 的孕妇应按"高危孕妇"在产时严密监护，持续电子胎心监护。有条件者应当进行胎儿头皮血 pH 及胎血乳酸检测。

4. **即刻剖宫产结束分娩** ①NST 为无反应型，CST 为阳性者。②B 超测定羊水过少，并有羊水 Ⅱ 度以上胎粪污染者。③胎儿生长受限的孕母并发其他高危因素，且病情严重或合并产科异常者。

5. **宫内生长受限的新生儿处理** ①临产前，观察胎儿对宫缩时缺氧的耐受力，及时发现胎儿窘迫的表现，做好各项急救准备。分娩时需通知新生儿科医生到场，做好新生儿窒息复苏准备。②胎儿娩出后应立即彻底清除呼吸道羊水、胎粪，预防呼吸窘迫综合征，必要时气管插管，有条件者应对新生儿进行动脉血气分析。③保暖。④及早喂葡萄糖水或开奶，加强喂养。

第三节　胎儿窘迫

导入情境与思考

某产妇,29 岁。孕 1 产 0,孕 40 周。因胎动减少 1d 入院。既往无高血压、糖尿病史,平素月经规律。此次妊娠过程平稳,无明显异常。入院后 2h 临产。

体格检查:生命体征平稳,心肺听诊未见明显异常。专科检查:宫高 33cm,腹围 100cm,ROA,胎心 165 次/min,宫缩规律,强度(+),宫口开指尖,S-3,胎膜未破。

辅助检查:B 超提示宫内妊娠,单活胎。胎儿生物物理评分 7 分,呼吸 1 分,胎盘位于前壁,Ⅱ级,S/D 值:2.32。胎心监护提示晚期减速。

请思考:

1. 该产妇的病情观察要点有哪些?

2. 该产妇的助产要点有哪些?

胎儿窘迫(fetal distress)是胎儿在宫内缺氧及酸中毒引起的一系列病理状态及综合症状,危及胎儿健康和生命。胎儿窘迫是一种综合症状,分为急性胎儿窘迫和慢性胎儿窘迫,是当前剖宫产的主要适应证之一。

【病因与发病机制】

胎儿氧供来自母体血液,通过子宫胎盘循环,经绒毛上皮进行气体交换后到胎儿的循环,再经胎儿本身的循环将氧气送到胎儿各部。任何导致母体血氧含量不足、母胎间血氧运输或交换障碍的因素及胎儿自身因素异常均可能引起胎儿窘迫。

1. **母体因素**　①微小动脉供血不足,如妊娠期高血压疾病等。②红细胞携氧量不足,如重度贫血、心力衰竭等。③急性失血,如前置胎盘、胎盘早剥等。④各种原因引起的休克与急性感染发热。⑤子宫胎盘血运受阻,如急产或不协调性宫缩乏力、产程延长、子宫过度膨胀(如羊水过多和多胎妊娠)等。

2. **胎盘因素**　妊娠合并症或并发症引起的胎盘异常,如妊娠期高血压疾病、慢性肾炎、糖尿病、妊娠期肝内胆汁淤积症、过期妊娠、胎盘早剥、前置胎盘和大面积胎盘梗死等。胎盘发育异常或形状异常如轮状胎盘、帆状胎盘以及胎盘感染等。

3. **脐带因素**　脐带脱垂、缠绕、受压、严重扭曲、真结、前置血管等。

4. **胎儿因素**　胎儿心血管系统功能障碍,如严重的先天性心血管疾病、颅内出血、胎儿畸形、胎儿宫内感染等。

5. **分娩期病因**　产程异常、宫缩过强或分娩受阻、胎头过度受压等。

6. **其他**　胎儿生长受限、早产儿、母儿血型不合等。

【病理生理变化】

当胎儿轻度缺氧时,交感神经兴奋,代偿性血压升高及心率加快。重度缺氧时,转为迷走神经兴奋,心功能失代偿,心率由快变慢。无氧酵解增加,丙酮酸及乳酸堆积,胎儿血 pH 下降,出现代谢性酸中毒。缺氧使肠蠕动亢进,肛门括约肌松弛,胎粪排出,胎儿呼吸运动加深,羊水吸入,出生后可出现新生儿吸入性肺炎。慢性胎儿窘迫常使胎儿生长受限。

【临床表现及分类】

1. **急性胎儿窘迫**　主要发生于分娩期,多因脐带脱垂、绕颈、打结等脐带因素,胎盘早剥、前置胎

盘出血等胎盘因素,宫缩过强、不协调或持续时间过长,以及产妇处于低血压或休克等原因所致,临床表现如下:

(1)产时胎心率异常:缺氧早期,胎儿处于代偿期,胎心率在无宫缩时加快,>160bpm;缺氧严重时,胎儿失代偿,胎心率减慢,<110bpm;当胎心率<100bpm,基线变异≤5bpm,伴有频繁晚期减速,提示胎儿严重缺氧,随时可能胎死宫内。临床表现为晚期减速、变异减速、延长减速,CST/OCT 为Ⅲ类胎心监护,详见第五章第六节第一产程。

(2)羊水胎粪污染:羊水污染程度与胎粪排出量及时间有关,羊水污染分为3度。Ⅰ度淡绿色、稀薄;Ⅱ度深绿色且较稠或较稀,羊水内含簇状胎粪;Ⅲ度黄褐色、黏稠状且量少。破膜后羊水流出,可直接观察羊水的性状。若胎先露部分已固定,前羊水囊所反映的可以不同于胎先露部以上的后羊水性状。

(3)胎动异常:急性胎儿窘迫初期,最初表现为胎动频繁,继而转弱及次数减少,进而消失。

(4)代谢性酸中毒:出生后脐动脉血血气分析 pH<7.20,提示代谢性酸中毒,存在胎儿窘迫。

2. 慢性胎儿窘迫　主要发生在妊娠晚期,常延续至临产并加重。多系妊娠期高血压疾病、慢性肾炎、糖尿病等所致。

(1)胎动减少或消失:胎动计数是孕期自我监测评估的最佳手段,大部分慢性胎儿窘迫孕妇,主动来院就诊的原因就是胎动改变。胎动减少为胎儿缺氧的重要表现,应警惕,以免贻误抢救时机。

(2)电子胎心监护异常:无应激试验(NST)异常提示有胎儿缺氧的可能。需要描记孕妇胎心率20~40min,正常胎心率基线为 110~160bpm。若胎动时胎心率加速不明显,基线变异频率<5bpm,持续 20min 提示胎儿窘迫。

(3)胎儿生物物理评分:≤4 分提示胎儿窘迫,4~6 分提示胎儿缺氧可能性极大。

(4)脐动脉多普勒血流异常:脐血流 S/D 值升高、舒张末期血流缺失或倒置。

(5)胎儿生长受限:胎儿持续慢性缺氧,可致宫内生长受限,胎儿体重低,各器官体积小。

【诊断】

1. **胎动异常**　胎动频繁或减少可能是胎儿缺氧的先兆。

2. **胎心率异常**　当听诊发现胎心率异常时,应行电子胎心监护。

3. **羊水异常**　羊水量的改变尤其是羊水减少提示胎儿窘迫的可能。但要注意,单纯的羊水粪染不能直接诊断胎儿窘迫,需结合电子胎儿监护综合评估。

4. **电子胎心监护**　产时Ⅲ类胎心监护常提示胎儿窘迫。

5. **胎儿生物物理评分**　超声监测胎动、胎儿呼吸运动、肌张力、羊水量结合 NST 结果共五项综合评分。

6. **胎儿头皮血血气分析**　胎儿动脉血的酸碱度和血气分析是判断胎儿窘迫较准确的方法。胎儿头皮血的 pH 7.25~7.30 为正常范围,pH 7.20~7.25 为可疑缺氧,pH<7.20 应诊断为胎儿缺氧,需及时终止妊娠。该方法对新生儿缺血缺氧性脑病的阳性预测值为 3%,应用较少。

【处理原则】

多数胎儿窘迫病因不明,最好的方法是早期诊断,让胎儿及时离开缺氧环境;同时,提高诊断准确性,避免过度诊断,减少不必要的早产及剖宫产。若羊水Ⅲ度伴电子胎心监护异常,提示胎儿窘迫且发生胎粪吸入综合征的风险增加,需紧急终止妊娠。

【助产要点】

(一)急性胎儿窘迫

采取果断措施,改善胎儿缺氧状态,做好抢救准备。

1. **评估和监测**　询问孕妇的一般情况和孕育情况,有无高血压、心脏病等疾病史;重点了解有无妊娠期高血压疾病、胎膜早破、子宫过度膨胀如羊水过多、多胎妊娠等；了解有无胎儿畸形、胎盘功能的情况等；分娩经过有无产程延长、缩宫素使用不当等。同时注意评估监测羊水量及性状。严密观察产程进展及胎心变化，每 15min 听 1 次胎心或进行胎心监护。若有条件，在第二产程全程监护。了解孕妇及其家属心理状态和社会支持情况。

2. 教育与支持 指导孕妇左侧卧位，间断吸氧。安抚孕妇紧张、烦躁、恐惧等情绪，告知目前产程及胎儿的情况，使孕妇心中有数，配合治疗和护理。产后对产妇进行常规的产科护理，若母婴同室，指导产妇喂养新生儿。

3. 处理与配合

(1) 及时观察与处理：胎心率发生变化时，进行仔细的阴道检查，了解宫口扩张情况、胎方位及头盆关系，评估胎儿能否在短时间内经阴道分娩；了解病因，排除脐带脱垂等严重并发症；了解羊水性状及羊水量，若胎心异常伴羊水粪染，应高度怀疑胎儿窘迫，须尽快分娩。

(2) 积极排查原因：对于可疑急性胎儿窘迫者行连续电子胎心监护。若母亲有缺氧的情况可持续吸氧(流量 10L/min)，提高母血含氧量及胎儿血氧分压。排查是否有宫缩过频过强、脐带受压、羊水过少、产程进展异常或难产，母亲体位如仰卧位低血压综合征，突发异常情况如脐带脱垂、胎盘早剥、子宫破裂、前置血管破裂等。并采取宫内复苏措施，针对病因进行处理。因缩宫素使用不当导致宫缩过强或过频，须立即停用缩宫素，必要时予以宫缩抑制剂。

(3) 尽快分娩：分娩方式取决于产程进展情况，经宫内复苏仍无法纠正者，宫口未开全或估计短时间内无法阴道分娩，应立即做好剖宫产术前准备。若宫口已开全，胎先露在已达到或超过坐骨棘水平下方 2cm，尽快阴道助产分娩；若胎头高浮，胎先露未达到坐骨棘水平下方 2cm，经阴道分娩对母体损伤较大，宜剖宫产。做好新生儿抢救和复苏的准备。

(二) 慢性胎儿窘迫

针对病因，根据孕周、胎儿成熟度及胎儿缺氧程度拟定处理方案。

1. 评估和监测 全面检查以评估母儿状况，包括 NST 和胎儿生物物理评分。积极治疗妊娠合并症及并发症，加强胎儿监护，尤其注意胎动变化。及时发现母亲或胎儿异常情况的出现，如妊娠期高血压疾病、慢性肾炎、过期妊娠、胎盘老化、贫血、胎儿发育迟缓、前置胎盘、合并心脏病等病因或诱因，从而判断出对胎儿的危险程度，制订相应的治疗方案。了解孕妇及其家属心理状态和社会支持情况。

2. 教育与支持 指导产妇侧卧位休息，以增加胎盘血供。加强孕期检查，适当增加检查次数；积极配合治疗各种妊娠并发症及合并症；教会孕妇自测胎动，发现胎动增多或减少等异常情况及时就诊；定期产检做好宣教工作，缓解孕妇焦虑情绪。

3. 处理与配合 妊娠近足月或胎儿已成熟，胎动减少，胎盘功能进行性减退，胎心监护出现胎心基线率变异异常伴基线波动异常，OCT 出现频繁晚期减速或重度变异减速，均应行剖宫产终止妊娠。对于孕周小，估计胎儿娩出后无法存活的胎儿，应将情况向家属说明，尽量保守治疗以期延长孕周数。充分告知孕妇及家属保胎过程中随时胎死宫内等风险及远期预后不良的可能，并取得书面知情同意。医疗条件较差的基层医院需将孕妇转诊至新生儿水平较高的上级医院。

第四节 胎 儿 畸 形

导入情境与思考

某孕妇，20 岁。孕 1 产 0，孕 32 周。因超声发现胎儿畸形入院。既往患外阴贝赫切特综合征(白塞综合征)，曾服用沙利度胺等药物治疗，孕期复发后自行服药。

体格检查：生命体征平稳，心肺听诊未见明显异常。专科检查：宫高 28cm，腹围 90cm，LOA，胎心 151 次 /min。

辅助检查：B超提示宫内单胎，双顶径7.9cm，头围29.3cm，腹围25.7cm，胎心规律，四腔心可见，双上肢未显影，双侧下肢可见双足直接连接躯干，双足形态以及趾骨数目异常，生殖器显示不清，胎儿脐动脉S/D值增高，羊水指数13.7cm。

请思考：

1. 该孕妇的下一步处理原则是什么？
2. 导致胎儿畸形的病因可能有哪些？

胎儿畸形指胎儿在子宫内发育异常而引起的器官或身体某部位的形态学缺陷，是出生缺陷的一种。我国出生缺陷发病率约13.07‰，常见的畸形包括：先天性心脏病、多指/趾、唇腭裂、脑积水、并指/趾等。胎儿畸形在围产儿死亡中居第一位，也给社会及家庭带来经济及心理负担。因此预防胎儿缺陷的发生是提高出生人口质量的重要手段之一。

【病因】

1. **遗传因素**　先天畸形的发生绝大多数与遗传有关，如染色体畸变、单基因遗传、多基因遗传等。
2. **环境**　环境中的某些物质可以造成胎儿畸形，如X射线、同位素等。
3. **病毒及病原体感染**　风疹、巨细胞病毒、微小病毒B19、弓形虫、梅毒等可致胎儿畸形。
4. **化学制剂**　某些药物可能致胎儿畸形，尤其在早孕期使用时，因此妊娠期用药应在医师指导下合理用药。另外，重金属也会增加胎儿畸形的风险。

知识拓展

部分致畸病毒

B19病毒是一种单链DNA病毒，是儿科常见的出疹性疾病——传染性红斑（又称"五号病"）的病原体。先天性B19病毒感染与自然流产、胎儿水肿、死胎有关。妊娠20周前，B19病毒感染的孕妇胎儿丢失的发生率为8%~17%，而这一时期感染也易导致胎儿出现严重并发症。应采用系列超声监测胎儿贫血的发展。标准的监测应包括评估胎儿有无腹水、胎盘肿大、心脏扩大、水肿和生长受限等。此外，还要通过多普勒监测胎儿大脑中动脉收缩期峰值流速，以准确预测胎儿的贫血情况。

妊娠期水痘可通过胎盘传播，导致先天性或新生儿水痘。妊娠期水痘导致胎儿先天性水痘综合征的风险较低，仅发生于妊娠早期（0.4%）和中期（2%），表现为皮肤瘢痕形成、四肢发育不全、脉络膜视网膜炎和小头畸形。

【常见类型】

1. **神经管缺陷**　神经管在胚胎发育的4周前闭合，孕早期叶酸缺乏可引起神经管关闭缺陷，如无脑儿、脑积水、脊柱裂、小脑蚓部缺失等。

（1）无脑儿：系前神经孔闭合失败所致。颅骨与脑组织缺失，双眼暴突、颈短，常伴肾上腺发育不良及羊水过多。

（2）脑积水：系中脑导水管不通，脑脊液回流受阻所致。超声检查有助于诊断。

（3）脊柱裂：部分脊椎管未完全闭合，分为隐性及显性脊柱裂（脊膜膨出、脊髓脊膜膨出、脊髓膨出）。超声是重要诊断手段，妊娠18~20周是发现的最佳时机。严重时应终止妊娠。

2. **先天性心脏病**（简称"先心病"）　是一种常见的胎儿畸形，主要包括法洛四联症、大血管错位、室间隔缺损、房间隔缺损和单心房单心室等。

3. **胸部畸形**　主要包括膈疝、肺囊腺瘤及隔离肺等。

4. **腹部畸形**　主要包括腹裂、脐膨出、食管闭锁、十二指肠闭锁等。

5. **泌尿系统畸形**　肾缺如或肾发育不全、肾积水等。

6. **骨骼系统异常**　马蹄内翻足、多指/趾、并指/趾、肢体短缩等。超声是重要筛查手段，必要时可行磁共振检查。

7. **连体双胎**　罕见。为单卵双胎在孕早期发育过程中未能分离或分离不完全所致。常见的有胸腹联胎、颜面胸腹联胎及臀部联胎等。

8. **染色体异常**　常见 21- 三体综合征、18- 三体综合征、13- 三体综合征，性染色体异常等。

9. **其他畸形**　唇裂、唇腭裂等。

【诊断】

1. **临床表现**　多无典型的临床表现，主要由产前筛查包括生化、超声等发现。少数胎儿畸形是由于出现了胎心、胎动异常或胎儿生长受限等表现后进一步产前诊断确诊。不同类型的畸形可能导致相关组织器官的功能障碍，发育受限，终身残疾甚至胎死宫内、新生儿死亡。

2. **辅助检查**　常采用产前筛查、超声检查、生化免疫，必要时产前诊断及高通量基因测序等辅助检查。

3. **产前诊断**　产前诊断的手段包括超声、磁共振和介入性诊断。

（1）超声：胎儿系统超声是检查胎儿畸形的常用方法，多在怀孕 20~24 周进行。若此时发现胎儿严重畸形，可及时终止妊娠，以免给孕妇造成更大痛苦。但由于超声分辨率有限及技术原因，以及有些畸形在孕晚期才能表现出来，超声并不能发现所有的胎儿畸形。

（2）磁共振：磁共振无辐射、对胎儿安全，软组织分辨率高，可多位成像，在诊断胎儿中枢神经系统异常等方面应用前景广阔，可作为产前诊断中对超声检查发现的胎儿异常的重要验证和补充诊断手段。

（3）介入性产前诊断：通过绒毛活检、羊水穿刺、脐带血穿刺等技术，可对胎儿细胞进行染色体核型分析、基因检测，从而对某些胎儿遗传性疾病做出诊断。

虽然产前诊断技术发展迅速，但胎儿畸形的产前诊断率并不令人满意，主要因为：①一些微小畸形或胎儿器官功能异常在宫内难以被发现；②产前诊断技术本身具有局限性；③医疗资源的分布不均和医疗条件的限制，使产前诊断难以广泛开展。

【预防】

早期诊断及宫内治疗可减少畸形儿产生。通过婚前检查、遗传咨询、孕妇保健等减少畸形的发生，还可通过羊水或绒毛检查、超声及胎儿镜等手段确诊以尽早终止妊娠。已明确补充叶酸或含叶酸的复合维生素可明显降低神经管畸形的发病率，宜孕前 3 个月开始干预。

【处理原则】

1. **致死性畸形的处理**　六种致死性畸形一经确诊，尽早引产，详见第四章第四节出生缺陷的三级预防。

2. **非致死性畸形的处理**　需在有胎儿治疗能力的医院进行遗传咨询、医学影像、生化免疫、细胞遗传和分子遗传等产前诊断。若染色体正常，根据胎儿病情严重程度、对围产儿生命和生活质量的影响程度以及预后，通过与胎儿父母充分沟通交流后决定是否放弃胎儿或进行宫内、产时或出生后治疗。若染色体异常，需尽早引产。

3. **宫内治疗**　大多数胎儿畸形可在出生后进行手术治疗，但也有部分畸形在宫内期间就会威胁胎儿生命安全，需要进行宫内治疗。宫内治疗的方法包括"封闭式"胎儿宫内手术、"开放式"胎儿宫内手术、子宫外产时处理（extra utero interpartum treatment，EXIT）。在进行宫内治疗之前，必须进行一

Note:

系列评估,充分权衡利弊;同时应对产妇及家属充分知情同意,告知利弊以及后期治疗,包括远期随访的需求。此外,需要在具备高危产科、高危新生儿以及重症监护处理能力的医院,由具有丰富经验的母胎医学专家、新生儿科专家、儿外科专家在内的多学科团队共同制订和实施诊疗方案。

【助产要点】

(一) 评估和监测

多项手段综合评估是否为致死性畸形,确定是否继续妊娠。在确诊为畸形胎儿后,及时告知病情,与患者及家属充分沟通,给予心理上的支持、疏导,注意保护其隐私,维护其自尊。监测孕妇生命体征。了解孕妇及其家属心理状态和社会支持情况。若需引产,要充分告知患者及家属胎儿尸体的几种处理方式并由患者及家属书面表达其选择。引产方法详见第十八章第二节促进宫颈成熟及引产。

(二) 教育与支持

对失去胎儿的产妇进行心理抚慰及再孕指导宣教,必要时引导患者进行心理咨询,鼓励、帮助其尽快走出此次妊娠阴影。对于致死性畸形,建议产妇及其家属进行胚胎组织的遗传学检查及尸体解剖以指导下次妊娠。对于出生后可以治疗的胎儿畸形,建议患者及其家属咨询相关学科医生,做好治疗准备。

(三) 处理与配合

对于明确的致死性畸形,应尽早引产终止妊娠,减少母亲损害,必要时可行毁胎术。对于出生后可以治疗的胎儿畸形,根据个体化原则可待足月或近足月时分娩,若需进行产时手术,多科协作完成。

第五节 死 胎

导入情境与思考

某患者,27 岁。孕 1 产 0,孕 38 周。因自觉胎动消失 2d 入院。既往无糖尿病、高血压病史,平素月经规律,此次妊娠过程平稳,未见明显异常。

体格检查:生命体征平稳,心肺听诊无异常。专科检查,妊娠腹型,宫高 30cm,腹围 95cm,LOA,未及胎心。

辅助检查:B 超提示死胎。

请思考:

1. 该患者入院后病情观察的重点有哪些?

2. 该患者的下一步处理及护理要点有哪些?

妊娠 20 周后胎儿在子宫内的死亡,称为死胎(fetal death),包括胎儿在分娩过程中死亡的死产(still birth)。

【病因与发病机制】

1. **胎盘及脐带因素** 胎盘早剥、前置胎盘、血管前置等所致大量出血,脐带真结、脐带脱垂等脐带异常,或羊水过少等,造成胎儿缺氧。

2. **胎儿因素** 胎儿异常占所有死胎病因的 25%~40%。胎儿染色体异常或致死性结构畸形在死胎病因里占有重要地位。严重的遗传性疾病、胎儿生长受限、母儿血型不合导致的溶血、胎母输血等所致胎儿严重贫血、双胎输血综合征、宫内感染等引起的死胎也常见。

3. **孕妇因素** 严重的妊娠并发症如妊娠期糖尿病、妊娠期高血压疾病、妊娠期肝内胆汁淤积症、子宫破裂等,合并症如心血管疾病、严重感染、重度贫血等,致使胎盘局部血供不足,胎儿缺氧,均可导致死胎。生育时年龄过小或过大也使死胎风险增加。

【临床表现及诊断】

孕妇自觉胎动消失,子宫停止增大。子宫小于相应孕周,未闻及胎心。

根据孕妇主诉胎动消失、查体子宫小于停经周数、超声检查无胎心搏动可确诊胎儿死亡。若胎儿死亡已久,可见颅骨重叠、颅板塌陷、胎盘肿胀等。

【预防】

死胎大部分无法避免,至少有 1/4 病例无法明确病因。胎动和 / 或胎心监护的异常可能提示胎儿缺氧等。争取尽早发现异常现象,以减少死胎的发生。

【对母儿影响】

死胎在宫腔内停留过久有可能导致母体凝血功能障碍。胎儿死亡后,其退行性变的胎盘组织释放促凝物质进入母体循环,激活母体凝血系统引起弥散性血管内凝血(DIC)。

【处理原则】

死胎一经确诊需积极处理,尽早引产并尽力寻找病因。为寻求病因,可将孕妇转诊至有条件的医疗机构处理。分娩时机和方式应根据孕周、临床情况及孕妇意愿确定,分娩处理应个性化。

【助产要点】

(一) 评估和监测

1. **健康史**　询问孕妇年龄、生育情况,询问本次妊娠经过,了解早期妊娠有无先兆流产等异常,是否患有糖尿病、慢性肾炎等其他疾病。

2. **孕期评估与监护**　评估胎动消失的具体时间,评估孕妇体重,测量宫高,了解子宫大小是否与孕周相符。B 超检查确诊无胎心、胎动。监测凝血功能,若纤维蛋白原<1.5g/L,并伴凝血功能障碍,需积极纠正并在分娩期对症处理以避免严重产后出血。

3. 了解孕妇及其家属心理状态和社会支持情况。

(二) 教育与支持

1. 注意休息、加强营养,观察有无出血征象,发现齿龈出血、注射部位出血时,及时报告医生并做相应处理。

2. **心理支持**　评估孕妇及家属精神状况。入院后孕妇会出现情绪波动、精神紧张、悲伤、失落、恐惧等不良情绪。应多次主动与患者交谈,耐心解释死胎的原因,引导其接受及坦然面对并走出阴影,防止因哀伤过度而产生过激行为。

3. 健康教育

(1) 消除病因或诱因:①避免接触放射线、同位素、化学工业毒物如苯、氯丁二烯、亚硝胺、铅以及剧毒农药等有毒化学物质,从事化工生产或接触有毒化工品的孕妇,应尽量调换工作。农村孕妇孕期不要喷洒农药。②孕早期应尽量少去公共场所,预防病毒感染,增强体质,增强对疾病的抵抗力,孕妇要避免感冒。

(2) 孕期保健:坚持规律产检,教会孕妇自数胎动,及时发现异常,及时就医。

(3) 优生优育指导:术后 4 周后要避免进行房事。坚持避孕 3~6 个月后才可以再次怀孕。明确死胎原因,再次妊娠应进行风险评估,并告知再孕前必须进行遗传咨询,采取科学优生的措施。

(三) 处理与配合

1. **引产处理**　死胎一旦发生,应积极引产。方法有多种,包括羊膜腔注射依沙吖啶引产、缩宫素静脉滴注引产、米索前列醇配合米非司酮、水囊引产等。根据孕周、是否为瘢痕子宫、患者合并症及并发症等制订个体化的引产方案。由于胎儿已无法挽回,应尽量减少对母体的损伤,同时考虑到母亲再次妊娠的需求,应尽量经阴道分娩,必要时可行毁胎术。

2. 产时处理　胎儿娩出后,要协助医生仔细检查胎儿体表有无畸形或异常,脐带有无扭转、打结绕身、脐动脉是否两条、胎盘有无血管瘤等。如果肉眼无法识别,可说服患者及家属做尸检或染色体检查以查明死胎原因,根据病因评估复发风险以指导再次妊娠时采取措施避免类似情况的发生。产程中要注意指导患者屏气用力,防止羊水栓塞,产时注意保护会阴,预防产道损伤,胎盘、胎膜娩出后,要仔细检查,给予缩宫素肌内注射,防止产后出血。

3. 产后护理　产后病房要安静、舒适,让患者能安静入睡,充分休息恢复体力;尽量不安排其与有新生儿的患者同住,避免刺激。每天给予外阴冲洗,给予抗生素预防感染;口服益母草膏,促进宫缩,观察阴道出血;给予富有营养易消化的食物;给予回奶药物,减少患者乳房胀痛的痛苦,避免乳腺炎的发生。

知识拓展

妊娠中晚期胎死宫内相关影像学表现

1. 超声检查　胎心搏动消失,胎儿体内各器官血流及脐带血流停止是宫内死亡的早期表现;同期身体张力及骨骼、皮下组织回声则无异常改变。当死亡时间延长,羊水浸泡致胎体软化则显示为胎儿皮下液体积聚造成的头皮水肿和全身水肿,以及胸腔积液、腹水;胎儿颅骨重叠多出现在死亡后1周左右。

2. X线检查　与超声检查相似,胎儿死亡早期X线检查可无任何异常发现;当胎儿死亡后颅内压减低,致颅骨变形;X线检查显示胎儿颅板塌陷多在死亡7d后出现,10d后几乎均可见颅骨板塌陷。

第六节　多胎妊娠

导入情境与思考

某产妇,34岁。孕1产0,孕38周。因阴道流液4h,偶有宫缩入院。既往无糖尿病、高血压等病史。平素月经规律。此次妊娠过程顺利,无明显异常。

体格检查:生命体征平稳,心肺听诊未见明显异常。专科检查:宫高38cm,腹围110cm,LOA/RSA,胎心130/145次/min。偶有宫缩,胎膜存。骨盆外测量髂棘间径25cm,髂嵴间径28cm,骶耻外径20cm,坐骨结节间径8cm。

辅助检查:B超提示宫内双胎,低置胎盘。

请思考:

1. 该产妇在待产过程中的观察重点是什么?

2. 该产妇的分娩方式应如何选择?

3. 该产妇不同产程的助产要点有哪些?

一次妊娠子宫腔内同时有两个或两个以上胎儿,称为多胎妊娠(multifetal pregnancy)。多胎妊娠自然的发生率为 $1:89^{(n-1)}$(n 代表一次妊娠的胎儿数)。多胎妊娠属于高危妊娠范畴,应加强妊娠期、分娩期管理。多胎妊娠中以双胎妊娠(twin pregnancy)最多见,绒毛膜性对双胎的孕期处理及预后至关重要,在妊娠早期应明确双胎妊娠的绒毛膜性。

【分类】

1. 双卵双胎(dizygotic twins,DZ)　两个卵子分别受精形成两个受精卵,约占双胎妊娠的70%。

两个受精卵分别着床,形成自己独立的胎盘及胎膜,两个胎盘可融合但胎盘血循环互不相通;两胎儿间有两层绒毛膜及两层羊膜,各有其遗传基因,血型、性别可相同或不同,外貌、指纹等多种表型不同。

2. **单卵双胎**(monozygotic twins,MZ)　由一个受精卵分裂形成的双胎妊娠,约占双胎妊娠的30%。两胎儿基因相同,性别、血型、容貌等均相同。单卵双胎由于受精卵分裂的时间不同有如下四种形式:

(1)双绒毛膜双羊膜囊(dichorionic diamnionic,DCDA):受精卵分裂发生在受精后72h内(桑葚胚期),形成两个独立的受精卵、两个羊膜囊,约占单卵双胎(MZ)的30%。

(2)单绒毛膜双羊膜囊(monochorionic diamnionic,MCDA):在受精后4~8d内(囊胚期)发生分裂,在单卵双胎(MZ)中约占70%。它们共同拥有一个胎盘及绒毛膜,其间隔有两层羊膜。

(3)单绒毛膜单羊膜囊(monochorionic monoamnionic,MCMA):分裂发生在受精后9~13d,羊膜腔形成后。两个胎儿共存于同一个羊膜腔内,之间无分隔,由于常常合并脐带缠绕打结,围生儿死亡率高。占单卵双胎的1%~2%。

(4)联体双胎(conjoined twins):分裂发生在受精后的13d以后,可导致不同程度、不同形式的联体双胎,预后不良,是单绒毛膜单羊膜囊双胎的一种特殊形式。

【临床表现】

1. **病史**　双卵双胎妊娠多有家族史。部分患者应用促排卵药物或体外受精胚胎移植(IVF-ET)。

2. **症状**

(1)早孕反应常较重,持续时间较长。

(2)中孕期后可以感觉两个或者多个胎儿胎动。

(3)妊娠中期后体重迅速增加,晚期横膈升高,可出现呼吸困难、胃部饱满、下肢静脉曲张和浮肿等压迫症状。

(4)常出现营养性贫血,有头晕、乏力等症状。

3. **体征**　子宫大于停经周数。在妊娠中、晚期可于腹部触及多个肢体及两个或多个胎头。可在两个部位闻及两个胎心率,且两心音相差10bpm或以上。双胎妊娠的胎位多为纵产式,以双头位或一头一臀多见。

【诊断与鉴别诊断】

超声检查是主要的确诊手段。在妊娠早期可见到两个孕囊、两个原始心管搏动。超声诊断符合率可达100%。超声可筛查胎儿形态学异常及确定胎位。妊娠早期超声判断双胎绒毛膜性非常重要。

1. 停经6~10周根据孕囊及胎芽个数判断。

2. 停经11~14周,根据"λ"征或"T"征判断绒毛膜性。"λ"征提示双绒毛膜双羊膜囊双胎,"T"征提示为单绒毛膜双胎,再根据两胎儿之间是否有胎膜分隔判断绒羊膜性。

3. 中孕期判断绒毛膜性准确率下降,如性别不同的双胎可明确为双绒毛膜双羊膜囊,但当双胎性别相同时,无法判断绒毛膜性。

【对母儿的影响】

1. **孕妇并发症**

(1)贫血:是双胎妊娠孕妇最常见的并发症,发病率是单胎妊娠的2.4倍,出现早,程度重,主要原因为铁和叶酸的储备不能满足两个胎儿的生长需要。

(2)妊娠期高血压疾病:是双胎甚至多胎妊娠的主要并发症之一,发生率较单胎妊娠高3~5倍,初产妇尤为多见。常病情重,易发展为子痫,小于胎龄儿的发生率也增加。

(3)妊娠期肝内胆汁淤积症:因有两个以上的胎盘,雌激素水平增高更明显,发病率明显增高,易引起早产、胎儿窘迫、死胎、死产。

（4）羊水过多：在双胎妊娠中，中期妊娠时与单胎妊娠一样常可见羊水过多，但以后又逐渐减少，最终发展为羊水过多者约为12%，急性羊水过多在单绒毛膜双胎中较多见，常出现于可以存活之前，因此对胎儿是极大的威胁。

（5）胎膜早破：发生率约14%，可能与子宫过度膨胀有关。

（6）流产：流产率高于单胎，可能与胚胎畸形、胎盘发育异常、胎盘血液循环障碍、宫腔容积相对狭窄等因素有关。

（7）胎盘早剥：为双胎妊娠产前出血的常见原因。一胎娩出后，宫腔容积骤然缩小是发生胎盘早剥的原因之一，还可能与妊娠期高血压疾病有关。

（8）宫缩乏力：由于子宫过度膨胀，肌纤维过度伸展，常发生原发性宫缩乏力，导致产程延长。

（9）产后出血：与子宫过度膨胀及胎盘附着面大有关。

2. 围产儿并发症

（1）早产儿：双胎的子宫过度膨胀、胎膜早破及各种并发症等常导致早产。发生率约50%，是单胎妊娠的7~10倍。既往早产史或既往早期足月单胎分娩史与双胎妊娠早产密切相关，此外早产的其他高危因素包括孕妇年龄、种族、产次、孕前体重指数、吸烟史，以及妊娠合并糖尿病等。对于宫颈长度<1.5cm或宫颈扩张>1cm的双胎妊娠，宫颈环扎术可能延长妊娠，并减少早产的发生。宫缩抑制剂的应用不能预防早产，但可以争取促胎肺成熟及宫内转运的时机。糖皮质激素促胎肺成熟治疗方法同单胎妊娠。

（2）胎儿生长受限：FGR及早产是造成双胎低体重儿的两大原因。FGR发生率及严重程度随孕龄的增加而增加，单绒毛膜双胎更明显，尤见于伴发双胎输血综合征及妊娠期高血压疾病者。

（3）胎儿畸形：双胎畸形为单胎畸形的2倍，而单绒毛膜双胎的畸形高于双绒毛膜双胎。多为心脏畸形、神经管缺陷、消化道畸形、面裂等，联体双胎、无心畸形和胎内胎等为双胎所特有。

（4）胎位异常：与单胎相比，双胎的异常胎位明显增加。

（5）脐带异常：脐带脱垂常见，多发生在异常胎位或胎先露尚未衔接出现胎膜早破时，第一胎儿娩出后、第二胎儿娩出前也可发生，是胎儿急性缺氧死亡的重要原因。单羊膜囊双胎可能发生脐带缠绕而致胎儿死亡。

（6）胎头碰撞和胎头交锁：双头位的两个胎儿同时入盆可致胎头碰撞难产。第一胎儿臀先露、第二胎儿头先露的双胎，在第一胎儿尚未娩出时第二胎儿头部入盆，可能发生胎头交锁而致难产。

3. 双绒毛膜双胎的孕期并发症

（1）双绒毛膜双胎生长不一致：诊断标准为双胎中一胎估测体重<同胎龄第3百分位数；或一胎符合以下3个条件中的至少2个：①一胎估测体重<第10百分位数；②2个胎儿估测体重差异≥25%；③较小胎儿的脐动脉搏动指数>第95百分位数。

（2）双绒毛膜双胎中一胎胎死宫内：双绒毛膜双胎由于胎盘之间无吻合血管，其中一胎胎死宫内一般不会对另一胎造成影响，但早产是双绒毛膜性双胎中一胎胎死宫内后的最大风险，共存胎儿死胎等风险也较高。

（3）双绒毛膜双胎中一胎异常：早孕期超声筛查顶臀长的差异预测不良妊娠结局的价值有限。

4. 单绒毛膜双胎孕期特有的并发症

（1）双胎输血综合征（twin-twin transfusion syndrome，TTTS）：是单绒毛膜双胎的特异性的严重并发症，发病率占单绒毛膜双胎并发症的10%~15%。

（2）选择性的胎儿生长受限（selective fetal growth restriction，sFGR）：是单绒毛膜性双胎较常见的并发症，在单绒毛膜性双胎中的发生率为10%~15%。

（3）单绒毛膜双胎中一胎胎死宫内。

（4）单绒毛膜双胎中一胎畸形：单绒毛膜双胎胎儿畸形的发生率为单胎妊娠的2~3倍。

（5）双胎反向动脉灌注（twin reversed arterial perfusion，TRAP）序列征：单绒毛膜性双胎妊娠中的发生率为 1%。

（6）单绒毛膜单羊膜囊双胎妊娠：因为脐带缠绕风险较高，孕期须加强监测。

【处理原则】

1. 妊娠期监护

（1）产检：一旦确诊双胎妊娠，则纳入高危妊娠保健和管理。妊娠早期需确定双胎绒毛膜性，在妊娠中期每月至少进行 1 次产前检查，在妊娠晚期适当增加产前检查次数。

（2）加强营养：补充蛋白质、铁剂、钙剂、维生素等。预防贫血及早产。

（3）胎儿生长情况监测：尽早发现胎儿畸形，以利处理。早孕期应用母体血浆中胎儿游离 DNA（cell-free fetal DNA，cffDNA）筛查 21-三体具有较高的敏感性和特异性，筛查效能与单胎妊娠近似，且优于早孕期联合筛查或中孕期母体生化筛查。双绒毛膜双胎的超声监测可每月 1 次，亦可与单胎妊娠相同。单绒毛膜双胎患者建议自 16 周起至少每 2 周复查 1 次超声，评估内容包括双胎的生长发育、羊水分布和胎儿脐动脉血流等，并酌情检测胎儿大脑中动脉血流和静脉导管血流。

2. 终止妊娠的指征

（1）对于无并发症及合并症的双绒毛膜双胎可期待至孕 38 周时考虑分娩；无并发症及合并症的单绒毛膜双羊膜囊双胎可以在严密监测下至妊娠 37 周分娩。单绒毛膜单羊膜囊双胎的分娩孕周为 32~34 周，也可根据母胎情况适当延迟分娩孕周。而 TTTS、sFGR 及双胎贫血-多血质序列征等复杂性双胎，则需要结合每个孕妇及胎儿的具体情况制订个体化的分娩方案。

（2）合并产科严重并发症或合并症，不能继续妊娠者。

（3）其他指征同单胎，如胎儿畸形、胎盘功能减退、胎儿窘迫等。

3. 终止妊娠的方式 应与患者及家属充分沟通交流，使其了解双胎阴道分娩过程中可能发生的风险及处理方案、剖宫产的近远期风险，根据绒毛膜性、胎方位、孕产史、妊娠合并症及并发症、子宫颈成熟度及胎儿宫内情况等综合判断，共同制订个体化的分娩方案。

（1）阴道试产：无合并症的双绒毛膜双胎及单绒毛膜双羊膜囊双胎根据双胎儿的胎方位。双胎均为头先露或第一胎儿为头位且第二胎儿为臀位，估计胎儿体重为 1 500~4 000g 时，可选择阴道试产。

（2）剖宫产：异常胎先露、宫缩乏力导致产程延长经处理效果不佳者、胎儿窘迫短时间不能经阴道分娩者、严重并发症需要立即终止妊娠者如重度子痫前期、胎盘早剥或脐带脱垂等，需急诊剖宫产终止妊娠。MCMA 双胎因整个孕期包括围分娩期均可能因脐带缠绕而突发胎死宫内，建议剖宫产终止妊娠。

【助产要点】

（一）评估和监测

1. 健康史 询问家族中有无多胎史、孕妇的年龄、胎次，孕前是否使用促排卵药物；了解本次妊娠经过及产前检查的情况等。

2. 孕期评估与监护 妊娠期尽早行 B 超检查确定双胎妊娠及其类型。评估孕妇有无行动不便，有无妊娠期高血压疾病、羊水过多、前置胎盘、贫血等并发症，定期测量体重、血压、宫高腹围，了解子宫大小是否与孕周相符。监测胎心，注意两个胎心是否在正常范围，并密切监视胎儿的生长发育。妊娠晚期避免过度劳累，出现先兆早产征兆时，及时入院接受治疗。注意两个胎儿的胎动，正确处理并发症及合并症。

3. 分娩时需要有经验丰富的产科专家及助产士；需充分做好急诊剖宫产手术的准备。分娩前建立有效的静脉通道，常规备血，在产后加强宫缩，以预防产后出血的发生。

4. 了解孕妇及其家属心理状态和社会支持情况。

（二）教育与支持

1. 饮食 妊娠期指导孕妇加强营养以适应两个胎儿生长的需要。加强营养，特别是注意补充铁、钙、叶酸等,以满足妊娠的需求。双胎妊娠的孕妇胃区易受压致食欲减退,因此应指导孕妇少量多餐。

2. **运动与休息** 加强产前检查,避免剧烈活动及过度劳累。指导孕妇多休息,尤其是妊娠最后 2~3 个月,要求卧床休息,孕妇腰背部疼痛的症状可能较明显,指导其注意休息及做骨盆倾斜运动,局部热敷也可缓解症状。孕晚期禁性生活,加强监测胎动和胎心情况,出现异常时应立即就诊。可提前住院待产。

3. **产褥期护理** 观察阴道流血量及子宫复旧情况,及早识别产后出血、感染等异常情况。指导母乳喂养,指导产妇及家属进行新生儿或早产儿护理。

4. **心理支持** 帮助双胎妊娠的孕妇完成两次角色转变,接受成为两个孩子母亲的事实。告知双胎妊娠虽属高危妊娠,但孕妇不必过分担心母儿的安危,说明保持心情愉快,积极配合治疗的重要性。分娩期与患者及家属充分交流、沟通。

(三) 处理与配合

1. 分娩期产程中需同时严密监测双胎胎心,尤其注意避免第二个胎儿发生新生儿窒息,减少母胎并发症的发生。

2. **第一产程的处理** 同单胎。孕妇可适当活动,但需保证有足够的睡眠和充沛的体力。第一产程可能会延长,应注意保证孕妇能量的摄入及水分的补充。宫缩乏力等处理同单胎。如果产程停滞、胎儿窘迫等,应行剖宫产结束分娩。

3. **第二产程的处理**

(1)第一胎儿分娩过程基本同单胎。第一胎儿娩出后立即断脐。第一胎儿娩出后,第二胎儿的胎产式可能发生变化,助手要立即在腹部将第二胎儿固定使其尽可能为纵产式。需警惕的是,第一胎儿娩出后,宫腔容积突然缩小,胎盘附着面骤然减小,可能发生胎盘早剥。要注意阴道流血情况,如果可疑胎盘早剥,则应迅速娩出第二胎儿。

(2)积极采取措施缩短两胎儿的分娩间隔时间。如果第一胎儿娩出后超过 15min 仍无有效宫缩,可静脉滴注缩宫素加强宫缩,待先露入盆后人工破膜。如果发生脐带脱垂、胎盘早剥及胎儿窘迫时应立即阴道助产迅速娩出胎儿。对于第二胎儿为非纵产式的分娩方式,目前存在争议。应综合考虑孕周、胎儿状况及接产者的经验进行处理,并做好随时急诊手术的准备。如果第二胎横位不能纠正或出现其他产科指征,应尽快剖宫产结束分娩。

4. **第三产程的处理** 第三产程应在产妇腹部置沙袋压迫,以免回心血量突然迅速增加而导致产妇心力衰竭。特别要注意预防产后出血的发生,有条件者加用强有力的宫缩剂。胎盘娩出后,应仔细检查胎盘、胎膜完整性、脐带的插入点,并根据胎盘、胎膜的组成情况进一步判断双胎的绒毛膜性。

5. **做好新生儿的抢救准备** 分娩时需有新生儿科医生在场,做好新生儿复苏准备。

6. **产后处理** 督促产妇解小便,并监测血压及子宫复旧,指导母乳喂养。根据新生儿发育及体重采取必要的保温措施,指导产妇及家属进行新生儿或早产儿护理。

(董胜雯)

思 考 题

1. 某产妇,30 岁。孕 2 产 1,孕 39^{+2} 周,合并轻度妊娠肝内胆汁淤积症,胎儿脐带绕颈 2 周。宫口开全后,羊膜未破,胎心监护提示反复晚期减速。于宫缩间歇期人工破膜,发现羊水 III 度。阴道检查提示胎位为右枕前位,可扪及胎儿双耳。

请思考:

(1)该患者最可能的诊断是什么?

(2)针对以上诊断应如何处理?

2. 阐述急性胎儿窘迫的临床表现及助产要点。

URSING

第十二章

妊娠合并症

12章 数字内容

── 学 习 目 标 ──

- 知识目标:
  1. 掌握常见妊娠合并症的临床表现、治疗原则和助产要点。
  2. 熟悉常见妊娠合并症对母儿的影响。
  3. 了解常见妊娠合并症的定义、病因以及诊断。
- 能力目标:
  能运用所学知识对孕妇进行相应围产期管理及监护。
- 素质目标:
  具有尊重、爱护和保护孕产妇的职业精神。

妊娠合并症指孕妇在妊娠之前存在或在本次妊娠期间发生的影响母儿健康的疾病。妊娠可加重孕妇合并症的病情，但终止妊娠后，疾病不一定能缓解或消失。对孕妇及胎儿健康影响较大的常见妊娠合并症有心脏病、糖尿病、病毒性肝炎、贫血、甲状腺疾病、免疫性血小板减少症、系统性红斑狼疮、急性阑尾炎、胰腺炎、性传播疾病及肿瘤等。

第一节　妊娠合并心脏病

导入情境与思考

某患者，女，30岁。因"停经33⁺⁵周，乏力、胸闷、气促1周"就诊。查体：体温36.2℃，脉搏120次/min，呼吸26次/min，血压135/80mmHg。口唇及四肢末端发绀，颈静脉无怒张，心尖区搏动不明显，未扪及震颤，心界向右扩大，心律整齐，肺动脉瓣第二音（P_2）超过主动脉瓣第二音（A_2），胸骨左缘第3、4肋间可闻及全收缩期杂音，传导不明显。腹部膨隆，柔软，肝、脾肋下未触及，双下肢无水肿。产科检查：腹隆、软，未扪及子宫收缩，宫高30cm，腹围95cm，胎方位枕左前（LOA），胎心：142次/min，律齐。

请思考：

1. 该产妇的病情观察重点有哪些？
2. 该产妇不同阶段的助产要点有哪些？

妊娠合并心脏病（cardiac disease）是严重的产科合并症，包括妊娠前已有心脏病及妊娠后新发生的心脏病，我国的发病率为1%~4%，是导致孕产妇死亡的前3位死因之一。妊娠合并心脏病包括：结构异常的心脏病、功能异常的心脏病、妊娠期特有的心脏病三种类型，结构异常的心脏病常见。妊娠期和分娩期血流动力学的改变导致心脏负荷增加，易出现心力衰竭、恶性心律失常、肺动脉高压、心源性休克和栓塞等并发症，危及母儿生命。心力衰竭（heart failure，HF）是各种心脏结构或功能性疾病导致心室充盈和/或射血功能受损，心排血量不能满足机体组织代谢需要，以肺循环或体循环淤血，器官、组织血液灌注不足为临床表现的一组综合征。

及早诊断，严密监测，合理用药，控制诱发因素，适时终止妊娠及选择适当的分娩方式是降低母婴死亡的关键。

【临床表现及分类】

（一）结构异常性心脏病

1. **先天性心脏病**　指出生时即存在心脏和大血管结构异常的心脏病，包括无分流型（主动脉或肺动脉口狭窄、马方综合征等）、左向右分流型（房间隔缺损、室间隔缺损、动脉导管未闭等）和右向左分流型（法洛四联症、艾森门格综合征等）。轻者无任何症状，重者有心功能下降导致的症状及体征。

2. **瓣膜性心脏病**　各种原因导致的心脏瓣膜形态异常和功能障碍统称为瓣膜性心脏病，包括二尖瓣、三尖瓣、主动脉瓣和肺动脉瓣病变，累及多个瓣膜者称为联合瓣膜病。最常见的是风湿性心脏病，以二尖瓣病变多见，依据病史、成年或妊娠后有心功能下降、检查中发现心音改变和功能障碍等表现，以及超声心动图示瓣膜形态异常进行诊断。

3. **心肌病**　心室的结构改变和整个心肌壁功能受损所导致的心脏病变。根据病变的主要特征分为扩张型心肌病和肥厚型心肌病。以心脏扩大、心肌壁增厚、心功能下降和常伴发心律失常为特点。

（二）功能异常性心脏病

功能异常性心脏病主要指各种无心血管结构异常的心律失常，包括快速型和缓慢型心律失常。

快速型心律失常包括室上性心律失常(如房性早搏、室上性心动过速、房扑和房颤)、室性心律失常(如室性早搏、阵发性室性心动过速)等;缓慢型心律失常包括窦性心动过缓、房室交界性心率、心室自主心律、传导阻滞(包括窦房传导阻滞、心房内传导阻滞、房室传导阻滞)等。功能异常性心脏病以心电和传导异常、起搏点异常为主要病理生理基础。

(三)妊娠期特有的心脏病

1. **妊娠期高血压疾病性心脏病**　既往无心脏病病史及体征的孕妇,在妊娠期高血压疾病的基础上出现心悸、气促、呼吸困难、咳粉红色泡沫痰、双肺大量湿啰音等以左心衰竭为主的征象。发病机制尚不清楚,多由冠状动脉痉挛、心肌缺血、周围小动脉阻力增加、水钠潴留等因素诱发。

2. **围产期心肌病**　既往无心血管疾病史,在妊娠晚期至产后6个月内首次发生的、以累及心肌为主的扩张型心肌病,以心功能下降、心脏扩大为主要特征,常伴有心律失常和附壁血栓形成。主要表现为呼吸困难、心悸、咳嗽、端坐呼吸、肝大、水肿等心力衰竭症状,可有心律失常、体循环或肺循环栓塞的症状与体征。

【孕期常见并发症】

1. **心力衰竭**　最容易发生在妊娠32~34周、分娩期及产褥早期。应重视和警惕早期心力衰竭的临床表现及体征:①轻微活动后即出现胸闷、心悸、气短;②休息时心率≥110次/min,呼吸≥20次/min;③夜间常因胸闷而坐起呼吸,或到窗口呼吸新鲜空气;④肺底部出现少量持续性湿啰音,咳嗽后不消失。

2. **亚急性感染性心内膜炎**　妊娠期、分娩期及产褥期易发生菌血症,已有心脏病变的患者易发生亚急性感染性心内膜炎,需及时防治。

3. **肺动脉高压及肺动脉高压危象**　心脏病合并肺动脉高压的孕妇,妊娠后原有心脏病和肺动脉高压可进一步加重,引发缺氧及发绀。

4. **恶性心律失常**　指心律失常发作时患者出现血压下降甚至休克,心、脑、肾等重要器官的供血不足,是孕妇猝死和心源性休克的主要原因。

【诊断与鉴别诊断】

(一)诊断

1. **病史**

(1)孕前已确诊心脏病:妊娠后保持原有的心脏病诊断,应注意补充心功能分级和心脏并发症等次要诊断。部分患者孕前有心脏手术史,要详细询问手术时间、手术方式、手术前后心功能的改变及用药情况。

(2)孕前无心脏病病史:多为漏诊的先天性心脏病和各种心律失常以及孕期新发生的心脏病。部分患者没有症状,经规范的产科检查而诊断;部分患者因心悸、气短、劳力性呼吸困难、晕厥等症状进一步检查而明确诊断。

(3)家族心脏病病史:注意询问孕妇是否有家族性心脏病病史和猝死史。

2. **临床表现及体征**

(1)临床表现:病情轻者可无症状,重者有易疲劳、活动后乏力、心悸、胸闷、呼吸困难、咳嗽、胸痛、咯血、水肿等。

(2)体征:不同种类的妊娠合并心脏病患者有其不同的体征,如发绀型先天性心脏病患者口唇发绀、杵状指/趾;血液异常分流的先天性心脏病有明显的收缩期杂音;风湿性心脏病瓣膜狭窄或关闭不全者有舒张期或收缩期杂音;心律失常者可有各种异常心律(率);肺动脉高压时右心扩大,肺动脉瓣区心音亢进;妊娠期高血压疾病性心脏病者有明显的血压升高;围产期心肌病者以心脏扩大和异常心律为主;部分先天性心脏病修补手术后可没有任何阳性体征;心力衰竭时心率加快,呼吸音减弱、可闻及干湿啰音、肝颈静脉回流征阳性、肝大、下肢水肿等。

3. 辅助检查

（1）心电图和24h动态心电图：有严重心律失常，如心房颤动、心房扑动、Ⅲ度房室传导阻滞、ST段及T波异常改变等。

（2）超声心动图：能较为准确评价心脏和大血管结构改变及心脏功能。

（3）影像学检查：①胸部X线显示心脏的扩大、心胸比例变化、大血管口径的变化及肺部改变；②多层胸部CT对诊断复杂性心脏病有一定意义，但妊娠中CT应用较少；③非增强MRI可用于评估复杂心脏病和主动脉疾病。

（4）血生化检测：①心肌酶谱和肌钙蛋白；②脑钠肽（BNP）；③其他，如血常规、血气分析、电解质、肝肾功能、凝血功能、D-二聚体等，根据病情酌情选择。

（5）心导管及心血管造影：是先天性心脏病，特别是复杂心脏畸形诊断的"金标准"，适用于无创检查不能明确诊断的先天性心脏病，测量肺动脉高压以及靶向药物的给药。一般不在妊娠期使用。

4. 心功能评估 目前临床上评估孕妇心功能仍然以纽约心脏病协会（NYHA）的分级为标准，依据心脏病患者对一般体力活动的耐受情况，将心功能分为4级。

（1）Ⅰ级：一般体力活动不受限制。

（2）Ⅱ级：一般体力活动轻度受限制，活动后心悸、轻度气短，休息时无症状。

（3）Ⅲ级：一般体力活动明显受限制，休息时无不适，轻微日常工作即感不适、心悸、呼吸困难，或既往有心力衰竭史者。

（4）Ⅳ级：一般体力活动严重受限制，不能进行任何体力活动，休息时有心悸、呼吸困难等心力衰竭表现。

5. 心脏病孕妇的妊娠风险分级及管理 2016年，我国《妊娠合并心脏病的诊治专家共识》参考WHO心脏病妇女妊娠风险评估分类法，结合中国育龄期妇女心脏病疾病谱，制定了心脏病妇女妊娠风险分级及分层管理制度（附录一）。

（二）鉴别诊断

发生早期心力衰竭者需与肺炎、支气管哮喘等相鉴别；而有胸闷、气促、胸痛症状者需与主动脉夹层相鉴别，主动脉夹层动脉瘤者常有胸痛或腹痛；而伴有咳嗽、气短、吞咽疼痛或吞咽困难者考虑胸主动脉瘤，可通过各种影像学检查如经胸壁超声心动图、食管超声心动图、CT、MRI等明确诊断。

【对母儿的影响】

1. 对母体的影响 妊娠合并心脏病的预后与孕妇年龄、心脏病种类、心功能状态和有无并发症有关。心力衰竭程度与孕妇死亡率直接相关。心功能Ⅰ级和Ⅱ级的孕妇预后较好，孕妇死亡率≤1%，而心功能Ⅲ或Ⅳ级的患者，其死亡率约为7%。

2. 对胎儿的影响 心功能异常的孕妇因缺氧可影响胎儿发育，流产、早产、死胎、胎儿生长受限、胎儿窘迫、新生儿窒息的发生率明显升高；某些治疗心脏病的药物对胎儿有潜在毒性；先天性心脏病的遗传因素可影响胎儿。在心功能Ⅲ或Ⅳ级的孕妇中胎儿死亡率可高达30%，而发绀型先天性心脏病者，其胎儿成活率不到10%。

【处理原则】

（一）不宜妊娠的心脏病患者的处理

1. 所有合并心脏病的患者均需到心内科、心外科及产科进行检查评估，决定是否可以妊娠。有以下情况者不宜妊娠：①心脏病变复杂；②心功能Ⅲ~Ⅳ级；③有极高孕产妇死亡和严重母儿并发症风险，如重度肺动脉高压、右向左分流型先天性心脏病、马方综合征（主动脉根部直径>4cm）、中度或重度左室流出道受阻（≥30mmHg）、左心室射血分数<30%、严重心律失常、风湿热活动期、心脏病并

发细菌性心内膜炎、急性心肌炎等；④年龄>35岁,心脏病病程长。

2. 不适宜妊娠者,孕早期建议行人工流产终止妊娠,有条件者可实施麻醉镇痛,减轻疼痛、紧张对血流动力学的影响。结构异常性心脏病者须使用抗生素预防感染；孕中晚期终止妊娠的方法根据心脏病严重程度和心功能而定,重度肺动脉高压、严重瓣膜狭窄、心功能≥Ⅲ级者剖宫取胎术较为安全。

(二)可以妊娠的心脏病患者的处理

1. 孕前准备和指导

(1)告知妊娠风险:妊娠存在风险,可能在妊娠期和分娩期加重心脏病或者出现严重的心脏并发症,甚至危及生命。要充分告知妊娠风险并予以动态评估。

(2)孕前心脏治疗:建议在孕前行心脏矫治手术,尽可能纠正心脏的结构及功能,术后再由心脏科、产科医师共同评估妊娠风险。

(3)补充维生素:叶酸0.4~0.8mg/d,或者含有叶酸复合维生素,纠正贫血。

(4)遗传咨询:先天性心脏病或心肌病的妇女,有条件时应进行遗传咨询。

2. 孕期保健

(1)产前检查的频率:妊娠风险分级Ⅰ~Ⅱ级且心功能Ⅰ级的患者,产前检查频率同正常妊娠,进行常规产前检查。妊娠风险分级增加者,缩短产前检查的间隔时间,增加产前检查次数。定期进行超声心动图检查,了解随妊娠进展的心功能变化。需特别注意妊娠32周以后的病情变化,每周检查1次,出现早期心力衰竭征象应住院治疗,若患者孕期正常,有良好的监护条件,可妊娠至37周再终止妊娠。

(2)产前检查的内容:①产前检查项目,每次产检时均需要询问自觉症状,是否有胸闷、气促、乏力、咳嗽等,有无水肿,加强心率(律)的监测和心肺的听诊。定期复查血红蛋白、心肌酶、BNP、心电图(或动态心电图)、心脏超声、血气分析、电解质等。②联合管理,产科医师和心内科或心外科医师共同评估心脏病的严重程度及心功能。③及时转诊,没有救治条件的医院应及时和规范转诊。

(3)终止妊娠的时机:心功能Ⅰ级者可以妊娠至足月,如出现严重心脏并发症或心功能下降则需提前终止妊娠,如果患者及家属拒绝终止妊娠,需要尽快转诊至综合诊治和抢救实力非常强的医院进行处理。

3. 胎儿监测

(1)胎儿心脏病的筛查:先天性心脏病孕妇的后代发生先天性心脏病的风险为5%~8%。发现胎儿严重复杂心脏畸形应尽早终止妊娠。孕20~24周是胎儿心脏超声的最佳时机。常规筛查胎儿畸形时可疑胎儿心脏异常者应增加胎儿心脏超声检查。胎儿明确有先天性心脏病时,建议行胎儿染色体检查。

(2)胎儿并发症的监测:①胎儿生长发育的监测,定期复查产科超声评估胎儿生长发育情况、脐血流、羊水量；②电子胎心监护,孕28~32周后酌情开始无应激试验(NST)等检查；③药物影响,妊娠期须使用抗凝药的心脏病孕妇其胎儿颅内出血和胎盘早剥的风险增加,应用抗心律失常药物者应注意胎儿心率和心律。

4. 分娩方式选择

(1)经阴道分娩:①心功能Ⅰ级无心力衰竭史,通常可耐受经阴道分娩。心功能Ⅰ~Ⅱ级,且心功能Ⅰ级无心力衰竭史,通常可耐受经阴道分娩；或心力衰竭已经控制,估计短时间内能经阴道分娩者。②胎儿不大、胎位正常、骨盆正常、宫颈条件好,无产科阴道分娩禁忌证。③简单型、无发绀型并且不伴有肺动脉高压的先天性心脏病。

(2)剖宫产分娩:①既往有心力衰竭史；②心脏病妊娠风险分级≥Ⅲ级且心功能≥Ⅱ级者,如发绀型心脏病；先心病有肺动脉高压；风心病二尖瓣狭窄并肺动脉高压、严重心律失常、房颤、房室传导阻滞、风湿性联合瓣膜病；高龄初产,年龄大于35岁；③心脏手术后妊娠者；④妊娠期高血压疾病性

Note:

心脏病,心力衰竭已控制且胎肺已成熟者;⑤有严重合并症或并发症,如合并心肌炎、围产期心肌病,心力衰竭控制后择期剖宫产;⑥有产科剖宫产手术指征;⑦心力衰竭无法控制,应边控制心力衰竭边准备剖宫产。

【助产要点】

(一) 评估和监测

1. 评估产妇情况

(1)健康史:全面了解病史,尤其是了解与心脏病有关的既往史。

(2)身体状况:根据症状、体征、辅助检查结果等评估心功能等级。

(3)心理状况:了解孕妇产生心理负担的原因,如担心病情逐渐加重而产生恐惧心理,害怕失去生育的权利,担心胎儿的安全等,应重点评估孕产妇及家属的相关知识掌握情况、母亲角色的获得及心理状况。

(4)辅助检查:通过心电图、超声心动图等了解心律情况、心脏大小的变化和心瓣膜结构及功能情况。

2. 评估胎儿情况　密切观察胎心率变化,监测胎动评估胎儿宫内安危。

3. 密切监测病情

(1)非妊娠期:根据心脏病的种类、病变因素、心功能状态及是否手术矫治等具体情况,评估患者是否适宜妊娠。对不宜妊娠者,指导患者采取有效措施严格避孕。

(2)妊娠期:由多学科(包括心内科、心外科、产科、新生儿科等)进行诊治和监测。出现早期心力衰竭及时住院治疗。心脏病孕妇除常规产科检查外,需要动态监测心率、血压、心功能变化情况及胎儿宫内情况,协助心血管科医师和产科医师监护母儿情况,使用抗凝药物者需定期监测凝血功能情况,禁止自行停药,动态评估心功能。若心功能在Ⅲ级或以上,有心力衰竭者,均应立即住院治疗。心功能Ⅰ~Ⅱ级者,应在妊娠 36~38 周入院待产。

(3)分娩期:了解孕妇症状及主诉如咳嗽、气急、发绀、颈静脉怒张等,严密监测产程进展,持续电子胎心监护,如有异常及时与医师联系。

(4)产褥期:分娩后 72h 内仍是发生严重心脏并发症的危险期,应继续严密监测产妇生命体征、主诉及心功能状态,记 24h 出入量,监测水电解质及酸碱平衡状况,控制补液量和速度,注意观察产妇会阴切口或腹部切口的愈合情况、恶露量及性状等,保持会阴部清洁。

(二) 教育与支持

1. 妊娠期　①体力支持:注意休息,限制剧烈运动和重体力劳动,保证每天有 8~10h 的睡眠,适当左侧卧位或半卧位,避免过度劳累,避免情绪激动。②营养支持:宜少量多餐,摄入高热量、高蛋白质、高维生素、低盐、低脂肪及富含钙、铁、锌等微量元素的饮食,保持排便通畅,限制食盐量每天4~5g,应用铁剂预防贫血,维持血红蛋白在 110g/L 以上,合理控制体重增长,整个孕期体重增加不宜超过 10~12kg。③心理支持:耐心听取孕妇倾诉,详细解答疑问,教育孕妇及亲属日常保健的知识及配合治疗,鼓励家属给予孕妇关爱及支持,避免精神压力过大。

2. 分娩期　①指导产妇在两次宫缩间隙期呼吸及放松技巧,对于宫缩疼痛较重者,可遵医嘱应用镇静剂以使产妇充分休息,有条件者可予分娩镇痛。②分娩时可采用半卧位或左侧卧位,以免回心血液过多加重心脏负担。③心理支持:产程中予以导乐或家属陪伴,安慰鼓励产妇,加强交流及注意倾听产妇的诉求,及时向产妇及家属介绍产程进展情况,消除紧张情绪配合医护工作。

3. 产褥期　①耐心向产妇及家属讲解诱发心力衰竭的常见因素及预防方法、识别及处理早期心力衰竭等知识,尤其让患者了解遵医嘱用药的重要性;预防诱发心力衰竭的各种因素;监测心功能,制订循序渐进式的自我照顾计划,协助其逐渐恢复自理能力,充分休息,合理饮食,避免情绪波动,必要时给予镇静剂。②完善家庭支持系统,指导家庭成员关注产妇的心理状况,督促按医嘱服药,促进亲子关系建立,及时评估产妇的身心状况及家庭功能,避免产后抑郁的发生。③制订详细的出院计划,根据病情及时复诊。

(三) 处理与配合

1. 妊娠期　配合产科医师和心内科或心外科医师共同监护。

2. 分娩期　①入院后完善相关检查如血常规、凝血功能、心电图、心脏彩超等,并遵医嘱请心内科、心外科会诊评估分娩方式,可阴道分娩者需由心内科、心外科协助分娩期监护。②阴道分娩者,建立静脉通道,严格控制输液输血的总量及速度;产程中遵医嘱静脉滴注抗生素预防感染,严密动态监测血压、脉搏、呼吸、心率,予以吸氧;遵医嘱及时、准确给予强心药等相关药物治疗,同时观察用药后的反应;避免产妇过早屏气用力,胎儿不宜娩出过快;若产程中出现心力衰竭表现,应配合医生处理控制心力衰竭,并做好剖宫产的准备;若产程进展受阻、胎儿窘迫,及时报告医师,协助行阴道检查并做好助产或剖宫产的准备,宫口开全后嘱产妇放松,避免屏气用力,配合医师行阴道助产以缩短第二产程,减轻心脏负荷,同时做好抢救新生儿的准备;胎儿娩出后立即在腹部短时间放置沙袋(一般为500ml 的生理盐水一袋),避免子宫收缩及腹压骤减导致回心血量急剧增加诱发心力衰竭,予以按摩子宫,遵医嘱应用缩宫素加强宫缩预防产后出血,禁用麦角新碱。③不宜阴道分娩者,经多学科充分评估后做好择期剖宫产的准备,孕 34^{+6} 周前终止妊娠者根据病情予以促胎肺成熟。结构异常性心脏病者术前需预防性应用抗生素 1~2d,手术前需心血管科、麻醉科等会诊协助制订围手术期处理预案,术前禁食 6~12h;择期剖宫产者手术期间除常规的监护外,需要给予面罩吸氧,协助麻醉科医生进行深静脉置管,行中心静脉压和氧饱和度监测、动脉血气监测等,监测尿量。④术中或产后出血过多须输血、输液时,应控制输液速度,必要时使用微量泵。⑤妊娠期使用抗凝药物治疗者,分娩前遵医嘱及时停用抗凝药,口服华法林者终止妊娠前 3~5d 应停用,改为低分子肝素皮下注射,调整国际标准化比率(international normalized ratio,INR)至 1.0 左右择期分娩;使用低分子肝素者,分娩前 12~24h 停药,使用普通肝素者,分娩前 4~6h 停药,使用阿司匹林者至少分娩前 4~7d 停药,病情危急未能及时停药者,有出血倾向时,可使用鱼精蛋白或维生素 K_1 拮抗。

3. 产褥期　①结构异常性心脏病者术后继续使用抗生素预防感染 5~10d,产后 72h 应给予有效的镇痛。②继续使用缩宫素预防产后出血。③产后血栓栓塞风险加剧,产后根据情况应尽早开始预防血栓治疗。主要方法包括术前、术中及术后穿弹力袜,在情况允许(术后 12~24h 内无出血倾向)时加用低分子肝素钙/钠(剂量随患者体重调节,剂量为 38~85U/kg,1~2 次/d,皮下注射)。④心脏瓣膜置换患者,需与心外科医生共同制订术后抗凝方案,应用桥接抗凝方法:术后 12~24h 无出血倾向时可使用低分子肝素,并于术后 24h 同时加用华法林(2.5~5.0mg,1 次/d,口服),每天复查凝血功能,并调整华法林剂量,待国际标准化比值(INR)达到 2.0~3.0,停用低分子肝素,之后动态监测凝血功能及心功能相关理化指标,并于心外科继续治疗及随访术。⑤使用抗凝药物者需加强新生儿监护,注意监测新生儿凝血功能及颅内出血。⑥产后宜观察 2 周才能出院,定期产后复查。⑦心功能Ⅰ~Ⅱ级者可哺乳,使用华法林、心功能Ⅲ级或以上者则不予哺乳,尽早乳房局部应用中药回奶,口服溴隐亭但不宜应用雌激素,以免水钠潴留加重心血管疾病。⑧不易再妊娠须做绝育术者,根据心功能状况决定手术时机,心功能良好者术后 1 周行绝育术,未做绝育手术者要严格避孕。

知 识 拓 展

心力衰竭的治疗

治疗原则主要为减轻心脏负担,积极去除诱发心力衰竭的因素,改善急性心力衰竭症状,提高心肌的代偿能力,减少体液潴留,稳定血流动力学状态,维护重要脏器功能,避免急性心力衰竭复发,改善远期预后。

Note:

1. 保持呼吸道通畅 对存在呼吸困难,伴 $SpO_2<90\%$ 的 AHF,应考虑氧疗,尽早地无创通气(NIV)可降低呼吸窘迫,也降低了气管插管率。

2. 镇静 治疗早期,特别是烦躁不安和呼吸困难,是使用吗啡的指征。

3. 利尿剂 若存在容量负荷,应根据患者急性心力衰竭类型酌情使用利尿剂,呋塞米 20~40mg 静脉注射。

4. 血管扩张剂 是少尿及伴淤血体征的急性心力衰竭患者的一线药物,通过扩张容量血管(静脉)和外周阻力血管(动脉)而减轻心脏前后负荷,降低心肌耗氧量,提高冠脉灌注量,增加心脏供氧量,如硝酸酯类、酚妥拉明等。

5. 正性肌力药物 外周血管灌注不足(低血压、肾功能减退)或肺充血、肺水肿,对最适宜剂量的利尿剂和血管扩张剂无效时,是使用正性肌力药物的指征。

6. 其他治疗 妊娠是高凝状态,房性心律失常、左心房扩大、机械瓣膜的患者需抗凝,预防血栓。

第二节 妊娠合并糖尿病

导入情境与思考

某产妇,37 岁。孕 38 周,因妊娠期糖尿病入院。既往无糖尿病、高血压病史,平素月经规则。生育史:0-1-0-0。2013 年,孕 34^{+2} 周早产,胎儿畸形死亡。

体格检查:生命体征平稳,心肺听诊无异常。专科检查:妊娠腹,宫高 32cm,腹围 97cm,估计体重 2 900g,骨盆内外测量未见明显异常。

辅助检查:孕 24 周 OGTT(3 项血糖值分别为 5.4mmol/L、10.2mmol/L、7.1mmol/L),彩超提示宫内妊娠,单活胎。BPD:9.4cm,羊水指数:15.3cm,S/D 值:1.9。

请思考:

1. 该产妇的病情观察重点有哪些?

2. 该产妇不同阶段的助产要点有哪些?

妊娠合并糖尿病是产科最常见的妊娠合并症,包括孕前糖尿病(pregestational diabetes mellitus,PGDM)和妊娠期糖尿病(gestational diabetes mellitus,GDM)。PGDM 可能在孕前已确诊或在妊娠期首次被诊断,临床上主要分为 1 型和 2 型 DM 合并妊娠,而 GDM 指妊娠期发生的糖代谢异常。随着糖尿病发病率日益升高,PGDM 的患者也在不断增多。我国 GDM 的发生率已达 17.5%,占所有妊娠期糖代谢异常(高血糖)的 85% 以上,其筛查诊断受到广泛重视。大多数 GDM 患者产后糖代谢能恢复正常,但将来患糖尿病的机会增加。糖尿病孕妇的临床经过复杂,对母儿均有较大危害,必须引起重视。

【临床表现及诊断】

(一) 糖尿病合并妊娠

除了妊娠前已确诊的糖尿病外,符合下列条件之一者可诊断为糖尿病合并妊娠:

1. 糖化血红蛋白(HbA1c)≥6.5%。

2. 空腹血糖(FPG)≥7.0mmol/L(126mg/dl)。

3. 伴有典型高血糖或高血糖危象症状,任意血糖 ≥11.1mmol/L(200mg/dl)。

4. 口服葡萄糖耐量试验（oral glucose tolerance test, OGTT）的 2h 血糖 ≥11.1mmol/L。

（二）妊娠期糖尿病

1. 所有孕妇第一次产检时查空腹血糖；若空腹血糖<5.6mmol/L，于妊娠 24~28 周行 75g OGTT。

2. **OGTT 的方法**　试验前连续 3d 正常体力活动和饮食，每天进食碳水化合物不少于 150g，检查期间禁食、静坐、禁烟。进行 OGTT 前 1d 晚餐后禁食 8~14h 至次日晨（最迟不超过上午 9 时）。先抽取空腹静脉血，然后口服 75g 无水葡萄糖（溶于 300ml 水中，5min 内服完）。再分别测定服糖后 1h、2h 的静脉血糖（从饮糖水第一口开始计算时间）。采用葡萄糖氧化酶法测血浆葡萄糖值。

3. **75g OGTT 的正常值**　空腹、服葡萄糖后 1h、2h 血糖值分别小于 5.1mmol/L、10.0mmol/L、8.5mmol/L。任意一点血糖值达到或超过上述标准者诊断为 GDM。

【对母儿的影响】

（一）妊娠对糖尿病的影响

1. **妊娠期**　妊娠可使糖尿病前期患者发生 GDM，使原有糖尿病患者病情加重。由于妊娠期糖代谢的复杂变化，如果孕期血糖管理不好，可能出现血糖过低或过高，严重者甚至导致低血糖昏迷或酮症酸中毒。

2. **分娩期**　子宫收缩大量消耗糖原，分娩过程中体力消耗较大，同时进食量少，容易产生血糖波动。

3. **产褥期**　产后全身内分泌激素逐渐恢复到非妊娠期水平，胎盘所分泌的抗胰岛素物质迅速消失，胰岛素用量应及时调整，否则易出现低血糖。

（二）糖尿病对妊娠的影响

1. **对母体的影响**

（1）早期高血糖可使胚胎发育异常，自然流产率可高达 15%~30%。

（2）糖尿病患者妊娠期高血压疾病发生率为正常妇女的 3~5 倍。

（3）糖尿病患者抵抗力下降，易合并感染，以泌尿系感染最常见。

（4）羊水过多的发生率较非糖尿病孕妇增加。

（5）巨大儿发生率明显增高，难产、产道损伤、手术产概率高。产程长，易发生产后出血。

（6）糖尿病酮症酸中毒：孕早期酮症酸中毒有致畸作用，妊娠中晚期易导致胎儿窘迫及胎死宫内，严重者会导致孕产妇死亡。

（7）增加了产后患糖尿病的概率，GDM 孕妇再次妊娠时复发率高达 33%~69%，17%~63% 将发展为 2 型糖尿病，心血管系统疾病的发病率也增高。

2. **对胎儿及新生儿的影响**

（1）巨大儿发生率高达 25%~40%。胎儿因长期高血糖刺激胰岛 β 细胞产生大量胰岛素，促进蛋白脂肪合成和抑制脂肪分解作用。

（2）胎儿宫内生长受限少见，主要见于严重糖尿病伴有微血管病变时。

（3）早产发生率为 10%~25%，多与羊水过多、妊娠期高血压疾病、胎儿窘迫以及其他严重并发症有关。

（4）胎儿畸形率为 6%~8%，高于非糖尿病孕妇。糖化血红蛋白>7.0%，随其水平升高胎儿畸形率明显增加。

（5）新生儿呼吸窘迫综合征发生率增加。高血糖刺激胎儿产生高胰岛素血症，使胎儿肺表面活性物质产生及分泌减少，导致胎儿肺成熟延迟。

（6）新生儿低血糖，新生儿脱离母体高血糖环境后，高胰岛素血症仍存在，易发生低血糖，严重时危及新生儿生命。

【处理原则】

维持血糖水平在正常范围,降低围产期并发症。

(一) 孕前咨询

孕前进行全面体格检查,包括血压、眼底、肾功能、糖化血红蛋白,确定糖尿病的分级,决定能否妊娠。

(二) 饮食疗法及运动

饮食疗法及运动是妊娠期糖尿病的重要治疗措施,在保证母亲和胎儿必需营养素供给的基础上维持正常血糖水平,预防酮症酸中毒,保持正常的体重增加。根据孕前体重指数计算每天的总热卡,其中碳水化合物宜占总能量的 35%~45%,每天碳水化合物不低于 175g,饮食疗法需和孕期运动相结合,建议每天 30~40min 的中等强度的运动。

(三) 药物治疗

糖尿病合并妊娠的患者应在合理饮食和运动的基础上,通过规律监测末梢微量血糖水平调整降糖药物的剂量。胰岛素是孕期最佳控糖药物,也可选用口服降糖药二甲双胍。血糖的控制标准为空腹及餐前血糖 3.3~5.3mmol/L、餐后 2h 血糖 4.4~6.7mmol/L。若饮食运动治疗后血糖不达标,或调整饮食后出现饥饿性酮症,增加热量摄入血糖又超标者,应及时加用降糖药物。从小剂量开始,直至达到血糖控制目标。产后胰岛素等降糖药物用量应减少,并根据产后血糖调整用药剂量。

(四) 适时终止妊娠

1. 终止妊娠时机

(1) 无须胰岛素治疗而血糖控制达标的 GDM 孕妇,如无母儿并发症,在严密监测下可期待至预产期,若仍未临产,可于 40~41 周期间引产终止妊娠。

(2) PGDM 及胰岛素治疗的 GDM 孕妇,如血糖控制良好且无母儿并发症,在严密监测下,妊娠 39 周后可择期终止妊娠;血糖控制不满意或出现母儿并发症,应及时收入院观察,根据病情适时终止妊娠。

(3) 糖尿病伴发微血管病变或既往有不良产史者,需严密监护,根据病情、孕妇意愿、胎儿状况等综合决定终止妊娠时机。

2. 分娩方式

(1) 糖尿病本身不是剖宫产指征。无产科指征可阴道试产。

(2) 择期剖宫产:有糖尿病伴严重微血管病变、合并重度子痫前期、胎儿窘迫、胎位异常、既往死胎、死产史或其他产科指征时可选择剖宫产。妊娠期血糖控制不好、胎儿偏大(尤其估计胎儿体重 ≥ 4 250g)或既往有死胎、死产史者,适当放宽剖宫产指征。

【助产要点】

(一) 评估和监测

1. 健康史　进一步询问孕妇孕前身体基本情况、生育史以及之前妊娠分娩的情况。评估孕期增重、饮食、运动以及血糖控制的情况。了解孕妇及其家属心理状态和社会支持情况。

2. 妊娠期监护　孕期血糖控制应该在内分泌科、营养科、高危产科合作下共同管理,内分泌科监管血糖及调整治疗方案,营养科监管体重并制订合理膳食营养,产科主要管理胎儿生长发育、母体健康评估,有无妊娠并发症发生。①糖尿病合并妊娠者根据血糖水平增加产检频次,妊娠 32 周后每周一次直至住院待产,GDM 孕妇也可适当增加产检次数。②超声检查:除常规在早孕和中孕进行超声检查外,还需在孕 30~32 周和足月进行超声检查,根据病情,尤其孕妇血糖控制不佳时,适当增加超声次数。③血糖监测:测末梢微量血糖水平,可行小轮廓(空腹和三餐后 2h),糖尿病合并妊娠或者 GDM 孕期需要胰岛素治疗的患者,血糖控制不满意时需要监测大轮廓(三餐前和三餐后 2h、夜间睡前),血糖极不稳定者可行 24h 动态血糖检测仪进行监测。④每 1~2 个月测定一次糖化血红蛋白。⑤妊娠早、中、晚期分别检测尿素氮、肌酐、尿酸等。⑥尿酮体测定:尿酮体对酮症的监测有帮助。⑦电子胎心监护:糖尿病合并妊娠者 32 周起可开始监护,GDM 血糖控制良好者 36 周开始监护。⑧胎儿肺成熟度的评价:孕周不确定、孕期血糖水平控制不好者可行羊膜腔穿刺抽取羊水,测定胎儿肺成熟度,这项检查属于有创检查目前很少应用,目前正在研发基于人工智能的无创 B 超检测胎儿肺成熟度。

3. 分娩期　①阴道分娩者需密切监测产程进展、胎心,鼓励进食。②生命体征的监测,包括血压、脉搏等。③血糖的监测:需停用所有皮下注射的胰岛素,每 1~2h 监测一次末梢血糖水平,避免产程过长及高血糖或低血糖的发生。

4. 产褥期　①严密观察产后出血情况,观察会阴切口或腹部手术切口愈合情况,观察有无低血糖症状,一旦发现异常应及时报告医生处理。②产后仍需血糖监测。③新生儿血糖监测:分娩后第 1d 血糖监测建议,首次检查在出生后 1.5h 以内,随后每 3~6h 检测一次至出生后 24h 内,早期发现低血糖并及时处理。密切观察新生儿生命体征、肤色、脐部情况。

(二) 教育与支持

1. 孕前咨询　孕前糖尿病妇女妊娠前应到内分泌科及产科进行全面检查,评估是否可以妊娠,计划妊娠前将血糖控制在基本正常的范围内,血糖控制不佳或者器官功能不全不宜妊娠时要指导其避孕。

2. 心理　与家属共同帮助孕妇缓解焦虑及抑郁情绪,加强孕妇的自我监护能力。产程中提供导乐或家属陪伴,安慰及鼓励产妇,及时向产妇及家属介绍产妇产程进展情况,配合医护工作。

3. 营养　根据孕前体重指数制订每天摄入的热量,分 5~6 餐,早餐占总能量的 10%~15%,中餐占 30%,晚餐占 30%,上午 9~10 时、下午 3~4 时及晚睡前各加餐一次,每次占总能量的 5%~10%。超重、肥胖孕妇应适当控制能量摄入并适量增加运动以减少体重增加。

4. 运动　建议采取中、低强度的运动项目,如日常家务劳动、散步、孕妇体操等。运动前先根据个人情况进行评估,适量运动,循序渐进。运动后 2~4h 内补充适量的碳水化合物以防延迟性低血糖的发生。

5. 血糖控制　教会孕产妇血糖控制目标,血糖仪的正确使用,如何自我监测血糖。定期检测尿酮体,若严格饮食控制后出现尿酮体阳性,应重新调整饮食。

6. 孕妇自我监测　教会孕妇自我监测胎动情况,以及常见妊娠并发症的症状,及早发现母胎异常情况。指导其识别低血糖症状(头晕、无力、冷汗、心慌等)。嘱随身备有糖果、饼干等食物。若出现低血糖,应立即进食含糖类食物并就医。

(三) 处理与配合

1. 孕前处理　糖尿病患者已并发严重心血管疾病、肾功能减退或眼底有增殖性视网膜病变者应避孕,若已妊娠,应尽早终止。糖尿病肾病者 24h 尿蛋白定量<1g 且肾功能正常者以及增生性视网膜病变已接受治疗者,可以妊娠。

2. 妊娠期　糖尿病合并妊娠,孕期出现视物异常需要复查眼底了解是否出现眼底改变。如出现神经系统症状及时请神经内科协助检查治疗。

3. 分娩期　阴道分娩者应制订产程中分娩计划,需停用所有皮下注射的胰岛素,根据监测血糖结果使用胰岛素静脉滴注控制血糖;避免产程过长;对糖尿病伴微血管病变、合并重度子痫前期、FGR、胎儿窘迫、胎位异常、剖宫产史、既往死胎死产史、巨大胎儿等需剖宫产终止妊娠者手术日停止皮下注射胰岛素,改为小剂量胰岛素持续静脉滴注,术中每 2h 监测一次血糖,见表 12-1。

表 12-1　胰岛素具体用法

血糖 /(mmol·L⁻¹)	胰岛素 /(U·h⁻¹)	液体 /(125ml·h⁻¹)	配伍
<5.6	0	5%GNS/ 乳酸林格液	不加胰岛素
5.6~7.8	1.0	5%GNS/ 乳酸林格液	500ml+4U
7.8~10	1.5	0.9%NS	500ml+6U
10~12.2	2.0	0.9%NS	500ml+8U
>12.2	2.5	0.9%NS	500ml+10U

4. 产褥期　①分娩后 24h 内的胰岛素用量应减至原用量的 1/3~1/2，或根据监测血糖的情况调整胰岛素用量。②若无禁忌证，鼓励糖尿病产妇母乳喂养，不宜哺乳者则指导人工喂养。③所有糖尿病患者分娩的新生儿均按高危儿护理，出生后 30min 内喂糖水 [5~10ml/(kg·h)] 和开奶，必要时静脉滴注 10% 葡萄糖液 [3~5ml/(kg·h)]。

知识拓展

糖尿病酮症酸中毒

　　糖尿病酮症酸中毒（DKA）主要临床表现包括：恶心、呕吐、乏力、口渴、多饮、多尿，少数伴有腹痛；皮肤黏膜干燥、眼球下陷、呼气有酮臭味，病情严重者出现意识障碍或昏迷；实验室检查显示高血糖>13.9mmol/L、尿酮体阳性、血 pH<7.35、二氧化碳结合力<13.8mmol/L、电解质紊乱。一旦出现上述情况必须积极救治。治疗原则为给予胰岛素降低血糖、纠正代谢和电解质紊乱、改善循环、去除诱因。具体步骤：①血糖过高者（>16.6mmol/L）先予胰岛素 0.2~0.4U/kg 一次性静脉注射；②胰岛素持续静脉滴注 0.9% 氯化钠注射液 + 胰岛素，按胰岛素 0.1U/(kg·h) 或 4~6U/h 的速度输入；③监测血糖，从用药开始每小时监测 1 次血糖，根据血糖下降情况进行调整，要求每小时血糖下降 3.9~5.6mmol/L 或超过静脉滴注前血糖水平的 30%；④当血糖降至 13.9mmol/L，将 0.9%NS 改为 5%GLU 或 GNS，每 2~4g 葡萄糖加入 1U 胰岛素，直至血糖降至 11.1mmol/L 以下、尿酮体阴性、并可平稳过渡到餐前皮下注射治疗时停止补液；⑤补液原则为先快后慢、先盐后糖，见尿补钾；注意出入量平衡。

第三节　妊娠合并病毒性肝炎

导入情境与思考

　　某患者，女，34 岁。因"停经 34⁺² 周妊娠发现皮肤黄染伴恶心 10 余天"入院。孕期未行产检，生育史：1-0-0-1。既往乙肝病史 14 年。

　　体格检查：T 37℃，P 90 次 /min，R 20 次 /min，BP 100/60mmHg。神志清楚，全身皮肤黏膜黄染，心肺无异常，腹部膨隆如孕周，未及宫缩，肝脾肋下未扪及，双下肢无水肿。宫高 32cm，腹围 94cm，臀先露，宫口未开，胎心 145 次 /min。

　　辅助检查：外院检查结果 HBsAg（+），抗 -HBe（+），抗 -HBc（+）；ALT 144U/L，AST 213U/L，TBIL 169.9μmol/L，DBIL 128.7μmol/L，TBA 105.8μmol/L，PT 16.2s，APTT 45.7s，D-D 9.88μg/ml；血常规 Hb 113g/L，PLT 100×10⁹/L；尿常规：BIL（+++），UBG（+）。B 超：单活胎，臀位，BPD 8.4cm，FL

5.8cm,AFI 9.8cm,胎心(+)。

请思考:

1. 该孕妇的病情观察重点有哪些?

2. 该孕妇的入院诊断什么? 如何处理?

妊娠合并病毒性肝炎是较严重的妊娠合并症,影响母婴安全。我国是病毒性肝炎的高发区,乙型肝炎最为常见。乙型肝炎病毒(hepatitis B virus,HBV)母婴传播是我国慢性乙型肝炎(乙肝)的主要原因,预防 HBV 母婴传播是控制慢性乙肝的关键。

【临床表现】

可表现为身体不适、全身酸痛、畏寒、发热等流行性感冒症状;乏力、食欲减退、尿色深黄、恶心呕吐、右上腹疼痛、腹胀等消化系统症状;皮肤巩膜黄染、肝区叩痛、肝大、脾大。

【诊断与鉴别诊断】

(一) 诊断

1. 病史　有与病毒性肝炎的密切接触史,乙型肝炎的潜伏期约为 90d。

2. 实验室检查

(1)HBV 血清学检测:①血清学标志物,HBsAg、抗 -HBs、HBeAg、抗 -HBe、抗 -HBc 和抗 -HBcIgM。HBsAg 阳性表示 HBV 感染;抗 -HBs 阳性表示对 HBV 有免疫力;抗 -HBcIgM 阳性多见于急性乙型肝炎及慢性乙型肝炎急性发作;抗 -HBc 抗体主要是 IgG 型抗体,只要感染过 HBV,无论病毒是否被清除,此抗体多为阳性;② HBV-DNA 定量检测,主要用于判断慢性 HBV 感染的病毒复制水平,可用于抗病毒治疗适应证的选择及疗效的判断。

(2)生化检查:①血清 ALT 和 AST。②血清胆红素,出现胆红素升高与 ALT 和 AST 下降的胆酶分离现象,提示重型肝炎病情严重。③凝血酶原时间(PT)。

(3)影像学检查:腹部超声、CT 和 MRI 有助于了解病变性质和程度。

(二) 鉴别诊断

1. 妊娠期急性脂肪肝　初产妇多见,常在妊娠晚期发病,病情进展迅速,常有上腹疼痛、恶心呕吐等消化道症状,进一步发展为急性肝衰竭。实验室检查肝功能明显异常,肝炎标志物阴性;腹部超声有助诊断,肝穿刺活检可确诊,一旦诊断应立即终止妊娠。一旦终止妊娠,经积极治疗,产后病情趋于稳定并好转。

2. 其他原因引起的黄疸性疾病　须与溶血性黄疸、肝外梗阻性黄疸、巨细胞病毒肝炎、妊娠期高血压疾病导致的肝损害(如 HELLP 综合征)、药物性肝损害等相鉴别。

【对母儿的影响】

1. 对母体的影响　早孕期妊娠反应加重,妊娠中晚期容易并发妊娠期高血压疾病;产后出血、重症肝炎、DIC 的发生率明显增高,严重者危及孕妇生命。

2. 对胎儿的影响　胎儿畸形、流产、早产、死胎及新生儿死亡率较正常妊娠高。

【处理原则】

(一) 非重症肝炎

1. 一般治疗　适当休息,合理饮食。

2. 改善和恢复肝功能　使用护肝药如葡醛内酯、多烯磷脂酰胆碱等。

3. 白蛋白低、凝血功能异常者需及时住院治疗,适当补充白蛋白、新鲜冰冻血浆、冷沉淀等纠正低蛋白血症及凝血功能异常。

4. 孕期严密监测肝功能、凝血功能、动态肝脏超声等。

5. 孕期定期产检,由消化内科、传染科、产科等科室共同监护。

6. 密切监测胎儿生长发育及产科并发症情况,适时住院分娩。

(二) 重型肝炎

1. 一旦发生重症肝炎,应立即住院治疗。

2. 低蛋白饮食,维持水、电解质、酸碱平衡。适当使用白蛋白纠正低蛋白血症,肝细胞生长因子、胰高血糖素等促进肝细胞再生,葡醛内酯、多烯磷脂酰胆碱、腺苷蛋氨酸等护肝治疗。预防感染,禁用有肝、肾毒性的药物。

3. 多学科抢救团队协作治疗,严密监测出入量、肝功能、凝血功能、生化、血常规等;孕周超过 28 周者可定期行电子胎心监护。病情稳定后及时终止妊娠。

【助产要点】

(一) 评估和监测

1. 孕前评估

(1) 妊娠前筛查乙肝血清学均为阴性,最好在妊娠前接种乙肝疫苗,若在接种期妊娠,无须特别处理,且可完成全程接种。

(2) 乙肝病毒表面抗原阳性的孕产妇需进行肝功能检测,有条件的地区进行 HBV DNA 定量检测。依据感染孕产妇血清 HBV DNA、转氨酶水平和肝脏疾病严重程度,在医生的指导下进行抗病毒治疗或转诊。

(3) 妊娠中后期如果检测 HBV DNA 载量 $>2 \times 10^5$ IU/ml,称高病毒水平,在与患者充分沟通、知情同意基础上,于妊娠第 28~32 周开始给予替诺福韦酯或替比夫定,减少母婴传播。分娩后当天停药,产后复查肝肾功能,进行 HBV DNA 定量检测。

2. 妊娠期监测
定期监测胎心音及胎动情况,观察患者的皮肤、巩膜及尿色的情况,定期行肝功能、肝炎病毒血清学标志物、凝血功能的检查,积极治疗各种妊娠并发症,预防感染,避免使用肝损害的药物。

3. 分娩期监测
严密监测血压、神志、尿量等。严密观察产程中有否口鼻、皮肤黏膜的出血倾向,皮肤、注射部位是否有出血点、瘀斑等。复查凝血功能、血小板等。胎儿娩出后观察子宫收缩及阴道流血情况,采取预防产后出血措施。

4. 重症肝炎需住院治疗

(1) 妊娠期及分娩期:严密监测水、电解质、肝肾功能、凝血功能、生化、血红蛋白、血小板、胆红素等指标。记录中心静脉压、24h 出入量。根据检验结果及病情变化及时调整治疗措施及药物、血液制品的使用。同时严密监测胎儿宫内状况。

(2) 预防肝肾综合征、妊娠期高血压疾病及贫血:若发现孕妇皮肤、巩膜黄染加深,尿色黄,皮肤瘙痒、血压升高、贫血等,即按医嘱做进一步检查和治疗。

(二) 教育与支持

1. 向孕妇及家属宣教病毒性肝炎与母婴的相互影响、转归及预后,帮助孕妇消除顾虑,减轻心理负担,树立信心,积极配合监护及治疗。

2. 根据专科意见嘱孕妇遵医嘱使用护肝药物,禁止自行停药或减量。

3. 注意个人卫生,保证充足睡眠,避免重体力劳动;宜进食低脂、高碳水化合物、优质蛋白饮食,保证足够热量并补充大量纤维素,合理控制体重增长,防止贫血。

4. 为防止交叉感染,严格执行消毒隔离制度,预防感染,以免加重肝脏损害。

5. 根据胎心及胎动变化,动态评估胎儿宫内安危。

6. 了解孕妇及其家属心理状态和社会支持情况,提供心理支持,减轻产妇的心理负担,隔离产房环境应安全、舒适,多关心产妇,加强沟通,消除紧张和孤独情绪。

(三)处理与配合

1. **做好消毒隔离措施** 住院时应床边隔离,标志明显,检查或护理患者后要及时洗手,污染的棉球、棉签、纱布要烧毁,应在隔离产房分娩,专人观察助产,使用一次性备皮包和接生包,使用后打包焚烧。

2. **经阴道分娩者** ①产房备有乙肝免疫球蛋白(HBIG)和乙肝疫苗,使新生儿出生后能迅速接受免疫预防;HBIG为血液制品,分娩前预先完成知情同意签名,避免延误使用。②临产后配血、备纤维蛋白原等血液制品,开通静脉通道,密切监测产程进展;鼓励进食,遵医嘱静脉滴注各种护肝药物等。③严格遵守无菌操作规程,分娩时新生儿曾"浸泡"在含有病毒的液体中,清理新生儿口腔、鼻道时,尽可能轻柔操作,避免过度用力,以避免皮肤黏膜损伤而将病毒带入新生儿体内。④新生儿皮肤表面可能存在HBV,任何有损皮肤的处理前,务必充分消毒。尽可能先注射HBIG,再进行其他注射治疗等。⑤胎儿娩出后仔细检查软产道有无损伤,积极预防产后出血,可给予缩宫素、卡贝缩宫素、前列腺素制剂等子宫收缩药物。

3. **重症肝炎的处理** ①需住院治疗:不具备救治条件的医院,及时转运到人员设备条件好、综合救治能力强的综合医院进行救治。②对症支持治疗:维持水电解质、酸碱平衡,遵医嘱输注新鲜冰冻血浆、冷沉淀等改善凝血功能。肝肾综合征、肝性脑病、高钾血症等可行血液透析。③保护肝脏,积极防治肝性脑病:遵医嘱应用各种保肝药物。严格限制蛋白质的摄入,每天<0.5g/kg,增加碳水化合物,保持大便通畅,严禁肥皂水灌肠。如果有肝昏迷前驱症状可以应用降氨药物,改善脑功能。④重症肝炎经积极治疗并应选择人力充足的时机终止妊娠。如在治疗过程中出现产科急诊情况如胎盘早剥、临产、胎儿窘迫等则需及时终止妊娠。⑤手术前须请消化内科、麻醉科、新生儿科、血液科、重症监护室等多学科会诊,经充分准备后择期手术。备有充足的血液制品,术前建立好静脉通道,留置导尿管,监测尿量变化并及时报告医师;请新生儿科医生到场协助新生儿抢救。⑥重症肝炎发生产后出血的风险非常高,手术时宜采用下腹正中纵切口,术中使用缩宫素预防产后出血,必要时采取结扎子宫动脉、B-Lynch缝合、放置宫腔止血球囊等措施。如出血经处理不可控制应及时行子宫次全切除术,或剖宫产时同时行子宫次全切除术以预防产后出血,术后放置腹腔引流管,转入重症监护室监护。⑦术后遵医嘱使用抗生素防治感染,视病情输注血液制品、护肝药物等。

4. **HBV母婴传播阻断** ①足月新生儿或早产儿体重≥2 000g的免疫预防:孕妇HBsAg阴性时,其新生儿按"0、1、6月"方案接种3针疫苗即可,不必使用HBIG。孕妇HBsAg阳性时,无论HBeAg是阳性还是阴性,其新生儿务必在出生后12h内肌内注射100IU的HBIG,同时在不同部位肌内注射第1针乙肝疫苗;并于1月和6月龄分别接种第2针和第3针疫苗。②孕妇HBsAg阴性,早产儿出生体重<2 000g,待体重≥2 000g后接种第1针(出院前未达到2 000g,在出院前接种第1针),间隔1个月接种第2针疫苗,再间隔5个月接种第3针疫苗。③孕妇HBsAg阳性,早产儿无论身体状况如何(包括抢救),在6h内必须肌内注射HBIG,越快越好,尽可能几分钟内完成;如早产儿生命体征稳定,尽快接种第1针乙肝疫苗;如果生命体征不稳定,待稳定1周左右,尽早接种第1针乙肝疫苗。

5. **母乳喂养** 母亲乙型肝炎病毒感染,均可母乳喂养。即使母亲高病毒载量或HBeAg阳性、乳头皲裂或出血、肝功能异常,婴儿存在口腔溃疡或其他损伤等,也不影响母乳喂养。

6. **儿童随访和检测** 儿童在完成最后剂次乙肝疫苗接种后1~2个月,应进行乙肝病毒表面抗原和表面抗体检测,明确母婴传播干预效果。

知识拓展

病毒性肝炎的分类

1. **急性肝炎** 病程在 6 个月内,起病急,在出现消化道症状后约 1 周出现皮肤黏膜黄染、瘙痒,大便颜色变浅,小便呈浓茶水样。

2. **慢性肝炎** 病程在 6 个月以上。临床上分为以下几种类型:

(1)慢性 HBV 感染(chronic HBV infection):HBsAg 和/或 HBV DNA 阳性 6 个月以上。1 年内连续随访 3 次,每次至少间隔 3 个月,均显示血清 ALT 和 AST 在正常范围,HBV DNA 通常高水平,肝组织检查无病变或病变轻微。

(2)慢性乙型肝炎(chronic hepatitis B,CHB):由乙型肝炎病毒持续感染引起的肝脏慢性炎症性疾病。HBeAg 阳性 CHB——血清 HBsAg 阳性、HBeAg 阳性、HBV DNA 阳性,ALT 持续或反复升高,或肝组织学检查有肝炎病变。HBeAg 阴性 CHB——血清 HBsAg 阳性,HBeAg 阴性,HBV DNA 阳性,ALT 持续或反复异常,或肝组织学检查有肝炎病变。

(3)非活动性 HBsAg 携带者(inactive HBsAg carrier):血清 HBsAg 阳性,HBeAg 阴性,HBV DNA 低于检测下限,1 年内连续随访 3 次以上,每次至少间隔 3 个月,ALT 均在正常范围。

(4)隐匿性 HBV 感染:血清 HBsAg 阴性,但血清和/或肝组织中 HBV DNA 阳性,有慢性乙型肝炎的临床表现。诊断主要通过 HBV DNA 检测,尤其对抗 -HBc 持续阳性者。

(5)乙型肝炎肝硬化:根据有无主要并发症,将肝硬化分为代偿期及失代偿期。按五期分类法评估肝硬化并发症情况:1 期,无静脉曲张,无腹水;2 期,有静脉曲张,无出血及腹水;3 期,有腹水,无出血,伴或不伴静脉曲张;4 期,有出血,伴或不伴腹水;5 期,脓毒血症。

3. **重型肝炎** 出现以下情况考虑重症肝炎:①消化道症状严重;②血清总胆红素>171μmol/L,黄疸迅速加深,每天上升>17.1μmol/L;③凝血功能障碍,全身出血倾向,PTA<40%;④肝脏缩小,出现肝臭味,肝功能明显异常;⑤肝性脑病;⑥肝肾综合征。

第四节 妊娠合并贫血

导入情境与思考

某孕妇,33 岁。因"停经 32 周,头晕、乏力 2 周"就诊。生育史:1-0-1-1,有痔疮病史。

体格检查:眼睑结膜及甲床苍白,毛发略干枯。产科检查无特殊。

血常规:白细胞计数 9.0×10^9/L,中性粒细胞占比 0.7,血小板计数 205×10^9/L,血红蛋白 62g/L,平均红细胞体积 66fl,平均血红蛋白含量 20pg,平均血红蛋白浓度 30%。

请思考:

1. 该孕妇的主要诊断及病因考虑什么?

2. 该孕妇的助产要点有哪些?

贫血(anemia)是妊娠期常见的合并症。虽然妊娠期患者红细胞总数和血浆都增加,但血浆增加程度(40%~60%)比红细胞总数增加程度(15%~30%)多,因此血液呈稀释状态,妊娠期可呈现"生理性贫血"。由于妊娠期血液系统的生理性变化,妊娠期贫血的诊断标准不同于非妊娠期女性。我国按照世界卫生组织(WHO)的标准,将妊娠期贫血定义为血红蛋白(hemoglobin,Hb)<110g/L,是妊娠期

常见的合并症。最常见的为缺铁性贫血,巨幼细胞贫血、地中海贫血、再生障碍性贫血等较少见。妊娠合并贫血对母体、胎儿和新生儿均会造成近期和远期不良影响,贫血的防治是改善母儿结局的重要措施。本节重点介绍缺铁性贫血。

【病因】

妊娠期铁的需要量增加是孕妇缺铁的主要原因。妊娠期血容量增加需铁650~750mg,胎儿生长发育需要铁250~350mg,因此,孕妇每天需铁至少4mg。而正常每天饮食中虽含铁10~15mg,但妊娠早期常因胃肠功能失调致恶心、呕吐、食欲减退而影响铁的摄入,孕妇胃酸常过低有碍铁的吸收,铁的吸收利用率仅约10%,即使妊娠中晚期铁的最大吸收率达到40%,仍不能满足需求,因此极易出现缺铁性贫血。孕妇体内储备铁不足或食物中铁的摄入不够或妊娠前后患有慢性疾病如肝肾疾病等,易出现贫血。

【临床表现及分类】

1. **临床表现**　轻度贫血者无明显症状,贫血严重者有脸色苍白、乏力、心悸、头晕、呼吸困难等表现。铁缺乏时可出现疲劳、易怒、注意力下降及脱发等症状。

2. **分类**　根据血红蛋白水平分为轻度贫血(100~109g/L)、中度贫血(70~99g/L)、重度贫血(40~69g/L)和极重度贫血(<40g/L)。

【诊断与鉴别诊断】

(一) 诊断

1. **病史及高危因素**　询问是否曾患过贫血、多次妊娠及素食等高危因素。

2. **临床表现**　有疲劳、脸色苍白、乏力等表现,严重者出现心悸、头晕、呼吸困难和烦躁等。

3. **实验室检查**

(1)血常规:血红蛋白<110g/L,血细胞比容<0.30,红细胞平均体积(MCV)<80fl、红细胞平均血红蛋白浓度(MCHC)<32%,网织红细胞含量下降。

(2)其他血清学指标:血清铁浓度<6.5μmol/L、血清铁蛋白<20μg/L 可诊断为铁缺乏。

(3)骨髓象:缺铁性贫血表现为细胞内外铁减少或缺乏,红系造血呈轻度或中度增生活跃,以中、晚幼红细胞增生为主。

(二) 鉴别诊断

缺铁性贫血需与地中海贫血(简称地贫)、巨幼细胞贫血等鉴别。

【对母儿的影响】

1. **对母体的影响**　贫血孕妇的抵抗力低下,容易并发各种感染,对分娩、产后出血的耐受力下降,容易发生产后出血及失血性休克,严重者危及孕妇生命。另外贫血也增加孕期其他并发症如妊娠期高血压疾病、胎膜早破,产褥期感染和产后抑郁等的发病风险。

2. **对胎儿的影响**　轻度贫血对胎儿影响较小,中重度贫血影响胎儿的生长发育,导致胎儿生长受限、胎儿窘迫、死胎、死产、早产、新生儿窒息的发生率升高,还有可能影响婴幼儿的认知功能。

【预防】

1. **积极防治**　孕前贫血,治疗引起贫血的疾病如月经过多、慢性腹泻等,纠正偏食的习惯;适当增加营养。

2. **定期产检**　定期复查血常规,及时发现贫血并及时使用铁剂治疗。

3. **预防感染**　分娩过程中严格无菌操作,科学护理。

4. **积极预防产后出血**　密切监测宫缩及恶露情况。

【处理原则】

1. **饮食指导**　指导孕妇适当进食含铁丰富食物,如红肉、蛋黄及动物肝脏等。

2. **注意休息**　贫血尤其是中重度贫血孕妇应注意休息,避免因头晕、乏力、晕倒导致意外发生。

3. **补充铁剂**　以口服给药为主。不能口服者可使用注射用铁剂。

4. **输血**　严重贫血或近期需分娩者,遵医嘱少量多次输红细胞悬液。

【助产要点】

(一) 评估和监测

1. 询问是否有月经过多、素食等相关病史。血常规提示有贫血者需进一步检查血清铁、叶酸、维生素 B_{12}、血红蛋白电泳等。

2. 定期监测血红蛋白及全血情况,根据检验结果调整药物剂量或剂型,维持血红蛋白>110g/L。

3. 监测胎儿生长发育,早期发现胎儿生长受限并及时治疗。自数胎动,必要时行电子胎心监护。

(二) 教育与支持

1. **疾病知识宣教**　向患者讲解贫血对母婴的危害,如铁锅炒菜有利于铁吸收;服铁剂时禁忌饮浓茶;抗酸药物影响铁剂效果,应避免服用。提供避孕方式指导,以免再度妊娠影响身体健康。提供家庭支持,增加休息和营养,避免疲劳。

2. **饮食指导**　营养指导,妊娠前应积极治疗慢性失血性疾病,调整饮食结构,多吃含铁和维生素丰富的食物,服用铁剂时避免与牛奶及奶制品等抑制铁吸收的食物同时服用。

3. **休息与活动**　轻度贫血患者可适当减轻工作量;重度贫血患者需多休息,避免患者在体位突然改变时因头晕、乏力晕倒引起意外伤害。

4. **心理支持**　孕妇产程容易疲乏,对试产失去信心,应多与孕妇交流,多鼓励与帮助,增强其信心。

(三) 处理与配合

1. **妊娠期**　①用药指导:应遵医嘱予以铁剂治疗,口服铁剂应餐后或餐中服用。服用铁剂后,由于铁与肠内硫化氢作用而形成黑色便,应予以解释。对于妊娠末期重度缺铁性贫血或口服铁剂胃肠道反应较重者,可使用右旋糖酐铁及山梨醇铁深部肌内注射补充铁剂。②预防上呼吸道感染、消化系统感染及泌尿系感染。③确诊为缺铁性贫血者,补充铁剂。重度贫血者需住院治疗,首选输注浓缩红细胞,待 Hb 达到 70g/L、症状改善后,可改为注射铁剂或口服铁剂治疗。治疗至 Hb 恢复正常后,应继续口服铁剂 3~6 个月,查找原因并积极治疗。

2. **分娩期**　①有产科手术指征需择期手术者,孕前血红蛋白需维持至少在 80g/L。②产程中适当低流量吸氧,重度贫血应配新鲜血备用和输注。严格控制输血速度和总量,以防发生急性左心衰竭。储存铁减少的孕妇分娩时,延迟 60~120s 钳夹脐带,降低婴儿期和儿童期铁减少相关后遗症的风险。早产儿延迟 30~120s 钳夹脐带,降低输血和颅内出血的风险。③严密观察产程进展情况,贫血孕产妇对出血的耐受性差,少量出血易引起休克,准确评估阴道出血量,积极预防产后出血,遵医嘱肌内注射或静脉应用缩宫素、前列腺素等药物促进子宫收缩。产后检查软产道,发现裂伤需及时彻底缝合止血。

3. **产褥期**　保持外阴清洁,如有会阴伤口缝合操作时应用抗生素防治感染。继续纠正贫血,口服铁剂 3~6 个月,指导母乳喂养,按需哺乳。

妊娠合并地中海贫血

地中海贫血(thalassaemia,简称地贫),又称海洋性贫血、珠蛋白生成障碍性贫血,指由珠蛋白基因缺陷(突变、缺失)导致的一种或多种珠蛋白肽链合成障碍引起的遗传性溶血性贫血,是临床上最常见的单基因遗传病之一。地中海贫血好发于地中海沿岸、非洲和东南亚地区,在我国主要分布于长江以南地区,其中以广西、广东和海南地区的发病率最高,具有明显的种族特征和地域分布差异。调查数据显示,我国广西和广东地区地中海基因携带率分别高达20%和10%。根据所缺乏珠蛋白链主要种类,地中海贫血可分为α型、β型、δβ型和δ型4种类型,其中以β和α地中海贫血较为常见。不同基因型所致血红蛋白亚基不平衡的程度与疾病的严重程度成正比,临床可表现出从无症状到致死性的广泛表型谱系。地中海贫血的筛查应该在妊娠前或在妊娠早期进行,特别是夫妻一方或双方来自具有较高携带风险的种族或地区,应在婚前或计划妊娠前进行地中海贫血和血红蛋白病的筛查。地中海贫血表现为小细胞低色素性贫血,血常规是筛查地贫最简单和基础的检查,Hb正常或不同程度下降、MCV<82fl、MCH<27pg提示地中海贫血筛查阳性,需要进一步排查。进一步行血红蛋白成分分析,可行血红蛋白电泳或血红蛋白高效液相色谱检查,有条件者同时行α地中海贫血和β地中海贫血基因检测可明确诊断。夫妻双方均为已知的同型地贫基因携带者,应在妊娠前或妊娠早期转诊至有产前诊断资质的医院进行遗传咨询,产前诊断是确诊胎儿有无地贫及其分型的金标准。

第五节　妊娠合并血小板减少症

导入情境与思考

某孕妇,24岁。因"发现血小板减少3年加重3d,宫内孕39^{+1}周"入院。3d前于当地医院查血常规:血红蛋白128g/L,血小板$30×10^9$/L,1d前查血常规示血红蛋白126g/L,血小板$25×10^9$/L。

既往史:患者3年前确诊为原发免疫性血小板减少症,经丙种球蛋白及糖皮质激素治疗后好转,定期复查血常规,血小板维持在$40×10^9$~$90×10^9$/L。

孕期血小板维持在$30×10^9$~$50×10^9$/L。

请思考:

1. 该孕妇进一步的诊疗方案有哪些?

2. 该孕妇不同阶段的助产要点有哪些?

妊娠合并血小板减少症是产科常见的血液系统合并症,多数属原发免疫性血小板减少症(primary immune thrombocytopenia,ITP),是因获得性自身免疫机制使血小板破坏过多的临床综合征,对母婴有较大危害,主要表现为皮肤黏膜出血或紫癜、口腔出血、鼻出血、牙龈出血,极少有严重者出现内脏出血和颅内出血。

【临床表现】

1. **症状与体征**　主要表现为皮肤黏膜出血及贫血。轻者仅有皮肤出血点、瘀点、紫癜及瘀斑,消化道、生殖道、视网膜及颅内出血。脾脏不大或者轻度增大。

2. **实验室检查**　①血小板$<100×10^9$/L。②血小板抗体测定阳性。③骨髓检查显示骨髓象巨核

Note:

细胞增多或正常。

【诊断与鉴别诊断】

1. **诊断** ITP 的诊断是临床排除性诊断。诊断要点如下：①至少 2 次血常规检查示血小板计数减少，血细胞形态无异常。②脾脏一般不增大。③骨髓检查：巨核细胞数增多或正常，有成熟障碍。④须排除其他继发性血小板减少症：如再生障碍性贫血、HELLP 综合征、自身免疫性疾病、甲状腺疾病、药物诱导的血小板减少、先天性血小板减少等。

2. **鉴别诊断**

(1)过敏性紫癜：为对称性出血斑丘疹，以下肢为多见，无血小板减少。

(2)系统性红斑性狼疮：早期可表现为血小板减少，有怀疑时应检查抗核抗体及狼疮细胞等可助鉴别。

(3)药物诱发的血小板减少症：如肝素、奎尼丁、解热镇痛药等，有时引起急性血小板减少。通过仔细询问用药史和停药后血小板较快地回升，可与 ITP 鉴别。

(4)血栓性血小板减少性紫癜：表现为微血管病性溶血性贫血、血小板减少、神经精神症状、发热和肾脏受累。

(5)其他：还需与 HELLP 综合征、溶血性尿毒症综合征、抗磷脂综合征及弥散性血管内凝血等导致的血小板减少相鉴别。

【对母儿的影响】

1. **妊娠对 ITP 的影响** 妊娠本身通常不影响本病病程及预后，但妊娠可使已稳定的 ITP 患者复发或使 ITP 妇女病情加重，出血机会增多。

2. **ITP 对母体的影响** 主要是出血。尤其是血小板低于 50×10^9/L 时，孕期及分娩期易诱发颅内出血、产后出血、血肿形成等，严重者威胁孕妇生命。

3. **ITP 对胎儿的影响** 部分胎儿、新生儿出现血小板减少、颅内出血等。但母体血小板减少与新生儿血小板减少不成比例。新生儿出生后须监测血小板情况。

【预防】

1. 孕前发现免疫性血小板减少症应到血液科就诊并正规治疗，使用药物控制稳定后方可妊娠。

2. 妊娠期间使用药物治疗的 ITP 患者不能自行减量或停用药物。

3. 适当加强营养和锻炼身体，提高自身抵抗力。

4. 注意个人安全防护，预防跌倒、碰撞等，避免外伤等。

【处理原则】

妊娠合并 ITP 一般不须终止妊娠。只有当严重血小板减少经各种支持疗法不能缓解，在妊娠 12 周前需要用肾上腺皮质激素治疗者，可考虑终止妊娠。用药时尽可能减少对胎儿的不利影响。

1. 初次产前检查血常规发现血小板减少应尽快到血液科就诊，检查原因并治疗。

2. PLT$>50 \times 10^9$/L、无出血表现且不从事增加出血危险工作(或活动)者发生出血危险性比较小，予以观察和随访。

3. 若有出血症状，无论血小板减少程度如何，都应积极治疗。自然分娩，血小板计数应 $\geq 50 \times 10^9$/L；剖宫产，血小板计数应 $>70 \times 10^9 \sim 80 \times 10^9$/L。

4. **治疗方法**

(1)肾上腺皮质激素：是治疗 ITP 的首选药物，孕期血小板 $<50 \times 10^9$/L、有出血症状，可用泼尼松 40~100mg/d，病情缓解后，逐渐减量至 10~20mg/d 维持，能抑制自身抗体的产生，阻断巨噬细胞破坏

已被抗体结合的血小板,同时能减轻血管壁通透性,减少出血。

(2)大剂量的丙种球蛋白:静脉滴注丙种球蛋白 400mg/(kg·d),5~7d 为一个疗程。

(3)脾切除:肾上腺皮质激素治疗血小板无改善,有严重出血倾向,血小板<10×10^9/L,可考虑脾切除,有效率达 70%~90%,手术最好在妊娠 3~6 个月期间进行。

(4)血小板输注:因血小板输注,能刺激体内产生血小板抗体,加快血小板的破坏,因此,只有在血小板<10×10^9/L,有出血倾向,为防止重要器官出血(脑出血)或手术、分娩时应用。

5. 新诊断 ITP 的一线治疗为肾上腺糖皮质激素和/或静脉注射丙种球蛋白(IVIG)。

【助产要点】

(一)评估和监测

1. **妊娠前**　①妊娠前常规检查血常规,血小板减少需要到血液科就诊,规范诊疗。②使用皮质激素治疗的 ITP 患者妊娠前需到血液科及产科专科咨询评估,尽可能在最低剂量激素控制血小板维持稳定情况下妊娠。若血小板<20×10^9/L 或有其他合并症或经治疗血小板不稳定或有出血倾向者需住院治疗。

2. **妊娠期**　①加强孕期保健,定期产前检查,由血液科及产科专科共同监护。②孕前使用皮质激素治疗者,妊娠期不能自行停药。每周复查血常规,根据检查结果调整药物剂量,尽量维持血小板 ≥30×10^9/L。③合并贫血者服用铁剂纠正贫血,尽量维持血红蛋白在 110g/L 以上。④严密观察全身皮肤有无出血点、瘀斑、鼻出血、牙龈出血。观察排便颜色、次数,观察有无血尿、阴道流血、头痛及视物模糊等。⑤加强胎儿监护,自数胎动,定期超声监测和电子胎心监护。

3. **分娩期**　查血常规及凝血功能,严密监测产程进展的同时注意观察出血症状,尤其要关注注射部位是否出血,拔针时应按压进针处 10min。

4. **产褥期**　监测血小板<50×10^9/L 有出血倾向或产后出血者应输注血小板。监测宫缩及阴道流血情况。

(二)教育与支持

1. **生活指导**　保持良好的生活习惯,不要用硬毛牙刷刷牙,不要用牙签剔牙,不要用手挖鼻孔,不要用力擤鼻涕,避免引起牙龈、鼻黏膜感染出血;保持皮肤清洁,尤其注意口腔、会阴、肛门部的卫生,要勤洗澡,及时更换内衣、理发,避免皮肤感染。避免剧烈运动,防外伤。

2. **饮食指导**　饮食以富营养易消化为主,如鸡蛋、牛奶、瘦肉、新鲜水果、蔬菜,忌食粗硬煎炸食物,以免损伤口腔或消化道黏膜,引起感染或出血,注意保暖,及时增减衣服,预防感冒。

3. **心理支持**　向患者及家属详细解释 ITP 产生的原因及常见症状。ITP 孕妇常有抑郁、焦虑、悲观情绪,须关心患者的情绪,进行有目的的心理指导,使孕妇能以良好的心态接受治疗,促进早日康复。

(三)处理与配合

1. **一般护理**　控制陪护人数,减少探视人员。保持病室空气流通。嘱其穿宽松的纯棉内衣裤,禁用力抓挠皮肤;应用细软牙刷刷牙或漱口。

2. **妊娠期**　①经正规治疗,血小板维持稳定,无其他合并症者可继续妊娠至近孕足月或足月后住院,择期分娩。②遵医嘱使用糖皮质激素等药物,禁止自行停药或减量。应定期检查血象、骨髓象,以了解治疗的效果。定期检查肝功能,如有肝损伤,在医生指导下调整用药,同时采取保肝措施,保证治疗的连续进行。

3. **分娩期**　①分娩前需继续使用糖皮质激素,血小板<80×10^9/L 者使用丙种球蛋白 3~5d 冲击治疗,血小板在 50×10^9/L 以上者经做好充分准备(备好血小板及浓缩红细胞)后引产。②阴道试产者临产时开通静脉通道,各种穿刺后压迫针眼,防止出血。③血小板 50×10^9~80×10^9/L 者,必要时输注血小板 1~2U。保护会阴,减少会阴侧切、避免产道裂伤。胎儿娩出后加强宫缩预防产后出血,出血

多者需输血及血小板。及时缝合产道裂伤,避免血肿形成。④ITP 有下列情况者考虑剖宫产:血小板 $<50\times10^9/L$;有出血倾向;证实胎儿血小板 $<50\times10^9/L$ 者。手术前须请多学科会诊,备好血小板、浓缩红细胞后择期剖宫产。手术开始前及手术中输注血小板 1~2U,手术中彻底止血,加强宫缩,必要时结扎子宫动脉上行支或放置宫腔止血球囊等。⑤新生儿出生后查脐血常规以了解血小板的情况。

4. 产褥期　①加强会阴部护理,指导患者大小便后及时清洗会阴。②指导母乳喂养,母婴分离的产妇要协助挤奶。妊娠期使用大剂量糖皮质激素治疗或有严重合并症或新生儿血小板减少者产后不宜哺乳。③产后遵医嘱继续使用糖皮质激素等药物。

知识拓展

免疫性血小板减少症的分类

1. 新诊断的 ITP　确诊后 3 个月以内的 ITP 患者。

2. 持续性 ITP　确诊后 3~12 个月血小板持续减少的 ITP 患者,包括没有自发缓解和停止治疗后不能维持完全缓解的患者。

3. 慢性 ITP　血小板持续减少超过 12 个月的 ITP 患者。

4. 重症 ITP　PLT $<10\times10^9/L$,有需要治疗的出血症状或常规治疗中发生新的出血而需要加用其他升血小板药物治疗或增加现有治疗药物剂量。

5. 难治性 ITP　指满足以下所有条件的患者:进行诊断再评估仍确诊为 ITP;脾切除无效或术后复发。

第六节　妊娠合并甲状腺功能亢进

导入情境与思考

某孕妇,32 岁。因"停经 38 周,怕热多汗 2 周"入院。无腹痛及阴道流血,食欲旺盛,偶有腹泻,排尿正常。既往健康,首次妊娠。

体格检查:体温 37.6℃,血压 135/75mmHg,心率 130 次/min,心肺听诊无异常,颈部触诊提示甲状腺弥漫性肿大。突眼轻度,表情焦虑烦躁,易激惹,面色潮红、皮肤多汗、手震颤轻度。

产科检查:宫高 35cm,腹围 98cm,胎位 LOA,胎心 165 次/min。骨盆内外测量无明显异常。甲状腺功能检查:FT$_3$ 68.2pmol/L,FT$_4$ 150.9pmol/L,TSH 0.01mIU/L,TPOAb 1.74IU/ml,TgAb 2.57IU/ml。胎儿超声:BPD 9.4cm,FL 7.0cm,AFI 15.0cm。

请思考:

1. 该孕妇的病情观察重点有哪些?

2. 该孕妇不同阶段的助产要点有哪些?

妊娠合并甲状腺疾病包括甲状腺功能亢进(hyperthyroidism)(简称甲亢)、甲状腺功能减退(hypothyroidism)(简称甲减)等。妊娠合并甲状腺疾病不及时干预则危害母儿健康,若及时发现、科学干预,预后较理想。

【临床表现及分类】

1. 临床表现

(1)症状:有精神紧张,多汗,心悸,易疲劳,食欲亢进,体重下降等。

(2)体征：皮肤温湿、潮红、手指震颤、眼球突出，甲状腺肿大，心率增快，动脉收缩压升高，脉压升高。甲状腺上听诊有血管杂音、震颤等。

2. 分类

(1)根据不同病因分类：①毒性弥漫性甲状腺肿(Graves 病)；②结节性甲状腺肿伴甲亢；③自主性高功能甲状腺结节；④碘甲亢等。

(2)甲亢危象：甲亢危象的诱发因素包括应激刺激如急性感染、外伤手术、急性心肌梗死、糖尿病酮症酸中毒等。典型临床表现：①高热，体温常在 39℃以上；②大汗淋漓、心动过速，心率超过 160 次/min；③消化道症状，如频繁呕吐及腹泻；④精神症状，如焦虑、烦躁、谵妄，甚至昏迷、休克；⑤水、电解质失衡，若不及时处理，最终可能因呼吸循环衰竭而死亡。

【诊断与鉴别诊断】

1. 诊断

(1)有甲状腺炎、甲状腺结节等病史。

(2)有食欲亢进、体重下降、眼球突出、手震颤等表现。

(3)实验室检查：游离 T_4、T_3 升高，TSH 降低，促甲状腺激素受体抗体(TRAb)阳性。

2. 鉴别诊断

(1)妊娠期单纯甲状腺肿大：无手震颤，无血管震颤感及杂音可闻，无眼神凝视及突眼。实验室血清检查各项甲状腺功能指标均在妊娠期正常值范围内。

(2)亚急性甲状腺炎：常有心悸、怕热、多汗、心急易怒、手抖等甲亢表现。但常有病毒感染病史、畏寒发热，甲状腺肿大疼痛，在咀嚼、吞咽、转动颈部时疼痛加重。血沉明显加速(50~100)mm/h。

【对母儿的影响】

1. **对母体的影响**　甲亢患者易并发妊娠期高血压疾病；甲亢加重心脏的负荷，易诱发心力衰竭。发生甲亢危象危及生命。

2. **对胎儿的影响**　甲亢孕妇的胎儿容易发生胎儿畸形、流产、早产、胎儿生长受限、低出生体重儿等。

【处理原则】

1. **加强孕妇及胎儿监护**　甲亢孕妇易发生胎儿生长受限，孕期应加强监护。

2. **药物治疗**　轻度甲亢一般不用抗甲状腺药物治疗。严重甲亢须使用药物治疗，妊娠前 3 个月首选丙硫氧嘧啶(PTU)150~300mg/d，妊娠 3 个月后可选择 PTU 或甲巯咪唑(MMI)15~30mg/d，妊娠期禁止进行 ^{131}I 的检查及治疗。甲亢控制后逐渐减量。在内分泌科医师指导下调整药物用量，应用最小有效剂量的 PTU 或 MMI，使血清 FT_4 接近或者轻度高于参考范围的上限。

3. **定期监测甲状腺功能**　妊娠期监测甲亢控制的指标首选血清 FT_4，用药期间每 2~4 周监测一次 FT_4 数值。

4. **并发症监测**　妊娠期需监测血压、心率、心律、胎儿生长发育情况。

5. **甲亢危象的治疗**　一旦诊断甲亢危象，无须等化验结果，应尽早治疗。

(1)一般治疗包括吸氧，镇静，降温；纠正水电解质紊乱。

(2)快速抑制 T_3、T_4 合成，首选 PTU。

(3)应用碘/碘化钾阻止甲状腺素释放，危象消除即可停用。

(4)降低周围组织对甲状腺素的反应，如使用普萘洛尔控制心率、血压。

(5)拮抗应激，如使用氢化可的松或地塞米松；危象解除后可口服维持。

(6)消除诱因，控制感染，如使用对胎儿影响小的抗生素等。

Note:

【助产要点】

（一）评估和监测

1. **孕前咨询**   进一步询问孕妇一般情况和孕育情况，妊娠前患有甲状腺功能亢进者需到内分泌科就诊并规范治疗，甲状腺功能使用低剂量药物控制稳定无甲状腺功能亢进症状后才可妊娠。使用^{131}I治疗者在停药半年到1年后可以妊娠。甲亢不是终止妊娠的指征，如伴甲亢性心脏病以及高血压等严重情况，才能考虑终止妊娠。

2. **监测**孕妇生命体征，体重增长情况，宫高、腹围变化。每月复查甲状腺功能1次，根据症状及甲状腺功能结果调整药物剂量。产程中严密观察产程进展、生命体征等。产后继续监测血压、心率、体温，注意有无烦躁不安、心悸气促等，注意产后心力衰竭的发生。

3. **B超评估**胎儿发育情况，监测胎动、胎心等评估胎儿宫内情况。

4. **注意并发症**的监测，防治妊娠期高血压疾病。警惕甲亢危象的发生。行心脏彩超、心电图等检查，发现甲亢性心脏病、心律失常等积极配合治疗。

（二）教育与支持

1. **饮食指导**   应进高蛋白、高热量、高维生素、易消化的饮食，多食粗纤维新鲜蔬菜，少吃辛辣食物，不吃海带、海鱼、海蜇皮、紫菜、海参等含碘丰富的食物，忌烟、酒、咖啡、浓茶，以避免造成兴奋而加重神经系统的影响。

2. **心理支持**   孕妇担心产程进展及胎儿安全。耐心向患者和家属讲解妊娠与甲亢的相互影响，教会患者注意劳逸结合，消除患者紧张心理，增强分娩信心。合理调节自我情绪避免精神刺激和情绪波动，避免甲亢危象的发生。

3. **生活指导**   白天适当活动，夜间保持环境安静和轻松的气氛，以利睡眠充足。入睡前可用热水泡脚及按摩。产后身体虚弱、有甲亢心脏病者可能伴有心力衰竭，生活自理有困难，需专人照料。

（三）处理与配合

1. **一般护理**   应保证充分休息，降低患者营养物质的代谢，必要时遵医嘱给予镇静催眠药。

2. **预防甲亢危象**   妊娠期需要内分泌科随诊，指导孕产妇使用甲亢药物治疗，医嘱服用抗甲亢的药物如丙硫氧嘧啶等，避免自行减量或停药。若甲亢无法控制或出现甲亢危象需及时住院治疗，适时终止妊娠。

3. **妊娠期处理**   经治疗甲亢病情稳定可继续妊娠，甲亢不是剖宫产的指征，无产科手术指征者可阴道试产。产程中积极配合医生观察病情，产程中鼓励产妇进食，给予精神安慰；宫口开全后指导产妇正确屏气，必要时产钳助产缩短第二产程，警惕甲状腺危象的发生，备好分娩时发生甲亢危象的抢救药物及用物。有产科手术指征者择期剖宫产，围手术期应使用PTU、普萘洛尔等控制病情使心率<80次/min。

4. **产后处理**   部分甲亢患者产后有病情加重倾向，不但需要继续用药，而且要增加药量，应给予解释。产后1个月复查甲状腺功能，并到内分泌科随诊。出现产后出血或甲亢危象时应积极配合医生做好各种急救处理。

5. **母乳喂养指导**   结合产妇病情及服用抗甲状腺药物的剂量来考虑是否哺乳。甲亢病情稳定，使用PTU剂量小，无甲亢心脏病者可母乳喂养；不宜母乳喂养者应指导回乳。

知 识 拓 展

妊娠合并甲状腺功能减退

妊娠合并甲状腺功能减退越来越被大家重视，原发性甲状腺功能减退为最常见原因。临床多无明显症状，严重者主要表现有怕冷、疲乏、嗜睡、淡漠、抑郁、心搏缓慢、心音降低，晚期皮肤凹陷性水肿。胎儿的甲状腺要到妊娠18~20周后，才能完全发挥生理功能。如果母体缺乏甲状腺激素，就会影响胎儿的生长发育，尤其是神经系统的发育，新生儿智力异常风险增高。此外，母体甲减，还会增加流产、早产等妊娠不良结局的风险。推荐在孕前或早孕期检查甲状腺功能。对于妊娠合并甲状腺功能减退治疗推荐用法：① TSH>4.0mIU/L，推荐左甲状腺素片治疗50~100μg/d；② 2.5mIU/L<TSH<4.0mIU/L，若TPOAb阳性，考虑治疗 25~50μg/d；③ 2.5mIU/L<TSH<4.0mIU/L，若TPOAb阴性，不考虑治疗。治疗期间每月复查甲状腺功能1次。

第七节　妊娠合并急性阑尾炎

导入情境与思考

某孕妇，37岁。因"孕21周，转移性右下腹痛2h"急诊入院。既往无糖尿病、高血压病史，否认有胃炎、胃溃疡、泌尿系结石等病史。生育史：1-0-0-1，2012年足月顺产一女婴，现体健。

体格检查：体温37.5℃，心率100次/min，心肺听诊无异常。腹隆，未见胃肠型及蠕动波，转移性右下腹痛(+)，麦氏点压痛(+)、反跳痛(+)。产科检查：宫高20cm，腹围92cm，胎心158次/min，规律，未扪及宫缩，子宫无压痛。未行内诊。辅助检查：白细胞计数、中性粒细胞占比升高，C反应蛋白及降钙素原(PCT)升高。

请思考：

1. 该孕妇的病情观察重点有哪些？

2. 该孕妇不同阶段的助产要点有哪些？

妊娠期间阑尾随子宫增大而位置发生改变，急性阑尾炎(acute appendicitis)临床表现不典型，诊断困难，误诊率高。因延误诊断发生坏疽和穿孔造成弥漫性腹膜炎，刺激子宫收缩，易发生流产或早产。急性阑尾炎是妊娠期较常见的外科并发症之一。发病率为0.05%~0.1%。妊娠各期均可发生，妊娠前6个月内多见。

【临床表现】

1. 妊娠早期的症状和体征与非孕期相同，有发热、恶心、呕吐等症状，有典型的转移性右下腹痛表现，麦氏点压痛、反跳痛。

2. 妊娠中晚期的临床表现不典型。因子宫增大，阑尾位置发生改变，多无典型转移性右下腹痛，可有腰痛等，右下腹压痛、反跳痛可能不明显。

【诊断与鉴别诊断】

(一) 诊断

1. **病史**　既往可能有阑尾炎病史。

2. **临床表现**　妊娠期出现右下腹痛，可伴腰痛，伴或不伴发热等。查体右下腹压痛，有时有反跳痛，随子宫增大，压痛部位可能有变异。

3. **实验室检查**　白细胞计数、中性粒细胞占比升高，如果白细胞计数>15×10⁹/L有助于诊断，C反应蛋白及降钙素原(PCT)升高。

(二) 鉴别诊断

1. 早期与右侧卵巢囊肿蒂扭转、异位妊娠破裂出血、黄体破裂相鉴别。

Note:

2. 中晚期需与右侧卵巢囊肿蒂扭转、急性肾盂肾炎、急性胆囊炎、重型胎盘早剥、先兆临产等鉴别。

3. 分娩期需与子宫破裂相鉴别。

【对母儿的影响】

1. **对母体的影响** 妊娠期急性阑尾炎临床表现不典型,误诊率高,容易发生阑尾穿孔、阑尾周围脓肿,感染扩散,甚至感染性休克,危及孕妇生命。

2. **对胎儿的影响** 孕期容易发生流产、早产、胎儿宫内感染、新生儿感染等,围产儿死亡率明显升高。

【处理原则】

1. 妊娠期急性阑尾炎不主张保守治疗。一旦确诊,在积极抗感染治疗的同时,立即手术治疗。

2. 手术后 3~4d 内应给予宫缩抑制剂治疗。

3. 除了产科手术指征外,处理急性阑尾炎时一般不同时剖宫产。

4. 术后继续抗感染治疗,使用对胎儿影响比较小的广谱抗生素,如二代、三代头孢菌素等。

5. 妊娠中晚期,即使是高度怀疑急性阑尾炎者,应放宽剖腹探查指征,及时采取手术治疗。麻醉方式应选择连续硬膜外麻醉或硬膜外联合阻滞麻醉。术中应注意防止孕妇出现仰卧位低血压。

【助产要点】

(一) 评估和监测

1. **健康史** 进一步询问孕妇一般情况和孕育情况,了解腹痛、宫缩及阴道流血情况。

2. **及时发现阑尾炎** 严密监测体温、脉搏;观察腹痛进展情况;跟进孕妇实验室检查结果如白细胞计数和 C 反应蛋白等检验结果。

3. 观察胎心变化,监测胎动,电子胎心监护评估胎儿宫内情况。

4. 监测宫缩情况,出现临产先兆及时治疗。

5. 手术后严密观察腹部切口情况,检查有无渗血、渗液及红、肿、热、痛等情况,敷料及引流管情况。

(二) 教育与支持

1. **加强营养** 保证母体康复和胎儿生长发育,术后患者肠蠕动恢复后必须循序渐进地按清流质、流质、半流质、普食的方式给予各种营养素齐全的高营养饮食,以利于孕妇康复及胎儿的健康成长。

2. **心理支持** 患者过度担心药物或手术麻醉对胎儿的影响以及疾病对胎儿生长发育的影响,易产生紧张、焦虑、恐惧不安的心理情绪。主动与患者交流,耐心倾听患者讲述内心感受,关心帮助其消除过度的担忧。向患者说明麻醉对胎儿安全性较好,告知相关治疗情况及药理知识,会选用对胎儿影响较小的抗菌药物,以消除患者紧张、焦虑的心理。

3. 教会孕妇自我监测胎动的方法,如有异常,及时告知。

(三) 配合与处理

1. **积极对症治疗** 密切观察腹痛的部位、性质和特点,腹痛是最常见的临床表现,明确腹痛的来源及其发生、发展的过程,有助于做出正确的诊断。急性阑尾炎一经确诊,应遵医嘱立即做好各项术前准备,如备皮、配血、留置导尿管、静脉输液等。

2. **术后护理** ①术后协助患者早期下床活动,术后 6h 予半卧位或与左侧卧位交替,并开始床上自主活动,促进肠蠕动,预防肠粘连,同时预防腹胀、上呼吸道感染等手术后并发症的发生。②妊娠使腹壁张力增加,咳嗽时用双手按压固定切口,如术后腹胀明显,可用腹带包扎,防止切口崩裂和切口疝的发生。③放置引流管患者活动时注意保持引流通畅,并妥善固定引流管,以防脱落和逆流,并观察和记录引流物的性质和量,按时更换引流袋。④遵医嘱应用静脉抗生素,有宫缩时及时使用宫缩抑制剂抑制宫缩。

3. 分娩时处理 若急性阑尾炎引发宫缩临产,充分做好助产准备工作,请新生儿科医生到场参与复苏,新生儿按高危儿处理。

第八节 妊娠合并急性胰腺炎

导入情境与思考

某孕妇,38 岁,孕 36 周。因腹部疼痛 1d 入院。既往无糖尿病、高血压病史,平素月经规则,生育史:0-1-0-1。2013 年,孕 34^{+2} 周早产。

体格检查:体温 37.0℃,脉搏 102 次 /min,呼吸 20 次 /min,血压 123/77mmHg,心肺听诊无异常,全腹压痛、反跳痛,Murphy 征阴性,未扪及腹部明显包块,肝肾区无叩痛,移动性浊音阳性,宫高 34cm,腹围 109cm,胎儿估重 3 300g,腹部张力较高,触诊欠满意,臀先露,胎心 143 次 /min,胎心位于脐左上方,宫缩无。B 超示宫内妊娠臀位,BPD:9.0cm,FL:6.4cm,AFI:6.9cm,腹腔内肠管扩张最宽 4.1cm,肝前区积液 1.9cm。实验室检查:白细胞计数 21.7×10^9/L,中性粒细胞占比 0.9,血红蛋白 124g/L,血小板计数 177×10^9/L,血总淀粉酶 1 472U/L,胰淀粉酶 1 014U/L。

请思考:

1. 该孕妇的病情观察重点有哪些?

2. 该孕妇不同阶段的助产要点有哪些?

急性胰腺炎(acute pancreatitis,AP)是妊娠期较常见的急腹症之一,多发生于妊娠晚期及产褥期。妊娠合并急性胰腺炎发病急、并发症多、病死率高,严重威胁母婴健康,由于经内镜逆行胰胆管造影(endoscopic retrograde cholangiopancreatography,ERCP)和腹腔镜下胆囊切除术的广泛应用,母亲和新生儿死亡率明显下降。

【临床表现】

1. 症状 妊娠期急性胰腺炎的症状主要为上腹部疼痛,起病急骤,可为持续性绞痛或刀割样痛,可放射至右侧腹、左肩胛和腰背部。消化道症状包括有厌食、恶心、呕吐、消化不良。可有低热或中度发热。这些症状可持续 1d 至 3 周不等,平均约 4.5d。此外胆总管受压时约 25% 的患者还可出现黄疸。重症胰腺炎患者还可以发生休克、全身炎症反应综合征、急性呼吸和循环功能不稳定、胃肠出血、急性肾衰竭、心功能不全和猝死等。此外,由高钙血症导致的胰腺炎,可发生妊娠剧吐、肾结石、肌无力、精神状态改变,甚至当血清钙浓度>3.75mmol/L 时,可发生高钙血症危象,从而进一步发展为尿毒症、昏迷和死亡。

2. 体征 上腹部压痛、反跳痛,可伴有腹水,偶见腰肋部和脐周皮下瘀斑征。腹部因液体积聚或假性囊肿形成可触及肿块。重症胰腺炎者在两侧腰部和脐周出现瘀斑。

3. 胰酶测定 血清淀粉酶是诊断妊娠期急性胰腺炎的重要指标。但是,正常妊娠常伴有血清淀粉酶增高。孕中期血清淀粉酶可为孕早期的 4 倍,故其诊断特异性大大降低。血清淀粉酶增高>500U(Somogyi 法)(正常值 40~180U),超过正常值 5 倍有诊断价值。但当胰腺被严重破坏时,淀粉酶可不出现升高,反而下降。

4. 影像学检查 腹部超声是最早应用于鉴别胆管因素引起的胰腺炎的方法,但是超声对检查胆总管结石或泥沙样结石以及胰腺形态的改变不敏感。而超声内镜检查术(endoscopic ultrasongraphy,

EUS)无辐射暴露,是一种半侵入性检查,可更加准确地探查胆道系统的形态,胆总管结石的阳性检出率接近100%,甚至可以检测出≤2mm的小结石或泥沙样结石。磁共振胰胆管成像能提供多平面大面积的显像,软组织对比度和胰胆管系统显像效果非常好,且不需要注射对比剂,也无肾损害的风险。但妊娠期间应用尚无明确的指南,孕早期需谨慎。由于对胎儿有辐射暴露的可能,在整个妊娠期CT扫描都不作为首选的检查。

【诊断与鉴别诊断】

(一)诊断

临床上符合以下3项特征中的2项,即可诊断AP:

1. 与AP相符合的腹痛。
2. 血清淀粉酶至少高于正常上限值5倍或脂肪酶大于正常上限的3倍。
3. 腹部影像学检查符合AP影像学改变。

(二)鉴别诊断

1. **临产**　妊娠期合并胰腺炎时症状不典型,炎症刺激子宫引起宫缩容易误诊。
2. **胎盘早剥**　腹膜炎时腹肌紧张,板状腹,容易被误诊为胎盘早剥。
3. **其他**　还需与胃十二指肠溃疡穿孔、急性阑尾炎、急性肾盂肾炎等鉴别。

【对母儿的影响】

1. **对母体的影响**　妊娠合并急性胰腺炎临床表现不典型,易误诊、漏诊,不及时处理可出现感染扩散,病情进展,发生重症胰腺炎时甚至导致多器官功能障碍,危及生命。
2. **对胎儿的影响**　孕期容易发生流产、早产、胎儿宫内感染、胎儿窘迫、新生儿感染等,围产儿死亡率明显升高。

【处理原则】

妊娠期急性胰腺炎初步治疗与非孕人群是相似的。妊娠早期患者以保守治疗为主,妊娠中期经保守治疗急性胰腺炎得到控制后可以手术治疗,妊娠晚期患者可在分娩后行手术治疗。由于母亲安全是首要问题,因此对重症胰腺炎的后续治疗要积极。

1. **消除病因**

(1)凡有胆道结石梗阻者需要及时解除梗阻。

(2)高脂血症引起的急性胰腺炎指符合AP诊断的同时患者发病时血清TG水平≥11.3mmol/L;或TG在5.65~11.3mmol/L,并排除其他原因如胆石症、酗酒等引起的AP,高脂血症可导致血、尿淀粉酶水平假性正常。需要短时间降低甘油三酯水平。可采用小剂量低分子肝素和胰岛素或血浆置换快速降脂。

2. **非手术治疗**

(1)禁食、胃肠减压,蛋白酶抑制剂和胰酶抑制治疗,如生长抑素等。

(2)液体复苏、维持水电解质平衡是早期治疗的重要措施,对于早期休克或伴有脱水的急性胰腺炎患者,建议进行短时间快速液体复苏。对无脱水的患者给予适当的输液。前12~24h早期积极的静脉补液是最有益的,首选等渗晶体补液。

(3)器官功能的支持治疗。

(4)营养支持,可酌情选用肠外营养或肠内营养。

(5)抗生素应用,AP不推荐常规静脉使用抗生素以预防感染。

3. **手术治疗**　外科治疗主要针对胰腺局部并发症继发感染或产生压迫症状,如消化道梗阻、胆道梗阻等,以及胰瘘、消化道瘘、假性动脉瘤破裂出血等其他并发症。妊娠期患者行腹腔镜下胆囊切除术可明显缩短住院时间,降低麻醉药用量,快速恢复规律饮食,对子宫刺激较少,更能发现其他疾病,更早期的活动能防止深静脉血栓形成。

4. 产科处理

(1)预防早产:妊娠期急性胰腺炎早产率高,可达 60%。治疗急性胰腺炎的同时需保胎治疗,严密监测胎心音、观察宫缩变化,行超声、无应激试验等监护胎儿宫内情况。

(2)终止妊娠:终止妊娠的指征包括明显的流产和早产征兆,胎儿窘迫或胎儿宫内死亡。若胎儿出生后能存活,及时剖宫产术终止妊娠,同时探查胰腺情况;若胎儿已死亡,可考虑引产。

【助产要点】

(一) 评估和监测

1. 孕前　有急性胰腺炎发作史者需孕前检查是否有胆结石、高脂血症、高钙血症等,应到相应专科治疗急性胰腺炎的诱因。孕前急性胰腺炎需彻底治愈后才可妊娠。

2. 妊娠期　①密切观察生命体征,注意患者神志情况,腹痛的部位、性质、程度、范围及持续时间,腹痛情况有无改善;了解有无宫缩、阴道出血、流液等情况。②辅助检查:胰酶监测很重要,连续监测如持续升高亦有助于诊断。血清淀粉酶水平通常在 6~12h 内升高,24~48h 达到峰值,在随后的 3~7d 降至正常或接近正常水平。脂肪酶在 4~8h 内上升,24h 达到峰值,在接下来的 8~14d 内下降到正常或接近正常水平。血清脂肪酶被认为是比血清淀粉酶更可靠的 AP 诊断生物学标志物;炎性标志物 C 反应蛋白(CRP)是疾病严重性评估的重要指标,其他还包括血尿素氮(BUN)>20mg/dL(7.14mmol/L)、血细胞比容(HCT)升高>44% 等;胸部 CT 定量评估胸腔积液量和肺实变肺叶数,可早期预测重症急性胰腺炎和器官功能衰竭。降钙素原是目前检测胰腺感染敏感的标志物,应用降钙素原检测胰腺感染。第 3d C 反应蛋白水平 ≥150mg/L 可作为重症急性胰腺炎的预后因素。③消化内科、肝胆外科、重症监护室、产科、放射介入和内镜介入等相关科室组成多学科团队进行综合评估和治疗。④监测胎心、胎动,必要时行 B 超检查了解胎儿发育情况。⑤轻型急性胰腺炎经积极治疗能治愈者可继续妊娠。每周复查血清淀粉酶、脂肪酶,每月复查肝、胆、脾、胰腺超声。经治疗病情无好转或进展者需及时终止妊娠。⑥密切监测 AP 的并发症,监测机体各重要脏器功能指标,一旦出现病情恶化,及时汇报医生并积极处理。

3. 分娩期　急性胰腺炎治愈者多可自然分娩。产程注意监测血淀粉酶、脂肪酶等,并请消化内科等相关科室会诊协助诊断及治疗。产程中密切监测胎心、宫缩及产程进展情况。

4. 产褥期　继续密切观察生命体征,必要时给予持续心电监护。注意患者神志情况,腹痛的部位、性质、程度、范围及持续时间,宫缩及阴道流血情况。评估新生儿呼吸、心率、肌张力、血糖等,高危儿需尽快转新生儿科监护与治疗。

(二) 教育与支持

1. 合理饮食　限制脂肪、胆固醇的摄入量。多吃新鲜蔬菜、水果等。

2. 保持大便畅通　适当运动,避免长时间静坐。

3. 健康教育　本病发病急,病情重,患者易产生焦虑、悲观情绪,医护人员应充分理解患者及家属的心情,亲切与患者交谈,让其对自身疾病有全面的认识,缓解患者紧张情绪;向患者耐心解释各项治疗操作目的及药物对胎儿的安全性,消除顾虑,积极配合治疗。

(三) 处理与配合

1. 妊娠期　①遵医嘱实施胃肠减压,以减轻腹胀。保持胃管通畅,密切观察引流液量、颜色及性状,并准确记录。给予静脉输液,补充足够的水,电解质。②急性发作期禁食,予静脉营养治疗。禁食期间给予口腔护理,必要时吸氧,勤翻身拍背;必要时采用锁骨下深静脉置管,应按医嘱输入 TPN(total patenteral nutrition)营养素。营养液的配制过程中严格执行无菌操作,保持导管通畅,每次补液结束后用肝素钠稀释液封管。③先兆早产者遵医嘱予抑制宫缩药物治疗。胎儿未成熟者遵医嘱促胎

Note:

肺成熟。

2. 分娩期及产褥期 遵医嘱采血标本查血淀粉酶、脂肪酶。如需紧急剖宫产,遵医嘱尽快完成备皮、备血等术前准备。病情重,有严重并发症者产后需转入重症监护室进一步治疗。遵医嘱使用预防产后出血药物及预防产褥感染药物。

第九节 妊娠合并性传播疾病

妊娠合并性传播疾病包括淋病、梅毒、尖锐湿疣、巨细胞病毒感染、生殖器疱疹、生殖道衣原体感染、支原体感染、获得性免疫缺陷综合征等。孕妇感染性传播疾病若未能及时治疗,可通过母婴传播使胎儿感染,导致流产、早产、死胎、死产,或新生儿感染。本节重点介绍梅毒和获得性免疫缺陷综合征。

一、梅毒

导入情境与思考

某孕妇,36 岁。因孕 38 周先兆临产入院。生育史:1-0-2-1。既往无传染病史,配偶病史以及治疗史不明确。孕 14 周时因"先兆流产"住院,查 TPAb+,当时未做 TRUST 或 RPR 检测,查体未见有感染体征表现,未做治疗。入院当天孕 38 周住院顺产,无梅毒感染体征表现,第 2d 查 Anti-TP+,TPPA+,TRUST+,诊断"早期潜伏梅毒",予以苄星青霉素 240 万 U 肌内注射,每周 1 次,共 3 次。产后胎盘病理检查为"成熟胎盘"。新生儿出生后体检未发现异常体征,第 2d 查 TPPA+,TRUST-,苄星青霉素 120 万 U 肌内注射 1 次预防梅毒感染。

请思考:

1. 该孕妇孕期应该如何规范治疗?

2. 该孕妇分娩如何进行处理?

梅毒(syphilis)是由梅毒螺旋体引起的一种慢性传染病,临床表现复杂,几乎可侵犯全身各器官,造成多器官损害。妊娠合并梅毒发病率在多数地区为 2‰~5‰。

【临床表现及分类】

根据病期可将梅毒分为早期梅毒与晚期梅毒。

1. 早期梅毒 病期在 2 年以内,包括:①一期梅毒(硬下疳);②二期梅毒(全身皮疹);③早期潜伏梅毒。梅毒螺旋体侵入人体经过 2~4 周潜伏期,形成硬下疳,梅毒螺旋体进入血液扩散到全身。经过 6~8 周,几乎所有组织及器官均受侵,为二期梅毒。二期梅毒的症状可不经治疗而自然消失,又进入潜伏状态,称为潜伏梅毒。

2. 晚期梅毒 病期在 2 年以上,包括:①皮肤、黏膜、骨、眼等梅毒;②心血管梅毒;③神经梅毒;④内脏梅毒;⑤晚期潜伏梅毒。

【诊断与鉴别诊断】

(一)诊断

1. 病史 有不洁性接触史;孕产妇梅毒感染史;输注血液史等。

2. 临床表现 各期梅毒有上述相应的临床表现。隐性梅毒则无明显临床表现。

3. 实验室检查

(1)暗视野显微镜检查:见到可运动的梅毒螺旋体,可作为梅毒的确诊依据。

(2)梅毒血清学试验:包括非梅毒螺旋体抗原血清学试验和梅毒螺旋体抗原血清学试验两类。其中快速血浆反应素(RPR)环状卡片试验、甲苯胺红不加热血清学试验(TRUST)等用于判断疗效和判断病情活动程度,属于非梅毒螺旋体抗原血清学试验;梅毒螺旋体颗粒凝集试验(TPPA)、梅毒螺旋体酶联免疫吸附试验(TP-ELISA)等是梅毒螺旋体抗原血清学试验,TPPA特异性强,用于确诊梅毒感染。

(二)鉴别诊断

梅毒需与软下疳、生殖器疱疹、性病性淋巴肉芽肿、多形红斑等鉴别。

【对母儿的影响】

1. 对母体的影响　梅毒螺旋体通过胎盘感染胎儿引起流产。妊娠16~20周后梅毒螺旋体可通过感染胎盘播散到胎儿所有器官,引起死胎、死产或早产。

2. 对胎儿及新生儿的影响　梅毒经胎盘传给胎儿,导致胎儿自然流产或死产、早产或低出生体重、新生儿死亡或婴儿感染,新生儿可出现骨软骨炎及骨膜炎、肝大、脾大、神经性耳聋等,病死率及致残率明显升高。

【处理原则】

早诊断,早治疗,疗程规则,剂量足够。治疗后定期进行临床和实验室随访。

1. 有梅毒病史妇女应确定梅毒治愈后才可妊娠,首选青霉素治疗。

2. 孕妇梅毒血清学检查阳性,尽管曾接受过抗梅毒治疗,为保护胎儿,应再次接受抗梅毒治疗。

3. 妊娠期已接受规范驱梅治疗并对治疗反应良好,分娩方式根据产科指征确定,梅毒不是剖宫产指征。

4. 新生儿出生后使用青霉素治疗。

5. 梅毒产妇产后继续传染科或皮肤性病科随访。

【助产要点】

(一)评估和监测

1. 询问孕妇一般情况和孕育情况,初次产前检查均应常规进行梅毒筛查,最好在妊娠3个月内开始首次产科检查。

2. 发现梅毒,孕期定期监测RPR滴度,规范治疗。无论梅毒感染孕产妇双阳(TPPA+,TRUST+或RPR+)还是单阳(TPPA+,TRUST− 或 RPR−),治疗结束后应当定期随访,每月进行1次非梅毒螺旋体血清学试验定量检测。

3. 注意监测胎心、胎动等,注意排查胎儿先天性梅毒征象等。

(二)教育与支持

1. 发现梅毒需及早和规范治疗,确诊梅毒的孕妇,建议转诊到传染病医院或医院传染科或皮肤性病科进行正规治疗。

2. 疾病知识宣教　尊重患者,讲解梅毒的发病机制与防治常识,使患者认识到切断感染途径的重要性,帮助患者建立治愈的信心,对夫妻双方均为梅毒感染者应极力疏导,促进夫妻共治,及早接受正规、足量的药物治疗。

3. 心理支持　妊娠期梅毒患者多数缺乏对疾病的基本认识,一旦确诊多表现为焦虑、恐惧、悲观、绝望,以致出现夫妻情感危机。应主动与患者交谈,了解她们的真实想法,发现患者忧虑和担心的问题,进行耐心细致的心理疏导,使患者以正确的态度对待现实,争取患者配偶的支持,性伴侣必须同时检查和治疗。

4. 注意卫生,防止传播他人。产检时应所有用物均为一次性用物。

5. 在住院一览表与床头卡上标有醒目的隔离标志,用物单独处理。做好有效防护等隔离措施。

(三) 处理与配合

1. **妊娠期**　梅毒感染孕产妇首选苄星青霉素治疗,240 万 U,分两侧臀部肌内注射 120 万 U,每周 1 次,连续 3 次为 1 个疗程。若青霉素过敏,可选用头孢曲松钠或红霉素治疗。孕期每月监测 RPR 滴度,若 RPR 滴度未下降 4 倍(2 个稀释度)或滴度上升 4 倍或检测结果由阴转阳,应该重复治疗。

2. **分娩期**　①临产发现的感染梅毒孕产妇,应立即启动并完成 1 个疗程的治疗。②密切监测产程进展。③预防交叉感染:未产检、未进行梅毒筛查、妊娠期梅毒未治疗或无产检孕妇急诊分娩时做好防护。孕妇入院后入住隔离病房或隔离产房,专人观察助产,检查或护理过患者后要及时清洁,使用一次接生包,污染的棉球、棉签、纱布打包焚烧,分娩后分娩室须做好彻底消毒工作。由于病原体可通过产道传给新生儿,故在第二产程应尽量避免做对胎儿有损伤的手术操作。减少胎儿头皮与阴道壁的摩擦,防止由产道引起的母婴传播。

3. **产褥期**　所有梅毒感染孕产妇所生的新生儿。治疗方案:苄星青霉素,5 万 U/kg,一次肌内注射(分两侧臀肌)。

4. 母亲感染梅毒螺旋体,经规范治疗后可母乳喂养。未规范治疗者,暂缓直接哺乳,乳汁经巴氏消毒后可喂养。疗程结束后可直接哺乳。

二、获得性免疫缺陷综合征

艾滋病,即获得性免疫缺陷综合征(acquired immunodeficiency syndrome,AIDS),是由人免疫缺陷病毒(human immunodeficiency virus,HIV)感染引起的传染病。病毒可通过胎盘血液循环造成胎儿宫内感染,分娩过程中接触的产道分泌物、血液及产后的母乳喂养亦可感染新生儿。

【临床表现】

初始感染 HIV 到终末期是一个较为漫长复杂的过程,在这一过程的不同阶段,与 HIV 相关的临床表现也多种多样。有发热、体重下降、全身浅表淋巴结肿大,艾滋病期患者常合并各种机会感染,如口腔念珠菌感染、巨细胞病毒感染、隐球菌脑膜炎等。

【诊断与鉴别诊断】

(一) 诊断

1. 结合流行病学史(包括不安全性生活史、静脉注射毒品史、输入未经抗 -HIV 检测的血液或血液制品、抗 -HIV 阳性者所生子女或职业暴露史等)、临床表现和实验室检查等慎重做出诊断。成人及 18 个月龄以上儿童,HIV 抗体筛查试验阳性和 HIV 确证试验阳性(抗体确证试验阳性或 HIV RNA 定性检测阳性或 HIV RNA 定量大于 5 000 拷贝 /ml)即可诊断。

2. **实验室检查**　① HIV-1/2 抗体检测包括筛查试验和确证试验;② HIV RNA 测定;③ CD4$^+$T 淋巴细胞检测:CD4$^+$T 淋巴细胞进行性减少,CD4$^+$/CD8$^+$T 淋巴细胞比值倒置。

(二) 鉴别诊断

本病临床表现复杂多样,需与传染性单核细胞增多症及其他感染性疾病,如结核、结缔组织疾病、血液系统疾病、先天性或继发性免疫缺陷病相鉴别。

【对母儿的影响】

1. **对母体的影响**　HIV 感染是否增加妊娠不良预后存在争议。妊娠期因免疫功能抑制可能影响 HIV 感染病程,并加重 AIDS 及其相关综合征的病情。

2. 对胎儿及新生儿的影响　宫内感染是 HIV 垂直传播的主要方式。病毒可通过胎盘导致胎儿宫内感染。无论剖宫产或阴道分娩的新生儿,25%~33% 受 HIV 感染,还可导致早产、胎儿生长受限、胎儿畸形的发生。

【处理原则】

目前尚无治愈方法。主要采用抗病毒治疗和一般的对症支持治疗。

1. 抗病毒治疗　一旦发现艾滋病感染孕产妇,无论其 CD4$^+$T 淋巴细胞计数和病毒载量情况,都应及时进行抗病毒治疗。治疗方案推荐选择以下两种方案中的任意一种,也可根据实际情况进行调整。方案一:齐多夫定 + 拉米夫定 + 洛匹那韦 / 利托那韦;方案二:替诺福韦酯 + 拉米夫定 + 依非韦伦。孕前已经接受抗病毒治疗的孕产妇,根据病毒载量检测结果进行病毒抑制效果评估。如果病毒抑制效果理想(即病毒载量小于监测下限),可保持原治疗方案不变;否则,调整抗病毒治疗用药方案。在用药前和用药过程中,特别在用药初期以及孕晚期,要进行 CD4$^+$T 淋巴细胞计数、病毒载量和其他相关检测,以评估感染状况及监测用药。

2. 支持对症治疗　加强营养,避免病毒感染。

3. 产科处理　艾滋病感染不作为实施剖宫产的指征。对于孕早、中期已经开始抗病毒治疗、规律服用药物、没有艾滋病临床症状,或孕晚期病毒载量 <1 000 拷贝 /ml,或已经临产的孕产妇,不建议施行剖宫产。

【助产要点】

(一) 评估和监测

1. 对已确定 HIV 感染的孕妇提供预防艾滋病母婴传播咨询与评估,HIV 感染的孕妇选择继续妊娠,需转诊至当地传染病医院进行围产保健。

2. HIV 孕妇与正常孕妇一样常规产前检查,无须额外特殊监测。

3. 分娩期及产褥期密切监测生命体征、宫缩、胎心及产程进展情况,产后监测阴道出血及伤口愈合情况。

(二) 教育与支持

1. 为 HIV 感染夫妇提供充分的咨询,帮助其确定分娩医院,尽早到医院待产。为了减轻其他孕妇的顾虑,可将孕妇置于单人病房。

2. 心理支持　孕妇因感染艾滋病害怕受到歧视,因此要向孕妇解释,会一视同仁给予精心的治疗和护理,告知性伴侣须进行相关检测和治疗,并且会做好隐私保护。

3. 饮食指导　感染 HIV 妇女普遍存在维生素 A 缺乏和贫血,建议产妇进食富有营养的饮食,补充铁、叶酸、维生素 A 和其他微量元素。

(三) 处理与配合

1. 护理时予以心理安慰,给孕产妇公平、一视同仁的服务,产后为产妇做好各项基础护理,包括口腔护理、会阴擦洗等。

2. 严格遵守传染病防护措施　孕妇安置在隔离产房分娩,专人观察,有醒目的隔离标志。进行诊疗和护理工作时必须佩戴手套,操作完毕应立即洗手;有可能发生血液、体液飞溅的诊疗和护理操作过程医务人员须佩戴防护眼镜、双层手套和隔离衣;使用后的锐器直接放入不能刺穿的利器盒内;使用过的物品包括污染的棉球、棉签、纱布等需单独打包烧毁。

3. 分娩过程中应严密观察并积极处理产程,尽量避免可能增加 HIV 母婴传播危险的会阴侧切、人工破膜、使用胎头吸引器或产钳助产等损伤性操作,减少在分娩过程中 HIV 传播的概率。及时发现相关并发症汇报医生并处理。遵医嘱使用缩宫素等预防产后出血。

4. 新生儿出生后应及时使用流动的温水进行清洗,用洗耳球清理鼻腔及口腔黏膜,缩短新生儿接触母亲血液、羊水及分泌物的时间。清理过程操作手法应轻柔,避免损伤皮肤和黏膜。新生儿出生后注意保暖。产妇应避免让自己的体液、血液与新生儿皮肤、黏膜接触。

5. 产妇产后需继续抗病毒治疗,并到传染病医院正规治疗、随访。艾滋病感染孕产妇所生儿童应纳入高危管理,儿童出生后尽早(6h 内)提供抗病毒用药。于儿童满 1、3、6、9、12 和 18 月龄时,分别进行随访和体格检查,观察有无感染症状出现。

6. **母乳喂养**　对 HIV 感染母亲,尽可能完全人工喂养,无法提供足够的配方奶时,可纯母乳喂养 6 个月,禁忌混合喂养。

知 识 拓 展

妊娠合并尖锐湿疣

尖锐湿疣(condyloma acuminatum,CA)是由人乳头瘤病毒(HPV)引起的性传播疾病,多由 HPV 6 型、11 型感染引起,由于妊娠期孕妇体内激素水平变化,免疫力下降及会阴部相关变化,妊娠期疣体数较非孕期增多、增大、质脆,增加软产道的堵塞、经阴道分娩大出血的风险。新生儿有 HPV 感染风险,其最严重的后果是婴幼儿反复发作性喉乳头状瘤病,因阻塞呼吸道、反复发作而严重影响婴幼儿生命质量,但该病的发病率不高。

尖锐湿疣临床表现为外阴瘙痒,灼痛,病灶初期为散在或呈簇状增生的粉色或白色小乳头状疣,病灶增大后可呈鸡冠状、菜花状。典型者通过临床表现即可诊断,但疣体小或亚临床感染的患者,则需要借助醋酸白试验、病理学检查和核酸扩增试验等来协助诊断。治疗主要采用局部药物治疗和物理治疗,病灶较大者可行手术切除,并建议同时筛查其他性传播疾病(STD)。关于分娩方式选择,妊娠期合并尖锐湿疣不是终止妊娠的指征。经过临床医师综合评估后,若病灶较大阻塞产道或经阴道分娩可能导致大出血者应行剖宫产术。目前尚不清楚剖宫产能否预防婴幼儿呼吸道乳头状瘤的发生,因此,妊娠合并尖锐湿疣不是剖宫产的指征。新生儿无窒息者,尽量不用器械清理呼吸道,以免损坏咽喉黏膜导致日后婴幼儿喉乳头瘤的发生,分娩后新生儿应彻底洗澡。

第十节　妊娠合并子宫肌瘤

导入情境与思考

某孕妇,32 岁。孕 28 周,腹痛 2h 急诊入院。既往无糖尿病、高血压病史,平素月经规则,生育史:0-1-0-1。孕 34 周早产。5 年前发现子宫肌瘤,大小 6.2cm×4.8cm。

体格检查:生命体征平稳,心肺听诊无异常,下腹隆起,局部压痛。专科检查:宫高 26cm,腹围 90cm,胎心 148 次/min,骨盆内外测量无明显异常。

辅助检查:孕 24 周 OGTT(分别为 5.1mmol/L、9.2mmol/L、5.9mmol/L),彩超提示宫内妊娠,单活胎。BPD:7.4cm,羊水指数 15.3cm,S/D 值:2.9,子宫前壁探及 6.8cm×5.8cm,见血流丰富。

请思考:

1. 该孕妇的病情观察重点有哪些?
2. 该孕妇不同阶段的助产要点有哪些?

妊娠合并子宫肌瘤(myoma of uterus)较常见,发病率为 3%~12%。大部分无临床症状,只有 10%~30% 会出现围产期并发症。

【临床表现】

妊娠合并子宫肌瘤常见的不适症状是疼痛。疼痛的发生与肌瘤变性有关。妊娠合并子宫肌瘤的孕妇易发生胎位不正、早产、产后出血及胎盘早剥等风险。

【诊断】

大多数合并子宫肌瘤的孕妇无症状,有的孕前已检查确诊患有子宫肌瘤,有的在产检中被发现,有的甚至在剖宫产中才被发现。超声检查简便易行,不仅可动态观察妊娠期间肌瘤的变化,还可以明确肌瘤的大小、部位、数目及其与胎盘的关系,诊断子宫肌瘤准确性较高。因子宫肌瘤的复发率高,对肌瘤剔除术后的患者仍要注意检查妊娠伴发肌瘤的可能。

【妊娠和子宫肌瘤的相互影响】

1. **妊娠对子宫肌瘤的影响** 妊娠期间,雌激素、孕激素水平明显增高,子宫平滑肌细胞肥大、血液循环增多等因素,引起子宫肌瘤体积增大。超声检测发现,子宫肌瘤体积增大在孕 20 周内约占 45%;之后仅占约 25%,而约 75% 的肌瘤体积缩小。随着妊娠期子宫增大,肌瘤的位置亦可发生相应的变化,肌瘤增大、变软、肌瘤内血液循环障碍易引起肌瘤玻璃样变、黏液变性、脂肪变性、退行性变甚至出血坏死,但以表现为出血坏死的红色变性较为多见。偶有带蒂的浆膜下肌瘤发生蒂扭转,产妇出现急性腹痛和局部压痛。

2. **子宫肌瘤对妊娠的影响** 子宫肌瘤增加了难产率、胎位异常、剖宫产率和早产率。尤其是大的黏膜下肌瘤和胎盘附着处的肌瘤会导致并发症,如疼痛(肌瘤变性)、阴道出血、胎盘早剥、胎儿生长受限和早产。分娩过程中,肌瘤使子宫收缩功能失常,引起原发或继发性子宫收缩乏力,以致产程延长和产后子宫出血量明显增多。可能引发子宫复旧不良、恶露排出不畅或黏膜下肌瘤脱出等,易导致产褥感染。

【处理原则】

1. **妊娠前子宫肌瘤的处理** 肌瘤是否影响受孕取决于肌瘤生长部位、大小及数目。肌瘤患者不孕率为 22%~32%,以黏膜下肌瘤不孕率最高。凡年龄 40 岁以下,以往有多次流产史或长期不孕者可行子宫肌瘤剔除术,术后可望改善生育功能,并可预防妊娠后肌瘤发生的各种并发症,术后避孕半年即可怀孕。

2. **分娩方式的选择** 妊娠合并子宫肌瘤的分娩方式,应根据肌瘤大小、部位及母儿情况而定,子宫肌瘤直径小于 6cm,且位于腹腔内,不影响产程进展,可选择阴道分娩;子宫肌瘤位于子宫下段、子宫颈等位置,影响胎先露衔接和入盆,阻碍胎儿下降及娩出,应在足月后择期行剖宫产术。无论经阴道分娩还是行剖宫产,妊娠合并子宫肌瘤都可因肌瘤的存在或部位的不同而使子宫肌肉不收缩,导致出血及胎盘粘连。

3. **妊娠期子宫肌瘤剔除术** 剖宫产术中是否同时行子宫肌瘤剥除术尚存争议。应根据肌瘤大小、部位、孕妇的情况、术者的技术熟练程度、医院的输血急救条件等而定。对于直径>8cm、多发性肌瘤、不易暴露的肌瘤(如子宫下段、子宫颈肌瘤、黏膜下肌瘤)以及靠近子宫动静脉、输卵管间质部的大肌瘤应谨慎对待。对危重孕妇,不主张在剖宫产术同时行子宫肌瘤剔除术。原因:①妊娠期血供丰富,肌瘤剔除时出血活跃,且止血困难;②妊娠期子宫肌瘤充血变软,边界不清,手术时亦难以辨识肌瘤的确切位置;③有发生流产、早产的可能;④产后肌瘤多逐渐缩小。

除下列情况以外,目前均不主张在妊娠期行肌瘤剔除术:①肌瘤增长迅速,其存在已成为继续妊娠的障碍;②肌瘤红色变性,经保守治疗无效时;③肌瘤蒂扭转、肌瘤嵌顿或子宫扭转以致出现急性腹痛时;④肌瘤位于黏膜下或肌壁间未穿透浆膜层,剖宫产同时在内膜下通过挤压钝性分离的方式剔除肌瘤,创伤较小。

【助产要点】

(一)评估和监测

超声检查简便、易行,是评估子宫肌瘤的首选方法。

1. 孕前检查排查子宫肌瘤,确定子宫肌瘤的分型,确定妊娠与手术先后的选择利弊。

2. 孕期加强监测,至少每月做一次超声,查看患者肌瘤的大小。如果突然出现腹痛需要随时查超声以确定是否出现肌瘤变性或扭转。定期监测肌瘤大小、与胎盘的关系及母儿状况。当发生子宫收缩时,应卧床休息并应用宫缩抑制剂。

3. 分娩期监测胎心胎动,严密观察产程进展情况,若肌瘤阻碍胎儿下降,应遵医嘱行剖宫产术,积极预防产后出血。

4. **产褥期管理**　产后注意预防出血和感染,定期门诊复查B超了解子宫肌瘤的情况。

(二)教育与支持

1. **营养支持**　注意营养均衡,保证充足的蛋白质摄入。

2. **休息与运动**　可适度运动,避免过度劳累引发流产或早产。

3. **心理支持**　患者过度担心子宫肌瘤增长以及子宫肌瘤对胎儿生长发育的影响,易产生紧张、焦虑、恐惧不安的心理情绪。主动与患者交流,耐心倾听患者讲述的内心感受,关心帮助其消除过度的担忧。帮助其缓解和减轻焦虑及抑郁情绪,加强孕妇的自我监护能力。

(三)处理与配合

1. **积极对症治疗**　如出现急性腹痛入院,密切观察腹痛的部位、性质和特点。腹痛是最常见的临床表现,明确腹痛的来源及其发生、发展的过程,有助于做出正确的诊断。妊娠期肌瘤性疼痛综合征是妊娠合并子宫肌瘤最常见的并发症,包括肌瘤红色变性、无菌性坏死、恶变及出血梗死。子宫肌瘤红色变性,首选保守治疗,包括卧床休息、补液及一般支持治疗,应用抗生素预防感染,有宫缩者予以宫缩抑制剂,必要时予镇静剂、止痛剂。若保守治疗失败或诊断不清楚时,可考虑手术探查。术前应告知孕妇手术的相关风险,做到充分知情同意。手术宜在孕24周前进行,并根据孕妇及胎儿情况决定是否终止妊娠。

2. **术后护理**

(1)术后6h予以半卧位或与左侧卧位交替,并开始床上自主活动,促进肠蠕动,预防肠粘连,同时预防腹胀、上呼吸道感染等手术后并发症的发生。

(2)妊娠使腹壁张力增加,咳嗽时用双手按压固定切口,如术后腹胀明显,可用腹带包扎,防止切口崩裂和切口疝的发生。

(3)遵医嘱静脉应用抗生素,有宫缩时及时使用宫缩抑制剂抑制宫缩。

第十一节　妊娠合并系统性红斑狼疮

导入情境与思考

某孕妇,32岁。孕39周,先兆临产入院。既往系统性红斑狼疮病史6年,孕前及妊娠期口服羟氯喹200mg,b.i.d.治疗,病情稳定,妊娠期间监测狼疮病情无活动。无糖尿病、高血压病史。生育史:0-0-1-0,2018年孕8周胚胎停育行清宫术。

体格检查:血压130/82mmHg,脉搏82次/min。全身皮肤黏膜无出血点,面部无蝶形红斑,无口腔溃疡,心肺听诊无异常。专科检查:妊娠足月腹型,宫高33cm,腹围96cm,估计胎儿体重3 200g,骨盆内外测量无明显异常。

辅助检查:彩超提示宫内妊娠,单活胎。BPD:9.3cm,FL:7.1cm,AFI:12.5cm,S/D 值:1.9,EFW:3 256g。ANA(+),尿蛋白(+),24h 尿蛋白定量 0.3g/d。血常规、凝血功能、肝肾功能未见异常,抗 dsDNA 抗体、狼疮抗凝物、抗磷脂抗体、抗 SSA 抗体、抗 SSB 抗体均为阴性,补体 C3、C4 均正常。

请思考:

1. 该孕妇的病情观察重点有哪些?

2. 该孕妇不同阶段的处理要点有哪些?

系统性红斑狼疮(systemic lupus erythematosus,SLE)是一种以致病性自身抗体和免疫复合物形成并介导器官、组织损伤的自身免疫病,临床上常存在多系统受累表现,血清中存在以抗核抗体为代表的多种自身抗体,如不及时治疗,会造成受累脏器的不可逆损害,最终导致患者死亡。该疾病常发生于育龄期女性,我国妇女的患病率约为 113/10 万。多数 SLE 患者的生育能力正常,但妊娠和分娩可加重 SLE 病情,有诱发 SLE 病情活动可能,增加了妊娠期各种并发症及不良妊娠结局的发生风险。

【诊断及临床分期】

1. **SLE 的诊断** 目前多依据美国风湿病协会修订的 SLE 诊断标准,具有较高的敏感性和特异性。该标准共包括 11 项:颊部红斑;盘状红斑;光过敏;口腔溃疡;累及 2 个或以上外周关节的非侵蚀性关节炎;浆膜炎;肾脏病变;神经病变;血液学异常;抗 ds DNA 抗体阳性等免疫学异常以及抗核抗体滴度异常。以上 11 项分类标准中,符合 4 项或者 4 项以上者,在除外感染、肿瘤和其他结缔组织病后,即可诊断为 SLE。

2. **妊娠合并 SLE 的临床分期**

(1)缓解期:停服皮质激素 1 年以上,无 SLE 临床活动表现。

(2)控制期:应用少量激素情况下,无 SLE 临床活动表现。

(3)活动期:有发热、皮疹、口腔溃疡、关节炎或脏器损害等 SLE 活动的临床表现。

(4)妊娠初次发病:妊娠时初次出现 SLE 的临床症状、体征。

3. **SLE 患者的实验室免疫学指标**

(1)抗核抗体(ANA):最好的初筛指标。如果重复阴性,不支持狼疮的诊断,但 ANA 滴度升高不是 SLE 的特异性表现,也可见于其他自身免疫性疾病或者急性病毒感染等,而且与病情活动或复发无明显相关性。

(2)抗 dsDNA 抗体:是诊断 SLE 的特异性抗体,多出现在 SLE 的活动期。抗 dsDNA 抗体的滴度与疾病活动性密切相关。稳定期的患者如抗 dsDNA 滴度增高,提示复发风险较高,需要更加严密地监测。

(3)抗 ENA 抗体谱:抗 Sm 抗体是诊断 SLE 的标记抗体,特异性高,敏感性差,有助于早期和不典型患者的诊断或回顾性诊断。抗 SSA 抗体和抗 SSB 抗体,与产科并发症有关,尤其是新生儿狼疮及先天性心脏传导阻滞。抗 RNP 抗体特异性不高,与 SLE 的雷诺现象和肺动脉高压相关。

(4)抗磷脂抗体:包括抗心磷脂抗体、狼疮抗凝物、抗 β_2- 糖蛋白 1 抗体等针对自身不同磷脂成分的自身抗体,与 SLE 患者胎儿丢失率有关。SLE 是最常合并抗磷脂综合征的疾病。

(5)血清补体 C3、C4:补体低下,尤其是 C3 水平降低,提示 SLE 活动或复发。

【SLE 与妊娠的相互影响】

1. **妊娠对 SLE 的影响** 一般认为妊娠并不改变 SLE 患者的远期预后,妊娠期间 SLE 的恶化率与受孕时 SLE 疾病状态密切相关。妊娠前处于 SLE 活动期的患者,其怀孕后病情恶化的比例高达 83%;即使妊娠前病情稳定,怀孕后 SLE 活动率仍可达 35% 左右;而狼疮性肾炎活动期妊娠,有

50%~60% 的患者将在孕期或产后出现肾脏病变的恶化。若 SLE 病情已缓解 6 个月以上,怀孕后则只有约 10% 患者出现病情复发或恶化。妊娠期 SLE 是否恶化与疾病类型也有关,皮肤、关节型患者的恶化率显著低于有肾、心、脑、血液损害者。

2. SLE 对妊娠的影响

(1)对母体的影响:妊娠合并 SLE 患者中妊娠期高血压疾病的发生率达 10%~30%;SLE 孕妇可能存在凝血、抗凝、纤溶之间的不平衡,导致产后出血;SLE 的基础病变导致母体产后发生静脉血栓、肺栓塞等的风险增高。

(2)对胎儿及新生儿的影响:SLE 患者妊娠后的胎儿丢失率及胎儿生长受限的发生率均高于正常孕妇。SLE 患者流产、死胎的发生率约为正常孕妇的 5 倍,早产的发生率约为普通人群的 3 倍;胎儿生长受限的发生率可高达 40%;新生儿有发生先天性 SLE 或心脏病的风险,部分抗核抗体阳性的患者新生儿还可出现贫血、白细胞减少、血小板降低等。对 SLE 女性子代应追踪至青春期以后。

【处理原则】

活动性 SLE 与妊娠结局不良相关,必须重视 SLE 患者妊娠期疾病控制,妊娠期和产褥期都应由产科和风湿免疫科共同监测管理,积极治疗,控制病情稳定,减少不良妊娠结局,必要时终止妊娠,尽量避免孕妇死亡。

1. **糖皮质激素** 为治疗与控制妊娠期 SLE 复发的首选药物,以泼尼松或甲基泼尼松龙为宜。妊娠期应避免大剂量糖皮质激素冲击疗法,尽量采取最小有效剂量来控制病情。

2. **免疫抑制剂** 若无禁忌,推荐妊娠期全程服用羟氯喹,若出现疾病活动,可考虑使用激素及硫唑嘌呤等控制病情。

3. **低分子肝素及阿司匹林** 对有胎儿丢失病史和抗磷脂抗体阳性的患者,可以给予小剂量阿司匹林(75~100)mg/d 或低分子肝素,防止血栓形成,改善胎盘循环,减少不良妊娠结局的风险。

4. **其他药物治疗** 病情危重或治疗困难患者,可根据临床情况选择静脉注射大剂量免疫球蛋白、血浆置换等,需要风湿免疫科专家协助共同治疗。

5. **适时终止妊娠** SLE 孕妇应根据母儿病情决定终止妊娠的时间,不宜超过预产期。SLE 孕妇可以经阴道分娩,但宜适当放宽剖宫产指征。在阴道分娩时应加强产时监护,尤其对存在胎儿心脏传导阻滞者,以下情况可考虑终止妊娠:

(1)SLE 病情严重恶化,不论孕周大小,应及时终止妊娠。

(2)出现以下并发症时及时终止妊娠:重度子痫前期、精神和/或神经异常、脑血管意外、弥漫性肺部疾病伴呼吸衰竭、重度肺动脉高压、24h 尿蛋白定量在 3g 以上。

(3)各项辅助检查提示胎盘功能降低,而胎儿已成熟者。

(4)胎儿有宫内缺氧表现,或 FGR 经治疗未见好转者。

(5)对于病情平稳的患者,如果胎龄已达 38~39 周,建议终止妊娠。

【助产要点】

(一)评估和监测

1. **孕前评估** 为减少患者的妊娠并发症,避免出现 SLE 病情活动,获得良好的妊娠结局,育龄期 SLE 患者需在妊娠前做好充分准备,并在妊娠期间对病情进行严密监控。对于存在禁忌证的 SLE 患者,建议采取避孕措施,推迟妊娠。若无禁忌证,患者在备孕前应向风湿免疫科及产科进行生育咨询,评估患者是否满足适合妊娠的条件。

2. **妊娠期监测** ①孕早期超声检查确定胎龄、胚胎发育情况;妊娠 16 周后应每 4 周做 1 次产科超声评估胎儿生长状况和羊水量,并排除胎儿畸形。②注意宫高、腹围、体重的变化,对狼疮肾炎的患者要特别加强对血压的监测。③加强并发症的监测,如果出现胎儿生长受限或子痫前期表现,可缩短检查间隔,尤其合并抗磷脂综合征的患者。妊娠 28 周后,应加强胎心电子监护,每 2 周进行 1 次脐动脉血流检查及胎儿电子监护,孕 32 周起每周行胎儿生物物理评分,孕 34 周后应监测脐动脉血流及胎儿大脑中动脉血流。④抗 SSA 抗体和或抗 SSB 抗体阳性者,孕 16~24 周进行胎儿心脏超声和胎儿心电图检查,每 2 周 1 次,用于评价胎儿有无心脏传导阻滞和心脏受损。若无异常,24 周后每 3~4 周进行 1 次胎儿心脏超声检查;若发现胎儿心脏结构或传导功能异常,每 1~2 周进行 1 次胎儿心脏超声检查,警惕胎儿先天性房室传导阻滞。⑤妊娠合并 SLE 孕妇住院后注意观察 SLE 病情变化,血压情况,精神和 / 或神经异常,及时汇报病情变化,必要时终止妊娠。

3. 对狼疮活动的监测　须进行全面实验室检查,包括血尿常规、凝血功能、24h 尿蛋白定量、肝功能、肾功能(包括血肌酐与血尿酸)、电解质、血糖、抗 dsDNA 抗体,以及补体 C3、C4 等;至少每月复查一次血沉、抗核抗体、狼疮抗凝物、抗磷脂抗体、抗 SSA 抗体、抗 SSB 抗体等;早中晚孕期各做一次尿培养。判断是否有狼疮活动或复发。

4. 产褥期监测　预防感染和血栓形成,一般常规应用抗生素治疗以预防控制感染,并做好清洁护理。

(二) 教育与支持

1. 心理支持　帮助妊娠合并 SLE 的孕妇缓解和减轻焦虑及抑郁情绪,使患者树立乐观情绪,加强孕妇的自我监护能力。

2. 营养支持　注意营养均衡,保证充足的蛋白质摄入,SLE 患者应和健康人群一样补充钙剂、维生素 D 和叶酸。确定怀孕后应检查血清维生素 D 水平,应在医生指导下补充钙剂(1 500mg/d)及维生素 D(800U/d),以预防疾病和药物可能导致的骨质疏松症和新生儿先天性佝偻病。

3. 休息与运动　避免强阳光暴晒和紫外线照射,病情稳定的患者可适度运动,避免过劳。

(三) 处理与配合

1. 临产后 SLE 患者病情可能恶化,对于孕前长期应用激素治疗的患者,应在临产或剖宫产前给予冲击量的糖皮质激素(如氢化可的松),有助于代偿此类患者可能出现的肾上腺皮质功能不全。

2. 分娩时需要新生儿科协助,呼叫儿科医生守台协助检查新生儿是否存在先天性心脏传导阻滞、新生儿狼疮等相关问题。新生儿应密切监测血常规和肝功能变化,轻度损伤者一般不用特殊处理,若出现严重血液系统和肝功能损伤,可给予泼尼松 1~2mg/(kg·d)或静脉注射人丙种球蛋白。新生儿如出现皮疹,需避免紫外线照射,亦可局部应用糖皮质激素,多数皮疹能在 6~8 个月消退。新生儿抗体滴度高或产妇既往有 SLE 新生儿分娩史,即使新生儿出生时无症状,亦应在出生后 2 周、6 个月内每月、出生半年后每 3 个月随访 1 次,至少至 1 岁。

3. 产褥期是发生血栓栓塞的高危期,SLE 患者产后应进行抗凝治疗。

4. 推荐 SLE 患者进行母乳喂养。

知 识 拓 展

SLE 与抗磷脂综合征

抗磷脂综合征(APS)为一种非炎症性自身免疫性疾病,其特征为反复发作的动脉和 / 或静脉血栓形成、反复自然流产和 / 或死胎伴抗磷脂抗体持续阳性。30%~50% 的 SLE 患者抗磷脂抗体阳性,1/3 的患者最后会发展为 APS。

抗磷脂抗体与不良妊娠转归关系密切,抗磷脂抗体阳性增加孕妇血栓形成、子痫前期和胎儿并发症(晚期流产、早产)的发生,因此应该根据患者的既往妊娠情况来进行治疗。对 APL 阳性者和 / 或既往不良孕产史者建议应用小剂量阿司匹林(75mg/d)和肝素联合治疗,同时产后 6~8 周内适当选用抗凝治疗预防血栓。

第十二节　妊娠合并恶性肿瘤

妊娠合并恶性肿瘤较少见,但并非罕见,国外报道发病率为 1/1 000。常见与妊娠相关的恶性肿瘤包括生殖系统肿瘤、乳腺癌、甲状腺癌、血液病、恶性黑色素瘤和结直肠癌。妊娠期生理变化可能掩盖部分恶性肿瘤的症状,应时刻警惕合并恶性肿瘤的发生,尽早检查及时发现并给予治疗。恶性肿瘤孕产妇的治疗方案与非孕期不同,常涉及多方面的问题,如妊娠与肿瘤的相互影响、肿瘤及相关治疗对胎儿的影响、继续妊娠对肿瘤治疗的影响和肿瘤治疗后再妊娠问题等。妊娠合并生殖系统肿瘤以妊娠合并宫颈癌和妊娠合并卵巢癌最常见。

一、妊娠合并子宫颈癌

导入情境与思考

某孕妇,39 岁。因"妊娠 33^{+1} 周,阴道不规则出血 2 次"入院。生育史:1-0-4-1,13 年前自娩一足月女活婴。孕前及孕期未行宫颈细胞学检查,未定期产前检查。入院前 2 个月阴道不规则出血 1 次,量似月经量,未行妇科检查;产科超声提示:前壁胎盘,胎盘下缘距宫颈内口 4cm,考虑先兆流产、胎盘低置,给予抑制宫缩治疗后好转。入院前 1d 再次出现无诱因阴道出血,色鲜红,如月经量,伴头晕乏力,无腹痛及阴道排液。专科检查:妊娠腹,宫高 25cm,腹围 90cm,估计体重 2 200g,骨盆内外测量无明显异常。消毒内诊,见宫颈肥大,前唇见菜花样肿物,表面活跃出血,遂行阴道镜检查及活检。辅助检查:血红蛋白 144g/L。胎心监护未见异常。B 超:宫内孕单活胎,前壁胎盘,宫颈管长 4.28cm,内口闭合,形态正常。

请思考:

1. 该孕妇的病情观察重点有哪些?

2. 该孕妇产后的护理要点有哪些?

妊娠合并子宫颈癌指妊娠期和产后 6 个月内诊断的子宫颈癌。妊娠期子宫颈癌的发生较为少见。文献报道,子宫颈癌合并妊娠的发病率为 1/1 200~1/10 000。

【临床表现】

1. 妊娠早期的症状和体征与非孕期相同,有异常阴道出血(多为接触性出血)或阴道排液,易与先兆流产、异位妊娠相混淆。

2. 妊娠中晚期的症状与非孕期相同甚至比非孕期更重,并可影响胎儿的发育,甚至引发产科合并症和并发症,易与先兆早产、胎盘早剥、胎盘低置等混淆,被迫提前终止妊娠。

【处理原则】

目前对妊娠各期子宫颈癌的治疗尚无成熟方案,参照以下原则:

1. 不考虑继续妊娠,与非妊娠期的处理相同。在妊娠期间,各期子宫颈癌均可根据患者及家属的意愿,终止妊娠并治疗子宫颈癌。妊娠 20 周前发现 IA2 及以上的子宫颈癌,原则上建议进行终止妊娠手术及子宫颈癌常规手术。对需要保留生育功能的早期子宫颈癌患者,可以在终止妊娠后行保留生育功能的手术。

2. 对选择继续妊娠保留胎儿,多采取个体化处理原则。对于 IA2~IB1、肿瘤直径<2cm、淋巴结阴性,可进行单纯的子宫颈切除术或大的锥切,不推荐在妊娠期间进行根治性子宫颈切除术;对于更高级别的子宫颈癌,新辅助化疗(neoadjuvant chemotherapy,NACT)是唯一可以保留胎儿至成熟的方

案。结合我国现状,由于缺乏足够的技术和经验,建议对妊娠期行腹腔镜下淋巴切除及子宫颈切除术取慎重态度。根据我国现有经验,妊娠期子宫颈癌的管理应首先考虑孕妇的安全,同时考虑到胎儿的伦理。

(1)子宫颈癌 IA1 期:期待治疗,在妊娠期间严密监测管理,包括重复细胞学、阴道镜检查,如未发现肿瘤进展,可以推迟到产后治疗。由于此种方法存在子宫颈癌进展的风险,需要患者及家属明确的知情同意。

(2)在妊娠 20~30 周 IB 期以上的患者,可采用 NACT 2~3 疗程后,促胎儿肺成熟。

(3)妊娠 30 周以上发现的子宫颈癌患者,也可以进行 NACT,一般进行 1 个疗程,在化疗最后一个疗程到预计分娩时间,应有 3 周间隔,以避免化疗对母儿产生骨髓抑制(出血、感染及贫血)。因妊娠 34 周后发生自发早产的可能性大,故不建议在妊娠 33 周后进行 NACT。

3. 妊娠合并子宫颈癌的分娩时机应推迟至妊娠 35~37 周,但如孕妇状况恶化或需要放射治疗,可以尽早终止妊娠。关于分娩方式,对妊娠期子宫颈癌患者建议进行剖宫产,术中应仔细检查胎盘是否存在转移。妊娠合并子宫颈癌患者在终止妊娠并治疗子宫颈癌后,均应按常规进行随访。

4. 患者及家属对妊娠的期望是非常重要的因素,在决定治疗方案前,应让患者及家属有充分的知情权,结合病情,选择是否保留胎儿。对选择保留胎儿者,在整个妊娠期间应随时告知患者及家属母儿情况,并取得知情同意。

【助产要点】

(一) 评估和监测

1. **对子宫颈癌恶性程度的评估**　当组织病理学诊断为子宫颈癌时,应对子宫颈癌的恶性程度进行评估。

2. 监测肿瘤进展情况,需进行全面实验室检查,包括血尿常规、凝血功能、24h 尿蛋白定量、肝肾功能、电解质、血糖、肿瘤标志物等,并进行影像学检查,判断是否肿瘤恶化。

3. **对妊娠情况的评估**　①确诊子宫颈癌时的妊娠周数;②评估胎儿情况,主要是对中、晚期妊娠者全面评估胎儿的情况;当决定保留胎儿时,应对胎儿生长发育情况做全面评估,监测胎心及胎动变化,动态评估胎儿宫内安危。

4. 了解孕妇及其家属心理状态和社会支持情况。

(二) 教育与支持

1. **妊娠期子宫颈癌筛查结果异常的管理**
(1)妊娠期细胞学异常的管理同非妊娠期,转诊阴道镜检查。
(2)妊娠期行子宫颈电环切术(LEEP)/冷刀锥切术(CKC)的唯一指征是高度怀疑子宫颈浸润癌。

2. **心理支持**　妊娠期肿瘤患者及其家属大多数缺乏心理准备及基本知识,既担心孕妇的安危、肿瘤性质,又担心妊娠结局对胎儿的影响,表现为不同程度的紧张、焦虑。高度紧张、焦虑不利于胎儿与产妇的身心健康,应做好相应的心理护理,可将治疗和手术可能出现的各种情况告知孕妇及家属,以取得他们的配合。

3. **饮食支持**　孕妇孕期注意摄入高维生素、高蛋白、高热量的食物以保证胎儿的生长发育。

4. **预防子宫颈癌**　HPV 疫苗接种是预防 HPV 感染和宫颈癌的有效、安全方法。低龄人群接种效果优于高龄人群,性暴露前接种免疫效果最佳。对遗传易感人群、高危生活方式人群、免疫功能低下人群应优先推荐接种 HPV 疫苗。不论是否有 HPV 感染、细胞学是否异常均可接种 HPV 疫苗。有 HPV 相关病变治疗史的患者,接种 HPV 疫苗可能降低复发率。近期有妊娠计划和妊娠期、哺乳期女性不宜接种 HPV 疫苗。接种 HPV 疫苗后仍应进行子宫颈癌筛查。

(三) 处理与配合

1. **分娩期**　子宫颈癌患者剖宫产时根据医嘱积极术前准备、备皮、配血、留置导尿管、静脉输液等。指导孕妇摄入高维生素、高蛋白、高热量、易消化、清淡饮食,孕妇的营养影响身体康复和手术伤口的愈合等。

2. 采取多学科管理模式,包括妇科肿瘤、产科、病理学、影像学医师共同管理,结合患者具体情况,综合子宫颈癌的恶性程度、妊娠周数及胎儿发育情况,采取个体化的管理方案。

3. **产后哺乳** 考虑产妇恢复及进一步治疗的需要,建议人工喂养,但母乳喂养非绝对禁忌。

二、妊娠合并卵巢肿瘤

妊娠期卵巢肿瘤的发生率为 0.05%~2.4%,其中大部分为生理性卵巢囊肿和良性肿瘤,恶性肿瘤占妊娠期卵巢肿瘤的 1%~6%。与非妊娠期卵巢恶性肿瘤相比,妊娠期卵巢恶性肿瘤的预后相对较好,5 年生存率为 72%~90%,与卵巢恶性肿瘤相关的病死率约为 4.7%。

【临床表现】

妊娠期卵巢肿瘤多无特异性临床表现,偶有妊娠早期合并巨大卵巢肿瘤可见腹部膨隆。鉴于妊娠期的特殊性,常规妇科双合诊检查常被产科医生忽略,加之增大的子宫影响检查结果,所以妊娠期卵巢肿瘤多在常规超声检查或者剖宫产手术时意外发现。妊娠期卵巢肿瘤也可表现为其他非特异性症状,包括腹部或背部疼痛、便秘、腹胀和泌尿系统症状等,这些非特异性症状在正常妊娠中普遍存在,因而常被忽略,致使少数患者发生肿瘤扭转或者破裂引发剧烈疼痛时方被重视。在妊娠期卵巢肿瘤患者中,卵巢囊肿扭转的发生率为 1%~22%。最常见的临床症状是突发局限性腹痛,呈间歇性、非放射性,并伴有恶心和呕吐。诱发扭转的风险包括:囊肿中等大小、活动度较大、重心偏移。直径 6~10cm 的囊肿易发生扭转,囊肿扭转的风险与囊肿的大小不成正比;一半以上的囊肿扭转发生在妊娠早期,随着孕周增加,卵巢囊肿扭转的风险降低。

【卵巢肿瘤诊断及分类】

经腹或经阴道超声检查是发现妊娠合并卵巢肿瘤首选的影像学检查,对早期诊断有重要意义。其他辅助检查还包括盆腹部 MRI、胸部 X 线检查、肿瘤标志物。

妊娠期卵巢肿瘤的类型同非妊娠期,包括卵巢生理性囊肿、卵巢良性和恶性肿瘤。依据组织病理学发生率依次为成熟性畸胎瘤、浆液性囊腺瘤、卵巢系膜囊肿、黏液性囊腺瘤、子宫内膜异位囊肿等,凡此均有特异超声影像学特点,结合病史和肿瘤标志物不难诊断。妊娠合并卵巢恶性肿瘤中,50% 为上皮性肿瘤,30% 为生殖细胞肿瘤,其余为性索间质肿瘤及其他类型肿瘤(如肉瘤、库肯勃氏瘤等转移性肿瘤)。在所有卵巢恶性肿瘤中,10% 为转移性肿瘤,其主要来源是胃肠道和乳腺。

【对母儿的影响】

1. **对母体的影响** 妊娠合并卵巢恶性肿瘤临床表现不典型,常有阴道少量流血及流液,因被忽视或未有病理诊断而被漏诊和误诊,导致癌症转移、扩散,危及孕妇生命。

2. **对胎儿的影响** 孕期容易发生流产、早产、围产儿死亡率明显升高。

【处理原则】

1. 妊娠期卵巢肿瘤多为生理性,70% 以上在妊娠中、晚期自行消失;恶性肿瘤占比为 1%~6%。妊娠期卵巢肿瘤绝大多数无症状,少数发生扭转或破裂。除非可疑恶性或出现急腹症,否则不宜在妊娠早期行卵巢肿瘤手术。以下情况建议积极手术干预:①肿瘤实性或囊实性伴乳头生长,血流丰富,血流阻力低;②肿瘤直径>10cm,持续存在或不断增大。妊娠中期是手术的最佳时机,腹腔镜(有经验的医生)与开腹手术都可以选择。术中探查肿瘤如为实性或囊实性肿瘤,有乳头生长,伴有腹水或具有其他恶性特征,则行患侧附件切除,术中冰冻明确诊断。对侧卵巢除非发现病变,否则不须活检。

2. 妊娠 14 周后化疗,致畸率无明显升高,但导致胎儿生长受限、低出生体重儿和早产发生率升高。妊娠 35 周以后或预期分娩 3 周之内不宜化疗。在临床诊治过程中,还需综合兼顾肿瘤病情(分期、分级)、胎儿(孕周及生存能力)和意愿(孕妇及家属),结合多学科管理的意向,以期做到规范化和个体化处理。

【助产要点】

(一) 评估和监测

1. **对妊娠情况的评估**　①结合患者具体情况:综合卵巢癌的恶性程度、妊娠周数及胎儿发育情况,在妊娠期间严密监测患者病情发展及产科情况。②评估胎儿情况:应对胎儿生长发育情况做全面评估。

2. 监测胎心及胎动变化,动态评估胎儿宫内安危。

3. 超声是检查卵巢肿瘤的常用监测方法,可反复使用监测肿瘤的发展变化。

4. 非增强 MRI 检查在整个妊娠期是安全的,可以辅助鉴别良性和恶性卵巢肿瘤。

5. 肿瘤标志物的连续检测,也有助于妊娠期卵巢良、恶性肿瘤的鉴别诊断。

(二) 教育与支持

1. **休息与运动**　根据病情适当安排休息和生活。

2. **饮食指导**　指导孕妇摄入高维生素、高蛋白、高热量、易消化、清淡饮食,孕妇的营养是影响胎儿健康的重要因素,同时也影响到身体康复和手术伤口的愈合等。

3. **心理支持**　妊娠期肿瘤患者高度紧张、焦虑不利于胎儿与产妇的身心健康,应做好相应的心理护理,可将治疗和手术可能出现的各种情况告知孕妇及家属,以取得他们的配合。

(三) 处理与配合

1. 妊娠期合并卵巢癌患者涉及多学科管理,配合医生对这类患者采取个体化的护理方案。

2. 妊娠期卵巢良性肿瘤患者,若无产科指征,可行阴道分娩,待产后 6 周再次评估;也可在剖宫产同时行卵巢肿瘤手术。妊娠期卵巢恶性肿瘤建议剖宫产终止妊娠者,可在剖宫产同时按照卵巢恶性肿瘤手术原则处理卵巢肿瘤,需妇科肿瘤医生完成肿瘤手术。根据医嘱做术前准备,备皮、配血、留置导尿管、静脉输液等,做好术后护理管理和营养指导。

3. **疼痛护理**　术后疼痛刺激可对孕妇产生诸多影响,常导致失眠、焦虑及自主神经功能紊乱等心理问题。可按医嘱采用镇痛泵或肌内注射哌替啶等镇痛药物。

4. **预防感染**　合并肿瘤的孕妇,抵抗力较差,易出现感染。一般常规应用抗生素治疗以预防控制感染,并做好清洁护理。

(武海荣　杨慧霞)

思考题

1. 阐述妊娠期糖尿病孕期、妊娠期、产褥期的处理原则及助产要点。

2. 某孕妇,32 岁。停经 40 周入院。无恶心、呕吐、乏力等主诉,孕期规律产检,查 TSH 6.3mIU/L,游离 T_3、T_4 水平正常,诊断妊娠合并甲减,予以左甲状腺素钠片(优甲乐)1 片,q.d. 口服治疗。超声示胎儿发育与孕周相符,入院查 T 36.2℃,BP 109/61mmHg,R 88 次 /min,心肺查体无异常,宫高 34cm,腹围 100cm,胎心 138 次 /min,未扪及宫缩。入院复查 TSH 2.75mIU/L。

请思考:

(1) 该孕妇最可能的诊断是什么? 诊断依据有哪些?

(2) 针对以上诊断应如何进行处理?

(3) 如何进行医护合作?

第十三章

高危妊娠的识别与管理

13章 数字内容

学习目标

- 知识目标:
  1. 掌握常见的高危因素、高危妊娠的筛查识别。
  2. 熟悉高危妊娠的监护措施及高危妊娠的处理原则。
  3. 了解高危妊娠的助产要点。
- 能力目标:
  能识别高危妊娠,初步掌握判断胎儿宫内状况的方法。
- 素质目标:
  具有高度的责任心,为高危孕妇做好身心护理,促进母儿健康。

高危妊娠（high-risk pregnancy）指在已知存在一个或多个危险因素时，孕产妇、胎儿及新生儿发生不良结局的风险高于普通或参考人群的基线水平。具有高危妊娠因素的孕妇称为高危孕妇，其所孕育的胎儿和分娩的新生儿称为高危儿。高危妊娠可在妊娠期或产后对孕妇、胎儿、新生儿产生不良影响，增加围产期的患病率和死亡率。早期识别和规范管理高危妊娠，改善妊娠结局是衡量围生医学质量的标准之一。

第一节　常见高危妊娠因素

导入情境与思考

某孕妇，妊娠 17 周，来医院做产前检查和建册。医生询问病史后，为其体检：体重 80kg，身高 162cm。检查后医生在她的产前检查记录单上盖了橙色的"高危管理"印章。

该孕妇不解地问："我 28 岁，是最佳生育年龄，虽然流产 2 次，那是因为工作繁忙，没及时保胎。现在是胖了点，那是因为怕宝宝缺营养，吃得好，不应该算高危啊！"

请思考：

1. 该孕妇是否属于高危妊娠？

2. 针对该孕妇的情况，现在还需要做什么检查？

3. 如何对该孕妇做健康指导？

高危妊娠包括了所有病理产科。导致高危妊娠的因素有多种，主要包括：社会经济因素、母体因素、胎儿因素。

一、社会经济因素

低社会经济状况增加了不良的妊娠结局，包括早产、低出生体重和围产儿的死亡率。

二、母体因素

（一）孕育史

初产妇应该了解妊娠次数、流产史；经产妇应该了解既往妊娠和分娩情况，有无难产史、死胎死产史、剖宫产史及产后出血史，了解出生时新生儿情况。产次指妊娠 ≥ 28 周的分娩次数，无论活胎或死胎均计入分娩次数。

（二）母亲年龄

1. **青少年妊娠**　18 岁以下女性的妊娠为青少年妊娠。青少年妊娠与社会问题和医疗问题有关，多数青少年孕妇来自低收入家庭和少数民族，且为非计划或非意愿妊娠，孕期保健不足。青少年妊娠与早产、低出生体重、围产儿死亡率相关。青少年妊娠尤其与营养不良、贫血、HIV 感染和其他性传播疾病密切相关。

2. **高龄孕妇**　妊娠年龄 ≥ 35 岁定义为高龄孕妇。随着社会的发展，高龄孕产妇有逐年升高趋势，高龄经产妇急剧上升，给产科带来严峻挑战。母亲高龄是一些妊娠并发症的独立危险因素，包括自然流产、异位妊娠、死胎、出生缺陷、双胎、子宫肌瘤、妊娠期高血压疾病、妊娠期糖尿病、产程延长、头盆不称、产前出血（如前置胎盘、胎盘早剥）、低出生体重、产前或产时胎儿丢失以及新生儿死亡。

（三）母亲孕前体重及孕期体重增长

体重指数 [BMI= 体重（kg）/ 身高（m）^{2}] 是衡量孕前 / 孕期体重的重要指标。

1. **WHO 将 BMI 分为 4 类**　①偏瘦：BMI < 18.5kg/m^2；②正常：18.5kg/m^2 ≤ BMI ≤ 24.9kg/m^2；③超重：25kg/m^2 ≤ BMI ≤ 29.9kg/m^2；④肥胖：BMI ≥ 30kg/m^2。

2. 中国的 BMI 标准与 WHO 略有不同 ① 偏瘦：BMI$<$18.5kg/m^2；② 正常：18.5kg/m^2 $\leqslant$ BMI $\leqslant$ 23.9kg/m^2；③超重：24kg/m^2 $\leqslant$ BMI $\leqslant$ 27.9kg/m^2；④肥胖：BMI $\geqslant$ 28kg/m^2。

3. 孕期适宜体重增长与孕前 BMI 有关 中国 BMI 正常的妇女，孕期适宜的体重增长为 8.0~14.0kg。母亲超重及孕期体重增长过快与慢性高血压、妊娠期高血压疾病、妊娠期糖尿病、产后出血、血栓性静脉炎、胆囊疾病、泌尿系感染等疾病有关。母亲肥胖不仅增加了出生缺陷率、围产儿死亡率，同时亦增加了大于胎龄儿（LGA）发生率和早产率，因此带来了产程延长、剖宫产率增加、麻醉意外、手术切口愈合不良等诸多问题。此外，孕期体重增长过多可致产后形体难以恢复、产后肥胖，与子代儿童肥胖也息息相关。

（四）营养状况

1. 孕期的营养状况对胎儿、新生儿、婴幼儿及其一生都有深远的影响。研究表明，宫内的营养环境及各种因素导致的胎儿和胎盘表观遗传学改变是成人代谢性疾病最重要的原因，被称为成人疾病胎儿起源学说，即健康和疾病的发病起源（the developmental origins of health and disease）。成年时期 2 型糖尿病、高血压、冠心病、肥胖的发生发展都可能与其胎儿时期的宫内营养状况密切相关。

2. 孕期微量营养素缺乏可影响胎儿身体成分的构成，叶酸是生物合成 DNA、RNA 的重要物质，在同型半胱氨酸转化为蛋氨酸这一必需氨基酸的过程中起重要作用。孕前及早孕期都应摄入足够的叶酸以预防胎儿神经管畸形。孕期机体对叶酸需求量增加，饮食摄入不足、抗惊厥药物的使用（如苯妥英钠、苯巴比妥、卡马西平这一类叶酸拮抗剂）可导致血浆叶酸浓度降低。此外，叶酸缺乏还可能与遗传代谢病相关，如亚甲基四氢叶酸还原酶（methylenetetrahydrofolate reductase，MTHFR）的基因多态性，MTHFR 是同型半胱氨酸代谢的一个关键酶。高同型半胱氨酸血症与很多胎盘 - 血管病变关系密切，如子痫前期、胎盘早剥、重复流产等。孕期铁元素缺乏也十分常见，与孕期缺铁性贫血密切相关。

（五）既往疾病

既往有心脏病、糖尿病、高血压、肾脏病、肝炎、甲状腺功能亢进、系统性红斑狼疮、血液病、神经和精神疾病等。因疾病实施的生殖器官手术史，如子宫肌瘤剔除术、宫颈病变切除术等。

（六）运动

运动和人类的健康息息相关，缺乏体力活动增加了 2 型糖尿病、高血压、心血管疾病的患病风险。孕期适量运动能够增加孕妇心血管储备功能、改善母婴结局。孕期运动应注意避免显著增加腹压的运动。

（七）吸烟

吸烟已被认为与低出生体重和婴儿死亡有关。

（八）其他

本次妊娠过程中有无妊娠早期病毒感染及用药史，发热、皮疹及阴道流血史，睡眠、职业及工作环境情况。有无有毒、有害或放射性等致畸物质接触史。

三、胎儿因素

具有下列情况之一的围产儿，称为高危儿：

1. 胎龄$<$37 周或 $\geqslant$ 42 周。

2. 出生体重$<$2 500g 或 $\geqslant$ 4 000g。

3. 小于胎龄儿或大于胎龄儿。

4. 新生儿的兄弟姊妹有严重新生儿病史，或新生儿期死亡，或有胎儿死亡史者。

5. 新生儿窒息，脐动脉血气 pH$<$7.2，5min Apgar 评分$<$7 分。

6. 产时感染。

7. 高危产妇所生的新生儿。

8. 手术产儿。

9. 双胎或多胎儿。

第二节　高危妊娠的识别

导入情境与思考

某孕妇,32 岁。孕 1 产 0,妊娠 37 周。定期产前检查未发现异常,今日来医院,主诉身体无特殊不适,自测胎动较前增多 >50 次 /12h,担心胎儿会有危险,故前来就诊。

请思考:

1. 该孕妇的担心是否正常?

2. 为了解胎儿宫内情况需要做什么检查?

3. 针对检查结果,如何治疗和护理?

提供孕产期保健服务的医疗保健机构,要对所有备孕者及孕妇在孕前和早孕初诊时,通过详细询问病史、体格检查、常规化验等进行高危因素筛查,对筛出的高危孕妇要在孕妇保健手册上做特殊标记,以引起各级医疗机构医务人员的重视。在孕中期、孕晚期,对每次产前检查发现的新的高危因素要及时评定。对高危妊娠可适当增加产前检查次数和必要的辅助检查,并在保健手册上详细记录处理及转归过程。

一、孕前筛查

评估孕前高危因素,对于不宜妊娠的妇女应及时告知,对于存在高危因素但可以妊娠的妇女应做好标记并在孕期适当增加产检的次数。

(一) 询问病史

1. 询问准备妊娠夫妇的健康状况。

2. 询问既往慢性疾病史、家族和遗传病史。

3. 详细了解不良孕产史。

4. 评估其生活方式、饮食营养、职业状况及工作环境、运动(劳动)情况、家庭暴力、人际关系等。

(二) 身体检查

1. 测量血压、体重,计算体重指数(BMI)。

2. 检查有无步态、胸廓异常等。

3. 常规妇科检查。

(三) 辅助检查

1. **必查项目**　血常规;尿常规;血型(ABO 和 Rh);肝功能;肾功能;空腹血糖;HBsAg;梅毒抗体;HIV 筛查;宫颈细胞学检查(1 年内未查者);心电图检查。

2. **备查项目**　弓形虫、风疹病毒、巨细胞病毒和单纯疱疹病毒;宫颈阴道分泌物检查(阴道分泌物常规、淋球菌、沙眼衣原体);甲状腺功能检测;地中海贫血筛查;75g 口服葡萄糖耐量试验(OGTT,针对糖尿病高危妇女);妇科超声检查。

二、孕期筛查

孕期主要通过特定时间下的产前检查项目来对高危因素进行排查。通过对孕妇既往孕产史、本次妊娠史、家族史的了解及全面体格检查和产科检查,筛查有无对妊娠结局、母婴健康的不利因素,并加以系统管理。常规产前检查的次数及内容详见第三章第二节产前检查,本章节重点讲述高危因素的识别。对于存在高危因素者及时请相关学科会诊,不宜继续妊娠者应告知并及时终止妊娠;高危孕妇可以继续妊娠者,须评估是否转诊。

(一) 母体方面的筛查

1. 病史的采集

(1)孕产史,特别是不良孕产史如流产、早产、死胎、死产,以及既往分娩史,如剖宫产史、有无胎儿的畸形或幼儿智力低下及巨大儿分娩史。

(2)生殖系统手术史,如子宫肌瘤剔除术、宫颈病变切除手术等。

(3)孕前准备情况。

(4)本人及配偶家族史和遗传病史。

(5)既往内外科病史,如慢性高血压、心脏病、糖尿病、肝肾疾病、系统性红斑狼疮、血液病、神经和精神疾病等。

(6)本次妊娠过程了解有无妊娠早期病毒感染及用药史,发热、皮疹及阴道出血史,饮食、睡眠、职业及工作环境、运动情况。

(7)有无接触有毒、有害或放射性物质等可能致畸因素。

2. 一般检查

(1)观察孕妇的发育、营养及精神状态。

(2)检查生命体征,有无心率、呼吸异常。

(3)测量体重、血压,血压升高时,需要鉴别是慢性高血压或妊娠期高血压疾病,并纳入高危妊娠的管理;首诊时需计算基础 BMI,孕期需严格监测体重增长情况,对于基础 BMI $\geqslant 25kg/m^2$ 或孕期体重增加过度的孕妇,均应视为高危孕妇。

(4)观察步态、胸廓、发育有无异常以及身高的测量,排查脊柱和骨盆的异常。

3. 其他检查

(1)宫颈病变检查:孕期阴道流血者需行妇科检查排查宫颈病变,包括宫颈息肉、宫颈上皮移位改变、宫颈癌等。

(2)血液学检查:对于存在血液学检查结果异常的孕妇均需进行相应原因的排查,纳入高危妊娠的管理。包括:①有无贫血及贫血的原因(缺铁性贫血或地中海贫血);②血小板减少性疾病:ITP、TTP(血栓性血小板减少性紫癜)、HELLP 综合征等;③其他血液系统疾病,如白血病等;④肝肾功能异常;⑤妊娠期糖尿病及孕前糖尿病;⑥甲状腺功能异常,如甲状腺功能减退或甲状腺功能亢进;⑦感染性疾病,如 HIV(艾滋病)、梅毒、肝炎等;⑧母儿血型抗体的筛查(Rh 阴性者还需要查抗 RhD 抗体效价)。

(3)心肺功能检查:对于合并心肺系统疾病的孕妇需行心肺功能评估,包括心电图、心脏彩超、心肌酶学检查,必要时行胸片等检查。存在异常者需请相关科室会诊,进行病情评估,可以继续妊娠者纳入高危妊娠的管理。

(4)早产的预测:对于存在早产史、反复孕中期流产史等高危情况时,可在孕早、中期行宫颈评估(阴式超声检测宫颈长度 / 形状),必要时还可以进行胎儿纤维连接蛋白(fetal fibronectin, fFN)检测。

(二) 胎儿方面的筛查

对高危妊娠胎儿宫内安危的评估贯穿于整个孕期,涉及临床、超声、实验室、遗传、小儿内外科等多学科的合作。

1. 测量宫高,检查胎位,听诊胎心,自我监测胎动,评估胎儿的宫内生长发育情况,存在异常者需进一步明确诊断。

2. B 超检查 正常妊娠一般整个孕期 B 超检查至少为 4 次,高危妊娠酌情增加检查次数。

(1)妊娠 11~13^{+6} 周:行首次 B 超检查,核定胎龄及胎数,双胎妊娠需要分辨绒毛膜性质(单绒或双绒),排查异位妊娠、葡萄胎。有条件者测量胎儿颈项透明层厚度(NT),结合母血生化指标(PAPPA,fhCG)进行一站式唐氏综合征筛查。

(2)妊娠 18~24 周:B 超检查可筛查胎儿有无大体畸形,若有胎儿畸形可继续妊娠者纳入高危妊娠的管理。

(3)妊娠 30~32 周:B 超检查主要是监测胎儿生长发育情况,评估胎儿大小、羊水量、胎位、胎盘情况。必要时增加超声多普勒检查,可以评估子宫动脉血流搏动指数,胎儿大脑中动脉血流速度和搏动指数,脐动脉血流 S/D 值、脐动脉舒张期有无断流或反流,判断胎儿宫内安危情况。

3. 胎儿生物物理评分　利用电子胎心监护和 B 超联合检测,评估是否存在胎儿宫内缺氧和酸中毒。详见第三章第三节胎儿健康状况评估。

4. 胎儿成熟度检查　通过检测羊水卵磷脂 / 鞘磷脂比值,也可用羊水泡沫试验(foam stability test)或震荡试验来评估胎肺成熟度。上述检查为有创性,目前临床上已很少应用。

5. 胎盘功能检查　通过胎盘功能检查,可以间接了解胎儿在宫内的健康状况。该检查受多种因素干扰,且需动态连续检测评估。

(1)胎动计数:胎动与胎盘功能关系密切,胎动较前期有所减少,如逐日下降超过 50%,提示胎盘功能低下,胎儿缺氧。

(2)胎儿电子监护仪检测:包括 NST、OCT,结合超声监测,观察胎心、胎动、羊水量及性状等,评估胎盘功能贮备情况。

6. 胎儿先天畸形及其遗传性疾病的产前诊断　在胎儿出生前应用各种检测手段,对严重的先天性和遗传性疾病做出诊断,为宫内治疗或选择性终止妊娠提供依据。详见第四章第四节出生缺陷的三级预防。

7. 电子胎心监护　反映胎儿宫内的状况,不同的图形代表了诸多因素相互作用的不同结果,诊断胎儿缺氧需与临床各方面的评估相结合。包括产前的无应激试验(NST)、宫缩应激试验(CST)、催产素激惹试验(OCT)以及产时的持续胎心监护(CTG)。

三、分娩期筛查

分娩期主要对可能需行剖宫产的高危因素,以及与胎儿宫内情况评估有关的高危因素进行识别,主要包括以下几项:

1. 复测身高、骨盆,观察孕妇的步态,评估胎儿体重,判断头盆不称发生的可能性。
2. 监测胎心,观察羊水性状,尽早发现胎儿宫内窘迫。
3. 观察宫缩、宫口扩张及胎先露下降情况,评估有无宫缩乏力和产程异常。

第三节　高危妊娠的管理

导入情境与思考

某孕妇,30 岁,身高 162cm,体重 62kg。孕 1 产 0,妊娠 38 周。既往有心肌炎病史,一般体力活动轻度受限,活动时乏力、气短,休息时无症状。检查:脉搏 106 次 /min,血压 100/60mmHg,骨盆正常,胎心 142 次 /min,宫缩好,宫口开大 6cm,胎位 LOA,胎先露 S+1。

请思考:

1. 目前该孕妇的护理问题是什么?
2. 该孕妇应该采取怎样的分娩方式?
3. 医护应该如何配合保证母婴安全?

高危妊娠管理是孕产期保健的重要组成部分,根据《国家卫生计生委关于加强母婴安全保障工作的通知》(国卫妇幼发〔2017〕42 号),各地根据孕产妇妊娠风险评估表(附录二),从孕前开

Note:

始进行妊娠风险评估、分级管理,提高高危孕产妇保健管理水平,防范不良的妊娠结局,保障母婴安全。

一、妊娠风险分级管理

医疗机构在孕产妇初诊时,按照妊娠风险严重程度在孕期保健手册相应位置粘贴五色(绿色、黄色、橙色、红色、紫色)标识,做好相应的保健咨询指导和管理,根据病情变化动态评估,及时调整妊娠风险分级和相应管理措施。

(一)妊娠风险分级标识

妊娠风险评估分级原则上应在开展助产服务的二级以上医疗机构进行。

1. **绿色标识** 妊娠风险低。孕妇基本情况良好,未发现妊娠合并症、并发症。

2. **黄色标识** 妊娠风险一般。孕妇基本情况存在一定危险因素,或患有孕产期合并症、并发症,但病情较轻且稳定。

3. **橙色标识** 妊娠风险较高。孕妇年龄 ≥ 40 岁或 BMI ≥ 28kg/m^2,或患有较严重的妊娠合并症、并发症,对母婴安全有一定威胁。

4. **红色标识** 妊娠风险高。孕妇患有严重的妊娠合并症、并发症,继续妊娠可能危及孕妇生命。

5. **紫色标识** 孕妇患有传染病。紫色标识孕妇可同时伴有其他颜色的风险标识。

(二)分级管理

1. 妊娠风险分级为"绿色"的孕产妇,可在有资质的辖区妇幼保健中心,按照孕产期保健工作规范,提供孕产期保健服务。

2. 妊娠风险分级为"黄色"的孕产妇,应当在二级以上医疗机构接受孕产期保健和住院分娩。如有异常,应当尽快转诊到三级医疗机构。

3. 妊娠风险分级为"橙色""红色"和"紫色"的孕产妇,医疗机构应当将其作为重点人群纳入高危孕产妇专案管理,动态监管,集中救治,确保做到"发现一例、登记一例、报告一例、管理一例、救治一例"。建议其尽快到三级医疗机构接受评估以明确是否适宜继续妊娠。如适宜继续妊娠,应当在区(市)级及以上危重孕产妇救治中心接受孕产期保健服务,原则上在三级医疗机构住院分娩,病情危重者应及时转到包片的市级危重孕产妇救治中心进行救治。

二、高龄孕妇的管理

高龄孕妇与多种妊娠并发症、合并症及出生缺陷儿密切相关,因此孕前及孕期妊娠并发症、合并症的筛查和监测尤为重要。除常规产检外,孕前至少 3 个月就应针对原有疾病到相应专科及产科门诊咨询和评估,孕期应特别重视染色体疾病的筛查及产前诊断。对于遗传病高风险人群建议进行规范遗传咨询、产前筛查和产前诊断,对出生缺陷做到预防为主,早发现、早干预。

三、超重或肥胖孕妇的管理

孕妇肥胖可增加妊娠期糖尿病、妊娠期高血压等并发症的发生率;增加阴道分娩的难度和剖宫产手术的风险;肥胖也增加了巨大儿、生长发育异常、先天畸形、早产和死胎等概率,并与儿童期肥胖有关。针对我国孕妇越来越多超重和肥胖的现状,应在孕前、孕期严格控制体重,降低妊娠并发症及高危儿的风险,妊娠期适度的锻炼及有效的体重控制可以改善母儿结局。卫生保健人员应在孕妇首次产检时确定其 BMI,并在首次产检及孕期定期检查中讨论恰当的体重增加、营养饮食和运动程度。对于超重或肥胖妇女的孕期体重应进行个体化护理和临床评估,希望体重增加不超过推荐量范围,而且不影响胎儿正常生长发育,这关系到子代一生的健康。关于妊娠期体重增加的指南详见第四章第二节孕妇管理和生活指导。

四、剖宫产后阴道试产的管理

1. 剖宫产后阴道试产（trial of labor after cesarean delivery，TOLAC）的医疗资源要求：由于无法预测 TOLAC 时子宫破裂及其他并发症风险，因此只有在医疗单位具备紧急救护的能力下才能进行 TOLAC。对于实施 TOLAC 的医疗资源应该有如下保证：24h 产科医生、24h 新生儿医师、产程中持续行胎心监护、产房具有剖宫产手术室、24h 麻醉医师。医生必须要充分考虑可利用的所有资源，如果没有外科、麻醉和护理的支持，必须将患者转运至其他有能力的救治中心才能考虑开展 TOLAC。

2. 决定 TOLAC 时，产程中应进行持续的电子胎心监护，严密观察产程进展，当产程进展缓慢，出现宫缩及胎头下降的异常，应警惕子宫破裂及头盆不称，当怀疑子宫瘢痕裂开或破裂时，不建议行阴道检查探查宫腔，避免使不完全裂开的瘢痕完全穿透而破裂，应首选超声检查，放宽再剖宫产指征。

五、高危儿的监测管理

各种高危妊娠对围产儿的影响主要表现为胎儿宫内慢性或急性缺氧，因此监测应主要集中于胎儿宫内安危的监测上。迄今没有一种监测方法足以有效识别胎儿宫内慢性缺氧，也没有一种综合的方法足以指导临床处理。目前普遍认为胎儿慢性宫内缺氧至恶化的顺序依次为脐动脉血流波型改变、大脑血流重新分布、脐静脉早期改变、呼吸运动减少，然后羊水量开始减少、电子胎心监测变异减少；最终表现为脐动脉断流甚至反流、脐静脉异常波、胎动异常、肌张力低，而胎儿心动过缓（胎儿心律失常除外）则是终末事件。尽管尚未有统一的实践标准对高危儿进行监测和处理，但普遍共识是：应用胎儿生长和脐动脉多普勒指标，结合电子胎心监护、胎儿生物物理评分以及其他多普勒研究，综合评估胎儿宫内情况。临床上应特别强调孕妇要自数胎动监测。对有早产史者应注意，有早产先兆及拟行医源性早产者应给予糖皮质激素促胎肺成熟（<35 周）、硫酸镁（<32 周）保护胎儿神经系统治疗。

六、终止高危妊娠的时机

要全面考虑母体、胎儿利益的平衡，选择合适的分娩时机和分娩方式。一般高危妊娠应根据具体情况适当提前终止妊娠，不宜逾 40 周。高危妊娠虽然增加了剖宫产的概率，但如果妊娠合并症或并发症控制良好，产程监测良好，阴道分娩是安全的。产程中密切监测母亲和胎儿情况，适时人工破膜，尽量缩短第二产程，注意预防产后出血。加强多学科合作，新生儿科医生陪伴分娩，做好新生儿复苏准备，早产儿在不影响复苏和充分保暖的情况下可延迟断脐 60s，高危儿出生经评估后，必要时可转诊至新生儿科进一步诊治。

七、助产要点

（一）评估和监测

通过病史和定期的孕期检查，尽早筛出高危因素，做好健康教育，动态监测妊娠发展动向。

1. **健康史**　详细询问年龄、疾病史、孕产史、用药史、对胎儿有害物质接触史等，识别高危因素。

2. **心理评估**　高危孕妇在妊娠的早期常担心流产或胎儿异常，有流产史的孕妇可因前次妊娠的失败而对此次妊娠产生恐惧；部分孕妇由于需要休息保胎而停止工作，产生烦躁不安；有妊娠期并发症或合并症的孕妇往往会因自己的健康与维持妊娠相矛盾而有焦虑、无助感；也有些已明确诊断为不良妊娠结局的孕妇因不可避免的流产、死产、死胎、胎儿畸形等而产生悲哀和失落。因此，需认真评估高危孕妇的应对机制、心理承受能力及社会支持系统。

3. **身体评估**

（1）体格检查：了解身高、步态、体重；测量血压、宫高、腹围；询问有无并发症的相应症状，如头痛、头晕、眼花、皮肤瘙痒、恶心、呕吐等。妊娠合并心脏病的孕妇须评估心率、心律、心脏杂音及心脏功能。

（2）听胎心、计数胎动，判断胎位，明确孕周，必要时阴道检查了解骨盆情况；对于已经破膜的孕妇需观察羊水量、性状及颜色。

(3)辅助检查：包括实验室检查、心电图检查、产前超声检查、电子胎心监护、胎儿超声心动图等。对于存在反复孕中期流产史、早产史、宫颈手术史等高危因素者，在孕早、中期进行宫颈评估（超声检测宫颈长度）和胎儿纤维连接蛋白（fFN）检测。

4. 加强监测

(1)产前监测：孕妇和胎儿的健康状况，测量孕妇的血压、体重、宫高、腹围；观察有无水肿、腹痛，活动的耐受力，有无阴道流血流液和胎儿缺氧的症状和体征；监测胎心率、胎方位和胎盘功能；综合评估能否耐受阴道分娩或需要剖宫产结束妊娠。发现异常情况及时报告医生并记录处理经过。

(2)产时监测：胎心率、宫缩和产程进展情况，破膜后观察羊水的颜色、性质和量，出现胎儿窘迫的先兆时，须改变母体姿势、吸氧，立即通知医生，监测母儿安全的同时，做好分娩和抢救新生儿的准备。

(3)产后观察：产妇和高危儿的生命体征，产妇的会阴或腹部切口恢复情况，有无产后出血或子痫发作等情况，观察新生儿的喂养情况；告知产后母亲和新生儿健康检查的时间和内容，对有妊娠合并症者做好相关的随访指导。

(二) 教育与支持

1. 指导育龄妇女进行孕前咨询。

2. 指导孕妇定期进行产前检查，针对性地进行产前诊断与筛查。对于高危孕妇及其家属给予个性化的孕期保健知识宣教。

3. 妊娠期妇女的健康和营养状况对胎儿的生长发育至关重要，卫生保健人员应在孕妇首次产检时确定其 BMI，在首次产检及孕期定期检查时对其饮食、运动及孕期体重做出相应的指导和监测。可在营养科医生指导下对高危孕妇提供健康和合理饮食的指导，保证摄入足够的热量，丰富的蛋白质、脂肪、糖类、微量元素和维生素、铁、钙，同时注意避免营养过剩。

4. 对产妇进行有关产褥期及新生儿护理相关知识宣教。

(三) 处理与配合

1. 协助筛查及管理 高危妊娠孕产妇通过孕期保健和多种监护手段，及早发现母儿情况的变化，并协助医师治疗和处理，进行系统管理。一方面最大限度地降低由于维持妊娠对母体的负担和对健康所造成的不良影响；另一方面尽可能减少高危儿的发生率。通过合理增加孕妇营养和休息，改善胎盘循环功能，及时发现并处理急、慢性胎儿宫内缺氧，及时发现并处理胎儿生长受限，适时终止妊娠、结束分娩，密切监测产程中有无胎儿缺氧。

2. 高危妊娠终止时机 要全面考虑母亲、胎儿利益的平衡，分娩前做好母儿的抢救准备工作，分娩时需有新生儿科医生在场，备好暖箱，抢救物品及药品，协助完成新生儿复苏抢救。高危儿出生后经评估，必要时转诊至新生儿科。

知 识 拓 展

胎盘成熟度与孕周关系

根据胎盘基底膜、绒毛膜板及胎盘实质的超声图像变化，将胎盘成熟度分为 0～Ⅲ级，以此间接判断胎儿成熟度。

正常妊娠时孕周、胎儿生长发育与胎盘成熟度以平行速度进展；而高危妊娠时，如妊娠高血压综合征、胎儿宫内发育迟缓、妊娠合并糖尿病等时，三者不相平行，表现在足月妊娠仍为Ⅰ级胎盘，同样在妊娠末期也仅有 20%～25% 的胎盘为Ⅲ级胎盘。

(张 平)

思 考 题

1. 阐述胎儿成熟度的检测方法及参考值。

2. 某女士,40 岁。停经 62d,自测尿 hCG 阳性,前来产检。6 年前行剖宫产娩一活女婴,无其余病史。入院检查:体重 72kg,身高 158cm,BP 150/90mmHg。

请思考:

(1)该孕妇属于高危妊娠吗? 存在哪些高危妊娠因素?

(2)为确定诊断应如何进行检查?

(3)如何进行医护合作?

第十四章

异 常 分 娩

14章 数字内容

学 习 目 标

- 知识目标：
1. 掌握分娩四因素在正常分娩中的作用；异常分娩的原因及处理原则。
2. 熟悉头位难产的种类、临床表现及处理原则；产力异常的临床表现，观察和调节子宫收缩的方法；熟悉骨产道各平面狭窄的临床表现及处理原则。
3. 了解臀、肩、复合先露的临床表现及处理原则。
- 能力目标：
能运用所学知识对产程中异常情况进行识别、管理及监护。
- 素质目标：
具有尊重、爱护母婴，保护孕产妇的职业精神。

分娩是产妇的产力、产道、胎儿及精神心理四个因素动态适应的过程,任何因素发生异常或四个因素间不能相互适应,使分娩进程受阻,称异常分娩(abnormal labor),又称难产(dystocia)。异常分娩的原因包括:产力异常、产道异常、胎位异常和精神心理异常,临床上常以产程进展缓慢、产程停滞或延长为特征,可导致分娩期母儿并发症的增加,甚至直接危及母儿生命。对产程异常及时识别、准确判断,并适时、恰当地正确处理是保障母儿安全、改善妊娠结局的关键。

第一节　异常分娩概述

分娩动态过程中的产力、产道、胎儿及产妇精神心理因素中任何一种或多种因素发生异常,均可导致异常分娩。关键在于及时、准确地识别产程中异常情况,适时恰当地处理,以减少母儿并发症。分娩过程中各因素彼此适应,需要整体评估,维持动态平衡。

【临床表现及分类】

1. 临床表现

(1)母体方面情况:产程延长可使产妇烦躁不安、乏力、进食减少。检查可见口干唇裂、齿垢舌苔黄厚,甚至伴有体温升高;严重者可出现肠胀气或尿潴留。产力异常时,在宫缩高峰指压宫底部肌壁可出现凹陷或子宫收缩过强、过频;宫颈水肿或宫颈扩张缓慢、停滞;胎先露部下降延缓或于宫缩时胎先露部不下降。严重时,子宫下段极度拉长,出现病理缩复环并伴疼痛。

(2)胎儿方面情况

1)胎头水肿或血肿:产程延长或停滞时,胎头先露部位软组织长时间受到产道挤压,出现胎头水肿(即产瘤);或胎头被挤压,牵拉使骨膜下血管破裂,发生头颅血肿。

2)胎儿颅骨缝过度重叠:分娩过程中,颅骨缝轻度的重叠使头颅变形,缩小体积,有利于胎头娩出。但当骨产道相对狭窄,产程延长时,胎儿颅骨缝可能会过度重叠,提示明显的头盆不称(cephalopelvic disproportion,CPD)。头盆不称包括因骨盆狭窄,或骨盆结构正常但胎儿过大、胎方位异常等致使骨盆和胎头在分娩过程中不能相互适应的状况。

3)胎儿窘迫:产程延长,尤其是第二产程的延长易出现胎儿窘迫。

(3)产程时限异常:常见6种情况,可单独存在也可并存。

1)潜伏期延长(prolonged latent phase):初产妇>20h,经产妇>14h。规律宫缩至宫颈口扩张5cm为潜伏期。

2)活跃期停滞(arrested active phase):破膜子宫颈口扩张 ≥5cm 后,宫缩正常,子宫颈口扩张 ≥4h;宫缩欠佳,子宫颈口扩张 ≥6h。

3)第二产程延长(protracted second stage):第二产程无进展,初产妇>3h,经产妇>2h(硬膜外麻醉镇痛分娩初产妇>4h,经产妇>3h)。

4)胎头下降延缓(protracted descent):第二产程时,胎头下降最快,当初产妇<1.0cm/h,经产妇<2.0cm/h 应当重新评估。

5)胎头下降停滞(arrested descent):第二产程时,胎头停留在原处不下降>1h。

6)滞产(prolonged labor):总产程超过24h。

2. 分类

(1)产力异常:子宫收缩力及辅助收缩力(腹壁肌及膈肌收缩力和肛提肌收缩力)异常,包括子宫收缩乏力(协调性子宫收缩乏力及不协调性子宫收缩乏力)导致产程延长或停滞;子宫收缩过强(协调性子宫收缩过强及不协调性子宫收缩过强)引起急产或严重的并发症。

(2)产道异常:骨产道及软产道异常。骨产道狭窄多见,导致产力异常或胎位异常,过度狭窄,即使正常大小的胎儿也难以通过;软产道异常也有可能导致异常分娩。

（3）胎儿异常：胎位异常（头、臀及肩先露等）及胎儿过大。

【处理原则】

临产后绘制产程图，密切观察产程进展，出现产程异常，积极寻找原因并做出相应的处理。异常分娩处理原则：产前预测，产时认真观察，针对原因及时决断。出现产程异常，须评估子宫收缩力、胎儿大小与胎位、骨盆狭窄状况以及头盆是否相称等，综合判断决定分娩方式。

1. **有条件经阴道分娩**　无明显的头盆不称、胎位异常及其他阴道分娩的产科禁忌证，应给予充分试产（图 14-1）。

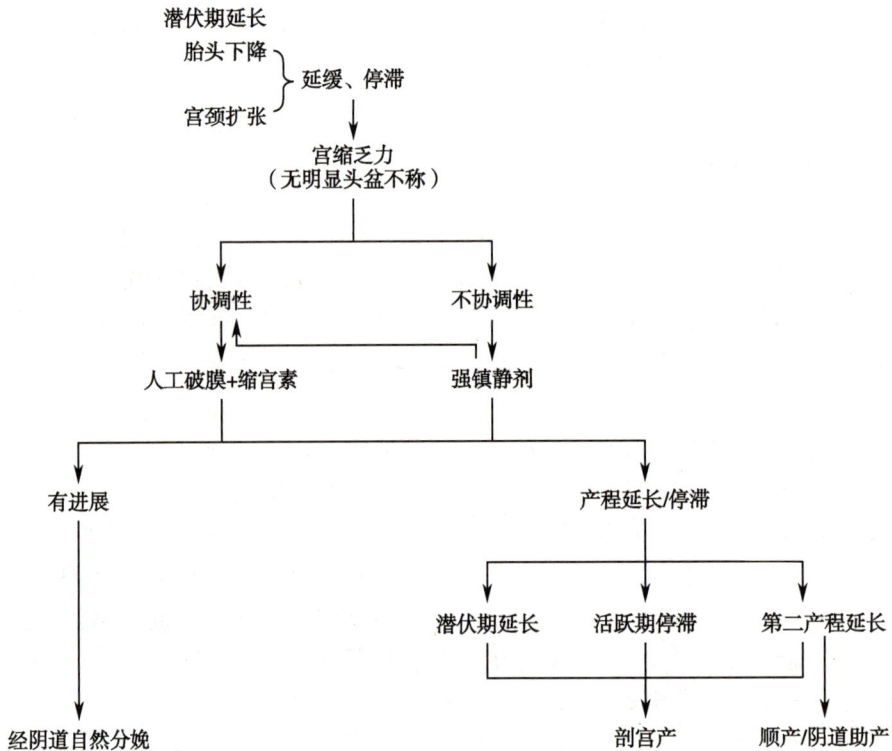

图 14-1　异常分娩的处理示意图

（1）潜伏期延长：精确确定临产的时间，疑有潜伏期延长时，给予哌替啶 100mg 或地西泮 10mg 静脉推注，假临产者宫缩消失，多数潜伏期宫缩乏力经充分休息后自然进入活跃期。破膜者给予缩宫素静脉滴注 12~18h，产程无进展，表明引产失败。无头盆不称及可疑胎儿窘迫、产程（包括宫口扩张及先露下降的评估）有进展但缓慢的第一产程，不作为剖宫产指征。

（2）活跃期停滞：无头盆不称，可行人工破膜，并给予缩宫素静脉滴注，维持有效宫缩（持续40~50s，间隙 2~3min，宫缩时宫腔压力达 50~60mmHg），监测胎心率及产程进展。发现胎位异常，可指导产妇改变体位促进胎头旋转，必要时可手转胎头矫正胎位。若发现头盆不称，应及时行剖宫产术。

（3）第二产程延长：依据产力、胎位及胎心率等综合因素决定分娩方式，避免第二产程延长。胎头下降延缓或停滞时，应立即行阴道检查，查清胎方位及有无骨盆狭窄，更应注意胎头颅骨重叠程度、胎先露部位置，有无产瘤及复合先露等，警惕头盆不称。指导产妇宫缩时加腹压用力或静脉滴注缩宫素，缩短第二产程。当为持续性枕横位或枕后位时，可徒手转至枕前位。若胎头下降至 ≥+3 时，可行产钳或胎头吸引器阴道助产；若经处理后，胎头下降无进展，胎头位置 ≤+2，应行剖宫产。

2. **经阴道分娩困难**　产程中察觉明显头盆不称、胎头高直后位、前不均倾位、颏后位及额先露等,应立即终止阴道试产,改行剖宫产术。骨盆出口狭窄或胎儿过大,明显头盆不称或肩先露、臀位足先露,均行择期剖宫产术。产力异常有病理缩复环,无论胎儿是否存活,抑制宫缩并尽早行剖宫产。

第二节　产力异常

产力指将胎儿及其附属物从子宫逼出的力量,包括子宫收缩力(宫缩)、腹肌及膈肌收缩力(统称"腹压")和肛提肌收缩力。其中子宫收缩力是最重要的产力,具有节律性、对称性、极性和缩复作用的特点。任何原因导致的子宫收缩的节律性、对称性及极性不正常或强度、频率异常,均称为子宫收缩力异常,简称产力异常(abnormal uterine action)。产力异常可分为子宫收缩乏力及子宫收缩过强,每类又有协调性和不协调性之分。

一、子宫收缩乏力

导入情境与思考

某孕妇,32岁。孕1产0,因"停经40周,下腹痛5h"收入院。入院后产科检查:宫高33cm,腹围102cm,宫缩40~45s/3~4min,宫口开4cm,头先露,LOT,S-1,胎膜已破,羊水清;4h后再次检查,宫缩:10~20s/5~8min,宫缩高峰时孕妇疼痛不剧烈,宫缩间歇期子宫壁可完全放松。胎心监测正常。阴道检查:头先露,S=0,LOT,未及明显产瘤,宫口开5cm,羊水清。

请思考:

1. 该孕妇产程进展顺利吗?应如何干预?
2. 该阶段的助产要点是什么?

【病因】

子宫收缩乏力与子宫肌源性、精神源性及激素调节的同步化程度等相关,常由多种因素引起,常见的原因如下:

1. **头盆不称或胎位异常**　胎儿先露不能紧贴子宫下段及宫颈内口,影响内源性缩宫素释放及反射性子宫收缩。

2. **子宫肌源性因素**　任何影响子宫肌纤维正常收缩能力的因素,如子宫发育不良、子宫畸形(如双角子宫等)、子宫纤维过度伸展(如双胎、巨大胎儿、羊水过多等),经产妇、高龄产妇或子宫肌瘤等,均能引起子宫收缩乏力。

3. **内分泌失调**　临产后产妇体内缩宫素、前列腺素及乙酰胆碱合成及释放不足,或缩宫素受体量少,以及子宫对宫缩物质的敏感性降低,胎儿、胎盘合成与分泌硫酸脱氢表雄酮量较少,致使宫颈成熟度欠佳,均可直接或间接导致子宫收缩乏力。

4. **精神心理因素**　产妇精神心理障碍,恐惧分娩,紧张、焦虑,导致疲乏、体力消耗、水电解质紊乱。

5. **药物**　在产程早期使用大剂量解痉、镇静、镇痛剂及宫缩抑制剂,硬膜外麻醉镇痛分娩。

【临床表现及分类】

1. **协调性子宫收缩乏力**(hypotonic uterine inertia)　又称低张性子宫收缩乏力,子宫收缩有节律性、对称性及极性,但收缩力弱。致使产程延长,甚至停滞。

根据发生时期分为原发性宫缩乏力和继发性宫缩乏力。①原发性宫缩乏力:指产程一开始就出现。②继发性宫缩乏力:指产程开始正常,进入活跃期后强度转弱,使产程延长或停滞,多伴有胎位或骨盆的异常。

2. **不协调性子宫收缩乏力**（hypertonic uterine inertia） 又称高张性子宫收缩乏力,指宫缩失去对称性、节律性,尤其是极性,无向下合力,属于无效宫缩,产妇有持续性腹痛及静息宫内压升高,胎先露不下降,宫口不扩张。协调性与不协调性子宫收缩乏力的鉴别要点,见表14-1。

表 14-1　协调性与不协调子宫收缩乏力的鉴别要点

鉴别要点	协调性宫缩乏力	不协调性宫缩乏力
发生时间	活跃期居多	潜伏期居多
宫缩特点	宫缩规律,有对称性及极性,宫缩间歇时子宫放松,收缩时子宫不坚硬	宫缩不协调,宫缩失去极性,宫缩间歇时子宫不放松
产妇状态	产妇痛苦少,消耗症状轻	产妇痛苦大,消耗症状重
胎儿窘迫	出现晚,程度轻	出现早,程度重
治疗效果	缩宫素静脉滴注后宫缩增强	强镇静剂应用后宫缩转为规律

【对母儿的影响】

1. **对母体的影响**　宫缩乏力导致产程异常,原发性宫缩乏力常致潜伏期延长,继发性宫缩乏力常致第一及第二产程延长。体力消耗和过度换气,产妇精神疲惫、全身乏力,严重者引起脱水、酸中毒或低钾血症,增加剖宫产率及阴道助产率。第二产程产道受压过久致产后尿潴留,甚至尿瘘或粪瘘、产后出血和产褥感染率增加。

2. **对胎儿的影响**　宫缩乏力导致产程延长,对胎头及脐带的压迫时间长,同时不协调性宫缩乏力时不能完全放松,影响子宫胎盘循环,胎儿窘迫的风险增加;由于手术助产率增高,新生儿产伤、窒息、颅内出血及吸入性肺炎等增加,入住 NICU 概率高。

【预防】

1. 加强产前教育,了解分娩过程,避免恐惧心理。进入产程后重视消除产妇不必要的思想顾虑和恐惧心理,避免情绪性难产。

2. 处理好第一产程,注意检查有无头盆不称。注意待产过程中的饮食、休息与排泄护理。

【处理原则】

1. **协调性子宫收缩乏力**　无论是原发性宫缩乏力还是继发性宫缩乏力,首先及时查找原因,排除头盆不称,产道狭窄,胎位异常等因素后,方可针对病因,采取措施加强宫缩。

2. **不协调性子宫收缩乏力**　调节子宫收缩,尝试恢复子宫收缩的节律性、对称性和极性,变不协调为协调,然后按协调性子宫收缩乏力处理,但在恢复为协调性宫缩之前,严禁使用缩宫素。

【助产要点】

（一）评估和监测

1. **评估产妇情况**　评估产前检查的一般资料,了解产妇身体发育状况、身高、骨盆情况等;既往疾病史,尤其是妊娠分娩史。临产后评估产妇的生命体征、精神状态,产妇的休息、进食及排泄情况。

2. **评估胎儿情况**　评估胎儿大小、胎位、头盆关系以及胎心情况。

3. **密切观察病情**　观察宫缩的节律性、强度及频率,识别协调性与不协调性宫缩乏力。同时行阴道检查,了解宫颈口的扩张情况、长度、软硬程度、位置及胎先露部的位置。临床上常用 Bishop 评分法了解宫颈成熟度,判断引产和加强宫缩的成功率,满分为 13 分,≥10 分均成功,7~9 分的成功率为 80%,4~6 分成功率为 50%,≤3 分多失败,详见第五章第五节先兆临产及临产。

（二）教育与支持

1. 健康教育　①加强产前及产时健康教育:讲解分娩相关知识,增强其对分娩的正确认知与信心,消除不必要的思想顾虑和恐惧心理。②分娩指导:开展陪伴分娩,根据产妇的舒适度实施减痛分娩措施,有助于消除产妇的紧张情绪,可预防情绪紧张所致的宫缩乏力。及时排空大小便,避免继发性子宫收缩乏力的发生。③饮食指导:分娩期鼓励进食,如粥、汤、水果等,活跃期鼓励进食流质饮食;有剖宫产手术可能的产妇,应严格禁食、禁饮,并建立静脉通道。

2. 一般护理　①指导其休息,鼓励产妇进食易消化、高热量食物。必要时应根据医嘱给予静脉输液,纠正电解质紊乱和达到酸碱平衡。②保持膀胱和直肠呈空虚状态,自行排尿有困难者,先行诱导排尿,无效时应予导尿。③指导舒适体位,配合呼吸和按摩等放松技巧,以减轻分娩疼痛和促进产程进展。

3. 心理支持　提倡一对一的陪伴分娩,加强沟通,消除产妇对分娩的顾虑和紧张情绪,增加对分娩的信心。

（三）处理与配合

1. 协调性子宫收缩乏力　不论是原发性还是继发性,首先应寻找原因,检查有无头盆不称与胎位异常,阴道检查了解宫颈扩张和胎先露部下降情况。若发现有头盆不称或胎位异常,估计不能经阴道分娩者,应及时行剖宫产术;估计能经阴道分娩者,应采取加强宫缩的措施。

（1）第一产程

1）一般护理:①保证休息。关心和安慰产妇,消除精神紧张和恐惧心理。产程时间长、产妇过度疲劳或烦躁不安者按医嘱给镇静剂,如哌替啶 50~100mg 肌内注射,使其休息后体力得以恢复,从而子宫收缩力得以恢复,镇痛效果不好者可以应用分娩镇痛。②鼓励产妇进食易消化、高热量食物,液体和热量摄入不足者应给予静脉输液,纠正电解质紊乱和达到酸碱平衡。

2）加强子宫收缩:经上述措施 2~4h 后仍宫缩乏力,且排除头盆不称、胎位异常和骨盆狭窄,无胎儿窘迫,产妇可按医嘱使用下列方法加强宫缩。①刺激乳头,牵拉乳头可加强宫缩。②人工破膜,宫口开大 ≥3cm,无头盆不称、胎头已衔接而产程延缓者,可行人工破膜。破膜后,胎头直接紧贴子宫下段及宫颈内口,引起反射性子宫收缩,加速产程进展。破膜前必须检查有无脐带先露,破膜应在宫缩间歇期进行。破膜后术者手指应停留在阴道内,经过 1~2 次宫缩待胎头入盆后,术者再将手指取出,以免脐带脱垂,同时观察羊水量、性状及胎心变化。破膜后 1h 宫缩仍不理想,可用缩宫素静脉滴注加强宫缩。③静脉滴注缩宫素,适用于协调性宫缩乏力、胎心良好、胎位正常、头盆相称者,但瘢痕子宫者慎用。方法:缩宫素应从小剂量开始,将缩宫素 2.5U 加入乳酸钠林格注射液 500ml 中,用 7 号针头静脉滴注,以每毫升 15 滴计算相当于每滴液中含有 0.33mU 缩宫素,开始滴速为 4~5 滴/min（即 1~2mU/min）,根据宫缩强度进行调整,调整的间隔为 15~30min,逐渐调至有效剂量（宫缩间歇 2~3min,每次宫缩持续 40s 以上）。因为缩宫素的血浆半衰期为 1~6min,用药后 20~40min 可达到血浆稳态浓度,因此,增加剂量以 1~2mU/min 为宜,最大给药剂量通常不应超过 20mU/min,维持宫缩时宫腔内压力达 50~60mmHg,宫缩间隔 2~3min,持续 40~60s。对于不敏感者,可酌情增加缩宫素给药剂量。

3）剖宫产术准备:有明显头盆不称,或经上述处理,试产 2~4h 产程仍无进展或出现胎儿窘迫征象,产妇体力衰竭等,应做好剖宫产准备。

（2）第二产程:若无头盆不称,于第二产程期间出现宫缩乏力时,也应加强宫缩,给予缩宫素静脉滴注促进产程进展。若胎头双顶径已通过坐骨棘平面,等待自然分娩并做好阴道助产和新生儿抢救的准备工作。若胎头仍未衔接或出现胎儿窘迫征象时,应行剖宫产术。

（3）第三产程:为预防产后出血,当胎儿前肩娩出时,给予缩宫素 10~20U 静脉滴注或肌内注射,加强子宫收缩,促使胎盘剥离与娩出及子宫血窦关闭。若出血量较大,也可以使用卡贝缩宫素、麦角新碱、前列腺素制剂等加强宫缩。在产后 2h 内,每 15~30min 按压宫底 1 次,密切观察子宫收缩、阴道出血情况及生命体征的各项指标。

2. 不协调性子宫收缩乏力 助产士应关心、安慰、鼓励产妇,耐心细致向产妇解释疼痛原因,帮助产妇分散注意力,指导产妇使用呼吸、按摩等放松技巧,多数产妇能恢复为协调宫缩。若宫缩仍不协调,给予镇静剂哌替啶 100mg 肌内注射或应用分娩镇痛,使产妇充分休息。若经上述处理,不协调性宫缩未能得到纠正,或出现胎儿窘迫征象,或伴有头盆不称和胎位异常,应做好剖宫产术和抢救新生儿的准备工作。

二、子宫收缩过强

导入情境与思考

某孕妇,27 岁。孕 1 产 0,因"停经 39 周,阴道流液 30min"收入院。入院后产科检查:宫高 32cm,腹围 100cm,宫缩 40~45s/2min,宫口开大 5cm,头先露,LOT,S=0,胎膜已破,羊水清;1h 后再次检查,宫缩:50~60s/1~2min,胎心监测示频发变异减速及早期减速。阴道检查:头先露,S+2,LOA,未及明显产瘤,宫口开全,羊水清。

请思考:
1. 该孕妇产程进展顺利吗? 应如何干预?
2. 该阶段的助产要点是什么?

【临床表现及分类】

子宫收缩过强(uterine overcontraction)包括协调性子宫收缩过强和不协调性子宫收缩过强(图 14-2)。

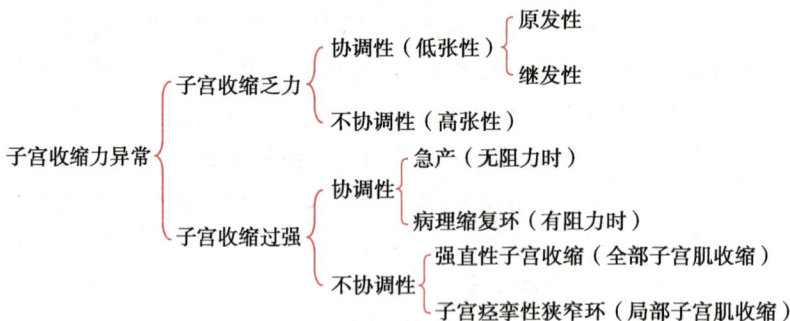

图 14-2　子宫收缩力异常的分类

1. 协调性子宫收缩过强 子宫收缩的节律性、对称性及极性均正常,仅收缩力过强、过频(10min 内 ≥ 5 次)。若无产道梗阻,可使总产程 < 3h,称为急产(precipitate delivery)。若存在产道梗阻或瘢痕子宫,可发生子宫破裂。

2. 不协调性子宫收缩过强 临床表现多为子宫痉挛性狭窄环(constriction ring of uterus)和强直性子宫收缩(tetanic contraction of uterus)。

(1)子宫痉挛性狭窄环:子宫局部平滑肌呈痉挛性不协调性收缩形成环形狭窄,持续不放松。狭窄环常见于子宫上下段交界处及胎体狭窄部,如胎儿颈部。产妇有持续性腹痛,烦躁不安,宫颈扩张缓慢,胎先露部下降停滞,胎心率异常,第三产程常造成胎盘嵌顿(placental incarceration),手取胎盘时在宫颈内口上方直接触到此环(图 14-3)。

(2)强直性子宫收缩:多见于宫缩剂使用不当。子宫收缩无节律性,呈持续性强直性收缩。产妇因持续性腹痛常有烦躁不安、腹部拒按,查不清胎位,胎心听不清。若合并产道梗阻,可出现病理性缩复环、血尿等子宫破裂先兆的表现。

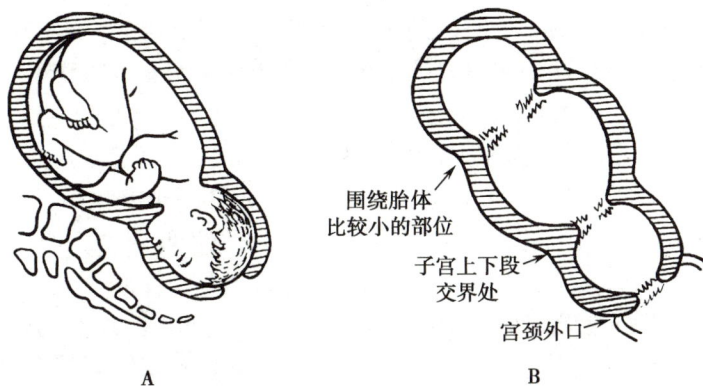

图 14-3　子宫痉挛性狭窄环
A.狭窄环围绕胎颈;B.狭窄环容易发生的部位。

【对母儿的影响】

1. **对母体的影响**　协调性子宫收缩过强可致急产,强直性子宫收缩,宫腔内压力增高,有羊水栓塞的风险。急产和强直性子宫收缩还可造成软产道裂伤。不协调性子宫收缩过强形成子宫痉挛性狭窄环,可导致胎盘嵌顿,产程延长及停滞,产后出血、产褥感染及手术产的机会增多。

2. **对胎儿的影响**　急产及强直性子宫收缩使子宫胎盘血流减少,子宫痉挛性狭窄环使产程延长,均可导致胎儿窘迫及新生儿窒息,严重者发生死胎及死产。

【处理原则】

以预防为主,有急产史(包括家族有急产者)应提前入院,临产后要规范应用缩宫药物及人工破膜等处理措施。强直性子宫收缩时,应立即停用宫缩制剂,必要时使用宫缩抑制剂,密切关注胎心变化,等待自然分娩或经阴道手术助产,发现异常尽早行剖宫产。

【助产要点】

(一)评估和监测

1. **评估产妇情况**　查看产妇产前检查结果,有无骨盆异常、妊娠并发症等。评估临产时间及用药情况。经产妇需了解有无急产史。

2. **评估胎儿情况**　评估胎儿大小、胎位情况以及头盆关系。

3. **密切观察病情**　观察宫缩强度、频率、宫口扩张、胎先露下降及胎心情况等。当出现宫缩过强时,若产道无梗阻,则产程进展快,胎头下降迅速;若产道梗阻,可在腹部见有一环状凹陷,即病理性缩复环,此时子宫下段很薄,出现压痛明显、尿潴留及血尿等先兆子宫破裂的征象。

(二)教育与支持

1. **健康教育**　有急产史的孕妇,应提前住院待产。指导产妇应用减痛技巧,增加舒适感。产时指导产妇与助产士密切配合,减少产时母胎并发症的发生。

2. **减轻产妇疼痛**　分散产妇注意力,实施镇痛分娩以减轻疼痛,稳定产妇情绪。指导产妇改变体位,增加舒适感,缓解宫缩疼痛。

3. **心理支持**　陪伴产妇,积极与产妇进行沟通,向产妇解释疼痛的原因以及产程进展的情况,以

Note:

减少产妇的恐惧和焦虑。

(三) 处理与配合

1. 协调性子宫收缩过强

(1)产前护理:嘱孕妇勿远离病房,有产兆者注意评估宫缩情况、观察产程进展情况及胎心情况,预防急产的发生。嘱其侧卧位休息,不要过早向下屏气用力,并迅速做好接产准备及新生儿抢救准备,需解大小便时,先行阴道检查,判断宫口扩张及胎儿先露下降情况,以防意外。

(2)分娩期护理:评估产力,提前做好接产准备,接产时注意指导产妇正确使用腹压,控制胎头娩出速度,防止软产道及会阴的严重裂伤。如胎膜未破,包裹胎儿一并娩出(称包膜儿),应立即破膜,以防新生儿发生吸入性肺炎;及时发现软产道裂伤并予缝合,新生儿按医嘱给予维生素 K_1 10mg 肌内注射,预防新生儿颅内出血;如产道阻力大或存在头盆不称,则可能导致子宫破裂,应立即停用缩宫素,遵医嘱迅速给予解痉、镇静药物,尽快手术结束分娩。

(3)产后护理:严密观察子宫复旧、会阴伤口、阴道出血等情况。因急产导致院外分娩者,应严格无菌处理脐带,并尽早给母儿各注射破伤风抗毒素 1 500U,同时给予抗生素预防感染。如新生儿出现意外,应协助产妇及家属顺利度过哀伤期。

2. 不协调性宫缩过强

(1)积极寻找原因,停止一切刺激,如禁止阴道内操作、停用缩宫素。

(2)按医嘱应用宫缩抑制剂。若无胎儿宫内窘迫,可给予镇静剂如哌替啶 100mg 肌内注射(适用于 4h 内胎儿不会娩出者),消除异常宫缩后,可行阴道助产或等待自然分娩。如不能缓解,宫口未开全,胎先露高浮,或出现胎儿窘迫,应立即做好剖宫产的术前准备。

第三节 产道异常

产道异常包括骨产道及软产道异常,以骨产道异常多见。

一、骨产道异常

导入情境与思考

某初产妇,29 岁。因"停经 39 周,下腹痛 10h,阴道流液 2h"入院。入院后产科检查:宫高 33cm,腹围 96cm,骨盆内测量无异常。宫缩:30~40s/3~4min;胎心监护Ⅰ类。阴道检查:坐骨棘间径约 10.0cm,坐骨切迹宽度稍窄约 3.5cm。头先露,LOP,S-1,宫口开大 6cm,上推胎头可见清亮羊水自阴道流出,胎头顶部可触及 1cm×1cm 的小产瘤,胎儿颅缝无重叠。医生嘱产妇取胎背对侧方向(即右侧)侧卧,继续阴道试产。

请思考:

1. 该产妇产程中存在何种异常? 应如何处理?

2. 该产妇的助产要点是什么?

当骨盆腔容积小于胎先露部可通过的限度,称为狭窄骨盆(pelvic contraction)。其包括骨盆形态及径线异常,可以是一个或多个径线或平面狭窄。原因可为先天发育异常、出生后营养不良、疾病及外伤等。

【临床表现及分类】

1. **骨盆入口平面狭窄(contracted pelvic inlet)** 前后径狭窄最常见,为扁平型骨盆。临床上常出现以下表现:

(1)胎先露及胎方位异常:异常胎位发生率(臀、肩先露等)为正常骨盆的 3 倍以上。初产妇临产前后,胎头迟迟不入盆,检查胎头跨耻征阳性。第一产程胎头常呈不均倾位或仰伸位入盆。

(2)产程进展异常:骨盆入口平面狭窄常见潜伏期及活跃期早期产程延长。充分试产(宫口扩张6cm 以上)胎头衔接则后期产程进展顺利。绝对性头盆不称时,常导致宫缩乏力及产程停滞。

(3)其他:头盆不称产妇胎膜早破发病率增高,脐带脱垂风险是正常产妇的 4~6 倍。偶有狭窄骨盆伴有宫缩过强,产道梗阻使产妇腹痛拒按、排尿困难,甚至尿潴留,检查可见宫颈水肿,甚至出现病理缩复环、肉眼血尿等,继而发生子宫破裂。

2. 中骨盆平面狭窄(contracted midpelvis) 主要见于男型骨盆及类人猿型骨盆,以坐骨棘间径及中骨盆后矢状径狭窄多见。临床上常出现以下表现:

(1)胎方位异常:中骨盆横径狭窄致使胎头内旋转受阻,多见持续性枕后/横位。

(2)产程异常:持续性枕后/横位可使第二产程延长,胎头下降延缓与停滞。

(3)其他:继发性宫缩乏力,胎头强行通过中骨盆以及手术助产、矫正胎方位等时易发生胎儿颅内出血、头皮血肿等,可导致严重的软产道损伤。中骨盆严重狭窄、宫缩又较强,也可发生子宫破裂。

3. 骨盆出口平面狭窄(contracted pelvic outlet) 多见于男型骨盆,常与中骨盆平面狭窄并存,以坐骨结节间径及骨盆出口后矢状径狭窄为主(表 14-2)。可导致继发性宫缩乏力及第二产程停滞,胎头双顶径不能通过骨盆出口。骨盆侧壁内收及骶骨平直,坐骨切迹<2 横指、耻骨弓角度<90°,称漏斗型骨盆(funnel shaped pelvis),见图 14-4。

4. 骨盆三个平面狭窄 属女型骨盆,骨盆三个平面各径线均比正常值小 2cm 或更多,称均小骨盆(generally contracted pelvis),见图 14-5。

表 14-2　骨产道狭窄的分类

特点、判断标志及分级		骨盆入口平面狭窄	中骨盆平面狭窄	骨盆出口平面狭窄
特点		扁平型骨盆最常见,以骨盆入口平面前后径狭窄为主	多见于男型骨盆及类人猿型骨盆	常与中骨盆平面狭窄伴行,常见于男性骨盆
判断标志		骶耻外径、对角径及骨盆入口前后径	骨棘间径、坐骨棘间径与坐骨切迹宽度之和	坐骨结节间径及坐骨结节间径与骨盆后矢状径之和
I级	临界性狭窄	骶耻外径 18cm 对角径 11.5cm 骨盆入口前后径 10cm	坐骨棘间径 10.0cm 坐骨棘间径与坐骨切迹宽度之和 13.5cm	坐骨结节间径 7.5cm 坐骨结节间径与骨盆后矢状径之和 15cm
II级	相对性狭窄	骶耻外径 16.5~17.5cm 对角径 10~11cm 骨盆入口前后径 8.5~9.5cm	坐骨棘间径 8.5~9.5cm 坐骨棘间径与坐骨切迹宽度之和 12.0~13.0cm	坐骨结节间径 6~7cm 坐骨结节间径与骨盆后矢状径之和 12~14cm
III级	绝对性狭窄	骶耻外径 ≤16cm 对角径 ≤9.5cm 骨盆入口前后径 ≤8cm	坐骨棘间径 ≤8.0cm 坐骨棘间径与坐骨切迹宽度之和 ≤11.5cm	坐骨结节间径 ≤5.5cm 坐骨结节间径与骨盆后矢状径之和 ≤11cm

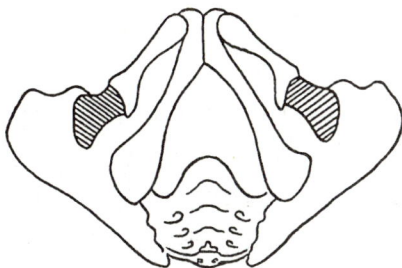

图 14-4　漏斗型骨盆

图 14-5　均小骨盆

5. 畸形骨盆　失去正常形态及对称性所致的狭窄。偏斜骨盆特征为骨盆两侧的侧斜径(一侧髂后上棘与对侧髂前上棘间径)或侧直径(同侧髂后上棘与髂前上棘间径)之差>1cm,见图14-6。有尾骨骨折史可致尾骨尖前翘或骶尾关节融合使骨盆出口前后径明显变短,导致骨盆出口平面狭窄而影响分娩。

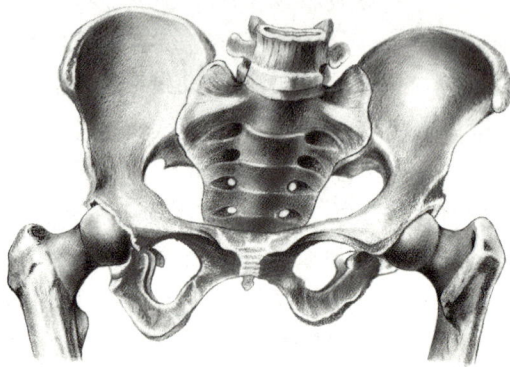

图 14-6　偏斜骨盆

【对母儿的影响】

1. 对母体的影响　入口平面狭窄使异常胎先露发生率增加,潜伏期及活跃期延长或停滞;中骨盆平面狭窄易致胎方位异常,胎头下降延缓及停滞,活跃期及第二产程延长;出口平面狭窄使第二产程延长及胎头下降停滞。多引起继发性宫缩乏力,使手术产、软产道裂伤及产后出血增多;阴道检查次数增多,产褥感染机会增加。产道受压过久,可形成尿瘘或粪瘘;伴宫缩过强形成病理缩复环,可致子宫破裂。

2. 对胎儿的影响　入口平面狭窄使胎头高浮或胎膜早破,脐带先露及脐带脱垂机会增加;胎头内旋转及下降受阻,强行通过狭窄产道或手术助产,易引起新生儿颅内出血及其他产伤、感染等。

【预防】

做好产前评估,充分评估头盆关系,减少并发症发生,避免不必要的创伤。

【处理原则】

1. 骨盆入口平面狭窄的处理

(1)试产:相对性骨盆入口平面狭窄时,当产妇一般状况及产力良好,足月胎儿体重<3 000g,胎位、胎心正常时,应给予充分试产。产程无进展或出现胎儿窘迫征象,应及时行剖宫产术。

(2)不宜试产:绝对性骨盆入口平面狭窄,胎头跨耻征阳性,足月活胎应行剖宫产分娩。

2. 中骨盆平面狭窄的处理　中骨盆平面狭窄容易导致持续性枕后位或枕横位,多为活跃期停滞及第二产程延长、继发性宫缩乏力。初产妇宫口开全已3h以上或经产妇宫口开全已2h以上者,胎头双顶径达到坐骨棘水平或更低,可以徒手转胎位,加强产力,可阴道分娩或阴道助产;胎头双顶径仍未达到坐骨棘水平,或伴有胎儿窘迫征象,应行剖宫产术。

3. 骨盆出口平面狭窄的处理　骨盆出口平面狭窄不应阴道试产。

4. 骨盆三个平面均狭窄的处理　在胎儿小、产力好、胎位及胎心正常的情况下可试产。头盆不称,胎儿较大时,应及时行剖宫产术。

5. 畸形骨盆的处理　应根据畸形骨盆种类、狭窄程度、胎儿大小及产力等情况具体分析。畸形严重、头盆明显不称者,应及时行剖宫产术。

【助产要点】

(一)评估和监测

1. 评估孕妇的身高、脊柱及下肢有无残疾和米氏菱形窝是否对称等,脊柱侧凸或跛行可伴偏斜骨盆畸形;身高<145cm者易合并均小骨盆;骨骼粗壮、颈部较短易伴漏斗型骨盆;米氏菱形窝对称但过短易合并扁平骨盆,米氏菱形窝不对称、一侧髂后上棘突出则偏斜骨盆可能性大,米氏菱形窝过窄易合并中骨盆狭窄,两髂后上棘对称突出且狭窄者往往是类人猿型骨盆特征。询问孕妇有无佝偻病、脊髓灰质炎、脊柱及髋关节结核及外伤史,若为经产妇,应了解既往有无难产史及其发生原因、新生儿有无产伤等。

2. 腹部检查　初产妇呈尖腹。经产妇呈悬垂腹者,往往有骨盆入口狭窄。

3. 评估头盆关系 临产后应充分评估头盆关系,胎头跨耻征阳性,表示头盆不称(cephalopelvic disproportion,CPD),提示有骨盆相对性或绝对性狭窄可能。头盆是否相称还与骨盆倾斜度和胎方位相关(图14-7)。

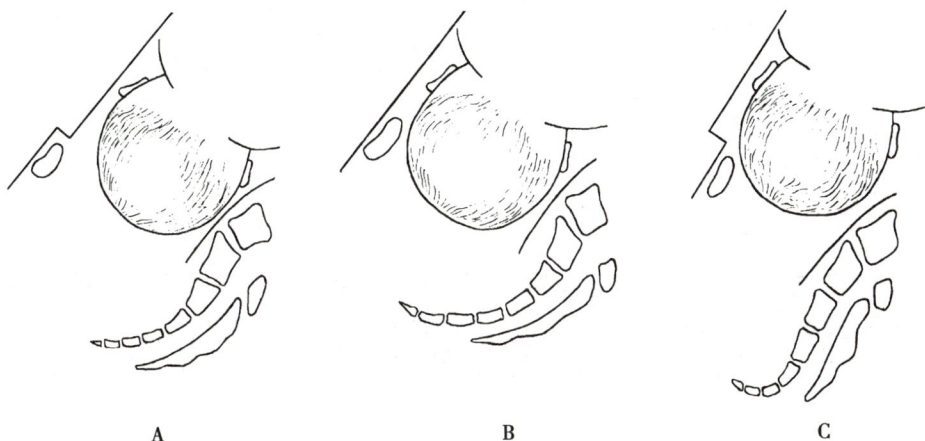

图 14-7 检查头盆相称程度
A.头盆相称;B.头盆可能相称;C.头盆不称。

4. 胎位及产程动态监测 初产妇临产后胎头尚未衔接或呈臀、肩等异常胎先露,或头先露呈不均倾位衔接,或胎头内旋转受阻以及产力、胎位正常而产程进展缓慢时,均可能有狭窄骨盆,应及时检查确定是否可经阴道试产。

(二)教育与支持

1. 健康教育 加强产前及产时健康教育,向产妇及家属讲清楚阴道分娩的可能性及优点,增强其自信心。指导孕妇自我监测的方法,自觉胎动异常、胎膜早破时立即到医院就诊。

2. 一般护理 指导其休息、饮食及大小便,注意补充营养与水分。不能进食者静脉补充营养,排尿困难时应及时导尿。指导产妇采用自由体位待产及分娩,扩大骨盆径线,促进胎头下降。

3. 心理支持 为产妇及其家属提供心理支持和做好产妇的心理护理。向产妇及家属解释阴道分娩的可能性及优点,增强其自信心。认真解答产妇及家属提出的疑问,使其了解产妇产程进展的情况。向产妇及家属讲产道异常对母儿的影响,使产妇及家属解除焦虑,以取得良好的合作。

(三)处理与配合

1. 不能试产 积极做好剖宫产术前准备,同时做好抢救新生儿的准备。

2. 可以试产 均小骨盆注意有无产程延长;扁平骨盆、中骨盆狭窄,宫口扩张 6cm 以后经充分试产,产程无进展,应当实施剖宫产。胎先露压迫阴道时间长或出现血尿,应及时留置导尿管,以防止生殖道瘘。新生儿胎头压迫时间过长或经手术助产,密切观察颅内出血或其他损伤。

3. 试产过程 密切观察产程进展,注意监护宫缩强弱及先露部下降,电子胎心监护仪监护胎心变化情况。当宫缩过强并出现子宫下段有压痛、病理性缩复环、产程进展缓慢或胎儿窘迫时,应行剖宫产术。一旦决定剖宫产,助产士应积极做好术前准备,同时做好抢救新生儿的准备。胎膜已破者,适当缩短试产时间并预防感染。

二、软产道异常

导入情境与思考

某初产妇,25 岁。因"停经 37 周,下腹痛 5h"入院。入院后产科检查:宫高 32cm,腹围 100cm。宫缩:30~40s/3~4min;胎心监护正常。阴道检查:阴道内可扪及一纵行隔膜,为双阴道,双宫颈,头先露,LOA,S-2,左侧宫口开大 3cm,胎膜未破,羊膜囊不胀,未及胎儿产瘤,胎儿颅缝无重叠。

请思考:

1. 该产妇是何种类型的产道异常?

2. 该产妇的助产要点是什么?

软产道包括子宫、宫颈、阴道及盆底软组织。软产道异常致异常分娩相对少见,可由先天发育异常及后天疾病因素引起。

【临床表现及分类】

1. **先天发育异常**　①阴道横隔为胚胎发育时的异常,有可能阻碍产道。②阴道纵隔一般在阴道前后壁中线纵向走行,形成双阴道,偏向中线形成阴道斜隔。

2. **软产道瘢痕**　①子宫瘢痕:剖宫产、子宫肌瘤剔除及子宫损伤修补术等手术瘢痕。②宫颈瘢痕:宫颈病变经冷冻、高频电刀或手术锥形切除治疗,或宫颈内口松弛经环扎手术治疗,宫颈坚硬、宫颈水肿均可使宫颈局部形成瘢痕、挛缩、狭窄或缺乏弹性,影响宫颈扩张。③阴道瘢痕:前次分娩、会阴修补手术后,均可形成阴道瘢痕。

3. **盆腔肿瘤**　①子宫肌瘤:可以单发或多发,有可能阻碍产道;②卵巢肿瘤:直径超过 5cm,腹部可扪及,可以影响胎先露下降;③宫颈癌:癌肿质硬而脆,呈菜花状,有阴道出血。

4. **阴道尖锐湿疣**　外阴及阴道的尖锐湿疣在妊娠期生长迅速,病灶易扩散,病变处组织质脆。

【对母儿的影响】

1. **对母体的影响**　阴道横隔、纵隔阻碍分娩,增加剖宫产率。软产道瘢痕处弹性差,导致滞产,子宫下段瘢痕试产,易发生子宫破裂,危及生命。盆腔肿瘤阻塞产道,卵巢肿瘤发生破裂,转移,宫颈肿瘤易引起出血,尖锐湿疣处软产道易发生软产道撕裂伤等。

2. **对胎儿的影响**　滞产引起胎儿窘迫,子宫破裂引发胎儿死亡,尖锐湿疣可致新生儿乳头瘤病毒的喉头种植。

【处理原则】

1. **阴道异常**　常见的有阴道横隔、阴道纵隔及阴道肿物。阴道横隔厚阻碍胎先露部下降使产程停滞,需剖宫产分娩;若横隔薄可随胎先露部下降被撑薄,通过横隔隔孔查及逐渐开大的宫口,确认为横隔后,在直视下依小孔为中心做 X 形的横隔切开,分娩后用可吸收线间断或连续锁边缝合残端。

阴道纵隔伴有双宫颈者阴道纵隔被推向对侧,阴道分娩多无阻碍;发生于单宫颈者,在分娩时切断阻挡胎先露部前方的纵隔,产后用可吸收线间断或连续锁边缝合残端。孕前确诊可先行矫形术。

阴道内肿物阻碍胎先露部下降且不能经阴道切除者应行剖宫产术;如为阴道囊肿可抽出内容物后行阴道试产。阴道瘢痕不严重且位置低时,可行会阴侧斜切开术后阴道分娩;曾行生殖道瘘修补术或瘢痕位置高时,均应行剖宫产术。

2. **子宫瘢痕**　瘢痕子宫者应根据上次剖宫产术式、指征、术后有无感染、术后再孕间隔时间、既往剖宫产次数、有无急诊剖宫产条件、胎儿大小、胎方位、产力、产道综合评估,决定是否进行瘢痕子宫妊娠阴道试产(TOLAC)。试产时应具备 5min 内实施剖宫产的条件,团队应急能力强,血源充足,待产过程应当严密监控。若前次术式为子宫体部纵切口或 T 形切口、术后有感染、剖宫产次数 ≥2 次、巨大子宫肌瘤穿透子宫黏膜剔除术后、本次妊娠有剖宫产指征、巨大儿等,不宜试产。

3. **宫颈粘连瘢痕**　激光治疗影响较小,宫颈微波或 LEEP 治疗后,可通过阴道检查了解宫颈的质地,若出现产程异常,应剖宫产分娩。

4. 合并盆腔肿瘤 子宫下段及宫颈肌瘤阻碍胎先露部衔接及下降,应行剖宫产术。术中是否行肌瘤切除术,应当充分评估利弊,不宜盲目实施肌瘤剔除。卵巢肿瘤位于骨盆入口阻碍胎先露部衔接者,应剖宫产同时切除肿瘤,术后送病理检查。宫颈癌经阴道分娩易致裂伤出血及癌肿扩散,应行剖宫产术。若为早期浸润癌可先行剖宫产术,随即行宫颈癌根治术或术后放疗。

5. 其他 阴道尖锐湿疣可因阴道分娩感染新生儿患喉乳头状瘤,若为女婴亦可患生殖道湿疣。另外,外阴及阴道的尖锐湿疣在妊娠期生长迅速,病灶易扩散,病变部位组织质脆,阴道分娩易致软产道裂伤及感染,以剖宫产为宜。

【助产要点】

(一) 评估和监测

1. 评估产妇情况 了解产前检查的一般资料,尤其是阴道检查和 B 超检查结果,是否存在软产道及盆腔脏器的异常;既往疾病史,尤其是妊娠分娩史和盆腔疾病史。

2. 评估胎儿情况 评估胎儿大小、胎位、头盆关系以及胎心情况。

3. 密切观察病情 观察产妇的宫缩情况以及宫口扩张及先露下降的情况,从而了解产程的进展。

(二) 教育与支持

1. 健康教育 加强产前及产时健康教育,向产妇及家属讲清楚阴道分娩的可能性及优点,增强其自信心。提倡陪伴分娩,消除紧张情绪。产后注意保持伤口清洁避免感染。

2. 一般护理 指导其休息、饮食及大小便,注意补充营养与水分。不能进食者静脉补充营养,排尿困难时应及时导尿。指导其保持舒适体位,配合呼吸、按摩等放松技巧,减轻分娩疼痛,促进产程进展。

3. 心理支持 加强沟通,消除产妇对分娩的顾虑和紧张情绪,增加对分娩的信心。

(三) 处理与配合

1. 消除水肿 积极纠正原发病因。遵医嘱予 50% 硫酸镁湿敷以减轻局部水肿。

2. 组织切开 由于会阴疾病、瘢痕等原因导致会阴伸展性差,可在分娩时预防性进行会阴切开,以保证胎先露的下降,并避免会阴部严重裂伤。如果在分娩过程中,阴道横隔、纵隔被撑薄,自行断裂,则分娩无阻碍。若阴道横隔、纵隔无法自行断裂,阻碍胎先露下降,则待组织被撑薄后可行手术切开。

3. 剖宫产术准备 若软产道异常经处理后无效,阻止胎先露下降和娩出,或阴道分娩会加重原有病情,应及时做好剖宫产的术前准备。

4. 产后护理 仔细检查软产道损伤情况,及时进行有效的缝合和压迫止血,避免大量的渗血或血肿形成。积极预防伤口感染,大小便后要用温水清洗外阴,保持外阴清洁,每天可加用碘伏棉球或者 0.5% 氯己定棉球擦洗外阴 2 次,使用消毒会阴垫。仔细观察产妇的流血情况以及生命体征。会阴伤口可使用红外线照射,促进伤口愈合。

第四节 胎位异常

胎位异常(abnormal fetal position)中,头先露异常最常见;头先露的难产,又称头位难产。臀先露及肩先露亦属于胎位异常。

导入情境与思考

某初产妇,25 岁。因"停经 39 周,规律下腹痛 10h"急诊入院,自诉肛门坠胀有强烈便意感。入院后查体:宫高 31cm,腹围 100cm。骨盆内测量正常。胎心监护正常。宫缩:20s/5min。阴道检查:宫颈前唇水肿,宫口开大 6cm,头先露,S-1,盆腔后部空虚,胎头矢状缝位于母体骨盆斜径上,前囟位

Note:

于左前方,后囟在右后方。

请思考:

1. 该产妇是何种类型的胎位异常?
2. 该产妇的助产要点是什么?

一、持续性枕后位、枕横位

正常分娩时,胎头双顶径抵达中骨盆平面时完成内旋转动作,胎头以最小径线通过骨盆最窄平面经阴道分娩。临产后凡胎头以枕后位或枕横位衔接,经充分试产,胎头枕部仍位于母体骨盆后方或侧方,不能转向前方致使分娩发生困难者,称为持续性枕后位(persistent occiput posterior position)或持续性枕横位(persistent occiput transverse position),发病率约为5%。

【临床表现及诊断】

1. **临床表现** 临产发动后胎头枕后位衔接影响胎头俯屈及下降,宫颈不能有效扩张,影响内源性缩宫素释放,出现协调性宫缩乏力。胎儿枕部压迫产道,产妇感觉肛门坠胀及排便感,宫口尚未开全便过度使用腹压,产妇体力消耗过大,使胎头下降延缓或停滞,产程延长。在阴道口见到胎发,多次宫缩时屏气用力胎头不继续下降,应考虑持续性枕后位可能。

2. **腹部检查** 胎背偏向母体后方或侧方,前腹壁触及胎儿肢体,且多易在胎儿肢体侧听及胎心。

3. **阴道(肛门)检查** 枕后位时盆腔后部空虚。持续性枕横位时矢状缝与骨盆横径一致,前后囟分别位于骨盆两侧后方,因胎头俯屈差,前囟常低于后囟(图14-8)。若宫口开全,因胎头产瘤触不清颅缝及囟门时,可借助胎儿耳郭及耳屏位置判定胎方位。

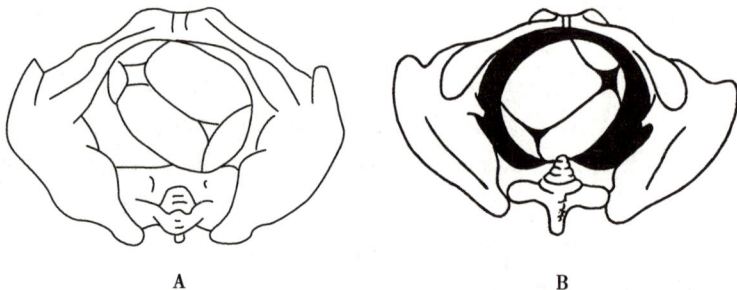

图 14-8 持续性枕后位、枕横位
A.枕左后位;B.枕右后位。

4. **超声检查** 超声探头探测胎头枕部及眼眶方位即可明确诊断。

【对母儿的影响】

1. **对母体的影响** 持续性枕后/横位容易导致胎头下降延缓及停滞,容易引起继发性宫缩乏力及第二产程延长,甚至滞产。若产道受压过久可致尿潴留,甚至发生生殖道瘘。阴道助产率高,产道裂伤、产后出血及产褥感染机会增加。

2. **对胎儿的影响** 产程延长及手术助产机会增多,易致胎儿窘迫、新生儿窒息及产伤等,使围生儿死亡率增高。

【处理原则】

若骨盆无异常、胎儿不大,可试产,需严密观察产程。

1. **第一产程** 观察产程进展及胎心变化,防止产妇过早屏气用力,以免引起宫颈水肿及体力消耗；产妇取胎背对侧卧位，促进胎头俯屈、下降及向前旋转。宫缩乏力时，可静脉滴注缩宫素；宫口扩张 3cm 以上，可行人工破膜，观察羊水性状，促进产程进展。若经过上述处理产程无进展或试产过程中出现胎儿窘迫，均应行剖宫产术。

2. 第二产程 发现胎头下降延缓及停滞时，应及时行阴道检查。若发现胎头呈枕后位或枕横位时，S ≥ +3（双顶径已达坐骨棘及以下）应指导产妇配合宫缩、屈髋加腹压用力，徒手将胎头枕部转向前方或用胎头吸引器（或产钳）辅助将胎头转至枕前方后阴道助产（图 14-9，图 14-10）。若转至枕前位困难，亦可转至正枕后位。若第二产程延长，而胎头双顶径仍在坐骨棘以上，或第二产程 S ≤ +2 伴胎儿窘迫时，均宜剖宫产分娩。

图 14-9 手转胎头内旋转

（1）枕后位：枕左/右后位内旋转时向后旋转 45°（图 14-11），使矢状缝与骨盆前后径相一致，胎儿枕部朝向骶骨成正枕后位（occiput directly posterior），其分娩方式如下：

1）胎头俯屈较好：继续下降前囟抵达耻骨联合下，以前囟为支点，胎头继续俯屈，自会阴前缘先娩出顶部及枕部，胎头仰伸再自耻骨联合下相继娩出额、鼻、口、颏。此种分娩方式为枕后位经阴道助产最常见的方式。

2）胎头俯屈不良：胎头额部先拨露，当鼻根抵达耻骨联合下时，以鼻根为支点，胎头先俯屈，使前囟、顶部及枕部相继从会阴前缘娩出，随后胎头仰伸自耻骨联合下相继娩出额、鼻、口及颏（图 14-12）。因胎头以较大的枕额周径旋转，这种分娩方式较前者困难，除少数产力好、胎儿小能以正枕后位自然娩出外，多数需阴道助产。

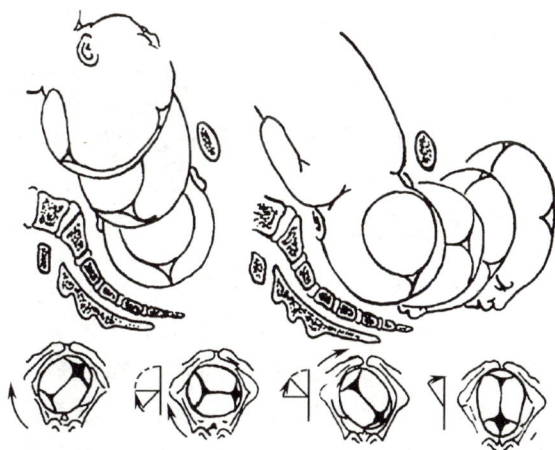

图 14-10 枕右后位，胎头向前旋转 135°，成枕前位娩出

（2）枕横位：部分枕横位于下降过程中内旋转受阻，或枕后位仅向前旋转 45° 成为持续性枕横位时，多需用手或胎头吸引器（或产钳）将胎头转成枕前位经阴道分娩。

3. 第三产程 应做好新生儿复苏抢救准备，防治产后出血。有软产道裂伤者，应及时修补，并给予抗生素预防感染。

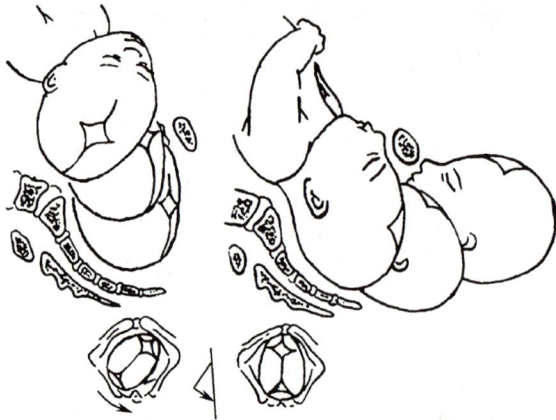

图 14-11　枕右后位,胎头向后旋转 45°,成正枕后位娩出

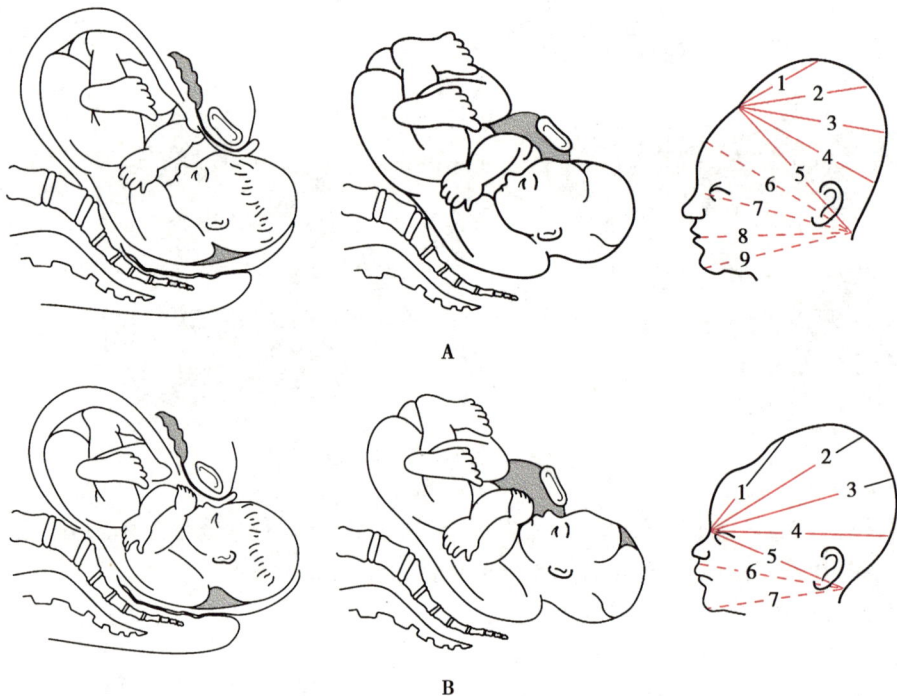

A

B

图 14-12　枕后位分娩机制

A. 枕后位以前囟为支点娩出(胎头俯屈较好);B. 枕后位以鼻根为支点娩出(胎头俯屈不良)。

二、胎头高直位

胎头以不屈不仰姿势衔接于骨盆入口,其矢状缝与骨盆入口前后径相一致时,称为胎头高直位(sincipital presentation),约占分娩总数的 1%,国外文献报道为 0.06%~1.6%。包括高直前位和高直后位。①高直前位:又称枕耻位(occipitopubic position),指胎头枕骨向前靠近耻骨联合者(图 14-13)。②高直后位:又称枕骶位(occipitosacral position),指胎头枕骨向后靠近骶岬者(图 14-14)。

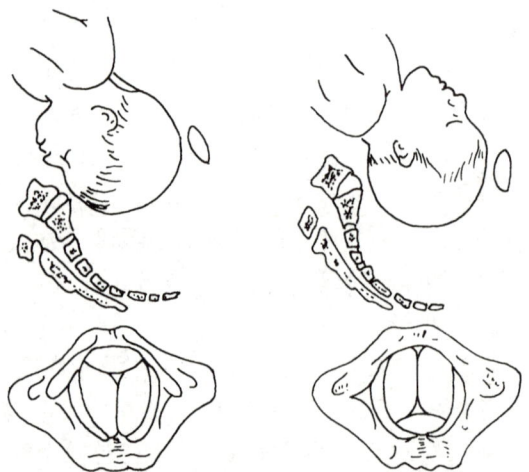

图 14-13　胎头高直前位　　图 14-14　胎头高直后位

【临床表现及诊断】

1. **临床表现**　临产后胎头不下降或下降缓慢,宫口扩张缓慢,产程延长。高直前位时,胎头入盆困难,活跃期延缓或停滞。高直后位时,胎头不能通过骨盆入口,先露部高浮,活跃期延缓或停滞,第二产程延长,出现先兆子宫破裂,甚至子宫破裂。

2. **腹部检查**　胎头高直前位时,腹前壁被胎背占据,触不到胎儿肢体,胎心位置在近腹中线。高直后位时,腹前壁被胎儿肢体占据,有时可能在耻骨联合上方触及胎儿下颏。

3. **阴道检查**　胎头矢状缝在骨盆入口的前后径上,其偏斜度不应超过15°。高直前位时后囟在前、前囟在后,高直后位反之。因胎头嵌顿于骨盆入口,宫口很难开全,常停滞在3~5cm。

4. **超声检查**　高直后位时可在耻骨联合上方探及眼眶反射;高直前位时在母亲腹壁正中探及胎儿脊柱反射。高直前位及高直后位胎头双顶径均与骨盆入口横径一致。

【处理原则】

高直前位时,若骨盆正常、胎儿不大、产力强,应充分阴道试产,加强宫缩同时指导其侧卧或半卧位,促进胎头衔接、下降。若试产失败或伴明显骨盆狭窄应行剖宫产术,确诊高直后位应行剖宫产术。

胎头高直前位临产后,胎儿脊柱朝向母体腹壁,有屈曲的余地,宫缩时,由于杠杆的作用,使胎头极度俯屈,以胎头枕骨在耻骨联合后方为支点,使前囟和额部先后沿骶岬下滑入盆衔接、下降,双顶径达坐骨棘平面以下时,待胎头极度俯屈的姿势纠正后,胎头不须内旋转或仅转45°,以正枕前位或枕前位经阴道分娩。高直后位临产后,胎头枕骨及胎背与母体腰骶部贴近,较长的胎头矢状缝,置于较短的骨盆入口前口径上,妨碍胎头俯屈及下降,使胎头高浮,迟迟不能入盆,即使入盆下降至盆底也难以向前旋转180°,很难经阴道分娩。

三、前不均倾位

枕横位入盆的胎头前顶骨先入盆,称为前不均倾位(anterior asynelitism),发生率为0.5%~0.8%。

【临床表现及诊断】

1. **临床表现**　胎头后顶骨不能入盆,胎头下降停滞,产程延长。若膀胱颈受压于前顶骨与耻骨联合之间,产妇过早出现排尿困难及尿潴留。

2. **腹部检查**　临产早期,于耻骨联合上方可扪及胎头顶部。随前顶骨入盆胎头折叠于胎肩之后,在耻骨联合上方不易触及胎头,有胎头已衔接入盆的假象。

3. **阴道检查**　胎头矢状缝在骨盆入口横径上,矢状缝向后移靠近骶岬侧,盆腔后半部空虚,前顶骨紧嵌于耻骨联合后方,宫颈前唇受压出现水肿,尿道受压不易插入导尿管。

【处理原则】

临产后早期,产妇宜取坐位或半卧位减小骨盆倾斜度,避免胎头以前不均倾位衔接。当胎头前不均倾位衔接时,因耻骨联合后面直而无凹陷,前顶骨紧紧嵌顿于耻骨联合后,使后顶骨无法越过骶岬而入盆。一旦确诊为前不均倾位,除个别胎儿小、宫缩强、骨盆宽大给予短时间试产外,均应尽快行剖宫产术(图14-15,图14-16)。

四、面先露

胎头以颜面为先露时,称面先露(face presentation),发生率为0.08%~0.27%。常由额先露继续仰伸形成,以颏骨为指示点,面先露有6种胎方位,颏左/右前、颏左/右横、颏左/右后,以颏左前及颏右后位较多见。

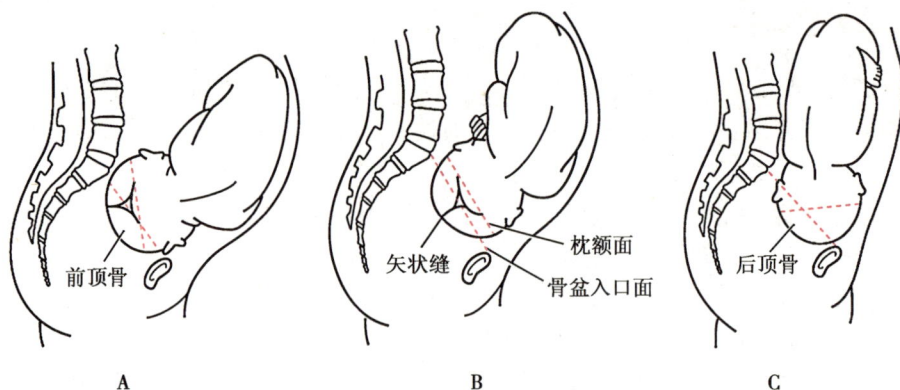

图 14-15　胎头前不均倾位入盆
A. 前不均倾；B. 均倾；C. 后不均倾。

前顶骨　矢状缝　枕额面　骨盆入口面　后顶骨

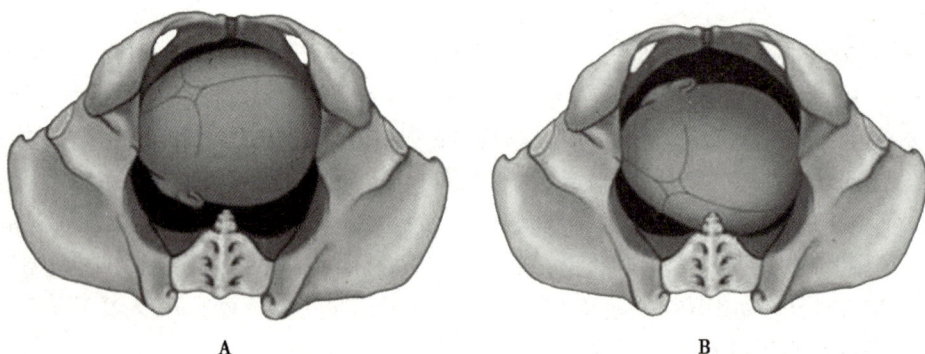

图 14-16　不均倾位(阴道观)
A. 枕横位后不均倾位；B. 枕横位前不均倾位。

【临床表现及诊断】

1. 临床表现　潜伏期延长、活跃期延长或停滞,胎头迟迟未入盆。

2. 腹部检查　因胎头极度仰伸入盆受阻,胎体伸直,宫底位置较高。颏后位(mentoposterior position)面先露的特征,在胎背侧触及极度仰伸的枕骨隆突。胎头极度仰伸枕骨隆突与胎背间有明显凹陷,胎背远离孕妇腹壁,胎心听诊遥远。反之,颏前位(mentoanterior position)因胎体伸直胎儿胸部更贴近孕妇腹前壁,胎儿肢体侧的母体下腹部胎心听诊更清晰。

3. 阴道(肛门)检查　触不到圆而硬的颅骨,在宫口开大后仅能触及胎儿高低不平的颜面,如眼、鼻及口等。面先露低垂部,如口唇等出现水肿时不易与肛门鉴别,有可能误诊为臀先露。主要鉴别点:面先露时口与两颧骨突出点呈三角形排列,而臀先露时肛门与两个坐骨结节呈直线排列。另外,手指入肛门后可有括约感,并可带出胎粪,而口腔无上述特点(图 14-17)。通过触诊胎儿口腔及下颏的位置可确诊胎方位。

4. 超声检查　可区分面先露与臀先露,并能探清胎方位。

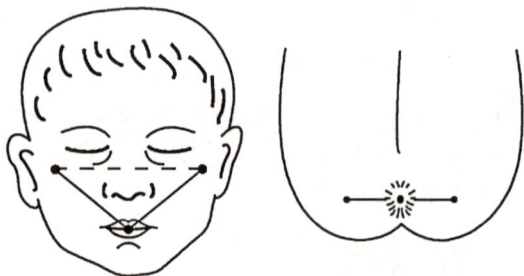

图 14-17　胎儿颜面与臀部触诊的鉴别

【处理原则】

面先露在临产后发生。当出现产程延长及停滞时,应及时行阴道检查,尽早确诊。颏前位时,如无头盆不称、胎心正常,应给予阴道充分试产。因产程长且伴宫缩乏力,可静脉滴注缩宫素加强产力或人工破膜。如第二产程延长,可产钳助产。额前位伴头盆不称或出现胎儿窘迫征象,或颏后位,均需剖宫产。个别情况下,如颏后位胎儿过小或胎死宫内,在阴道分娩时也必须转成颏前位。面先露出现在入口平面少见,多半由于额先露下降受阻时胎头极度仰伸通过产道时发生面先露。因此,面先露的分娩机制为胎头仰伸、下降、内旋转、俯屈、复位及外旋转。

以颏右前位为例:胎头以前囟颏径,衔接于母体骨盆入口左斜径上,下降至中骨盆平面遇到盆壁阻力,使胎头后仰枕骨进一步贴近胎背,颏部成为下降的先露。当颏部下降遇到盆底阻力时向左旋转45°成颏前位,使前囟颏径与中骨盆及骨盆出口前后径保持一致有利于胎儿继续下降;当颏部抵达耻骨弓下方时,胎头大部在骶凹的缓冲区,借骶凹及骶尾关节能向后移动,以颏为支点胎头逐渐俯屈自会阴前缘相继娩出胎儿鼻、眼、额、顶、枕,使仰伸的胎头复位娩出阴道外口,随后的胎体娩出同枕先露。颏右横及颏右后的分娩机转基本同颏右前,只是内旋转的角度大,为90°~135°(图14-18)。

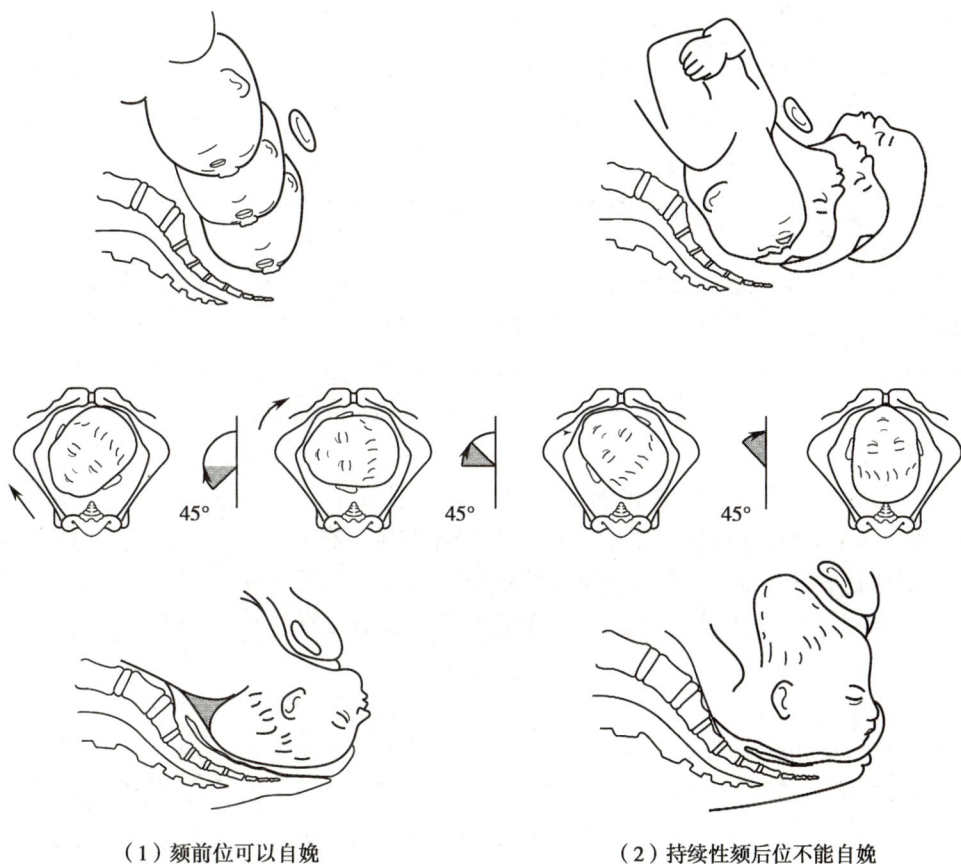

（1）颏前位可以自娩　　　　　（2）持续性颏后位不能自娩

图 14-18　面先露的分娩机制

因前囟颏径较枕下前囟径大,同时颜面变形能力不如颅顶骨,使面先露在产道内完成内旋转的阻力加大,不易转成颏前位。沿颏后位继续下降时,已极度仰伸的胎头大部嵌顿在耻骨联合后上方不能再继续仰伸适应骨盆轴下降,更不能俯屈,故颏后位不能经阴道分娩。

五、臀先露

臀先露(breech presentation)是最常见且产前最容易诊断的胎位异常,占足月分娩总数的3%~4%。臀先露以骶骨为指示点,有骶左前、骶左横、骶左后、骶右前、骶右横及骶右后6种胎方位。

【病因】

1. 胎儿发育因素　胎龄愈小臀先露发生率愈高,晚期流产儿及早产儿臀先露高于足月产儿。臀先露于妊娠 28~32 周间转为头先露,并相对固定胎位。另外,无论早产还是足月产,臀先露时先天畸形如无脑儿、脑积水等及低出生体重发生率为头先露时的 2.5 倍。

2. 胎儿活动空间因素 胎儿活动空间过大或过小均可导致臀先露。

(1)双胎及多胎妊娠,臀先露发生率远高于单胎妊娠。

(2)羊水过多及羊水过少,因胎儿活动范围过大或过小,使臀先露发生率高。此两种情况也可能与胎儿发育异常有关。

(3)经产妇腹壁过于松弛或子宫畸形,如单角子宫、纵隔子宫使胎儿活动受限,均易导致臀先露。

(4)脐带过短尤其合并胎盘附着宫底,或胎盘植入一侧宫角以及前置胎盘时易合并臀先露。

3. 胎头衔接受阻因素 骨盆狭窄、盆腔肿瘤(如子宫下段或宫颈肌瘤等)阻碍产道时,也可导致臀先露。

【临床表现及诊断】

1. 临床表现 妊娠晚期胎动时孕妇常有季肋部胀痛感,临产后胎足及臀不能充分扩张宫颈及刺激宫旁、盆底神经丛,容易导致宫缩乏力及产程延长。足先露时容易发生胎膜早破及脐带脱垂。

根据胎儿双下肢的姿势分为以下三类:

(1)单臀先露(frank breech presentation):最多见,又称腿直臀先露。胎儿双髋关节屈曲、双膝关节伸直,先露为胎儿臀部。

(2)完全臀先露(complete breech presentation):较多见,又称混合臀先露(mixed breech presentation)。胎儿双髋关节及膝关节均屈曲,先露为臀部及双足。

(3)不完全臀先露(incomplete breech presentation):较少见,胎儿以一足或双足、一膝或双膝,或一足一膝时,称为足先露(footling presentation)或膝先露(knee presentation)。其中膝先露是暂时的,产程中常转为足先露。

2. 腹部检查 宫底部可触及圆而硬、按压时有浮球感的胎头。在腹部一侧可触及宽而平坦的胎背、腹部对侧可触及小肢体。若未衔接,在耻骨联合上方可触及不规则、宽而软的胎臀;若胎儿粗隆间径已入盆则胎臀相对固定不动。听诊在母亲脐左(或右)上方胎背侧胎心响亮。

3. 阴道检查 宫颈扩张 2cm 以上且胎膜已破时,可触及胎臀的结构,如肛门、坐骨结节及骶骨等。应与面先露鉴别(详见本节面先露),准确触诊骶骨对确诊胎方位很重要。在完全臀先露时可触及胎足,通过跚趾的方向可帮助判断左、右足;需与胎手鉴别(图 14-19)。进一步下降可触及外生殖器,当不完全臀先露触及胎儿下肢时,应注意有无脐带一并脱出。

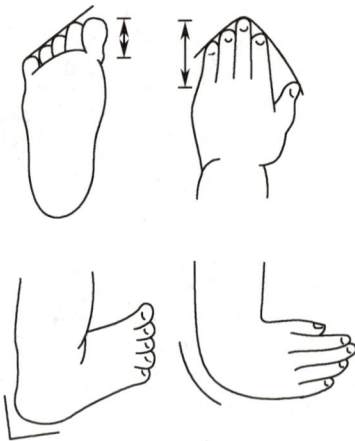

图 14-19 胎手与胎足的鉴别

4. 超声检查 可判断臀先露类型以及胎儿大小、胎儿畸形等。如单臀先露时可探及双膝关节呈伸直状态。臀先露时胎儿畸形率高于头先露,应探查胎儿有无异常以及胎盘、子宫等有无异常。

【分娩机制】

以骶左前位为例,分述如下(图 14-20):

1. 胎臀娩出 临产后,胎臀以粗隆间径衔接于骨盆入口左斜径上。前臀下降较快,当其遇到盆底阻力时向母体的左侧前方旋转 45°,使前臀转向耻骨联合后方,此时,粗隆间径与母体骨盆出口前后径一致。胎臀继续下降,胎体适应产道侧屈,后臀先自会阴前缘娩出,胎体稍伸直,使前臀在耻骨弓下娩出。胎腿及胎足随胎臀自然娩出或在医生协助下娩出。

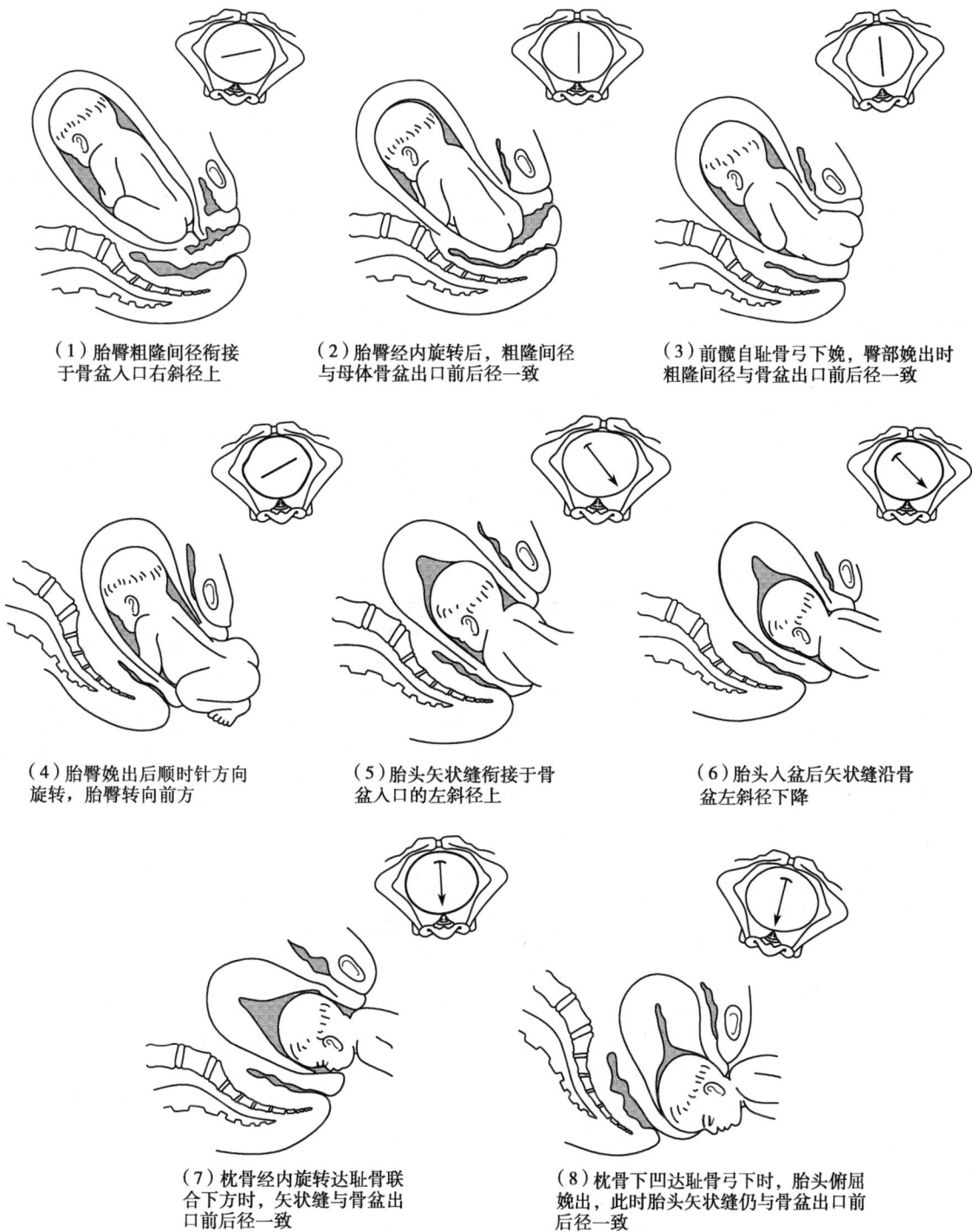

（1）胎臀粗隆间径衔接
于骨盆入口右斜径上

（2）胎臀经内旋转后，粗隆间径
与母体骨盆出口前后径一致

（3）前髋自耻骨弓下娩，臀部娩出时
粗隆间径与骨盆出口前后径一致

（4）胎臀娩出后顺时针方向
旋转，胎臀转向前方

（5）胎头矢状缝衔接于骨
盆入口的左斜径上

（6）胎头入盆后矢状缝沿骨
盆左斜径下降

（7）枕骨经内旋转达耻骨联
合下时，矢状缝与骨盆出
口前后径一致

（8）枕骨下凹达耻骨弓下时，胎头俯屈
娩出，此时胎头矢状缝仍与骨盆出口前
后径一致

图 14-20　臀先露的分娩机制（以骶左前位为例）

2. 胎肩娩出　胎臀娩出后，向右外旋转。随着胎背转向前方胎儿双肩衔接在骨盆入口左斜径上，胎肩快速下降同时前肩向左旋转45°，使双肩径与骨盆出口前后径相一致、前肩转至耻骨弓下，胎体顺产道侧屈，使后肩及后上肢先自会阴前缘娩出，再侧伸使前肩及前上肢从耻骨弓下娩出。

3. 胎头娩出　当胎肩通过会阴时，胎头矢状缝衔接于骨盆入口的右斜径或横径上。当胎头枕骨达骨盆底时向右前方行内旋转，使枕骨朝向耻骨联合。当枕骨下凹抵达耻骨弓下时，以此处为支点，胎头继续俯屈使颏、面及额部相继自会阴前缘娩出，随后枕骨自耻骨弓下娩出。

Note:

【对母儿的影响】

1. **对母体的影响** 胎臀形状不规则,对前羊膜囊压力不均匀,易胎膜早破,产褥感染机会增加。臀先露部扩张宫颈及刺激宫旁神经丛的张力不如头先露,胎臀周径小于胎头,影响宫颈扩张进程,发生活跃期停滞,易致继发性宫缩乏力及产后出血。宫口未开全时,强行牵拉容易致软产道损伤。

2. **对胎儿及新生儿的影响** 臀先露容易发生胎膜早破,早产儿、低体重儿及低 Apgar 评分儿增多。脐带脱垂围产儿死亡率是头先露的 10 倍。胎头须变形方可通过骨盆,当脐带受压于胎头与宫颈、盆壁间,导致胎儿低氧血症及酸中毒的发生,严重者有新生儿窒息。胎体娩出时宫口未必开全,而此时强行娩出胎头易直接损伤胎头及头颈部神经肌肉,导致颅内出血、臂丛神经麻痹、胸锁乳突肌血肿及死产。

【处理原则】

纠正胎位,正确判断和选择分娩方式,有以下情况时均应行剖宫产:狭窄骨盆、软产道异常、预测胎儿体重>3 500g 或胎头双顶径>9.5cm、胎头仰伸位、足先露、高龄初产、既往有难产史及新生儿产伤史、胎膜早破、胎儿生长受限、胎儿窘迫等。

实施外倒转时,主要禁忌证包括:胎儿异常(包括发育异常及胎心异常等)、脐带绕颈 2 周以上、晚期妊娠 B 超提示 S/D 值>3、瘢痕子宫、胎膜已破、产程活跃期、前置胎盘及前壁附着胎盘以及羊水过少或过多等。施术必须在有条件行紧急剖宫产术的条件下进行。分娩时积极抢救新生儿窒息,预防产后出血。

1. **妊娠期** 妊娠 30 周前,臀先露多能自行转为头先露,不须处理。既往建议的纠正臀位的方法如胸膝卧位(图 14-21)、激光照射或艾灸至阴穴等因缺乏循证医学证据,目前已不推荐。近足月仍为臀先露者可行外转胎位术,术者通过向孕妇腹壁施加压力旋转胎儿至头位,该操作虽存在胎膜早破、胎盘早剥、胎儿窘迫及早产等危险,但只要选择好适宜人群,在严密监护下规范操作,风险不高。一般宜在妊娠 36~37 周后进行,术前半小时预防性应用宫缩抑制剂,术时孕妇取平卧位,暴露腹壁,查清胎位,听胎心率,施术时最好在 B 超及胎心电子监测下进行。详见第十八章第四节外倒转术。

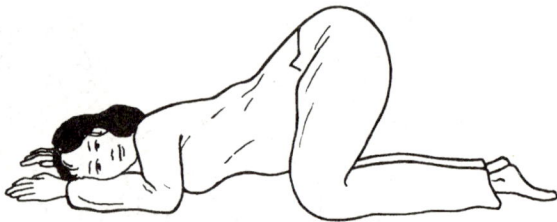

图 14-21 胸膝卧位

2. **分娩期** 临产初期应根据产妇年龄、胎产次、骨盆类型、胎儿大小、胎儿是否存活及发育是否正常、臀先露类型以及有无并发症等,对分娩方式做出正确判断与选择。

(1)剖宫产:具体指征见处理原则。

(2)经阴道分娩:近足月的臀先露阴道分娩新生儿窒息率较高,但对于骨盆正常、孕龄 ≥ 36 周、单臀先露、胎儿体重<3 500g、无胎头仰伸者,如果无其他产科阴道分娩禁忌证者可以尝试阴道分娩。一旦决定经阴道分娩者应做如下处理:

1)第一产程:禁止灌肠,一旦出现胎膜破裂,立即听胎心,并检查有无脐带脱垂。如发现有脐带脱垂,宫口未开全,胎心好,应立即行剖宫产术;如无脐带脱垂,严密观察胎心及产程进展。当宫缩时在阴道外口见胎足,此时宫颈口往往仅扩张 4~5cm。为使宫颈扩张充分,应消毒外阴后用无菌巾以手掌在宫缩时堵住阴道口;使胎儿屈膝屈髋促其臀部下降,起到充分扩张宫颈和阴道的作用,有利于胎儿娩出。在"堵"的过程中,应每隔 10~15min 听胎心一次,待宫颈口开全时,做好接产准备。

2)第二产程:接产前应导尿,初产妇应行会阴后 - 侧切开术。有 3 种分娩方式。①自然分娩:极少见,仅见于经产妇、胎儿小、宫缩强、骨产道宽大者,胎儿不牵拉自然娩出。②臀助产术:胎臀自然娩出至脐部后,由接产者协助胎头及胎肩的娩出,通过滑脱法助娩胎肩,即术者右手握持上提胎儿双足,使胎体向上侧屈后肩显露于会阴前缘,左手示指、中指伸入阴道内顺胎儿后肩及上臂滑行屈其肘关节,使上举胎手按洗脸样动作顺胸前滑出阴道。同时后肩娩出,再向下侧伸胎体使前肩自然由耻骨弓下娩出。也可用旋转胎体法助娩胎肩,即术者双手握持胎臀逆时针方向旋转胎体同时稍向下牵拉,先将前肩娩出于耻骨弓下,再顺时针方向旋转娩出后肩。胎肩及上肢全部娩出后,将胎背转向前方,胎体骑跨在术者左前臂上,同时术者左手中指伸入胎儿口中,示指及无名指伏于两侧上颌骨,术者右手中指压低胎儿枕骨助其俯屈,示指和无名指置于胎儿两侧锁骨上,先向下方牵拉至胎儿枕骨结节抵于耻骨弓下时,再将胎体上举,以枕部为支点,相继娩出胎儿下颏、口、鼻、眼及额。助娩胎儿下降困难时,可用后出胎头产钳助产分娩。产钳助产可以避免用手强力牵拉所致胎儿锁骨骨折、颈椎脱臼及胸锁乳突肌血肿等损伤,但需将产钳头弯扣在枕颏径上,使胎头充分俯屈后娩出。③臀牵引术:接产者牵拉娩出全部胎儿,通常因胎儿损伤大而极少应用。

臀位分娩时应注意:一般应在2~3min内娩出胎头,最长不能超过8min。胎头娩出时不应猛力牵拉,以防胎儿颈部过度牵拉造成臂丛神经麻痹,或因颅骨剧烈变形引起大脑镰及小脑幕等硬脑膜撕裂而致颅内出血。

3)第三产程:应积极抢救新生儿窒息及预防产后出血。行手术操作有软产道损伤时,应及时检查并缝合,给予抗生素预防感染。

六、肩先露

胎先露部为肩,称为肩先露(shoulder presentation)。肩先露占妊娠足月分娩总数的0.25%。此时胎体纵轴与母体纵轴相垂直,胎体横卧于骨盆入口之上。以肩胛骨为指示点,有肩左前、肩左后、肩右前、肩右后4种胎方位。

【病因】

常见原因包括:

1. 多产妇腹壁过度松弛,如悬垂腹时子宫前倾使胎体纵轴偏离骨产道,斜向一侧或呈横产式。

2. 未足月胎儿,尚未转至头先露时。

3. 胎盘前置,阻碍胎体纵轴衔接。

4. 子宫畸形或肿瘤,阻碍胎头衔接。

5. 羊水过多。

6. 骨盆狭窄。

【临床表现及诊断】

1. **腹部检查** 子宫呈横椭圆形,宫底高度低于妊娠周数,宫底部触不到胎头或胎臀,耻骨联合上方空虚;宫体横径增宽,一侧触到胎头,另一侧触到胎臀。肩前位时,胎背朝向母体腹壁,触之平坦;肩后位时,胎儿肢体朝向母体腹壁,触及不规则的小肢体。在脐周两侧胎心听诊最清晰。

2. **阴道检查** 宫口扩张胎膜已破的情况下行阴道检查方能确诊。当触及胎儿肩胛骨、肋骨及腋窝等,腋窝尖端指向胎儿头端,据此可决定胎头在母体左或右侧。肩胛骨朝向后方为肩后位,朝向前方为肩前位。若胎手已脱于阴道口外,可用握手法鉴别胎儿的左右手,并帮助判断胎方位。如肩左前位时胎儿右手脱出,只能与检查者的右手相握;肩左后位时,胎儿左手脱出,只能与检查者左手相握;肩右前位、肩右后位类推。

3. **超声检查** 通过检测胎头、脊柱、胎心等,能准确诊断肩先露,并能确定具体胎方位。

【对母儿的影响】

1. **对母体的影响** 肩先露时胎体嵌顿于骨盆上方,使宫口不能开全,产程常停滞于活跃期早期。

若双胎妊娠第一胎儿娩出后,第二胎儿发生肩先露时(如未及时处理),可致第二产程延长及胎先露部下降停滞。肩先露很难有效扩张子宫下段及宫颈内口,易致宫缩乏力;对前羊膜囊压力不均又易导致胎膜早破,破膜后宫腔容积缩小,胎体易被宫壁包裹、折叠;随着产程进展胎肩被挤入骨盆入口,胎儿颈部进一步侧屈使胎头折向胎体腹侧,嵌顿在一侧髂窝,胎臀则嵌顿在对侧髂窝或折叠在宫腔上部,胎肩先露侧上肢脱垂入阴道,形成嵌顿性(忽略性)肩先露(图 14-22),直接阻碍产程进展,导致产程停滞。此时若宫缩过强,可形成病理缩复环,有子宫破裂的危险。嵌顿性肩先露时,妊娠足月无论活胎或死胎均无法经阴道自然娩出,手术产及术中术后出血、感染等机会增加。

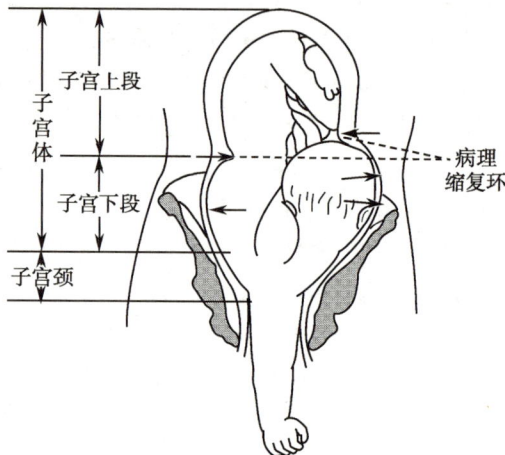

图 14-22　嵌顿性肩先露及病理缩复环

2. **对胎儿的影响**　胎先露部不能有效衔接,若胎膜早破可致脐带及上肢脱垂,直接增加胎儿窘迫和死产的机会。妊娠足月活胎均需手术助产,若处理不及时,形成嵌顿性肩先露时,增加手术助产难度,使分娩损伤机会增加。肩先露也是对胎儿最不利的胎位。

【处理原则】

1. **妊娠期**　定期产前检查,近足月的肩先露应告知相关风险,择期剖宫产分娩。
2. **分娩期**　应根据产次、胎儿大小、胎儿是否存活、宫颈扩张程度、胎膜是否破裂以及有无并发症等,综合判断决定分娩方式。

(1)初产妇足月活胎:临产时应行剖宫产术。伴有产科指征者(如狭窄骨盆、前置胎盘等),应于临产前行择期剖宫产术。

(2)经产妇足月活胎:一般情况下首选剖宫产分娩;若胎膜已破,羊水未流尽,宫口开大 5cm 以上,胎儿不大,亦可在全身麻醉下行内转胎位术,以臀先露分娩。

(3)双胎妊娠足月活胎:阴道分娩时,第一胎儿娩出后未及时固定第二胎儿胎位,由于宫腔容积骤减使第二胎儿变成肩先露时,应立即行内转胎位术,使第二胎儿转成臀先露娩出。

(4)出现先兆子宫破裂或子宫破裂征象:不论胎儿是否存活,为抢救产妇生命,均应行剖宫产术;子宫已破裂若破口小、无感染者可保留子宫行破口修补术,否则应切除子宫。

(5)胎死宫内、无先兆子宫破裂征象:若宫口近开全,在全麻下行断头术或除脏术。术后常规检查宫颈等软产道有无裂伤,损伤应及时给予修补,并预防产后出血及产褥感染。

七、复合先露

胎头或胎臀伴有上肢或下肢作为先露同时进入骨盆入口,称为复合先露(compound presentation)。以胎头与一手或一前臂的复合先露多见,常发生于早产者。发生率为 0.08%~0.1%。

【病因】

胎先露部与骨盆入口未能完全嵌合留有空间时,可使小肢体滑入骨盆而形成复合先露。常见原因有胎头高浮、骨盆狭窄、胎位异常、早产、羊水过多及双胎妊娠等。

【临床表现及诊断】

常因产程进展缓慢行阴道检查时发现。以头手复合先露最常见(图 14-23),应注意与臀先露及肩先露相鉴别。

【处理原则】

发现复合先露时,首先应排除头盆不称。确认无头盆不称,让产妇向脱出肢体的对侧侧卧,肢体常可自然回缩。若复合先露均已入盆,也可待宫口近开全或开全后,上推还纳脱出肢体,然后使胎头下降经阴道分娩;若还纳失败,阻碍胎头下降时,宜行剖宫产分娩。若胎臀并手复合先露,一般不影响分娩,无须特殊处理。若头盆不称或伴有胎儿窘迫征象,应尽早行剖宫产。

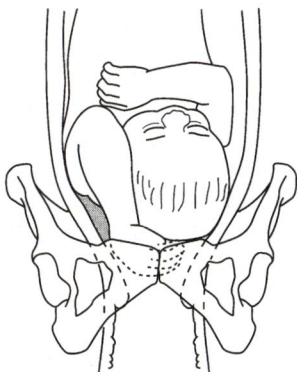

图 14-23　胎儿头手复合先露

八、胎位异常的助产要点

胎位异常包括头先露异常、臀先露、面先露、肩先露及复合先露。头位难产包括持续性枕后位、持续性枕横位、胎头高直位、前不均倾位、面先露等,臀先露分单臀先露、完全臀先露及不完全臀先露三类。胎位异常可致宫缩乏力、产程延长、子宫破裂、胎先露部下降停滞、胎儿窘迫、死产、新生儿产伤、新生儿窒息等母儿严重并发症,发现胎位异常时应及时采取措施纠正胎位,无效时需行剖宫产。

(一)评估和监测

1. **评估产妇情况**　了解产前检查的一般资料,尤其是阴道检查和 B 超检查结果,是否存在骨产道及软产道的异常;既往疾病史,尤其是妊娠分娩史。

2. **评估胎儿情况**　评估胎儿大小、胎位、头盆关系以及胎心情况。

3. **密切观察病情**　观察产妇生命体征、是否破膜,密切观察胎心率、胎动、电子胎心监护。临产后密切观察宫缩情况、宫口扩张及先露下降及产程的进展情况。当出现胎位异常临床表现如胎膜早破、原发性或继发性宫缩乏力、产程延长、胎头不衔接或延迟衔接、宫颈扩张缓慢或停滞、胎头下降延缓或停滞,警惕难产的发生,及时处理,必要时尽快剖宫产或阴道助产结束分娩。

(二)教育与支持

1. **健康教育**　①就医指导:指导孕妇定期产前检查,需择期剖宫产者在医生的指导下办理入院。自觉胎动异常、胎膜早破时立即到医院就诊。②产时指导:指导产妇应用减痛技巧,增加舒适感。第二产程指导产妇与医生及助产士密切配合,减少产时并发症的发生。③产后指导:应注意休息,避免重体力劳动,重视盆底康复训练,适当补充营养。注意会阴伤口护理,保持清洁干净,利于会阴伤口愈合。

2. **陪伴分娩**　给予全面持续的心理、生理上的关怀与照顾,解除产妇紧张、恐惧、焦虑的心理,鼓励家属参与待产护理,给予产妇更多的信心和支持。

3. **环境的支持**　保持柔和的灯光、安静的环境、愉快氛围,营造家庭化、人性化关怀,有利于缓解产妇紧张、焦虑的心理,尽量使其休息与放松,同时还能促进内源性催产素和内啡肽的分泌。使产妇感到有尊严、有安全感,舒适、不急、不赶,利于休息与分娩。

4. **鼓励自由体位**　鼓励产妇在整个产程中自行采用卧、走、坐、立、跪、趴、蹲等自由体位,减轻产妇疼痛,不必静卧在床或固定某一种姿势。以利产程进展,纠正异常的胎方位,提高正常分娩率。

5. **饮食与排泄护理**　产程中确保母儿及产程的需要,鼓励进食容易消化的流质、半流质,易消化、富营养的饮食。产程中注意排空膀胱,以利胎头下降。

6. **疼痛的护理**　给予产妇分娩球运动、呼吸减痛法、水疗、芳香疗法、按摩、催眠分娩、黄豆袋热敷、热水袋热敷等非药物减轻产妇疼痛,提高舒适度。

(三)处理与配合

1. **选择性剖宫产**　对于明显产道异常,胎儿过大,严重胎位异常不宜经阴道分娩。

2. **充分试产**　无剖宫产指征的产妇应给予试产,在试产中严密观察产程进展情况,及时发现难

Note:

产倾向并随时纠正。经积极处理无进展或在试产中有胎儿窘迫等应配合做好术前准备,及时行剖宫产术。

3. 胎位异常的处理　在产程中做好人工破膜、手转胎头、输注缩宫素等措施,预防并发症的发生(详见各种胎位异常的具体处理与助产要点)。出现紧急情况,如病理性缩复环、先兆子宫破裂、子宫破裂等危及母儿安全时,要及时处理,尽快娩出胎儿,确保母婴安全。

4. 阴道助产　当胎儿不能自行娩出时,根据具体情况采用臀牵引术、胎头负压吸引术、产钳术等助产术。协助准备好助产器械,导尿以排空膀胱。

5. 肩难产处理　按照肩难产急救处理程序,尽快娩出胎儿,提高新生儿的生存率,并尽可能避免臂丛神经损伤、锁骨骨折、复杂性产道损伤或会阴Ⅲ度及Ⅳ度裂伤的发生。

6. 产后处理　胎儿娩出后,应立即注射子宫收缩剂,预防产后出血。胎盘娩出后要仔细检查胎盘结构是否完整。

知识拓展

额先露

胎头持续以额部为先露入盆,以枕颏径通过产道时,称为额先露(brow presentation)。胎头呈半仰伸状态,进一步仰伸为面先露,或俯屈为枕先露。持续性额先露仅占分娩总数的0.03%~0.1%。

若产前发现为额先露,应建议孕妇取胎背对侧卧位,促进胎头俯屈转为枕先露。若临产后额先露不能转为枕先露且产程停滞,应行剖宫产术。

一般情况下,持续性额先露因枕颏径受阻于骨盆入口无法衔接,不能经阴道分娩。若胎儿很小骨盆很大,或胎头明显变形使枕颏径明显缩小时,额先露俯屈转为枕先露或仰伸为面先露中的额前位时,可能可以经阴道分娩。

(吴艳欣　王子莲)

思 考 题

1. 阐述产程中产力异常、产道异常、胎位异常的处理原则及助产要点。

2. 某孕妇,26岁。停经40周,不规律下腹痛6h,于2020年10月20日6:00入院。孕1产0,查体:体温36.5℃,脉搏80次/min,血压118/80mmHg。心肺检查及常规化验未见异常。腹部检查:纵椭圆形,头先露,单胎,宫高34cm,腹围102cm,胎心140次/min,跨耻征(−)。阴道检查:宫口开大1.0cm,胎膜未破,S−3,两坐骨棘稍内突。B超检查:胎头双顶径9.3cm,羊水深度5.8cm,羊水指数12cm。于11:00出现规律宫缩,宫口开大3cm,自然破膜,羊水清。12:00,宫口开大6cm,S−2。14:30宫口开大8cm,S=0,胎心好,出现宫缩乏力。缩宫素2.5U+生理盐水500ml静脉滴注加强宫缩。17:00,宫口开全,S+1。19:30,S+3。胎心168次/min,羊水Ⅰ度污染,小囟门及耳郭朝向骨盆的左后方。经会阴侧斜切开,产钳助产,分娩一男婴,3 500g,Apgar评分为8分。

请思考:

(1)试述该孕妇产程有无异常?

(2)该孕妇是否有头盆不称?

(3)上述产程处理是否恰当?

URSING

第十五章

分娩期并发症

15章 数字内容

学习目标

- 知识目标：
  1. 掌握常见分娩期并发症的临床表现、治疗原则和助产要点。
  2. 熟悉常见分娩期并发症的抢救流程。
  3. 了解各种分娩期并发症的研究进展。
- 能力目标：
  能运用所学知识对常见分娩期并发症进行诊断与处理。
- 素质目标：
  具有尊重、爱护孕产妇，保护孕产妇的职业精神。

在分娩的过程中,会出现一些严重的并发症威胁到母儿的生命安全,如子宫破裂、羊水栓塞、脐带脱垂、产后出血等。早期发现、早期处理是抢救成功的关键。

第一节 子宫破裂

───── 导入情境与思考 ─────

某孕妇,32 岁。孕 5 产 1,孕 40^{+1} 周。因腹痛 5h、加重 2h 就诊。于 20 个月前行剖宫产 1 次。入院后查电子胎心监护,见胎心率基线 148bpm,基线变异<5bpm,频繁晚期减速,监护过程中,子宫下段有“撕裂感”,随之宫缩突然减弱。

请思考:

1. 该孕妇的病情变化特点有哪些?

2. 对该孕妇应如何处理?

子宫破裂(rupture of uterus)指在妊娠晚期或分娩期子宫体部或子宫下段发生的裂开,是分娩期最严重的并发症之一,直接危及产妇及胎儿生命。随着剖宫产率增加,子宫破裂的发生率有上升趋势。

【病因】

1. **子宫因素** ①瘢痕子宫是近年来导致子宫破裂的常见原因,如剖宫产术、子宫肌瘤剔除术、宫角切除术、子宫成形术后等,在妊娠晚期或分娩期由于宫腔内压力增高可使瘢痕破裂。前次剖宫产手术后伴感染、切口愈合不良、术后间隔时间过短再次妊娠者,临产后发生子宫破裂的危险性更大。②子宫肌壁本身的病理改变,如子宫肌壁先天性发育不良(肌壁薄或发育不对称)。③子宫发育异常或多次宫腔操作,局部肌层菲薄也可导致子宫破裂;④子宫下段或宫颈肿瘤妨碍先露下降造成梗阻性分娩发生子宫破裂等。

2. **梗阻性难产** 主要见于骨盆狭窄、头盆不称、软产道阻塞、胎位异常、巨大胎儿、胎儿畸形等,均可因胎先露下降受阻,为克服阻力子宫强烈收缩,使子宫下段过度伸展变薄发生子宫破裂。

3. **子宫收缩药物使用不当** 胎儿娩出前,缩宫素或前列腺素类制剂使用不当,导致子宫收缩过强造成子宫破裂。

4. **产科手术损伤** 宫颈口未开全时行产钳助产或臀牵引术,中 - 高位产钳牵引等可造成宫颈裂伤延及子宫下段;毁胎术、穿颅术可因器械、胎儿骨片损伤子宫导致破裂;肩先露无麻醉下行内倒转术或强行剥离植入性胎盘或严重粘连胎盘,亦可引起子宫破裂。

【临床表现】

子宫破裂多发生于分娩期,部分发生于妊娠期。按其破裂程度,分为完全性破裂和不完全性破裂。按其发生进展程度分为先兆子宫破裂和子宫破裂。子宫破裂的症状和体征主要取决于发生时间的长短、破裂位置及损伤程度,其最初的临床表现并无特异性。

1. **瘢痕子宫破裂的临床表现** 瘢痕子宫于妊娠时发生子宫破裂风险增加。如为前次的瘢痕部位发生破裂,因该处血运相对较差,其症状较自发性或损伤性子宫破裂轻,早期及中期妊娠子宫破裂可出现腹痛、失血性休克。妊娠晚期或分娩期瘢痕子宫破裂的典型症状和体征:①胎儿窘迫(最常见的是胎心率异常及胎心监护异常)。②子宫张力下降。③腹部出现“撕裂感”,宫缩突然停止。④分娩过程中腹痛加剧或耻骨弓上方疼痛及压痛明显。⑤胎先露较前上升。⑥阴道出血或血尿。⑦休克。⑧胸痛、两肩胛骨之间疼痛,以吸气时疼痛为甚,疼痛系因血液刺激膈肌所致。早期、快速、准确地诊断子宫破裂对于改善预后十分重要。

2. 梗阻性分娩子宫破裂的临床表现

(1)先兆子宫破裂表现:常见于产程长、有梗阻性难产因素的产妇。具体表现:①子宫呈强直性或痉挛性过强收缩,产妇烦躁不安、呼吸、心率加快,下腹剧痛难忍,伴或不伴阴道流血。②因胎先露部下降受阻,子宫收缩过强,子宫体部肌肉增厚变短,子宫下段肌肉变薄拉长,在两者间形成环状凹陷,称为病理缩复环(pathologic retraction ring)。随着产程进展,该环可逐渐上升达脐平或脐上,压痛明显(图15-1)。③膀胱受压充血,出现排尿困难及血尿。④因宫缩过强、过频,胎位触不清,胎心率加快或减慢或听不清。

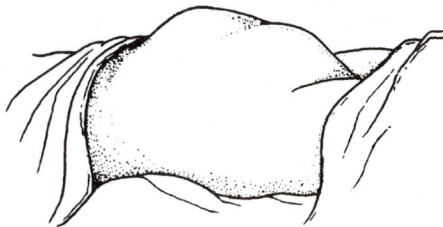

图 15-1　病理性缩复环

(2)子宫破裂表现

1)完全性子宫破裂:子宫壁全层破裂,宫腔与腹腔相通,称为完全性子宫破裂。产妇突感下腹一阵撕裂样剧痛,子宫收缩骤然停止。腹痛稍缓和后,待羊水、血液进入腹腔,又出现全腹持续性疼痛,并伴有低血容量休克的征象。全腹压痛明显、有反跳痛,腹壁下可清楚扪及胎体,子宫位于侧方,胎心胎动消失。阴道检查可有鲜血流出,胎先露部升高,开大的宫颈口缩小,部分产妇可扪及宫颈及子宫下段裂口。但子宫体部瘢痕破裂多为完全性子宫破裂,多无先兆破裂典型症状。穿透性胎盘植入时,可表现为持续性的腹痛,持续数日或数小时,有时伴有贫血、胎儿窘迫或死胎,易误诊为其他急腹症或先兆临产。

2)不完全性子宫破裂:子宫肌层部分或全层破裂,但浆膜层完整,宫腔与腹腔不相通,胎儿及其附属物仍在宫腔内,称为不完全性子宫破裂。临床表现与完全性子宫破裂相似,但症状较轻,全身症状不明显,腹痛较轻。在子宫破裂处有局限性压痛,若破裂发生在阔韧带两叶之间,可形成阔韧带血肿,在子宫的一侧可触及逐渐增大和有压痛的包块。

【诊断与鉴别诊断】

典型子宫破裂根据病史、症状、体征,多可明确诊断。子宫切口瘢痕破裂,症状体征不明显,应结合前次剖宫产史、子宫下段压痛、胎心异常、胎先露部上升、宫颈口缩小等做出诊断。B超检查能协助确定破口部位及胎儿与子宫的关系。

1. 重型胎盘早剥　常伴有妊娠期高血压疾病史或外伤史,子宫呈板状硬,胎位不清,阴道出血与贫血程度不成正比;B超检查常有胎盘后血肿或胎盘明显增厚。

2. 难产并发严重感染　多有产程长、多次阴道检查史,伴腹痛,严重时出现腹膜炎体征;阴道检查胎先露部无上升、宫颈口无回缩;查体及B超检查,发现胎儿位于宫腔内、子宫无缩小;患者常有体温升高和血白细胞计数异常。

【对母儿的影响】

1. 对母体的影响　子宫破裂后可能造成严重内出血,从而出现腹部剧烈疼痛、反跳痛、极度腹胀等症状。如果不及时止血,腹腔大量出血后极可能造成失血性休克;大量出血后可能造成凝血功能障碍,使得止血困难,甚至有产后大出血、切除子宫的可能。

2. 对胎儿的影响　一旦胎儿从子宫破裂口进入腹腔内,子宫收缩压力突然消失、子宫形状改变、胎儿位置改变,可能会听不到胎心音,或者胎心音不规则、出现各类胎心减速,甚至造成胎盘剥离,导致胎儿窘迫或死胎。

【预防】

1. 做好产前检查,有瘢痕子宫、产道异常等高危因素者,应提前入院待产。

2. 对前次剖宫产切口为子宫体部切口、子宫下段切口有撕裂、术后感染愈合不良者,均应行剖宫产终止妊娠。

3. 严密观察产程进展,警惕并尽早发现先兆子宫破裂征象并及时处理。

4. 严格掌握缩宫素应用指征,诊断为头盆不称、胎儿过大/胎位异常阴道分娩有困难者应禁用缩宫素,曾行子宫手术者产时要慎用或禁用缩宫素;应用缩宫素引产时,应有专人守护或监护,按规定稀释为小剂量静脉缓慢滴注,严防发生过强宫缩;应用前列腺素制剂引产应慎重。

5. 正确掌握产科手术助产的指征及操作常规,阴道助产术后应仔细检查宫颈及软产道,及时发现损伤给予修补。

【处理原则】

1. **先兆子宫破裂**　诊断明确应立即行剖宫产术。术前立即停用缩宫素,应用宫缩抑制剂。

2. **子宫破裂**　在输液、输血、吸氧和抢救休克同时,无论胎儿是否存活均应尽快手术治疗。子宫破裂的处理必须考虑到子宫损伤的程度、患者生命体征是否平稳、将来的生育要求等。由于母亲死亡率及新生儿死亡率高,快速有效地处理子宫破裂至关重要。一旦确诊,在血源充足、输液通畅的情况下,无论胎儿是否存活均应尽快手术。子宫破裂发生的 10~30min 内实施手术是降低围产期永久性损伤以及胎儿死亡的主要治疗手段。手术方式多为紧急剖宫产联合子宫破裂修补术,如破裂口过大,破裂时间过长,边缘不完整的患者,应及时行子宫切除术。穿透性胎盘植入并子宫破裂,一旦发生,需手术治疗,视胎盘植入部位、植入面积及子宫破裂程度行全子宫或次全子宫切除术,或部分子宫肌层切除术以及双侧子宫动脉上行支结扎术。如胎盘植入侵及盆腔其他器官,应在手术时一同进行修补,手术前后给予足量广谱抗生素控制感染(图 15-2)。

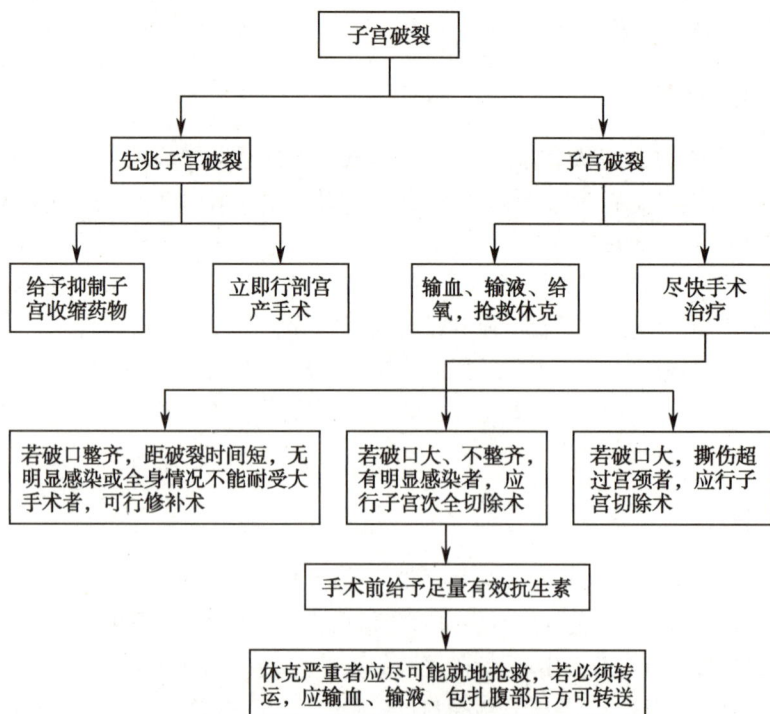

图 15-2　子宫破裂抢救流程图

【助产要点】

(一) 评估与教育

1. **健康史**　评估与子宫破裂相关的既往史与现病史,如有无子宫手术史、剖宫产史、此次妊娠有无胎位异常、头盆不称,有无滥用缩宫素、阴道助产手术操作史。

2. 身心状况　密切观察产妇的精神状态有无烦躁不安、疼痛难忍、恐惧及焦虑,是否担心自己及胎儿的健康。如已发生子宫破裂,需积极给予心理支持,向产妇及家属解释子宫破裂的治疗情况,争取其积极配合治疗抢救。对胎儿已死亡的产妇,应倾听产妇诉说内心的感受,并表示理解和同情,帮助其度过悲伤期。

3. 对具有高危因素的患者产前做好分娩方式的规划,对发生子宫破裂的产妇提供产褥期的休养计划,帮助其身体康复并调整情绪。

（二）监测与管理

1. 关注产妇的生命体征变化及产程进展情况,评估宫缩强度、间隔及持续时间,腹痛程度及性质,有无排尿困难,有无病理性缩复环;监测胎心及胎动情况,了解有无胎儿窘迫表现,观察产程进展,及时发现难产潜在因素。

2. 产程中必要时连续电子胎心监护,及时发现胎心异常,查找原因,辨识子宫破裂征象。

（三）处理与配合

1. 待产过程中出现胎心率变化,应立即报告医生,并采取相应的宫内复苏措施。

2. 如出现宫缩过强或病理性缩复环等先兆子宫破裂症状时,立即报告医生并停止静脉滴注催产素和一切操作,同时监测产妇的生命体征,遵医嘱给予抑制宫缩,并立即做好剖宫产术前准备。

3. 如已确定出现子宫破裂,应配合医生迅速输血输液,补充血容量,积极抗休克处理并同时做好术前准备。

4. 术中、术后观察并记录生命体征、出入量,评估失血量。

5. 做好新生儿复苏的准备,并呼叫和配合新生儿科医生进行新生儿抢救。

第二节　羊水栓塞

导入情境与思考

某产妇,39岁。孕3产0,孕41^{+1}周。某日9:30入院待产。孕期检查未见明显异常,既往史无特殊,入院各项检查均未见异常。11:30因无产兆,给予0.5%缩宫素静脉滴注引产,21:30规律宫缩,22:55宫口开大2cm,行硬膜外麻醉分娩镇痛。次日2:10宫口开大6cm,先露头,居S-1cm。3:25自然破水,随后患者突诉胸闷,胎心波动在55~180次/min,立即阴道检查宫口开9cm,S=0,3:36患者突然出现全身抽搐,面色青紫,意识丧失,呼之不应。

请思考:

1. 该产妇的病情出现了哪些变化?

2. 对该产妇需采取哪些处理措施?

羊水栓塞（amniotic fluid embolism,AFE）指在分娩过程中羊水突然进入母体血循环引起急性肺动脉高压、肺水肿、严重低氧血症、心搏骤停、弥散性血管内凝血（disseminated intravascular coagulation,DIC）、多器官功能衰竭等一系列病理改变的严重分娩并发症。自1926年被Meyer首次报道并命名至今已近100年,羊水栓塞仍然是产科最致命的并发症之一。最新文献报道的羊水栓塞发病率为1.9/10万~7.7/10万。多数发生在足月分娩,也可发生于妊娠10~14周钳刮术时,死亡率高达60%以上,是孕产妇死亡的主要原因之一。羊水栓塞的发病机制尚不明确,近年研究认为当母胎屏障破坏时,羊水成分进入母体循环,除引发机械性梗阻外,胎儿的异体抗原和羊水成分将会激发母体的免疫反应,发生炎症、免疫等"瀑布样"级联反应,从而发生类似全身炎症反应综合征,引起一系列的临床表现。

【病因】

具体病因不明。羊水物质进入母体循环的基本条件包括：子宫颈或宫体损伤且存在病理性开放的静脉或血窦、羊膜腔内压力过高(强烈的子宫收缩)、胎膜破裂等。

高龄初产妇、多产妇(易发生子宫损伤)、过强宫缩或缩宫素使用不当、急产、胎膜早破或人工破膜史、前置胎盘、胎盘早剥、子宫不完全破裂、剖宫产术、死胎等均可能为羊水栓塞的诱发因素。

【病理生理】

羊水栓塞的发病机制尚不明确，目前认为当母胎屏障被破坏，羊水成分进入母体循环，胎儿的异体抗原激活母体的炎症介质，发生炎症、免疫等"瀑布样"级联反应，从而发生类似全身炎症反应综合征，引起肺动脉高压、肺水肿、严重低氧血症、呼吸衰竭、循环衰竭、心搏骤停及孕产妇严重出血、弥散性血管内凝血、多器官功能衰竭等病理生理变化(图 15-3)。

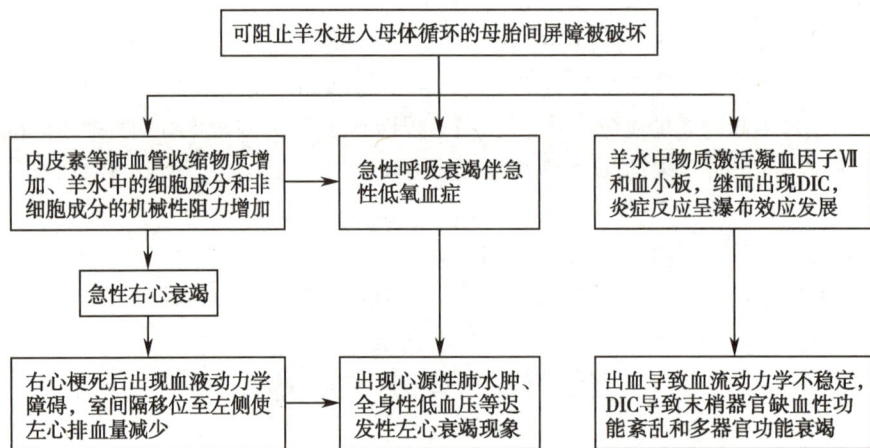

图 15-3 羊水栓塞的病理生理过程

1. **肺动脉高压**　羊水中有形物质，如胎儿毳毛、胎脂、胎粪、角化上皮细胞等直接形成栓子，经肺动脉进入肺循环，阻塞小血管并刺激血小板和肺间质细胞释放白三烯、$PGF_{2\alpha}$ 和 5- 羟色胺等血管活性物质使肺小血管痉挛；同时羊水有形物质激活凝血过程，使肺毛细血管内形成弥散性血栓，进一步阻塞肺小血管。肺动脉高压直接使右心负荷加重，导致急性右心扩张，并出现充血性右心衰竭。而左心房回心血量减少，左心排血量明显减少，导致周围血循环衰竭，血压下降，出现休克，甚至死亡。

2. **过敏性休克**　羊水有形物质成为致敏原作用于母体，引起 I 型变态反应，此反应中肥大细胞脱落颗粒、异常的花生四烯酸代谢产物如白三烯、前列腺素、血栓素等进入母体血循环，导致过敏样反应，严重时出现过敏性休克。

3. **弥散性血管内凝血**　羊水中含促凝物质类似于组织凝血活酶，进入母血后易在血管内产生大量的微血栓，消耗大量凝血因子及纤维蛋白原而发生 DIC。同时炎性介质和内源性儿茶酚胺释放，触发凝血级联反应。由于凝血物质消耗和纤溶系统激活，产妇血液系统由高凝状态快速转为纤溶亢进，致使血液不凝，出现严重产后出血甚至失血性休克。

4. **多脏器功能损害**　由于休克和 DIC 使得母体多脏器受累，因循环功能衰竭所致肾脏缺血及 DIC 前期形成的血栓堵塞肾内小血管，导致肾脏缺血缺氧，从而造成急性肾功能衰竭最为多见，常表现为少尿、无尿或尿毒症表现，引发肾脏器质性损害。亦可出现肝功能衰竭和急性脑损伤。

5. **炎症损伤**　羊水栓塞所致的炎性介质系统的突然激活，引起类似于全身炎症反应综合征(systemic inflammatory response syndrome, SIRS)的各种变化。

Note:

【临床表现】

起病急骤、临床表现复杂是羊水栓塞的特点。相关研究显示羊水栓塞多发于胎儿娩出前 2h 及胎盘娩出后 30min 内,70% 发生在分娩过程中,11% 发生于阴道分娩之后,19% 发生于剖宫产术中及术后。虽然极为少见,但是在妊娠早期或妊娠中期终止妊娠和行羊膜腔穿刺术时也有可能发生羊水栓塞。

1. **典型羊水栓塞**　以骤然的血压下降(血压与失血量不符合)、组织缺氧(hypoxia)和消耗性凝血性疾病(consumptive coagulopathy)为特征的急性综合征,一般经过三个阶段。

(1)心肺功能衰竭和休克:在分娩过程中,尤其是刚破膜不久,产妇突感寒战,出现呛咳、气急、烦躁不安、恶心、呕吐等前驱症状,继而出现呼吸困难、发绀、抽搐、昏迷、脉搏细速、血压急剧下降,心率加快、肺底部湿啰音。病情严重者,产妇仅惊叫一声或打一个哈欠或抽搐一下后发生心搏骤停,于数分钟内死亡。

(2)出血:凝血功能障碍是羊水栓塞的特征性表现,常于患者度过心肺功能衰竭和休克后出现,也可以是羊水栓塞的首发体征。表现为胎儿娩出后无原因的、即刻大量产后出血,且为不凝血,以及全身皮肤黏膜出血、血尿、消化道出血、手术切口及静脉穿刺点出血等。

(3)急性肾功能衰竭:本病全身脏器均受损害,除心肺外,肾脏是最常受损器官。存活的患者出现少尿(或无尿)和尿毒症表现。

2. **不典型羊水栓塞**　症状多样隐匿,病情发展缓慢。常缺乏急性呼吸循环系统症状或症状较轻;可见于胎膜破裂后产妇突然一阵呛咳,之后缓解;也可表现为产时的突发寒战,数小时后发生产后出血、伤口渗血、血红蛋白尿等,并出现休克症状。

羊水栓塞引起的机体改变大多极其迅速,低氧血症、低血压和严重产后出血是典型羊水栓塞的三联征,肺动脉高压是其主要原因。一旦发生羊水栓塞,孕产妇的全身器官均可受损,故临床表现纷繁复杂,患者死亡率与受损或衰竭器官数量相关。

【诊断】

1. **临床表现及病史**　羊水栓塞的诊断主要是根据诱发因素、临床症状和体征。在子宫收缩、子宫颈扩张、刮宫术或分娩、剖宫产过程中或产后短时间内(多数发生在胎盘娩出后 30min 内)出现下列不能用其他原因解释的情况时,首先要考虑为羊水栓塞的可能,并立即按羊水栓塞抢救,同时行进一步的检查。这些情况包括:①血压骤降或心搏骤停;②急性缺氧如呼吸困难、发绀或呼吸停止;③凝血功能障碍,有血管内凝血因子消耗或纤溶亢进的实验室证据,或无法解释的严重出血。

2. **辅助检查**

(1)血涂片查找羊水有形物质:采集下腔静脉血,镜检见到羊水有形成分支持诊断。

(2)床旁胸部 X 线摄片:双肺弥散性点片状浸润影,沿肺门周围分布,伴右心扩大。

(3)床旁心电图或心脏彩色多普勒超声检查:提示右心房、右心室扩大,而左心室缩小,ST 段下降。

(4)与 DIC 有关的实验室检查:示凝血功能障碍。

(5)若尸检,可见肺水肿、肺泡出血,主要脏器如肺、胃、心、脑等血管及组织中或心内血液离心后镜检找到羊水有形物质。如肺小动脉内见胎儿鳞状上皮或毳毛,可支持羊水栓塞的诊断。

总之,羊水栓塞是基于临床表现的排他性诊断,目前尚缺乏明确统一的诊断标准,没有特异性的实验室诊断指标。对于每一例突然发生肺动脉高压、低氧血症、低血压、凝血功能障碍等症状的孕产妇,都应考虑到羊水栓塞的可能。

【鉴别诊断】

由于羊水栓塞发病时机难料、临床表现多样,且无特异性实验室诊断标准,因此鉴别诊断尤为重要。常需要鉴别的疾病,如产后出血所致凝血功能障碍、心肌梗死及主动脉夹层、肺栓塞、空气栓塞、

Note:

麻醉相关并发症、过敏性疾病、子痫、急性心力衰竭、高血压脑病及脑血管意外等;在某些情况下,败血症也可能会出现这些临床表现。应予以鉴别。

【预防】

1. 注意诱发因素,当有前置胎盘、胎盘早剥、过期妊娠、胎儿窘迫、胎膜早破等并发症时,应提高警惕,及时识别羊水栓塞的前驱症状,并积极抢救以降低母婴死亡率。

2. 人工破膜时应避开宫缩最强时期。

3. 掌握剖宫产指征,手术时动作应准确轻柔,预防子宫切口延裂;子宫切开后及时吸尽羊水再娩出胎儿,以免羊水进入子宫创口开放的血窦内。

4. 正确使用缩宫素,用缩宫素引产或加强宫缩时,必须有专人守候观察,随时调整缩宫素的剂量与速度,避免宫缩过强。

5. 有宫缩过强时,应立即停止使用缩宫素,并使用宫缩抑制剂及镇静剂。

6. 做人工流产钳夹术时,应先破膜,待羊水流尽后再钳夹。孕中期引产行羊膜腔穿刺术时,应以细针穿刺。前壁胎盘穿刺时最好有超声引导,避免多次经胎盘穿刺形成局部血肿。

【处理要点】

当高度可疑羊水栓塞时,须即刻启动羊水栓塞抢救流程,建议多学科协作以提高救治成功率。主要包括呼吸支持、循环支持、处理凝血功能障碍、产科处理、器官功能支持与保护,以及全面监测(图 15-4)。

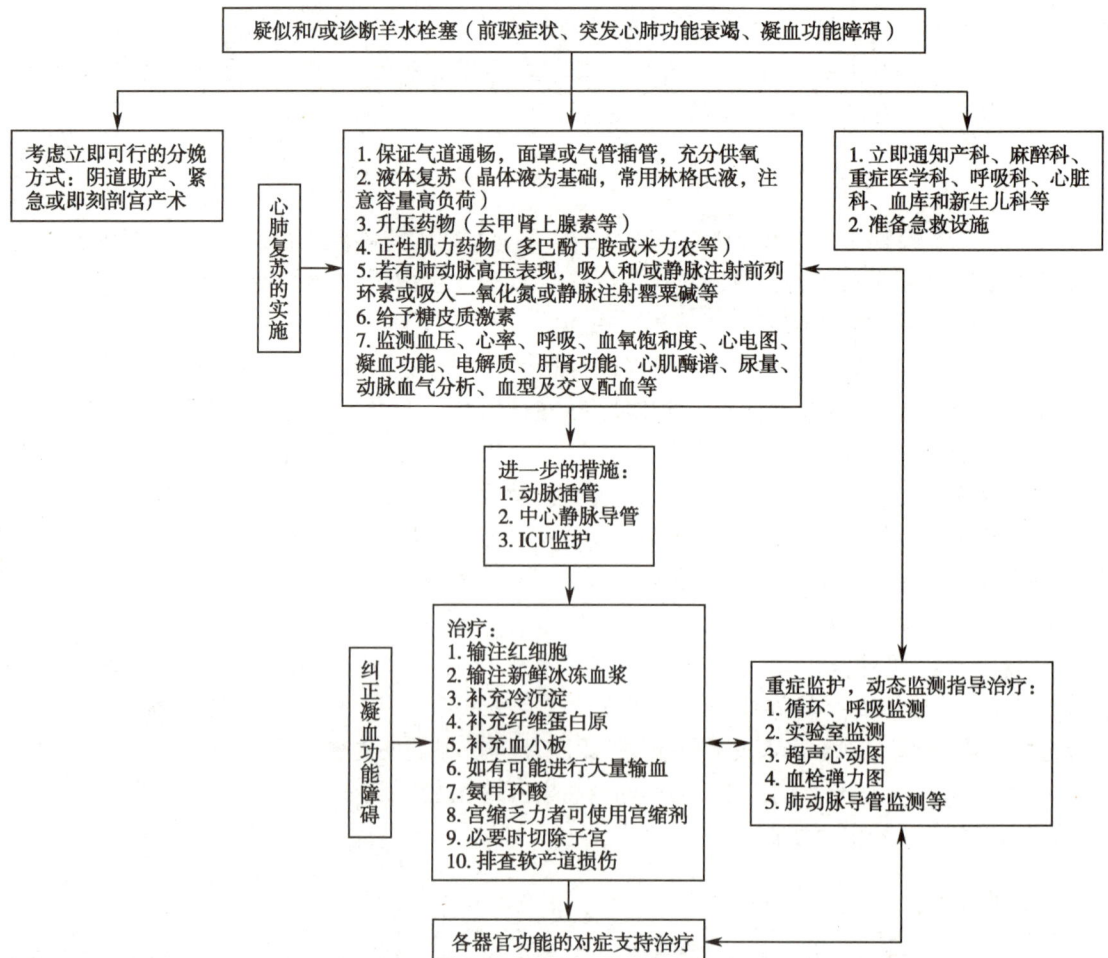

图 15-4 羊水栓塞的抢救流程

1. 解除肺动脉高压,改善低氧血症,抗过敏。

(1)供氧:保持呼吸道通畅,立即面罩给氧,或气管插管正压给氧,必要时气管切开;有条件时尽早使用呼吸机,尽量保持血氧饱和度在 90% 以上;在建立气道期间应尽量避免中断胸外按压以防止缺氧。保证供氧可改善肺泡毛细血管缺氧状况,预防及减轻肺水肿;改善心、脑、肾等重要脏器的缺氧状况。

(2)解除肺动脉高压:尽早减轻肺血管及支气管平滑肌痉挛,解除肺动脉高压,才能从根本上改善缺氧,避免因低氧血症、酸中毒、高碳酸血症而加重肺动脉高压,导致右心衰竭。①多巴酚丁胺、米力农因兼具强心、扩张肺动脉的作用,是治疗的首选药物。用法:多巴酚丁胺 2.5~5.0 μg/(kg·min),静脉泵入;磷酸二酯酶抑制剂(米力农)0.25~0.75 μg/(kg·min),静脉泵入。②使用前列环素、西地那非、一氧化氮及内皮素受体拮抗剂等特异性舒张肺血管平滑肌的药物。用法:依前列醇(epoprostenol)10~50ng/(kg·min),吸入;或伊洛前列素(iloprost)10~20 μg/ 次,吸入,6~9 次 /d;或曲前列尼尔(treprostinil)1~2ng/(kg·min)起始剂量,静脉泵入,逐步增加直至达到效果;西地那非 20mg/ 次,口服,3 次 /d,或通过鼻饲和 / 或胃管给药;一氧化氮 5×10^{-6}~40×10^{-6},吸入。③也可给予罂粟碱、阿托品、氨茶碱、酚妥拉明等药物。用法:盐酸罂粟碱 30~90mg 加于 10%~25% 葡萄糖注射液 20ml 缓慢静脉推注,每天用量不超过 300mg,可松弛平滑肌,扩张冠状动脉、肺和脑小动脉,降低小血管阻力,与阿托品同时应用效果更佳;阿托品 1mg 加于 10%~25% 葡萄糖注射液 10ml,每 15~30min 静脉推注 1 次,直至面色潮红、症状缓解为止,阿托品能阻断迷走神经反射所致的肺血管和支气管痉挛,心率>120 次 /min 时慎用;氨茶碱 250mg 加于 25% 葡萄糖注射液 20ml 缓慢推注,可松弛支气管平滑肌,解除肺血管痉挛;酚妥拉明 5~10mg 加于 10% 葡萄糖注射液 100ml,以 0.3mg/min 速度静脉滴注,为非选择性 α 受体阻断剂,能解除肺血管痉挛,消除肺动脉高压。

(3)抗过敏:分娩前后突然出现羊水栓塞的前驱症状,在改善缺氧同时,应立即给予大剂量肾上腺糖皮质激素抗过敏、解痉,稳定溶酶体,保护细胞。氢化可的松 100~200mg 加于 5%~10% 葡萄糖注射液 50~100ml 快速静脉滴注,再用 300~800mg 加于 5% 葡萄糖注射液 250~500ml 静脉滴注,每天用量可达 500~1 000mg。或地塞米松 20mg 加于 25% 葡萄糖注射液静脉推注后,再加 20mg 于 5%~10% 葡萄糖注射液中静脉滴注。

2. 抗休克　羊水栓塞引起的休克比较复杂,与过敏性、肺源性、心源性及 DIC 等多种因素有关,应综合考虑。

(1)液体复苏:不管任何原因引起的休克都存在有效血容量不足问题,扩容应以晶体液为基础,常用林格氏液。注意限制液体入量,否则易引发心力衰竭、肺水肿。适当补充新鲜血和血浆。抢救过程中应测定中心静脉压(central venous pressure,CVP),了解心脏负荷状况、指导输液量及速度。

(2)升压药物:休克症状急剧而严重,或血容量已补足而血压仍不稳定者。可选择去甲肾上腺素 0.05~3.30 μg/(kg·min),静脉泵入。

(3)纠正酸中毒:应及时行动脉血气分析、血清电解质测定。如有酸中毒时,用 5% 碳酸氢钠溶液静脉滴注,并及时纠正电解质紊乱。

(4)纠正心力衰竭:推荐多巴酚丁胺和米力农,兼具强心和扩张肺动脉的作用,是治疗的首选药物。毛花苷 C 0.2~0.4mg 或毒毛花苷 K 0.125~0.25mg 加于 10% 葡萄糖注射液 20ml 静脉缓注;必要时 4~6h 重复用药亦可治疗心力衰竭,但因副作用多,目前已很少应用。

(5)当孕产妇出现心搏骤停时,应首先、即刻进行高质量的心肺复苏。对未分娩的孕妇,应左倾 30° 卧位或子宫左牵,防止负重子宫压迫下腔静脉。

3. 防治 DIC

(1)快速补充红细胞和凝血因子(新鲜冰冻血浆、冷沉淀、纤维蛋白原、血小板等)至关重要,尤其需要注意补充纤维蛋白原,使血纤维蛋白原浓度达 1.5g/L 以上。早期即按大量输血方案进行输血治疗可使抢救更有效;有条件者可使用床旁血栓弹力图指导血液成分的输注。

(2) 如纤溶亢进时积极抗纤溶治疗,氨基己酸(4~6g)或氨甲环酸(0.5~1.0g)加于 0.9% 氯化钠注射液或 5% 葡萄糖注射液 100ml 静脉滴注,抑制纤溶激活酶,使纤溶酶原不被激活,从而抑制纤维蛋白的溶解。

(3) 对于肝素治疗羊水栓塞引起的 DIC 的争议很大。由于 AFE 进展迅速,难以掌握何时是 DIC 的高凝阶段,使用肝素治疗弊大于利,因此不常规推荐肝素治疗。如需使用,应具备下列 4 个条件:①诊断必须明确;②必须有充足可靠的血源;③能够实时动态监测凝血功能;④备有鱼精蛋白用于拮抗肝素使用过量,1mg 鱼精蛋白对抗肝素 100U。

4. 预防肾功能衰竭 羊水栓塞发生的第三阶段为肾功能衰竭阶段,注意尿量。当血容量补足后,若仍少尿应选用呋塞米 20~40mg 静脉注射,或 20% 甘露醇 250ml 快速静脉滴注(10ml/min),有心力衰竭时慎用,无效者提示急性肾功能衰竭,应控制输液量并尽早采取血液透析等急救处理。

5. 预防感染 应选用肾毒性小的广谱抗生素预防感染。

6. 产科处理 若发生于胎儿娩出前,应积极改善呼吸循环功能,防止 DIC,抢救休克,并及时终止妊娠。在第一产程发病者剖宫产终止妊娠;第二产程发病者阴道助产,并密切观察子宫出血情况。对于妊娠已达 23 周以上的产妇,一旦发生羊水栓塞、心搏骤停,应立即进行心肺复苏并行紧急剖宫产术准备,如心肺复苏 4min 后仍无自主心率,可以考虑行紧急剖宫产术,一方面可能挽救胎儿的生命,另一方面可能通过去除孕产妇下腔静脉的压力有利于其复苏。但围死亡期的剖宫产术决定十分困难,须根据个性化原则。

当产后出血难以控制,危及产妇生命时,果断、快速地切除子宫是必要的。但子宫切除不是治疗羊水栓塞的必要措施,不应实施预防性子宫切除术。

【助产要点】

(一) 评估与教育

1. 健康史 高度重视导致羊水栓塞发生的各种诱因,如胎膜早破或人工破膜、前置胎盘、胎盘早剥、宫缩过强或强直性宫缩、中期妊娠引产或钳刮术及羊膜腔穿刺术等。

2. 身心状况 产程中须观察产妇有无突然出现烦躁不安、气促、呼吸困难、发绀、咳粉红色泡沫痰、心率加快等表现,迅速出现循环衰竭,进入休克及昏迷状态。观察是否出现全身出血倾向、切口渗血,继而出现少尿、无尿等肾衰竭表现。也有的患者无先兆症状,只有一声窒息样惊叫或打一哈欠,即进入昏迷状态。

3. 健康教育

(1) 告知风险:及早发现如前置胎盘、双胎、巨大儿、羊水过多等诱发因素,告知羊水栓塞的危险性及治疗过程中可能造成的母儿影响。

(2) 康复与心理辅导:对于子宫切除的产妇及其家属,待病情稳定后,进行针对性的康复与心理辅导。

(二) 监测与管理

1. 心理支持 发生羊水栓塞时,医务人员都需冷静、沉着,抢救工作有条不紊,不应将自身的忧虑与患者的焦虑相互交织。如产妇神志清醒,应鼓励产妇,使其有信心,相信病情会得到控制。医务人员应对于家属焦虑的心理表示理解,向家属介绍产妇病情的实际情况,并避免以焦虑的状态与产妇接触,以免影响产妇的心情,进而影响救治。

2. 辅助检查 进行床旁胸部 X 线摄片及床旁心电图,观察心肺部情况。跟踪血液实验室检查结果,留取肺动脉或下腔静脉的血液标本寻找羊水成分等。

(三) 处理与配合

1. 维持呼吸功能 取半卧位或抬高头肩部卧位,加压给氧,减轻肺水肿,及时做好气管插管或气管切开准备工作。

2. **及时娩出胎儿**　一旦考虑羊水栓塞,当胎儿不能及时娩出时,应立即做好剖宫产手术前的准备,行剖宫产结束分娩;当宫口已开全或接近开全时应及时做好阴道分娩及手术助产,准备娩出胎儿;产后对无法控制的阴道流血患者,予以全子宫切除,应做好相关术前准备和术后护理。

3. **配合治疗与抢救**　在抢救过程中应正确、有效、及时配合医生完成治疗,最好由专人进行护理,保持呼吸道的通畅,留置导尿管,保持导尿管的通畅,观察尿的排出量和性质,及时反映情况,采取措施,防止肾功能衰竭。定时测量血压、脉搏、呼吸,准确地测定出血量,并观察血凝情况,应详细记录病情变化、诊治情况和24h出入量。严格执行无菌操作,遵医嘱使用足量广谱抗生素,防止肺部和生殖道感染。配合做好实验室检查,在反复观察动态变化中做到遵医嘱及时反复抽血送验。及时反映异常数据。当羊水栓塞在胎儿娩出前或刚临产而发生时,在改善母体呼吸循环功能,并纠正凝血功能障碍后,尽快结束分娩。

知 识 拓 展

羊水栓塞的液体管理

羊水栓塞发生时除了积极的生命支持外,有针对性地进行液体管理同等重要。

1. 肺动脉高压、右心衰竭阶段,要严格控制容量负荷,避免加重心力衰竭、肺水肿。此阶段需辨明患者血流动力学状况,必要时尽早建立侵入性监测,如心排血量监测及经胸或食管超声心动图检查。

2. 改善器官灌注,依目前研究证据,晶体液为首选,并考虑应用平衡晶体。其后的液体治疗以优化心脏功能、维持组织灌注、缓解器官功能障碍为治疗终点。恢复中心静脉血氧饱和度和动脉乳酸清除率是复苏监测的动态目标,与改善患者预后相关。

3. DIC阶段,为预防复苏相关性凝血障碍,建议限制性液体复苏。维持最低可耐受的血压,目前最佳血压目标尚未确定,但有RCT研究显示,在出血期间使用容受性低血压(MAP在55~65mmHg)可能得到更好的结局。鉴于现有研究证据,建议在非大量失血或出血可以控制时采用限制性输血策略,即患者Hb浓度低于70g/L时方考虑输入红细胞。血小板计数小于75×10^9/L时输注血小板。当血浆纤维蛋白原水平<2g/L时,应输注冷沉淀或纤维蛋白原凝集物。

第三节　脐　带　脱　垂

导入情境与思考

某孕妇,26岁,因"停经34周,不规律腹痛4h"来院就诊。超声检查示:宫内孕,单胎,臀位,羊水深度82mm。其后患者突然出现阴道流液,色清亮,感阴道有组织物滑出。即刻阴道检查,宫口开大3cm,先露为胎足,阴道内可及条索样组织伴血管搏动。产科检查:腹壁可触及宫缩,胎心107次/min。

请思考:

1. 该孕妇的病情变化是什么?

2. 对该孕妇应如何处理?

脐带是胎儿与母体进行气体交换和物质代谢的重要通道。当胎膜未破时,脐带位于胎先露部前方或一侧称为脐带先露(presentation of umbilical cord)或隐性脐带脱垂。当胎膜破裂,脐带脱出于宫颈外口,降至阴道甚至外阴部时称为脐带脱垂(prolapse of umbilical cord)或显性脐带脱垂(图15-5)。脐带脱垂是分娩期并发症之一,发生率为0.1%~0.6%。脐带受压、血流受阻时,可导致胎儿窘迫甚至威胁生命。

Note:

【病因】

1. 胎头未衔接时如头盆不称、胎头入盆困难。
2. 胎位异常,如臀先露、肩先露、枕后位等。
3. 胎儿过小或羊水过多。
4. 脐带过长。
5. 脐带附着异常及低置胎盘等。

【对母儿的影响】

1. **对母体的影响** 增加剖宫产率及手术助产率。

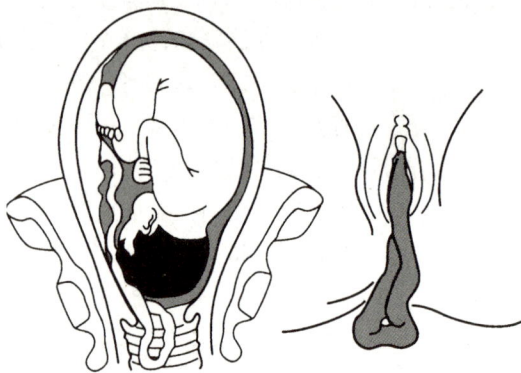

图 15-5 脐带脱垂

2. **对胎儿的影响** 发生在胎先露部尚未衔接、胎膜未破时的脐带先露,因宫缩时胎先露部下降,一过性压迫脐带导致胎心率异常。胎先露部已衔接、胎膜已破者,脐带受压于胎先露部与骨盆之间,引起胎儿缺氧,甚至胎心完全消失;以头先露最严重,肩先露最轻。若脐带血循环阻断超过 7~8min,可胎死宫内。

【诊断】

有脐带脱垂危险因素存在时,应警惕脐带脱垂的发生。胎膜未破,于胎动、宫缩后胎心率突然变慢,改变体位、上推胎先露部及抬高臀部后迅速恢复者,应考虑有脐带先露的可能,临产后应行电子胎心监护。胎膜已破出现胎心率异常,应立即行阴道检查,了解有无脐带脱垂和脐带血管有无搏动。在胎先露部旁或其前方以及阴道内触及脐带者,或脐带脱出于外阴者,即可确诊。B超及彩色多普勒超声等有助于明确诊断。

【预防】

妊娠晚期及临产后,超声检查有助于尽早发现脐带先露。对临产后胎先露部迟迟不入盆者,尽量不做或少做肛门指诊或阴道检查。

【处理】

1. **脐带先露** 经产妇、胎膜未破、宫缩良好者,取头低臀高位,密切观察胎心率,等待胎头衔接,宫口逐渐扩张,胎心持续良好者,可经阴道分娩。初产妇、足先露或肩先露者,应行剖宫产术。

2. **脐带脱垂** 发现脐带脱垂,胎心尚好,胎儿存活者,应争取尽快娩出胎儿。

(1)宫口开全:胎头已入盆,行产钳术;臀先露行臀牵引术。

(2)宫颈未开全:产妇立即取头低臀高位,将胎先露部上推,应用抑制子宫收缩的药物,以缓解或减轻脐带受压;严密监测胎心同时,尽快行剖宫产术。为了防止血管痉挛的发生,应尽量减少对阴道外脱垂脐带的操作。通过人工操作或者充盈膀胱等方法提高胎先露位置可预防脐带压迫。

知 识 拓 展

脐带脱垂的处理

脐带脱垂指南推荐的处理步骤:

1. **细致考虑** 需在以下时机检查是否存在脐带脱垂,包括分娩过程中每一次阴道检查、胎心率异常伴自发性或各种风险因素引起的胎膜破裂后。

2. **组织求助** 所需团队包括产科医生和助产士团队、麻醉师和新生儿团队。

3. **压力缓解**　具体操作包括人工抬高胎先露或膀胱充盈、鼓励孕妇呈 Sims 体位(即左侧卧位,枕头置于左髋下)或呈膝胸卧位。

4. **分娩决定**　在分娩决定过程中需注意以下问题:紧急转移至医院产房、以最快的方式评估或协助分娩、根据胎心率和孕周判断分娩的紧急性、如果选择剖宫产则需考虑全身麻醉是否合适。

【助产要点】

(一) 评估与教育

1. **病史**　注意评估是否存在易发脐带脱垂的因素,如有无胎位异常、头盆不称、多胎妊娠、羊水过多、脐带先露等,及易发胎膜早破的因素。详细询问此次妊娠经过、妊娠周数、胎动情况及有无宫缩及阴道流液。

2. **身心状况**　评估是否有发生胎儿窘迫的征象。监测胎心音变化,如变慢、不规则,变换体位或抬高臀部是否可缓解。胎动频繁时,孕妇往往有烦躁、紧张、恐惧;当胎动减少甚至消失,胎儿死亡时,孕妇通常表现出极度恐惧、悲伤。

3. **加强宣教**　教育患者注意围产期保健,避免妊娠晚期性生活、外伤、重体力劳动,预防早产,规范产前检查,及时发现并及时纠正高危因素。指导产妇及其家属,一旦产妇发生胎膜破裂,应当立即卧位,注意阴道流液的量及性状,尽快转运就医。

(二) 监测与管理

1. 对于高危产妇,加强胎心监测,必要时产程中持续胎心监护及时发现胎心异常。

2. 减少不必要的产科干预,如无指征人工破膜。必须行人工破膜时,要在宫缩间歇期,以手指引导,破膜后将手留在阴道内让羊水缓慢流出,注意胎先露高浮情况下,排除隐形脐带脱垂后再破膜;破膜前后皆听胎心,如有异常,及时处理。

3. 超声检查及时发现脐带隐性脱垂,尽早采取处理措施。

4. **心理支持**　耐心听取产妇及家属对胎儿的担心,向产妇及家属解释脐带脱垂的病情及治疗方案,缓解其焦虑的情绪,取得其积极配合。

(三) 处理与配合

1. **预防与早期发现**　加强产前检查,及时发现并纠正异常胎位。严格掌握人工破膜适应证和操作方法,严密观察胎心音变化,早期发现脐带先露或脐带脱垂。

2. **配合紧急处理**　指导产妇取脐带受压对侧卧位或臀高头低位,阴道检查时一旦发现脐带脱垂,应立即呼叫寻求帮助,并即刻用手上推胎儿先露部,以减轻脐带受压,直至胎儿娩出后才可撤出上推先露部的手。立即吸氧,并严密监测胎心音变化。确诊后根据宫口扩张程度和胎儿情况,及时行助产术或配合医生剖宫产术迅速结束分娩,做好术前准备和抢救新生儿窒息的准备。围生儿死亡率的高低与脐带脱垂距分娩时间长短密切相关。脐带脱垂时间越短,抢救越及时,对新生儿智力影响越小。

3. **避免感染**　行阴道检查或阴道助产术时注意无菌操作。保持外阴清洁,使用消毒会阴垫应及时更换。必要时遵医嘱应用抗生素预防感染。

4. **心理护理**　脐带脱垂的产妇情绪会有剧烈波动,心理压力(对新生儿预后的担心)及身体不适(剖宫产切口疼痛及宫缩痛)会引起焦虑、恐惧等心理变化,易发生产后抑郁。需向产妇提供全面的心理护理,耐心、细致地安慰产妇,并对家属进行健康教育,使其能更好地参与产妇的护理。

Note:

第四节　产后出血

导入情境与思考

某产妇,27 岁。孕 1 产 0,孕 37^{+2} 周。因阴道大量流液 2h 就诊。来院后生命体征平稳,查体未见明显异常,产科检查未见宫缩,可见清亮羊水,胎心好,孕晚期相关实验室检查结果未见明显异常。B 超提示:双绒毛膜双羊膜囊双胎,双头位,先露较低胎儿估计体重 2 680g,另一胎儿估计体重 2 550g。3h 后患者自然临产。17h 后阴道分娩二活婴,体重分别为 2 740g 和 2 610g,胎儿娩出后阴道大量出血,约 930ml。

请思考:

1. 该产妇的助产要点有哪些?

2. 此时应采取哪些处理措施?

产后出血(postpartum hemorrhage,PPH)指胎儿娩出后 24h 内,阴道分娩者出血量 ≥500ml、剖宫产分娩者出血量 ≥1 000ml;严重产后出血指胎儿娩出后 24h 内出血量 ≥1 000ml。产后出血是分娩期的严重并发症。

【病因与发病机制】

子宫收缩乏力、胎盘因素、产道损伤及凝血功能障碍是产后出血的四大主要原因。这些原因可共存、相互影响或互为因果。值得注意的是,有些孕产妇如妊娠期高血压疾病、妊娠合并贫血、脱水或身材矮小的产妇等,即使出血量未达到产后出血的诊断标准,也会出现严重的病理生理改变。

1. 子宫收缩乏力(uterine atony)　是产后出血最常见原因。妊娠足月时,母体血液以平均 600ml/min 的速度通过胎盘,胎儿娩出后,子宫肌纤维收缩和缩复使胎盘剥离面迅速缩小;同时,其周围的螺旋动脉得到生理性结扎,血窦关闭,出血控制。所以,任何影响子宫肌收缩和缩复功能的因素,均可引起子宫收缩乏力性出血,常见因素如下:

(1)全身因素:产妇对分娩恐惧、精神过度紧张;产妇体质虚弱或合并慢性全身性疾病等。

(2)子宫因素:①子宫肌壁损伤(剖宫产史、肌瘤剔除术后、产次过多等);②子宫肌纤维过分伸展(如羊水过多、多胎妊娠、巨大胎儿等);③子宫病变(子宫畸形、子宫肌瘤、子宫肌纤维变性等)。

(3)产科因素:产程延长致使体力消耗过多;妊娠期高血压疾病、前置胎盘、胎盘早剥、宫腔感染等,可使子宫肌水肿或渗血,影响子宫收缩。

(4)药物因素:临产后过多使用麻醉剂、镇静剂或子宫收缩抑制剂。

2. 胎盘因素

(1)胎盘滞留(retained placenta):通常胎盘在胎儿娩出后 15min 内娩出,若超过 30min 胎盘仍不排出,称胎盘滞留。临床上常见原因包括:①胎盘嵌顿,子宫收缩药物应用不当或宫腔操作不当,宫颈内口附近子宫肌出现异常环形收缩,使已剥离的胎盘嵌顿于宫腔;②膀胱充盈,使已经剥离的胎盘滞留于宫腔内;③胎盘剥离不全,第三产程处理不当,过早过度牵拉脐带,致使胎盘部分剥离血窦开放而出血。

(2)胎盘植入(placenta increta):指胎盘绒毛在其附着部位与子宫肌层紧密连接。根据胎盘绒毛侵入子宫肌层深度分为胎盘粘连、胎盘植入、穿透性胎盘植入。详见第九章第一节胎盘异常。

(3)胎盘部分残留(retained placenta fragment):指部分胎盘小叶、副胎盘或部分胎膜残留于宫腔,妨碍子宫收缩而出血。

3. 软产道裂伤　软产道出现裂伤后,如未能及时发现,可导致产后出血。常见原因有阴道手术

Note:

助产(如产钳助产、臀牵引术等)、急产、巨大儿分娩、软产道静脉曲张、外阴水肿、软产道组织弹性差、产力过强等。

4. 凝血功能障碍(coagulation defects)　原发或继发的凝血功能异常,均能导致产后出血。免疫性血小板减少症、再生障碍性贫血、肝脏疾病等,因凝血功能障碍可引起手术创伤处及子宫剥离面出血。胎盘早剥、死胎、羊水栓塞、重度子痫前期等产科并发症,可引起弥散性血管内凝血从而导致子宫大量出血。

【临床表现】

产后出血的主要临床表现为胎儿娩出后阴道流血及出现失血性休克、严重贫血等相应症状。

1. 阴道流血　胎儿娩出后即刻发生阴道流血,色鲜红,应考虑软产道裂伤;胎儿娩出后数分钟出现阴道流血,色暗红,应考虑胎盘因素;胎盘娩出后阴道流血较多,应考虑子宫收缩乏力或胎盘、胎膜残留;胎儿娩出后阴道持续流血,且血液不凝,应考虑凝血功能障碍;失血表现明显,伴阴道疼痛而阴道流血不多,应考虑隐匿性软产道损伤,如阴道血肿。剖宫产时主要表现为胎儿胎盘娩出后胎盘剥离面的广泛出血,宫腔不断被血充满或切口裂开处持续出血。

2. 低血压症状　产后患者出现头晕、面色苍白,若产妇出现烦躁、皮肤湿冷、脉搏细速、脉压缩小时,已处于休克早期。

【诊断】

主要根据临床表现,估计出血量及实验室检查。对出血量的正确的测量和估计是早期诊断及时处理的关键。

1. 估测失血量的方法

(1)称重法:失血量(ml)=[胎儿娩出后接血敷料湿重(g) − 接血前敷料干重(g)]/1.05(血液比重 g/ml)。

(2)容积法:用产后接血容器收集血液后,放入量杯测量失血量。

(3)面积法:可按接血纱布血湿面积粗略估计失血量。

(4)监测生命体征、尿量和精神状态。

(5)休克指数法(shock index, SI):休克指数 = 脉率 / 收缩压(mmHg),SI=0.5 为正常;SI=1 为轻度休克;SI 为 1.0~1.5 时,失血量为全身血容量的 20%~30%;SI 为 1.5~2.0 时,失血量为全身血容量的 30%~50%;若 SI 为 2.0 以上,失血量为全身血容量的 50% 以上,为重度休克。上述方法可因不同的检测人员而有一定的误差,见表 15-1。

表 15-1　休克指数与估计出血量

休克指数	估计出血量 /ml	占总血容量的百分比 /%
<0.9	<500	<20
1.0	1 000	20
1.5	1 500	30
2.0	≥ 2 500	≥ 50

(6)血红蛋白水平测定:血红蛋白每下降 10g/L,出血量为 400~500ml。但是在产后出血早期,由于血液浓缩,血红蛋白值常不能准确反映实际出血量。值得注意的是,出血速度也是反映病情轻重的重要指标。重症产后出血情况包括:出血速度>150ml/min;3h 内出血量超过总血容量的 50%;24h 内出血量超过全身总血容量。

孕妇对出血量的耐受性与其体重密切相关,而大量临床资料显示,出血量的估测常常仅为实际失血量的 1/3~1/2,故准确估计产后出血量占总血容量的百分比可以客观评估患者耐受情况,指导恰当治疗。妊娠末期总血容量(L)的简易计算方法为非孕期体重(kg)× 7% ×(1+40%),或非孕期体重(kg)× 10%。简易方法为当前体重(kg)的 6%~8%。

2. **失血原因的诊断**　根据阴道流血发生时间、出血量与胎儿、胎盘娩出之间的关系,能初步判断引起产后出血的原因。产后出血原因常互为因果。

(1)子宫收缩乏力:正常情况下胎盘娩出后,宫底平脐或脐下一横指,子宫收缩呈球状、质硬。子宫收缩乏力时,宫底升高,子宫质软、轮廓不清,阴道流血多。按摩子宫及应用缩宫剂后,子宫变硬,阴道流血减少或停止,可确诊为子宫收缩乏力。

(2)胎盘因素:胎儿娩出后 10min 内胎盘未娩出,阴道大量流血,应考虑胎盘因素,胎盘部分剥离、嵌顿、胎盘部分粘连或植入、胎盘残留等是引起产后出血的常见原因。胎盘娩出后应常规检查胎盘及胎膜是否完整,确定有无残留。胎盘胎儿面如有断裂血管,应想到副胎盘残留的可能。徒手剥离胎盘时如发现胎盘与宫壁关系紧密,难以剥离,牵拉脐带时子宫壁与胎盘一起内陷,可能为胎盘植入,应立即停止剥离。

(3)软产道裂伤:疑有软产道裂伤时,应立即仔细检查宫颈、阴道及会阴处是否有裂伤。①宫颈裂伤:巨大儿、手术助产、臀牵引等分娩后,常规检查宫颈。裂伤常发生在宫颈 3 点与 9 点处,有时可上延至子宫下段、阴道穹隆。如宫颈裂口不超过 1cm,通常无活动性出血。②阴道裂伤:检查者仔细检查阴道,尤其是切口顶端及两侧有无继发损伤或损伤程度,有无活动性出血。如有严重的会阴疼痛及突然出现张力大、有波动感、可触及肿物,伴 / 不伴表面皮肤颜色改变,多为阴道壁血肿。③会阴裂伤:按损伤程度分为 4 度,Ⅰ 度裂伤指会阴部皮肤及阴道入口黏膜撕裂,出血不多;Ⅱ 度裂伤指裂伤已达会阴体筋膜及肌层,累及阴道后壁黏膜,向阴道后壁两侧沟延伸并向上撕裂,解剖结构不易辨认,出血较多;Ⅲ 度裂伤指裂伤向会阴深部扩展,肛门外括约肌已断裂,直肠黏膜尚完整;Ⅳ 度裂伤指肛门、直肠和阴道完全贯通,直肠肠腔外露,组织损伤严重,出血量可不多。

(4)凝血功能障碍:主要表现为持续阴道流血,血液不凝;全身多部位出血、以穿刺部位为代表的身体瘀斑。根据临床表现及血小板计数、纤维蛋白原、凝血酶原时间等凝血功能检测可做出诊断。

【并发症】

1. **贫血**　由于急性失血,造成外周血红细胞容量减少,出现急性贫血的症状。产后出血救治成功后,应继续监测相关的实验室指标,及时补充铁剂,必要时成分输血治疗。

2. **急性肾损伤**　由于产后出血造成肾脏血流灌注不足,超出肾脏的自我调节能力,导致肾前性肾功能损伤。若低灌注持续,则可发生肾小管上皮细胞明显损伤,继而发展为急性肾小管坏死。

3. **希恩综合征**　由于产后出血,尤其是伴有长时间的失血性休克,导致腺垂体组织缺氧、变性坏死,引起腺垂体功能低下而出现一系列症状。临床表现为闭经、无泌乳、性欲减退、毛发脱落等,第二性征衰退,生殖器官萎缩以及肾上腺皮质、甲状腺功能减退,出现畏寒、嗜睡等。基础代谢率降低。

【预防】

1. **产前预防**　加强围产保健,积极治疗贫血,对具有产后出血高危因素的孕妇尤其是凶险性前置胎盘、胎盘植入者应于分娩前转诊到有输血和抢救条件的医院分娩。

2. **产时预防**　密切观察产程,防止产程延长,正确处理第二产程,积极处理第三产程。①预防性使用宫缩剂:是预防产后出血最重要的常规推荐措施,首选缩宫素。应用方法为头位胎儿前肩娩出后、胎位异常胎儿全身娩出后、多胎妊娠最后 1 个胎儿娩出后,予以缩宫素 10U 入 500ml 液体中以100~150ml/h 静脉滴注或缩宫素 10U 肌内注射。预防产后出血还可考虑应用卡贝缩宫素,其半衰期长(40~50min),起效快(2min),给药简便,100μg 单剂静脉推注,可减少治疗性缩宫素剂量的应用,其安全性与缩宫素相似。如果缺乏缩宫素,也可选择使用麦角新碱或米索前列醇。②控制性牵拉脐带以协助胎盘娩出：并非预防产后出血的必要手段,仅在接生者熟练牵拉方法且认为确有必要时选择性使用。③预防性子宫按摩：预防性使用宫缩剂后,不推荐常规进行预防性子宫按摩来预防产后出血。但是,接生者应该在产后常规触摸宫底,了解子宫收缩情况。

3. 产后预防　产后 2h(有高危因素者产后 4h)是发生产后出血的高危时段,应密切观察子宫收缩情况和出血量变化,产妇应及时排空膀胱。

【处理原则】

针对出血原因,迅速止血;补充血容量,纠正失血性休克;防止感染。

1. 子宫收缩乏力　加强宫缩能迅速止血。导尿排空膀胱后可采用以下方法：

(1)按摩子宫：①经腹壁按摩宫底。胎盘娩出后,术者一手的拇指在子宫前方,其余四指在子宫后方,在下腹部按摩并压迫宫底,挤出宫腔内积血,按摩子宫应均匀而有节律。若效果不佳,可选用腹部 - 阴道双手压迫子宫法。②腹部 - 阴道双手压迫子宫法。一手戴无菌手套伸入阴道,握拳置于阴道前穹隆,顶住子宫前壁,另一手在腹部按压子宫后壁,使宫体前屈,两手相对紧压并均匀有节律地按摩子宫。剖宫产时直接按①手法进行按摩。注意按摩子宫一定要有效,评价有效的标准是子宫轮廓清楚、收缩有皱褶、阴道或子宫切口出血减少。按压时间以子宫恢复正常收缩并能保持收缩状态为止,有时可长达数小时,按摩时配合使用宫缩剂(图 15-6)。

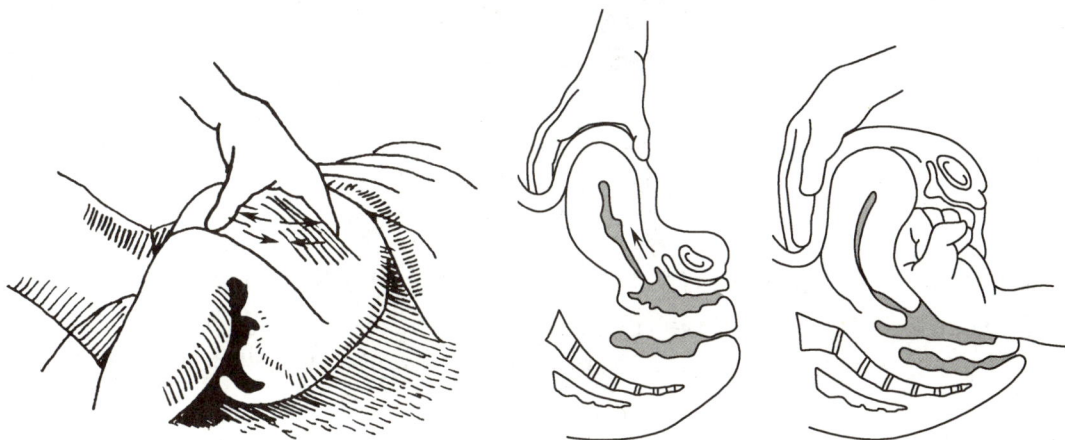

图 15-6　按摩子宫手法

(2)应用宫缩剂：①缩宫素,为预防和治疗产后出血的一线药物。缩宫素 10~20U 加入 500ml 晶体液中,给药速度根据患者的反应调整,常规速度 250ml/h,约 80mU/min。或 10U 肌内注射。静脉滴注能立即起效,但半衰期短(1~6min),故需持续静脉滴注。缩宫素安全性相对较高,但大剂量应用时可引起高血压、水中毒和心血管系统副作用;快速静脉注射未稀释的缩宫素,可导致低血压、心动过速和 / 或心律失常,禁忌使用。24h 缩宫素总量一般控制在 60U 内。卡贝缩宫素可用于产后,以预防子宫收缩乏力和产后出血。②麦角新碱,0.2~0.4mg 肌内注射,有恶心呕吐和胸痛、高血压或心血管疾病患者禁用。③卡前列素氨丁三醇,为前列腺素 $F_{2\alpha}$ 衍生物(15- 甲基 $PGF_{2\alpha}$),能引起全子宫协调有力地收缩。用法为 250μg 深部肌内注射或子宫肌层注射,3min 起作用,30min 达作用高峰,可维持 2h;必要时重复使用,总量不超过 2 000μg。哮喘、心脏病和青光眼患者禁用,高血压患者慎用。副作用常见的有暂时性的呕吐、腹泻等。④米索前列醇,为前列腺素 E 的衍生物,可引起全子宫有力收缩。应用方法为米索前列醇 200~600μg 顿服或舌下给药。但米索前列醇副作用较大,恶心、呕吐、腹泻、寒战和体温升高较常见。高血压、活动性心、肝、肾疾病及肾上腺皮质功能不全者慎用,青光眼、哮喘及过敏体质者禁用。

(3)止血药物：如果宫缩剂止血失败,或出血与创伤相关,可考虑使用止血药物,如氨甲环酸,1.0g 静脉滴注或静脉注射,1d 用量为 0.75~2.0g。

(4)宫腔填塞:助手在腹部固定子宫,术者用卵圆钳将无菌特制的宽 6~8cm、长 1.5~2m、4~6 层不脱脂棉纱布条自宫底由内向外有序地填紧宫腔,压迫止血。若留有空隙可造成隐性出血。24h 后取出纱条,取出前使用宫缩剂,并给予抗生素预防感染。但阴道分娩行宫腔填塞往往不能将纱布送至宫底,止血效果差。目前可采用宫腔放置球囊代替宫腔填塞纱条,详见第十八章第十二节宫腔填塞术。

(5)子宫压迫缝合术:常用 B-Lynch 缝合法。适用于剖宫产时子宫收缩乏力性产后出血。首先将子宫从腹壁切口托出,用两手托住并挤压子宫体,观察出血情况,判断缝合成功的概率。加压后出血明显减少或停止,成功可能性大。近年来还有多种改良的子宫压迫缝合术,可根据不同情况选择不同方式。

(6)结扎盆腔血管:经上述处理无效,出血不止,为抢救产妇生命,术中可结扎子宫动脉及髂内动脉(图 15-7)。

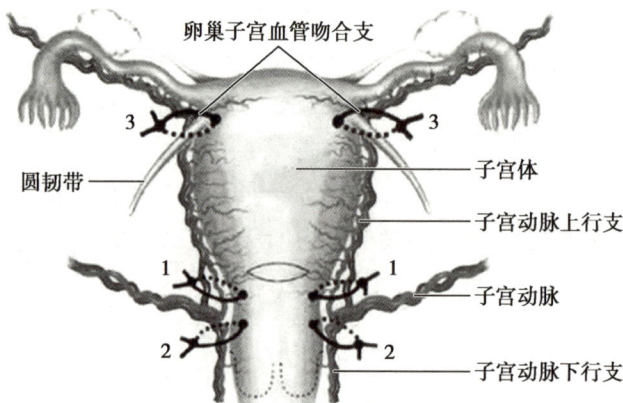

1—双侧子宫动脉上行支结扎;2—双侧子宫动脉下行支结扎;
3—双侧卵巢子宫血管吻合支结扎。
图 15-7 子宫血管结扎术步骤示意图

(7)髂内动脉或子宫动脉栓塞:行股动脉穿刺插入导管至髂内动脉或子宫动脉,注入明胶海绵颗粒栓塞动脉,适用于产妇生命体征稳定时进行。

(8)切除子宫:经积极抢救无效、危及产妇生命时,应行子宫次全切除或子宫全切除术,以挽救产妇生命。

2. 胎盘因素 胎儿娩出后,疑有胎盘滞留时,立即做宫腔检查。若胎盘已剥离则应立即取出胎盘;若胎盘粘连,可试行徒手剥离胎盘后取出。若剥离困难疑有胎盘植入,停止剥离,根据患者出血情况及胎盘剥离面积行保守治疗或子宫切除术。

(1)保守治疗:适应于孕产妇一般情况良好,无活动性出血;胎盘植入面积小、子宫壁厚、子宫收缩好、出血量少者。可采用局部切除、髂内动脉栓塞术、药物等治疗。保守治疗过程中应用彩色多普勒超声密切监测胎盘大小及周围血流变化、观察阴道出血情况以及是否有感染,如出血增多或感染,应用抗生素同时行清宫或子宫切除术。

(2)切除子宫:如有活动性出血、病情加重或恶化、穿透性胎盘植入时应切除子宫。特别是胎盘全部植入者,切忌强行剥离胎盘而造成大量出血,要根据出血情况决定胎盘原位保留或切除子宫。

3. 软产道损伤 应彻底止血,按解剖层次逐层缝合裂伤。宫颈裂伤<1cm 且无活动性出血不须缝合;若裂伤>1cm 且有活动性出血应缝合。缝合第一针应超过裂口顶端 0.5cm,常用间断缝合;若裂伤累及子宫下段,缝合时应避免损伤膀胱和输尿管,必要时可经腹修补。修补阴道和会阴裂伤时,需按解剖层次缝合各层,缝合第一针应超过裂伤顶端,不留死腔,避免缝线穿透直肠黏膜。软产道血肿应切开血肿、清除积血、彻底止血、缝合,必要时可置橡皮引流。

4. 凝血功能障碍 首先应排除子宫收缩乏力、胎盘因素、软产道损伤等原因引起的出血。尽快输血、血浆、补充血小板、纤维蛋白原或凝血酶原复合物、凝血因子等。若并发 DIC 应按 DIC 规范处理。

5. 失血性休克处理

（1）密切观察生命体征，发现早期休克，做好记录，去枕平卧，保暖、吸氧。

（2）呼叫相关人员，建立有效静脉通道，及时快速补充晶体液及红细胞悬液、新鲜冷冻血浆等，纠正低血压；有条件的医院应监测中心静脉压，指导输血补液。

（3）血压仍低时，应用升压药物及肾上腺皮质激素，改善心、肾功能。

（4）抢救过程中随时做血气分析，及时纠正酸中毒。

（5）防治肾衰竭，如尿量少于 25ml/h，尿比重高，应积极快速补充液体，观察尿量是否增加。尿比重在 1.010 或以下者，输液要慎重，利尿时注意高钾血症。

（6）保护心脏，出现心力衰竭时，应用强心药物同时加用利尿剂，如呋塞米 20~40mg 静脉滴注，必要时 4h 后可重复使用。

（7）抢救过程中，应注意无菌操作，并给予大剂量广谱抗生素，预防感染（图 15-8）。

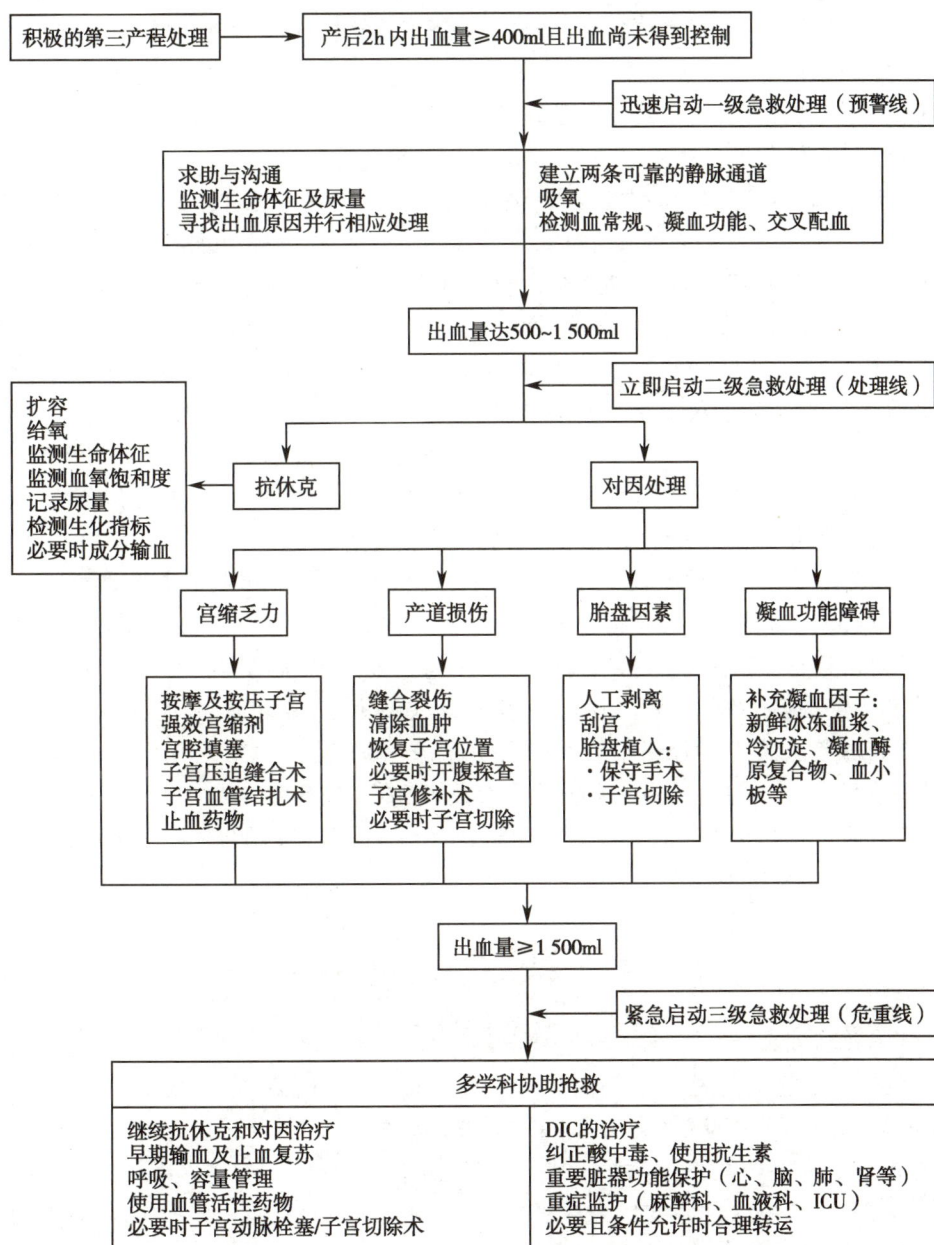

图 15-8　产后出血的防治流程图

【助产要点】

(一) 评估与教育

1. **健康史**　评估与产后出血有关的病史,如出血性疾病、重度肝炎、子宫肌壁损伤史,多次人工流产史及产后出血史。询问此次妊娠有无合并高血压疾病、前置胎盘、胎盘早剥、多胎妊娠、羊水过多。此次产程的情况:产程是否过长或急产、宫缩乏力、使用镇静类药物或行分娩镇痛、有无软产道裂伤、胎盘滞留或粘连、产妇是否过度疲劳紧张等。

2. **身心状况**　密切监测生命体征,评估产妇出血量,检查宫颈、阴道及会阴处是否有裂伤,预防并及时发现产妇休克症状。密切观察产妇是否出现精神过度紧张、异常惊慌、恐惧。

3. **心理辅导**　鼓励产妇说出内心的感受,及时给产妇及其家属提供心理安慰和帮助。

4. **出院指导**　大量失血后,产妇抵抗力低下,体质虚弱,活动无耐力,生活自理有困难。指导产妇及其家属如何加强营养,有效纠正贫血,逐步增加活动量。指导产妇及其家属如何观察子宫复旧及恶露排出情况,告知其若出现异常情况及时就诊。讲解产后复查时间、目的和意义。

(二) 监测与管理

1. **饮食护理**　鼓励产妇进食营养丰富、易消化的饮食,多进食富含铁、蛋白、维生素的食物,如瘦肉、牛奶、鸡蛋、绿叶蔬菜等。

2. **心理支持**　产后出血的患者存在恐惧和焦虑心理,要有的放矢地进行心理疏导。通过真诚的语言、愉快的情绪、友善的态度,耐心细致地回答产妇提出的各种问题,积极帮助解决产后的各种问题和不便,尽力减轻产妇对疾病的种种顾虑,使其以最佳的心情配合治疗和护理。要消除产妇的紧张、恐惧、焦虑情绪,与产妇谈心,分散产妇注意力,从各方面关心体贴产妇,使其身心愉快,促进身体早日康复。

3. **信息支持**　向产妇及家属进行解释和沟通,诊治过程中,病情发生变化,需改变治疗措施时,需取得产妇及家属的知情同意,不延误病情的诊治。

(三) 处理与配合

1. **预防产后出血**　对存在产后出血高危因素的孕妇,应予以高度重视,并予以预防。发生产后出血后,积极发现查明出血原因,针对出血原因,积极处理。

2. **配合治疗与抢救**　针对出血原因积极止血,并做好抢救配合,包括向上级助产士、产科医师、麻醉医师等求助,通知血库和检验科做好准备;协助产妇采取平卧位,下肢略抬高;建立双静脉通道,积极补充血容量;进行呼吸管理,保持气道通畅,必要时给氧;密切监测出血量、生命体征;观察皮肤、黏膜、嘴唇、指甲的颜色;留取血标本进行实验室检查(血常规、凝血功能、肝肾功能等)及交叉配血;留置尿管,保持尿管通畅,注意尿量及颜色,并做好记录。备好宫腔填塞止血用物如纱条、止血球囊等;需要进一步行介入手术止血或子宫切除手术者做好相应术前准备。

3. **预防感染**　保持环境清洁,做好会阴消毒,注意无菌操作。使用会阴垫并及时更换,必要时遵医嘱给予抗生素防治感染。

知 识 拓 展

晚期产后出血

分娩24h后,在产褥期内发生的子宫大量出血,称为晚期产后出血(late puerperal hemorrhage)。以产后1~2周发病最常见,亦有迟至产后2月余发病者。阴道流血少量或中等量,持续或间断;亦可表现为急骤大量流血,同时有血凝块排出。产妇多伴有寒战、低热,且常因失血过多导致贫血或失血性休克。胎盘、胎膜残留为阴道分娩后发生晚期产后出血的主要原因,蜕膜残留、子宫胎盘附着面复旧不全、感染以及剖宫产术后子宫切口裂开等均可引起晚期产后出血。

少量或中等量阴道流血,应给予广谱抗生素、子宫收缩剂及支持疗法。疑有胎盘、胎膜、蜕膜残留或胎盘附着部位复旧不全者,在静脉输液、备血及准备手术的条件下刮宫,操作应轻柔,以防子宫穿孔。刮出物应送病理检查,以明确诊断。术后继续给予抗生素及子宫收缩剂。疑剖宫产子宫切口裂开者,仅少量阴道流血也应住院,给予广谱抗生素及支持疗法,密切观察病情变化;若多量阴道流血,可行剖腹探查。

(程 兰)

思 考 题

1. 子宫破裂典型的临床表现是什么?

2. 羊水栓塞的病理生理改变有哪些?

3. 如何预防脐带脱垂?

4. 某产妇,36 岁。孕 4 产 0,孕 40 周,规律下腹痛 13h 入院。查体:T 37℃,P 80 次/min,BP 120/70mmHg,宫缩规律,宫高 36cm,腹围 102cm,左枕前位,先露头,胎心 150 次/min,胎膜已破,羊水清亮。胎心监护正常。既往自然流产 3 次,均行清宫术。血常规:WBC 10×10^9/L,N 0.82,Hb 85g/L,PLT 215×10^9/L,平均红细胞体积 75fl,平均红细胞血红蛋白量 25pg;凝血功能正常。其后产妇产程进展顺利,阴道分娩一活婴,体重 4 120g,Apgar 评分 10 分。胎盘娩出后,累计出血 800ml。

请思考:

(1)该产妇的主要诊断是什么?

(2)导致这种情况发生的可能原因是什么?

(3)如何处理?

NURSING

第十六章

异常产褥

16章 数字内容

学习目标

- 知识目标:
  1. 掌握产褥感染、产褥病率的概念;掌握妊娠期及产褥期静脉血栓栓塞症的预防。
  2. 熟悉产褥感染、妊娠期及产褥期静脉血栓栓塞症的病因、发病机制及临床表现;熟悉产后抑郁症的 EPDS 量表筛查。
  3. 了解产褥感染、产后抑郁症、妊娠期及产褥期静脉血栓栓塞症的助产要点。
- 能力目标:
  能运用所学知识对产褥期疾病妇女进行有效的观察、处置及健康教育指导。
- 素质目标:
  具有尊重、爱护孕产妇的职业精神,建立良好的医患沟通。

妊娠及分娩使母体各系统发生很大变化,产褥期是产妇身体与心理恢复的关键时期。由于产妇个体因素或因助产、保健不当可导致产褥期感染、产后抑郁症、静脉血栓栓塞症等异常情况,从而影响母婴健康。

第一节　产褥感染

导入情境与思考

某产妇,28 岁。孕 39 周,胎膜早破 10h 入院。因宫缩乏力、第二产程延长行低位产钳助产分娩,会阴侧切,产后出血约 700ml。产后 3d 出现发热,体温 39.1℃。自述下腹部及会阴部切口疼痛,并因疼痛影响休息及照顾新生儿而焦虑。

体格检查:下腹轻压痛,子宫收缩欠佳,宫底平脐。阴道恶露多,有异味,会阴部切口红肿,有明显触痛。

辅助检查:血红蛋白 80g/L,白细胞 19.5×10^9/L,中性粒细胞占比 0.85,C 反应蛋白 20mg/L。

请思考:

1. 该产妇最可能的诊断是什么? 发病原因是什么?

2. 如何对该产妇进行病情观察及健康教育?

产褥感染(puerperal infection)指分娩期及产褥期生殖道受病原体侵袭,引起局部或全身感染。产褥感染是常见的产褥期并发症,其发病率约为 6%,是产妇死亡的四大原因之一。产褥病率(puerperal morbidity)指分娩 24h 后至 10d 内即产后第 2~10d,每天测量体温 4 次,间隔时间 4h,有 2 次体温达到或超过 38℃。产褥病率通常由产褥感染引起,但也包括生殖道以外的其他感染,如泌尿系感染、上呼吸道感染、急性乳腺炎和血栓性静脉炎等。

【病因与发病机制】

1. **诱因**　正常女性生殖道对外界致病因子的侵入有一定的防御能力,如阴道的自净作用。在孕前、孕期、分娩过程中,凡引起产妇生殖道防御功能和全身抵抗力下降的因素均可成为产褥感染的诱因。

(1)与分娩相关的诱因

1)胎膜早破:完整的胎膜对病原体的入侵起着屏障作用。胎膜破裂导致阴道内病原体进入宫腔、输卵管、盆腔、腹腔,从而引起上行性感染。

2)产程延长、滞产、多次阴道检查增加病原体入侵机体的风险。

3)剖宫产手术无菌技术操作不严、子宫切口缝合不当,增加子宫内膜炎的发生率,并伴随严重的腹壁切口感染,尤以分枝杆菌所致者为甚。

4)阴道助产操作(产钳助产、胎头吸引术、臀牵引等)、产道损伤、产前产后出血、宫腔填塞纱布、产道异物、胎盘残留等。

(2)其他诱因:包括孕期生殖道感染、贫血、出血性疾病、糖尿病、妊娠合并心脏病、长期应用糖皮质激素及免疫抑制剂等。

2. **病原体**　正常女性阴道内寄生大量微生物,包括需氧菌、厌氧菌、真菌、衣原体和支原体,可分为致病微生物和非致病微生物。有些非致病微生物在一定条件下(致病微生物达到一定数量或机体免疫力下降)可以致病,称为条件病原体。

(1)需氧菌

1)链球菌:是外源性感染的主要致病菌,以乙型溶血性链球菌致病性最强,其产生的致热外毒素与溶组织酶,有极强的致病力、毒力和播散力,可致严重产褥感染。需氧链球菌可以寄生在阴道中,也可通过医务人员或产妇其他部位感染而进入生殖道。其临床特点为发热早,寒战,体温>38℃,心率快,腹胀,子宫复旧不良,子宫或附件区触痛,甚至并发脓毒血症。

2)杆菌:包括大肠埃希氏菌、变形杆菌、克雷伯菌属等,亦为外源性感染的主要致病菌之一。这些杆菌寄生在阴道、会阴、尿道口周围,通常不致病。但产褥期当机体抵抗力下降时,这些细菌迅速繁殖、产生内毒素而致病,是导致菌血症和感染性休克最常见的病原菌。

3)葡萄球菌:主要致病菌是金黄色葡萄球菌和表皮葡萄球菌。金黄色葡萄球菌多为外源性感染,容易引起严重的伤口化脓性感染。因能产生青霉素酶,从而对青霉素有耐药性。表皮葡萄球菌存在于阴道菌群中,所致的感染较轻。

(2)厌氧菌

1)革兰氏阳性球菌:存在于正常阴道中。当产道损伤、胎盘残留、机体抵抗力下降时,可迅速大量繁殖,若与大肠埃希氏菌混合感染,其分泌物异常恶臭。

2)杆菌属:常见有脆弱类杆菌。多与需氧菌和厌氧性球菌混合感染,形成局部脓肿,产生大量脓液,有恶臭味,易引起化脓性血栓性静脉炎,形成感染血栓,脱落后随血液循环到达全身各器官形成脓肿。

3)芽孢梭菌:主要有产气荚膜梭菌,产生外毒素可溶解蛋白质并产气及溶血,轻者引起子宫内膜炎、腹膜炎、菌血症等,重者引起溶血、黄疸、急性肾衰竭、气性坏疽,甚至死亡。

(3)支原体、衣原体:解脲支原体、人型支原体、沙眼支原体均可寄生在女性生殖道内,引起产褥感染,但临床表现轻微。

3. 感染途径

(1)内源性感染:正常孕妇生殖道内或身体其他部位寄生的微生物,多数不致病,当机体抵抗力降低和/或病原体数量、毒力增加等感染诱因存在时,由非致病菌微生物转化为致病菌微生物而引起机体感染。研究表明孕妇生殖道病原体不仅可致产褥感染,而且还能通过胎盘、胎膜、羊水间接感染胎儿,导致流产、早产、胎儿生长受限、胎膜早破、死胎等。

(2)外源性感染:指外界病原菌进入生殖道所致的感染,可通过被污染的衣物、用具、各种手术器械,医务人员无菌操作不严,产妇临产前性生活等途径侵入机体。

【临床表现及诊断】

发热、疼痛、异常恶露是产褥感染的三大主要症状。由于病原体及数量不同,感染部位及扩散范围不同,其临床表现也不同。

1. 会阴伤口感染 会阴裂伤或会阴切口部位感染,以葡萄球菌和大肠埃希氏菌感染为主,表现为会阴部疼痛、排尿困难,活动受限,常不能取坐位。伤口局部充血水肿、脓性分泌物流出、压痛明显。严重者,发生伤口裂开或者整个会阴部水肿、表皮溃疡。

按感染的深浅,将会阴侧切口感染分为4度。①单纯性感染:感染限于会阴侧切口切缘部位皮肤及浅筋膜,不包括皮肤坏死及全身症状,局部不形成水疱。②浅筋膜感染:感染达到浅筋膜,可出现全层皮肤充血和水肿,不包括皮肤坏死及严重全身症状,局部不形成水疱。③坏死性筋膜炎:多见于A族溶血性链球菌、革兰氏阴性需氧菌和各种厌氧菌感染,常出现浅筋膜坏死。可出现全层皮肤充血和水肿,在严重病例,营养局部的血管阻塞,局部形成水疱、溃疡、局部发紫及显著的皮下坏死,可出现捻发音。④坏死性肌炎:浅层筋膜至深部肌肉出现坏死,多见于芽孢梭形杆菌感染,但在感染部位也可发现合并其他细菌感染。

2. 阴道、宫颈感染 阴道感染可由会阴感染而来,或由阴道裂伤直接所致。第二产程延长,胎先露长时间压迫阴道而使局部组织缺血坏死。感染部位较深时,可引起阴道旁结缔组织炎,甚至引起阴道壁粘连和瘢痕、尿瘘。阴道感染表现为黏膜充血、水肿或溃疡。产妇有阴道局部疼痛,甚至出现寒战、高热、心率快等全身症状。宫颈裂伤常见,但很少发展为明显的感染。当宫颈严重裂伤,延至阔韧带时,可能出现感染,引起淋巴管炎、宫旁组织炎,甚至菌血症或脓毒症。

3. **子宫感染**　包括急性子宫内膜炎、子宫肌炎。病原体经胎盘剥离面侵入子宫蜕膜层称为子宫内膜炎,侵入子宫肌层称为子宫肌炎,两者常伴发。若为子宫内膜炎,子宫内膜充血、坏死,阴道大量脓性分泌物且有臭味。若为子宫肌炎,腹痛,恶露增多呈脓性,子宫压痛明显,子宫复旧不良,可伴发高热、寒战、头痛,白细胞明显增高等全身感染症状。发热是产后子宫感染最重要的症状,伴有寒战的发热提示菌血症。

4. **急性盆腔结缔组织炎、急性输卵管炎**　多继发于子宫内膜炎或宫颈深度裂伤。病原体通过淋巴或血行侵及宫旁组织,并波及输卵管。临床表现主要为下腹痛伴肛门坠胀,常伴有寒战和高热等全身症状。体征为下腹部明显压痛、反跳痛、肌紧张,子宫复旧差。妇科检查或肛门指检可触及宫旁组织增厚或有边界不清的实性包块,严重者累及整个盆腔形成"冰冻骨盆"。

5. **急性盆腔腹膜炎及弥漫性腹膜炎**　炎症扩散至子宫浆膜层,形成盆腔腹膜炎。继续发展为弥漫性腹膜炎,出现全身中毒症状,如寒战、高热、恶心、呕吐、腹胀、下腹剧痛。查体时下腹明显压痛、反跳痛,产妇因产后腹壁松弛,腹肌紧张多不明显。腹膜炎性渗出及纤维素沉积可引起肠粘连,常在直肠子宫陷凹形成局限性脓肿,刺激肠管和膀胱导致腹泻、里急后重及排尿困难。如病情不能彻底控制可发展为慢性盆腔炎,导致不孕。

6. **血栓性静脉炎(thrombophlebitis)**　分为盆腔内血栓性静脉炎和下肢血栓性静脉炎。病原体多为厌氧菌。

(1)盆腔内血栓性静脉炎:子宫胎盘附着面的血栓感染向上蔓延可引起盆腔内血栓性静脉炎,可累及卵巢静脉、子宫静脉、髂内静脉、髂总静脉及阴道静脉,尤以卵巢静脉最常见。盆腔血栓性静脉炎患者表现为反复发作寒战、高热、一侧或双侧下腹部疼痛。子宫活动受限,可扪及增粗及触痛明显的静脉丛。

(2)下肢血栓性静脉炎:系盆腔静脉炎向下扩展或继发于周围结缔组织炎症所致。临床症状随静脉血栓形成部位而有所不同。髂总静脉或股静脉栓塞时,影响下肢静脉回流,出现下肢疼痛、肿胀、皮肤发白(称"股白肿")。小腿深静脉栓塞时可出现腓肠肌及足底部疼痛和压痛。病变轻时无明显阳性体征,彩色多普勒超声检查可协助诊断。

7. **脓毒血症**　感染血栓脱落进入血液循环可引起脓毒血症,随后可并发感染性休克和迁徙性脓肿,如肺脓肿及肾脓肿。也可累及皮肤、关节,引起局部脓肿;若病原体大量进入血液循环并繁殖形成败血症,表现为持续高热、寒战、全身明显中毒症状,可危及生命。

【辅助检查】

1. **血液检查**　白细胞计数增高及分类核左移,预示有感染存在。但严重产褥感染时,由于骨髓抑制,白细胞计数及中性粒细胞可不增高。检测血清 C 反应蛋白>8mg/L,有助于早期诊断感染。

2. **细菌培养**　取会阴、阴道、宫腔分泌物,脓肿穿刺液,后穹隆穿刺液进行细菌培养和药物敏感试验,确定病原体及敏感的抗生素。

3. **影像学检查**

(1)B 超检查:确定是否存在子宫腔胎盘胎膜残留;子宫旁包块;子宫直肠窝积液、血肿或积脓;腹部切口积液;子宫感染并发症,如宫旁蜂窝组织炎、伤口感染、盆腔脓肿及感染性盆腔静脉炎。

(2)CT 和 MRI 检查:协助诊断血栓性静脉炎,对感染形成的炎性包块、脓肿,做出定位及定性诊断。

【预防】

1. 加强孕期营养指导,增强机体抵抗力。

Note:

2. 加强孕期卫生指导,临产前 2 个月避免性生活及盆浴。

3. 积极治疗外阴炎、阴道炎等。

4. 积极治疗贫血等妊娠合并症。

5. 减少胎膜早破、滞产、产道损伤与产后出血的发生。

6. 分娩时,严格无菌技术操作,严格掌握阴道助产和剖宫产手术指征。

7. 鼓励产妇尽早下床活动,不能离床活动者应在床上活动下肢。

【处理原则】

1. **支持疗法** 高热患者应行物理降温;伤口疼痛者给予止痛剂;病情严重者注意纠正水电解质失衡;贫血者少量多次输血,以增加机体抵抗力。

2. **应用抗生素** 未确定病原体时,根据临床表现及经验选用广谱高效抗生素。根据细菌培养和药物敏感试验结果,调整抗生素种类和剂量。重度感染者常用广谱高效抗生素,但应考虑药物对哺乳的影响。

3. **手术治疗** 会阴伤口或腹部切口感染者,及时切开引流;盆腔脓肿者,可经腹部或后穹隆切开引流;胎盘胎膜残留者应在控制感染后清宫处理;子宫严重感染,经积极治疗无效,炎症继续扩展,出现不能控制的出血、脓毒血症和/或感染性休克时,应及时行子宫切除术,清除感染源,挽救患者生命。

4. **抗凝治疗** 发生血栓性静脉炎,在应用抗生素的同时,加用肝素钠或尿激酶进行溶栓治疗。用药期间检查凝血功能,同时还可口服双香豆素、阿司匹林等其他抗凝药物。

【助产要点】

(一) 评估和监测

1. **健康史** 询问产妇一般情况和分娩经过,有无贫血及合并糖尿病等。

2. **身心状况** 严密观察产妇的体温变化;观察会阴或腹部伤口有无红肿热痛、硬结及脓性分泌物,有无裂开。检查宫底高度、子宫软硬度、有无压痛等。观察恶露的量、颜色、性状、气味。评估下肢有无疼痛、肿胀、皮肤发白、局部温度升高及局部压痛。评估产妇心理变化和社会支持情况。

3. **辅助检查** 结合血液检查、病原体检查、影像学检查等结果,判断病情严重程度。

4. 密切观察产后生命体征变化,每 4h 测量体温 1 次,观察是否有恶心、呕吐、全身乏力、腹胀、腹痛等症状,观察记录恶露的量、颜色、气味,子宫复旧及会阴伤口情况。

(二) 教育与支持

1. **健康教育** 教会产妇及家属识别产褥期感染征象,如畏寒、发热,腹部或会阴伤口水肿、疼痛,异常恶露等,若有异常随时就诊。常规产后 42d 进行复查。

2. **卫生指导** 做好卫生宣教,让孕产妇养成良好的卫生习惯,预防炎症的发生。产褥期协助产妇做好皮肤及会阴护理,及时更换会阴垫,保持床单位清洁干燥,防止感染加重。产褥期严禁性生活,不宜盆浴。

3. **休息与体位** 保证产妇充足休息与睡眠,休息时鼓励采取半卧位或抬高床头,有利于炎症的局限及恶露的流出。指导产妇正确进行母乳喂养和乳房护理。下肢静脉栓塞者需卧床休息,并抬高患肢。

4. **饮食指导** 注意合理膳食、营养均衡,给予高热量、高蛋白质、高维生素、易消化的食物,鼓励患者多饮水。

5. **心理支持** 让产妇及家属了解病情和治疗情况,以消除其不必要的疑虑和担心。

(三) 处理与配合

1. **药物治疗** 遵医嘱合理使用抗生素,首选广谱高效抗生素综合治疗。注意抗生素使用的时间间隔,维持血液中的有效浓度,同时观察药物是否影响哺乳。使用肝素、尿激酶等药物治疗时,应严密监测凝血功能。

2. **治疗配合** 遵医嘱给予对症支持治疗,纠正贫血和水、电解质紊乱,增加蛋白质、维生素摄入。配合医生做好脓肿引流术、后穹隆穿刺术、子宫切除术等手术操作的准备及配合工作。重症患者应积极配合抢救。

3. **症状护理** 监测生命体征,如患者高热时,可行物理降温,降温期间密切观察体温变化,并记录降温效果。疼痛、呕吐时可遵医嘱采取相应措施解除或减轻不适。

第二节 产后抑郁症

产后抑郁症(postpartum depression,PPD)指产妇在产褥期出现抑郁症状,是产褥期非精神病性精神综合征中最常见的一种类型。对于 PPD 的起病时间的界定,从产后 1d 至产后 12 个月都有提及,多见产后 2 周内发病,产后 4~6 周症状明显。表现为抑郁、悲伤、沮丧、哭泣、易激惹、烦躁,重者出现幻觉或自杀等症状。病程可持续 3~6 个月,若症状严重,可延长至产后 1~2 年,甚至迁延不愈,发展为慢性抑郁状态或周期性精神病。其发病率为 10%~30%,但有逐年增高趋势。产后抑郁症不仅影响产妇的生活质量、人际关系、社会功能状态和亲子行为,还影响婴幼儿的情绪、认知、行为发育,给家庭和社会造成很大负担。

【病因与发病机制】

产后抑郁症的发病原因尚不清楚。大量研究表明 PPD 是多因素的相互作用结果,其中包括分娩因素、心理因素、神经内分泌因素、家庭社会因素和遗传因素等。

1. **分娩因素** 分娩经历给产妇带来紧张与恐惧心理,尤其产时和产后并发症、难产、滞产等,导致内分泌状态不稳定,增加了产后抑郁症发生的风险。

2. **心理因素** 产妇具有敏感(神经质)、自我为中心、情绪不稳定、社交能力不良、好强求全、固执、内向性格等个性特征,容易产生产后心理障碍。此外,对母亲角色有认同缺陷的产妇,孕期情绪压力大、高度焦虑的产妇等容易发生产后抑郁症。

3. **神经内分泌因素** 产后抑郁的发生可能与神经内分泌失调有关,如下丘脑 - 垂体 - 肾上腺皮质轴(HPA)、下丘脑 - 垂体 - 甲状腺轴(HPT)失调引起皮质醇、促甲状腺激素(TSH)、甲状腺激素等的变化,从而导致产后抑郁的发生。研究表明去甲肾上腺素、5- 羟色胺、多巴胺、P 物质、脑啡肽等神经递质的含量变化与产后抑郁有关。

4. **家庭社会因素** 围产期负性生活事件,如失业、离婚、丧亲、家庭矛盾冲突、经济条件差、居住环境恶劣、缺少支持系统(特别是缺乏来自丈夫与长辈的支持与帮助)、暴力等是产后抑郁较强的预测因素。此外,研究表明婴儿性别与产后抑郁的发生有关联,生女婴的产妇发病率高于生男婴的产妇。

5. **遗传因素** 有精神病家族史,特别是家族抑郁症病史的产妇发病率高。既往抑郁病史亦是产后抑郁症的危险因素。

【临床表现及诊断】

(一)临床表现

1. **情绪改变(affective alterations)** 最突出症状是持久的情绪低落,表现为表情阴郁,无精打采、易流泪和哭泣。患者常用"郁郁寡欢""凄凉""沉闷""空虚""孤独"等来描述自己的心情。患者常感到心情压抑、郁闷,常因小事大发脾气。

2. **认知改变(cognitive alterations)** 对事物缺乏兴趣,自卑、自责、内疚。思维和反应迟钝,思考问题困难。对生活失去信心,无望和无助感,性欲减退,甚至企图自杀或他杀。

3. 行为改变（behavioral alterations） 意志活动减退，注意力不集中。想参与社交，但又缺乏勇气和信心。

4. 生理改变（physiological alterations） 主要表现为失眠或者睡眠过度、食欲减退或增加、体重显著下降或增加、疲乏、心悸、出汗、眼花、耳鸣、头晕、头痛。这些症状将随着抑郁情绪的解除而消失。

（二）诊断标准

至今尚无统一诊断标准，目前应用较多的是美国精神病学会在《精神障碍诊断与统计手册》（DSM-Ⅴ）中制定的标准（表16-1）。

表 16-1　产后抑郁症的诊断标准

在产后 2 周内出现下列 5 条或 5 条以上症状，必须具备（1）（2）两条	
（1）	情绪抑郁
（2）	对全部或多数活动明显缺乏兴趣或愉悦
（3）	体重显著下降或增加
（4）	失眠或睡眠过度
（5）	精神运动性兴奋或阻滞
（6）	疲劳或乏力
（7）	遇事皆感毫无意义或自罪感
（8）	思维力减退或注意力不集中
（9）	反复出现死亡或自杀的想法

【辅助检查】

产后抑郁症临床诊断困难，产后问卷调查对早期发现和诊断很有帮助。

1. 爱丁堡产后抑郁量表（Edinburgh postnatal depression scale，EPDS） 该量表具有较高的灵敏度和特异度，是目前常用的筛选工具，包括 10 项内容，4 级评分（表16-2）。具体评定如下：

（1）评定时间：强调评定的时间范围是在过去 1 周。

（2）评分标准：每一条目按 0~3 进行 4 级评分。第 1、2、4 条目按 0、1、2、3 顺序计分，其余 7 个条目按 3、2、1、0 顺序计分。

（3）统计指标：主要统计指标是总分，即 10 个条目各项目分数之总和。

（4）分界值：总分范围为 0~30。总分大于或等于 13 分提示患者存在不同程度的抑郁症状，需要进一步确诊。

表 16-2　爱丁堡产后抑郁量表（EPDS）

1. 我能够笑并观看事情有趣的方面	
如我总能做到的那样多	（0）
现在不是那样多	（1）
现在肯定不多	（2）
根本不	（3）
2. 我期待着享受事态	
如我曾做到的那样多	（0）
较我原来做得少	（1）
肯定较原来做得少	（2）
全然难得有	（3）

续表

3. 当事情做错,我多余地责备自己	
是,大多数时间如此	(3)
是,有些时间如此	(2)
并不经常	(1)
不,永远不	(0)
4. 没有充分的原因我会焦虑或苦恼	
不,总不	(0)
极难得	(1)
是,有时	(2)
是,非常多	(3)
5. 没有充分的理由,我感到惊吓或恐慌	
是,相当多	(3)
是,有时	(2)
不,不多	(1)
不,总不	(0)
6. 事情对我来说总是发展到顶点	
是,大多数时间我全然不能应付	(3)
是,有时我不能像平时那样应付	(2)
不,大多数时间我应付得相当好	(1)
不,我应付与过去一样	(0)
7. 我难以入睡,很不愉快	
是,大多数时间如此	(3)
是,有时	(2)
并不经常	(1)
不,全然不	(0)
8. 我感到悲伤或痛苦	
是,大多数时间如此	(3)
是,相当经常	(2)
并不经常	(1)
不,根本不	(0)
9. 我很不愉快,我哭泣	
是,大多数时间	(3)
是,相当常见	(2)
偶然有	(1)
不,决不	(0)
10. 出现自伤想法	
是,相当经常	(3)
有时	(2)
极难得	(1)
永不	(0)

2. 贝克抑郁量表(Beck depression inventory,BDI) 13 个条目的版本,每一条目按 0~3 进行 4 级评分。根据总分,判断抑郁症状的有无及其严重程度:0~4 分为无抑郁,5~7 分为轻度,8~15 分为中度,16 分及以上为重度。具体内容详见附录三。

3. 产后抑郁筛查量表(postpartum depression screening scale,PDSS) 包括 7 个因素,每个因素由 5 个条目组成,共 35 个条目。按照同意到不同意的强烈程度进行 5 级评分,评分范围 35~175 分。总分 ≥60 分作为筛查产后抑郁患者的临界值;总分 ≥80 分作为筛查重度产后抑郁的临界值。具体内容详见附录四。

Note:

【对母儿的影响】

1. 对母亲的影响 抑郁产妇的大脑皮层处于抑制状态,垂体后叶分泌缩宫素减少,子宫收缩不良或乏力,导致产后出血。如过度抑郁,去甲肾上腺素分泌亦减少,使得宫缩进一步减弱,从而加重产后出血。此外,抑郁产妇缺乏热情与自信,出现人际关系协调障碍、食欲紊乱、睡眠障碍、性欲减退。这些严重影响产妇的日常生活、夫妻感情、社交活动和工作。抑郁症状严重者,甚至出现自杀、自残。

2. 对新生儿/婴儿的影响 与正常产妇比较,抑郁产妇分泌乳汁时间迟、量少,加之产妇情绪低落、不愿意或者拒绝哺乳,以致影响婴儿的喂养、生长与发育。研究表明抑郁产妇难以正确处理好与新生儿/婴儿的关系,母子互动/联结少且质量差,从而影响婴幼儿的情绪、行为和认知发育。此外,抑郁产妇有弃婴、杀婴等行为倾向。

【预防】

1. 对有精神病家族史、抑郁史、不良妊娠史(如畸形)、分娩史(难产、死产)的产妇,应多劝导、多关心、多安慰,避免不良刺激,增加其自信心。

2. 利用孕妇学校、产前检查等途径加强孕期保健,开展妊娠、分娩相关知识的健康教育,减轻孕产妇对妊娠、分娩的紧张、恐惧心理。

3. 提供足够的社会支持,特别是丈夫和家庭成员的情感和物质支持。足够的社会支持利于产妇平稳度过产褥期。

4. 分娩过程中,产科医生和助产人员应有爱心和耐心,尤其是对产程长、精神压力大的初产妇。实施无痛分娩和导乐陪伴分娩,以减轻患者的痛苦和紧张情绪。

5. 提倡自然分娩,减少无明显指征的剖宫产。

【处理原则】

1. 心理治疗 是重要的治疗方法。主要有心理支持与咨询、人际心理治疗、音乐治疗、社会干预、团体治疗、同伴治疗等。通过心理治疗,解除致病的心理社会因素。

2. 药物治疗 尽量选用毒副作用小,特别是不通过乳汁排泄的抗抑郁药。临床常首选 5- 羟色胺再摄取抑制剂,如盐酸帕罗西汀、盐酸舍曲林、氟伏沙明、西酞普兰等。

3. 物理疗法 最常用的物理疗法为改良电痉挛治疗及重复经颅磁刺激。大量的临床证据证实,改良电痉挛治疗的有效率可高达 70%~90%,在某些具有强烈自杀及伤害婴儿倾向时可作为首选治疗。

【助产要点】

(一) 评估和监测

1. 健康史 询问产妇有无抑郁症、精神病个人及家族史、有无重大精神病创伤史等。评估一般情况及本次孕、产情况是否顺利,如产程进展、分娩方式、新生儿情况等;评估产后母乳喂养和婴儿健康状况、有无伤口感染等。

2. 身心状况 评估产妇的个性特征,焦虑、忧郁状况,用 EPDS、BDI、PDSS 量表进行产前、产后心理评估与筛查。评估产妇的社会支持系统、母亲角色适应、围产期有无负性生活事件的发生等情况。

(二) 教育与支持

1. 心理支持 心理指导让产妇感到被支持、尊重、理解,增强信心、自我控制能力和交流能力。助产人员要具备温和、接受的态度,鼓励产妇宣泄和抒发自身感受,耐心倾听产妇诉说的心理问题,做好心理疏通工作。同时,鼓励和指导家人给予产妇更多的关心与爱护,减少或避免不良的精神刺激和压力。

2. **休息指导** 提供温馨、舒适的环境,让产妇多休息,保证足够的睡眠。助产人员应鼓励产妇在白天从事多次短暂的活动,入睡前喝热牛奶、洗热水澡。

3. **饮食指导** 合理安排饮食,保证营养摄入,使产妇有良好的哺乳能力。

4. **角色转换指导** 帮助产妇逐渐适应母亲角色,指导母乳喂养,及时向产妇及家属传授育婴知识,促进母婴互动。此外,丈夫及家属的情感支持、物质支持等有利于产妇平稳度过危险期,顺利实现角色转换。

5. **用药指导** 教会产妇及家属正确使用抗抑郁药及观察副作用,如不能随意增减剂量,不能骤然停药,出现喉咙痛、头痛、持续恶心/呕吐、心跳加速等及时向医生报告,起床或站立时应缓慢起身以预防体位性低血压发生,注意口腔卫生,未经医生同意严禁使用其他任何抗抑郁药物。

6. **出院指导** 本病预后良好,大多数1年以内治愈,极少数持续1年以上,再次妊娠复发率20%,其下一代认知能力可能受影响,因此,应为产妇提供心理咨询机会。

7. **产后访视** 包括心理咨询、营养指导、卫生指导、健康教育、母乳喂养技术等内容。一般安排在产后1~10d内进行,通过以上工作,减少产妇因产后知识、技能匮乏而引起的焦虑与抑郁,增加其处理现实问题的能力。

(三) 处理与配合

1. **病因或诱因的消除** 了解孕妇有无精神病家族史、抑郁、焦虑及与妊娠相关的并发症;提供产妇及家属心理咨询机会,帮助其树立信心和调整孕期不良心态。

2. **防止意外发生** 做好安全防护,恰当安排产妇的生活与居住环境。抑郁产妇的睡眠障碍主要表现为早醒,而自杀、自伤等意外事件往往在此期间发生。

3. **分级管理** 包括自我管理、家庭管理、社区管理、医院管理。建立医院及社区PPD管理制度,宣传教育相关知识,重视并学会识别异常情况,做好病情的随访和监测,是目前防止PPD发生与复发比较好的方法。

4. 严格遵照医嘱给予抗抑郁药物治疗,并注意观察药物的疗效、不良反应。重症患者应在精神科医师或心理医生指导下用药。

(1)5-羟色胺再摄取抑制剂:①盐酸帕罗西汀,起始量和有效量为20mg,每天早餐时口服1次。2~3周后,如未见疗效且副作用不明显,以10mg递增剂量,最大剂量为50mg(体弱者40mg),每天1次。肝肾功能不全者慎用,不宜骤然停药。②盐酸舍曲林:起始量为50mg,与食物同服,每天1次。常用剂量为50~100mg,最大剂量为150~200mg,但连续使用不能超过8周。需长期服用者,应使用最低有效量。

(2)三环类抗抑郁药:阿米替林,常用起始量为25mg,口服每天2~3次。根据病情和耐受情况,逐渐增加至150~200mg,每天3次。最高剂量每天不超过300mg,每天维持量为50~150mg。

第三节 妊娠期及产褥期静脉血栓栓塞症

静脉血栓栓塞症(venous thromboembolism,VTE)是深静脉血栓(deep vein thrombosis,DVT)和肺栓塞(pulmonary embolism,PE)的统称。DVT指血液在深静脉内不正常凝结引起的静脉回流障碍性疾病,常发生于下肢。若血栓脱落阻滞于肺动脉则会导致PE。孕产妇发生DVT、PE的风险以及因VTE导致的死亡率均明显高于正常人群。近年来,随着人们生活方式的改变和我国生育政策的调整,高龄孕产妇、肥胖和妊娠并发症或合并症日趋增多,妊娠期及产褥期VTE的发病率明显增高,严重威胁孕产妇的生命安全。

妊娠期及产褥期妇女发生VTE的风险为非妊娠妇女的4~5倍,其中DVT占75%~80%。VTE可以发生在妊娠的不同时期,产后发生VTE的相对风险明显增加,为产前的20倍,剖宫产术的产妇产后发生VTE的风险,为自然分娩者的10倍。接近80%的妊娠相关VTE为孤立的DVT,20%为PE或两者共存。部分DVT为隐匿性,并无临床症状,同时妊娠期非病理性下肢浮肿也使DVT被忽视及掩盖。DVT 如得不到及时的诊断及治疗,其中 5%~24% 会发展为 PE;而妊娠期 15% 的 PE 是致命性的,在致命性的 PE 中,66% 的孕产妇在栓塞发生的 30min 内死亡。

【病因与发病机制】

妊娠期及产褥期妇女由于其特殊的生理性改变,存在 Virchow 理论 VTE 的三大病理基础:血液高凝状态,加之静脉滞缓、血管内皮损伤使其容易发生。

1. **血液高凝状态** 孕产妇生理性高雌激素刺激肝脏产生大量凝血因子。凝血因子及纤维蛋白原增加、血小板聚集增加,出现抗凝血酶Ⅲ、蛋白 S 水平降低,纤溶酶原激活剂减少等一系列生理性改变。孕产期高凝状态是女性预防和减少产时出血的生理保护机制,但同时也增加了静脉血栓栓塞症的风险。

2. **静脉血流淤滞** 女性盆腔静脉密集,静脉壁薄,缺少四肢静脉所具有的筋膜外鞘,加之膀胱、生殖器、直肠三个系统静脉彼此相通,妊娠期循环血量增加,静脉扩张增加,静脉张力降低,静脉回流障碍等因素均可导致血流淤滞。妊娠中晚期增大的子宫压迫下腔静脉及髂静脉,腹压持续增大,影响静脉血液回流。晚孕期下肢肢端静脉血流减少 50%。此外,术前 / 产前因体力消耗、大量出汗、体液不足致血液浓缩,术中禁食、术后 / 产后饮水少等均可引起循环血量不足,孕产妇活动减少会进一步加重血流淤滞。剖宫产手术或者分娩镇痛麻醉药物使下肢静脉壁平滑肌松弛,孕妇下肢活动减少,易引起血液回流减少或停滞。此外,孕产妇缺乏应有的活动及锻炼,卧床时间长,且食用大量的高蛋白、高脂肪等营养食物,会加重静脉血流淤滞。

3. **血管内膜损伤** 剖宫产或阴道分娩时释放的炎症因子损伤血管壁造成血管内皮损伤。合并内膜损伤性疾病,如妊娠期高血压疾病、抗磷脂抗体综合征、系统性红斑狼疮等慢性疾病,可提高该病的发病率。

4. **其他** VTE 家族史、子痫前期、多产、肥胖、高龄、产程延长、死胎等均在不同程度上增加静脉血栓栓塞症发生的风险。

【临床表现及诊断】

1. **深静脉血栓** 约 90% 的妊娠期及产褥期 DVT 发生在左下肢,且以髂静脉和股静脉为主。多数 DVT 患者早期无症状或临床表现缺乏特异性。最早和最常见的临床表现为患侧下肢疼痛、肿胀,伴或不伴皮温升高和红肿。髂静脉血栓形成除了下肢肿胀外,可伴或不伴腰腹部、臀部或背部疼痛。患侧的小腿围与对侧相差>2cm 时,应高度警惕 DVT 的发生。少数患者出现颈部胀痛、头痛、意识淡漠等神经系统症状,要警惕颈静脉和颅内静脉系统的栓塞。DVT 的症状和体征缺乏特异性,但一旦出现下肢疼痛、肿胀等情况时应引起警惕,应与妊娠期及产褥期的生理性改变相鉴别,积极排查 DVT。

2. **肺动脉栓塞** 多数 PE 患者症状不典型,临床表现具有多样性但缺乏特异性。其中呼吸困难最常见,其次为胸痛、咳嗽、发绀及下肢疼痛、肿胀,少见休克、晕厥及心律失常,但一旦发生常提示严重 PE,导致孕产妇死亡的风险极高。

【辅助检查】

1. **可疑 DVT 时** 首选血管加压超声检查(compression ultrasonography,CUS),CUS 可检查的静脉包括近端静脉(如颈静脉、股总静脉、股静脉和腘静脉)及远端静脉(如腓静脉、胫前静脉、胫后静脉和肌间静脉)。对于首次超声检查结果为阴性或可疑,但临床又高度可疑 DVT 时,应在第 3d 和第 7d 复查,或者选择其他影像学检查如磁共振静脉血管成像(magnetic resonance venography,MRV)、静脉造影等。

2. **可疑急性 PE 时** 首选心电图、胸部 X 线检查。约 40% 急性 PE 孕产妇的心电图显示异常(最常见为 T 波倒置,其次为右束支传导阻滞)。胸部 X 线检查对诊断 PE 缺乏敏感性和特异性,但可以显示肺部感染、气胸等,主要为临床排他性诊断提供支持。PE 的诊断性检查包括核素肺通气 / 灌注(ventilation perfusion,V/Q)扫描、CT 肺血管造影(computed tomographic pulmonary angiography,CTPA)。

【预防】

(一)妊娠期及产褥期 VTE 风险因素的评估

VTE 风险因素的评估是预防的关键,随着妊娠的进展以及分娩后进入产褥期,VTE 的风险也会随着孕产妇的生理改变和病理状况发生变化。因此,应对 VTE 的风险在以下几个节点进行动态评估:首次产前检查、出现新的妊娠合并症或并发症时、住院期间、分娩后。经评估后达不到预防用药指征者,建议非药物方法预防 VTE;经评估后达到预防用药指征者,建议非药物方法和抗凝药物联合应用预防 VTE;对同时存在出血和 VTE 高危因素的孕产妇,建议先使用非药物方法预防至出血风险降低后,再评估是否需要联合抗凝药物预防 VTE(表 16-3)。

表 16-3　妊娠期及产褥期 VTE 的风险因素及其相应的预防措施

风险因素	妊娠期预防措施	产褥期预防措施
孕前 VTE 史		
与大手术无关	多学科会诊制订预防策略 妊娠期全程使用 LMWH 临产或择期分娩前 24h 停用 LMWH	评估并排除出血风险后重启 LMWH 抗凝 重启时机: 阴道分娩后 4~6h
与大手术有关	多学科会诊制订预防策略 妊娠 28 周开始使用 LMWH 临产或择期分娩前 24h 停用 LMWH	剖宫产术后 6~12h 持续用药至产后 12 周 评估并排除出血风险后,产后 6~12h 启用 LMWH 持续用药至产后 6 周
妊娠合并症		
存在以下任一情况: 活动性自身免疫性或炎症性疾病 肾病综合征 心力衰竭 1 型糖尿病 恶性肿瘤 镰状细胞病	多学科会诊制订预防策略 评估确诊 VTE 后启用 LMWH 用药前需排除出血风险 病情缓解、临产或择期分娩前 24h 停用 LMWH	评估并排除出血风险后,产后 24h 启用 LMWH 持续用药至产后 6 周
暂时性危险因素 以下任一情况: 卵巢过度刺激综合征 妊娠期外科手术 妊娠剧吐	多学科会诊制订预防策略 评估 VTE 发生风险后启用 LMWH 用药前需排除出血风险 仅限治疗期间使用	无
产科及其他危险因素 VTE 家族史 年龄 ≥35 岁 评估时 BMI>30kg/m² 产次 ≥3 次 截瘫或者长时间制动者 全身感染 重度子痫前期 多胎妊娠 剖宫产术 严重产后出血或大量输血者 总产程 ≥24h	≥3 个危险因素者,需要仔细评估,在排除出血风险和充分权衡利弊后,慎重启用 LMWH 临产或择期分娩前 24h 停用 LMWH	评估并排除出血风险后,于产后 24h 启用 LMWH 2 个危险因素者,住院期间使用 3 个危险因素者,使用 LMWH 至产后 7d ≥4 个危险因素,者使用 LMWH 产后 10d

注:BMI 表示体重指数,LMWH 表示低分子肝素。

(二)辅助药物预防

妊娠期和产褥期预防 VTE 的药物主要有低分子肝素(low molecular-weight heparin,LMWH)、普通肝素(un-fractionated heparin,UFH)和华法林等。华法林是一种维生素 K 拮抗剂,一般仅限于心脏机械瓣膜置换术后孕产妇的抗凝治疗。

1. 药物预防 VTE 的监测　LMWH 和 UFH 均不透过胎盘、无致畸性证据,并可在哺乳期使用。在使用药物预防 VTE 时,需注意有无肝肾损伤、血小板减少等并发症的发生。与 UFH 相比,LMWH 发生出血事件、肝素诱发的血小板减少症及骨质疏松症风险更低。使用 LMWH 预防时,应监测血小板计数和血清肌酐水平,以防发生肾损伤或血小板减少。当出现肾损伤时,应减少 LMWH 剂量,或考虑使用 UFH。

2. 药物预防 VTE 的剂量　根据不同剂量的适用范围可分为标准性预防剂量、高预防剂量以及治疗性剂量。2020 年昆士兰临床指南对体重过轻(<50kg)或过重(>130kg)人群的标准性预防剂量和高预防剂量进行了推荐(表 16-4)。

表 16-4　预防 VTE 的药物及推荐的标准性预防剂量和高预防剂量

目前体重 /kg	组别	预防药物		
		达肝素(LMWH)	依诺肝素(LMWH)	肝素钠(UFH)
<50	1	2 500U q.d.	20mg q.d.	考虑减少用量
	2	2 500U b.i.d.	40mg q.d.	考虑减少用量(5 000U b.i.d.)
50~90	1	5 000U q.d.	40mg q.d.	5 000U b.i.d.
	2	5 000U b.i.d.	80mg q.d.	7 500U b.i.d.
91~130	1	7 500U q.d.	60mg q.d.	7 500U b.i.d.
	2	5 000U b.i.d.	80mg q.d.	7 500U b.i.d.
131~170	1	10 000U q.d.	80mg q.d.	7 500U b.i.d.
	2	7 500U b.i.d.	60mg b.i.d.	7 500U t.i.d.
≥171	1	75U/kg q.d.	0.5mg/kg q.d.	7 500U b.i.d.
	2	7 500U b.i.d.	60mg b.i.d.	7 500U t.i.d

注:组别 1 为标准性预防剂量,2 为高预防剂量;q.d. 为每天 1 次,b.i.d. 为每天 2 次,t.i.d. 为每天 3 次。

(三)预防 VTE 的非药物措施

1. 健康教育

(1)补充水分及运动:孕产妇每天所需液体量因环境、运动、个体新陈代谢等因素有所不同,建议妊娠期女性平均每天摄入 2.3L 液体,哺乳期女性每天摄入 2.6L 液体。对于无运动禁忌证的孕产妇,在综合考虑运动类型、强度、持续时间等因素的情况下进行适量运动。合理饮食,避免过度肥胖,避免长时间卧床或制动。

(2)识别 VTE 的风险因素和早期症状:如下肢有无皮肤色泽改变、水肿、浅静脉怒张、肌肉深压痛等症状;测量双下肢相同平面的周径,两侧周径差是否 ≥2cm;是否出现血痰、胸痛、呼吸困难等肺栓塞的表现。

2. 应用物理方法进行预防

(1)下肢运动:主要是膝关节伸屈及足踝的活动,以增加腓肠肌泵的作用。

(2)防血栓梯度加压弹力袜:适用于产前或产褥期可以自由活动的孕产妇,或接受药物抗凝的同时穿戴梯度加压弹力袜。

(3)间歇充气加压装置或足底静脉泵:适用于长时间卧床制动的孕产妇,存在 VTE 高危因素尤其是剖宫产术的产妇,至少使用至产后第 2d,对于不适宜穿梯度加压弹力袜的产妇可以考虑整夜使用。但若合并严重外周动脉疾病或溃疡、严重腿部局部疾病等情况时,不适宜使用。

【处理原则】

1. **抗凝治疗** 妊娠期间抗凝药物的启用取决于危险因素的程度和发生时间。由多学科医生根据血栓发生的时间以及高危因素共同决定抗凝药物及其剂量的选择,此时抗凝药物的使用是为治疗已发生的血栓,剂量会大于预防用药剂量,因此,要在多学科会诊意见的指导下用药,并要严密监测抗凝药物相关的副作用。在使用过程中出现以下情况需要停用抗凝药物:①用药期间出现抗凝药物相关的副作用(不同部位的出血、血小板减少、肝功能异常、过敏反应等);②出现临产征兆;③计划分娩,在计划分娩前至少停用 LMWH 12~24h。产褥期重新启用 LMWH 的时机取决于 VTE 危险因素的多少和种类,启用前需重新评估 VTE 风险,并排除出血风险。

2. **物理治疗** 包括足背屈、梯度加压弹力袜、间歇充气加压装置或足底静脉泵等。

3. **经皮下腔静脉滤器(inferior vena cava filter,IVCF)** IVCF 置入在妊娠期中的应用有限,须权衡利弊后慎重决定。

4. **溶栓治疗** 可能增加大出血、颅内出血等风险,因此,仅在血流动力学不稳定的急性 PE 患者中可考虑使用。

【助产要点】

(一) 评估和监测

1. **健康史** 询问孕妇孕前身体基本情况、生育史、用药史、家族史以及既往妊娠分娩情况。评估孕期饮食、运动以及凝血功能检查的情况。了解孕妇及其家属心理状态和社会支持情况。

2. **身心状况** 动态观察生命体征,关注患者主诉,尤其警惕肿胀、疼痛、皮温异常、呼吸困难、胸痛、咳嗽等症状。在妊娠不同时期,动态评估 VTE 的风险情况,针对不同风险级别采用不同的预防策略。

3. **孕期监测和管理** 产科血栓性疾病的预防应贯穿整个孕期,从产前检查开始,加强孕期保健和管理,通过积极宣传该病的风险及危害,让更多孕前妇女了解、重视该病。同时,妊娠期妇女应该保持一定的运动量,适当合理饮食,避免过度肥胖。对有静脉血栓史、遗传性或获得性易栓症的孕妇,尤其是高龄、肥胖、长期卧床者等,经高危风险评估,需预防性应用 LMWH 或 UFH 抗凝治疗。对于已遵医嘱使用预防 VTE 药物的孕妇,动态监测血常规、血浆纤溶功能及彩色多普勒超声监测母儿情况。

4. **产后监测和管理** 分娩后第 1 周是发病风险最高的时期。因此,对于高危孕妇产后仍须行严密监测和动态评估。指导产妇合理营养和锻炼,产后饮食应多样化、合理搭配、充分补充水分,防止大量脱水造成血液黏稠度增高,提倡高蛋白、高维生素、高纤维素饮食,杜绝单一高脂肪、高糖饮食。指导产后、术后早期下床活动,促进血液流动。

(二) 教育与支持

1. **教会孕妇自我监测** 针对所有孕产妇进行健康教育,使其了解自身 VTE 的风险级别以及相应的预防策略,提高依从性,增强自我防范意识及能力。

2. **心理支持** 引导孕妇及家属讲出其担忧的问题及心理感受;解释发病机制,使其减少不必要的担心,鼓励积极配合。

3. **休息与活动指导** 提供温馨、舒适的环境,让产妇多休息,保证足够的睡眠。分娩后当天,应指导产妇早下床活动和避免脱水。在无法有效运动的情况下,可以采用被动运动、按摩、穿弹力袜等物理方法预防血栓。

4. **饮食指导** 鼓励孕产妇多饮水,进食低盐、低脂、清淡饮食,多食新鲜水果蔬菜。低脂可以避免血液黏稠度增高造成血液淤滞而加重血栓的形成;低盐可以改善血管壁的通透性,减轻组织水肿,同时清淡饮食可防刺激性食物对血管的刺激;高膳食纤维饮食可以预防大便干燥。妊娠期及产后妇女应多食用瓜果蔬菜等易消化的物质,减少高脂类食物的摄入。

(三) 处理与配合

1. 一般处理 一旦怀疑静脉血栓形成,应注意制动,尽量抬高患肢,避免深层组织按摩。急性 DVT 患者建议卧床休息 1~2 周,这样既可以减轻局部疼痛,促使炎症反应消退,又可促使血栓紧黏附于静脉内膜,以避免血栓脱落导致 PE。

2. 药物治疗 抗凝是静脉血栓的基本治疗方式,遵医嘱使用 LMWH 和 UFH 治疗;妊娠期 DVT 或 PE 的使用时间一般至产后 6 周,总使用时间应不小于 3 个月;一般在临产前或引产、剖宫产前 24h 停用 LMWH;而无论 LMWH 和 UFH,在产后 12~24h 后都可以继续使用,用药期间严密监测抗凝药物相关的副作用。

(陶艳萍)

思 考 题

1. 阐述产褥感染及产褥病率的定义。
2. 阐述妊娠期及产褥期静脉血栓栓塞症的预防措施。

URSING

第十七章

新生儿与新生儿疾病

17章 数字内容

知识目标:

1. 掌握新生儿的基本概念及分类、正常新生儿的护理要点以及新生儿复苏技术。

2. 熟悉新生儿常见症状的早期识别与护理要点;新生儿常见疾病的临床表现及护理。

3. 了解正常足月新生儿的生理特点;新生儿早期基本保健技术的概念和内容。

能力目标:

能运用所学知识对新生儿进行监护,及时发现异常,协助医生进行处理。

素质目标:

具有爱护和保护新生儿的职业精神。

第一节　新生儿概述

导入情境与思考

某新生儿,男,3d,38⁺³周,顺产,体重3 000g。母亲没有妊娠合并症或并发症。

请思考:

按照新生儿胎龄、出生体重、出生体重和胎龄的关系以及出生后周龄的分类,案例中新生儿属于哪一类?

一、新生儿的概念

新生儿(neonate,newborn infant)指胎儿出生后自切断脐带与母亲分离起到出生后28d内的婴儿。新生儿是胎儿的延续,与产科密切相关,又属于围生医学的范畴。围产期(perinatal period)指产前、产时和产后的一个特定时期。目前各国对于围产期定义不同,我国围产期定义为自妊娠28周(此时胎儿体重约为1 000g)至出生后7d。围产期的婴儿称为围生儿。2018年,世界卫生组织(World Health Organization,WHO)统计全球250万新生儿死亡,占5岁以下儿童死亡的47%。我国新生儿死亡率为4.5‰,新生儿死亡例数约占5岁以下儿童死亡的50%,因此新生儿阶段的保健和护理十分重要。

二、新生儿的分类

根据分类的标准不同,新生儿有不同分类。

(一) 根据出生时胎龄分类

根据胎龄(gestational age,GA)大小将新生儿分为足月儿(term infant)、早产儿(preterm infant)和过期产儿(post-term infant)。足月儿指37周≤GA<42周(GA在259~293d)的新生儿。早产儿指GA<37周(GA<259d)的新生儿,其中34周≤GA<37周称为晚期早产儿(late preterm infant),32≤GA<34周者为中期早产儿(moderately preterm infant),28周≤GA<32周者为极早早产儿(very preterm infant),GA<28周者称为超早产儿(extremely preterm infant)。过期产儿指GA≥42周(GA≥294d)的新生儿。

(二) 根据出生体重分类

出生体重(birth weight,BW)指出生后1h内的体重。正常体重(normal birth weight,NBW)儿指2 500g≤BW<4 000g的新生儿。低出生体重(low birth weight,LBW)儿指出生体重<2 500g的新生儿,其中1 000g≤BW<1 500g者称为极低出生体重(very low birth weight,VLBW)儿;BW<1 000g者称为超低出生体重(extreme low birth weight,ELBW)儿。巨大儿(macrosomia)指BW≥4 000g的新生儿。

(三) 按出生体重和胎龄的关系分类

按出生体重和胎龄的关系分类,分为小于胎龄(small for gestational age,SGA)儿、适于胎龄(appropriate for gestational age,AGA)儿和大于胎龄(large for gestational age,LGA)儿。SGA指BW在同胎龄儿平均出生体重第10百分位以下。AGA指BW在同胎龄儿平均体重第10~90百分位。LGA指BW在同胎龄儿平均体重第90百分位以上。

(四) 按出生后周龄分类

根据出生后周龄将新生儿分为早期新生儿(early newborn)和晚期新生儿(late newborn)。早期新生儿指出生后1周以内的新生儿,也属于围生儿;晚期新生儿指出生后第2周开始至第4周末的新生儿。

三、胎龄评估

胎龄评估（assessment of gestational age）指根据新生儿出生后48h内的外表特征和神经系统检查估计新生儿的胎龄。胎龄评估方法较多，此处主要介绍简易胎龄评估法，见表17-1。

表 17-1　简易胎龄评估

体征	0分	1分	2分	3分	4分
足底纹理	无	前半部红痕不明显	红痕>前半部，皱褶<前1/3	皱褶>前2/3	明显深的皱褶>前2/3
乳头	难认，无乳晕	明显可见，乳晕淡、平，直径<0.75cm	乳晕呈点状，边缘突起，直径<0.75cm	乳晕呈点状，边缘突起，直径>0.75cm	
指甲		未达指尖	已达指尖	超过指尖	
皮肤组织	很薄，胶冻状	薄而光滑	光滑，中等厚度，皮疹或表皮翘起	稍厚，表皮皱裂翘起，手足为最明显	厚，羊皮纸样皱褶，深浅不一

注：胎龄周数 = 总分 +27，各体征的评分如介于两者之间，可用其均数。

第二节　正常足月儿的特点与护理

一、正常足月儿的特点

（一）外观特点

正常足月儿身长约为50cm，外观头大、躯干长、四肢短，头部约为身体的1/4；皮肤、皮下脂肪多、毳毛少；颅骨软，头发分条清楚，骨缝未闭。耳壳软骨发育好、耳舟成形并直挺；指、趾甲达到或超过指、趾端，跖纹、足纹遍及整个足底；乳腺结节>4mm；男婴睾丸已降至阴囊、阴囊皱纹多，女婴大阴唇遮盖小阴唇。

（二）生理特点

1. 呼吸系统　胎儿肺内充满液体，分娩时经产道挤压，约1/3肺液由口鼻腔排出，其余部分在建立呼吸后由肺间质毛细血管和淋巴管吸收。新生儿在第1次吸气后紧接着啼哭，肺泡张开。新生儿呼吸频率较快，为40~60次/min。

2. 循环系统　胎儿出生后血液循环发生巨大变化，完成胎儿循环向成人循环的转变。新生儿心率波动范围较大，通常在90~160次/min。新生儿心脏每分钟搏出量为180~240ml/kg，比成人多2~3倍，这与新生儿新陈代谢旺盛、耗氧量高相适应。新生儿血压在50~80/30~50mmHg。

3. 消化系统　新生儿由于食管下部括约肌松弛，胃呈水平位，贲门括约肌发育较差，幽门括约肌发育较好，易发生溢乳和呕吐，甚至发生胃食管反流。胎粪是由胎儿期的肠道分泌物、胆汁及咽下的羊水等形成，呈稠糊状，墨绿色。一般出生后12h内即开始排出胎粪，2~3d内排完，若24h不见胎粪排出，应检查是否有消化道畸形，如肛门闭锁等。新生儿肝脏内尿苷二磷酸葡萄糖醛酸基转移酶的量和活力不足，是出现生理性黄疸及对某些药物解毒能力低下的原因之一。

4. 血液系统　足月儿出生时血容量平均为85ml/kg，外周血血红蛋白浓度为180~195g/L，最高可达220g/L。红细胞计数为5×10^{12}~6×10^{12}/L，平均值为5.5×10^{12}/L。出生后第1d白细胞计数为18×10^9/L，第3d开始明显下降，第5d接近婴儿值。白细胞分类出生时以中性粒细胞为主，为67%±9%，淋巴细胞18%±8%，至第4~6d发生第一次交叉，二者几乎相等，以后以淋巴细胞占优势。血小板出生时已达成人水平，血小板计数150×10^9~400×10^9/L，血小板寿命为7~10d。由于胎儿肝脏内维生素K储存量少，凝血因子Ⅱ、Ⅶ、Ⅸ、Ⅹ活性低，有出血倾向，故出生后应常规肌内注射维生素K_1。

5. 泌尿系统　足月儿出生时肾脏结构已发育完成，但功能仍不成熟。新生儿一般在出生后第

24h 内排尿,少数在 48h 内排尿,尿量一般为 40~60ml/(kg·d),每小时尿量<0.5ml/(kg·h)为无尿;如出生后 48h 无尿,应进行相关检查以明确原因。新生儿尿液有时会出现橘红色粉末状物,吸附在尿布上或遗留在尿道口包皮上,这种粉末是因尿中含有较多的尿酸盐所致。多数出现于出生后的早期,应注意有无摄入量不足,不需要其他特殊处理,几天后即消失,但需与血尿鉴别。

6. **神经系统** 新生儿脑相对较大,重 300~400g,其重量占出生体重的 10%~12%。但脑沟、脑回、神经鞘未完全形成,大脑皮层兴奋性低,睡眠时间长,新生儿一昼夜睡 18~22h,随着月龄的增长,睡眠时间则相对减少。新生儿出生时已具备觅食反射、吸吮反射、握持反射和拥抱反射等几种原始反射,这些暂时性的原始反射在出生后数月内自然消失。若在新生儿期这些反射减弱或消失,常提示有神经系统疾病。

7. **免疫系统** 新生儿非特异性免疫和特异性免疫功能均不成熟。皮肤黏膜薄嫩易擦破;脐部有创面,易发生细菌感染。呼吸道纤毛运动差,胃酸、胆酸少,杀菌能力不足。血脑屏障发育不完善,细菌易通过血脑屏障。由于 IgG 可从母体通过胎盘进入胎儿血液,新生儿一般不易感染一些传染病,如麻疹等。由于呼吸道、消化道缺乏分泌型 IgA,新生儿易患呼吸道、消化道感染。

8. **体温调节** 足月儿体温调节中枢功能尚不完善,皮下脂肪较薄,体表面积相对较大,容易散热,若室温过低未及时保暖,可发生低体温、低氧、低血糖和代谢性酸中毒等。若室温过高,足月儿能通过皮肤蒸发和出汗散热,但如进食或饮水不足,散热减少,可使体温增高,发生脱水热。

9. **能量、水和电解质需要量** 新生儿基础热量消耗为 50kcal/(kg·d),加上活动、食物特殊动力作用、大便丢失和生长所需等,总的热量需要为 100~120kcal/(kg·d)。新生儿每天液体需要量:第 1d 为 60~80ml/kg,第 2d 为 80~100ml/kg,第 3d 以上 100~140ml/kg。

10. **常见的几种特殊生理状态**

(1)生理性体重下降:新生儿出生后 2~4d 由于摄入量少,不显性失水及胎粪排出等原因可使体重下降 6%~9%,一般不超过 10%,10d 内可恢复至出生时体重。

(2)生理性黄疸(physiological jaundice):足月儿出生后 2~3d 出现黄疸,黄疸程度较轻,先见于面颈部,出生后 4~5d 黄疸最明显,可延及躯干及四肢,出生后 7~10d 逐渐消退,最迟不超过 2 周,一般情况良好。

(3)"马牙"和"螳螂嘴":位于上腭中线和齿龈部位的黄白色小颗粒,俗称"马牙",由上皮细胞堆积或黏液腺分泌物积留所致,数周内可自然消退。新生儿两侧颊部各有一隆起的脂肪垫,俗称"螳螂嘴",有利于乳汁吸吮。"马牙"和"螳螂嘴"均为新生儿正常的生理现象,不可擦拭或挑破,以免发生感染。

(4)乳腺肿大:新生儿出生后 4~7d 可出现乳腺增大,如蚕豆或核桃大小,2~3 周自然消退,考虑因来自母体的雌激素中断所致,切勿挤压,以免发生感染。

(5)假月经:由于来自母体的雌激素中断所致,部分女婴在出生后 5~7d,阴道流出少许血性分泌物,俗称"假月经",可持续 1 周左右。

(6)新生儿红斑及粟粒疹:出生后 1~2d,新生儿头部、躯干及四肢的皮肤可出现大小不等的多形红斑,俗称"新生儿红斑";也可在皮肤上出现小米粒大小的黄白色皮疹,由皮脂腺堆积形成,称之为"新生儿粟粒疹"。

二、正常足月儿的护理要点

(一)保温

新生儿出生后应立即擦干全身,用温暖的毛巾包裹,以减少辐射、对流及蒸发散热,并因地制宜地采取不同的保暖措施,使新生儿处于中性温度。中性温度指能维持正常体温及皮肤温度的最适宜的环境温度,此温度下,身体耗氧量最少,蒸发散热量最少,新陈代谢最低。出生体重越低、胎龄越小,所需中性温度越高。保暖方法有头部戴帽、与母亲持续皮肤接触、婴儿培养箱和远红外辐射床等。

(二)呼吸道管理

保持呼吸道通畅,保持舒适体位,如仰卧时避免颈部前屈或过度后仰,俯卧时头偏向一侧。若出现青紫或呼吸不畅等异常情况,应立即转诊或请儿科医生进行处理。

（三）母乳喂养

帮助新生儿出生后 1h 内喂哺母乳,以促进乳汁分泌,并防止低血糖,提倡按需喂养。如果不具备母乳喂养条件者,可给予配方奶喂养,每 3h 1 次,每天 7~8 次。哺乳后将婴儿竖立抱起,轻拍背部,以利于排出咽下的空气,防止溢奶。奶量以哺乳后安静、无呕吐及腹胀和理想的体重增长(15~30g/d,平均约为 20g/d)为标准(生理性体重下降期除外)。

（四）预防感染

病室和医护人员应严格执行相关的感染防控措施和消毒隔离制度,接触新生儿前后应洗手并注意咳嗽礼仪等,避免交叉感染。做好新生儿卫生管理,保持脐部清洁和干燥;保持皮肤清洁,新生儿出生 24h 后可以洗澡,勤换尿布,每次大便后用温水清洗会阴及臀部,以防红臀和尿布疹。

（五）其他

新生儿出生后应肌内注射维生素 K_1 1 次预防新生儿出血,剂量为 1mg;若无卡介苗、乙肝疫苗接种禁忌,出生后 24h 即应接种卡介苗,出生后 24h 内、1 个月、6 个月时各注射乙肝疫苗 1 次。目前,已广泛开展新生儿先天性代谢缺陷病的筛查,包括先天性甲状腺功能减退、苯丙酮尿症等。

第三节　新生儿早期基本保健技术

一、新生儿早期基本保健技术的概念

新生儿早期基本保健技术(early essential newborn care,EENC)是 2013 年由 WHO 西太区率先提出,是一系列有循证依据、可操作的新生儿综合干预技术,包括规范的产前母胎监测与处理和新生儿出生后的基本保健干预措施,可以有效预防和处理引起新生儿患病和死亡的主要因素。考虑到分娩期间和出生后第 1d 是新生儿患病或死亡的高风险时期,EENC 重点强调改善分娩期间和新生儿出生 24h 之内的保健质量,其核心干预措施包括:规范的产前母胎监测与处理、新生儿出生后立即和彻底擦干、母婴皮肤接触(skin to skin contact,SSC)至少 90min 并完成第一次母乳喂养、延迟脐带结扎(delayed cord clamping,DCC)、延迟新生儿洗澡至出生后 24h、早产儿袋鼠式护理(kangaroo mother care,KMC)以及对不能自主呼吸的新生儿立即进行有效复苏和新生儿感染治疗(表 17-2)。

表 17-2　EENC 核心干预措施

干预对象	分娩期保健		新生儿保健
所有产妇及新生儿	第一次拥抱	分娩期监测(产程图)	• 立即擦干 • 立即皮肤接触 • 延迟断脐 • 纯母乳喂养 • 常规保健:眼保健,维生素 K_1 应用,疫苗注射,测量体重和体检
高危产妇和新生儿	早产和低出生体重儿	早产 避免不必要的引产和剖宫产 产前激素使用 早产胎膜早破抗生素的应用	• 袋鼠式护理 • 母乳喂养支持 • 立即治疗可疑感染
	患病新生儿	产程延长 胎儿窘迫 助产/剖宫产	• 出生后窒息:复苏 • 可疑感染:抗生素治疗

Note：

二、新生儿早期基本保健技术的内容

目前新生儿早期保健基本干预措施主要针对经阴道分娩的产妇及新生儿,主要内容包括分娩前、分娩期以及分娩后24h内新生儿早期基本保健技术的推荐和建议。

(一)分娩前准备

1. **健康教育**　在孕期和待产过程中,向孕产妇及其家属介绍EENC的内容、优点和注意事项等,使孕产妇及其家属能够理解、接受和配合开展EENC。

2. **环境和物品准备**　保持室内清洁,室内温度25~26℃。关闭门窗,避免分娩区域空气对流。产房应配备带有秒针的时钟,便于记录时间。在接产前准备产包及助产相应的器械、物品和药品(如催产素等)。

3. **准备新生儿复苏区**　在分娩前准备新生儿复苏区的设备和物品,如辐射保暖台(设置温度为34℃)或提前预热的处置台、干净的毛巾、复苏气囊、面罩和吸引装置等。

4. **准备产台**　分娩前准备项目、要求、措施及内容见表17-3。

表 17-3　分娩前准备的项目、要求、措施及内容

项目	要求	措施及内容
环境温度	产房温度25~26℃	关闭门窗,避免空气对流
手部卫生	物品准备前	标准七步洗手法
准备物品	助产相关设备	监护仪、助步车、分娩椅、分娩球、靠垫等
	新生儿复苏设备	检查复苏气囊、面罩和吸引装置是否处于功能状态
	产包(可按用途区分单个包装,如接产包、缝合包等)	(1)无菌干毛巾2条、新生儿帽子1个、无菌手套2副、隔离衣1件、止血钳2把、断脐剪1把、脐带结扎绳1根或脐带夹1个 (2)集血器1个、敷料、缝针、持针钳、剪刀等
准备药物	预防产后出血	缩宫素
	新生儿复苏	肾上腺素、生理盐水

(二)新生儿出生后90min内的保健措施

1. **出生后1min内的保健措施**　新生儿娩出后,助产人员报告新生儿出生时间(时、分、秒)和性别。立即将新生儿仰卧置于母亲腹部干毛巾上,在5s内开始擦干新生儿,擦干顺序为眼睛、面部、头、躯干、四肢,再侧卧位擦干背部。在20~30s内完成擦干动作,并彻底擦干。

出生后应立即快速评估,除外需要初步复苏的情况,同时在擦干过程中要注意快速评估新生儿呼吸状况。若新生儿有呼吸或哭声,可撤除湿毛巾,将新生儿置于俯卧位,且头偏向一侧,开始SSC。取另一清洁的、已预热的干毛巾遮盖新生儿身体,并为新生儿戴上帽子。若新生儿出现喘息或无呼吸,应将其迅速移至预热的复苏区,实施新生儿复苏。出生后不建议常规进行口鼻吸引。在有胎粪污染且新生儿无活力时,可进行气管内插管,吸引胎粪。

2. **出生后1~3min的保健措施**

(1)SSC:若新生儿状况良好,应保持新生儿与母亲持续SSC。如果新生儿有严重胸廓凹陷、喘息或呼吸暂停、严重畸形等情况,或产妇出现异常情况等,需紧急处理。建议对多胎及剖宫产手术分娩的新生儿,也可按前述方法进行出生后立即SSC。但应在确保母婴安全前提下进行,且需要手术医生、麻醉师与助产人员密切配合,必要时调整手术设施。

(2)脐带处理:可在SSC的同时处理脐带。需严格执行无菌操作,等待脐带搏动停止后(出生后1~3min)结扎脐带,用2把无菌止血钳分别在距脐带根部2cm和5cm处夹住脐带,并用无菌剪刀在距脐带根部2cm处一次断脐,不必在脐带断端使用任何消毒剂,不包扎脐带断端,但需保持脐带断端清

洁和干燥。

3. 出生后90min内的保健措施

（1）第一次母乳喂养：新生儿应与母亲保持SSC至少90min。在此期间需严密观察母亲和新生儿的生命体征及觅乳征象，指导母亲开始母乳喂养。测量体重和身长、查体、注射疫苗等常规保健操作应推迟到出生90min后进行，以避免干扰SSC和第一次母乳喂养。对出生时生命体征平稳、胎龄>34周或出生体重>2 000g的早产儿/低出生体重儿，应鼓励出生后立即进行SSC和母乳喂养；如无并发症，应鼓励母婴同室，并按护理常规进行护理。胎龄≤34周或出生体重≤2 000g的早产儿/低出生体重儿，一旦生命体征平稳，应鼓励袋鼠式护理及母乳喂养。

（2）监测生命体征：在开展SSC过程中应随时观察母婴状态，每15min记录1次新生儿呼吸、肤色及其他生命体征等。如果新生儿或产妇出现任何异常情况，则需停止SSC，并进行相应处理。

（三）新生儿出生后90min至24h的保健措施

在新生儿完成第一次母乳喂养之后，应进行以下保健项目。在接触新生儿时，医护人员、产妇及其家属均要注意手卫生、咳嗽礼仪等感染防控措施，接触新生儿前需要洗手。接触期间如遇到污染，应及时洗手，并保持手部清洁。

1. 新生儿体检　与母亲核实新生儿性别后，测量新生儿身长、体重，并告知母亲/家长测量结果。确定新生儿健康状况。

2. 测量体温　新生儿的正常腋下体温是36.5~37.5℃。体温在35.5~36.4℃为低于正常，需要改善保暖。新生儿眼部护理可以预防严重的眼部感染，尤其是在生殖道感染发生率较高地区，推荐使用红霉素眼膏，也可使用各地医疗卫生机构批准和推荐的药物。使用红霉素眼膏时，将长约0.5cm眼膏从下眼睑鼻侧一端开始涂抹，扩展至眼睑的另一端。另一只眼睛同样用药。眼部护理1次用药即可，确保眼药膏一婴一用，避免交叉感染。如果眼睑发红、肿胀或分泌物过多，需专科诊疗。

3. 脐部护理　脐带断端无感染迹象，无须给脐带断端外敷任何药物或消毒剂。不要在脐带断端上缠绷带、盖纸尿裤或包裹其他物体。脐带断端应暴露在空气中并保持清洁和干燥，以促进脐带残端脱落。如果脐带断端被粪便或尿液污染，可用清洁的水清洗后擦干保持干燥。如果脐带断端出血，需重新结扎脐带。如果脐带断端红肿或流脓，应转诊治疗。

4. 给予维生素K$_1$　对新生儿常规给予维生素K$_1$预防出血，剂量为1mg（<1 500g的早产儿用0.5mg）。给药方式为肌内注射，注射部位为新生儿大腿中部正面靠外侧。如有产伤、早产、母亲产前接受过干扰维生素K$_1$代谢的相关治疗，以及需要外科手术的新生儿有出血危险时，必须肌内注射维生素K。

5. 预防接种　新生儿出生后24h内完成第1剂乙型肝炎疫苗和卡介苗的接种。疫苗的接种管理应遵循当地卫生行政部门的规定。

新生儿出生后24h内的保健流程见图17-1。

知 识 拓 展

母婴皮肤接触

皮肤接触需要在保证母婴安全的前提下进行。新生儿娩出后若一般状况良好，擦干后立即开始SSC，并持续至少90min。SSC的过程中，要注意观察新生儿的觅乳征象。出现觅乳征象后，应指导母亲开始母乳喂养，促进早吸吮和早泌乳。研究显示，57.2%的新生儿在出生后1h内完成第一次母乳喂养；38.2%在出生后2~23h，4.6%在出生后24~96h。因此SSC至少90min，可以帮助大部分新生儿完成第1次母乳喂养。SSC能够促进母乳喂养，并且能够延长母乳喂养时间（RR=1.24，95%CI：1.07~1.43；MD=63.7d，95%CI：37.96~89.50）。研究发现，SSC还有减少新生儿转入 NICU 的风险,缩短平均住院时间,减少哭闹次数等作用。SSC 还可以减少新生儿低体温的发生。我国学者的研究显示,实施 SSC 的新生儿出生后 30min、60min、90min 和 120min 的体温均高于对照组,且体温波动小于对照组。另有研究也显示 SSC 组新生儿体温较对照组提高了0.3℃(95%CI:0.22~0.38℃)。此外,SSC 持续 90min 组的新生儿啼哭次数少于对照组,觅食反射出现时间早于对照组,第 1 次母乳喂养持续时间长于对照组。

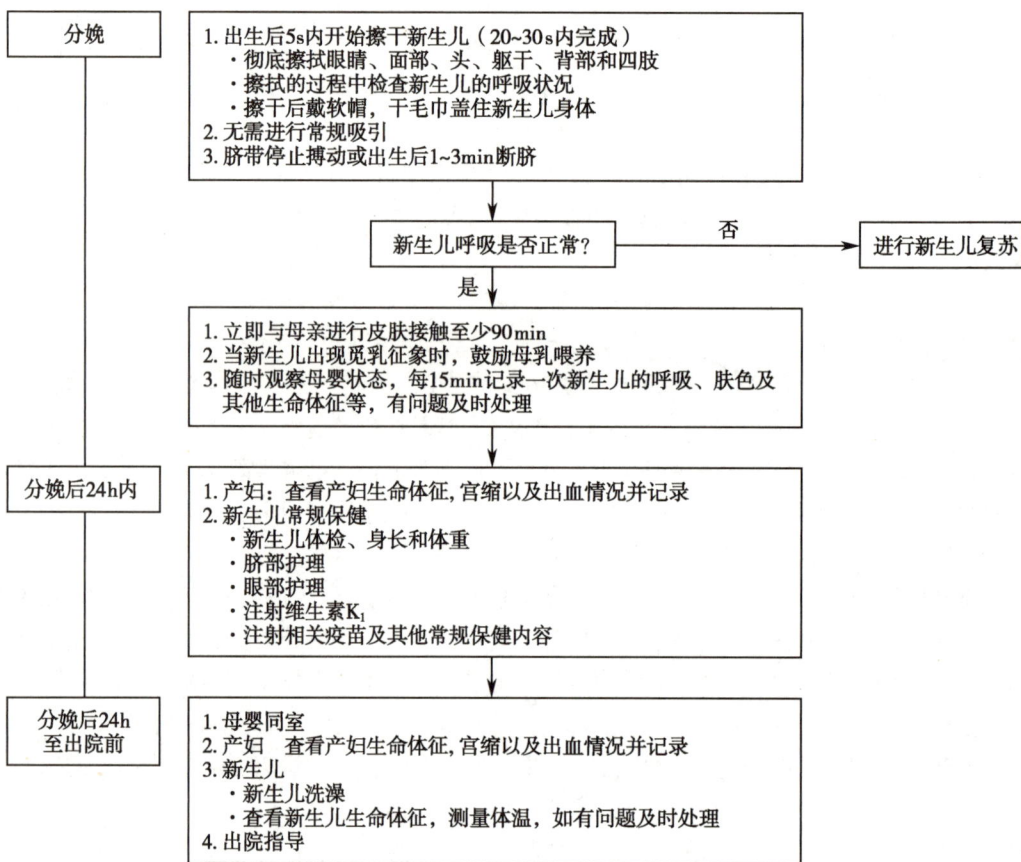

| 分娩 | 1. 出生后5s内开始擦干新生儿(20~30s内完成)
　·彻底擦拭眼睛、面部、头、躯干、背部和四肢
　·擦拭的过程中检查新生儿的呼吸状况
　·擦干后戴软帽,干毛巾盖住新生儿身体
2. 无需进行常规吸引
3. 脐带停止搏动或出生后1~3min断脐 |

新生儿呼吸是否正常? —否→ 进行新生儿复苏

是↓

1. 立即与母亲进行皮肤接触至少90min
2. 当新生儿出现觅乳征象时,鼓励母乳喂养
3. 随时观察母婴状态,每15min记录一次新生儿的呼吸、肤色及其他生命体征等,有问题及时处理

| 分娩后24h内 | 1. 产妇:查看产妇生命体征,宫缩以及出血情况并记录
2. 新生儿常规保健
　·新生儿体检、身长和体重
　·脐部护理
　·眼部护理
　·注射维生素K₁
　·注射相关疫苗及其他常规保健内容 |

| 分娩后24h
至出院前 | 1. 母婴同室
2. 产妇　查看产妇生命体征,宫缩以及出血情况并记录
3. 新生儿
　·新生儿洗澡
　·查看新生儿生命体征,测量体温,如有问题及时处理
4. 出院指导 |

图 17-1　新生儿出生后 24h 内的保健流程

第四节　新生儿常见异常症状的早期识别与护理

一、发热

发热是新生儿常见症状之一,新生儿的正常核心温度(肛温)为 36.5~37.5℃,体表温度较核心温度稍低,正常体表温度为 36.0~37.0℃。当新生儿核心温度超过 37.5℃,或体表温度超过 37℃即称发热。

【常见原因】

(一)非感染性发热

哭闹时可引起新生儿发热。由于新生儿体温中枢调节功能低下,汗腺发育不完善,当环境温度过高、新生儿包裹过严或捂盖过多,可引起新生儿发热。脱水热多发生在出生后 3~4d 母乳喂养的新生儿,由于水分摄入不足,环境温度较高而使新生儿体温升高至 39.0~40.0℃。

(二)感染性发热

感染是引起新生儿发热的常见原因,新生儿常见的感染性疾病,如菌血症、肺炎、化脓性脑膜炎、脐炎、尿路感染、肠炎及呼吸道或肠道病毒感染,都可以引起发热。

(三)其他

引起新生儿代谢率升高的疾病,如骨骼肌强直、癫痫持续状态、甲状腺功能亢进等,均可引起新生儿发热。先天性外胚叶发育不良患儿,因汗腺缺乏,散热障碍,可引起发热。新生儿脑缺氧、颅内出血可影响体温调节中枢功能引起中枢性发热。母亲分娩时接受硬膜外麻醉也可引起母亲和新生儿发热。

【临床表现】

新生儿体温增高,出现烦躁不安、哭啼、面色潮红、呼吸增快。脱水热患儿还可出现口唇干燥、尿量减少或无尿。严重感染引起的发热,还可表现为全身状态较差,皮肤苍白、口周青紫、肢端发凉、核心温度与体表温度差增大等。

【处理及护理要点】

定期测量体温,观察新生儿情况,及早识别异常症状,报告医生,查明原因,协助医生积极处理,积极转诊新生儿科。

二、低体温

低体温(hypothermia)指肛温小于 35℃。新生儿体表面积相对较大,皮下脂肪薄,血管较多,易于散热,加上体温调节中枢发育尚不成熟,以致体温调节功能不全,当环境温度降低,保暖措施不够或热量摄入不足,发生疾病如缺氧、酸中毒、休克等抑制神经反射调节及棕色脂肪产热,均可使新生儿发生低体温,甚至出现硬肿症。此外,早产儿、低出生体重儿更易发生低体温。

【临床表现】

根据体温降低的程度不同,临床上将低体温分为轻、中、重度。

1. **轻度** 体温 36.0~36.4℃,患儿意识正常,皮肤冷,血压升高,心率加快。

2. **中度** 体温 32.0~35.9℃。患儿反应迟钝,皮肤冷,血压升高,心率加快。

3. **重度** 体温<32℃,患儿处于神志不清,甚至昏迷状态,四肢甚或全身冰冷,可出现呼吸暂停,心率减慢,也可出现心室纤颤而危及生命。

【处理及护理要点】

定期测量体温,观察新生儿情况,及早识别异常症状,报告医生,查明原因,协助医生积极处理,积极转诊新生儿科。

三、呼吸困难

新生儿呼吸困难(respiratory distress)指其呼吸频率、节律、强弱、深浅度改变,吸气与呼气比例失调,出现呼吸急促、费力、点头、张口呼吸以及由呼吸肌动作引起的三凹征等。新生儿呼吸困难的主要原因:呼吸系统疾病,如呼吸窘迫综合征、肺炎、湿肺、胎粪吸入综合征等;呼吸道阻塞性疾病,如后鼻孔闭锁、巨舌畸形、气管狭窄等;循环系统疾病,如失血性休克、心源性休克和感染性休克,持续肺动脉高压等;其他,如窒息、缺氧缺血性脑病、颅内出血、低血糖、代谢性酸中毒或低体温等。它是新生儿期最常见的症状之一,如不及时处理,可危及生命。

【临床表现】

1. **呼吸急促**　在安静状态下呼吸次数>60 次/min。
2. **呼吸节律不规则**　呼吸深慢,甚至出现呼吸暂停或呼吸衰竭。
3. **呼吸困难的体征**　吸气时肋间肌凹陷、剑突下凹陷、上胸部与腹部动作不协调和鼻翼扇动表明肺的扩张度(顺应性)下降,呼吸辅助肌参与。呼气时引起"声门刹车"而增加呼吸道的阻力,出现呻吟,是机体对抗低氧血症和防止功能残气量下降的保护性反应。

【处理及护理要点】

及早识别异常症状,报告医生,查明原因,协助医生积极处理,积极转诊新生儿科。

四、呼吸暂停

新生儿呼吸暂停(apnea)指呼吸停止时间>20s,同时伴有皮肤青紫或心率<100 次/min。如呼吸停止 5~15s 以后又出现呼吸,并且不伴有心率和皮肤颜色的改变,称之为周期性呼吸。呼吸暂停是新生儿,尤其是早产儿的常见症状,如没有及时发现和处理,可导致脑损伤,甚至猝死。在任何情况下,新生儿一旦出现呼吸暂停,均需立即严密监护,及时处理。

【病因】

新生儿呼吸暂停分为原发性呼吸暂停和继发性呼吸暂停。

1. **原发性呼吸暂停**　多见于早产儿,无引起呼吸暂停发作的相关疾病。其原因是呼吸中枢发育不成熟,容易出现低氧血症,且呼吸中枢对 CO_2 的敏感度降低,某些抑制呼吸的反射增强。胎龄越小,呼吸中枢发育越不成熟,呼吸暂停发生率越高。
2. **继发性呼吸暂停**　多见于足月儿,也可见于早产儿,多种原因可引起呼吸暂停,如窒息、缺氧、脱水、酸中毒、电解质紊乱、贫血、感染、胃食管反流、颅内出血或颅内感染等。

【处理及护理要点】

1. 避免可能引起呼吸暂停发作的各种诱因,如减少咽部吸引及气管插管,减少经口喂养,避免颈部过度屈曲或伸展。
2. 密切观察新生儿情况,如呼吸、心率、及时发现呼吸暂停发作,及时告知医生,协助医生进行处理,及时转诊新生儿科。

五、呕吐

呕吐(vomiting)是新生儿期常见症状之一,可由内、外科疾病引起,但大多数系内科疾病所致。哺乳后即从口角溢出乳汁,称为溢乳。这是一种常见的生理现象,80% 的 3 个月以下婴儿至少每天溢乳一次。主要因为新生儿的胃呈水平位,胃部肌肉发育不完善,贲门松弛所致。溢乳不影响生长发育,常于出生后 6 个月左右消失,不属于真正的呕吐。

【病因与临床特点】

1. **内科性呕吐**　占新生儿呕吐的 80%~90%,以呕吐奶汁及咖啡样物为主,呕吐物不含胆汁或粪便成分,常伴有消化道以外的症状与体征,如青紫、呼吸困难、心动过速等,无消化道梗阻表现,腹部 X 线平片无异常征象。主要病因:①胃黏膜受刺激,如咽下羊水、胃出血、应激性溃疡、服用药物等;②喂养不当,奶嘴孔过大、喂奶过多、吸吮太快、奶温冷热不适、大量吞入空气、喂奶后即刻搬动等;③胃肠功能紊乱,如胃食管反流、贲门失弛缓、幽门痉挛、肠道过敏、便秘等;④感染,包括肠道内、外感染；⑤颅内疾病，如缺氧缺血性脑病、颅内出血、脑膜炎、脑水肿及颅内高压等；⑥低血糖、低血钙等；⑦功能性肠梗阻，如未成熟儿胃肠动力不足、胎粪性肠梗阻等；⑧先天性代谢性疾病，如肾上腺皮质增生症、高氨血症、半乳糖血症、苯丙酮尿症等。

2. **外科性呕吐**　以呕吐胆汁或粪便成分为主，多为喷射性，量大，有明显肠梗阻表现，若反复出现严重呕吐可导致脱水和电解质紊乱，腹部 X 线平片和消化道造影检查可发现各种消化道病变的特征。多见于：①先天性肥厚性幽门狭窄；②胃扭转、穿孔及食管裂孔疝等；③食管闭锁和食管气管瘘；④肠狭窄、肠闭锁等；⑤先天性巨结肠；⑥肛门及直肠闭锁或狭窄及肠旋转不良；⑦胎粪性肠梗阻、胎粪性腹膜炎；⑧肠套叠、阑尾炎、坏死性小肠结肠炎、膈疝、肠重复畸形等。

【处理及护理要点】

及早识别异常症状，报告医生，查明原因，及时转诊新生儿科。

六、腹胀

腹胀（abdominal distention）是新生儿期常见症状，表现为腹部局限性或全腹膨胀，严重者可伴有腹壁皮肤紧张、发亮。腹胀使膈肌活动受限，肺活量减少，胸腔、腹腔内血液循环障碍，加重疾病的病理生理过程。严重而顽固的腹胀常表示病情危重。腹胀的原因很复杂，常与呕吐相伴行，故应结合呕吐情况加以分析。

【病因与临床特点】

1. **生理性腹胀**　新生儿出生后咽下的气体迅速进入胃肠道，加之腹壁较薄，腹肌薄弱，在正常情况下腹部呈轻度均匀的膨胀状态，吃奶后尤为明显。如无其他症状和并发症，并不影响生长发育，称为生理性腹胀。

2. **病理性腹胀**　由于肠道梗阻、腹水、腹内肿瘤、腹腔内器官增大及腹壁异常等原因，引起胃肠道内胀气。

【处理及护理要点】

密切观察患儿腹胀情况及伴随症状，及时报告医生，必要时转诊新生儿科。

七、呕血和便血

呕血和便血（hematemesis and melena）是消化道出血的重要表现，为新生儿期常见症状，也是新生儿危急重症的合并症。呕血是上消化道出血的主要症状，而下消化道出血以便血为主。

【病因及临床特点】

1. **假性呕血和便血**　新生儿出生时咽下母亲产道的血，或咽下母亲乳头皲裂的母血，均可引起新生儿假性呕血和 / 或便血，血液来自母体。新生儿一般情况好，无贫血貌或失血性休克表现，详细询问病史即易获得诊断线索。因插管或外伤所致鼻咽部或气管出血，被吞咽到消化道也可引起假性呕血和 / 或便血。此外，口服铁剂、铋剂、炭末、酚酞等可引起药物性黑便，为假性便血。阴道出血可污染粪便，应与便血区别。

2. **全身性出血及凝血疾病**　某些危急重病如严重感染、硬肿症、呼吸窘迫综合征等所致 DIC、新生儿出血症、迟发性维生素 K 缺乏症、血小板减少性紫癜、各种先天性凝血因子缺乏症等可引起消化道出血，而出现呕血和便血。

3. **消化道疾病**　如反流性食管炎、应激性溃疡、急性胃肠炎、新生儿坏死性小肠结肠炎、肠梗阻以及肛门、直肠、乙状结肠疾病等。

【处理及护理要点】

密切观察新生儿情况,及早识别异常症状,报告医生,查明原因,及时转诊新生儿科。

八、血尿

血尿(hematuria)是肾脏疾病临床常见症状之一,日龄在 14d 内的正常新生儿尿中可有极少数红细胞,尿沉渣每个高倍视野有 1 个红细胞的占 23%。一般认为检查两次新鲜离心的尿沉渣,若红细胞 ≥5 个 / 高倍视野时,则称为镜下血尿。引起血尿的病因很多,包括出血性疾病、肾脏疾病和肾后疾病等。

【病因】

1. 全身性疾病

(1)出、凝血疾病:常见于新生儿出血症、DIC、血小板减少性紫癜及各种先天性凝血因子缺乏症,常有家族病史、全身性出血以及血小板和 / 或凝血酶原时间、部分凝血酶原时间异常等。

(2)感染性疾病:非泌尿系感染(如急性上呼吸道感染、急性胃肠炎、急性阑尾炎或腹膜炎等)引起的发热,易引起热性蛋白及轻度血尿。泌尿系感染亦可引起血尿,此时尿中还有白细胞或脓细胞。

(3)结缔组织病:新生儿罕见。母有结缔组织病,小儿患有先天性系统性红斑狼疮,亦可引起血尿。常伴有发热、黄疸及其他肝、肾损害。

2. 泌尿系统疾病

(1)肾损伤:由于分娩挤压可造成新生儿肾外伤,但并不多见。耻骨上膀胱穿刺可引起损伤性出血。围产期窒息、缺氧可引起间接性肾损伤。

(2)脓尿:细菌感染引起的肾盂肾炎、膀胱炎、局灶性肾炎或肾脓肿,除有血尿外,更突出的表现是脓尿,尿中有大量白细胞或脓细胞,尿培养结果阳性。由病毒感染所致的泌尿系感染,尿培养为阴性,尿沉渣可见细胞核内包涵体。

(3)泌尿系畸形:如多囊肾、马蹄肾、肾发育不全、海绵肾、尿路梗阻畸形、膀胱外翻及尿道下裂等,需要肾脏 B 超、肾盂造影检查以及染色体等遗传学检查。

(4)肾血管病变:脓毒症、心内膜炎或全身血容量不足是引起肾动脉栓塞或肾静脉血栓形成的诱因;当肾动脉栓塞或肾静脉血栓形成时,患儿病情恶化,出现血尿或脓尿,可伴肾脏肿大或高血压,预后极差。

(5)药物性损伤:抗凝药、细胞毒性药物可引起出血性膀胱炎;氨基糖苷类药物及 β - 内酰胺类抗生素可引起药物性肾炎;高渗性药物如甘露醇、葡萄糖及尿路造影剂可造成肾乳头坏死而引起血尿。

(6)肾肿瘤及肾结石:发生于新生儿期的肾母细胞瘤(Wilms 瘤)、神经母细胞瘤、肾血管瘤、先天性白血病及肾结石等,均可引起血尿。

(7)先天性肾脏疾病:包括先天性肾病综合征、肾小球肾炎、溶血尿毒症综合征、肺出血 - 肾炎综合征等均罕见,预后不良。

【临床表现】

1. 肉眼血尿　肉眼见新鲜尿液呈血样、洗肉水样或茶水色,为肉眼血尿。新鲜尿离心沉淀后,尿沉渣中可见红细胞 >50 个 / 高倍视野,多为肉眼血尿。

2. 镜下血尿　新鲜尿离心沉淀后,尿沉渣中可见红细胞 >5 个 / 高倍视野,称为镜下血尿。

3. 12h 尿细胞计数 >7 500 个红细胞。

4. 出现血尿时,尿潜血试验阳性。由于红色尿和尿潜血试验均有很高的假阳性率,因此,有红色尿和/或尿潜血试验阳性时,都要进行尿显微镜检查。若镜检无红细胞,提示可能为血红蛋白尿或肌红蛋白尿。

【处理及护理要点】

密切观察新生儿情况,及时报告医生,协助医生进行处理,及时转诊新生儿科。

九、惊厥

惊厥(convulsion)是新生儿期常见的症状,指全身性或身体某一局部肌肉运动性抽搐,为骨骼肌不自主地强烈收缩而引起。由于新生儿,尤其是早产儿神经系统发育不成熟,容易发生惊厥。

【病因】

引起新生儿惊厥的病因很多,有时几种因素可同时存在,主要病因包括以下几方面:

1. **缺氧缺血性脑病** 由严重的围产期窒息引起,是足月儿惊厥最常见的原因。临床特点为意识障碍、肌张力异常、惊厥及颅内压增高等。惊厥多在出生后 1~2d 出现,多为微小型和局限性发作。重者常伴有颅内出血,加重颅内高压,可出现强直型或多灶性阵挛型惊厥。

2. **颅内出血** 围产期窒息、缺氧或产伤都可引起颅内出血,足月儿多见缺氧和产伤引起的蛛网膜下腔出血、脑实质出血或硬膜下出血;早产儿因缺氧、酸中毒等易引起脑室周围-脑室内出血。

3. **感染** 各种病原体引起的脑膜炎、脑炎、脑脓肿、中毒性脑病、破伤风等均可引起惊厥,新生儿期以化脓性脑膜炎最常见。

4. **代谢异常** 新生儿常见的代谢异常,如低血糖、低钙血症、低镁血症、低钠血症、高钠血症等,可引起惊厥。

5. **遗传代谢性疾病** 遗传代谢性疾病种类繁多,在新生儿期、婴儿期常见的有甲基丙二酸血症、苯丙酮尿症、枫糖尿病、尿素循环障碍和高氨血症等,临床可出现拒食、呕吐、呼吸困难、顽固性惊厥、昏迷等。

【临床表现】

新生儿惊厥的临床表现可分为 5 种类型,包括微小型、强直型、多灶性阵挛型、局灶性阵挛型和肌阵挛型。其中,微小型是新生儿最常见的惊厥发作形式,表现为眼球水平位后垂直位偏斜,眼睑反复抽动,眨眼动作,吸吮、咀嚼或其他嘴的动作,四肢呈游泳或踏车样运动,某一肢体震颤或固定某一姿势,以及呼吸暂停等。强直型表现为四肢强直性伸展,有时上肢屈曲下肢伸展,并伴有头向后仰,亦可伴有呼吸暂停和两眼球上翻,脑电图常有异常,是病情严重的征象。

足月儿如发生呼吸暂停常为惊厥的表现,而在早产儿发生呼吸暂停,大多数不是惊厥,但如有下列情况要考虑呼吸暂停为惊厥:呼吸暂停早期不伴有心动过缓,呼吸暂停时伴有隐匿型小抽动(如眼、嘴、吸吮)或血管舒缩的表现。惊厥发作持续时间在 30min 以上,称为惊厥持续状态。

【处理及护理要点】

1. **惊厥发作时的抢救** 患儿去枕平卧,头侧卧位,松开衣物,保持呼吸道通畅,尽快清理口鼻咽部分泌物,防止窒息。

2. 及时报告医生,协助医生进行处理,转诊新生儿科。

第五节　新生儿常见疾病处理

一、新生儿窒息

新生儿窒息（asphyxia of newborn）指新生儿出生后不能建立正常的自主呼吸而导致低氧血症、高碳酸血症及全身多脏器损伤，是引起新生儿死亡和儿童伤残的重要原因之一。

【病因】

窒息的本质是缺氧，凡是影响胎儿、新生儿气体交换的因素均可引起窒息。可发生在妊娠期，大多数发生于产程开始之后，新生儿窒息多为胎儿窒息（宫内窘迫）的延续，常见的原因如下：

1. **孕妇因素**　是导致新生儿窒息的重要原因之一，主要包括：因呼吸功能不全、严重贫血及一氧化碳中毒等引起的母体胎儿新生儿缺氧；心力衰竭、血管收缩（如妊娠高血压疾病）、低血压、心动过缓等可导致胎盘循环功能障碍；孕妇年龄>35岁或<16岁及多胎妊娠等窒息发生风险较高。

2. **胎盘异常**　前置胎盘、胎盘早剥和胎盘老化等。

3. **脐带异常**　脐带受压、脱垂、绕颈、打结、过短和牵拉等。

4. **胎儿因素**　早产儿、小于胎龄儿、过期产儿、多胎、巨大儿等；某些先天畸形，如后鼻孔闭锁、肺膨胀不全、先天性肺囊肿、先天性心脏病等；宫内感染；呼吸道阻塞，如胎粪吸入等。

5. **分娩因素**　难产、高位产钳、胎头吸引、臀位产，产程中应用麻醉剂、镇痛剂及催产药物应用等。

【临床表现】

1. **胎儿窘迫**　早期有胎动增加，胎心率≥160次/min；晚期则胎动减少，甚至消失，胎心率<100次/min，羊水胎粪污染。

2. **窒息程度判定**　Apgar评分是临床评估新生儿出生时生命状况、出生窒息程度和复苏效果的一种经典而简易的方法。内容：包括皮肤颜色、心率、对刺激反应、肌张力和呼吸5项指标（表17-4），分别于出生后1min、5min和10min进行，需复苏的新生儿15min和20min时仍需评分。每项0~2分，总共10分。1min Apgar评分8~10分为正常，4~7分为轻度窒息，0~3分为重度窒息。1min评分反映窒息严重程度，5min评分除反映严重程度外，还可反映窒息复苏的效果，有助于判断预后。

表 17-4　新生儿 Apgar 评分内容及标准

体征	评分标准		
	0	1	2
皮肤颜色	全身青紫或苍白	躯干红、四肢青紫	全身红
心率	无	<100次/min	>100次/min
对刺激反应	无反应	反应及哭声弱	哭声响，反应敏捷
肌张力	松弛	四肢稍屈曲	四肢活动
呼吸	无	浅、慢、不规则	正常、哭声响亮

3. 多脏器受损症状

(1)中枢神经系统：缺氧缺血性脑病、颅内出血等。

(2)呼吸系统：胎粪吸入综合征、急性呼吸窘迫综合征及肺出血等。

(3)心血管系统：缺氧缺血性心肌损害、持续肺动脉高压等。

(4)泌尿系统：急性肾小管坏死、肾功能不全及肾静脉血栓形成等。

(5)消化系统：应激性溃疡、坏死性小肠结肠炎等。

(6)代谢紊乱：低血糖或高血糖、低钙血症及低钠血症等。

此外,窒息可导致血小板数量及功能异常,严重时发生 DIC,还可导致新生儿黄疸加重和持续时间延长。

【辅助检查】

对宫内缺氧胎儿可通过羊膜镜了解羊水胎粪污染程度或胎头露出宫口时取头皮血进行血气分析,以评估胎儿宫内缺氧程度。出生后应检测新生儿动脉血气、血糖、血电解质、血尿素氮和血肌酐等生化指标。

【诊断】

2016 年中华医学会围产医学分会新生儿复苏学组提出关于结合 Apgar 评分及脐动脉血气 pH 诊断新生儿窒息的具体方案如下:

1. 新生儿出生后仍做 Apgar 评分,在二级及以上或有条件的医院出生后应即刻做脐动脉血气分析,Apgar 评分要结合血气分析结果做出窒息的诊断。①轻度窒息:1min Apgar 评分 ≤ 7 分,或 5min Apgar 评分 ≤ 7 分,伴脐动脉血 pH<7.2 ;②重度窒息:1min Apgar 评分 ≤ 3 分或 5min Apgar 评分 ≤ 5 分,伴脐动脉血 pH<7.0。

2. 取得脐动脉血气分析结果的,Apgar 评分异常,可称之为“低 Apgar 评分”。考虑到目前国际、国内的疾病诊断编码的现状,对于“低 Apgar 评分”的病例,Apgar 评分 ≤ 3 分列入严重新生儿窒息;Apgar 评分 ≤ 7 分列入轻或中度新生儿窒息的诊断。需要说明的是,“低 Apgar 评分”并未取得相关的国内外编码。因此建议在具体实行过程中,具体病例的诊断包括病历封面仍应该采用轻或中度窒息、重度窒息,以避免病例诊断和统计的困难。“低 Apgar 评分”在做临床流行病学和比较研究时可以应用,以方便国际交流和科研论文发表。

3. 应重视围产期缺氧病史,尤其强调胎儿窘迫及胎心率异常,需在有条件的医院常规定期做胎心监护,胎心监护可呈现不同程度的胎心减慢、可变减速、晚期减速、胎心变异消失等,作为新生儿窒息的辅助诊断标准,尤其是对于没有条件做脐动脉血气分析的单位,可作为诊断的辅助条件。

【治疗】

出生后立即进行复苏和评估,而不应延迟至 1min Apgar 评分后进行,并由产科医师、儿科医师、助产士(师)及麻醉师共同协作进行。参考中国新生儿复苏项目专家组编写的《中国新生儿复苏指南(2021 年修订)》,复苏步骤见新生儿复苏流程图(图 17-2)。

【复苏后处理】

复苏后的新生儿可能潜在多器官损害的危险,应尽快转新生儿科治疗。

Note:

```
产前咨询，组成团队，检查物品
```
↓
```
出生
```
↓
```
是否足月？
是否羊水清？
是否肌张力好？
是否哭声或呼吸好？
```  —是→  
```
常规护理
·彻底擦干
·母婴同室
·母婴皮肤接触
·保暖和维持正常体温
·延迟脐带结扎
·继续评估
```
↓否

1min　**A**
```
保暖和维持正常体温
摆正体位，清理气道（必要时）
擦干和刺激
```
↓
```
呼吸暂停或喘息样呼吸
心率<100次/min？
```  —否→  ```呼吸困难或持续紫绀？```
↓是

B
```
正压通气
脉搏血氧饱和度监测
考虑使用3导联心电监测
```
→
```
摆正体位，清理气道
脉搏血氧饱和度监测
必要时常压给氧
考虑持续气道正压通气
```
↓
```
心率<100次/min？
```  —否→  ```复苏后护理和监护```
↓是

```
检查胸廓运动
需要时矫正通气步骤
需要时气管插管或喉罩气道
```
↓
```
心率<60次/min？
```
↓是

C
```
气管插管
胸外按压与正压通气配合，100%氧气
使用心电监护
考虑紧急脐静脉置管
```
↓
```
心率<60次/min？
```
↓是

D
```
静脉注射肾上腺素
若心率持续<60次/min
考虑低血容量
考虑气胸
```

出生后导管前目标血氧饱和度	
1min	60%~65%
2min	65%~70%
3min	70%~75%
4min	75%~80%
5min	80%~85%
10min	85%~95%

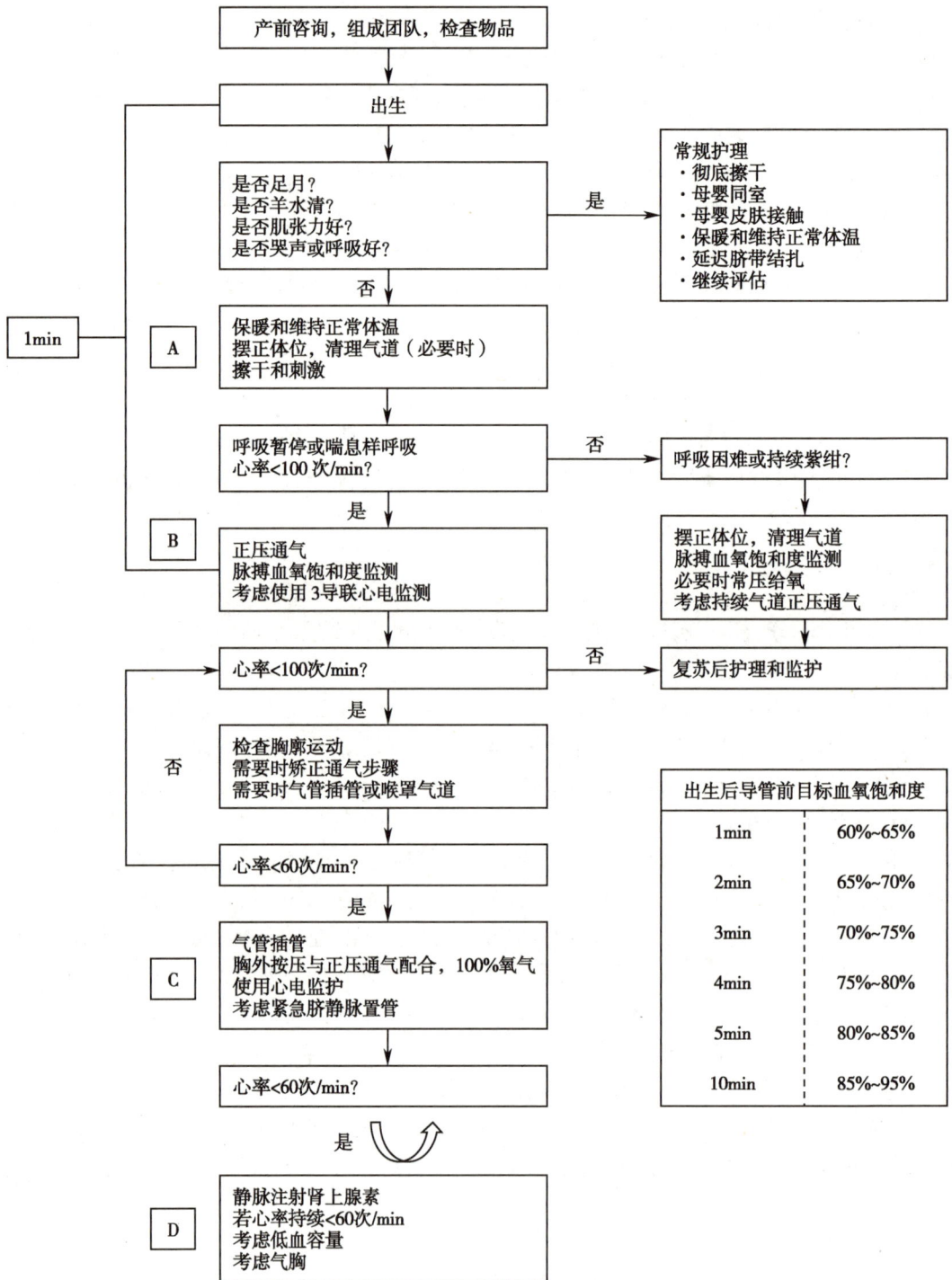

图 17-2　新生儿复苏流程图

附：新生儿复苏技术

1. 快速评估　生后立即快速评估4项指标：①足月吗？②羊水清吗？③有哭声或呼吸吗？④肌张力好吗？如4项均为"是"，应快速彻底擦干，和母亲皮肤接触，进行常规护理。如4项中有1项为"否"，则需进行初步复苏。如羊水有胎粪污染，进行有无活力的评估及决定是否气管插管吸引胎粪。

2. 初步复苏

(1)保暖：产房温度设置为24~26℃。提前预热辐射保暖台，足月儿辐射保暖台温度设置为

32~34℃,早产儿根据其中性温度设置。所有婴儿均需擦干头部并保暖。足月儿用预热毛巾包裹、擦干后置于辐射保暖台上。复苏胎龄<32周和/或出生体重<1 500g的早产儿时,可将其头部以下躯体和四肢包裹在清洁的塑料膜/袋内,或盖以塑料薄膜置于辐射保暖台上,摆好体位后继续初步复苏的其他步骤。避免高温,防止引发呼吸抑制。新生儿体温(腋下)应维持在36.5~37.5℃。

(2)体位:置新生儿头轻度仰伸位(鼻吸气位)。

(3)吸引:不建议常规进行口鼻咽部及气道吸引,以免增加心动过缓和呼吸抑制的风险。如新生儿气道有较多分泌物且呼吸不畅,可用吸引球或吸痰管清理气道,先口后鼻。应限制吸痰管插入的深度和吸引时间,吸引负压80~100mmHg(1mmHg=0.133kPa)。

(4)羊水胎粪污染(简称"羊水粪染")时的处理:2015年国际新生儿复苏指南已不再推荐羊水粪染无活力新生儿常规给予气管插管吸引胎粪,但对于正压通气时有气道梗阻的新生儿,气管插管吸引胎粪可能有益。根据我国国情和实践经验,建议当羊水粪染时,仍首先评估新生儿有无活力:有活力时,继续初步复苏;无活力时,应在20s内完成气管插管及吸引胎粪(图17-3)。胎粪吸引管的使用:施行气管内吸引胎粪时,将胎粪吸引管直接连接气管导管。吸引时,复苏者用手指按住胎粪吸引管的侧孔使其产生负压,边吸引边退出气管导管,3~5s内完成。如不具备气管插管条件而新生儿无活力,应快速清理口鼻后立即使用面罩气囊开始正压通气。

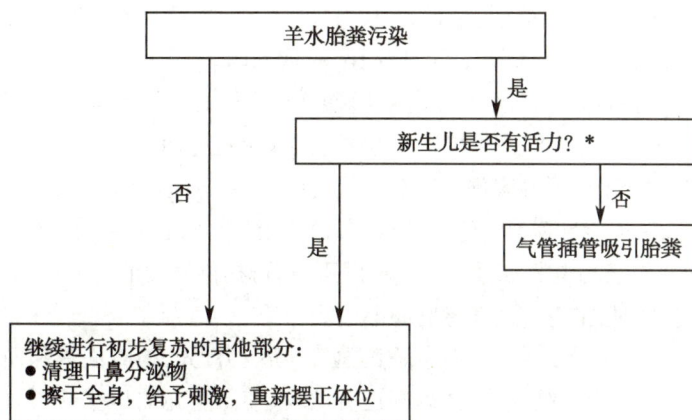

注:*无活力,肌张力低、无呼吸或喘息样呼吸、心率<100次/min,3项具备其中1项。

图 17-3　对羊水胎粪污染新生儿的处理

(5)擦干和刺激:快速彻底擦干头部、躯干和四肢,拿掉湿毛巾。彻底擦干即是对新生儿的刺激以诱发自主呼吸。如仍无呼吸,用手轻拍或手指弹患儿足底或摩擦背部2次以诱发自主呼吸。如这些努力无效,表明新生儿处于继发性呼吸暂停,需要正压通气。

(6)评估呼吸和心率:初步复苏后,应观察新生儿呼吸状况并评估心率。心前区听诊是最初评估心率的首选方法,计数心率6s,数值乘以10即得出每分钟心率。

3. 正压通气　新生儿复苏成功的关键是建立有效的通气。

(1)指征:呼吸暂停或喘息样呼吸;心率<100 次/min。对有以上指征者,要求在"黄金一分钟"内实施有效的正压通气。如果新生儿有呼吸,心率>100 次/min,但有呼吸困难或持续发绀,应监测脉搏血氧饱和度,可常压给氧或给予持续气道正压通气。经上述处理,血氧饱和度仍不能达到目标值,可考虑正压通气。有自主呼吸的早产儿,出生后如需即刻呼吸支持,应给予持续气道正压通气而不是气管插管正压通气。

(2)气囊面罩正压通气

1)压力:通气压力需要 20~25cmH$_2$O(1cmH$_2$O=0.098kPa),少数病情严重的新生儿可用 2~3 次 30cmH$_2$O 压力通气。对需要正压通气的新生儿,最好同时提供呼气末正压。

2)临床常用的新生儿复苏囊为自动充气式气囊(250ml),使用前要检查减压阀,有条件时最好使用具备呼气末正压的复苏囊并配备压力表。

(3)T- 组合复苏器(T-Piece):是一种由气流控制、有压力限制的机械装置,能提供恒定的吸气峰压及呼气末正压,维持功能残气量,有助于提高早产儿复苏效率和安全性,推荐医疗机构使用。

1)T- 组合复苏器使用前需连接压缩气源,采用空氧混合仪调节氧浓度。需预先设定吸气峰压 20~25cmH$_2$O、呼气末正压 5cmH$_2$O、最大气道压 40cmH$_2$O。频率和吸气时间:正压通气的频率为 40~60 次 /min,用 "吸 -2-3" 的节律大声计数以保持正确的速率。无论足月儿还是早产儿,正压通气的吸气时间 ≤1s。不推荐对早产儿正压通气时增加吸气时间,因采用持续性肺膨胀策略有潜在危害。

2)推荐使用空氧混合仪及脉搏血氧饱和度仪。无论足月儿或早产儿,正压通气均在脉搏血氧饱和度仪的监测指导下进行。足月儿和胎龄 ≥35 周早产儿开始用 21% 氧气进行复苏。由于使用纯氧与死亡风险增高有关,故不建议使用。胎龄<35 周早产儿自 21%~30% 氧气开始,根据脉搏血氧饱和度调整给氧浓度,使脉搏血氧饱和度达到目标值。

分娩机构应配备脉搏血氧饱和度仪和空氧混合仪。在缺乏相应设备的情况下,可采用自动充气式气囊得到 4 种氧浓度:气囊不连接氧源,氧浓度为 21%(空气);连接氧源,不加储氧器,氧浓度为 40%;连接氧源,加袋状或管状储氧器,氧浓度分别为 100% 或 90%。

脉搏血氧饱和度仪的传感器应放在新生儿动脉导管前位置(即右上肢,通常是手腕或手掌的中间表面)。在传感器与仪器连接前,先将传感器与婴儿连接有助于最迅速地获得信号。

(4)判断有效通气:有效的正压通气表现为胸廓起伏良好、心率迅速增加。正压通气开始后,边操作边观察胸廓是否起伏,同时连接脉搏血氧饱和度仪,考虑使用 3 导联心电监测。在需要复苏的新生儿,脉搏血氧饱和度仪和 3 导联心电监测是重要的辅助手段,可提供持续的心率评估。为了更快速、准确地评估心率,在胸外按压时,推荐使用 3 导联心电监测。

(5)矫正通气步骤:如未达到有效通气,需做矫正通气步骤。首先,检查面罩和面部之间是否密闭;其次通畅气道,可调整体位为鼻吸气位、清理气道分泌物、使新生儿的口张开;最后,适当增加通气压力。上述步骤无效时,进行气管插管或使用喉罩气道。

(6)评估及处理:经 30s 有效正压通气后,30s 有效正压通气后评估新生儿心率。如心率 ≥100 次 /min,逐渐降低正压通气的压力和频率,同时观察自主呼吸是否良好。如心率持续>100 次 /min,自主呼吸好,则逐渐停止正压通气。如脉搏血氧饱和度未达到目标值,可常压给氧。如心率在 60~99 次 /min,再次评估通气的有效性,必要时再做矫正通气步骤,可考虑气管插管正压通气。如心率<60 次 /min,再次评估通气有效性,必要时再做矫正通气步骤,给予气管插管,增加氧浓度至 100%,连接 3 导联心电监测,开始胸外按压。

(7)其他:持续气囊面罩正压通气(>2min)可造成胃充盈,需经口插入胃管,用注射器抽气并保持胃管远端处于开放状态。

4. 气管插管

(1)指征:气管内吸引胎粪;面罩气囊正压通气无效或需要长时间正压通气;需胸外按压;经气管注入药物时(肾上腺素、肺表面活性物质);特殊复苏情况,如先天性膈疝等。

(2)准备:进行气管插管必需的器械和用品应放置在一起,在产房、手术室、新生儿室和急救室随时备用。常用的气管导管为不带套囊、不透射线且有刻度标示的直管。如使用金属导丝,前端不可超过管端。气管导管型号(内径)和插入深度的选择方法见表 17-5、表 17-6。

表 17-5　不同气管导管内径适用的新生儿出生体重和胎龄

导管内径 /mm	出生体重 /g	胎龄 / 周
2.5	<1 000	<28
3.0	1 000~2 000	28~34
3.5	>2 000	>34

表 17-6　不同胎龄、体重新生儿气管导管插入深度

胎龄 / 周	出生体重 /g	插入深度 /cm
23~24	500~600	5.5
25~26	700~800	6.0
27~29	900~1 000	6.5
30~32	1 100~1 400	7.0
33~34	1 500~1 800	7.5
35~37	1 900~2 400	8.0
38~40	2 500~3 100	8.5
41~43	3 200~4 200	9.0

（3）方法：将新生儿置于轻度仰伸位。左手持喉镜，使用带直镜片（早产儿用 0 号，足月儿用 1 号）的喉镜经口气管插管。喉镜镜片应沿舌面右侧滑入，推进镜片直至其顶端达会厌软骨谷，暴露声门，插入气管导管，使导管声带线标识达声带水平，即管端置于声门与气管隆凸之间，接近气管中点。整个操作要求在 20~30s 内完成。

（4）插管深度（唇端距离）：公式法为出生体重（kg）+（5.5~6.0）cm；胎龄和体重法见表 17-6。

（5）判断插管成功的方法：胸廓起伏对称；听诊双肺呼吸音一致；无胃部扩张；呼气时导管内有雾气；心率和血氧饱和度上升。

（6）喉罩气道：喉罩气道是用于正压通气的气道装置，多用于出生体重 ≥2 000g 的新生儿。①适应证：新生儿存在口、唇、舌、上腭和颈部的先天性畸形，面罩气囊难以形成良好的气道密闭，或使用喉镜观察喉部有困难或不可能；面罩气囊正压通气无效及气管插管不可能或不成功。②方法：喉罩气道由一个可充气的软椭圆形边圈（喉罩）与弯曲的气道导管连接而成。弯曲的喉罩越过舌产生比面罩更好的气道密闭和更有效的双肺通气。采用"盲插"法，用示指将喉罩罩体开口向前插入新生儿口腔，并沿硬腭滑入至不能推进为止，使喉罩气囊环置于声门上方。向喉罩边圈注入 2~4ml 空气并使充气控制球达到适当压力，使喉罩覆盖声门。喉罩气道导管可直接连接复苏气囊或 T- 组合复苏器进行正压通气。

5. 胸外按压

（1）指征：有效正压通气 30s 后心率<60 次 /min。在正压通气同时须进行胸外按压。

（2）方法：胸外按压的位置为胸骨下 1/3（两乳头连线中点下方），避开剑突。按压深度约为胸廓前后径的 1/3。按压和放松的比例为按压时间稍短于放松时间，放松时拇指或其他手指应不离开胸壁。

按压的方法有拇指法，即双手拇指的指端按压胸骨，根据新生儿体型不同，双拇指重叠或并列，双手环抱胸廓支撑背部（图 17-4）。拇指法可改善新生儿血压和减少操作者疲劳。

胸外按压时，需气管插管进行正压通气，将氧浓度提高至 100%，同时进行脉搏血氧饱和度和 3 导联心电监测，考虑脐静脉

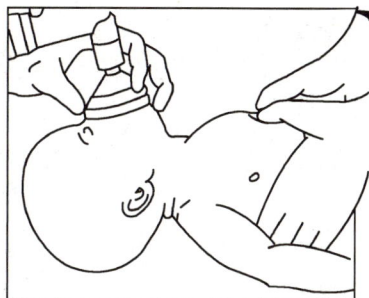

图 17-4　心脏按压（拇指法）

Note:

置管。

（3）胸外按压和正压通气的配合：由于通气障碍是新生儿窒息的首要原因，胸外按压和正压通气同时进行。胸外按压和正压通气的比例应为 3∶1，即每 2s 有 3 次胸外按压和 1 次正压通气，达到每分钟约 120 个动作。胸外按压者大声喊出"1-2-3- 吸"，其中"1-2-3-"为胸外按压，"吸"为助手做正压通气配合。

（4）胸外按压时心率的评估：研究显示，胸外按压开始后 60s 新生儿的自主循环可能才得以恢复，因此应在建立了协调的胸外按压和正压通气 60s 后再评估心率。尽量避免中断胸外按压，因为按压停止后，冠状动脉灌注减少，延迟心脏功能的恢复。如心率 ≥60 次 /min，停止胸外按压，以 40~60 次 /min 的频率继续正压通气。如心率 <60 次 /min，检查正压通气和胸外按压操作是否正确，以及是否给予了 100% 氧气。如通气和按压操作皆正确，做紧急脐静脉置管，给予肾上腺素。为便于脐静脉置管操作，胸外按压者移位至新生儿头侧继续胸外按压。

6. 药物　新生儿复苏时，很少需要用药。新生儿心动过缓通常是由于肺部通气不足或严重缺氧，纠正心动过缓的最重要步骤是有效的正压通气。

（1）肾上腺素

1）指征：有效的正压通气和胸外按压 60s 后，心率持续 <60 次 /min。

2）剂量：应使用 1∶10 000 的肾上腺素，静脉用量 0.1~0.3ml/kg；气管内用量 0.5~1ml/kg。

3）方法：首选脐静脉给药。如脐静脉置管尚未完成或没有条件行脐静脉置管时，可气管内快速注入；若需重复给药，则应选择静脉途径。静脉给药后用 1~2ml 生理盐水冲管，气管内给药后要快速挤压气囊几次，确保药物迅速进入体内。骨髓腔也是给药途径之一。

（2）扩容剂：指征为根据病史和体格检查怀疑有低血容量的新生儿。首次剂量为 10ml/kg，经脐静脉或骨髓腔 5~10min 缓慢推入。必要时可重复使用。

（3）其他：分娩现场新生儿复苏时不推荐使用碳酸氢钠。

（4）脐静脉置管：脐静脉是静脉注射的最佳途径，用于注射肾上腺素以及扩容剂。当新生儿需要正压通气及胸外按压、预期使用肾上腺素或扩容时，复苏团队中的 1 名成员应放置脐静脉导管，而其他人员继续进行正压通气和胸外按压。

置管方法如下：常规消毒铺巾，沿脐根部用粗线打一个松结，如断脐后出血过多，可将此结拉紧。在夹钳下离脐根部约 2cm 处用手术刀切断脐带，可在 11、12 点位置看到大而壁薄的脐静脉。脐静脉导管连接三通和 5ml 注射器，充以生理盐水，导抽吸有回血即可。早产儿插入脐静脉导管要稍浅。避免将空气推入脐静脉。

7. 复苏特殊情况　如按复苏流程规范复苏，新生儿心率、脉搏、氧饱和度和肌张力状况应有改善。如无良好的胸廓运动，未听及呼吸音，持续发绀，可能有表 17-7 所列的特殊情况。新生儿持续发绀或心动过缓可能为先天性心脏病，此类患儿很少在出生后立即发病。所有无法成功复苏的原因几乎都是通气问题。

表 17-7　新生儿复苏的特殊情况

特殊情况	病史 / 临床表现	干预措施
气道梗阻		
后鼻孔闭锁	哭时红润，安静时发绀，用吸痰管经鼻孔插入后咽不能通过	经口插入口咽气道或大号气管导管至口咽部
咽部气道畸形（如 Pierre-Robin 综合征）	小下颌，仰卧时吸气性呼吸困难	俯卧位；经鼻插入小号气管导管至后咽深部，或喉罩气道

续表

特殊情况	病史/临床表现	干预措施
肺部病变		
气胸	突发呼吸困难,持续发绀;患侧呼吸音减弱,胸壁透光试验阳性	胸腔穿刺术
胸腔积液	呼吸困难,持续发绀;呼吸音减低,常伴有全身水肿	气管插管,正压通气 胸腔穿刺术,引流放液
先天性膈疝	宫内诊断,出生后呼吸困难、持续发绀、双肺呼吸音不对称、舟状腹	气管插管,正压通气 插入胃管排气

二、新生儿产伤性疾病

新生儿产伤(birth trauma)指分娩过程中因机械性因素对胎儿或新生儿造成的损伤。高危因素有产程延长、胎位不正、急产、巨大儿、母亲骨盆异常及接产方式不当等。产伤可发生在身体的任何部位,常见的部位有头颅、软组织、骨骼、周围神经、内脏等。近年来由于加强了产前检查以及产科技术的提高,产伤发生率明显下降。

头 颅 血 肿

【病因】

头颅血肿(cephalohematoma)是由于产伤导致骨膜下血管破裂,血液积聚于骨膜下所致。常由胎位不正、头盆不称、产钳或负压吸引助产引起。

【临床表现】

血肿多位于顶部,一侧多见。出生后数小时至数天血肿逐渐增大。由于血肿受到骨膜限制,不超越骨缝。血肿表面皮肤颜色可正常,负压吸引所致者呈紫红色,触诊时初期有肿胀感,吸收过程中变软而有波动感,边缘清楚。80% 以上的患儿在 3~4 周内自然吸收。巨大血肿,因血肿内红细胞破坏过多,引起贫血和血胆红素增高。头颅血肿与产瘤可同时存在,也可隐于水肿之下,待水肿消失后显出血肿。

【鉴别诊断】

1. **产瘤** 又称先锋头。由于头先露部位头皮血液及淋巴循环受压所致的软组织水肿。出生时即可见边界不清的梭状肿胀,常越过骨缝,局部皮肤颜色正常或稍红,为凹陷性水肿,触之无波动感,2~4d 后自行吸收。

2. **帽状腱膜下出血** 头颅帽状腱膜与骨膜间疏松组织内出血。因无骨膜限制,出血量较大,易于扩散,常越过骨缝,波动感明显,黄疸较重,可致贫血,重症者出现失血性休克。

【治疗】

一般不需要治疗,因血肿较大而并发贫血或高胆红素血症者,应给予相应的治疗。继发感染需抗感染治疗,必要时需外科切开引流。

【护理要点】

密切观察新生儿状况,特别是助产分娩新生儿,及早识别异常症状如头部肿胀等,报告医生,协助

Note:

医生进行处理,及时转诊新生儿科。

面神经麻痹

【病因】

面神经麻痹(facial paralysis)是常由于胎头下降时母亲骶骨压迫或产钳助产受损所致的周围面神经损伤。

【临床表现】

常见为周围性面瘫,多数患儿为单侧轻瘫,面神经的下支最常受损。表现为安静时患侧眼持续张开、患侧鼻唇沟变平;哭闹时,眼裂不能完全闭合、前额皱纹消失、口角向健侧歪斜。创伤性面神经损伤需要与病毒感染或其他病因所致的发育障碍或综合征相鉴别。

【治疗】

轻者无须治疗,数周后可自行痊愈,也可采用理疗等促进其恢复。对个别面神经撕裂性损害且症状持久不愈者,可应用电学诊断方法协助诊断和判断预后,1年后无恢复考虑神经外科手术治疗。

【护理要点】

注意观察新生儿情况,及早识别异常症状,如面部不对称、鼻唇沟扁平或消失、眼裂不能闭合等,报告医生,协助医生进行处理,及时转诊新生儿科。

臂丛神经麻痹

【病因】

臂丛神经麻痹(brachial plexus paralysis)是新生儿周围神经损伤中常见的一种。常因肩难产或者臀位产等因素使臂丛神经过度牵拉受损。巨大儿及大于胎龄儿多见。

【临床表现】

臂丛神经麻痹可分为上臂型、下臂型和全臂型三类。

1. 上臂型 第5、6颈神经根受损,此型临床最多见。患侧整个上肢下垂、内收,不能外展及外转。肘关节表现为前臂内收,伸直,不能旋后或弯曲。腕、指关节屈曲,受累侧拥抱反射不能引出。

2. 中臂型 第7颈神经根损伤,前臂、腕、手的伸动作丧失或减弱,而肱三头肌、拇指伸肌为不完全麻痹,受累侧拥抱反射通常不能引出。

3. 下臂型 颈8至胸1神经根受累,腕部屈肌及手肌无力,握持反射弱,临床较少见。如第1胸椎根的交感神经纤维受损,可引起受损侧 Horner 综合征,表现为瞳孔缩小,睑裂变窄等。磁共振可确定病变部位,肌电图检查及神经传导试验也有助于诊断。

【治疗及预后】

预后取决于受损程度,损伤为神经功能性麻痹,数周内可完全恢复。出生后第1周开始做按摩及被动运动,大部分病例可于疗后 2~3 个月内获得改善和治愈,如为神经撕裂则多留有永久性麻痹。

【护理要点】

注意观察新生儿情况,及早识别异常症状如上肢下垂、腕部或手肌无力等,报告医生,协助医生进行处理,及时转诊新生儿科。

锁 骨 骨 折

【病因】

锁骨骨折(fracture of collar bone)是产伤后骨折最常见的一种,多见于体重大的新生儿发生肩难产及急产。锁骨细长而弯曲,内侧 2/3 向前凸出而外侧 1/3 向后上方凸出,这两个弯曲交界点受挤压时易发生骨折。分娩过程中胎儿迅速下降时,前肩的肩胛部挤向产妇的骨盆耻骨联合处,肩部受压及牵拉致使锁骨发生骨折,多为单侧;约 5% 合并臂丛神经损伤。

【临床表现】

锁骨骨折分为不完全性(即青枝骨折)和完全性骨折。轻者常被忽略。多表现为局部肿胀,患侧上肢自主活动少,被动活动时哭闹,患侧拥抱反射减弱或消失。数日后局部软组织肿胀,1~2 周后检查锁骨中外 1/3 交界处扪及肿块,触之有压痛。有骨折移位时,患侧肩部锁骨中部有肿胀,触之可有摩擦感。

【诊断】

本病需与臂丛神经麻痹相鉴别,X 线检查即可确诊。

【治疗】

不完全性骨折一般不须治疗;完全性骨折则需腋下置一棉垫,并将患肢用绷带固定于胸壁,也有学者主张不须治疗,一般 2 周左右即可愈合。

【护理要点】

注意观察新生儿情况,及早识别异常症状,如上肢活动受限、肩部肿胀等,报告医生,协助医生进行处理,及时转诊新生儿科。

颅 骨 骨 折

【病因】

颅骨骨折见于骨盆狭窄、器械助产和分娩过程中助产者牵引用力不当等。胎头在骶岬处受压,枕前位、枕横位可发生后顶骨骨折,枕后位可发生枕骨骨折;胎头在骨盆出口处受压,枕前位发生额骨骨折,枕横位发生颞骨骨折。产钳位置不当可压迫局部颅骨造成颅窝底骨折。

【临床表现】

线性骨折是最常见的颅骨骨折,其次是凹陷性骨折,又称乒乓球骨折。单纯的线性骨折,如顶骨线性骨折大多不会合并其他损伤,无症状;但颅骨底的线性骨折可损伤其下的血管系统发生出血,严重时可危及生命。新生儿颅骨凹陷性骨折常发生于产钳助产时,如较浅,常无症状,较深者可出现相应症状。

【诊断】

有难产史伴头颅软组织损伤表现,X 线检查及头颅 CT 协助诊断。

【治疗】

单纯线性骨折多不须治疗,自行愈合;有神经系统症状、颅内高压、颅底出血、脑脊液漏出及 X 线检查提示脑内有碎骨者需专科治疗。部分线性骨折在 3 个月内并发软脑膜囊肿,需手术治疗,凹陷性骨折深度 ≤0.5cm 者不须特殊处理,可自行复位;如骨折面积大、凹陷深或损伤血管伴颅内血肿者,需手术治疗。

【护理要点】

注意观察新生儿情况,及早识别异常症状如头部凹陷、局部肿胀等,报告医生,协助医生进行处理,及时转诊新生儿科。

三、新生儿黄疸

新生儿黄疸(neonatal jaundice)是新生儿期最常见的临床表现,因胆红素在体内积聚而引起的皮肤或其他器官的黄染,分为生理性黄疸和病理性黄疸。通常新生儿血清胆红素超过 5mg/dl(成人超过 2mg/dl)即可出现肉眼可见的黄疸,若血清未结合胆红素过高可透过血脑屏障引起胆红素脑病(即核黄疸)。

【分类】

1. **生理性黄疸**　由新生儿胆红素代谢特点所致,其程度和种族、居住地海拔高度、遗传、喂养等许多因素有关。足月儿和早产儿生理性黄疸的上限值,也存在个体差异。生理性黄疸始终是一种除外性诊断,必须排除病理性黄疸的各种原因后方可确定。

2. **病理性黄疸(pathologic jaundice)**　特点如下:①出现早,出生后 24h 内出现;②血清胆红素高,足月儿>220.6μmol/L(12.9mg/dl)、早产儿>255μmol/L(14.9mg/dl),或每天上升超过>85μmol/L(5mg/dl);③黄疸持续时间长,足月儿>2 周,早产儿>4 周;④黄疸退而复现;⑤血清直接胆红素>26μmol/L(1.5mg/dl)。具备其中任何一项者即可诊断。

【病因】

病理性黄疸根据其发病原因分为四类。

(一) 胆红素生成过多

1. **红细胞增多症**　即静脉血中红细胞>6×10^{12}/L,血红蛋白>220g/L,血细胞比容>65%。常见于母 - 胎或胎 - 胎间输血、脐带结扎延迟、青紫型先天性心脏病及糖尿病母亲的婴儿等。

2. **血管外溶血**　如较大的头颅血肿、颅内出血、肺出血或其他部位出血。

3. **同族免疫性溶血**　血型不合,如 ABO 或 Rh 血型不合等。

4. **感染**　细菌、病毒、真菌、螺旋体、衣原体、支原体和原虫等引起的感染可致溶血,以金黄色葡萄球菌、大肠杆菌引起的菌血症多见。

5. **母乳性黄疸**　病因与发病机制不清,需在排除病理性黄疸以后才能诊断。一般停止母乳喂养 3~5d,黄疸可消退,再恢复母乳喂养,黄疸不会反弹。

6. **其他**　红细胞酶缺陷如葡萄糖 -6- 磷酸脱氢酶缺乏症(G-6-PD),红细胞形态异常如遗传性球形红细胞增多症,血红蛋白病如 α - 珠蛋白生成障碍性贫血,均可使红细胞破坏增加而导致黄疸。

(二) 胆红素代谢障碍

1. **缺氧和感染**　抑制肝脏尿苷二磷酸葡萄糖醛酸基转移酶(UDPGT)的活性。

2. **Crigler-Najjar 综合征**　先天性 UDPGT 缺乏。分为两型,Ⅰ型属常染色体隐性遗传,酶完全缺乏,酶诱导剂治疗无效,很难存活;Ⅱ型属常染色体显性遗传,酶活性低下,酶诱导剂治疗有效。

3. **Gilbert 综合征**　先天性非溶血性未结合胆红素增高症,属常染色体显性遗传,由于肝细胞摄取胆红素功能障碍所致,黄疸较轻;伴有 UDPGT 活性降低时黄疸较重,酶诱导剂治疗有效,预后良好。

4. **Lucey-Driscoll 综合征**　家族性暂时性新生儿黄疸,妊娠后期孕妇血清中存在一种孕激素抑制 RDPGT 活性。有家族史,新生儿早期黄疸重,2~3 周自然消退。

5. **药物**　如磺胺、水杨酸盐、维生素 K_3、吲哚美辛等,可与胆红素竞争 Y 蛋白、Z 蛋白的结合位点。

6. **其他**　如先天性甲状腺功能减退、21- 三体综合征等常伴有血胆红素升高或生理性黄疸消退延迟。

(三) 胆汁排泄障碍

1. **新生儿肝炎**　多由病毒引起的宫内感染所致。常见有乙型肝炎病毒、巨细胞病毒、风疹病毒、单纯疱疹病毒、肠道病毒及 EB 病毒等。

2. **先天性代谢缺陷病**　α_1- 抗胰蛋白酶缺乏症、半乳糖血症、酪氨酸血症、糖原累积病等可有肝细胞损害。

3. **Dubin-Johnson 综合征**　先天性非溶血性结合胆红素增高症,由肝细胞分泌和排泄结合胆红素障碍所致。

4. **胆管阻塞**　常见有先天性胆道闭锁和先天性胆总管囊肿,肝内或肝外胆管阻塞,结合胆红素排泄障碍。胆汁淤积症是由于胆汁淤积在小胆管中,使结合胆红素排泄障碍,见于严重的新生儿溶血病或长期静脉营养。

(四) 肠肝循环增加

肠道闭锁、先天性幽门肥厚、巨结肠、甲状腺功能减退、饥饿和喂养延迟等均可使胎粪排泄延迟,使胆红素重吸收增加。

总之,尽管新生儿黄疸较常见,但由于病因繁多,发病机制复杂,故应仔细地询问病史和体格检查,进行全面的实验室检查,有时尚需进行必要的影像学检查,甚至肝活体组织病理学检查。

【并发症】

胆红素脑病为新生儿溶血病最严重的并发症,早产儿更易发生。多见于出生后 4~7d,一般于重度黄疸高峰后 12~48h 出现症状,临床将其分为 4 期。

1. **警告期**　表现为嗜睡、反应低下、吸吮无力、原始反射减弱等,偶有尖叫。此期持续 12~24h。

2. **痉挛期**　出现抽搐、角弓反张,可伴有发热。轻者仅有双眼凝视,重者出现呼吸暂停、肌张力增高、双手紧握,甚至角弓反张。此期持续 12~48h。

3. **恢复期**　抽搐次数极少,角弓反张逐渐消失,肌张力逐渐恢复。此期约持续 2 周。

4. **后遗症期**　胆红素脑病患儿可发生手足徐动、眼球运动障碍、听觉障碍及牙釉质发育不良等后遗症。此外,也可留有脑瘫、智力低下、抽搐等严重后遗症。

典型病例依据病史及临床表现不难确诊,但头部的 MRI 检查和脑干听觉诱发电位测定更有助于该病的诊断及其预后判断。

【辅助检查】

(一) 胆红素浓度监测

1. **血清总胆红素(total serum bilirubin,TSB)测定**　目前在新生儿黄疸的风险评估及处理中均按照 TSB 作为计算值,TSB 是诊断高胆红素血症的金标准。

2. **经皮胆红素水平(transcutaneous bilirubin,TCB)测定**　系无创性检查,可动态观察胆红素水平的变化,以减少有创穿刺的次数。理论上,TCB 与 TSB 值应该一致,但是受新生儿接受光疗及皮肤色素等影响时,其结果不一定完全一致;胆红素水平较高时测得的 TCB 值可能低于实际 TSB 水平。TCB 是常规筛查的方法。

(二) 其他实验室检查

红细胞计数、网织红细胞计数、血红蛋白、血型、血清特异性抗体、红细胞脆性试验、高铁血红蛋白还原率等。

Note:

（三）影像学检查

超声、计算机断层摄影（CT）、磁共振胰胆管造影（MRCP）等有助于胆道疾病的诊断。

【治疗】

（一）光照疗法

光照疗法（phototherapy）简称光疗，是降低血清未结合胆红素简单而有效的方法。主要有光疗箱、光疗灯和光疗毯等，不同胎龄、不同日龄的新生儿有不同的光疗指征，同时需要考虑是否存在胆红素脑病的高危因素。光疗最易对视网膜黄斑造成伤害，且长时间强光疗可能增加男婴外生殖器鳞癌的风险，因此光疗时应用遮光眼罩遮住双眼；对于男婴，用尿布遮盖会阴部。

（二）药物治疗

1. **静脉用免疫球蛋白**　抑制吞噬细胞破坏致敏红细胞，用法为 1g/kg，于 6~8h 内静脉滴入，早期应用临床效果较好。

2. **白蛋白**　当血清胆红素水平接近换血值且白蛋白水平 <25g/L 的新生儿，可输注补充白蛋白 1g/kg，以增加胆红素和白蛋白的联结，减少血液中的游离胆红素。

3. **纠正代谢性酸中毒**　应用碳酸氢钠提高血 pH，以利于未结合胆红素与白蛋白的联结。

4. **肝酶诱导剂**　能增加肝脏摄取未结合胆红素的能力。常用苯巴比妥每天 5~10mg/kg，分 2~3 次口服，共 4~5d。

（三）换血疗法

1. **作用**　换出血中胆红素，防止胆红素脑病；换出血中部分游离抗体和致敏红细胞，减轻溶血；纠正贫血。

2. **指征**　符合下列条件之一者即可换血：①产前已明确诊断，严重溶血者，出生时脐血总胆红素 >76μmol/L（4.5mg/dl），血红蛋白低于 110g/L，伴水肿、肝大、脾大和心力衰竭。②光疗治疗无效，强光疗 4~6h，若 TSB 水平未下降甚至持续上升，或对于免疫性溶血患儿在光疗后 TCB 下降幅度未达到 34~50μmol/L（2~3mg/dl）。③经过光疗总胆红素在出生后 24~48h 内已达到 >342μmol/L（20mg/dl）者。④不论血清胆红素水平高低，已有胆红素脑病的早期表现者。⑤极低或超低出生体重的早产儿、合并严重缺氧、酸中毒者或上一胎溶血严重者，应适当放宽指征。

（四）其他治疗

防止低血糖、低体温，纠正缺氧、贫血、水肿和心力衰竭等。

【护理要点】

及早识别异常症状，特别是对于出生后 24h 出现皮肤黄染的新生儿，报告医生，协助医生进行处理，及时转诊新生儿科。

四、新生儿低血糖症

新生儿低血糖症（neonatal hypoglycemia）指血糖水平低于 2.2mmol/L（40mg/dl）。新生儿由于脑组织相对较大，葡萄糖利用率较高，故对低血糖损害尤为敏感，反复或持续性低血糖可引起新生儿低血糖脑病的发生。

【病因及发病机理】

新生儿低血糖有暂时性或持续性之分。下五类为主要原因。但也有极少部分患儿找不出低血糖的原因，称之为特发性低血糖。

1. **肝糖原储备不足**　胎儿肝糖原的储备主要发生在妊娠 32~36 周以后，棕色脂肪的分化是从胎龄 26~30 周开始。因此，早产儿、小于胎龄儿和双胎中体重轻者肝糖原及脂肪储备不足，出生后若延迟喂奶或摄入不足,易发生低血糖。

2. **葡萄糖消耗增加**　应激反应及严重疾病,如窒息缺氧、寒冷损伤、创伤、感染及呼吸窘迫等,可使新生儿糖代谢率增加,葡萄糖消耗增加。因而,容易发生低血糖。合并红细胞增多症时,因血液内过多的红细胞消耗大量葡萄糖,可导致低血糖。

3. **胰岛素水平过高**

(1)糖尿病母亲的婴儿因母体高血糖而导致胎儿胰岛细胞代偿性增生,出生后血液胰岛素水平较高,容易发生低血糖。

(2)胰岛细胞增生症、胰岛细胞腺瘤、Beckwith-Wiedemann 综合征等可出现持续性高胰岛素血症,易导致低血糖。

(3)母亲孕期使用一些药物,如氯磺丙脲、噻嗪类利尿剂、特布他林等,可引起新生儿高胰岛素血症,易出现低血糖。

4. **遗传代谢性疾病**　某些糖代谢、脂肪代谢、氨基酸代谢异常,如半乳糖血症、糖原累积症、先天性果糖不耐受症、糖尿病等,易发生低血糖。

5. **内分泌疾病**　先天性垂体功能低下、先天性肾上腺皮质增生症、胰高血糖素缺乏、生长激素缺乏等,均可导致低血糖。

【**临床表现**】

1. **无症状性**　多数患儿发生低血糖时并无临床症状,无症状性低血糖是症状性低血糖的10~20 倍。

2. **症状性**　新生儿低血糖的症状及体征常为非特异性,多出现在出生后数小时至 1 周内,或伴发于其他疾病过程中而被掩盖。主要表现为反应差、喂养困难、嗜睡、呼吸暂停或呼吸增快、低温甚至昏迷等,也可出现面色苍白、多汗、烦躁、激惹、哭闹等。

【**辅助检查**】

血糖测定是确诊和早期发现低血糖的主要手段。高危儿出生后 1~2h 应常规监测血糖,直至血糖浓度稳定。常用的床边血糖监测仪检测简便、快速,但可有 10%~15% 的误差,并可因样本量不足等原因出现较低的血糖值,故建议作为筛查方法。确诊应采静脉血用标准生化方法测定,最好用葡萄糖氧化酶法测定血清葡萄糖含量。采血后应立即测定,以免因在室温下放置过久葡萄糖分解而导致血糖测定值降低。有低血糖原发病的应送 NICU 监护。

【**预防**】

1. 对母婴同室新生儿有发生低血糖的风险,应给予血糖监测,对糖尿病母亲婴儿应在出生后 1h、2h、3h、6h、12h、24h、48h、72h 监测血糖,对巨大儿应每 6~8h 监测血糖。

2. 对低血糖症高危儿如早产儿、小于胎龄儿、窒息缺氧、寒冷损伤、创伤、严重感染等患儿应常规监测血糖。

3. 低血糖症高危儿出生后能进食者应尽早喂养,先每小时给 10% 葡萄糖液 5~10ml/kg 1 次,若无胃肠不耐受情况,3~4 次后可喂奶。

【**治疗**】

由于不能确定引起脑损伤的低血糖阈值,因此,不管有无症状,低血糖患儿均应及时治疗。出生后血糖低于 2.6mmol/L 时应开始干预。

纠正低血糖,对无症状性低血糖,若没有喂养禁忌,可尽早给予母乳或配方奶喂养。若血糖不能纠正,转入 NICU 治疗。

【护理要点】

密切观察尤其是有高危因素的新生儿如巨大儿,母亲是妊娠期糖尿病或糖尿病合并妊娠等疾病,及时发现低血糖的早期临床表现,协助医生进行血糖监测,必要时转新生儿科。

五、新生儿脐部病变

脐 炎

【病因】

新生儿脐炎(omphalitis)指脐残端被细菌污染并繁殖而引起的局部急性炎症。病原菌以金黄色葡萄球菌最常见,其次为大肠杆菌、铜绿假单胞菌和溶血性链球菌等。可为单一细菌感染,也可是多种细菌混合感染。常见原因为不洁断脐,脐血管置管或经脐血管换血被污染,脐带创口未愈、异物刺激或洗澡污染等。

【临床表现】

轻者脐轮与脐周皮肤轻度红肿,可有脓性分泌物;重者脐周皮肤红肿明显,分泌物有恶臭,炎症可深及皮下,形成蜂窝织炎或脐周脓肿,极少数婴儿甚至可向腹腔蔓延而发生腹膜炎,也可沿未闭的血管蔓延而引起门静脉炎和菌血症。

【诊断与鉴别诊断】

1. **临床表现** 正常新生儿出生后 12h 脐部可有细菌生长,故单凭脐部分泌物细菌培养阳性不能诊断脐炎,必须具备脐部炎症表现才能诊断。
2. **辅助检查** 局部分泌物涂片找到致病性球杆菌;局部分泌物细菌培养阳性。但在正常新生儿脐部可培养出金黄色葡萄球菌、大肠杆菌、表皮葡萄球菌等。
3. **鉴别诊断** 脐炎需与脐肉芽肿相鉴别,后者是在断脐后创面受到异物刺激或感染,局部肉芽组织增生,其表面湿润,有少许黏液或黏液脓性渗出物。

【预防】

断脐应严格无菌,出生后保持脐部清洁和干燥,护理脐部残端注意无菌操作,脐血管置管必须严格无菌。

【治疗】

轻者只需局部用 2% 碘酒和 75% 乙醇清洗。有明显脓液、脐周红肿或有全身症状者,转儿科进一步治疗。

【护理要点】

1. 监测体温,观察脐部红肿、脓性分泌物情况,必要时转新生儿科。
2. 保持脐部干燥、避免尿液污染脐部,沐浴后及时做脐部护理。
3. 选择质地柔软的衣裤减少局部摩擦,尿布不宜过长。避免尿湿后污染伤口。
4. 新生儿洗澡后涂用爽身粉时应注意不要落到脐部,以免长期刺激形成慢性脐炎。

脐　疝

【病因与发病机制】

新生儿断脐时,脐带中的脐静脉和脐动脉切断闭合,局部纤维化与周围组织相愈合,在腹部中央形成一个薄弱区域,同时双侧腹直肌在脐部尚未合拢,当腹压升高时,腹腔脏器向外突出。疝囊为腹膜及其外层下的皮下组织与皮肤,内容物为大网膜和小肠。

【临床表现】

腹部中央以脐部为中心突出一疝囊,呈圆形或卵圆形软囊,哭闹或排便因腹压升高而突起较大,安静或卧位时,软囊纳入腹腔而消失,皮肤正常。安静时,用指端探入脐孔内,能清晰触及光滑的疝环边缘,并估计其直径。脐疝凸出和回纳,小儿无痛苦。

【预后和治疗】

出生后 1 年内,随腹肌逐渐发育完善,脐疝多能逐渐狭窄而闭合自愈,不需要任何处理。若 2 岁以上不能闭合,考虑手术治疗。当脐疝直径大于 2cm,特别是有逐渐增大趋势者,自愈的可能性小,建议早期手术治疗。

【护理要点】

及时发现异常如新生儿哭闹或排便时脐部出现突出的软囊等,及时告知医生,协助转诊新生儿科。

(张小松)

思　考　题

1. 某新生儿,男,4d。孕 39^{+5} 周,顺产,出生体重 3.2kg,1min、5min 和 10min Apgar 评分分别为 9 分、9 分、10 分。出生后第 2d 出现巩膜和皮肤黄染,渐加重,经皮测胆红素浓度为 307.8μmol/L,无发热及惊厥,吃奶尚可,大小便正常。母亲血型为 O 型,父亲血型为 AB 型。白细胞计数 12.1×10^9/L,红细胞计数 3.52×10^{12}/L,血红蛋白 128g/L。

请思考:

(1)该新生儿考虑什么诊断?

(2)如何处理?

2. 某新生儿,女,孕 38^{+3} 周。因胎儿宫内窘迫急诊剖宫产,出生体重 3.3kg,娩出 1min,呼吸不规则而且慢,心率 80 次/min,四肢略屈曲,弹足底能皱眉,躯干红,四肢青紫。该新生儿脐动脉血气分析 pH 6.9。

请思考:

(1)该新生儿 Apgar 评分是多少? 诊断是什么?

(2)下一步如何处理?

Note:

助产相关技术

18章 数字内容

学习目标

知识目标：

1. 掌握助产相关技术的适应证、禁忌证以及操作步骤。

2. 熟悉助产相关技术目的以及注意事项。

3. 了解助产相关技术的定义。

能力目标：

能独立或配合医生规范完成助产相关技术操作。

素质目标：

具有尊重、爱护孕产妇，保护孕产妇的职业精神。

第一节　阴　道　检　查

阴道检查是检查者经阴道评估产道条件、胎先露等产科要素的操作技术。常用于分娩期,也可用于孕期。

【目的】

了解孕妇骨产道情况;了解宫颈位置、质地、宫颈管消退及扩张情况;明确胎先露类型,评估胎先露位置、胎头俯屈程度、胎先露塑形情况、有无产瘤及其大小;查明前羊膜囊是否已破或行人工破膜,有无脐带脱垂;持续评估产程的进展情况。

【适应证】

1. 初次接触临产产妇,应行阴道检查,获取基础信息。
2. 产程进展评估。
3. 产程进展不顺利时,采取干预措施并判断是否有效。
4. 出现胎心异常或阴道异常流血流液时(需排除前置胎盘)查找原因。
5. 采用医疗干预措施前,如分娩镇痛、人工破膜、中转剖宫产、产钳助产等,以获取产程进展、胎方位、产道情况等信息。

【禁忌证】

前置胎盘。

【操作程序】

1. 评估

(1)孕妇的孕产史,本次妊娠情况,包括孕周、妊娠合并症和并发症、相关检查结果(B超等)、腹痛和阴道流血的情况、产程进展情况等。

(2)孕妇对阴道检查的认知、接受程度和心理反应。

2. 准备

(1)环境准备:环境舒适,温度适宜,私密性好。

(2)物品准备:皮肤消毒剂、垫单、妇科检查包、无菌润滑剂、无菌手套等。

(3)产妇准备:告知此次检查的目的,取得知情同意。排空膀胱,取膀胱截石位,外阴消毒。

(4)术者准备:着装整齐,洗手,戴口罩,戴无菌手套。

3. 操作步骤

(1)观察会阴外观,包括会阴部基本情况(会阴体长度、有无生殖器疱疹、是否红肿、既往会阴裂伤的愈合情况),阴道流出的血迹和羊水情况,会阴膨隆程度。

(2)探查宫颈情况:润滑剂涂抹右手示指和中指,沿阴道后壁伸入阴道(图18-1),触诊了解宫颈容受情况、位置、质地、宫颈管消退程度、是否水肿。若宫口已扩张,先触及胎儿的先露部,然后由中心向外摸清楚宫颈的边缘,再沿边缘画圈并分别触诊宫颈口3、6、9、12点位置以估计宫颈开大的程度(以cm为单位)以及有无宫颈水肿,如已摸不到宫颈边缘表明宫口已开全。临床常用Bishop评分法(详见第五章第五节先兆临产及临产)来评估宫颈的情况。

(3)判断胎膜状态是否完整,如已破裂,则需了解羊水性状、是否存在脐带脱垂等。

(4)探查先露部类型及胎先露位置:触诊时摸清胎先露类型,根据颅缝和囟门的位置确定头先露的胎方位(图18-2),再以先露部骨质最低点与坐骨棘平面的距离来确定先露位置,在坐骨棘平面定位为 0,在坐骨棘平面以上表达为"−",在坐骨棘平面以下表达为"+",以 cm 为单位。如胎儿先露部下降至坐骨棘水平以下 3cm,即 S+3。此外,宫缩时胎头下降情况、是否塑形、是否存在产瘤等也可以通过阴道检查评估。

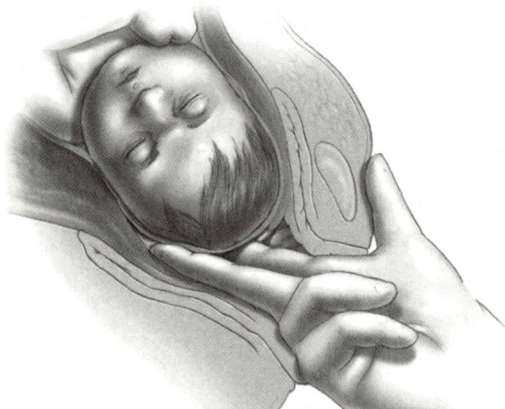

图 18-1　阴道检查

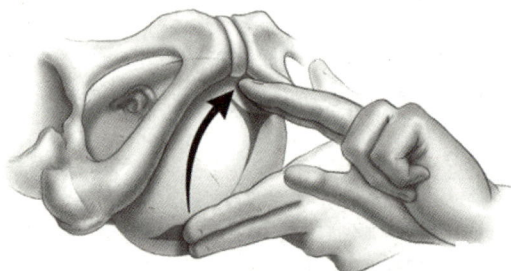

图 18-2　阴道检查确定胎方位

（5）探查产道情况:了解骨盆平面及径线有无异常、阴道等软产道有无异常。对于产程异常或疑有骨盆异常者须行骨盆内测量。骨盆内测量包括测量以下径线:

1）对角径（diagonal conjugate,DC）（图 18-3）:耻骨联合下缘至骶岬前缘中点的距离,正常值为 12.5~13cm,减去 1.5~2.0cm 为骨盆入口前后径长度,又称真结合径。检查者将一手的示指、中指伸入阴道,用中指尖触到骶岬上缘中点,示指上缘紧贴耻骨联合下缘,另一手示指标记此接触点,抽出阴道内的手指,测量其中指尖至此接触点的距离即为对角径。若操作者不能触及骶岬,多提示对角径大于 12.5cm。

2）坐骨棘间径（interspinous diameter,ID）（图 18-4）:两坐骨棘间的距离,正常值约为 10cm。检查者将一手的示指、中指伸入阴道内,分别触及两侧坐骨棘,估计其间的距离。也可用中骨盆测量器,所得数值较准确。此径线是中骨盆最短的径线,过小会影响胎先露下降。

3）坐骨切迹宽度（incisura ischiadica）（图 18-5）:代表中骨盆后矢状径,为坐骨棘与骶骨下部间的距离,即骶棘韧带宽度。检查者将伸入阴道内的示指置于韧带上移动,如能容纳 3 横指（5.5~6cm）为正常,否则为中骨盆狭窄。

（6）记录:记录检查时间及检查结果。

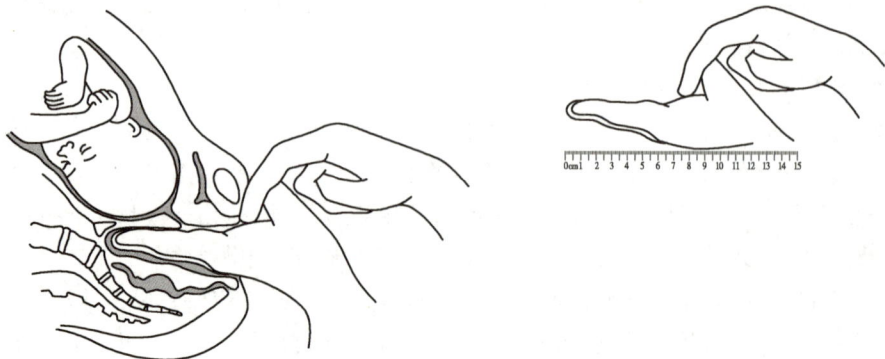

图 18-3　测量对角径

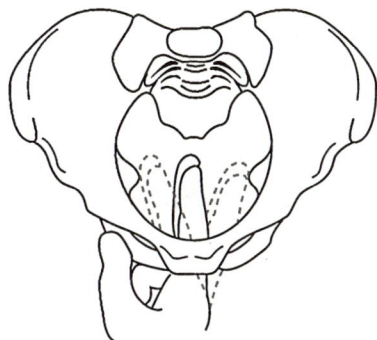

图 18-4　测量坐骨棘间径　　　　　　　图 18-5　测量坐骨切迹宽度

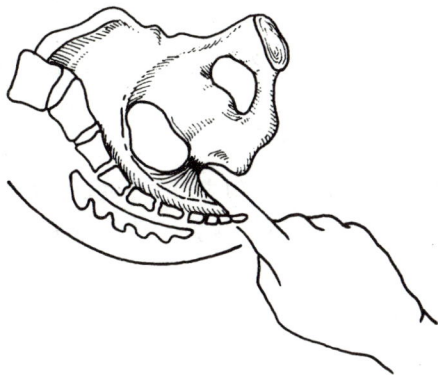

【注意事项】

1. 第一产程中,潜伏期建议阴道检查频率每 4h 检查 1 次,活跃期每 2h 检查 1 次,如产妇出现会阴膨隆、阴道血性分泌物增多、明显排便感等可疑宫口快速开大的表现时,立即行阴道检查。对产程进行持续并细致观察,耐心听取产妇的感受,可以避免不必要的阴道检查,减少感染发生率,尤其是对于胎膜已破的产妇。

2. 医务人员检查前后一定要清洁洗手,严格消毒外阴,注意无菌操作,预防感染。

3. 阴道检查具有侵入性,在没有充分沟通取得孕产妇理解同意以前,粗暴或草率的阴道检查会带来生理和情感上的伤害。尽管阴道检查存在主观性偏差和侵入性不适等缺点,但目前仍是临床上最重要的评估产程进展的手段。

附:肛门检查

肛门检查是检查者经直肠了解宫颈、胎先露、骨盆等产科要素的方法。适用于孕中、晚期孕妇。操作时,孕妇取仰卧截石位。检查者右手戴手套,示指涂上润滑剂后伸入直肠内,拇指伸直,其余各指屈曲。了解尾骨活动度、坐骨棘是否突出并确定胎先露高低,估计宫颈管消退程度和宫口扩张情况。未破膜者,在胎先露前方可触及有弹性的前羊水囊。已破膜者,能直接触到胎先露,头位无产瘤时还能扪清颅缝及囟门的位置来确定胎位。若触及有搏动的索状物,应考虑为脐带先露或脐带脱垂,需立即停止操作并采取相应措施。检查时需避免粪便污染阴道。因检查时孕妇可能会感到不适,不易触清宫口,检查时间较长,反复操作易导致直肠黏膜损伤、增加阴道感染等问题,目前在临床中有逐渐被阴道检查替代的趋势。

第二节　催　引　产　术

引产指妊娠满 28 周后,用人工方法促进宫颈成熟,启动或促进子宫收缩,人为发动或加速产程,从而争取阴道分娩。

引产适应证包括:①妊娠已达 41 周及以上的孕妇。②各种妊娠合并症或并发症需提前终止妊娠,且能耐受阴道分娩者。③胎儿及其附属物因素,如胎膜早破、FGR、死胎、羊水过少等需要终止妊娠者。

引产禁忌证包括绝对禁忌证和相对禁忌证。①绝对禁忌证:骨盆、胎位异常等明显头盆不称因素,不能经阴道分娩者;软产道异常,如未经治疗的疱疹感染活动期等急性生殖道病毒感染性疾病、宫颈浸润癌等不能经阴道分娩者;孕妇患严重合并症或并发症,不能耐受阴道分娩者;因胎儿附属物异常不能经阴道分娩者,如完全性及部分性前置胎盘或前置血管,严重胎盘功能不良,脐带先露或脐带隐性脱垂等。②相对禁忌证:具备阴道分娩条件的臀位;羊水过多;多胎妊娠;经产妇分娩次

Note:

数≥5次者。

需注意的是,对于不同的引产方法,还有其特殊的适应证与禁忌证。

一、促宫颈成熟

目前公认的评估宫颈成熟度常用的方法是 Bishop 评分法。宫颈评分≥6分提示宫颈成熟,评分越高,引产成功率越高。评分<6分提示宫颈不成熟,需要促宫颈成熟。目前临床比较常用的有药物性方法和机械性扩张等方法。

前列腺素制剂促宫颈成熟

【目的】

促进宫颈变软、变薄并扩张,来降低引产失败率、减少从引产到分娩的时间,提高引产成功率。

【适应证】

具备引产适应证而宫颈 Bishop 评分<6分者。

【禁忌证】

有引产禁忌证;有急产史或有3次以上足月产史的经产妇;已临产;正在使用缩宫素;瘢痕子宫妊娠;可疑有胎儿窘迫;有子宫颈手术史或子宫颈裂伤史;有哮喘、青光眼、严重肝肾功能不全等。

【操作程序】

1. 评估 ①核对引产指征和孕周。②判断胎儿成熟度:如胎肺未成熟,在许可情况下,尽可能先行促胎肺成熟后再引产。③Bishop 评分法评价宫颈成熟度。④评估骨盆情况、胎儿大小、胎位、头盆关系等,排除阴道分娩禁忌证。⑤充分评估妊娠合并内科疾病及产科并发症者其严重程度及经阴道分娩的风险,并完善相关检查,制订详细的处理方案。⑥重视胎儿监护,必要时在引产前应行胎心监护和超声检查,了解胎儿宫内状况。

2. 准备
(1)环境准备:环境舒适,温度适宜,私密性好。
(2)用物准备:多普勒胎心仪或胎心监护仪,耦合剂,地诺前列酮阴道栓,无菌手套,碘伏棉球若干。
(3)孕妇准备:取得知情同意。排空膀胱,取膀胱截石位,消毒外阴。
(4)术者准备:着装整齐,戴帽子、口罩,洗手,戴无菌手套。

3. 操作步骤
(1)给药:将可控释地诺前列酮阴道栓置于阴道后穹隆深处,将其旋转90°,使栓剂横置于阴道后穹隆,易于保持原位。在阴道外保留2~3cm 终止带以便于取出。嘱孕妇卧床20~30min 以利栓剂吸水膨胀,2h 后复查,药物仍在原位后可活动。

(2)术后观察与护理:给药后至少1h 巡视一次,严密观察胎心及宫缩情况,了解宫缩的频率、强度、持续时间。观察宫缩时将手掌置于孕妇宫底部触摸宫缩强度,不能单凭孕妇的主观感觉判断是否临产。一旦出现有效宫缩后予电子胎心监护动态监测宫缩进展及胎心情况,发现胎心异常、宫缩过频、过强,通知医生,及时取出药物。出现规律宫缩后行阴道检查,进行宫颈 Bishop 评分,了解宫颈成熟程度及宫口扩张情况。

(3)记录:给药的类型、时间、胎心、产妇的宫缩情况等。

【注意事项】

1. **终止带的处理**　①给药时终止带不要拉得过直,要留有余量,以免手撤出时将栓剂带出。②栓剂放置完毕,阴道外留有 2~3cm,或者将终止带卷起,塞入阴道口内,以免孕妇下床活动后,两腿摩擦终止带将栓剂带出。

2. **掌握取药指征**　出现以下情况时应及时取出:①临产,出现规律宫缩(每 3min 1 次的规律性宫缩)并同时伴随有宫颈成熟度的改善,宫颈 Bishop 评分 ≥ 6 分;②自然破膜或行人工破膜术;③子宫收缩过频或子宫强直性收缩的迹象;④置药 24h;⑤胎儿宫内不良状况证据:胎动减少或消失、胎动过频、胎心监护异常;⑥出现不能用其他原因解释的母体不良反应,如恶心、呕吐、腹泻、发热、低血压、母体心动过速或者阴道流血增多。

3. **取药后处理**　取出后宫缩过强、过频仍不缓解,可使用宫缩抑制剂。取出至少 30min 后方可静脉滴注缩宫素。

4. **米索前列醇使用时的注意事项**

(1)每次阴道放药剂量为 25μg,放药时不要将药物压成碎片。如首次用药 6h 后仍无宫缩,在重复使用米索前列醇前应做阴道检查,重新评价宫颈成熟度,了解原放置的药物是否溶化、吸收,未溶化和吸收者不宜再放。每天总量不超过 50μg,以免药物吸收过多。

(2)如需加用缩宫素,应该在最后一次放置米索前列醇后 4h 以上,并阴道检查证实药物已经吸收。

(3)使用米索前列醇者应重点观察,严密监测宫缩和胎心率,至少每半小时监测一次,了解宫缩的频率、强度、持续时间;一旦出现宫缩过强或过频,应立即进行阴道检查,并取出残留药物。必要时给予宫缩抑制剂。

机械性扩张促宫颈成熟

机械性扩张方法很多,包括宫颈球囊、低位水囊、Foley 尿管、昆布条、海藻棒等,在阴道无感染及胎膜完整时才可使用。主要是通过机械刺激宫颈管,促进宫颈局部内源性前列腺素合成与释放而促进宫颈软化成熟。其缺点是潜在感染、胎膜早破、宫颈损伤的可能。此处以 Cook 宫颈球囊为例,介绍机械性扩张促宫颈成熟流程。

【目的】

促进宫颈成熟,提高引产成功率。

【适应证】

具备引产适应证而宫颈 Bishop 评分 <6 分者。

【禁忌证】

1. 具有引产禁忌证者。
2. 药物促宫颈成熟治疗中的孕妇。
3. 胎膜破裂。
4. 先露部位于盆腔入口之上。

【操作程序】

1. **评估**　同前列腺素制剂促宫颈成熟。由医生确认孕妇阴道分泌物常规正常(无滴虫、霉菌、细菌性阴道病等),胎心监护正常,B 超确认显示为单胎头先露。

2. **准备**

(1)环境准备:环境舒适,温度适宜,私密性好。

(2) 用物准备：会阴冲洗用物，碘伏棉球，生理盐水，阴道窥器或阴道拉钩，卵圆钳，宫颈钳，20ml 或 50ml 注射器，宫颈球囊，无菌手套，多普勒胎心仪或胎心监护仪，耦合剂等。

(3) 孕妇准备：取得知情同意。排空膀胱，取膀胱截石位，消毒外阴。

(4) 术者准备：着装整齐，戴帽子、口罩，外科洗手，戴无菌手套。

3. 操作步骤

(1) 置窥器：消毒棉球消毒阴道，暴露并固定宫颈，再次消毒宫颈。

(2) 放置球囊：①放置前核查球囊导管所对应的不同部位球囊；②插入两个球囊使之均通过宫颈管；③将第一个球囊（子宫球囊）注射 40ml 生理盐水，充盈后将球囊往外牵拉至子宫球囊贴住宫颈内口上方，避开胎盘位置；④此时可见第二个球囊（阴道球囊）位于宫颈外口外，用 20ml 生理盐水充盈阴道球囊；⑤将球囊置于宫颈内外侧后，依次交替增加两球囊内的生理盐水量，每个球囊内液体量不超过 80ml（图 18-6）。

(3) 监测记录：球囊放置后应立即听胎心，至少每小时巡视一次，放置 2h 后行胎心监护，每 2h 监测孕妇血压、胎心率、宫缩情况，询问孕妇主诉，及时做好评估记录。

【注意事项】

1. 孕妇可下床适当活动，但不可离开房间，以免发生意外。

2. 至少每小时巡视一次，询问孕妇有无腹痛、腹胀、腰酸、见红、胎膜破裂、排尿困难、球囊有无脱出等情况，并做好记录；如有异常及时通知医生并记录。每 2h 听一次胎心，同时记录宫缩情况。

3. 球囊放置后禁止沐浴，于放置 12h 后取出，再次行阴道检查评估宫颈条件。

4. 若夜间水囊脱出、破裂，行阴道检查评估宫颈条件。

5. 若胎膜早破、宫缩过频、宫缩强直、临产、胎心监护异常，及时取出水囊。

二、缩宫素静脉滴注

缩宫素的主要作用在于选择性兴奋子宫平滑肌，增强子宫收缩力及收缩频率；小剂量静脉滴注缩宫素可随时调整用药剂量，保持生理水平的有效宫缩，一旦发生异常可随时停药，为常用的催引产方法。但在宫颈不成熟时，引产效果不好。

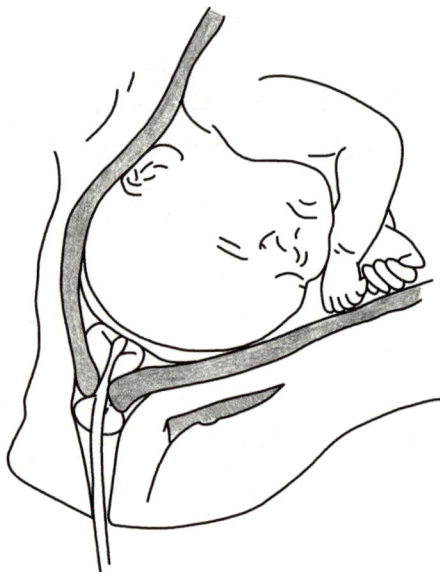

图 18-6 球囊引产示意图

【目的】

通过人工方法诱发子宫收缩，人为发动或加速产程，实现阴道分娩。

【适应证】

见"引产适应证"。

【禁忌证】

见"引产禁忌证"。

【操作程序】

1. 评估 同前列腺素制剂促宫颈成熟。

2. 准备

(1)环境准备:环境舒适,温度适宜。

(2)用物准备:外周静脉穿刺物品、生理盐水注射液/乳酸钠林格注射液、缩宫素、胶布、醒目标记贴纸、多普勒胎心仪或胎心监护仪、耦合剂、血压计。

(3)孕妇准备:了解操作的目的和风险,取得知情同意。

(4)术者准备:着装整齐,洗手,戴口罩。

3. 操作步骤

(1)滴注前检查:监测胎心,测量孕妇血压。

(2)建立静脉通路:为避免穿刺成功后首次冲管时输入含缩宫素的液体速度过快,切忌将 2.5U 缩宫素溶于液体中直接穿刺行静脉滴注。有两种方法:留置针连接生理盐水注射液/乳酸钠林格注射液 500ml,静脉穿刺成功后夹闭输液器,在 500ml 的生理盐水注射液/乳酸钠林格注射液中加入缩宫素 2.5U,将药液摇匀,在输液袋上贴醒目标记贴纸,然后将输液器中不含缩宫素药液的液体排掉,设置起始滴速。一般起始滴速为 8 滴/min,对于宫缩不规律或者经产妇进行催引产,起始滴速可调整为 4 滴/min 开始。再次确认滴速无误后开始滴注。另外,也可以使用留置针连接 5ml 生理盐水注射器排气后静脉穿刺,穿刺成功后连接输液器,将配好的生理盐水注射液/乳酸钠林格注射液 500ml+ 缩宫素 2.5U 按照起始滴数进行滴注。根据条件尽可能使用精密输液器或输液泵精确调控滴速。

(3)调节滴速:缩宫素个体敏感度差异极大,应从小剂量开始循序增量。有条件者最好使用输液泵。根据宫缩、胎心情况,应用等差法,即从 8 滴/min 调整至 16 滴/min,再增至 24 滴/min。每 15~30min 调整一次滴速,直至诱发有效宫缩,即 10min 内出现 3 次宫缩,每次宫缩持续 30~60s,伴有宫颈的缩短和宫口扩张。为安全起见,也可从每分钟 8 滴开始,每次增加 4 滴,直至出现有效宫缩。最大滴速不得超过 40 滴/min,即 13.2mU/min。如仍无宫缩,可根据医嘱适当增加浓度,酌情加缩宫素至 5U/500ml,滴速减半后再循序增加,直至宫缩发动,且持续有效。缩宫素引产成功率与宫颈成熟度、孕周、胎先露高低有关。缩宫素引产之前进行充分的促宫颈成熟,将会提高阴道分娩成功率。

(4)健康教育:做好缩宫素静脉滴注的健康教育,如勿随意调节滴速,如有便意感、强烈腹痛、呼吸困难等不适时及时告知助产士等。

(5)记录:在缩宫素静脉滴注观察记录单上记录日期、时间;注明静脉滴注缩宫素的剂量、滴速以及目的(引产或加速产程)。

【注意事项】

1. 应有经过训练的专人观察宫缩强度、频率、持续时间及胎心率的变化,及时记录。宫缩未调好前,每 15min 听一次胎心,调好宫缩后行胎心监护。

2. 警惕过敏反应。

3. 禁止肌内注射、皮下注射、穴位注射及鼻黏膜用药。

4. 用量不宜过大,宫缩过强及时停用缩宫素,必要时使用宫缩抑制剂。再次使用时剂量减半。

5. 引产失败。缩宫素引产成功率与宫颈成熟度、孕周、胎先露高低有关。如连续使用 2~3d,仍无明显进展,应改用其他方法引产。

附:人工破膜术

人工破膜术即采用人工的方法使胎膜破裂,一般破膜后 1~2h 内出现宫缩,2h 后仍无宫缩应静脉滴注缩宫素。由于单纯人工破膜引产成功率和失败率难以估计,加上破膜时间过长可能会导致感染,目前很少单独使用,多采用人工破膜加小剂量缩宫素滴注以提高成功率(详见第十八章助产相关技术

第三节人工破膜术)。

需要强调的是以上各种引产方法均需注意以下事项：

1. 引产时应严格遵循操作规程,严格掌握适应证及禁忌证,严禁无指征的引产,如果引产不成功,则引产的指征及引产方法需要重新评价。

2. 所有妊娠妇女最好在早孕期进行过超声检查,以确定孕周。

3. 根据不同个体选择适当的引产方法、药物用量及给药途径。

4. 不能随意更改和追加剂量。

5. 密切观察产程,仔细记录。

6. 一旦进入产程常规行胎心监护,随时分析监护结果。

7. 若出现宫缩过频、胎儿窘迫以及梗阻性难产、先兆子宫破裂、羊水栓塞等情况,应立即停止使用引产药物;立即侧卧位、吸氧、静脉输液(不含缩宫素);静脉给予宫缩抑制剂;立即行阴道检查,了解产程进展;可疑胎儿窘迫而尚未破膜者,应给予人工破膜,观察羊水有无胎粪污染及其程度。

经上述综合处理,尚不能消除危险因素,短期内又无阴道分娩的可能,迅速剖宫产终止妊娠。

第三节　人工破膜术

胎膜破裂通常发生在宫口近开全或开全时。人工破膜,即通过人工的方法使胎膜破裂。

【目的】

观察羊水量、颜色及性状;促进胎头下降,反射性引起子宫收缩。

【适应证】

1. 怀疑胎儿窘迫时,根据羊水量、颜色、性状及有无胎粪,结合胎心胎动情况判断胎儿宫内状况并予以处理。

2. 胎膜未破产程延长或停滞,无明显头盆不称或胎位异常者。

3. 宫口开全后胎膜仍未自然破裂者。

【禁忌证】

有明显头盆不称、产道梗阻、横位、初产妇臀位估计经阴道分娩有困难者;脐带先露;血管前置。

【操作程序】

1. 评估

(1)询问病史,初步检查评估。了解最近胎心监护情况、羊水量、胎头是否衔接,排除严重的生殖道炎症,有无阴道分娩禁忌证,是否存在胎位异常、中央性前置胎盘、脐带隐性脱垂或先露,了解宫颈Bishop评分,宫颈条件成熟,可容一指以上。

(2)操作前听诊了解胎心情况。

(3)操作前测量产妇血压与脉搏情况。

2. 准备

(1)环境准备:环境舒适,温湿度适宜,私密性好。

(2)用物准备:会阴冲洗用物,多普勒胎心仪,无菌手套,人工破膜包(内有组织钳、小药杯、方纱布)等。

(3)产妇准备:取得知情同意。排空膀胱,取膀胱截石位,消毒外阴。

（4）术者准备：着装整齐，戴帽子、口罩，外科洗手，戴无菌手套。

3. 操作步骤

（1）检查宫口情况。

（2）人工破膜：操作者右手示指、中指伸入阴道，了解软产道及骨产道有无异常，然后将两指伸入子宫颈内，了解有无脐带、宫口扩张和先露情况。在宫缩间歇期，稍扩张子宫颈，一手持钳，在另一手示指、中指指引下将长钳前端触及胎膜，避免损伤阴道，在宫缩间歇期时，钳破胎膜，使羊水缓缓流出，手指抵住胎头，观察羊水的量及性状，等候一次宫缩，未触及脐带手指退出（图18-7）。

（3）术后观察与处理：助产士手触产妇宫底部，判断有无宫缩；破膜后即刻监测胎心；观察羊水性状、量及颜色；查看产妇面色、神志及呼吸。

（4）整理与记录：安置产妇体位，做好人工破膜术后的健康教育。记录破膜时间及羊水情况。

【注意事项】

1. 破膜前后及时监测胎心，观察胎心率变化，注意宫颈口有无胎盘组织、脐带或搏动的血管，以免引起母儿出血或脐带脱垂。

2. 破膜时组织钳不要扣合，不能用暴力钳夹，以免损伤胎儿头皮。

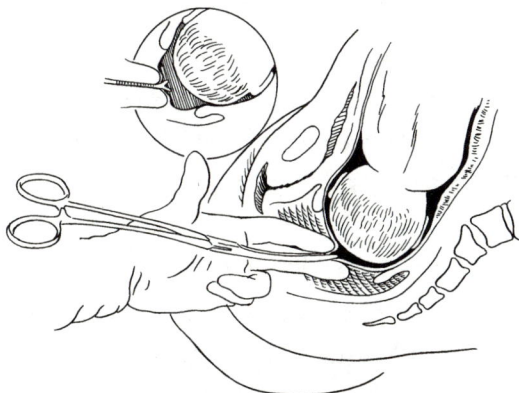

图 18-7　人工破膜

3. 破膜操作应在两次宫缩间歇进行，以避免羊水急速流出引起脐带脱垂或胎盘早剥甚至羊水栓塞。

4. 如羊膜腔压力很大，胎膜很快破裂，羊水快速流出时可将手堵住宫口使羊水缓慢流出，羊水过少者可上推胎头或用手指扩张破口利于羊水流出。

5. 若羊水混浊应警惕胎儿窘迫。

第四节　外 倒 转 术

臀位自然回转多发生在 32 周前，而 32 周以后自然回转的可能减少。外倒转术是纠正臀位的方法之一，以往多主张在妊娠 32~34 周施术，但为预防术后再次回转，需要经腹部较长时间固定胎位。因此，目前多主张在近足月或足月时进行。此时，由外倒转引起的胎儿异常可以马上手术终止妊娠，避免胎儿死亡或者早产的并发症。此术同样适用于横位。

【目的】

矫正胎位，使胎方位由臀位转为头位，减少臀位分娩率，降低剖宫产率。

【适应证】

1. 胎儿正常，单胎臀位或者横位，体重<3 500g，超声检查胎儿无胎头过度仰伸（望星式）。
2. 胎膜未破有适量羊水。
3. 先露未入盆或虽已入盆但能退出者。
4. 能通过腹壁清楚触及胎体者。

【禁忌证】

1. 妊娠合并症及并发症不宜经阴道分娩者。

2. 子宫畸形,如纵隔子宫、双角子宫等。

3. 明显骨盆狭窄。

4. 羊水过少、脐带缠绕、胎头仰伸及多胎妊娠,可疑胎儿窘迫等。

5. 前壁胎盘。

6. 瘢痕子宫,属于相对禁忌证。

随着操作者经验增多,一些禁忌证在一定情况下也可以施术,可以个体化决策。

【操作程序】

1. 评估

(1)孕妇的孕产史,本次妊娠情况,包括孕周、妊娠合并症和并发症、胎方位、胎心监护情况等。

(2)向孕妇解释外倒转术的目的和过程。告知孕妇操作方式、时间、操作过程中可能遇到的问题及防范措施,缓解紧张情绪。

2. 准备

(1)环境准备:环境舒适,温湿度适宜。

(2)物品准备:B超仪、胎心监护仪、耦合剂、盐酸利托君(或特布他林)、无菌手套、抢救物品(面罩、气管插管、呼吸机、静脉治疗用物等)。

(3)产妇准备:取得知情同意。排空膀胱,取膀胱截石位。

(4)术者准备:着装整齐,洗手,戴口罩。

3. 操作步骤

(1)再次评估,使用宫缩抑制剂:术前彩超检查了解胎心率,脐带是否绕颈,胎儿是否存在慢性缺氧,胎盘的位置等;无禁忌证者,术前皮下注射特布他林或使用盐酸利托君抑制宫缩。

(2)判断胎位:按产科四步触诊法及超声指导判别臀位类型,先露部衔接程度,胎头在子宫底部的位置以及胎方位。骶后位者,嘱孕妇向胎儿背部方向侧俯卧位15~30min,使其尽可能自然转成骶前位后再操作。

(3)倒转胎儿:先露部在入口平面或以上者,操作者选用产科四步触诊法中第四步手法,将手指展开,掌面向内,分别置于胎臀两侧,向深部及耻骨联合方向移动靠拢,当胎儿臀部全部置于两掌面之间时,用双手关节力量托起胎臀离开入口平面(图18-8),用一手指掌面支撑胎臀并向胎背侧母体髂骨翼方向推移,使其坐落其上。先露部已在入口平面以下者,操作者不能托起胎臀,应让孕妇胸膝卧位15min。如果仍不能托起胎臀可以由助手戴无菌手套,一手的示指、中指沿阴道壁滑进穹隆部,待子宫处于松弛状态时缓慢轻柔地向上顶起先露部,与操作者配合,共同使胎臀移至入口平面以上至髂骨翼。适宜选择容易将胎臀远离骨盆的方向上推胎臀,可以是前滚翻,也可以是后滚翻(图18-9)。

(4)固定胎儿:操作者用另一手指关节的力量迫使胎头俯屈移动,下行到脐平面侧方附近同时固定位置。固定胎臀的手,托起胎臀并向上外侧方移行至脐平面附近,也用手固定,注意保持胎头俯屈,胎体弯曲,使其得以越过子宫横径,当躯干伸直时胎头与胎臀分别向骨盆腔与宫底方向移动,胎轴刚好处在纵轴状态。

(5)术后观察及处理:手术矫正后,胎头与产轴方向吻合,位于骨盆入口平面附近,呈浮动或半固定状态,少数可以固定。未固定者给予宽大腹带外固定。先露高浮偏斜均属异常状态,应寻找原因,分别处理,同时应用胎心监护仪监测胎心率。

(6)记录:记录操作的时间、结果、孕妇以及胎儿的情况等。

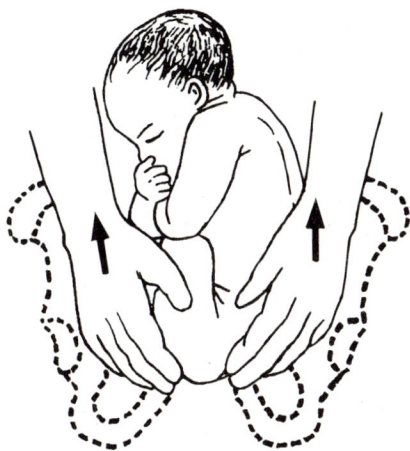

图 18-8　松动胎臀

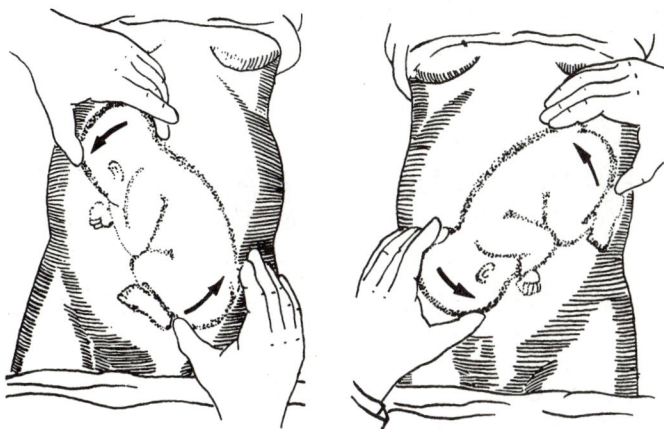

图 18-9　外转胎位术

【注意事项】

1. 外倒转常见并发症有胎盘早剥、早产、胎膜早破等。

2. 子宫壁松弛的情况下外倒转。腹壁厚、子宫敏感、施术时感疼痛者,切勿勉强进行操作。

3. 操作过程中应动作轻柔,在宫缩间期进行,边倒转边固定胎位。

4. 倒转过程中予以严密观察胎心率情况。脐带过短时操作易出现胎心异常,有胎心异常情况则立即停止实施外倒转术并行胎心监护,必要时行急诊剖宫产术。

5. 实施外倒转术后连续胎心监护至少 20min,告知孕妇监测胎动方法并按时产检。出现胎动异常,腹痛或有阴道出血,应及时复诊。

第五节　内倒转术

内倒转术指术者用手通过阴道进入宫腔,向宫颈外缓慢牵拉胎儿单足或双足,促使横位胎儿或其他胎位胎儿倒转成臀位娩出的手术。这种手术易致子宫破裂,母儿死亡率较高,曾被认为是产科比较危险的手术,但在某些情况下如横位时,仍是挽救母儿的快捷而有效的手段之一。

【目的】

通过内倒转使横位或其他胎位的胎儿转成臀位娩出。

【适应证】

1. 横位活胎,无条件转院或行剖宫产者。

2. 双胎第二胎儿为横位,或胎头高浮伴胎儿窘迫、脐带脱垂需迅速娩出者。

3. 部分性前置胎盘,胎儿较小,宫口开大,出血较多者。

4. 胎儿死亡伴胎肩嵌顿。

5. 偶用于头位未入盆并发脐带脱垂,不能立即阴道分娩而又无剖宫产条件者。

【禁忌证】

1. 估计头盆不称,不能经阴道分娩的活胎。

2. 子宫瘢痕,易发生子宫破裂或已有先兆子宫破裂者。

3. 宫腔内未存在足够羊水,尤其是忽略性横位羊水流尽者,不具备内倒转条件。

Note:

4. 宫颈口未开全或未接近开全。

【操作程序】

1. 评估

(1)了解产妇病史:本次妊娠的情况,包括孕周、妊娠合并症和并发症等。

(2)产程进展情况:包括临产及胎膜破裂情况,宫缩频率和强度,宫口扩张及先露部下降情况。

(3)腹部检查:子宫轮廓,下段扩张程度,有无病理收缩环,胎心监护情况等。有无压痛和反跳痛;查明胎头位置和胎背朝向,明确诊断,判断内倒转术的必要性和可行性。无手术禁忌证。

2. 准备

(1)环境准备:环境舒适,温湿度适宜。如在分娩室尽可能做好就地急诊剖宫产术准备,活胎者做好新生儿复苏准备。

(2)用物准备:胎心监护仪、产包、无菌手套、消毒液、石蜡油。

(3)产妇准备:取得知情同意。全身麻醉或经产妇镇痛后,取膀胱截石位,常规消毒外阴、阴道、铺巾,排空膀胱并置留导尿管。做好剖宫产术前准备,建立静脉通道,常规备血。

(4)术者准备:着装整齐,洗手、戴口罩、戴无菌手套。由经验丰富的医生实施,加强产科、儿科、麻醉科等多学科现场合作。

3. 操作步骤

(1)阴道检查:明确宫口是否开全或近开全、胎先露和胎方位,判断有无手术适应证及禁忌证。胎膜未破者先行人工破膜。

(2)寻找、抓取胎足:在宫缩间隙,术者一手伸入宫腔,另一手在腹壁外配合,明确胎先露。经胎儿腹面觅取胎足,也可沿胎儿背部移动,探知其下肢所在,寻找并握住胎足(图18-10)。胎足与胎手的鉴别:①胎足有足后跟,足趾短如豆状,五趾变平,不能卷曲。而胎手无后跟,手指细如棍状,拇指明显短于其他4指,并可卷曲于掌心。②胎足连腿接臀部,而胎手经臂连接腋窝及肩胛部。最好同时牵出双足,如不易则可先牵出一只胎足。需根据胎位决定牵出哪一只胎足对手术有利。横位时如胎背在母体前方,牵引下方的胎足,胎背在母体后方,牵引上方的胎足,胎背朝上或头位时牵引靠母亲腹壁的胎足,胎背朝下则牵靠母体背部的胎足,以保证行内倒转时胎背始终保持在母体前方,减少牵引时的阻力,顺利完成倒转术,原则上要使倒转后形成骶前位,以利臀位分娩。头位难产行内倒转取足时,若高不可及,可经腹加压胎臀使胎足下降。

(3)牵足、推头:抓取胎足后用拇指、示指和中指夹住胎足踝部,若牵双足,则用中指和无名指夹住另一足踝,缓缓下牵;同时另一手经腹壁上推胎头(图18-11)。只要牵足顺利,胎头往往自动滑向上方,顺利完成倒转。牵引中若遇阻力,切不可硬拉。阻力原因可能有三:①子宫收缩,或羊水过少,宫壁紧裹在胎体上;②取错肢体,如误取胎手,或肩后位时取下足使另一侧臀部嵌在耻骨联合之上;③被其他肢体部分卡住。排除第一种可能后,可试着改变牵引方向,使阻力消除。若仍有阻力,应伸手探查有无肢体阻挡,可试着用手拨开。牵错肢体应及时更正。遇肩后位取上足困难时可改取下足,但在向下牵引时引导旋转,以避免臀部嵌于耻骨上,并使胎儿背转向前方。遇宫壁紧裹胎体,应及时改行剖宫产。确无剖宫产条件者,可调整麻醉,加用宫缩抑制剂,暂停宫内操作,或可向宫腔内注入500~1 000ml无菌生理盐水,等候时机再试行牵引。胎儿已死亡者改用毁胎术。

(4)臀牵引分娩:当胎儿膝部下达阴道口时,即胎臀已到达子宫颈口,胎头应已位于宫底。若宫口确已开全,即按臀牵引法分娩机制娩出胎儿。操作间歇时听胎心,注意避免脐带缠绕下肢或被骑跨于两腿之间。静脉滴注缩宫素,在电子胎心监护正常下待宫缩加强后进行臀牵引助产。若宫颈口尚未开全,应暂停牵引,仅用手向下轻轻把扶胎足,使胎臀堵住宫口以防脐带脱垂。

Note:

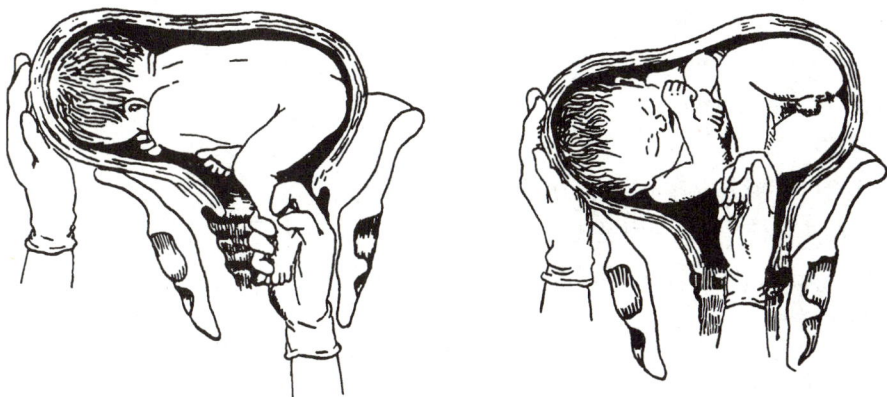

图 18-10 内转胎位持握胎足

(5) 预防产后出血：胎儿娩出后检查宫腔、子宫下段及宫颈有无撕裂伤。术后立即应用子宫收缩剂预防产后出血，同时抗感染治疗。

(6) 记录：记录操作的时间、结果、产妇以及新生儿的情况等。

【注意事项】

1. 牵拉过程要轻柔忌暴力，用力均匀缓慢，避免胎体及软产道损伤。

2. 寻找胎足，一定要仔细区分手足，切不可牵拉胎手。

3. 术中密切注意产妇的一般状况及尿色、尿量，如出现血尿，提示可能发生子宫破裂。

4. 如为活胎，术前应充分做好新生儿抢救准备工作。

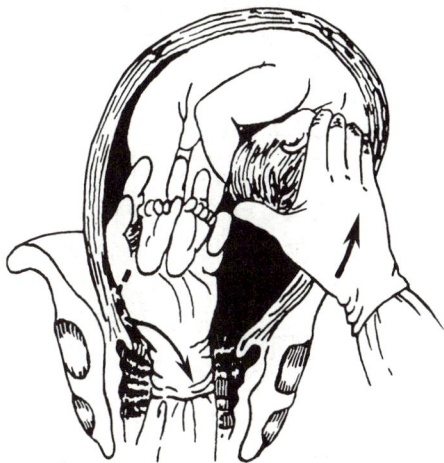

图 18-11 内外手配合倒转胎儿

第六节　臀位阴道助产术

臀位阴道助产术指臀位胎儿阴道分娩时需接生者协助完成部分机转后，经阴道分娩，包括臀位助产和臀位牵引术。臀位助产指胎臀及胎足自行娩出后，胎肩及胎头由助产者牵出；而臀位牵引指胎儿全部由助产者牵引娩出。

一、臀位助产

【目的】

以适宜的方法协助臀位分娩，避免母婴损伤。

【适应证】

1. **具备下列条件者**　孕周 ≥36 周、单臀先露或完全臀先露、估计胎儿体重 2 000~3 500g（尤适合于经产妇）、产道无异常、无其他剖宫产指征。

2. 死胎或估计胎儿出生后难以存活者。

【禁忌证】

1. 活产足先露优选剖宫产。
2. 胎儿窘迫。
3. 有妊娠合并症或并发症不适宜阴道分娩者。
4. B超见胎头仰伸呈所谓"望星式"者。
5. B超提示脐带先露或隐性脐带脱垂。
6. 有难产史者。

【操作程序】

1. 评估

(1)产妇情况：评估是否适合阴道分娩；评估产妇一般状况，宫口是否开全，是否有宫缩乏力。

(2)胎儿状况：胎心率和羊水情况，除外胎儿窘迫；明确臀位类型及先露位置；估计胎儿大小。

2. 准备

(1)环境准备：环境舒适，温度适宜。

(2)物品准备：同第五章第七节第二产程的接产前准备。

(3)产妇准备：取得知情同意。取膀胱截石位，外阴消毒，排空膀胱。

(4)术者准备：由有经验的产科医生或助产士进行操作，戴口罩、帽子，外科洗手，戴无菌手套，通知新生儿科医生到场。

3. 操作步骤

(1)压迫法：又称臀位第一助产法，用于完全或不完全臀先露。重点在于以适度的力量阻止胎足娩出阴道，使宫缩反射性增强，迫使胎臀下降。

1)堵臀(图18-12)：当胎儿下肢出现于阴道口时，用一无菌巾覆盖阴道口，每次宫缩时用手掌抵住会阴部，使软产道充分扩张，防止胎足太早脱出。

2)娩臀：当手掌感到相当的冲击力，会阴膨起，全部胎臀显露于阴道口时，检查确认宫口已经开全，会阴较紧时行会阴切开。于宫缩时嘱产妇屏气用力，助产者放开手，胎臀及下肢可自行顺利娩出。

3)娩肩(图18-13，图18-14)：助产者用无菌巾包裹胎儿下肢及臀部，避免胎儿因寒冷刺激引起呼吸动作导致吸入羊水和黏液，将双手拇指放于胎儿背部髂骨缘上，其余四指放于胎儿臀部侧方，握紧胎儿臀部向下牵引直至胎儿脐部露于阴道口外。将脐带轻缓向外牵出数厘米，以免牵拉过紧影响胎儿循环。继续向下向外牵拉并旋转至胎儿前肩

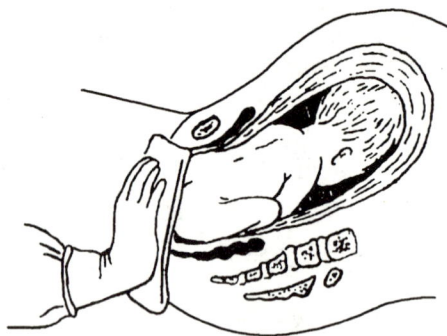

图18-12　堵臀

部分到达耻骨联合下。助产者以示指、中指顺胎儿前肩滑至胎儿肘关节并钩住，使胎儿上肢肘关节弯曲，紧贴胎儿胸部，将前臂牵出。随后尽量提举胎体，使后肩露于阴道口，同法娩出后肩。

4)娩头：将胎背转至前方，使胎头矢状缝与骨盆出口前后径一致，助手迅速在母体耻骨联合上方施压，使胎头俯屈入盆。将胎体骑跨在助产者的左前臂上，四肢分别位于助产者前臂的两侧，助产者将左手示指及无名指附于两侧上颌骨，协助胎头俯屈；将右手中指置于胎头枕骨使其俯屈，示指与无名指分别置于胎颈两侧，向下牵拉。当胎儿枕部低于耻骨弓下时，将胎体上举，使其下颌、口、鼻、眼、额依次娩出(图18-15，图18-16)。

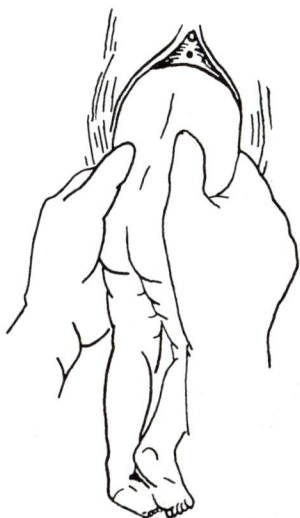

图 18-13 胎儿双肩径超过
骨盆入口

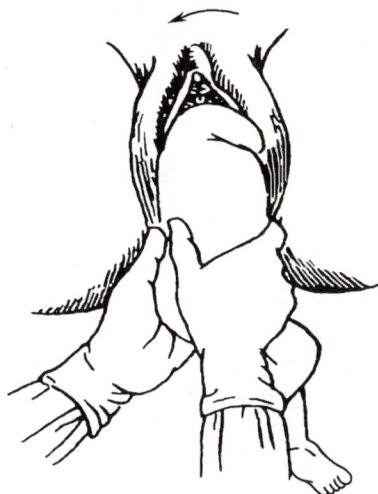

图 18-14 旋转胎体娩肩

图 18-15 胎头牵出法

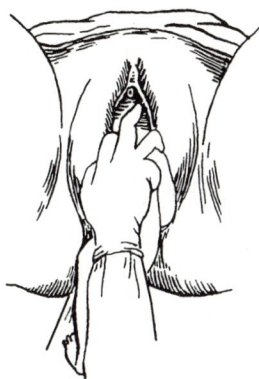

5)检查与记录:术后详细记录臀位助产术的过程、娩出时间、软产道检查及新生儿全身检查的情况等。

(2)扶持法:又称第二助产法,适用于单臀先露。要点在于接生过程中始终保持胎儿小腿伸直折叠于胎体上,压住交叉在胸前的双臂使之不致上举,压住胎儿颏部避免胎头仰伸。

当胎臀及双侧大腿显露后,助产者可使胎背朝向斜上一侧,使胎儿股骨粗隆间径适应接近骨盆出口前后径。助产者用手紧握胎臀两侧,拇指压住胎儿腿部,其余四指在骶部,在每次宫缩时将胎体及双腿向上抽拔,宫缩间歇期助产者拇指及其余四指顺胎腿及胎体下滑至阴道口,使双腿紧贴胎体不致脱出阴道口外,直至胎腿、胎体及胎儿上肢娩出。出肩后继续保持胎腿位置以压住颏部,将胎体及双腿向母体腹部提举,胎头娩出。如在提举胎体过程中胎儿上肢或下肢脱出,为第二助产法失败,需以第一助产法继续完成分娩。

【注意事项】

1. 第一助产法的关键在"堵",即让宫口及软产道充分扩张。宫缩间歇时适当放松"堵"的力量,避免长时间压迫致会阴水肿。即使宫缩时在阴道口可以见到胎先露,不应以此推断宫口开全,当宫缩时感到冲力,全部臀部已达阴道口,并确认宫口开全方可放手。

2. 第二助产法的关键在"拔",即保持胎腿伸直紧贴胎体,以限制胎儿上臂上举及胎头仰伸。

3. 脐部娩出后,一般在 2~3min 内娩出胎头,最长不宜超过 8min。

4. 术前做好新生儿抢救准备以及紧急剖宫产准备。

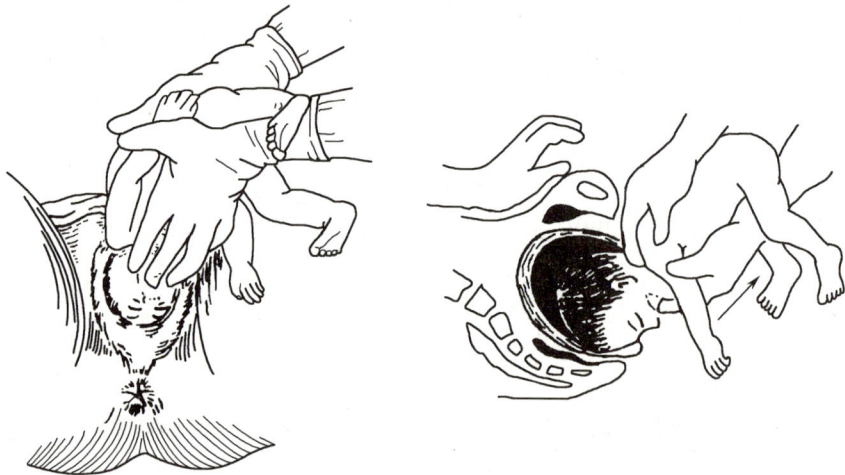

图 18-16　胎头即将娩出

二、臀位牵引术

【目的】

以适宜方法协助臀位胎儿分娩,改善围产结局。

【适应证】

1. 双胎妊娠第二胎臀位娩出。
2. 死胎或估计胎儿出生后不能存活。
3. 胎儿窘迫或脐带脱垂,短时间可经阴道分娩者。
4. 横位内倒转术后。
5. 无剖宫产手术条件。

【禁忌证】

1. 产道异常。
2. 宫口未开全。

【操作程序】

1. 评估产妇及胎儿情况。宫口是否开全,是否具有臀位牵引术指征,排除禁忌证。

2. **准备**

(1)环境准备:环境舒适,温湿度适宜。

(2)物品准备:同"阴道分娩术"。

(3)产妇准备:取得知情同意。取膀胱截石位,外阴消毒,导尿排空膀胱。

(4)术者准备:由经过助产手术培训的产科医生或助产士进行操作,戴口罩、帽子,外科洗手,戴无菌手套。

3. 操作步骤

（1）建议行会阴侧斜切开术，未破膜者应予以破膜。

（2）牵引下肢：①足先露（图18-17），如胎单足或双足已经脱至外阴或阴道，术者可以直接牵引；如胎足仍然在宫腔，术者伸手入宫腔，握住单足或双足将其牵出。牵出过程中，边牵引边向上移动握持点至髋关节，娩出胎儿下肢，并将胎儿转向骶前位。②单臀先露，助产者以一手示指钩住胎儿腹股沟（图18-18），沿产轴向下徐缓牵引直至另一手钩到对侧腹股沟，双手一起牵引，胎儿下肢娩出。如钩臀失败，可伸手入宫腔，用手指压迫腘窝，迫使膝关节屈曲，使胎足转下，然后握住胎足向下牵引。

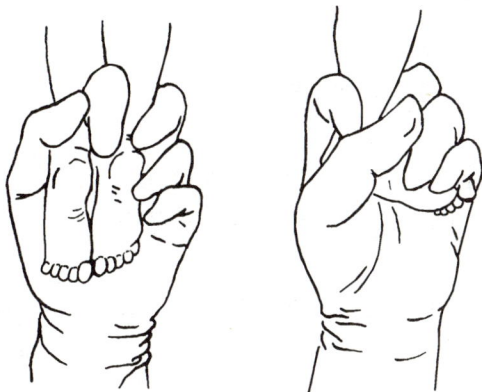

图 18-17　握持胎足的方法　　　　图 18-18　手钩住腹股沟

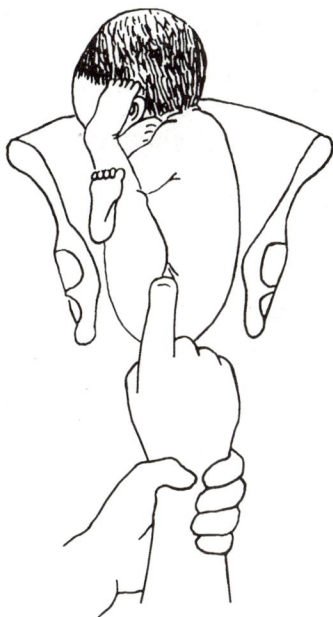

（3）娩出胎臀：下肢娩出后，前臀露于阴道口时，稍向前牵引，使胎臀娩出。

（4）牵出肩部及上肢：同臀位助产。

（5）牵出胎头：同臀位助产。

（6）检查与记录：同臀位助产。

【注意事项】

1. 在宫口开全之前不要让产妇用力，不可过早人为牵拉。

2. 臀牵引较臀助产更易发生新生儿窒息、脑瘫、新生儿损伤、骨折等，较臀助产有更高的围产儿死亡率；对产妇更容易发生软产道损伤、产后出血及产褥感染等。

3. 其他同臀位助产。

第七节　肩难产助产术

胎儿肩难产指胎头娩出后，胎肩嵌顿于骨盆入口，停滞于耻骨联合后上方，用常规方法不能娩出胎儿双肩引起的难产。足月妊娠发生肩难产率为0.15%，其中胎儿体重超过4 000g者发生率为正常体重胎儿的10倍。值得注意的是，60%以上的肩难产发生于胎儿体重正常者。因此，肩难产是不可预测的。肩难产可引起胎儿产伤甚至死亡及母亲损伤，要提高警惕并于发生时及时处理。

Note:

【目的】

1. 以正确的方法协助娩出胎肩。
2. 避免母亲和新生儿损伤。

【适应证】

胎头娩出后,发生胎肩娩出困难者。

【用物准备】

同第五章第七节第二产程"接产前准备"。

【操作程序】

(一) 肩难产高危因素评估*

1. **产前高危因素**　母亲肥胖或体重超过 85kg、妊娠期糖尿病、过期妊娠、骨盆狭窄或畸形、既往有肩难产史、估计胎儿巨大、前次分娩有超过 4 000g 的胎儿史,怀疑有巨大儿可能,应引起警惕。

2. **产时高危因素**　产程延长或停滞,使用胎头吸引或产钳助产。

3. 肩难产常突然发生,要镇定迅速处理。

(1) 如胎头拔露时比较缓慢,产瘤较大,宫缩间歇胎头回缩至阴道内较高位置,胎头娩出胎儿面部较肥大,青紫,出现龟缩征(胎头回缩面部受压现象),若排除胸部和颈部畸形,可以确定为肩难产。

(2) 如胎头娩出后至少等待一次自然宫缩,胎肩仍未自然娩出或未发生旋转,应怀疑有肩难产可能。

(二) 肩难产急救处理

1. **请求帮助**　一旦诊断肩难产,立即启动肩难产急救流程,迅速召集有经验的产科医生、助产士、麻醉科及儿科医生等相关人员迅速到位。

2. **评估会阴条件**　必要时行会阴切开,以增加阴道内操作空间。

3. **常用方法**

(1) 屈大腿法:协助产妇将双大腿极度屈曲贴近腹部,双手抱膝,以抬高耻骨联合,减小骨盆倾斜度,使腰骶段和脊柱弯曲度缩小,解除对胎肩的梗阻(图 18-19,图 18-20)。

(2) 耻骨上加压法:助手在产妇耻骨联合上方触到胎儿前肩,在其后方施力,向胎体胸侧推压胎肩(不是向骨盆内方向推压),使胎肩径缩小,同时助产者可以在阴道内旋转胎肩至与骨盆斜径一致,协助胎儿娩出(图 18-21)。注意两者相互配合,不能使用暴力。

图 18-19　屈大腿,使两大腿极度屈曲贴近腹壁

(3) 旋肩法

1) Rubin 法:助产者一手(通常右手)沿骶凹进入阴道内,在胎儿前肩后方向胎儿前胸方向推动肩胛骨使肩内收,以缩小双肩径并旋转胎肩至骨盆斜径上。

2) Wood 法:术者以示指、中指伸入阴道,紧贴胎儿后肩前方加压,将后肩向侧上旋转,同时助手协助将胎头同向旋转,当后肩逐渐旋转至前肩位置时,使胎儿双肩径旋转至骨盆斜径上娩出。常和

Rubin 手法配合使用,更易成功(图 18-22)。

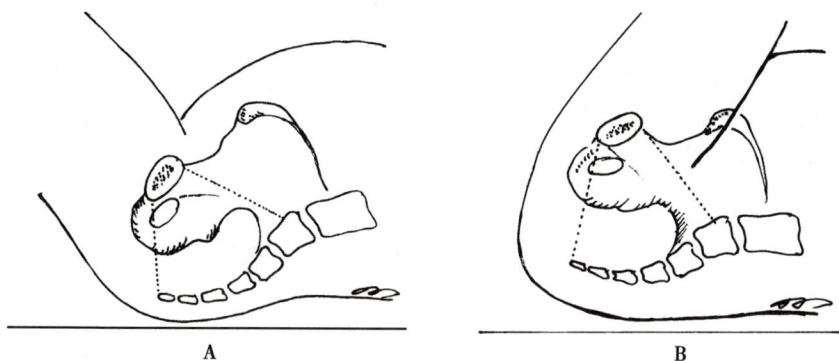

图 18-20 不同体位下的骨盆
A. 普通接生体位时;B. 屈曲大腿时。

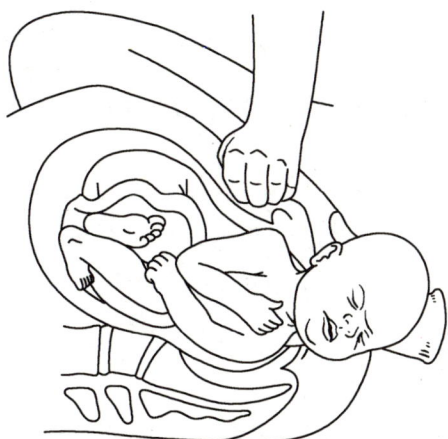

图 18-21 耻骨上加压法

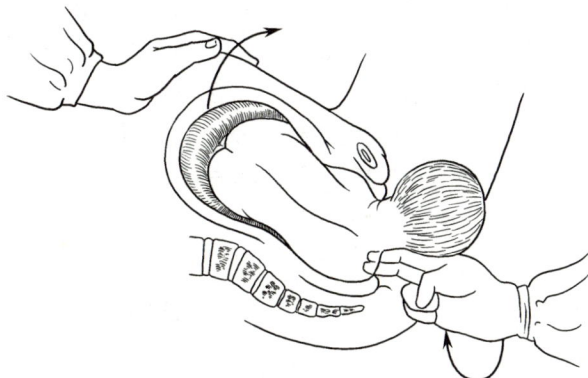

图 18-22 旋肩法(Wood 手法)

3)反向 Wood 法:由后肩胛的后方向前推动胎儿后肩,使胎肩旋转至骨盆斜径上。

(4)Remove(后肩娩出法):术者一手上托胎头使之紧贴耻骨联合,另一手沿阴道后壁骶凹处上滑,握住胎儿后上肢,压肘部使其屈曲于胸前,以洗脸式牵拉出后臂,后肩随即娩出(图 18-23)。此时胎肩径已旋转至骨盆斜径上,牵引胎头使前肩入盆后即可娩出。

(5)Roll(Gaskin 手法):协助产妇取手膝位,重新开始评估和处理。按照前面的经阴道内操作,尝试解除肩难产。

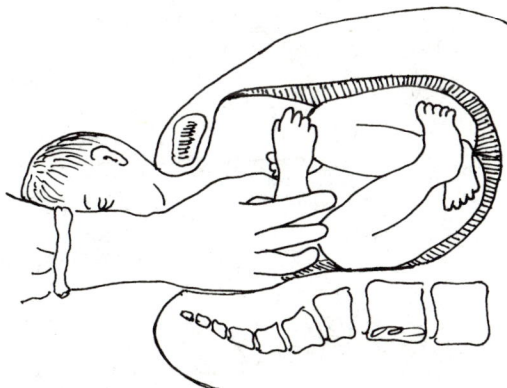

图 18-23 牵后臂法(Remove 手法)

综上,可总结为中文五字诀"屈、压、转、牵、翻"。①屈:屈大腿。②压:耻骨联合上施压以松动前肩嵌顿。③转:手入阴道将胎儿双肩径转到骨盆斜径上。④牵:手入阴道牵出胎儿后臂(后肩娩出法)。⑤翻:翻身转为手膝位。

4. 其他方法(在上述方法都失败后才考虑采用)

(1)后腋窝软绳牵出法:助产者一手持纱布条,从胎儿后肩背侧送入,经后腋窝绕出到腋前,轻拉

Note:

纱条两端使后肩在阴道口后方显现而娩出后肩,则前肩可顺势娩出。

(2)胎头复位剖宫产法:当肩难产无法从阴道娩出,胎心尚好,无其他产科并发症,可试将胎头复位,改行剖宫产术。此法国内没有报道,应慎用。静脉滴注宫缩抑制剂(如盐酸利托君),将胎头转成枕前位,并令其俯屈。左手两指按压阴道后壁,右手将胎头按产轴方向缓缓返纳回阴道内,尽量将胎头退回坐骨棘水平。注意:如脐带已钳夹切断,不可行此操作。

(3)胎儿锁骨切锁法:钩断前锁骨,缩小双肩径。

(4)耻骨联合切开术。

5. 检查与记录　详细记录操作的步骤、胎心情况、胎儿娩出时间、软产道检查及新生儿检查的情况等。

【注意事项】

1. 要注意胎头娩出至胎肩娩出有一个胎头复位、肩部下降旋转的生理过程。胎头娩出后,至少等待一次自然宫缩的时间,可有效减少肩难产误诊。

2. 肩难产操作口诀为 HELPERR,为肩难产处理的基本方法,排序为方便记忆,不是必须逐一完成的固定程序。各种处理方法的效果并无明确的优劣之分,操作者可按照本人最熟悉的操作进行。每项操作所花的时间以 30~60s 为宜。这些操作的设计要满足下列三条之一:①增大骨性骨盆的功能尺寸;②减小胎儿的双肩径;③改变双肩径与骨性骨盆的相对位置。

3. 可首先协助产妇取手膝位,然后尝试其他操作。有可能通过改变产妇体位,增大骨盆径线,让胎肩松解旋转娩出。

4. 助产过程中禁止按压宫底,以免加重胎肩嵌顿和引起胎儿产伤。

5. 注意避免惊慌,一旦诊断为肩难产,应立即增加助手,可包括一名产科医师、一名儿科医师、一名麻醉医师及助产士以协助操作。多人多学科共同协作,抢救团队及时到位,各尽其责。

第八节　胎头吸引术

胎头吸引术是利用负压原理,使胎头吸引器(图 18-24)吸附在胎头上,通过牵引和旋转,协助胎头娩出的阴道助产手术。

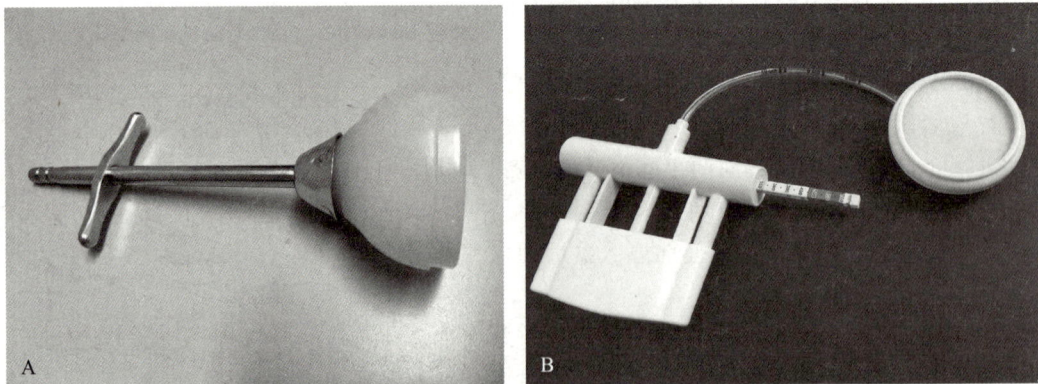

图 18-24　胎头吸引器

【目的】

通过吸引胎头协助娩出胎儿。

【适应证】

1. 因持续性枕横位或枕后位、宫缩乏力等原因,可能或已经发生第二产程延长。
2. 患有合并症、并发症及瘢痕子宫的产妇,需要避免屏气用力,缩短第二产程。
3. 胎儿窘迫,需要紧急结束分娩。

【禁忌证】

1. 胎儿不能或不宜经阴道分娩者,如早产(<34周)、胎儿凝血功能异常、骨盆异常、产道梗阻或畸形等。
2. 宫口尚未开全或胎膜未破者。
3. 面先露和非枕先露或严重胎儿窘迫,估计短时间内不能经阴道分娩者。
4. 胎头先露位置高,未达坐骨棘水平以下者。
5. 刚进行过胎儿头皮采血者。

【操作程序】

1. 评估

(1)产妇及胎儿情况:产妇现病史、产妇骨盆情况、产妇精神状态、宫缩、胎心情况、产程时间等。

(2)阴道检查判断宫口开大情况、胎方位、胎头塑形情况、胎头下降情况、会阴及阴道情况。

2. 准备

(1)环境准备:环境舒适,温湿度适宜,私密性好。

(2)用物准备:灭菌产包、无菌手套、胎头吸引器、润滑剂、50ml注射器或电动负压装置,会阴浸润及阴部神经阻滞麻醉用物、会阴侧切术用物、新生儿复苏抢救用物。

(3)产妇准备:取得知情同意。

(4)术者准备:由有经验的产科医生或助产士进行操作,戴帽子、口罩,外科洗手,戴无菌手套。

3. 操作步骤

(1)取膀胱截石位,外阴消毒、铺巾,双侧会阴部神经阻滞麻醉。

(2)导尿排空膀胱。

(3)阴道检查:再次确认宫口开全,确定是否为枕先露,胎头骨质部已达坐骨棘水平以下(S+3以下),确定胎方位,排除禁忌证,胎膜未破者予以破膜。

(4)建立静脉通道,做好新生儿复苏准备。

(5)行左侧会阴切开术。

(6)放置吸引器:①操作者先将吸引器外缘涂润滑剂,左手分开小阴唇后撑开阴道后壁,右手将吸引杯下缘沿阴道后壁送入到胎头顶骨后部,吸引杯随之滑入,且与胎头顶部紧贴。吸引杯直径多为5~6cm,应放在胎头俯屈点。俯屈点位于后囟前方3cm左右,与前囟距离估计为6cm。吸引杯位于矢状缝中间,并避开前后囟(图18-25)。②操作者一手紧持吸引器,另一手示指、中指伸进阴道,在吸引杯与胎头衔接处检查一周,排除阴道壁、宫颈组织或脐带等嵌入吸盘内。同时调节吸引横柄方向与矢状缝一致,以作为旋转标记。

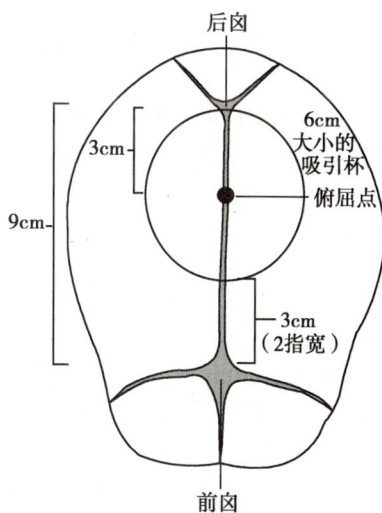

图18-25　放入胎头吸引器

(7)抽吸负压:助手用50ml或100ml注射器,分数次从橡皮管抽出空气。术者用血管钳将橡皮管夹紧,使吸引杯内产生负压牢固附于胎头上。金属杯吸引器一般抽气150~200ml,硅胶喇叭形杯吸引器仅 60~80ml 即可形成足够负压。

（8）牵引：在宫缩屏气时同步牵引,牵引时应避免用手扭转吸引杯,应根据分娩机制随胎头旋转而转动。听胎心如无异常,操作者可在宫缩时循产道轴方向缓缓牵引并按正常分娩机制分娩胎儿。助手在牵引时保护会阴。牵引时若听到"嘶嘶"声,说明漏气,可能与放置或牵引方向不妥有关,可稍螺旋移动吸筒,或重新抽出一些空气后再牵。牵引方向也可稍予以改变。必要时取下重新放置（图 18-26）。吸引时间主张 10~15min,最长不超过 20min,吸引不超过 2 次。胎头娩出后,松开钳夹橡皮管的血管钳,恢复吸引器内压力,取下吸引器。

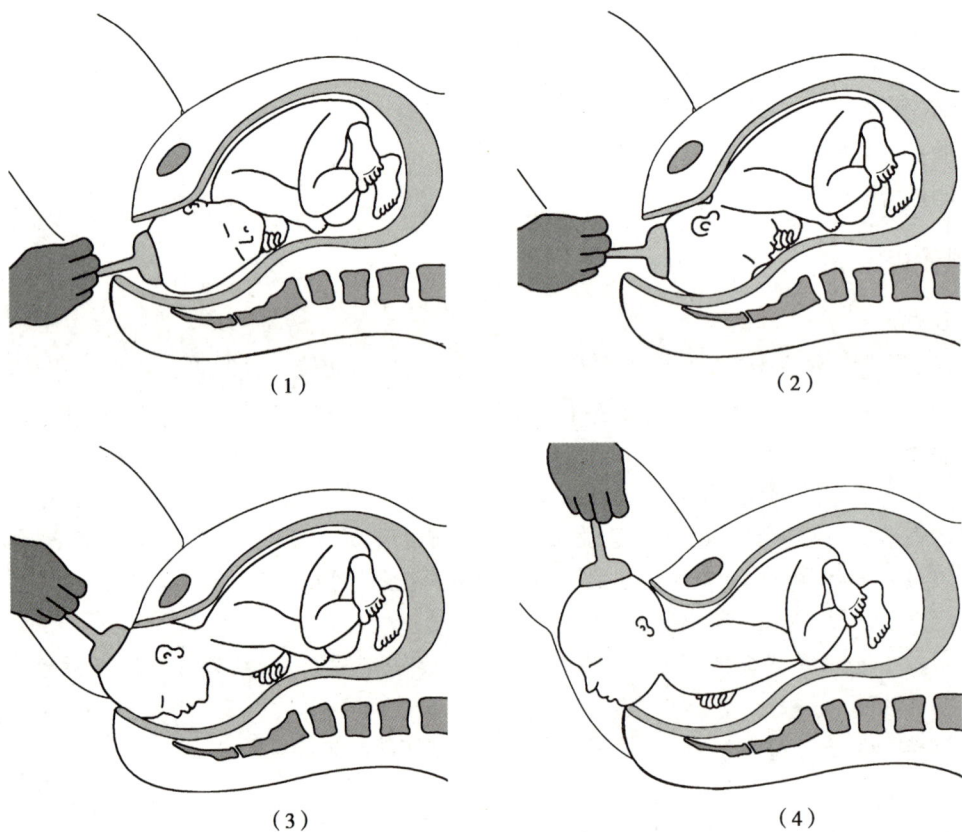

（1）　　　　　　　　　　　　　（2）

（3）　　　　　　　　　　　　　（4）

图 18-26　牵引吸引器手法

（9）娩出：按自然分娩机制协助胎儿娩出。胎儿娩出后及时进行新生儿相关处理。等待娩出胎盘,检查缝合软产道裂伤。

（10）术后观察与处理：指导产妇术后排尿及术后伤口的处理。对新生儿进行全身检查,尤其头面部。

（11）检查与记录：术后详细记录胎头吸引术的过程,吸引压力,牵引次数,娩出时间,软产道检查及新生儿全身检查的情况等。

【注意事项】

1. 使用前检查吸引器有无损坏、漏气、橡皮套有无松动,并把橡皮管连接在吸引器空心管柄上。

2. 在宫口必须开全,胎头必须衔接的条件下操作。

3. 正确放置吸引杯是胎头吸引术成功最重要的因素。吸引杯放置于矢状缝上、中心点在后囟前方 3cm 处最合适。相对矢状缝对称放置,否则将会加重不均倾。枕前位是放置吸引杯较容易的胎方位。

4. 牵引应是间歇性的,应于宫缩配合产妇用力时一起牵引。牵引时应避免扭转吸引杯,否则可导致胎儿头部血肿和头皮撕裂,尤其是使用金属杯时。

5. 术后注意观察产妇和新生儿的并发症。产妇可能出现的并发症有产道损伤、产后出血等;新生儿可能出现头皮损伤、胎头血肿、颅内出血和颅骨骨折等并发症。

知识拓展

简易胎头吸引系统

简易胎头吸引系统使用自带的掌控负压泵产生的真空负压,这个压力可以把胎儿头部稳定而安全地固定在吸引器的杯体,配合产妇的规律宫缩,由医生或者助产士施加适当角度和力度的拉力,可以协助产妇顺利地把难以自然分娩的胎儿娩出。和传统的胎头吸引器相比,优点体现在单人就可以使用,压力单手控制、拉力可控,不需要多人配合,一次性使用,对胎儿损伤小。

第九节　产钳助产术

产钳助产术是利用产钳固定胎头并牵引,协助胎头下降及胎儿娩出的阴道助产手术。根据手术时胎头位置,产钳助产术可分为高位、中位、低位及出口产钳助产术。因高位、中位产钳助产术常引起严重母婴并发症,现已被剖宫产术替代。目前常用低位及出口产钳助产术。

【目的】

缩短第二产程,帮助产妇顺利完成阴道分娩。

【适应证】

1. 因头盆不称及宫缩乏力等原因导致第二产程延长。
2. 患有合并症或并发症及瘢痕子宫的产妇,需要避免屏气用力,缩短第二产程。
3. 胎儿窘迫者,需要紧急结束分娩。
4. 胎头吸引助产失败后确认无明显头盆不称者。
5. 臀位后出头困难者。
6. 剖宫产术中应用。

【禁忌证】

1. 骨盆狭窄或头盆不称。
2. 宫口未开全或胎头未衔接,非纵产式或面先露或其他异常胎位。
3. 严重胎儿窘迫,估计短时间内不能经阴道分娩者。
4. 胎儿凝血功能障碍或胎儿成骨不全。

【操作程序】

1. 评估同"胎头吸引术"。
2. 准备同"胎头吸引术"。用物准备应另外包括产钳包。
3. 操作步骤(以低位产钳为例)
(1)～(3)同胎头吸引术。
(4)检查和润滑产钳:润滑产钳左右两叶,助手扣合产钳左右叶,检查产钳的对合情况。

（5）放置产钳：首先置入左叶产钳（图18-27），右手润滑后四指并拢深入阴道左后壁与胎头之间，左手以执笔式握持左叶产钳，使钳叶垂直向下，凹面向前，将产钳头曲顺右掌面与胎头之间缓缓送入阴道，当钳匙接近右手中指时，右手拇指承托产钳颈部，协助左手使钳叶向左侧盆壁滑动，直到达到胎头左耳郭处，使叶柄与地面平行，置入后，由助手扶持，保持左叶产钳位置不变。再用同样的方法置入右叶产钳（图18-28），用左手深入阴道引导，右手持右叶产钳垂直向下，凹面向前，从阴道后壁缓慢深入阴道，然后两手协同，使钳叶向右侧盆壁滑动，直到叶柄与地面平行，撤出左手。由于右叶放置时空间更加有限，常需要边置入边撤出左手。

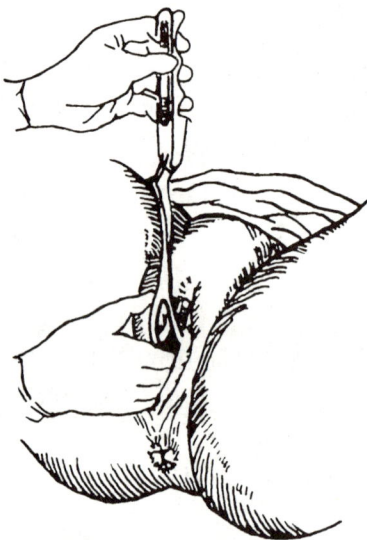

图18-27　放置左叶产钳

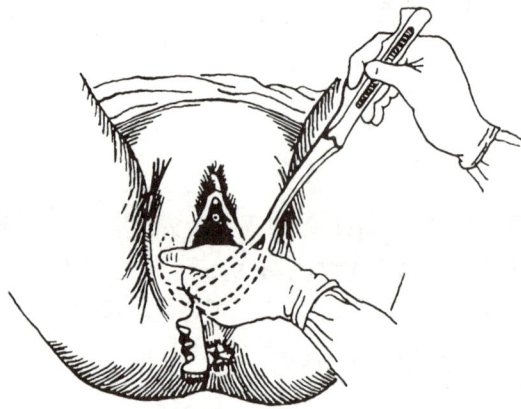

图18-28　放置右叶产钳

（6）合拢产钳（图18-29）：伸手入阴道内检查钳叶与胎头之间有无产道软组织或脐带，胎头矢状缝是否位于两钳叶中间，胎儿的后囟在产钳上缘一指处。产钳放置顺利，未遇异常阻力，扣合钳柄无难度，说明置钳到位。如对合有困难，则应取出产钳再次检查胎方位后重新放置。

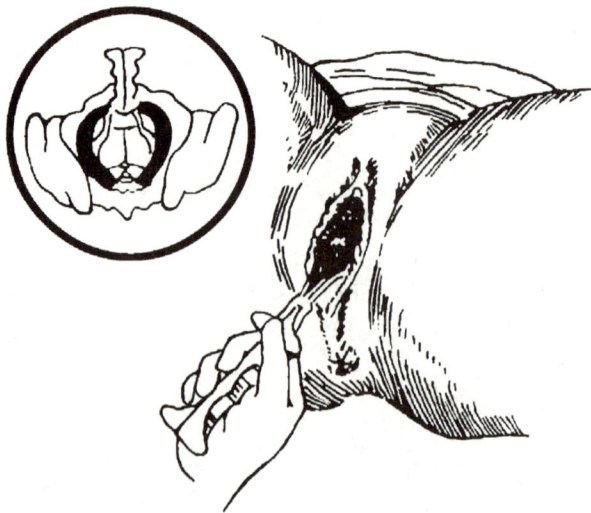

图18-29　合拢产钳

（7）牵引（图18-30）：合拢钳柄后监测胎心，如无异常，操作者双臂稍弯曲，双肘挨胸，缓慢用力，于宫缩时沿产轴方向向下向外缓缓牵引。助手在牵引同时保护会阴。随胎头的下降、会阴部稍有膨隆时转为水平向外牵引,当胎头枕部露于耻骨弓下,会阴部明显膨隆时,渐渐向上提牵,协助胎头仰伸娩出。宫缩间歇期应暂停牵引,以减少对胎头的压迫,并注意监测胎心。牵引困难时应详细检查,重新评估,决定分娩方式,切忌强行牵引。

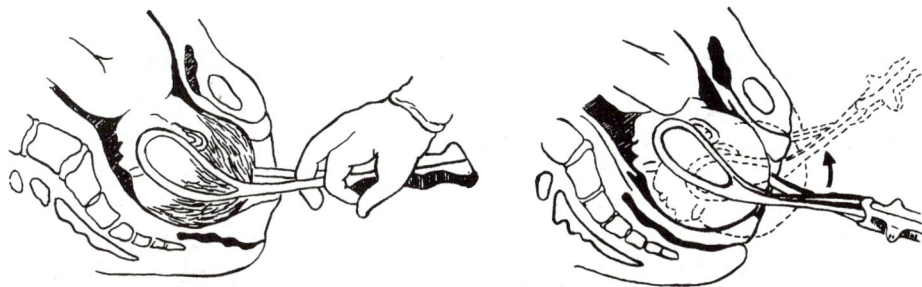

图 18-30　按产轴方向牵引

(8)取下产钳(图 18-31):在胎头双顶径娩出时,可取下产钳,先取出右叶,再取出左叶,按产钳放置的相反顺序取钳。动作轻柔,使钳叶轻轻滑出。

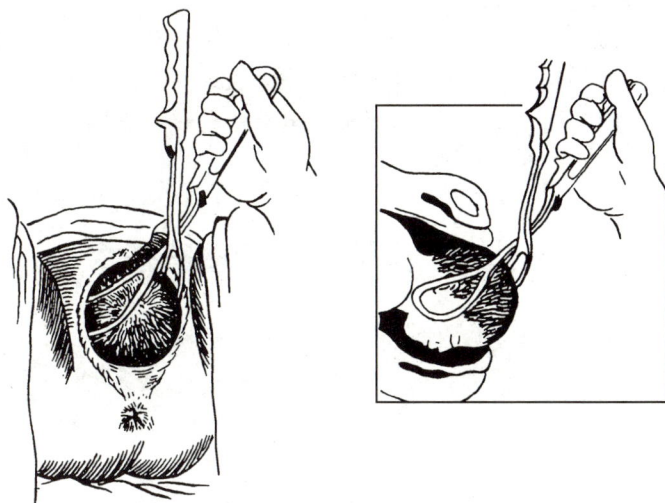

图 18-31　取下产钳

(9)娩出:按自然分娩机转协助胎儿娩出。胎儿娩出后及时进行处理,吸痰,给氧或复苏。娩出胎盘,检查缝合软产道损伤。

(10)术后观察与处理:指导产妇术后排尿及术后伤口的处理。给新生儿进行全身检查,尤其头面部。

(11)检查与记录:术后详细记录产钳助产术的过程和娩出时间,软产道检查及新生儿全身检查的情况等。

【注意事项】

1. 应确认宫口开全,排空膀胱。术前需查清胎头位置并纠正胎头为正枕前或正枕后位,正确了解胎头骨质最底部及最大横径的高低,以及矢状缝和胎耳,可引导产钳放置。

2. 产钳牵引应该为间歇用力,待宫缩时均匀、适当牵引,钳柄不能左右摇晃,同时配合产妇的屏气用力,增强牵引效果。

3. 撤出产钳的时机根据术者经验有不同,有的主张全程牵引娩出胎头,可以尽快结束分娩;有的主张在着冠前松下产钳,然后产妇稍屏气用力按照分娩机转娩出胎头,这样可以减少对会阴的压力和会阴切开的需求,但有可能因松钳过早,使胎儿娩出时间延长。

4. 术后注意观察产妇和新生儿的并发症。产妇可能出现的并发症有产后软产道损伤、产后出血等。新生儿并发症有面神经损伤、皮肤压痕和撕裂伤、眼部创伤、颅内出血、颅骨骨折、帽状腱膜下出血、神经损伤等。

5. 实施产钳助产前,要充分评估产妇及胎儿情况、是否能得到医护人员的支持、施术者使用产钳的熟练程度,做好新生儿抢救准备及肩难产、产后出血急救准备,还应考虑有无软产道撕伤的修补能力、实施产钳术失败后有无改行急诊剖宫产术的条件。

知 识 拓 展

胎头吸引和产钳助产的比较

胎头吸引与产钳比较,各有优缺点。

1. 胎头吸引器牵引力小,产钳牵引力大且多能一次成功。紧急情况下需要较快娩出胎儿时,以产钳助产为宜。

2. 产钳可以解决异常先露如臀位后出头困难。

3. 胎头吸引 2 次均失败后可改用产钳助产。

4. 产钳助产相对复杂,手术技巧要求高,而胎头吸引器操作相对简单,较易掌握。

5. 孕周<34 周不推荐使用胎头吸引,而产钳助产几乎可用于所有孕周。

第十节　特殊情况下的接产技术

大部分产妇能在正常的条件下分娩,但也有突发的、特殊的情况需医护人员紧急接产,如早产、双胎、医院外紧急分娩等。

一、早产接产技术

1. 若孕周小于 34 周,考虑应用宫缩抑制剂 48h,目的在于争取产妇安全转运和糖皮质激素发挥作用的时间。

2. 若孕周小于 35 周(胎膜早破者小于 34 周),应用糖皮质激素促胎肺成熟。

3. 孕周小于 32 周的早产,临产前遵医嘱用硫酸镁治疗至少 12h,尽可能达到 48h,对胎儿脑神经有保护作用。

4. 协助产妇取侧卧位,给氧,对精神紧张、估计短时间内不会分娩者,按医嘱给予对围生儿呼吸、神经系统功能抑制作用较小的镇静药物。

5. 了解产妇及家属的情绪反应,为产妇提供心理支持和保证,讲解早产儿出生后护理治疗等相关知识,解除产妇及家属的思想顾虑。

6. 加强胎心监测,及时发现胎儿窘迫。

7. 严密观察宫缩、宫口扩张等产程情况,发现异常及时报告医生,在胎儿娩出前呼叫新生儿科医生到场,并准备好新生儿抢救物品,使其处于备用状态。

8. 分娩时,若产妇会阴条件良好,胎心正常,则不需要行常规会阴侧切。目前并没有证据证明常规会阴侧切能减少早产儿颅内出血的发生率。

9. 早产儿分娩后延迟断脐(等待脐带搏动停止后或胎盘娩出),可减少 50% 的脑出血发生率,有助于提高早产儿存活率。脐带可保留至少 4cm,利于建立输液通道。

10. 有感染或合并胎膜早破的产妇应用抗生素防治感染。

二、双胎接产技术

1. 监测产程和胎心变化,如出现宫缩乏力或产程延长,应及时处理。

2. 第一个胎儿娩出后,及时清理呼吸道,等待脐带搏动消失后断脐。但对于单绒毛膜双胎可能因胎盘之间的交通血管导致急性的胎-胎输血,分娩时更应注意尽快断脐,以防第二个胎儿失血。

3. 第一个胎儿娩出后助手立即在腹部将第二个胎儿固定成纵产式,如未自然破膜者,可行人工破膜,积极娩出第二个胎儿。

4. 第二个胎儿娩出后,产妇上腹部放置沙袋,防止腹压骤降引起休克。

5. 积极预防产后出血。临产时应备血,胎儿娩出前需建立静脉通道,第二个胎儿娩出后应立即肌内注射或静脉滴注缩宫素。

6. 胎盘娩出后应仔细检查胎盘、胎膜完整性和脐带的附着点,并根据胎盘、胎膜的组成情况进一步判断双胎的绒毛膜性。

7. 双胎妊娠者如发生早产,产后应加强对早产儿的观察和护理。

8. 正常情况下,双胎妊娠分娩时两个胎儿几乎总是在极短时间内先后娩出。若孕 24 周以前双胎妊娠第一个胎儿自然流产,继而子宫收缩消退,且无绒毛膜羊膜炎的证据时,为提高尚未娩出的第二个胎儿的生存机会,将第二个胎儿保留在子宫内继续维持妊娠数天至数周后出生,称为双胎妊娠中第二个胎儿延迟分娩(delayed interval delivery of the twin,DIDT)。可应用抗生素、宫缩抑制剂和宫颈环扎术,延迟第二个胎儿的分娩提高第二个胎儿的存活率,同时也要考虑宫内感染、胎儿异常等可能性。

三、意外紧急分娩接产技术

意外紧急分娩指没有准备的正常分娩,即使在住院期间的产妇,也有可能发生,如在待产房间或病房里,而不是产房内分娩。在社区和公共服务场所普及紧急分娩处理原则,预先做好应急准备,对于紧急情况下保证母婴安全健康十分必要。

1. 协助产妇取舒适的体位。紧急情况下,可协助产妇取手膝位(跪)或侧卧位分娩。

2. 呼叫求助,同时拨打急救电话或向附近医院工作人员协助。组织人员做好遮挡,保护隐私。

3. 尽量寻找清洁的表面接产,如垫清洁软布等。有条件的情况下应用快速洗手法洗手。

4. 协助娩出胎头与胎肩,指导产妇密切配合,避免娩出速度过快。切不可用力牵拉胎体,以免损伤新生儿。

5. 新生儿娩出后评估呼吸情况,必要时清理呼吸道,将新生儿放入产妇怀中,积极保暖,暂缓断脐,等待胎盘自然娩出。

6. 胎盘一般在新生儿出生后 30min 内自然娩出,不可强行牵拉。胎盘娩出后,不要断开脐带,胎盘置于防漏水的清洁袋子内或容器内,与新生儿一同包好,送医院处理。

7. 产妇分娩后注意保暖,可给予热饮料,同时按摩子宫,注意观察阴道流血情况。

8. 入院后按接产方法断脐。

9. 评估检查产妇一般情况、生命体征、子宫宫缩及阴道流血。检查有无会阴阴道裂伤,有裂伤者按解剖层次缝合。

10. 如有污染、产道裂伤或已经现场断脐等情况,应给予破伤风抗毒血清注射。

Note:

第十一节　人工剥离胎盘术

用手剥离宫腔内胎盘组织的手术称为人工剥离胎盘术，又名徒手剥离胎盘术。

【目的】

协助娩出胎盘，避免产后出血过多。

【适应证】

1. 胎儿经阴道娩出后，30min 胎盘仍未娩出者。剖宫产胎儿娩出后 5~10min，胎盘仍未剥离排出者。

2. 胎儿娩出后不到 30min，胎盘仍未娩出，但阴道流血已达 200ml 者。

【禁忌证】

胎盘植入者，切勿强行剥离。

【操作程序】

1. 评估

(1)评估产妇精神状态和情绪、阴道出血情况、能否耐受手术等。

(2)评估胎盘的位置，是否有局部剥离、是否存在植入等。

2. 准备

(1)环境准备：环境舒适，温湿度适宜，私密性好。

(2)用物准备：无菌产包、注射器、无菌导尿包、无菌手套，阿托品注射液，哌替啶注射液，缩宫素注射液。

(3)产妇准备：取得产妇知情同意。予以外阴消毒，导尿排空膀胱。向产妇讲解胎盘滞留的原因及危害，人工胎盘剥离术的目的和意义。建立静脉通道，必要时配血备用。

(4)术者准备：常规戴口罩、帽子，外科洗手，穿手术衣，穿戴或更换无菌手套。

3. 操作步骤

(1)选择恰当的麻醉镇痛方法：已行药物性分娩镇痛的产妇，可追加药量。可遵医嘱肌内注射哌替啶 50~100mg 及阿托品 0.5mg，必要时可用全身麻醉。

(2)徒手剥离胎盘：操作者一手置于腹部，沿骨盆轴方向压宫底（图 18-32），另一手手指并拢成圆锥形，沿脐带伸入子宫腔，摸到胎盘并触及胎盘边缘。掌面朝向胎盘母体面，手指并拢，以手掌尺侧缘从胎盘边缘缓慢将胎盘与子宫壁分离。如胎盘附着于子宫前壁，手掌朝向胎盘操作困难时，可手掌朝向子宫前壁，贴宫壁剥离胎盘，也可以由助手配合在腹部按压宫底。

(3)娩出胎盘：胎盘全部剥离后，用手握住胎盘，另一手牵引脐带协助胎盘娩出。胎盘娩出后立即肌内注射缩宫素 10U。

(4)检查：检查胎盘、胎膜的完整性。如有残留，可伸手进入宫腔寻找并剥离残留部分。若用手难以剥离取出时，可用卵圆钳或大刮匙轻轻进行钳除或刮除。

(5)记录：记录胎盘剥离的方法、剥离的时间以及胎盘、胎膜的完整性等。

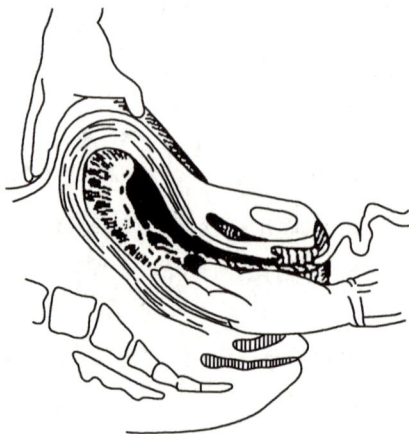

图 18-32　人工剥离胎盘操作

4. 术后观察及处理

(1)术毕按医嘱给予缩宫素和抗生素。

(2)观察产妇的反应,注意有无突然剧烈腹痛。监测血压、心率、脉搏、体温、呼吸,注意观察宫缩和阴道流血等。

【注意事项】

1. 术前需做好大出血的应急准备,建立静脉通道和配血。

2. 术中需要注意产妇生命体征的变化。

3. 忌用暴力强行剥离或用手指抓挖子宫壁,防止子宫破裂。如发现胎盘与子宫壁之间无明显界线,可能为植入性胎盘,不可强行剥离,以免损伤子宫壁或发生不可控制的出血。此时应停止操作,行B超检查,并根据情况决定下一步诊治方案。

第十二节　宫腔填塞术

宫腔填塞术(uterine packing)包括宫腔纱条填塞术和宫腔球囊填塞术。

一、宫腔纱条填塞术

宫腔纱条填塞术,即用纱条填塞子宫腔以制止产后出血。

【目的】

填塞刺激子宫体感受器,通过中枢反射性引起子宫收缩;宫腔填塞后整个宫腔被充分扩张,宫腔内压力高于动脉压,使动脉出血停止或减少;同时纱条或球囊也可压迫胎盘剥离面,起到止血作用。

【适应证】

适用于宫缩乏力或前置胎盘所致产后出血,经宫缩剂治疗无效者。

【禁忌证】

有先兆子宫破裂征象者;有子宫颈裂伤者;有宫腔感染者;胎盘滞留者。

【操作程序】

1. 评估　明确新生儿娩出时间,产妇精神状态、宫缩及出血情况,有无并发症等。检查产道裂伤情况,宫腔是否有胎盘组织残留。

2. 准备

(1)环境准备:环境舒适,温湿度适宜。

(2)用物准备:无菌不脱脂棉纱条(高压灭菌备用,宽6~8cm、长5~10m、4~6层)、无菌手套、手术衣、卵圆钳、适量镇静剂。

(3)产妇准备:取得知情同意。取膀胱截石位,重新消毒外阴和阴道,留置尿管,排空膀胱,适当镇静麻醉,建立静脉通道,配血备用。

(4)术者准备:洗手,更换手术衣及无菌手套。

3. 操作步骤　助手从腹壁固定宫底,并向下施压,术者左手伸入宫腔做引导,右手持卵圆钳夹纱条的一端送入宫腔,从宫底开始自一侧填向另一侧,即"之"字形有序填塞,逐步向外均匀填满整个宫腔,务必填紧,不留空隙(图18-33)。当子宫上段填满后助手固定子宫,术者左手均匀用力向内压紧填塞的纱条,但不可用力过猛,宫腔填满后,再以同法继续塞紧子宫下段及阴道。

Note:

4. 术后观察及处理

(1)观察宫缩情况:填塞完纱条后,注射子宫收缩剂,如仍子宫收缩不良时,可持续按摩子宫。

(2)密切观察子宫出血情况:宫腔填塞纱条后应密切观察产妇的一般情况及生命体征,注意宫底高度、子宫大小的变化和阴道流血的情况,警惕因填塞不紧或仅填塞于子宫下段,造成宫腔内继续出血(图18-34)但阴道未见出血的假象,需根据阴道出血量、宫底高度改变、低血容量表现等情况综合分析,必要时行超声检查,以确定宫腔内是否有隐匿性出血。一旦确定出血继续存在,需要再次填塞或采取其他措施。

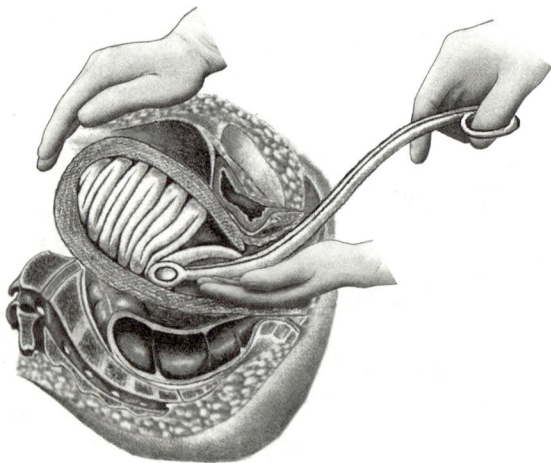

图 18-33　纱条填塞法

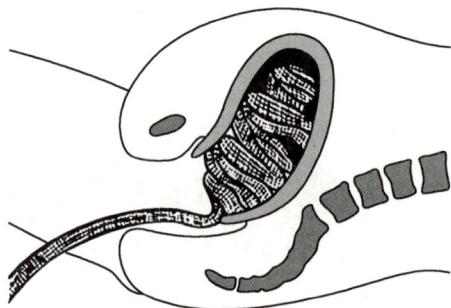

图 18-34　纱条填塞错误

(3)取出纱条:一般术后24h取出纱条,取出前须备血,取出时应用宫缩剂,建立静脉通道。操作时一定要缓慢,勿粗暴,宫腔纱条必要时可送细菌培养。

(4)记录:记录操作的过程、用药情况、宫缩情况、出血量及操作效果等。

【注意事项】

1. 操作中应当谨慎,警惕发生子宫破裂。

2. 操作时要严格遵守无菌操作原则,给予足量的抗生素预防感染。

3. 因纱条有很强的吸血作用,可能发生隐匿性积血,因此纱条填塞速度要快,而且务必使整个子宫腔和阴道填满纱条,填塞应紧密而均匀、不留空隙,才能达到有效止血的目的。

4. 子宫腔纱条填塞术只是控制子宫收缩乏力性出血的方法之一,一旦确诊为宫缩乏力性产后出血,出血在800~1 000ml就应当做宫腔填塞。同时应立即输液,准备输血,采取各种措施积极处理。

5. 需要注意的是,休克时填塞易加重病情。

二、宫腔球囊填塞术

宫腔球囊填塞术是用专用或其他自制球囊填塞子宫腔以制止产后出血。

【目的】

同宫腔纱条填塞术。

【适应证】

宫腔球囊填塞适用于阴道分娩后因子宫收缩乏力、胎盘因素(尤其是前置胎盘)和凝血因子缺乏等因素引起的出血。剖宫产术中、术后或者有剖宫产史阴道分娩后出现产后出血也适用。

【禁忌证】

同宫腔纱条填塞术。

【操作程序】

1. **评估**　同宫腔纱条填塞术。

2. **准备**　同宫腔纱条填塞术。其中用物准备需包括宫腔球囊(专为宫腔填塞设计的 Bakri 子宫填塞球囊导管,或原用于其他部位止血的球囊,或自制简易球囊等),卵圆钳、窥阴器、50ml 注射器、生理盐水。

3. **操作步骤(以阴道分娩后应用 Bakri 宫腔填塞球囊导管为例)**　术者将导管的球囊部分通过阴道放入子宫腔,确保整个球囊进入宫腔后,逐步注入 250~300ml 的无菌生理盐水膨胀宫腔,向下牵拉,使球囊位于子宫下段处,当观察到导管的排血孔出血减少或停止,宫底不上升时,表明治疗有效,停止注水,最大注水量不要超过 500ml。为防止球囊脱出,必要时可在阴道内填塞无菌纱布。放置结束可通过 B 超评估放置情况。

4. **术后观察及处理**

(1) 在球囊填充期间需要预防性使用抗生素和应用宫缩剂。

(2) 移出球囊:球囊在放置 24h 后移去,取球囊前要备血,取出时应用宫缩剂,建立静脉通道。应先放出 50ml 球囊内液体,观察引流管内出血未增多,缓慢放尽球囊内液体,取出球囊,切忌强行牵扯。

【注意事项】

1. 术前保持静脉通道畅通,做好输血准备,术中监测生命体征。
2. 操作时要严格遵守无菌操作原则,给予抗生素预防感染。

知 识 拓 展

宫内球囊填塞

最近 20 年,随着新材料(包括乳胶、硅胶球囊)的引入、介入技术的发展,B 超监测水平的提高以及高效抗生素的广泛应用,球囊填塞在国内得到广泛应用并取得良好效果。目前,在临床上使用的球囊主要有 Bakri 球囊子宫填塞球囊导管、Foley 导管、三腔二囊管、Rusch 球囊、避孕套导管及自制水囊导管等。球囊进入宫腔的途径包括经阴道填塞及剖宫产术中经宫腔直视下填塞两种方式。

相对于纱布填塞,球囊填塞操作相对简单、快捷,放置时间短,可迅速有效发挥止血作用,且球囊膨胀后的流体静水压具有可塑性,球囊形状可以随宫腔的形状改变,更贴合子宫的内腔,可充分填塞子宫从而压迫全部内壁达到暂时性止血;另一方面,球囊具有的弹性又不影响子宫的正常收缩,避免了填塞过紧引起的子宫收缩障碍。

第十三节　会阴切开及缝合术

会阴切开术(episiotomy)是切开会阴组织以扩大产道出口为目的的技术操作,是产科常用技术之一。目前使用的会阴切开术包括会阴正中切开术和会阴侧斜切开术。

【目的】

扩大产道,缩短第二产程,避免严重的会阴阴道裂伤。

【适应证】

1. **不进行会阴切开可能发生更严重会阴撕裂者** 会阴体过长、过短及伸展不良(会阴较紧、组织硬韧或发育不良、会阴瘢痕、炎症、水肿),或遇急产时会阴未能充分扩张等。

2. **多数的经阴道助产术** 胎头吸引术、产钳术、臀位牵引术等,尤其是初产妇。

3. **要缩短第二产程** 胎儿窘迫、妊娠合并心脏病、严重的妊娠高血压疾病、早产胎头明显受压者等。

【相对禁忌证】

估计不能经阴道分娩(如梗阻性难产)及不宜经阴道分娩(如活动期疱疹)者;人类免疫缺陷病毒感染者;死胎分娩。

【操作程序】

1. 评估

(1)准确评估经阴道分娩的可行性:临床上偶尔发生会阴切开后,经阴分娩困难又不得不行剖宫产者,应尽量避免。

(2)确定会阴切开的方式:全面估计产妇基础状况(生命体征、产科情况、辅助检查结果等)、产妇会阴条件(会阴体长度及组织弹性,会阴部有无炎症、水肿及瘢痕)、骨盆底有无异常情况(如巴氏腺囊肿、肛管直肠周围脓肿、阴道直肠瘘等)、胎儿情况(孕周、胎儿大小、胎方位、胎心情况等)、产程进展等。如会阴体短、巨大儿等,宜行会阴侧斜切术,且侧斜切口宜适当延长。此外,还要考虑接生者的助产经验,助产经验少者,尽量不行会阴正中切开术。

(3)把握切开的时机:这取决于宫缩强度、产道条件、盆底软组织的弹性和产程进展情况。若切开过早,创面不仅出血较多,而且延长了暴露时间,增加感染机会;而切开太迟,盆底肌肉可能已经过度扩张,则往往造成严重的会阴裂伤、第二产程延长、新生儿窒息加重。切开时间宜选择胎头拨露时、着冠前、会阴高度扩张变薄时,于宫缩高峰会阴部张力增加时进行,切开后1~2次宫缩即能娩出胎儿为宜。若行胎头吸引或产钳助产、臀牵引时需要会阴切开,则应在实行上述手术前进行。

(4)确定切口的长度和深度:依产妇会阴条件、胎儿大小及是否行器械助产等因素而定。但要注意,往往因估计错误(如胎儿体重估计不足)或姑息行小切口,而造成Ⅲ度以上会阴裂伤和复杂会阴裂伤。

2. 准备

(1)环境准备:保护产妇隐私,减少人员走动。

(2)物品准备:会阴侧切剪,阴道拉钩(必要时),止血钳,有尾纱,持针器,针线,线剪,20ml注射器,22号穿刺针,无菌手套,2%利多卡因10ml(或0.5%~1%的普鲁卡因10~20ml),0.9%氯化钠注射液10ml(与2%利多卡因10ml按1:1配制),皮肤消毒液。

(3)术者准备:洗手,戴口罩,帽子,穿手术衣,戴无菌手套。

(4)产妇准备:取得知情同意。取膀胱截石位,外阴消毒,排空膀胱。

3. 操作步骤

(1)麻醉:采用阴部神经阻滞和局部浸润麻醉(图18-35),使会阴、阴道壁及盆底组织松弛,有效缓解产妇的疼痛,更好地配合术者,有利于产科操作快速有效地进行。①术者将一手示指、中指深入阴道,触及切开侧(一般为左侧)坐骨棘和骶棘韧带,在坐骨结节与肛门连线中点定位进针处,消毒进针处周围皮肤。另一手持套有穿刺针的20ml注射器,于宫缩间歇在定位点行皮下注射,形成皮丘,然后在阴道内手指的指引下向坐骨棘尖端的内侧约1cm处刺入。当针穿过骶棘韧带,进入后方疏松组织处,阻力感会下降(图18-36)。②回抽无血,即可注射1%利多卡因注射液5~10ml。穿刺过程中左手须一直放于阴道中，于胎头与阴道壁中间，防止针头穿过阴道壁刺伤胎儿。③然后一边退针一边继续注入剩余麻醉剂，在侧切方向同侧的大小阴唇会阴体皮下做扇形注射，以浸润皮内、皮下及阴道前庭黏膜下组织。如需要正中切开时，则在会阴体局部行浸润麻醉。注入药液时应注意不可注入血管及直肠。④针对已实施硬膜外镇痛分娩的产妇，可于会阴切开术前或会阴裂伤修复术前注入适量麻醉剂以减轻产妇切开或缝合时的疼痛。

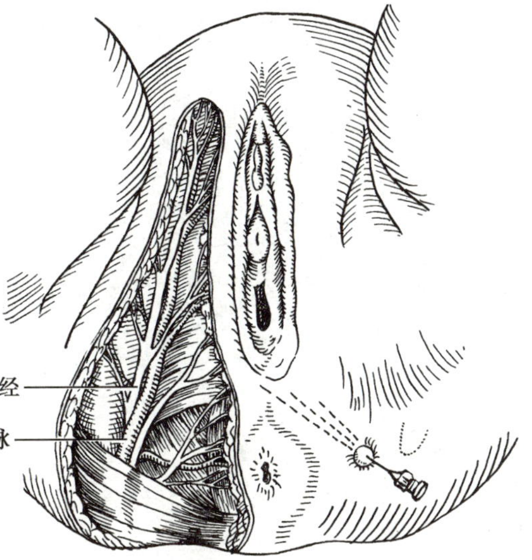

图 18-35 阴部神经及局部浸润麻醉

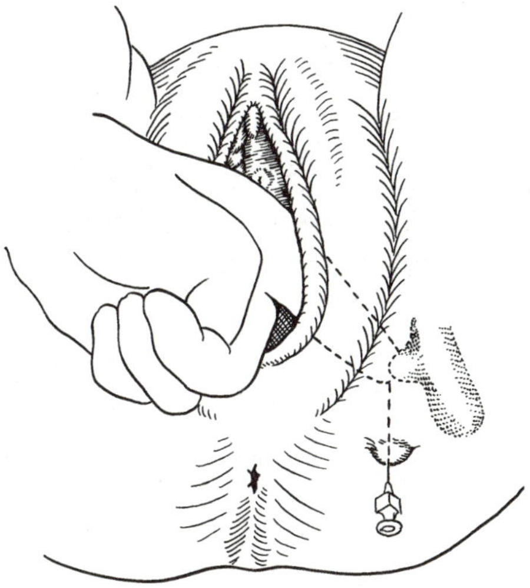
图 18-36 麻醉注射点

(2)会阴切开术(临床上以左侧为多)：当实施会阴侧斜切开术时(以左侧为例)，麻醉生效后，术者于宫缩开始前将左手示指、中指伸入阴道与胎头之间，撑起左侧阴道壁，右手放入侧切剪，一叶置于阴道内，另一叶置于阴道外(图 18-37)。在宫缩高峰时，自会阴后联合中线向左侧 45° 剪开(会阴高度膨胀时为 60°~70°，否则会因角度过小而误伤直肠或造成缝合困难，如会阴体短则以阴唇后联合左上方 0.5cm 为切口入点)。剪刀应与皮肤垂直，一次全层切开，会阴皮肤与黏膜切口内外大小应一致。长度可根据孕妇会阴弹性、胎儿大小、耻骨弓角度等情况调整，一般情况下为 3~5cm。切开后，用干纱布压迫切口止血，如有局部小血管断裂有活动性出血者，可钳夹结扎小动脉。会阴正中切开术时，术者于宫缩时沿会阴后联合正中垂直剪开 2~3cm(图 18-38)。

(3)娩出胎儿：一手保护会阴，另一手辅助胎头俯屈，便于胎头以最小径线娩出。

(4)缝合：胎儿和胎盘娩出后，先用生理盐水冲洗会阴伤口，消毒会阴后，暴露宫颈及阴道下段，仔细检查产道有无裂伤、血肿以及肛门括约肌的完整性，必要时使用阴道拉钩暴露伤口，或行直肠指检帮助诊断裂伤程度。会阴切开后的缝合应在常规处理宫颈裂伤后进行。有尾纱条填塞阴道后穹隆及阴道上段，上推子宫，用止血钳固定有尾纱条尾部，夹在孔巾上。①缝合阴道黏膜：用中指、示指撑开阴道壁，暴露阴道黏膜切口顶端及整个切口，用 2-0 号可吸收线，从切口顶端上方 0.5cm 处开始缝合，以 0.8~1.0cm 的针距间断或连续缝合阴道黏膜及黏膜下组织，注意对合创缘，过底不留死腔，止血彻底，不留活结(图 18-39)。最后，两侧阴道黏膜切口缘处对齐缝合并打结。②缝合肌层及皮下组织(图 18-40，图 18-41)：用 2-0 号可吸收线从切口下顶端开始间断或连续缝合，进出针距皮肤切缘约 0.5cm，注意不留死腔，针距 0.8~1.0cm，对称缝合，恢复解剖关系。③缝合皮下皮肤(图 18-42)：现多用 3-0 可吸收线皮内连续缝合皮肤至阴道口打结，应避免缝合过紧以防术后水肿。术后不需要拆线；如用丝线缝合，则在术后 3~5d 拆线。④缝合后处理：取出阴道内有尾纱，检查有无纱布残留，阴道黏膜缝合是否平展及有无漏洞、缝合处有无血肿或出血、处女膜环口大小是否适度。最后常规肛诊，检查有无缝线穿透直肠黏膜。若有则应拆除缝线，重新缝合切开的会阴。

Note:

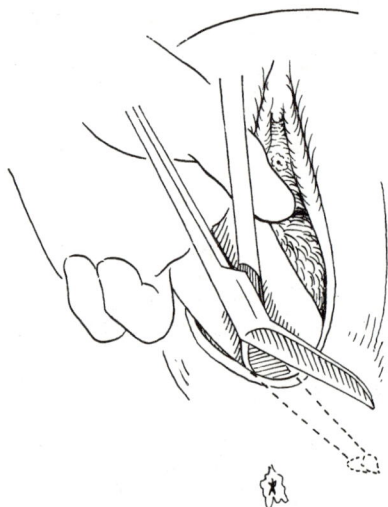

图 18-37 会阴侧斜切开术

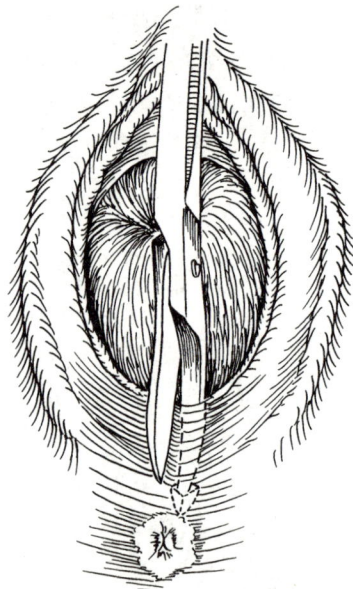

图 18-38 会阴正中切开术

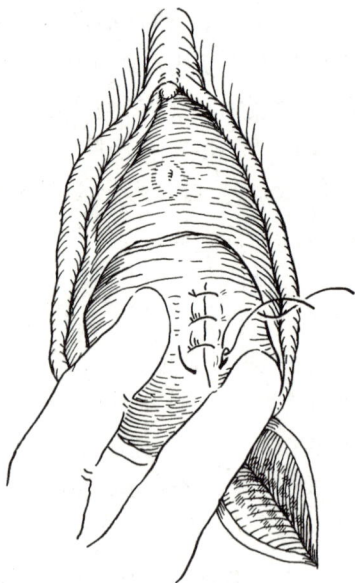

图 18-39 缝合阴道黏膜

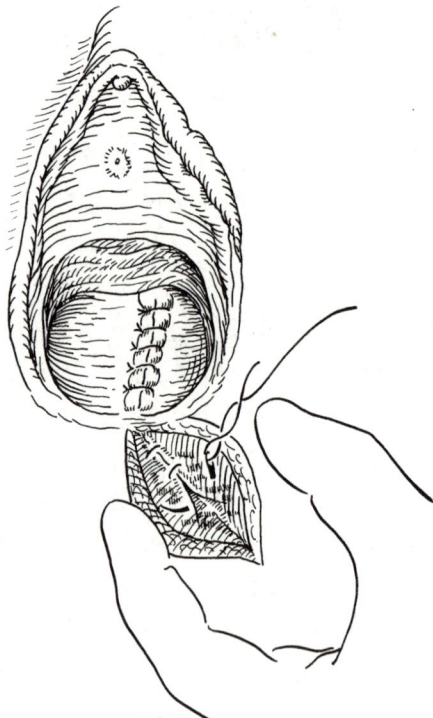

图 18-40 缝合肌层

4. **术后观察及处理**　操作完毕清点助产器械、注射器针头、穿刺针、缝针,无误后放入锐器盒,整理用物,协助产妇取舒适的体位。术后应常规会阴擦洗,每天 2 次,勤换护垫,排便后清洗外阴。一般采取切口对侧卧位或平卧位,尽量减少恶露对切口的污染。术后每天检查切口有无渗血、红肿、硬结及脓性分泌物等感染征象,指导产妇进行会阴伤口的护理。根据实际情况决定术后是否使用抗生素。伤口水肿者可行 50% 硫酸镁湿敷,也可进行超短波或红外线照射,每天 2 次。有硬结者,行局部理疗、热敷、封闭治疗,每天 1 次。

Note:

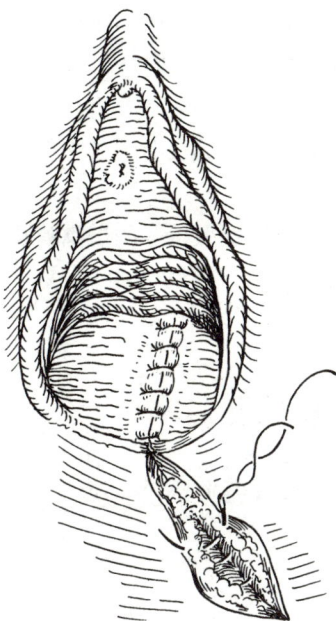

图 18-41　缝合皮下脂肪

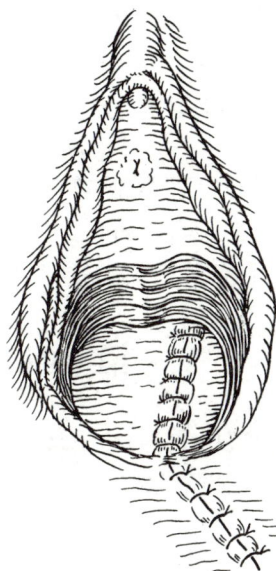

图 18-42　缝合皮肤

知 识 拓 展

会阴切开术

会阴切开术曾被认为是以一个直的、整洁的外科切口代替经常发生的、不整齐的会阴裂伤，既可扩大产道出口、加快产程，又能避免严重的会阴裂伤、保护盆底功能，而且会阴切口清洁、整齐更易于修补，相对自然裂伤更易愈合，并一度作为初产妇阴道分娩的常规手术。然而，大量循证医学证据表明，会阴切开术不仅未能达到上述目的，反而与产妇会阴损伤、盆底功能障碍、产后性功能障碍、感染、疼痛、出血等近远期并发症密切相关。因此，世界卫生组织（WHO）建议将会阴切开率控制在 10% 左右。

【注意事项】

1. 麻醉时穿刺应找准部位，争取一次成功，避免反复穿刺引起血肿、感染等并发症。每次用注射器注药前，必须常规回抽证实无血回流方可注药，切忌将局部麻醉药注入血管或胎儿头皮。麻醉药物进入血管可能引起全身中毒症状，如脑皮质受刺激可引起抽搐，穿破血管可引起血肿，尤其合并凝血功能异常的患者。

2. 一般行一侧阴部神经阻滞麻醉即可，也可加用局部浸润麻醉作为补充。双侧阴部神经阻滞麻醉可使盆底肌肉放松，适于产钳助产及巨大儿分娩。

3. 会阴侧斜切开时，切断的组织为会阴皮肤及皮下组织、球海绵体肌、会阴浅及深横肌、部分肛提肌及其筋膜、阴道黏膜，缺点为该部位血供丰富，出血多，术后组织肿胀及疼痛一般较正中切开重。正中切开时，切断的组织为处女膜、会阴中心腱、皮肤及皮下组织、阴道黏膜、球海绵体肌。优点为剪开组织少，出血不多，术后组织肿胀及疼痛轻微，切口愈合快。缺点为切口有自然延长撕裂至肛门括约肌的危险，故会阴体较短、胎儿过大、胎位或胎先露异常及助产手术中避免使用。

4. 缝合的原则在于止血、逐层恢复损伤组织解剖关系。尽量缩短缝合时间、减少进出针次数及缝线在组织中的留存。缝针勿过密过紧，以免组织水肿或缝线嵌入组织内，影响伤口的愈合。

Note:

5. 皮肤组织应采用 3-0 或 4-0 可吸收缝线缝合；黏膜及黏膜下层为 2-0 可吸收缝线；会阴肌层及皮下组织为 2-0 可吸收缝线；深部肌层裂伤为 2-0 可吸收缝线，建议使用防刺伤针。

6. 严格把握会阴切开术的指征，除非存在明确的指征，不主张常规应用会阴切开术。会阴切开术并不能预防Ⅲ度以上裂伤。会阴切开本身是会阴裂伤的高危因素，会阴正中切开会增加Ⅲ度以上裂伤的危险。

7. 皮肤组织较薄但很致密，愈合时间 5~7d，对缝线的反应性敏感。阴道黏膜及黏膜下层组织较厚且坚韧，血供丰富，愈合时间 5~7d，如对合不良可形成死腔或局部开放腔隙，易形成肉芽组织。会阴肌层组织致密且敏感，其愈合时间 7~14d。

第十四节　软产道裂伤缝合术

分娩过程中产妇软产道（指子宫下段、宫颈、阴道、盆底及会阴等）及邻近器官（膀胱、直肠）均可发生损伤，常见有会阴阴道裂伤及宫颈裂伤。

【目的】

1. 修复宫颈、阴道、会阴等裂伤部位，达到解剖上和功能上的恢复。
2. 及时处理断裂的血管和生殖道血肿，防治软产道损伤所导致的出血。

【分类】

1. 会阴阴道裂伤分为四度，见表 18-1。

表 18-1　会阴阴道撕裂伤分类

撕裂程度		损伤特点
Ⅰ度（彩图 18-43）		会阴部皮肤和 / 或阴道黏膜撕裂，出血不多
Ⅱ度（彩图 18-44）		伴有会阴部肌肉损伤，但未伤及肛门括约肌
Ⅲ度（彩图 18-45）	Ⅲa	肛门外括约肌（EAS）裂伤深度 ≤50%
	Ⅲb	EAS 裂伤深度 >50%
	Ⅲc	EAS 和肛门内括约肌（IAS）均受损
Ⅳ度（彩图 18-46）		肛门内外括约肌均受损并累及直肠黏膜

2. 宫颈裂伤

（1）宫颈一侧及两侧裂伤（常见）。

（2）宫颈前唇、后唇或多处裂伤（少见）。

（3）宫颈呈环形或半环断裂脱落（罕见）。

（4）严重宫颈裂伤（向下延至阴道穹隆、阴道上段或向上延至子宫下段、宫体，甚至累及子宫动脉引起大出血或形成阔韧带、腹膜后血肿）。

【操作程序】

（一）宫颈裂伤评估缝合

1. 评估　使用阴道拉钩扩开阴道，判断有无阴道裂伤，用卵圆钳钳夹宫颈前唇，并向下牵拉使之充分暴露。用 2~3 把卵圆钳夹提子宫颈前后唇边缘，暴露宫颈光滑面，沿顺时针或逆时针方向交替移动依次检查宫颈一圈，尤其注意 3 点和 9 点处，检查有无宫颈裂伤及裂伤的深度，若有裂伤立即缝合，若无裂伤顺势将宫颈还纳入阴道后，同时暴露阴道侧壁、后穹隆，观察是否完整。宫颈裂伤<1cm 且

无活动性出血,无须缝合。宫颈环形撕裂或撕脱,即使出血不多,也应横向缝合。当裂伤深达穹隆、子宫下段,甚至子宫破裂,从阴道缝合困难时,应行开腹缝合。伤及子宫动静脉及其分支,引起严重的出血或形成阔韧带等处血肿,需剖腹探查。

2. **准备**　同会阴切开及其缝合术(不须会阴侧切剪)。

3. **操作步骤**　将两把卵圆钳夹于裂口两侧,向下向对侧牵引,暴露出裂口顶端。用 2-0 可吸收线先在裂伤的顶端上方 0.5~1cm 处缝合第一针,向子宫颈外口做连续或间断缝合(图 18-47)。打结的松紧程度以刚好能够控制出血和对合组织为宜。裂伤的位置高导致顶端暴露困难者可在接近顶端裂伤处先缝 1 针,然后牵拉肠线协助暴露。最后 1 针应距裂伤的子宫颈外口端 0.3~0.5cm,以免产后子宫颈回缩后出现子宫颈口狭窄。

(二)会阴阴道裂伤评估缝合

1. **评估**　胎儿胎盘娩出后,检查会阴及阴道下段有无裂伤及裂伤深度、广度、部位等。可用阴道拉钩充分暴露阴道中、上段、阴道穹隆、宫颈等,检查出血来源。

2. **准备**　同会阴切开及其缝合术(无须会阴侧切剪)。

3. **操作步骤**

(1) I 度裂伤缝合: I 度裂伤可为阴蒂、尿道口周围、大小阴唇皮肤黏膜的裂伤。 I 度裂伤较为表浅,除会阴静脉曲张处裂伤外,一般出血不多。

1)阴道黏膜裂伤:处女膜环及其内阴道黏膜可用 2-0 号可吸收线间断缝合,或酌情连续缝合。黏膜 I 度裂伤如果裂口小,无出血,可不缝合。

2)外阴皮肤撕裂:用 3-0 可吸收缝线皮内连续缝合皮肤或间断缝合于皮肤外一侧留出 0.5~1cm 线端。以有齿镊对合切口皮肤,并观察有无渗血。

(2) II 度裂伤缝合:因裂伤常累及会阴浅、深横肌,也可深达肛提肌及筋膜。 II 度裂伤常沿两侧阴道沟向上延长,使裂伤成蹄形。 II 度会阴阴道裂伤的修复应逐层进行。

1)充分暴露裂伤:食指、中指置于阴道裂伤的两侧缘,向后下方压迫阴道壁,充分暴露伤口,辨清解剖关系。如果阴道撕裂上延较深,不能暴露裂伤的顶端时,可在肉眼所及之处先缝一牵引线,向下牵拉此线即可将裂伤的顶端充分暴露,便于缝合。

2)缝合:参考会阴侧切缝合方法。

(3) III、IV 度裂伤缝合: III、IV 度会阴裂伤时,肛门括约肌断裂及直肠前壁撕裂,故应仔细检查裂伤情况,弄清解剖关系。报告医师,由产科医师或泌尿肛肠外科专科医师缝合。注意逐层边冲洗边缝合。

1)直肠黏膜撕裂(图 18-48):先用 3-0 号可吸收线间断缝合。缝合直肠前壁时注意不要穿透直肠黏膜。

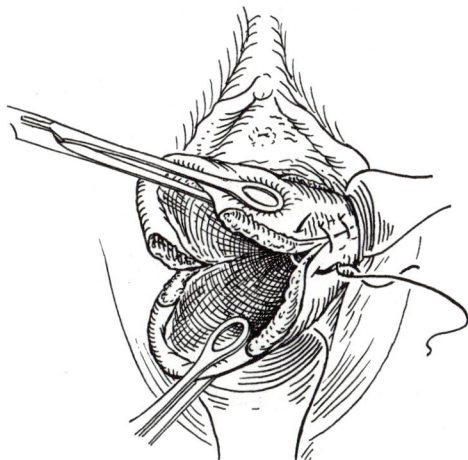

图 18-47　缝合宫颈裂伤

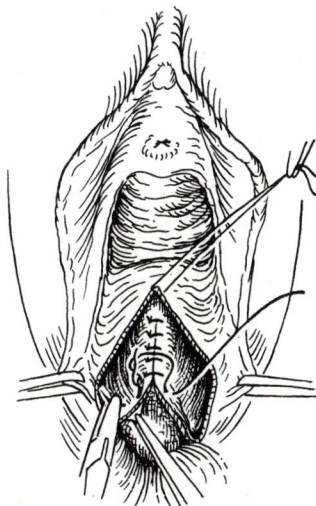

图 18-48　缝合直肠黏膜裂伤

2）缝合断裂的肛门括约肌（图 18-49）：用组织钳沿肛门裂口皮下达隐窝处，夹取肛门括约肌两侧断端并提起，向中线牵拉，见肛门周围皮肤呈轮状缩紧，即可用 3-0 可吸收缝线端 - 端褥式缝合肛门内括约肌，2-0 可吸收缝线全层缝合肛门外括约肌，根据情况选择端 - 端缝合或重叠缝合。缝合后进行肛门检查，让产妇试行收缩肛门。之后更换手套，继续下面缝合步骤。

3）缝合阴道黏膜、肌层、会阴皮下组织及皮肤（图 18-50）：参考会阴侧切缝合方法。

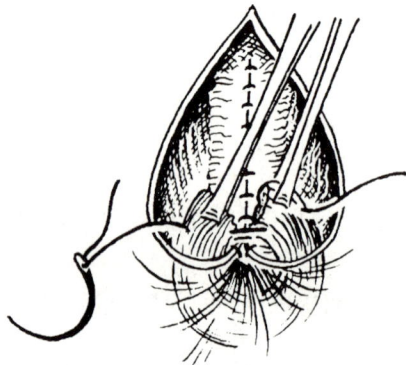

图 18-49　缝合肛门括约肌

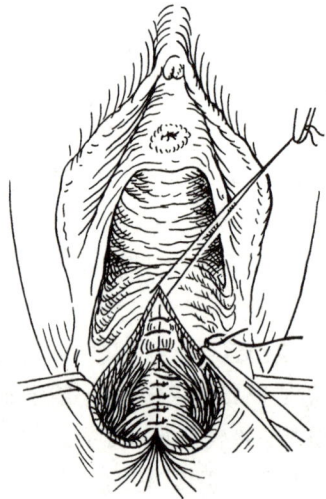

图 18-50　缝合会阴体肌层

4）肛诊检查肛门括约肌缝合情况，直肠壁有无缝线穿过，如有应予以拆除，以免发生肠瘘。

5）缝合完毕，取出阴道有尾纱，检查伤口有无血肿或出血。擦净周围及外阴部血渍。消毒切口。

4. 术后观察及处理

（1）以伤口对侧卧位，术后 5d 内，每次大小便后会阴擦洗，勤换护垫，保持会阴部清洁。

（2）术后每天检查伤口有无渗血、红肿、硬结及化脓性分泌物等征象，若发现感染，应及时拆线，彻底暴露、清创、引流。

（3）Ⅱ度及以上会阴阴道裂伤根据临床实际情况应用抗菌药物预防感染。

（4）Ⅳ度裂伤术后应无渣饮食 3~5d，保持软便通畅，必要时口服乳果糖 15ml，每天 2 次至术后 7~10d。

【注意事项】

1. 进行全部软产道的检查，由内及外，边检查边缝合。明确解剖结构关系是缝合手术成功的关键。要分清各层组织逐层缝合，两侧均匀对合，不留死腔。

2. 产道裂伤容易造成血肿，血肿可发生于外阴、阴道、阔韧带，甚至沿腹膜后上延至肾区。应高度警惕。一旦发现，及时切开，清除积血，彻底缝合。

3. 前庭球、阴蒂海绵体或尿道口旁的裂伤会引起较多的出血，应用小圆针和可吸收线间断缝合止血。

4. 若会阴裂伤较深，为避免缝线穿透直肠，术者可将左手示指插入肛门，向前抵住直肠前壁作为指示，配合缝合，助手可协助暴露术野，注意要使缝针紧贴手指通过，但要防止刺伤。

5. 严格执行无菌操作，在缝合前应用消毒液彻底清洗伤口，操作者更换无菌手套。

6. 会阴阴道裂伤修复后最常见的并发症是伤口裂开、感染、血肿、肛门功能不全、性交困难、泌尿道阴道瘘和直肠阴道瘘等，少数患者可能存在盆底功能障碍。

缝线的选择

缝线是缝合修复术中最常用的材料。按缝线在组织中的变化分为可吸收和不可吸收；按缝线的编织方法分为单股和多股；按材质构成来源分为天然和人工合成。

1. 不可吸收缝线　既不能被组织酶类降解，也不能通过水解作用降解。①丝线：用蚕丝的连续性蛋白质经涂蜡后编织而成的多股缝线，柔韧性好、线结稳固、成本低廉，但缝合感染伤口时，会加重感染、延长恢复时间；②人工合成不可吸收缝线：尼龙缝线为聚酰胺纤维材质，生物学特性为惰性，在人体内每年失去 10% 左右的张力。单股尼龙缝线表面均匀平滑，张力强度高，组织反应少。

2. 可吸收缝线　在组织中能保持适当的抗张强度直至伤口愈合，然后再迅速被吸收。①天然可吸收线：在体内主要通过酶解的方式降解，在一定程度上引起身体的炎症反应并且吸收速率难以预测；②人工合成可吸收线：在组织中通过水解作用降解，组织反应小、张力维持时间及材质的吸收时间较为稳定。

第十五节　子宫内翻徒手复位术

子宫内翻指分娩后子宫底部向宫腔陷入，使子宫内膜面向外翻出，是一种罕见而严重的产科并发症，可引起产后出血、休克及感染，发病率低，容易误诊，严重威胁产妇生命。子宫内翻徒手复位术用于子宫内翻的治疗。子宫内翻若未及时发现和处理，可致子宫切除，甚至产妇死亡。一般发生在第三产程，极少数在产后 24h 内。

【适应证】

一经发现，即刻徒手复位。

【操作程序】

1. 评估　凡在胎儿娩出后出现持续性剧烈下腹痛、阴道大量出血及休克，休克程度与出血量不符，应考虑子宫内翻的可能。阴道检查可扪及实性组织或包块，下腹部不能触及正常形态的产后子宫或宫底，盆腔空虚，有时可见阴道口有肿物脱出，内翻的子宫内膜面暴露，颜色鲜红，呈天鹅绒状，广泛出血。B 超检查下宫底凹陷，宫腔内膜线消失。

2. 准备

(1) 环境准备：保护产妇隐私，减少人员走动。

(2) 物品准备：消毒剂、导尿包、阿托品或安定、肾上腺素、注射器等。

(3) 产妇准备：取得知情同意。取膀胱截石位，重新消毒外阴和阴道，导尿排空膀胱。

(4) 术者准备：洗手，戴口罩、帽子，更换手术衣及无菌手套。通知麻醉医师及手术经验丰富的高年资医师合作处理。

3. 操作步骤

(1) 镇静与麻醉：积极防治感染、镇静止痛、备血，解除宫颈痉挛，如产妇已有硬膜外麻醉，可追加剂量充分麻醉，必要时使用全身麻醉。

(2) 子宫复位：一手伸入阴道，手指缓慢扩张宫颈后，手掌托住翻出的宫底，手指放在内翻子宫的翻转处，向子宫均匀施加压力，以后翻出的先还纳、先翻出的后还纳的顺序依次向上还纳翻出的宫腔壁,沿着产轴方向缓缓上推,最后使子宫腔内的手呈握拳式抵压还纳宫底;另一手置于耻骨联合上协助(图18-51)。

4. 术后观察与处理

(1)复位成功后(图18-52),应立即肌内或静脉注射子宫收缩剂,促进子宫收缩。

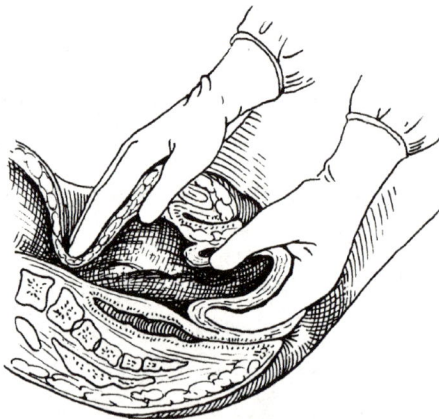

图 18-51 子宫复位的手势

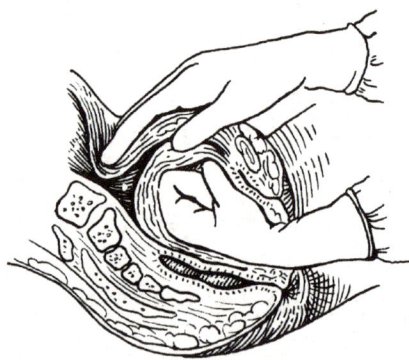

图 18-52 复位完成时

(2)可以选择宫腔填塞纱布条或宫腔内放置球囊,以免子宫再度内翻。

知 识 拓 展

子宫内翻的高危因素

1. **子宫壁肌肉松弛** ①体质因素,患者肌肉组织和结缔组织先天性发育缺陷或薄弱,既往发生过子宫内翻或有器官脱垂;②子宫肌纤维薄弱,多次分娩或刮宫损伤子宫肌纤维;羊水过多、双胎、巨大儿等导致的子宫体过度膨胀,子宫壁肌肉松弛;③胎盘位于子宫底部,底部的肌纤维发育相对薄弱,易发生内翻。

2. **牵拉因素** ①第三产程胎盘未剥离时,尤其是胎盘植入或粘连时,子宫处于松弛状态,用力推压子宫底并暴力牵拉脐带;②胎儿娩出后,子宫尚未收缩,胎盘未剥离,过短的脐带把子宫底部牵拉向下;③站立位急产,胎儿体重对脐带胎盘发生重力牵拉。

【注意事项】

1. 遇到脐带过短或脐带绕颈,绕身者可从头尾两端松解缠绕段脐带或断脐解除环绕,避免脐带牵拉造成子宫内翻。第三产程胎盘未剥离时,避免用力牵拉脐带及用力挤压宫底。循证医学证据表明,胎儿前肩娩出后及时使用缩宫素维持子宫张力,规范处理第三产程是子宫内翻主要的预防措施。

2. 一旦确诊子宫内翻,在复位前停止使用宫缩剂。必要时使用宫缩抑制剂如β受体激动剂,并快速复位子宫。

3. 对宫颈收缩环较紧者,可于复位前使用麻醉或镇痛剂,使宫颈环松弛。宫颈仍明显紧缩致使还纳困难时,可行后侧宫颈纵行切开,将子宫还纳后再缝合宫颈与阴道后穹隆切口。

4. 遇胎盘未剥离者,一般宜于子宫复位成功后施行徒手剥离胎盘术。但遇胎盘附于宫体造成复位困难时,或从病史中了解产妇有多次流产刮宫史,考虑系胎盘粘连所致内翻者,可先行剥离胎盘。

5. 子宫内翻不能经徒手复位或徒手复位失败者,可分析原因,必要时开腹手术复位;对少数不能复位的子宫内翻,需要行子宫切除术。

6. 子宫内翻可能同时存在创伤性休克和低血容量性休克,在积极液体复苏和输血治疗的同时,镇静止痛和全麻对神经性(创伤性)休克复苏具有积极意义。

第十六节　剖 宫 产 术

导入情境与思考

某孕妇,28 岁。孕 1 产 0,孕期规律产检无异常。自然临产,宫口开全 3h,羊水清,S+1,产瘤 5cm×5cm×1cm,LOP,宫缩良好,Ⅱ类胎心监护。医生考虑持续性枕后位,建议做剖宫产。

请思考:

1. 术前准备流程有哪些?

2. 如何减少此类剖宫产?

剖宫产是最常见的手术之一,随着围产医学的发展,手术、麻醉技术及药物的发展,剖宫产手术的安全性不断提高。其利用率持续上升,剖宫产手术在处理难产、妊娠合并症和并发症、降低母儿死亡率和病死率中起重要作用。但剖宫产也可能引起严重的并发症、残疾或死亡,尤其是在缺少相应医疗设施技术的情况下进行的操作。近年来,全球剖宫产率从 1990 年的 6.7% 上升到 2014 年的 19.1%。个别地区可能达到 44.3% 甚至更高,值得关注,这里面有非医学指征带来的非必要的剖宫产增加的趋势,需要对剖宫产技术进行更科学的指引。

一、剖宫产手术的指征

剖宫产手术指征指不能经阴道分娩或不宜经阴道分娩的病理或生理状态。

1. 母体原因

(1)孕妇存在严重合并症和并发症:不能承受阴道分娩者。

(2)瘢痕子宫:既往有子宫手术史经医患双方考虑需要剖宫产者。

(3)产道畸形:如高位阴道完全性横隔、人工阴道成形术后等。

(4)外阴疾病:如外阴或阴道发生严重静脉曲张。

(5)妊娠合并肿瘤:如妊娠合并子宫颈癌、巨大的子宫颈肌瘤、子宫下段肌瘤等。

(6)孕妇要求的剖宫产。

2. 胎儿原因

(1)胎儿窘迫:短期内不能经阴道分娩者。

(2)胎位异常:活产胎儿横位,足月单胎初产臀位(估计胎儿出生体重>3 500g 者)及足先露,或者试产过程中发生头位难产。

(3)巨大儿:估计胎儿出生体重>4 500g 者。

(4)双胎或多胎妊娠:第 1 胎儿为非头位;复杂性双胎妊娠;连体双胎、三胎及以上的多胎妊娠。

3. 胎儿附属物原因

(1)前置胎盘及前置血管:胎盘部分或完全覆盖宫颈内口者、前置血管者。

(2)脐带脱垂:胎儿有存活可能,评估认为不能迅速经阴道分娩。

(3)胎盘早剥:胎儿有存活可能,应监测胎心率并尽快实行急诊剖宫产手术娩出胎儿。重度胎盘早剥,胎儿已死亡,也应行急诊剖宫产手术。

二、剖宫产手术的时机

1. 择期剖宫产　根据原因不同,具有剖宫产手术指征的孕妇按计划如期实施的剖宫产术;非

特殊原因择期剖宫产手术建议在妊娠 39 周后实施。

2. **急诊剖宫产手术**　指在威胁到母儿生命的紧急状况下实施的剖宫产手术,此时应争取在最短的时间内结束分娩。

三、剖宫产手术的术前准备

1. **术前谈话**　手术充分告知孕妇及家属剖宫产手术的指征和必要性,解释经阴道分娩的危险性、术中及术后可能出现的并发症,获得孕妇及家属的书面同意。

2. **术前应检查以下项目**　①血常规、尿常规,血型;②凝血功能;③感染性疾病筛查(乙型肝炎、丙型肝炎、HIV 感染、梅毒等);④心电图;⑤电解质、肝肾功能等生化检查;⑥胎儿超声检查;⑦根据病情需要而定的其他检查。

3. **酌情备皮**　手术当天剃去腹部汗毛及阴部阴毛,注意操作轻柔,防止损伤皮肤,应注意皮肤是否有感染、疖肿等。

4. 手术当天术前留置导尿管。

5. 根据需要术前备适量血源。

6. **预防感染**　按照抗菌药物使用规范和本单位流程,在术前 30min 内使用抗菌药物预防感染。

7. **术前评估**　术者需要查看孕妇,对重症孕妇做好充分的术前评估,做好术前讨论并记录。决定麻醉方式及手术方式。

8. 做好新生儿出生后复苏相应设备物品准备(详见第十七章第五节新生儿常见疾病处理),并需在手术间准备强缩宫剂、止血球囊或宫腔填塞纱条。通知新生儿科医生到手术室现场配合。

四、麻醉方式的选择及其注意事项

麻醉方式的选择应根据孕妇与胎儿的状态、医疗机构的条件以及麻醉技术来做出决定。麻醉方式包括椎管内麻醉(硬膜外麻醉、蛛网膜下腔麻醉以及腰硬联合麻醉)、全身麻醉、局部浸润麻醉等。

1. **与孕妇及家属的麻醉前谈话**　介绍麻醉的必要性、麻醉方式及可能的并发症,并签署麻醉知情同意书。

2. **禁食禁水**　麻醉前 6~8h 禁食禁水。

3. **麻醉前的生命体征监护**　监测孕妇的呼吸、血压、脉搏,监测胎心率等。

五、子宫下段剖宫产手术的主要步骤

1. 麻醉成功后摆平体位常规听胎心,确定胎儿存活并胎心正常;如第二产程剖宫产,还需常规阴道检查确定是否可以经阴道分娩,确定是否需要经阴道上推胎头,如需要可以分开双下肢,并消毒外阴。

2. 下腹壁横切口或正中纵切口,长度 10~12cm。

3. **膀胱的处理**　子宫下段形成不良或膀胱与子宫下段粘连者,酌情剪开膀胱腹膜反折下推膀胱。

4. **子宫切口**　多选择子宫下段中 1/3 处的横切口,长 10~12cm。前置胎盘或胎盘植入孕妇避开胎盘附着部位,酌情选择切口位置。

5. 按相应分娩机转取出胎先露,适当宫底施压协助娩出,胎先露高浮可以酌情应用产钳助产。

6. 如第二产程中转剖宫产,胎先露过低,助产士可以戴无菌手套,经阴道上推胎先露。

7. **使用缩宫剂**　胎儿娩出后缩宫素 10U 加入 500ml 晶体液中静脉滴注。促进子宫收缩和减少产后出血。根据情况决定是否使用前列腺素或麦角新碱加强宫缩。

8. **胎盘娩出**　采取控制性持续牵拉脐带娩出胎盘,如有明显的活动性出血或 5min 后仍无剥离迹象可以徒手剥离胎盘。娩出后仔细检查胎盘、胎膜是否完整。

9. **缝合子宫切口**　1-0 合成可吸收缝合线双层连续缝合子宫切口。

10. 缝合腹壁　①清理腹腔，检查确认无活动性出血、清点纱布和器械无误。②按规范缝合腹膜、筋膜、皮下组织及皮肤。

11. 新生儿的处理　断脐、保暖、清理呼吸道等常规处理。如果产妇意识是清醒状态，进行母婴的身份识别，如产妇非清醒状态，双人核对后再到手术室外与家属确认新生儿状态。对于新生儿还要进行查体，是否存在先天发育异常或者产伤。

12. 如多胎妊娠剖宫产，建议按胎数准备助产人员及新生儿复苏台等仪器物品，一对一协助新生儿复苏。

六、剖宫产术后管理

1. 术后常规监测项目

(1) 生命体征监测：术后 2h 内每 30min 监测产妇 1 次心率、呼吸及血压，此后每小时 1 次直至情况稳定。如果生命体征不平稳，增加监测次数和时间。应用硬膜外阻滞镇痛泵的产妇，每小时监测 1 次呼吸频率、镇静效果和疼痛评分，直至停止用药后 2h。

(2) 观察宫缩及出血情况：术后 15min、30min、60min、90min、120min 应监测子宫收缩情况及阴道出血量。若出血较多应增加监测次数，必要时遵医嘱进行血常规、凝血功能等检查，直至出血量稳定在正常情况。

2. 预防血栓形成　鼓励尽早开展床上及下床活动，个体化选择穿戴弹力袜、预防性应用间歇充气装置预防血栓形成，及时补充水分，根据医嘱皮下注射低分子肝素。

3. 进食进水的时机　产妇进食进水的时机应根据麻醉方式及肠功能恢复情况酌情安排。

4. 尿管拔除时机　无特殊情况剖宫产术后次日酌情拔除留置的导尿管。

5. 术后切口疼痛的管理　术后给予含有阿片类镇痛药物的镇痛泵，或适当给予镇痛药物。

6. 术后缩宫素的应用　术后常规应用缩宫素。

七、减少剖宫产手术及促进剖宫产手术快速恢复的措施

1. 孕期宣教　了解阴道分娩与剖宫产手术的优缺点、分娩过程及注意事项，举办孕妇和家属参与的情景式模拟分娩实操课，增强孕妇自然分娩的信心，更好地实现医患配合。

2. 合并症及并发症的孕期管理　及时查明原因并纠正贫血；加强孕期体重管理，对于体重过重或过轻的孕妇，制订个体化孕期营养管理方案；加强妊娠高血压疾病高危人群筛查及预防；孕期及分娩期进行栓塞疾病的风险评估和规范预防；其他内外科疾病及时进行多学科会诊干预。

3. 分娩期人性化护理措施　给予陪伴和持续支持。产程中少量多次进食易消化半流质饮食。分娩镇痛可减轻分娩疼痛，增强产妇阴道分娩的信心。

4. 常规剖宫产术前禁食 6~8h，麻醉前 2h 可以口服清流质（推荐 12.5% 碳水化合物饮料，饮用量 ≤ 5ml/kg，总量 ≤ 300ml，仅限于非糖尿病孕妇），之后禁饮 2h。

5. 术中控制血糖在 4~7mmol/l。

6. 术中术后保暖，避免低体温（<36℃）。

7. 早接触、早吸吮、早开奶。有条件的医院（不违反无菌原则）也可以实现母婴早接触。

8. 术后镇痛，控制视觉模拟评分（visual analogue scale，VAS）评分 <3 分。

9. 无特殊情况，术中术后补液控制在 2 000ml 以内，避免过多补液限制产妇活动。

10. 可以下床活动后尽快拔出导尿管，比如术后 6~12h 即拔出导尿管。

11. 术后 2h（或全麻清醒后）少量多次进食流质，术后 6~24h 进食半流质，肛门排气后进食普食。

八、剖宫产术后母婴并发症

1. 手术对母体的影响　①术后切口感染、切口裂开、脂肪液化、皮下血肿、切口延期不愈等；②输

尿管、膀胱等周围脏器损伤；③产后出血、休克、DIC；④术后血栓栓塞性疾病；⑤腹壁子宫内膜异位症以及子宫憩室等。

2. 手术对新生儿的影响　①新生儿呼吸窘迫综合征；②新生儿低血糖症、败血症、新生儿住院的风险增加；③发生新生儿产伤。

3. 剖宫产对再次妊娠和生育的影响　①再次妊娠分娩时剖宫产手术的可能性增加；②再次妊娠或分娩时有发生子宫破裂的风险；③再次妊娠时出现前置胎盘、胎盘粘连甚至胎盘植入的风险；④再次妊娠时子宫瘢痕部位妊娠的风险。

九、剖宫产的质量管理

1. 剖宫产的分类管理　世界卫生组织建议按照10组分类法（也称为Robson分类法）作为全球标准，用于评估、监测和比较卫生保健机构内不同时期以及各不同机构间的剖宫产率。该分类法由Michael Robson于2001年提出，根据产科特征对产妇进行系统分层。该系统将所有产妇分为10类，这10类人群互不交叉，综合起来又可以完全覆盖总体。减少了混杂因素的影响，增加了剖宫产率的可比性。

分类依据是所有产科医院都会常规收集的5个基本产科特征：①产次（初产、经产，有无剖宫产史）；②临产方式（自然临产、诱导临产或临产前剖宫产）；③孕周（早产或足月）；④胎位（头位、臀位或横位）；⑤胎儿数量（单胎或多胎）。

在保持必要的原有分类结构以进行标准化的比较时，使用者也可以根据自己的需求，对某类人群进一步细分，也可对组内其他有价值的变量（如流行病学数据、费用、不良结局或手术指征）进行分析。

希望使用该分类系统，通过寻找、分析和研究在相关的特定人群中的干预措施，优化剖宫产的使用；对剖宫产相关影响策略和干预措施进行有效性评估；按不同分组评估提供医疗服务的质量、临床管理实践和结局。

2. 剖宫产质量控制

（1）不断完善本地的剖宫产相关的人员资质管理，完善流程、制度等规范性文件。

（2）定期（每月或每季度）进行质量数据分析，并根据结果持续改进。

（3）对于特殊类型的剖宫产如母婴危害较大的急诊剖宫产设置专门的流程管理。

（4）剖宫产的质量管理需要医护，甚至相应的急诊科、超声影像、检验科、输血科等的协助，并有相应的多学科团队实景化应急演练。

（5）对于剖宫产相关的母婴并发症随访跟踪。

第十七节　产科中医适宜技术

导入情境与思考

某产妇，26岁。产后5d乳汁分泌量少，曾服中草药2贴，效果不佳。体检：产妇两侧乳房松软，乳头发育良好，挤压乳晕后无乳汁流出。两侧腋窝胀痛明显，右腋下可触及鸡蛋大小的肿块，质软，双上肢活动受限。医嘱予以经穴推拿法进行通乳。

请思考：

1. 经穴推拿技术用于通乳的作用原理是什么？

2. 经穴推拿技术的操作要点是什么？

中医适宜技术指安全有效、成本低廉、简便易学的中医药技术。近年来，该项技术逐渐应用于产科的疼痛管理、泌乳管理和产后康复等方面，取得良好的疗效。目前常用的适宜技术有经穴推拿技术、耳穴贴压技术、穴位敷贴技术和中药热熨敷技术。

Note:

一、经穴推拿技术

经穴推拿技术是以点法、揉法、推法、叩击法等手法作用于经络腧穴,达到推动经气运行、调节脏腑功能的一项中医技术。

【目的】

通过各种手法刺激体表特定穴位或部位,达到减轻疼痛、温经通络、调节胃肠功能的目的。

【适应证】

1. **产科**　产后乳汁分泌不足、产后乳房胀痛、产后便秘、产后尿潴留、妊娠剧吐等。
2. **其他**　各种急慢性疾病所致的痛症,如头痛、肩颈痛、腰腿痛、痛经以及失眠、便秘等症状。

【禁忌证】

各种出血性疾病、皮肤破损与瘢痕部位禁用经穴推拿技术;肿瘤或感染患者、女性经期和孕妇腰腹部慎用经穴推拿技术。

【操作程序】

1. **评估**
(1)询问病史,了解主要症状、既往史,是否妊娠或处于月经期。
(2)推拿部位的皮肤情况。
(3)患者的心理状态及合作程度。

2. **准备**
(1)环境准备:环境舒适,光线明亮,温湿度适宜,私密性好。
(2)物品准备:治疗盘、润滑油、纱布、治疗巾。
(3)患者准备:了解操作的目的,取得知情同意。腰腹部推拿前应排空二便。
(4)术者准备:着装整齐,修剪指甲,洗手,戴口罩。

3. **操作步骤**
(1)体位选择:协助患者取合适体位,充分暴露推拿部位,注意保暖和遮挡。
(2)定位:根据医嘱选择穴位、推拿手法及强度。
(3)经穴推拿:按需要在推拿部位涂抹少许润滑油,遵医嘱以点法、揉法、推法等刺激局部穴位。每个穴位施术 1~2min,以局部透热而不擦伤皮肤为度。
(4)操作中观察与处理:注意观察患者的反应,询问感受和耐受程度,如有不适,应及时调整手法或强度,必要时停止操作,以防意外发生。
(5)常用经穴推拿手法

1)点法:指以指端或弯曲的指间关节突起部着力于施术部位,进行持续点压。点法包括拇指端点法、屈拇指点法和屈示指点法。临床上常用拇指端点法,操作要点如下:手握空拳,拇指伸直紧靠于示指的中间节,以拇指指端着力于施术部位或穴位。前臂和拇指同时主动发力,进行持续点压。

2)揉法:指以一定的力按压在施术部位或穴位上,带动皮下组织进行环形运动的手法。揉法包括拇指揉法、中指揉法和掌根揉法。拇指揉法时,将拇指罗纹面着力于施术部位上,其余四指置于其相对或合适的位置以助力,腕关节微屈或伸直,拇指做主动环形运动,每分钟操作 120~160 次(彩图 18-53);中指揉法时,以中指罗纹面着力于施术部位上,中指指关节伸直,掌指关节微屈,前臂做主动运动,以腕关节带动中指做小幅度环形运动;掌根揉法时,以手掌根部置于施术部位上,肘关节微屈,腕关节放松并略背伸,手指自然弯曲,前臂做主动运动,带动腕掌部位做小幅度的环形运动。

3)推法:指用指、掌或肘部着力于人体一定部位,进行单方向的直线推动。推法包括指推法、掌推法和肘推法。操作时,指、掌或肘部应紧贴患者皮肤,用力平稳,速度缓慢而均匀,以使深层肌肤透热而不擦伤皮肤为度。

4)叩击法:用手特定部位,或用特制的器械,在治疗部位反复拍打叩击的一类手法,称为叩击类手法。各种叩击法操作时,用力应果断、快速,击打后将术手立即抬起,叩击的时间要短暂。击打时,手腕既要保持一定的姿势,又要放松,以一种有控制的弹性力进行叩击,使手法既有一定的力度,又感觉缓和舒适,切忌用暴力打击,以免造成不必要的损伤。

(6)经穴推拿在产科中的应用

1)产后乳汁分泌不足:产妇取坐位或平卧位。首先,以手掌推揉按摩乳房周围,左、右侧乳房分别按顺时针和逆时针方向推揉 20~30 次,以局部产生热感为宜。再以手掌心固定乳头,向顺时针和逆时针方向各按揉 20~30 次。其次,用拇指按揉穴位,每穴 2min,根据辨证取穴,气血亏虚者取少泽、膻中、乳根、足三里、三阴交、血海,用补法按压;肝郁气滞者取少泽、膻中、乳根、内关、太冲、阳陵泉,用泻法按压,每天做 2 个循环。

2)产后乳房胀痛:先用拇指按揉膻中、乳中、乳根、肩井、内关、合谷等穴(肩井穴亦可用拿法进行提捏),每穴 20~30 次;对于乳房硬块,以食指、中指、无名指指腹按揉硬结 5~6 次,再从乳房基底部沿乳腺管向乳头呈向心性按摩,待乳汁积于乳晕部,指压乳晕以排空乳汁,反复操作直至宿乳排出,硬结变软或消退,乳房松软,疼痛明显减轻为度。

3)产后便秘:用拇指或中指点揉中脘、关元、天枢、大横等穴,从上到下、从对侧到近侧,每穴 1min,再推揉腹部,从右下腹沿结肠蠕动方向顺时针推揉 20 圈,力度以产妇舒适为宜。

4)产后尿潴留:以手掌根部推揉关元穴,同时间断性往耻骨联合方向下推,手法先轻后重,按逆时针方向推揉 5~15min。

5)妊娠剧吐:以拇指端点按足三里、内关、中脘穴各 1min,再按顺、逆时针方向轻柔按摩腹部各 3min。

(7)操作后处理:协助患者整理衣着,安置舒适体位,整理床单位。

【注意事项】

1. 操作前应修剪指甲,以防损伤患者皮肤。
2. 推拿时间一般宜在饭后 1~2h 进行,饮酒、洗澡或大量运动后不宜马上进行。
3. 操作过程中,用力要适度,注意保暖,保护患者隐私。
4. 使用叩击法时,有严重心血管疾病禁用,心脏搭桥患者慎用。

知识拓展

经穴推拿手法的补与泻

《黄帝内经》提出"盛则泻之,虚则补之,不盛不虚以经取之"的治病原则,经穴推拿也可通过手法补泻虚实,达到愈病、保健、强身的目的。一是轻重补泻法,补法的手法柔和、轻快,时间短促。泻法则手法重而强,作用时间长;二是左右旋转补泻法,按揉时,顺时针旋转(向右旋转)为泻法,逆时针旋转(向左旋转)为补法;三是迎随补泻法,顺着经脉走向按揉为补法,逆着经脉走向按揉为泻法;四是平补平泻法,指在推拿时,行逆时针和顺时针交替旋转揉摩,或手法往返于经脉(穴位)上操作,以达到活血调气通经络的功效。

二、耳穴贴压技术

耳穴贴压技术是采用王不留行籽、磁珠等丸状物贴压于耳郭上的穴位或反应点,给予适度的按压刺激,以达到防治疾病目的的一项中医技术。

【目的】

通过耳穴贴压以刺激穴位或反应点,达到疏通经络、调和气血、调整脏腑功能、促进阴阳平衡的目的。

【适应证】

1. **产科**　分娩镇痛、妊娠剧吐、产后尿潴留、产后便秘、产后宫缩痛、产后乳汁分泌不足等。
2. **其他**　各种疾病及术后所致的疼痛、失眠、焦虑、眩晕、便秘、腹泻等症状。

【禁忌证】

耳郭上有湿疹、溃疡、瘢痕、冻疮、皮肤破溃的患者禁用;有习惯性流产史的孕妇、妊娠期妇女应慎用;年老体弱、有严重器质性疾病者慎用。

【操作程序】

1. **评估**
(1)询问主要症状、既往史,是否妊娠。
(2)有无对胶布、乙醇等过敏。
(3)对疼痛的耐受程度。
(4)耳郭皮肤情况。

2. **准备**
(1)环境准备:环境整洁、舒适,私密性好。
(2)物品准备:治疗盘、耳穴贴(黏附有王不留行籽、磁珠等丸状物)、75% 乙醇棉签、探棒、止血钳或镊子、污物杯,必要时备耳穴模型。
(3)患者准备:了解操作的目的,取得知情同意。
(4)术者准备:着装整齐,修剪指甲,洗手,戴口罩。

3. **操作步骤**
(1)体位选择:协助患者取坐位或卧位,充分暴露耳郭。
(2)定位与皮肤消毒:按医嘱选择耳穴,用探棒探查阳性反应点,确定贴压部位。用 75% 乙醇棉签自上而下、由内到外、从前到后消毒耳部皮肤。
(3)耳穴贴压:用止血钳或镊子夹住耳穴贴,准确贴敷于所选的耳穴上,并根据患者情况施以正确的按压手法,使耳郭局部出现热、麻、胀、痛感,即"得气"。切勿揉搓,以免搓破皮肤造成感染。嘱患者每天自行按压 3~5 次,每次每穴 1~2min(彩图 18-54)。
(4)操作中观察与处理:观察患者耳郭皮肤,询问有无不适感。如出现皮肤发红、肿痛、瘙痒和皮疹等现象,立即停止操作,并清洁皮肤。
(5)常用耳穴按压手法
1)对压法:用示指、拇指的指腹置于耳郭的正面和背面,相对按压耳穴贴上的丸状物,至患者出现热、麻、胀、痛等感觉,此时术者的示指、拇指可边压边左右移动或做圆形移动,寻找胀痛感较明显的位置。一旦找到敏感点,则持续对压 20~30s。
2)直压法:用指尖垂直按压耳穴,至患者产生胀痛感,持续按压 20~30s,稍做放松,再重复按压。
3)点压法:用指尖一压一松地按压耳穴,每次间隔 0.5s。用力不宜过重,以患者感到胀而略沉重刺痛为度。一般每次每穴可按压 27 下,具体可视体质、病症而定。
(6)耳穴贴压在产科中的应用
1)分娩镇痛:取子宫、神门、内分泌、皮质下和交感穴,两耳交替按压,每 15min 1 次,可伴随整个产程。

Note:

2）妊娠剧吐：取皮质下、贲门、内分泌、神门、交感为主穴。根据呕吐物的特点选配穴，呕吐食物、酸水或苦水、痰涎者分别加胃区、肝区、脾区为配穴。

3）产后尿潴留：取肾、膀胱、尿道、外生殖器、三焦穴和皮质下穴，每 1~2h 按压 1 次，直至尿液排出。

4）产后便秘：取三焦、大肠、脾、腹、直肠、皮质下为主穴，加肺、小肠、胃、贲门、交感为配穴。

5）产后宫缩痛：取神门、交感、内分泌、皮质下和子宫穴。

6）产后乳汁分泌不足：取胸、乳腺、内分泌、交感为主穴，加脾、胃、肝为配穴。

（7）操作后处理：协助患者整理衣着，安置舒适体位，整理床单位。

【注意事项】

1. 耳穴贴压每次选择一侧耳穴，双侧耳穴轮流使用。夏季易出汗，留置时间 1~3d，冬季留置 3~7d。

2. 注意观察耳部皮肤感染和过敏情况。留置期间应防止耳穴贴污染，对普通胶布过敏者改用脱敏胶布。

3. 患者侧卧位耳部感觉不适时，可适当调整。耳穴贴脱落后，应及时告知护士。

4. 对体质虚弱者，手法应轻柔，按压力度不宜过大。

三、穴位敷贴技术

穴位敷贴技术是以中医经络学说为理论依据，将药物制成一定剂型，敷贴于人体特定腧穴上，通过药物和腧穴的共同作用以防治疾病的一项中医技术。

【目的】

通过刺激穴位，激发经络功能，达到通经活络、调整脏腑、活血化瘀、行气消痞、扶正祛邪、平衡阴阳等作用。

【适应证】

1. **产科** 妊娠剧吐、产后尿潴留、产后便秘、产后汗证等。

2. **其他** 适用于恶性肿瘤、各种疮疡及跌打损伤等疾病引起的疼痛；消化系统疾病引起的腹胀、腹泻、便秘；呼吸系统疾病引起的咳喘等症状。

【禁忌证】

实热证、阴虚发热者；皮肤过敏、破溃、炎症者；严重心肺功能疾病患者；孕妇的腰骶部及合谷、三阴交等敏感穴位不宜敷贴。

【操作程序】

1. 评估

（1）询问病史，了解病情、主要症状、既往史、药物和敷料过敏史。

（2）穴位贴敷部位的皮肤情况。

（3）患者的心理状态及合作程度。

2. 准备

（1）环境准备：环境舒适，温湿度适宜，私密性好。

（2）物品准备：治疗盘、遵医嘱配制的药物、压舌板、敷贴、75% 乙醇棉签 /0.9% 生理盐水棉球、纱布、污物杯。

（3）患者准备：了解操作目的，取得知情同意。

（4）术者准备：着装整齐，洗手，戴口罩。

3. 操作步骤

（1）体位选择：协助患者取合适体位，暴露敷贴部位，注意保暖和遮挡。

（2）定位与清洁皮肤：根据医嘱选择穴位，准确定位，用75%乙醇棉签或生理盐水棉球清洁敷药部位皮肤，范围需大于敷贴固定区域。

（3）穴位贴敷：揭开敷贴的防黏纸，用压舌板将配制的药物放入敷贴中心的空圈内压平，厚薄以0.2~0.5cm为宜，再贴敷于所选穴位上，用拇指或大小鱼际按摩穴位1min，使药物紧贴皮肤，并在敷贴上注明贴敷时间并签名。贴敷时长一般为2~4h，视病情和部位而定，以局部皮肤发红但不起疱为宜（彩图18-55）。

（4）穴位敷贴在产科中的应用

1）妊娠剧吐：将半夏、丁香加姜汁熬制成膏，敷于神阙穴，每天2次，直至病愈。

2）产后尿潴留：将麻黄、肉桂按1∶1的比例研成粉末，用黄酒或60%乙醇调和，每次5g，分成两份分别敷于神阙穴和关元穴，每天1次。

（5）操作后观察与处理：观察患者局部皮肤，询问有无不适感。贴敷结束后，以纱布清洁贴敷处皮肤，协助患者整理衣着，取舒适体位，整理床单位。

【注意事项】

1. 穴位敷贴部位应交替选用，不宜连续敷贴单个部位。

2. 除拔毒膏外，局部皮肤如有红肿、水疱、破溃时不宜敷贴，以免发生感染。

3. 贴敷处残留的药物不宜用肥皂或刺激性物品擦洗。

4. 敷药后，局部出现皮疹、瘙痒、水疱等过敏现象，应暂停使用，及时采取措施。

四、中药热熨敷技术

中药热熨敷技术是将中药加热后装入布袋，在患处或特定穴位上来回移动，利用温热之力使药性通过体表透入经络和血脉，从而达到治疗目的的一项中医技术。

【目的】

通过温热和药物作用，达到温经通络、行气活血、散寒止痛、祛瘀消肿等作用。

【适应证】

1. **产科**　妊娠合并尿潴留、产后子宫复旧不良、产后宫缩痛、术后腹胀等。

2. **其他**　风湿痹证所致的关节冷痛、酸胀、沉重、麻木；跌打损伤导致的局部瘀血、肿痛；扭伤引起的腰背不适、行动不便；脾胃虚寒所致的胃脘疼痛、泄泻、呕吐等症状。

【禁忌证】

实热证、神昏、局部感觉障碍者；局部皮肤过敏、破损及炎症者；肿瘤或大血管处；孕妇腰骶部均不宜应用。

【操作程序】

1. 评估

（1）询问主要症状、既往史、药物过敏史，以及是否妊娠等情况。

（2）患者对热和疼痛的耐受程度。

（3）热熨部位的皮肤情况和知觉敏感度。

2. 准备

（1）环境准备：环境整洁、温湿度适宜，私密性好。

(2)物品准备:治疗盘、遵医嘱制备的药熨袋(常为双层纱布袋,恒温箱加热至60~70℃)、治疗巾、凡士林、棉签、测温仪、大毛巾、纱布、污物杯。

(3)患者准备:了解操作的目的,取得知情同意。排空二便。

(4)术者准备:着装整齐,洗手,戴口罩。

3. 操作步骤

(1)体位选择:协助患者取安全舒适体位,充分暴露热熨敷部位,注意保暖和遮挡。

(2)定位与皮肤保护:按医嘱确定热熨敷部位,将治疗巾垫于下方。在热熨处皮肤上涂凡士林。用测温仪测药袋温度,一般宜保持在50~60℃。

(3)中药热熨敷:将药袋放置于患处或相应穴位上,用力来回推熨,力量要均匀,力度以患者能耐受为宜。推熨开始时用力稍轻而速度稍快,随着药袋温度降低,在力度增大的同时减慢速度。推熨10~15min后,将药袋热敷于患处15~20min,加盖大毛巾保温。药袋温度过低时,应及时加温或更换。热熨敷每天1~2次(彩图18-56)。

(4)操作中观察与处理:询问患者感受,观察局部皮肤变化。如患者感到局部温度过高或出现水疱,应立即移开药袋,并给予对症处理。

(5)中药热熨敷在产科中的应用

1)妊娠合并尿潴留:取四季葱250g,洗净切成段,稍做捣烂,炒热后装入布包,自脐部向耻骨联合轻柔推熨,再将药袋敷于下腹部,每次约30min。

2)产后子宫复旧不良:根据证候分型,气虚者,用白术、黄芪热熨敷神阙、气海和关元穴;血瘀者,用桃仁、红花热熨敷子宫和归来穴。

(6)操作后处理:热熨敷后,用纱布擦拭局部皮肤,观察有无烫伤。协助患者整理衣着,安置舒适体位,整理床单位。告知患者注意避风保暖,避免洗冷水澡,饮食宜清淡,多饮温水。

【注意事项】

1. 操作过程中应保持药袋温度,若温度过低则应及时加热或更换。

2. 药熨温度不宜过高,一般不超过70℃。合并糖尿病及有感觉障碍者,不宜超过50℃。操作中注意保暖。

3. 药熨过程中应检查熨包是否破漏,随时询问患者的感受,若出现头痛、头晕、恶心、心悸、心慌等不适时,应立即停止治疗。注意观察皮肤颜色变化,一旦出现水疱或烫伤时也应立即停止操作,对症处理。

(高云飞　李霖　应立英　黄舒蓉)

思 考 题

1. 某产妇,27岁。孕1产0,41^{+6}周,无宫缩,胎心率148次/min。骨盆外测量:25-28-19-9cm,胎儿体重估计2 800g。阴道检查:先露头,S-2,宫口未开,宫颈管消退50%,居后,宫颈软。

请思考:

(1)该产妇的宫颈Bishop评分是多少?

(2)对该产妇应选择哪种引产方式进行处理?

2. 会阴切开术的适应证有哪些?会阴正中切开术和会阴侧斜切开术的区别有哪些?

3. 耳穴贴压技术的适应证及禁忌证是什么?

4. 穴位敷贴技术的注意事项有哪些?

Note:

URSING

第十九章

避孕节育及其相关技术

19章 数字内容

───── 学 习 目 标 ─────

- 知识目标：
  1. 掌握各种避孕方法及其不良反应、并发症和护理要点。
  2. 熟悉各种避孕方法的避孕原理；绝育的护理要点；避孕失败补救措施及其护理要点。
  3. 了解绝育的方法。
- 能力目标：
  能运用所学知识为生育期妇女提供计划生育优质服务。
- 素质目标：
  具有尊重、爱护广大女性，保护女性的职业精神。

　　计划生育是采取科学的方法有计划地生育子女,以避孕为主,在保障使用者知情同意的前提下,帮助其选择安全、有效、适宜的避孕措施,实施避孕节育手术。本章从常用避孕方法、女性绝育方法、避孕失败后的补救措施及避孕节育措施的选择进行介绍。

导入情境与思考

　　某女士,36 岁。既往体健,14 岁初潮,月经规律,周期 28d,经期 5~7d,量中,经期无不适。5 年前足月顺产一女婴,2 年前足月顺产一男婴。产后口服短效避孕药避孕,因时常漏服,不良反应较重,遂来门诊进行咨询。该女士表示无再生育意愿,希望采取其他避孕措施。

　　请思考:

　　1. 适合该女士的避孕方法是什么?

　　2. 该避孕方法有哪些不良反应?

第一节　常用避孕方法

　　避孕(contraception)是计划生育的重要组成部分,是采用科学手段使妇女暂时不受孕。避孕主要控制生殖过程中 3 个关键环节:①抑制精子与卵子产生;②阻止精子与卵子结合;③使子宫环境不利于精子获能、生存,或不适宜受精卵着床和发育。常用的避孕方法有工具避孕、药物避孕和其他避孕方法。

一、工具避孕法

　　工具避孕指利用器具防止精子和卵子结合,或通过改变宫腔内环境达到避孕目的的方法。常用的避孕器具包括男用避孕套、女用避孕套及宫内节育器。

(一) 男用避孕套

　　男用避孕套(condom)为男用避孕工具,性生活时套在阴茎上,使精液排在套内,不进入宫腔,阻止精子与卵子接触而达到避孕目的。正确而持续使用的情况下有效率为 98%,可阻止性传播疾病的感染。男用避孕套使用时需注意以下几点:

　　1. 使用前　选择合适型号的男用避孕套,吹气检查避孕套有无漏气,排出小囊内空气。对乳胶过敏者,可使用生物膜避孕套,如聚氨酯阴茎套。

　　2. 射精后　在阴茎尚未软缩时即捏住套口和阴茎一起从阴道内取出。

　　3. 使用后　性交后必须检查避孕套有无破裂、滑脱,若发生应立即采取紧急避孕措施。每次性交均应更换新的避孕套。

(二) 女用避孕套

　　女用避孕套(female condom)是一种由聚氨酯(或乳胶)制成长 15~17cm 的宽松、柔软带状物,又称阴道套(vaginal pouch),开口处连接直径为 7cm 的柔韧"外环",套内有一直径 6.5cm 的游离"内环"(图 19-1),置于女性阴道中,阻止精子与卵子接触。正确而持续使用的情况下有效率为 90%,可阻止性传播疾病的感染。Ⅱ度子宫脱垂、生殖道畸形、生殖道感染期及女用避孕套过敏者不宜使用。

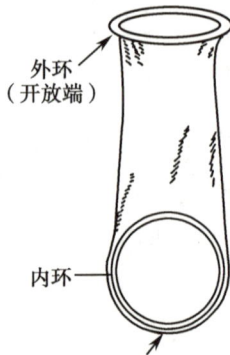

图 19-1　女用避孕套

(三) 宫内节育器

　　宫内节育器(intrauterine device,IUD)是我国育龄妇女采用的主要避孕措施。

　　1. 分类　目前,国内外已有数十种不同类型和形状的宫内节育器,以下介绍几种国内常用宫内避孕器(图 19-2),一般分为惰性和活性两大类。

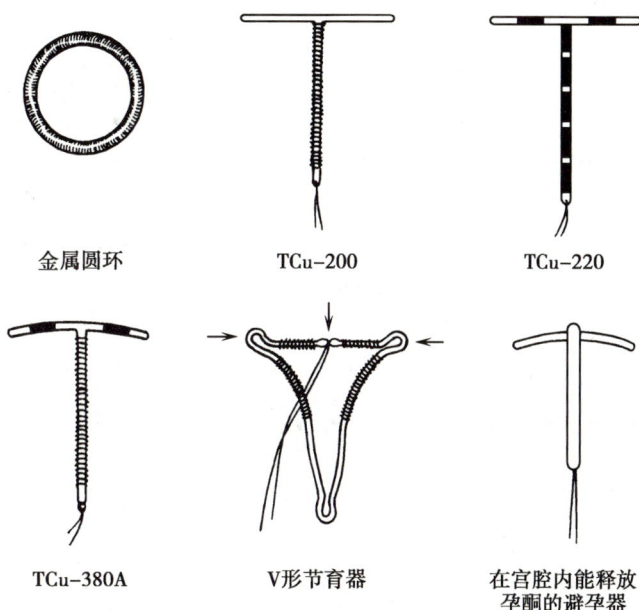

金属圆环　　　　　　TCu-200　　　　　　TCu-220

TCu-380A　　　　　　V形节育器　　　　　在宫腔内能释放
　　　　　　　　　　　　　　　　　　　　　孕酮的避孕器

图 19-2　国内常用宫内避孕器

(1)惰性宫内节育器(第一代 IUD):由惰性材料如金属、塑料、硅胶等制成,因脱落率及带器妊娠率高,已停止使用。

(2)活性宫内节育器(第二代 IUD):内含活性物质如铜离子、激素、药物等,这些物质能提高避孕效果,减少副作用。分为含铜 IUD 和含药 IUD 两大类。

1)含铜 IUD:为植入子宫的器具,以聚乙烯或不锈钢为支架,含铜套管或铜丝,是目前我国应用最为广泛的 IUD,具有带器妊娠率低及脱落率低、能长期放置等优点。作用原理:①机械刺激和铜离子对精子和胚胎的毒性作用;②机械刺激和铜离子的作用干扰受精卵着床。避孕有效率在 90% 以上。含铜 IUD 主要分为 T 形、V 形、宫形,此外还有母体乐 IUD、宫铜 IUD、含铜无支架 IUD(又称“吉妮环”)。

2)含药 IUD:将药物储存于节育器内,定时释放微量药物。作用原理:①机械刺激对精子和胚胎的毒性作用;②机械刺激干扰受精卵着床;③抑制子宫内膜生长。有效率达 99%。目前我国临床主要应用含孕激素 IUD 和含吲哚美辛 IUD。

2. 宫内节育器放置术

(1)适应证:凡生育期妇女无禁忌证、要求放置 IUD 者。

(2)禁忌证:①妊娠或可疑妊娠。②生殖道急性炎症。③生殖器肿瘤、生殖器畸形等。④近 3 个月有月经失调、阴道不规则流血。⑤人工流产术、中期妊娠引产、分娩或剖宫产胎盘娩出后子宫收缩不良出血多,疑有妊娠组织物残留或感染。⑥宫颈内口过松、重度陈旧性宫颈裂伤或子宫脱垂。⑦严重的全身性疾病。⑧宫腔<5.5cm 或>9.0cm 者。⑨有铜过敏史。

(3)放置时间:①月经干净 3~7d 无性交。②人工流产后且宫腔深度<10cm 者立即放置。③产后42d 会阴伤口愈合,子宫恢复正常,恶露已净。④剖宫产术后 6 个月,哺乳期排除早孕。⑤含孕激素IUD 在月经第 4~7d 放置。⑥自然流产于转经后放置,药物流产 2 次正常月经后放置。⑦性交后 5d内放置为紧急避孕方法之一。

(4)放置方法:受术者排尿后取膀胱截石位,双合诊检查子宫大小、位置、形状及附件情况。外阴阴道部常规消毒铺巾,阴道窥器暴露宫颈后消毒宫颈与宫颈管,以宫颈钳夹持宫颈前唇,用子宫探针顺子宫位置探测宫腔深度。用放置器将节育器推送入宫腔,宫内节育器上缘必须抵达宫底部,带有尾丝的宫内节育器在距宫颈外口 2cm 处剪断尾丝。观察无出血即可取出宫颈钳和阴道窥器。

(5)护理要点

1)术前准备:向受术者介绍宫内节育器放置术的目的、过程和避孕原理,以取得理解和配合。

2)术后健康指导:①术后观察室观察 2h,无异常方可离开。②术后休息 3d,1 周内忌重体力劳动,2 周内禁性交及盆浴,保持外阴清洁。③术后 3 个月内每次行经或排便时注意有无节育器脱落。④术后第 1 年 1、3、6、12 个月进行随访,以后每年随访 1 次,直至停用;随访宫内节育器在宫腔内情况,发现问题,及时处理,以保证宫内节育器避孕的有效性。⑤术后可能有少量阴道出血和下腹不适。如有发热、下腹痛及阴道流血量多等特殊情况随时就诊。

3. 宫内节育器取出术

(1)适应证:①计划再生育或不再需要避孕者。②放置期限已满需要更换者。③拟改用其他避孕或绝育措施者。④绝经过渡期停经 1 年内。⑤有并发症及副作用,经治疗无效。⑥带器妊娠,包括宫内和宫外妊娠。

(2)禁忌证:①生殖道急性炎症者。②全身情况不良或疾病急性期。

(3)取器时间:①月经干净 3~7d。②子宫不规则出血或出血多者,随时可取。同时行诊断性刮宫,刮出组织送病理检查,排除子宫内膜病变。③带器早期妊娠者于人工流产时取出。④带器异位妊娠者于术前诊断刮宫时或术后出院前取出。

(4)操作方法:取器前应查看尾丝,进行 B 超及 X 线等检查,确定宫腔内有无节育器及类型。手术体位、消毒方法与宫内节育器放置术相同。双合诊妇科检查,有尾丝者,用血管钳夹住后轻轻牵引取出;无尾丝者,用子宫探针查清节育器的位置后,用取环钩或取环钳将宫内节育器取出。取器困难可在超声下进行操作,必要时在宫腔镜下取出。

(5)护理要点:①术后休息 1d,2 周内禁性生活和盆浴,并保持外阴清洁。②提供避孕措施的相关咨询指导。

4. 宫内节育器的不良反应及护理

(1)不规则阴道流血:主要表现为经量增多、经期延长或少量点滴出血,一般不须处理,3~6 个月后可逐渐恢复。可遵医嘱给予止血剂,出血时间长者应补充铁剂,并予以抗生素。若经上述处理无效,应考虑取出宫内节育器,改用其他避孕方法。

(2)腰酸或下腹胀痛:节育器与宫腔大小形态不符时,可引起子宫频繁收缩而出现腰酸或下腹胀痛。轻者无须处理,重者则应考虑更换节育器。

5. 宫内节育器的并发症
可出现节育器嵌顿或断裂、节育器异位、节育器下移或脱落、带器妊娠、子宫穿孔、术时出血、术后感染等并发症。为减少并发症的发生,应做好定期随访。一旦确诊,应向患者及其家属充分解释,取得理解和配合,同时遵医嘱用药,做好术前准备。

(四)外用杀精剂

外用杀精剂是性交前置入女性阴道,具有灭活精子作用的一类化学避孕制剂。目前临床常用的有避孕栓剂、片剂、凝胶剂及避孕薄膜等,由活性成分壬苯醇醚和基质制成。避孕原理为壬苯醇醚有强烈的杀精作用,能破坏精子细胞膜使精子失去活性;基质可使杀精剂扩散覆盖宫口,提高杀精效果。应注意每次性交前均需使用。片剂、栓剂和薄膜置入阴道后,需等待 5~10min,溶解后才能起效,而后进行性生活。若置入 30min 尚未性交,须再次放置。正确使用有效率达 95% 以上。使用不正确时,失败率达 20% 以上,不作为避孕首选药。

二、药物避孕法

药物避孕主要是激素避孕(hormonal contraception),指女性使用甾体激素达到避孕,是一种高效避孕方法。国内目前常用的避孕药为人工合成的甾体激素避孕药,具有安全、有效、经济、简便的

Note:

特点。

(一) 避孕原理

甾体激素避孕药可通过以下环节发挥作用：

1. 抑制排卵　避孕药中雌激素、孕激素通过负反馈抑制下丘脑释放 GnRH，使垂体分泌 FSH 和 LH 减少；同时直接影响垂体对 GnRH 的反应，不出现排卵前 LH 高峰，排卵受到抑制。

2. 干扰受精和受精卵着床　①避孕药中孕激素可使宫颈黏液量减少，黏稠度增加，拉丝度降低，阻碍受精；②孕激素可改变子宫内膜的形态和功能，不利于受精卵着床；③雌激素、孕激素共同作用可影响受精卵在输卵管内的正常运送，干扰受精卵着床。

(二) 适应证与禁忌证

1. 适应证　健康育龄妇女均可使用。

2. 禁忌证　①严重心血管疾病、血液病或血栓性疾病。②急、慢性肝炎或肾炎。③内分泌疾病，如糖尿病需用胰岛素控制者、甲状腺功能亢进者。④恶性肿瘤、癌前病变、子宫或乳房肿块者。⑤原因不明的阴道流血、月经稀少或年龄大于 45 岁。⑥患精神病生活不能自理者。⑦反复发作的严重偏头痛。⑧年龄>35 岁的吸烟妇女，不宜长期服用避孕药，可增加心血管疾病发病率。⑨可疑妊娠。⑩哺乳期不宜使用复方口服避孕药。

(三) 甾体激素避孕药的种类

目前，女性甾体激素避孕药包括口服避孕药、长效避孕针、速效避孕药和缓释避孕药。常用甾体激素避孕药的比较见附录五，常用甾体激素避孕药的成分及给药途径见附录六。

1. 口服避孕药（oral contraception，OC）　包括复方短效口服避孕药、复方长效口服避孕药。

(1)复方短效口服避孕药：是雌激素、孕激素组成的复合制剂。雌激素成分主要为炔雌醇，孕激素成分各不相同，构成不同配方及制剂。复方短效口服避孕药的主要作用为抑制排卵，正确使用避孕药的有效率接近 100%。

使用方法及注意事项：①单相片，复方炔诺酮片、复方甲地孕酮片等，于月经第 5d 开始服用第 1 片，连服 22d，停药 7d 后服用第 2 周期药物。复方去氧孕烯片、屈螺酮炔雌醇片、炔雌醇环丙孕酮片，于月经第 1d 开始，每晚 1 片，连服 21d，停药 7d 后服用第 2 周期药物。屈螺酮炔雌醇Ⅱ内含 24 片活性药片，4 片不含药空白片，月经第 1d 开始服药，先服活性片，服完 24 片后服空白片，服完 28d 无须停药接着服下一周期。若有漏服应及早补服，且警惕有妊娠可能；若漏服 2 片，补服后要加用其他避孕措施；漏服 3 片应停药，待出血后开始服用下一周期药物。②三相片，左炔诺孕酮/炔雌醇三相片等，于月经周期第 3d 开始，每天 1 片，连服 21d。每一相药物颜色不同，每片药物旁标有日期，服药者按顺序服药。

(2)复方长效口服避孕药：由长效雌激素和人工合成的孕激素配伍制成，因不良反应较多，现已较少使用。

2. 长效避孕针　目前有以下两种，用法如下：

(1)雌、孕激素复合剂：由于激素剂量大，副作用大，很少用。

(2)单纯孕激素制剂：醋酸甲羟孕酮避孕针，每隔 3 个月注射 1 针，避孕效果好；庚炔诺酮避孕针，每隔 2 个月注射 1 针。

3. 速效避孕药　适用于短期探亲夫妇，故又称探亲避孕药（vacation pill）。探亲避孕药的避孕效果可靠。但由于探亲避孕药的剂量大，现已经很少使用。

4. 缓释避孕药　是将避孕药（主要为孕激素）与具备缓慢释放性能的高分子化合物制成多种剂型，以缓释高分子化合物为载体，在一次给药后，避孕药在体内缓慢释放，维持恒定的血药浓度，以达到长期避孕效果。主要包括皮下埋植剂、阴道避孕环和避孕贴。

(1)皮下埋植剂：月经周期 7d 内，硅胶棒埋入左上臂内侧皮下，6 根皮埋剂扇形放置，埋植后 24h 即可发挥作用。使用期间禁用巴比妥、利福平等可使肝酶活性增加的药物，因其能加速药物代谢，降低血药浓度,影响避孕效果。

(2)阴道避孕环:以硅胶或柔软塑料为载体携带甾体激素的阴道环。甲地孕酮硅胶环,月经干净后放入阴道后穹隆或套在宫颈上,一次放置,避孕1年,经期不须取出;依托孕烯炔雌醇阴道环月经第1d放置,3周后取出,停用1周后再放下一个环,有效率98%~99%。

(3)避孕贴:避孕药放在特殊贴片内,粘贴在皮肤上,可按一定的药物浓度和比例释放,通过皮肤吸收而达到避孕效果。于月经周期第1d使用,每周1贴,连用3周,停药1周。

(四) 药物不良反应与处理

1. 类早孕反应 服药初期约10%妇女会有食欲减退、恶心、头晕、乏力等类早孕反应的症状,一般不须处理,继续服药数个周期后可自行减退或消失。症状严重者可考虑更换制剂或改用其他避孕措施。

2. 不规则阴道流血 又称为突破性出血,表现为不规则少量阴道流血。多发生在漏服、不按时服药或减量服药后。如点滴出血,则无须处理;如阴道流血量接近月经量,或流血时间接近月经期者,则停药,作为一次月经来潮,于下一周期开始服用药物或更换避孕药。

3. 闭经 1%~2%妇女发生闭经,常发生于月经不规则妇女。对原有月经不规则妇女,使用避孕药应谨慎。停药后月经不来潮,需除外妊娠,停药7d后可继续服药,若连续停经3个月,需停药观察。

4. 色素沉着 极少数妇女的颜面部出现淡褐色色素沉着,停药后多能自然消退或减轻。近年来随着口服避孕药不断发展,用药量小,副作用明显降低,而且能改善皮肤痤疮等。

5. 体重增加 个别妇女服药后食欲亢进,体内合成代谢增加,体重增加。新一代口服避孕药屈螺酮炔雌醇片有抗盐皮质激素的作用,可减轻水钠潴留。

6. 其他 偶见头痛、复视、乳房胀痛等,可对症处理,必要时停药做进一步检查。

三、其他避孕方法

主要介绍自然避孕法和紧急避孕法。

(一) 自然避孕法

自然避孕法(natural family planning,NFP),又称安全期避孕法,指通过推算排卵期,选择在月经周期中易受孕的时间进行禁欲而达到避孕目的。其原理是排卵前后4~5d内为易受孕期,其余时间不易受孕,视为安全期。妇女排卵受外界环境、情绪、健康状况等多种因素影响。因此安全期避孕法并不十分可靠,不宜推广。

(二) 紧急避孕法

紧急避孕(emergency contraception)指在无保护性生活后或避孕失败后一定时间内,妇女为防止非意愿妊娠而采用的补救避孕方法,包括放置宫内节育器和口服紧急避孕药。

(1)宫内节育器:常用含铜IUD,尤其适合希望长期避孕、无放置IUD禁忌证,且对应用激素有禁忌证者。于无保护性生活后5d(120h)内放置。

(2)紧急避孕药:分为激素类和非激素类。①激素类:左炔诺孕酮片,为单孕激素制剂,于无保护性生活72h内服1片,12h重复1片;复方左炔诺孕酮片,为雌、孕激素复方制剂,于无保护性生活72h内服4片,12h再服4片。②非激素类:常用米非司酮,为抗孕激素制剂,在无保护性生活120h内服用10mg即可。

第二节 女性绝育方法

输卵管绝育术(tubal sterilization)指通过手术结扎输卵管或用药将输卵管腔粘连堵塞,阻断精子与卵子相遇而达到绝育目的。主要包括经腹输卵管结扎术、经腹腔镜输卵管结扎术。输卵管绝育术是一种安全、永久性的节育措施,且可逆程度较高。

一、经腹输卵管结扎术

1. **适应证**　①自愿接受绝育手术且无禁忌证者；②患有严重的全身性疾病不宜生育者。

2. **禁忌证**　①各种疾病急性期；②全身状况不佳，不能耐受手术者；③腹部皮肤有感染灶或急、慢性盆腔炎；④严重的神经官能症；⑤术前相隔 4h 两次体温均在 37.5℃ 以上者。

3. **手术时间**　①非孕妇女月经干净后 3~4d 内；②人工流产或分娩后 48h 内为宜；③中期妊娠终止或宫内节育器取出术可立即施行手术；④自然流产待月经复潮后；⑤剖宫产同时即可做绝育术；⑥哺乳期妇女或闭经妇女排除早孕后。

4. **术前准备**

(1)详细询问病史，进行全面评估，包括全身检查、妇科检查、实验室检查等，排除禁忌证，核实手术时间。

(2)评估受术者对手术的认知水平、接受程度，做好解释和咨询，解除其思想顾虑。

(3)按妇科腹部手术常规准备。

5. **麻醉与体位**　采用局部浸润麻醉或硬膜外麻醉。受术者排空膀胱，取头低臀高仰卧位，留置导尿。

6. **术后并发症及防治措施**

(1)出血或血肿：一旦发生，报告医生及时处理。

(2)感染：可发生切口、盆腔与腹腔局部感染，也可发生全身感染。术前严格掌握手术指征，术中严格无菌操作。

(3)脏器损伤：多因手术者操作不熟练、术前未排空膀胱、解剖关系辨认不清所致。一旦发生脏器损伤应立即修补，并注意术后观察。

(4)输卵管再通：由于绝育措施本身的缺陷或技术误差，致绝育术后有 1%~2% 的再通率。

7. **术后观察及护理**

(1)术后密切观察受术者生命体征及有无腹痛、内出血或脏器损伤情况等。

(2)排除行硬膜外麻醉，受术者无须禁食。

(3)保持伤口敷料清洁干燥，并注意观察伤口的恢复情况。

(4)嘱受术者及早排尿。

(5)术后注意休息，2 周内禁止性生活。

二、经腹腔镜输卵管绝育术

1. **适应证**　同经腹输卵管结扎术。
2. **禁忌证**　主要为心肺功能不全、腹腔粘连、膈疝等，余同经腹输卵管结扎术。
3. **术前准备**　同经腹输卵管结扎术。
4. **麻醉**　采用局麻、硬膜外麻醉或全身麻醉。
5. **术后护理**　术后静卧 4~6h 后即可下床活动；严密观察受术者生命体征，观察有无腹痛、内出血或脏器损伤等情况。

第三节　避孕失败后的补救措施

避孕失败后的补救措施指因意外妊娠、疾病等原因而采用人工方法终止妊娠的措施，包括早期终止妊娠的方法和中期终止妊娠的方法。

一、早期终止妊娠的方法

终止早期妊娠的人工流产方法包括手术流产和药物流产。

Note:

(一) 手术流产

手术流产(surgical abortion)是采用手术方法终止妊娠,包括负压吸引术和钳刮术。

1. 负压吸引术　利用负压吸引原理,将妊娠物从宫腔内吸出。

(1)适应证:①妊娠10周以内自愿要求终止妊娠而无禁忌证者。②患有严重疾病不宜继续妊娠者。

(2)禁忌证:①各种疾病的急性期或全身情况不良,不能耐受手术。②生殖道炎症。③术前两次体温均在37.5℃以上。

(3)术前准备:①询问病史,进行全身检查、妇科检查及实验室检查。②根据hCG测定,超声检查确诊。③术前测量生命体征。④加强沟通,解除受术者思想顾虑。⑤排空膀胱。

(4)镇痛与麻醉:一般无须麻醉,但为缓解受术者疼痛,可在麻醉下进行。常用的麻醉方法有静脉全麻、宫旁神经阻滞麻醉、宫颈或宫腔表面麻醉。

(5)手术步骤:①体位与消毒,取膀胱截石位。常规消毒外阴、阴道,铺无菌巾。行双合诊检查子宫位置、大小及附件情况。阴道窥器扩张阴道,消毒阴道和宫颈管。②探测宫腔、扩张宫颈。③吸管吸引。④检查吸出物,将吸出物用纱布过滤,测量吸出血液及组织量,检查有无绒毛及胚胎组织。未见绒毛者需送病理检查。

2. 钳刮术　适用于妊娠≥10周的早期妊娠,此期胎儿较大,骨骼形成,手术风险远大于吸宫术。

(1)适应证:适用于妊娠≥10周的早期妊娠余同负压吸引术。

(2)禁忌证、术前准备、镇痛与麻醉:同负压吸引术。

(3)手术步骤:①体位与消毒,同负压吸引术;②扩张宫颈,用器械或药物扩张宫颈管;③用卵圆钳夹胎儿及胎盘。

3. 手术流产的护理要点

(1)术前:同负压吸引术的术前准备。

(2)术中:①为受术者提供心理支持,指导其运用呼吸减轻不适。②严密观察,出现异常及时报告医生。③配合医生检查吸出物,必要时送病理检查。

(3)术后:①观察室卧床1h,注意观察腹痛及阴道流血情况。②遵医嘱给予药物治疗。③嘱其保持外阴清洁,1个月内禁止性生活及盆浴。④嘱其术后休息2周,加强营养。若有腹痛及阴道流血增多症状,及时就诊。

4. 手术流产的并发症及防治

(1)出血:妊娠月份较大时,因子宫扩张较大,收缩欠佳,出血量多。可在扩张宫颈后注射缩宫素,并尽快取出妊娠产物。

(2)子宫穿孔:是手术流产的严重并发症。发生率与术者操作技术及子宫本身情况有关,如哺乳期子宫、瘢痕子宫、子宫过度倾屈、子宫畸形等情况。一旦发生子宫穿孔,应立即停止手术,并采取相应的措施补救。

(3)人工流产综合反应:指手术时疼痛或局部刺激,使受术者在术中或术毕出现恶心呕吐、心动过缓、心律不齐、面色苍白、头晕、胸闷、大汗的症状,严重者出现血压下降、昏厥和抽搐。一经出现以上症状应立即停止手术,给予吸氧,多数可自行恢复正常。严重者静脉注射阿托品0.5~1mg。术前应重视心理护理,充分扩张宫颈管;术中操作轻柔,掌握适度负压,进出宫颈时关闭负压,减少不必要的反复吸刮宫腔。

(4)漏吸或空吸:施行手术流产时未吸出胚胎及绒毛,而导致继续妊娠或胚胎停止发育,称为漏吸。常见于子宫畸形、位置异常或操作不熟练引起。误诊宫内妊娠行人工流产术,称为空吸,警惕异位妊娠。

(5)吸宫不全:指手术流产术后部分妊娠组织残留,是手术流产的常见并发症。与操作者技术不熟练或子宫位置异常有关。

(6)感染：可发生子宫内膜炎、盆腔炎等。常见于器械、敷料消毒不严或操作无菌观念不强、吸宫不全或流产后过早性生活。患者需要卧床休息，给予支持疗法，及时抗感染治疗。

(7)羊水栓塞：少见，多由于宫颈损伤、胎盘剥离致血窦开放，为羊水进入母体血液循环提供了条件。治疗包括抗过敏、抗休克等。

(8)远期并发症：宫颈粘连、宫腔粘连、月经失调、慢性盆腔炎、继发性不孕等。

(二) 药物流产

药物流产(medical abortion)是用药物终止早期妊娠的一种避孕失败的补救措施。目前常用的药物为米非司酮与米索前列醇，两者配伍使用终止早期妊娠完全流产率可达 90% 以上。

1. 适应证　①妊娠≤49d，自愿要求使用药物终止妊娠。②确诊宫内妊娠。③有手术流产高危因素者，如瘢痕子宫、哺乳期、宫颈发育不良、严重骨盆畸形等。④多次手术流产史，对手术流产有恐惧或顾虑者。

2. 禁忌证　①有使用米非司酮禁忌证者，如肾上腺及其他内分泌疾病、血液疾病、血管栓塞等。②有使用米索前列醇禁忌证者，如心血管疾病、青光眼、哮喘等。③带器妊娠或宫外孕。④其他，如妊娠剧吐、过敏体质，长期服用抗结核药、抗前列腺素药、抗抑郁药、抗癫痫药等。

3. 用药方法　米非司酮分顿服法和分服法。顿服法为 200mg 一次口服。分服法总量 150mg 米非司酮分 2d 服用，第 1d 晨服 50mg，8~12h 再服 25mg；用药第 2d 早晚各服米非司酮 25mg；第 3d 上午 7 时再服 25mg。每次服药前后至少空腹 1h。两种服药方法均于服药的第 3d 早上口服米索前列醇 0.6mg，前后空腹 1h。服药后可出现恶心、呕吐、腹痛、腹泻等胃肠道症状。

4. 药物流产的护理措施　①告知患者药物流产必须在正规医疗机构进行。②服药后严密观察，除轻度恶心、呕吐或腹泻等胃肠道症状外，出血时间长、出血量多是药物流产的主要副作用。③流产后保持外阴清洁，阴道流血未净时禁止性生活和盆浴。④流产后多注意休息，增加营养摄入，避免重体力劳动。

二、中期终止妊娠的方法

避孕失败后中期妊娠的补救措施为中期引产术，主要有依沙吖啶引产和水囊引产两种方法。

1. 适应证　①妊娠≥14 周至<28 周患有严重疾病不宜继续妊娠者。②妊娠早期接触胎儿致畸因素，检查发现胚胎异常者。

2. 禁忌证　①患有严重全身性疾病者。肝肾疾病能胜任手术者不作为水囊引产禁忌证。②各种急性感染性疾病、慢性疾病急性发作期、生殖器官急性炎症。③剖宫产术或肌瘤挖除术 2 年内。子宫壁有瘢痕、宫颈陈旧性裂伤者慎用。④术前 24h 内两次体温均在 37.5℃以上。⑤前置胎盘或腹部皮肤感染者。

3. 操作方法

(1)依沙吖啶引产：包括羊膜腔内注入法和羊膜腔外注入法。羊膜腔内注入法是将依沙吖啶注入羊膜腔内；羊膜腔外注入法是将依沙吖啶注入子宫壁与胎囊间。临床常用依沙吖啶羊膜腔内注入法，有效率达 90%~100%。

依沙吖啶是一种强力杀菌剂。将其注入羊膜腔内或宫腔内羊膜腔外时，可使子宫内蜕膜组织坏死而产生内源性前列腺素，引起子宫收缩。依沙吖啶直接对子宫肌肉也有兴奋作用。药物被胎儿吸收后，可致胎儿中毒死亡。

注意事项：①常用剂量为 50~100mg，不超过 100mg。②依沙吖啶羊膜腔外注药，药物稀释浓度不超过 0.4%。③确保在羊膜腔内方可注药，必要时用超声引导穿刺。

(2)水囊引产：是将消毒的水囊放置在子宫壁和胎膜之间，根据妊娠月份大小，向囊内注入 300~500ml 的 0.9% 氯化钠注射液，以增加宫腔内压力，使胎膜剥离，局部前列腺素释放，引起子宫收缩，促进妊娠产物排出。一般水囊放置后 12~24h 可引起宫缩。感染是其最常见的并发症，术中应注意无菌操作,术后预防感染。

注意事项:①注水量不超过500ml。②最好只放置一次,不得超过两次。再次放置应在前次取出水囊72h后且无感染征象下进行。③放置水囊后出现规律性宫缩时应取出水囊。若出现宫缩乏力,或取出水囊后无宫缩,或阴道流血较多时,应静脉滴注缩宫素。④每次放置时间不应超过24h。若宫缩过强、出血较多或体温超过38℃,应提前取出。⑤外阴、阴道、宫颈急性炎症需治愈后施术。

4. 并发症

(1)全身反应:偶见体温升高,多发生在使用依沙吖啶24~48h内,一般不超过38℃。

(2)阴道流血:约有80%的受术者出现阴道流血,一般不超过100ml。

(3)产道损伤:少数受术者可有不同程度的软产道损伤。

(4)感染:发生率较低,严重者可导致死亡。

5. 护理要点

(1)术前护理:评估受术者身心状况;做好各种术前准备工作;耐心解决受术者的疑问,解除其思想顾虑。

(2)术中护理:为受术者提供安静舒适的环境;给予支持和鼓励;严密观察生命体征,及时识别有无呼吸困难、发绀等羊水栓塞症状。

(3)术后护理:术后嘱其卧床休息,以防突然破水;严密观察并记录受术者生命体征、宫缩出现的时间和强度、胎心和胎动消失的时间、阴道流血情况等;产后仔细检查软产道及胎盘的完整性;指导产妇采取回奶措施。

(4)健康指导:指导产妇注意休息,加强营养;给予心理护理;术后6周禁止性生活及盆浴;为产妇提供避孕指导;告知其保持外阴清洁,预防感染;告知其若出现发热、腹痛及阴道流血量增多等异常情况,及时到医院就诊。

第四节　避孕节育措施的选择

避孕方法知情选择是计划生育优质服务的重要内容,通过广泛深入宣传、教育、培训和咨询,生育期妇女根据自身特点(包括家庭、身体、婚姻状况等),选择合适的安全有效的避孕方法。下面介绍生育年龄各期避孕方法的选择。

(一) 新婚期

1. 原则　新婚夫妇年轻,尚未生育,应选择使用简便、短效、不影响生育的避孕方法。

2. 选用方法　复方短效口服避孕药使用方便,避孕效果好,不影响性生活,列为首选。也可采用男用阴茎套或外用避孕栓、薄膜等。不适宜选用宫内节育器、安全期、体外排精及长效避孕药。

(二) 哺乳期

1. 原则　选择不影响乳汁质量及婴儿健康的避孕方法。

2. 选用方法　阴茎套是哺乳期选用的最佳避孕方法。也可选用单孕激素制剂长效避孕针或皮下埋植剂。哺乳期放置宫内节育器,操作要轻柔,防止子宫损伤。不适宜选用避孕药膜、安全期避孕以及雌、孕激素复合避孕药或避孕针。

(三) 生育后期

1. 原则　选择长效、可逆、安全、可靠的避孕方法,减少非意愿妊娠进行手术带来的痛苦及并发症。

2. 选用方法　各种避孕方法(宫内节育器、皮下埋植剂、复方口服避孕药、避孕针、阴茎套等)均适用,根据个人身体状况进行选择。若对某种避孕方法有禁忌证,则不宜使用该方法。

Note:

(四)绝经过渡期

1. 原则　此期仍有排卵可能,应坚持避孕,选择以外用避孕为主的避孕方法。

2. 选用方法　可采用阴茎套。原来使用宫内节育器无不良反应可继续使用,至绝经后半年内取出。也可选用避孕栓、凝胶剂。不宜选择避孕药膜避孕、安全期避孕及复方避孕药。

知 识 拓 展

特殊女性避孕方法的选择

1. 有性传播感染危险或患病的女性建议在采用其他避孕方法的同时使用安全套避孕,以有效预防疾病传播。

2. 糖尿病患者不宜服用避孕药,不宜采用节育环避孕。

3. 有严重的心脏病、心功能不全、慢性肝肾疾病伴肝肾功能不佳以及某些遗传性疾病,不宜妊娠的妇女可选择输卵管绝育术。

4. 患有急慢性盆腔炎、重度宫颈炎等疾病的女性不宜放置宫内节育器。

(唐中兰)

思 考 题

1. 阐述各种避孕方法及其不良反应、并发症和护理要点。

2. 患者,20岁。停经9周,B超显示宫腔内可见4.2cm×1.7cm妊娠囊回声,其内可见胚芽长约1.5cm及胎心搏动。来门诊要求终止妊娠。

请思考:

(1)对该患者应选择什么方法终止妊娠?

(2)终止妊娠后应采取哪些护理措施?

NURSING

第二十章

产房安全与质量管理

20章 数字内容

学 习 目 标

知识目标：

1. 掌握产房安全管理相关制度和产房快速反应团队的建立。

2. 熟悉产房分娩质量与安全指标及产房持续质量改进相关措施。

3. 了解现代产房的设置及环境管理要求。

能力目标：

能运用所学知识对母婴安全保驾护航。

素质目标：

具有尊重、保护母婴安全的职业精神。

产房应以孕产妇为中心,母婴安全为目标,不仅要为产妇提供温馨的待产环境、优良的医疗设施及人性化的服务模式,而且要有严格的安全管理制度及规范的工作流程,更要有严密的抢救程序、精湛的助产技能及配合默契的医护团队,以维护分娩的安全性,有效地应对紧急状况,通过多学科协作,更好地为母婴健康保驾护航。

第一节　现代产房的设置及环境管理要求

导入情境与思考

若你作为孕妇学校的负责人,为提高孕妇对分娩过程的了解,提高分娩的配合度,增强分娩信心,拟举行一次"带您走进'神秘'的产房"的活动。

请思考:

1. 你将从哪几方面向孕妇介绍"神秘"的产房?
2. 你的介绍重点是哪些方面?

一、总体要求

产房建设应坚持"以人为本"的原则,以保障母婴安全为目标,需符合医院感染的预防与控制,并与手术室、麻醉科、产科病房、母婴同室和新生儿重症监护室相邻近,且相对独立;布局合理,功能分区明确;产房装修和环境设计应安全、舒适、温馨;充分考虑孕产妇的生理和心理特点,提供全面优质的服务,促进自然分娩。产房的标准化配置应根据不同地区的经济条件、功能定位、医疗技术水平、学科发展和健康服务需求,并符合国家及当地的有关要求合理配置。

二、产房人员配置

从事助产技术人员应具有国家认可的医学专业学历,并经过助产专业岗前培训。产房医师应取得执业医师资格证书或执业助理医师资格证书,护士应取得护士执业证书。医护人员均应取得母婴保健技术考核合格证书。产房分娩床与助产士之比为1:3;待产床与助产士之比为1:0.5,并根据医院实际情况配置一定数量的产科医生、麻醉医生和新生儿科医生。每次分娩,至少有1位熟练掌握新生儿复苏技术的医护人员在场。

三、产房的环境及设施管理

(一) 环境、设施及布局要求

分娩区应安静,光线充足,环境清洁卫生、无污染源。布局流程合理,便于工作,安全且符合《医院感染管理办法》和《医院隔离技术规范》,并以满足母婴、医护需求为前提,尽可能与手术室、新生儿重症监护室、母婴同室病房相邻,且相对独立。

产房应安装程控门,若分娩室为单人单间,每间使用面积不少于25m²,若设置为两张及以上产床的分娩室,每张产床使用面积不少于20m²,产床之间须有屏障设施。待产室温度20~22℃,手术室、产房温度保持在24~26℃,相对湿度为50%~60%,足月新生儿复苏保暖台温度设置为32~34℃,保持新生儿体温在36.5~37.5℃。应设隔离产房,如条件所限,隔离待产室和隔离产房可兼用;至少有一间手术产房或至手术室的便捷通道。洗手池应采用非手动开关;有足够的电源接口,便于使用;室内配备动态空气消毒装置,良好的供排水系统。目前推广的家庭化产科服务模式则需要建立待产、分娩、产后修养于一体的家庭化产房,面积至少在28m²以上。

Note:

（二）产房三区域配置及要求

产房入室门应为内控式自动感应门，配有可视门禁系统。内部布局合理。明确划分非限制区、半限制区和限制区。三区之间应用感应门隔开或有明显的物理标志。

1. **非限制区**　设在产房最外侧，包括更鞋区、更衣室、卫生间、值班休息室、宣教室和污物处理区等。

（1）更鞋、更衣区：即医护人员进入产房更换产房专用衣、帽、鞋、戴口罩的区域。

（2）宣教实操室：主要用于对孕产妇进行产时、产后相关知识的宣教和产房医护人员对常见危急重症的急救实操演练。应有影像设备、模具、挂图、孕产期及生殖保健宣教资料。

（3）污物处理区：用以污物处置，应有专门污物通道。

2. **半限制区**　设在中间，包括办公室、待产室、敷料准备室、器械洗涤间等。

（1）办公室：可医护共用。设医护工作平台、病历柜、投影设备、中心胎心监护系统终端、孕产妇呼叫系统终端、门禁系统终端、通信设备等。

（2）待产室：要求环境安静、卫生，采光、通风良好。待产室应靠近分娩室与办公室，与分娩室相连，宜设专用厕所。设有待产床，每床净使用面积不少于 $6m^2$。有调温设备及饮水设备，血压计、听诊器、软尺、骨盆测量器、多普勒胎心听诊仪、中心胎心监护系统、器械台、手套、计时器、洗手设施、医疗废物处置桶及污物桶等。应设隔离待产室或隔离待产床，除上述必要条件外，其布局和设备应便于消毒隔离。

（3）敷料准备室：应设工作台、推车、器械物品架或柜。

3. **限制区**　设在产房最内侧，包括分娩室（分正常分娩室、隔离分娩室、家庭分娩室）、备用手术间、中孕引产室、刷手间及无菌物品存放室等。

（1）分娩室：设有多功能产床、无菌器械柜、无菌敷料柜、药品柜、新生儿复苏保暖台、器械台、手术照明灯或移动式无影灯、新生儿磅秤、氧源及吸氧装置、中心吸引装置、多普勒胎心听诊仪、中心胎心监护仪、多功能心电监护仪、新生儿喉镜及气管插管包、给氧面罩、手腕标记带等。医疗垃圾桶、紫外线灯、计时器等。分娩镇痛相关设备如麻醉机、一次性使用麻醉穿刺包、电子镇痛泵等。配置分娩球、分娩行走车、产科超声仪等支持工具。以上设备要定时检查维修，保证在功能状态，随时能够投入抢救、有固定的供血途径等。

（2）隔离产房：除上述必要条件外，其布局和设备应便于消毒隔离。宜设在产房区的末端位置。入室处备有专用的口罩、帽子、隔离衣及鞋等，入口处备有洗手和手消毒液的设置。有条件的设层流负压室。应有缓冲区，内有洗手设施。隔离分娩室应有专用污物通道。

（3）产房手术间：每间面积不少于 $30m^2$。设有麻醉机、产科手术及新生儿复苏的基本设施和设备，分娩镇痛设备、电脑，可用于开展脐带脱垂等紧急剖宫产手术及作为无痛分娩的麻醉处置室使用。

（4）中孕引产室：面积较正常分娩室小，基本配置同分娩室，可不设新生儿抢救复苏台及设备，但应备有负压吸引器设施。主要用于中期妊娠引产的留观处置及水囊引产、产后清宫等。

（三）产房消毒隔离要求

1. **室间感染控制**

（1）保持室内清洁、整齐，严格区分无菌区、清洁区、污染区。严格执行消毒隔离技术规范。

（2）凡是进入分娩区的人员必须更衣、换鞋，戴口罩、帽子，工作人员疑有感染性疾病的时候，应避免接触孕产妇或采取相应的防护措施，非本室人员未经许可不得入内。

（3）待产床、产床及检查床的一次性使用手术垫单一人一用一更换。产妇分娩或出科后床单元、产床进行严格终末消毒之后才能再次使用。

（4）确诊或疑似具有传染病的孕产妇按传染病要求在隔离待产室待产，在隔离产房分娩。

（5）对所有孕妇的分娩，助产人员一定按标准预防的要求进行防护后接生。对于操作过程中有可能出现血液、体液喷溅的操作时，须佩戴防护眼罩或防护面罩，穿防水手术衣。

(6)一次性用品严禁重复使用。非一次性诊疗器械必须由消毒供应中心统一处理供应。

2. 清洁消毒

(1)保持室内清洁、整齐,严格区分无菌区、清洁区、污染区。严格执行消毒隔离措施。

(2)各室各区域卫生清洁,无浮尘,无卫生死角。每月彻底打扫卫生一次,包括墙面、屋顶、柜体背面及照明灯等的除尘清洁工作。要求室内物品表面不得有浮尘、污垢及卫生死角。室内物品清洁、摆放有序,无过期物品药品。

(3)产房应定时通风换气,分娩前后用动态消毒机进行空气消毒,产妇出产房后进行终末消毒。

(4)保持室内清洁,物体表面每天用500mg/L含氯消毒液进行擦拭消毒;抹布分区使用,一桌一抹布。

(5)地面湿式清扫,拖把分区使用,每天500mg/L含氯消毒液拖地2次。用后浸泡消毒,清洗后悬挂晾干。

(6)血液、体液污染时先用1 000~2 000mg/L含氯消毒液浸泡30min(消毒液应大于血液、体液污染的面积),再用清水拖洗干净。

(7)接生器械使用后必须由当班助产士清理后,送消毒供应中心高压灭菌处理,做到一人一用一灭菌。疑似或确诊感染的产妇用后的器械尚需用含氯消毒剂浸泡预处理之后放入双层黄色塑料袋内交消毒供应中心处理。

(8)产妇分娩时使用手术垫单、备皮刀、吸氧管、洗耳球等均应使用一次性的医疗用品,不得重复使用。

(9)每季度做产房空气、物表、医务人员的手等细菌学监测。环境监测符合标准。

(10)空气标准:≤4CFU/皿(15min),物表标准:≤5CFU/m³,外科手消毒标准:≤5CFU/m³。细菌超标后有追踪、整改、复查,监测报告单项目填写齐全,记录完整。

3. 无菌操作

(1)各类操作前均应按要求进行洗手和手消毒,必要时佩戴防护眼罩或防护面屏,穿手术衣、戴无菌手套。

(2)操作中应保持无菌单及手术衣干燥(选用防水、阻菌、不产尘材料),潮湿则视为污染应立即更换。

(3)助产器械包内备断脐专用剪及无菌纱布、棉签、无菌手套等,禁止断脐器械与其他助产器械混用。

4. 医疗废物

(1)生活垃圾和医用垃圾标识明显,医疗废物按要求分类处理。容器有专用标识,摆放合理。传染病患者的生活垃圾按医用垃圾处理。

(2)医用垃圾分类管理,回收运送有详细登记。

(3)死胎、死婴应当与产妇或其他监护人沟通确认,可委托医院按《殡葬管理条例》妥善处理。医院严禁按医疗废物处理死胎、死婴。

(4)有传染病的死胎、死婴,经医疗机构征得产妇或其他监护人等同意后,产妇或其他监护人等应当在医疗文书上签字并配合办理相关手续。医疗机构应当按照《中华人民共和国传染病防治法》《殡葬管理条例》等妥善处理,不得交由产妇或其他监护人等自行处理。

(5)分娩后的胎盘归产妇所有,不得买卖胎盘。

(6)放弃或捐献的胎盘,助产机构应按照《医疗废物管理条例》的有关规定处理胎盘,并做好清点登记。

(7)胎盘可能造成传染病传播的,应当告知产妇或其他监护人,放入双层黄色塑料袋内,密闭运送,按医疗废物进行处置。

(8)医务人员应当掌握医院感染诊断标准。发生3例以上医院感染暴发或5例以上疑似医院感

Note:

染暴发时,在规定的时间内按流程及时上报。

(四)产房急救药物清单

1. 产科基本抢救药品

(1)宫缩剂:缩宫素、卡前列素氨丁三醇、卡前列甲酯栓或米索前列醇。

(2)心血管系统药物:去乙酰毛花苷、罂粟碱、肾上腺素、阿托品、山莨菪碱。

(3)解痉降压药:硫酸镁、拉贝洛尔、硝苯地平、酚妥拉明、硝普钠。

(4)升压药:多巴胺、多巴酚丁胺、重酒石酸间羟胺。

(5)利尿剂:呋塞米。

(6)镇静药:地西泮、哌替啶、氯丙嗪、异丙嗪。

(7)止血剂:凝血酶原复合物、血凝酶、氨甲苯环酸、维生素 K_1、6-氨基己酸。

(8)扩容剂:0.9% 氯化钠注射液、复方乳酸钠注射液、5% 和 10% 葡萄糖注射液、低分子右旋糖酐注射液、复方氯化钠注射液、羟乙基淀粉。

(9)纠酸药:5% 碳酸氢钠注射液。

(10)麻醉药:普鲁卡因、利多卡因。

(11)其他:氨茶碱、纳洛酮、地塞米松、氢化可的松、甘露醇、肝素、10% 葡萄糖酸钙。

2. 新生儿基本抢救药品

(1)循环药:肾上腺素。

(2)扩容剂:0.9% 氯化钠溶液。

以上药品的要求:在有效期内、规范摆放、安全保存、随时可得、方便使用。

四、一体化产房

一体化产房是目前分娩中心一种新的趋势,包括待产/分娩/恢复(labor/delivery/recovery,LDR)和待产/分娩/恢复/产后(labor/delivery/recovery/postpartum,LDRP)一体化产房。

(一)LDR 产房

产妇在同一个房间内完成分娩的所有阶段,然后再被转送到产后护理单元。LDR 一体化产房可减少或避免在转运过程中发生的母婴不安全因素,以及孕产妇不断接触陌生环境带来的焦虑和恐惧。每个房间内设施齐全,尽量让医务人员不出房间就能完成治疗和护理;房间的装饰似家庭,让孕产妇与家属均有居家的感觉;促进自然分娩的各种非药物镇痛设施,如分娩球、分娩行走车、沐浴室、各种各样的按摩工具等可供产妇根据情况选用。LDR 产房设在分娩中心内,需要和手术室、护士站有紧密的联系。

(二)LDRP 产房

产妇住院后一直使用同一个房间,房间可以在短时间内改变成相应的功能空间,新生儿一直和母亲在一起,并接受治疗和照顾。LDRP 产房多设在病房区,既要和分娩中心手术室联系方便,又要考虑产后修养对环境的要求,自然采光,环境安静,视野良好,方便家人探视。

LDR/LDRP 一体化产房内有三个区域:家庭区、临床区及辅助区。面积至少在 28m² 以上。我国的一部分医院已经开展了 LDR/LDRP 服务(彩图 20-1)。

第二节 产房安全管理相关制度

导入情境与思考

某产妇,在医院自然分娩一女婴,产后希望自行带回胎盘。

请思考:

1. 该产妇的要求合理吗?

2. 如果你是当班助产士,该如何处理?

一、产房工作制度

1. 助产技术人员上岗需具备国家卫生行政部门核准的相关资格。

2. 按产房感染控制制度进行管理与监测。

3. 医护人员应严格执行消毒隔离制度和无菌技术操作规范。

4. 抢救物品、药品及仪器设备落实定品种、定数量、定位置、定专人、定期检查。确保处于功能状态。

5. 医护人员严格执行医疗常规、护理常规及处理原则。履行岗位职责。

6. 落实交接班制度,密切观察产程进展,有异常及时处理,并做好记录。

7. 严格执行身份识别查对制度,确保孕产妇安全。

8. 对孕产妇做好分娩相关知识指导、心理护理。使用保护性语言,解除产妇的思想顾虑。鼓励孕产妇进食水,积极采取减痛分娩措施,减少不必要产程干预,支持和促进自然分娩。

9. 医务人员履行告知义务,积极主动与孕产妇及家属沟通。鼓励孕产妇参与医疗决策活动,根据需要签署阴道分娩知情同意书,增强孕产妇的安全感,促进医患信任。

10. 产房落实 24h 负责制,每例新生儿出生时应由两名及以上助产人员在场;高危妊娠分娩时,至少有一名熟练掌握新生儿窒息复苏技术的医务人员在场。

11. 严格执行新生儿腕带管理制度及安全管理措施,杜绝新生儿身份识别隐患(不良)事件发生。

12. 接产后,助产人员应严密观察产妇的生命体征、子宫收缩及阴道出血情况,及时、正确填写分娩记录、新生儿出生记录。

13. 促进母乳喂养,产后 1h 积极落实早吸吮早接触。

14. 产房主任医师及护士长为业务、行政管理负责人。持续质量改进,落实安全(不良)事件报告制度,加强安全管理。

二、仪器设备、抢救物品、药品管理制度

1. 认真执行交接班制度。

2. 每班检查、清点,及时替补、更换。如有异常及时上报登记。确保急救物品、仪器设备、药品处于功能状态,以备随时使用。

3. 仪器设备、抢救物品、药品做到定品种、定数量、定位置、定期检查、定专人管理。

4. 仪器设备应定期由专业工程师检查维修并做好记录。保证性能良好,处于功能状态。

5. 护士长定期检查并做好登记。

三、查对制度

1. 产妇入室时认真落实身份核对制度,确认孕产妇诊断及一般情况,并对专科情况评估。

2. 婴儿出生后,执行婴儿身份识别,在其手腕及 / 或脚腕上系上腕带,腕带上注明母亲的住院号、姓名以及婴儿性别、出生时间、体重、身长等信息,在新生儿出生记录上盖上婴儿的足印及 / 或母亲的手指印。

3. 遇紧急抢救情况需执行医生口头医嘱时,护士应清晰复述医嘱一遍,待医师确认后方可执行。使用后的安瓿须保留至抢救结束,经双人核对后方可弃去。抢救完毕及时提醒医生据实补写医嘱。

4. 严格落实孕产妇身份核对制度,住院患者身份核对核心信息是姓名和住院号,门急诊患者核对核心信息是姓名和就诊卡卡号。

5. 严格执行"三查七对"。

Note:

6. 给药前应询问有无过敏史,多种药物同时使用时要注意配伍禁忌。

7. 输血、精麻类药物的使用必须由两名护士床边共同完成。严格落实输血管理制度。

四、危重患者抢救制度

1. 病区有常见急危重患者抢救预案。

2. 抢救工作应由专人主持,及时进行抢救人力资源调配,明确分工,密切配合。

3. 参与抢救人员熟练掌握各种器械、仪器的性能及使用方法和各种抢救操作技术。坚守岗位,严格执行各项规章制度。

4. 科室进行重大抢救时,应及时向医院有关部门及院领导报告。

5. 危重患者就地抢救,病情稳定后,方可移动。

6. 当患者出现生命危险时,在医生未到前,护士应根据病情采取应急措施,如畅通呼吸道、氧气吸入、监测生命体征、建立静脉通道等。

7. 由抢救工作主持者或指定人员,向患者的法定监护人或授权委托人告知患者的病情危重情况,取得家属的理解与配合。并做好相应的签字记录。

8. 抢救时非抢救人员及家属一律不得进入抢救现场,以保持环境安静,秩序平稳。

9. 密切观察病情变化,详细、客观书写抢救护理记录,补记抢救记录应在 6h 内完成。

10. 抢救后完善各项登记,做好清理、消毒、补充、检查,急救设备还原备用状态。

五、新生儿抢救制度

1. 建立新生儿窒息复苏预案并定期模拟演练及考核。

2. 产房备有新生儿抢救设备并处于功能状态。

3. 产科医生及助产士在分娩前应对胎儿进行评估。有高危因素者,应提前备好抢救药品和物品准备,至少有一名熟练掌握新生儿窒息复苏技术人员在场。

4. 紧急抢救时,产科医生及助产士应根据新生儿窒息复苏流程采取积极抢救,同时通知新生儿科医务人员立即到场主持抢救工作。及时进行抢救人力资源调配,明确分工,密切配合。

5. 参与抢救人员熟练掌握各种仪器、设备的使用方法和各种抢救操作技术。坚守岗位,严格执行各项规章制度。

6. 抢救时非抢救人员不得进入抢救现场,以保持环境安静,秩序平稳。

7. 密切观察病情变化,正确执行医嘱,详细、客观书写抢救记录。

8. 由抢救工作主持者或指定人员,向新生儿的法定监护人或授权委托人告知孕妇及新生儿的病情危重情况,取得家属的理解与配合。完成相关签字记录。

9. 抢救结束后及时完善各项登记、清理、消毒、补充等,检查急救设备,使其还原为备用状态。

六、新生儿交接制度

1. 新生儿出生后,助产士应认真做好出生记录,并让产妇本人确认新生儿性别,同时建立新生儿身份识别标识。

2. 新生儿腕带作为新生儿身份识别标识,其信息包括母亲姓名、住院号、新生儿性别、出生时间等,经双人核对后佩戴。

3. 助产士及时采集新生儿足印及 / 或母亲的手指印。

4. 产房与病房转运新生儿时,应采取两种以上方法识别身份,应有新生儿交接记录;新生儿佩戴腕带,可在新生儿被服外佩戴注明新生儿一般情况的识别牌。

5. 助产士与病房护士交接新生儿内容包括:母亲姓名、床号、住院号、诊断及合并症、分娩手术过程有无异常;新生儿性别、出生时间、评分、体重、身长、有无产伤产瘤、有无异常反应、有无畸形以及预防接种情况等。

6. 助产士与病区护士进行应床旁交接,双人核对确认无误后在转运本上签字。

七、死婴管理制度

1. 因各种原因分娩的死婴(包括死胎、死产、畸形引产、流产)一律由产妇或产妇的丈夫在《新生儿死亡(死胎)登记表》上签字决定死婴处理方式。

2. 死婴交由医院处理者,当班人员将死婴包裹好,及时通知医院相关负责人员,按流程处理。

3. 死婴由产妇自行处理者,当班人员应告知医生,完成相关的记录手续。如无特殊要求,交家属抱走。

4. 因各种原因家属未签死婴处理方式的,当班人员将产妇的相关信息填写清楚(姓名、住院号、生产/排胎日期)贴于内外包裹上,将包裹好的死婴放于冰柜内寄存。

5. 寄存的死婴要有登记,交接班清楚。做到口头、书面、查看三种方式交接。处理死婴时,须经双人核对,并在交班本上签名。

6. 不得私自处理死婴。

八、胎盘处置管理制度

1. 胎盘为胎儿附属物,产妇分娩后,产房助产人员应询问产妇或家属其胎盘处置方法。

2. 产妇患有经胎盘传播的传染病时,其胎盘必须由医院按《中华人民共和国传染病防治法》《医疗废物管理条例》的规定进行销毁处理。

3. 除患有传染病产妇的胎盘外,必须由产妇或家属选择胎盘处置方式,并在胎盘处置告知书上签字。

4. 由医院处置的胎盘,要按《医疗废物管理条例》由医院派专人按医疗废物收走,由专门机构统一销毁。

5. 任何个人不得私自将胎盘外流或拿作他用。

6. 产房人员有责任对医疗废物进行管理。

第三节 建立产房快速反应团队

导入情境与思考

某孕妇,38岁。孕4产1,停经37^{+3}周。2021年1月10日9:00急诊入院,阴道流液2h,无阴道出血,pH试纸(+)。初步诊断:第4产孕37+周胎膜早破。既往胎膜早破病史,体健,定期产检,无腹痛、阴道流液,自觉胎动好,否认家族史及其他慢性病史。于当日13:25自然分娩一男活婴,Apgar评分8分,分娩后5min,产妇突然出现咳嗽、呼吸困难,生命体征均正常。

请思考:

1. 该孕妇可能存在什么风险?

2. 医护人员该如何应对这种风险?

目前,国内大多产科医师采用"固定时间巡视产妇、助产士在产妇需要时观察产程过程"的产妇管理模式,此模式不能全面地满足产房急危重症孕产妇处置需求,无法提高救治成功率。即使在医学发达的今天,分娩的过程仍存在很多不确定危险因素。如产后出血、羊水栓塞等风险往往在瞬间发生,增加了孕产妇、围生儿死亡率。在产房建立能够在孕产妇病情发展初期时即采取有效的处置措施、能够对其进行复苏抢救的快速反应团队(rapid respond team,RRT)尤为重要。RRT在2014年已

Note:

经成为美国妇产科医师学会（ACOG）推荐的产科高危产妇管理模式。

一、建立 RRT 的重要性

RRT 理念始于 1952 年丹麦哥本哈根成立的全球第一家重症监护（ICU）患者的应急管理团队模式，其核心内容是普通病房患者管理借鉴 ICU 管理模式，在患者病情出现变化初期就进行有效救治。产科急危重症来势凶猛、变化快，需要 RRT 早期快速识别孕产妇病情变化并迅速反应做出处理，联合多学科对其进行救治，是提高孕产妇救治、新生儿复苏成功率及降低死亡率的重要措施。

二、RRT 的成员组成

产房 RRT 应是由受过专业训练的、能够在产房及时发现孕产妇病情恶化征兆并能迅速做出反应的医务人员所组成的团队。其成员除包括有经验的助产士及产科医师外，还应包括麻醉医生、新生儿医生、ICU 医生及护士。一般来说，RRT 由下列四种成员组成：①发起者；②反应人员；③管理人员；④质控人员。建议 RRT 成员之间采用"现状 - 背景 - 评估 - 建议"（situation-background-assessment-recommendation，SBAR）的标准化沟通方式，使得团队里面每一位成员以清楚简洁的方式交流信息，确保孕产妇得到迅速的救治。一个团队的目的应是加强现有计划并对计划进行评估，必要时检阅情况变化并根据情况来对计划进行调整。应急事件之后，团队成员应进行汇报来评估和提高他们的应急水平。通过回顾快速反应团队在启动、反应和结果方面的种种表现，来提高团队质量，并且每一次的评估和建议应被记录在案，并实施管理。

三、RRT 的设备准备及使用

为使产房 RRT 的能力发挥到最优，有条件的医院应设立产科 ICU，并配备相应的孕产妇及重症新生儿急救设施和抢救药品。在产科 ICU 设立中心监护站，直接观察所有监护的病床。并配备床边监护仪、产科超声仪、胎儿宫内血氧监测仪、中心监护仪、多功能呼吸治疗机、麻醉机、心电图机、除颤仪、起搏器、输液泵、微量注射器、气管插管及气管切开所需急救器材、新生儿窒息抢救等急救设施。配备产科急救医疗包，其内包括基本抢救药品。

四、RRT 的启动和工作流程

（一）产房 RRT 的启动

根据孕产妇的生命体征紊乱来识别"呼叫标准"，从而启动反应进行事件检测。每个医院住院孕产妇来源不一、救治孕产妇病情不一，目前，启动快速反应团队的标准不完全相同。产房 RRT 是以护士为主导，强调及时发现孕产妇病情变化，迅速处理、防止孕产妇病情进一步恶化。

（二）产房 RRT 的工作流程

快速反应团队组建后，在孕产妇处置中需开展以下工作：

1. **评估孕产妇情况** 孕产妇主管医生可能对孕产妇病情最为熟悉，当孕产妇病情发生变化时，快速反应团队应利用现有通信手段和孕产妇的主管医生讨论孕产妇的情况，识别病情变化及其可能原因，评估症状的严重程度，并对孕产妇进行检查和询问以获取更多有关症状的信息，回顾孕产妇任何可能导致这次情况发生的住院记录。

2. **初步稳定孕产妇病情** 识别出孕产妇存在的问题后，快速反应团队按照已经建立好的临床路径配合医生迅速治疗和稳定孕产妇的病情。

3. **呼叫专科医生并配合专科医生迅速进行孕产妇救治** 如果需要找医生交流，使用"现状 - 背景 - 评估 - 建议"的交流方式来进行孕产妇病情交流，确保交流的完整和简洁。同时快速反应团队将会和护士以及其他医护人员一起协作，准备孕产妇必要的病程资料。

4. **必要时辅助将孕产妇运送至更高级别的治疗区** 如重症监护室。如果孕产妇的情况需要更高级别的治疗,快速反应团队将按照相关规程帮助医护人员将孕产妇转至监护病床或 ICU。

5. 对护理人员进行教育培训和支持　为提高孕产妇救治成功率,快速反应团队中护士应进行急症方面的教育培训,这将有助于他们将来在孕产妇出现情况时如何选择医疗服务提供重要信息。

五、RRT 的培训、模拟演练及效果

为加强快速反应团队的应急能力,应定期对其进行培训及模拟演练。首先可以针对产房发生率较高的几种产科急症如产后出血、羊水栓塞、子痫、新生儿窒息的抢救预案,提高 RRT 成员对应急预案的熟知度及执行力,可进行全程录像,通过录像回放,来发现并纠正紧急情况下常见的临床错误。再次可以应用"计划 - 执行 - 学习 - 反应"(plan-do-study-act,PDSA)循环,对 RRT 整个实施流程进行探讨,并做出提升和改进。产科快速反应团队的建立,可大幅降低孕产妇死亡率。美国妇产科医师学会(ACOG)建议从决定手术至胎儿娩出的时间间隔(decision-to-delivery interval,DDI)应<30min,并明确规定所有产科医疗机构必须具备实现 30min 内紧急剖宫产的能力,这也是紧急剖宫产 DDI 的概念第一次被提出,并得到其他国家的认可。对于遭遇产科急症需剖宫产者,有研究显示,产科快速反应团队的建立,使得 DDI 的时间降至 2015 年的"5min"。但需要注意的是,大多数临床实践中所遇到的紧急情况,并不至于紧急到一定需要"5min"娩出胎儿,且这么短时间内的快速救治既要抢救胎儿的生命,又要保障母体安全,除了需要过硬的临床技能外,还要一系列的措施提供保障,需要多学科协作及医疗团队资源的综合管理,才可能在保障安全的前提下有效缩短 DDI。因此很多情况下"5min"紧急剖宫产是一个管理目标,并不是一定要限定"5min"这个时间点。

RRT 患者管理模式已经在发达国家广泛采用,通过建立快速反应团队,标准化的沟通方式、快速反应步骤以及持续的教育和训练,可以降低孕产妇死亡率。我国分娩人口基数较大、各地技术水平发展不一,各单位根据自身不同情况,可建立不同的快速反应团队,以保障孕产妇安全,改善不良结局。

第四节　产房安全与持续质量改进

一、产房分娩质量与安全指标

(一) 助产质量管理

1. 有助产技术管理和分娩质量管理工作制度,专人负责并有执行记录。

2. 有培训和约束机制,让所有助产人员知晓本岗位管理制度的要求。

3. 根据相关法律法规、规章制度和标准,结合本院实际,制订分娩质量持续改进方案,并有执行记录。

4. 质量管理部门每季度应对持续改进方案执行和制度落实进行考核评价,有记录。

5. 及时对考核结果进行分析,并提出改进措施,达到持续改进。

(二) 分娩过程中的质量管理

1. 提供全产程连续性支持照护,进入活跃期后实行由专业助产人员提供的一对一助产护理,不得让产妇一人单独在产房内。

2. 加强体位管理,鼓励选择自由体位分娩,并提供相应的支持工具,保障安全使用。

3. 鼓励使用非药物方法减轻产痛,并进行应用指导;在需要其他方法镇痛时,在充分告知其利弊的前提下知情选择,并提供相应的技术服务与安全管理。

4. 运用缩宫素应严格掌握适应证与禁忌证,正确执行医嘱,专人负责观察并记录,保障孕产妇及胎儿安全。

5. 指导产妇在第二产程正确使用腹压。不主张让产妇过早用力,防止因过度疲劳增加难产;强调自主用力,禁止在腹部和宫底加压娩出胎儿。

6. 动态评估产程进展,及时识别高危因素及时处理,积极预防分娩期并发症。

7. 适度保护会阴,减轻盆底肌肉损伤,严格控制非指征会阴切开术,减少分娩创伤。

8. 严密观察第三产程情况,积极预防产后出血。协助胎盘娩出后,检查胎盘胎膜是否完整;分娩结束后在产房内至少观察2h,注意产后出血;密切观察产妇生命体征;及时修复产道损伤;关注产妇分娩感受,强化正性体验,引导分享成功的喜悦,帮助适应角色转变,减少情绪性产后出血的发生。

9. 在开展早吸吮,指导母乳喂养时,注意新生儿保暖及安全,密切观察,发现异常情况及时报告、处理,必要时转新生儿重症监护室。

(三) 产程管理(附录七)

1. 分娩前应进行母胎再评估 / 诊断。

2. 产程中严格执行各项诊疗常规及操作规范,并完整记录。

3. 减少孕产妇及新生儿并发症。

4. 遇有特殊治疗及处理,应及时与本人或委托人充分沟通,并获得同意,相关内容有记录。

5. 产程干预时须有明确的医学指征,并有干预效果评价制度及记录。

6. 有明确的阴道助产医学指征,阴道助产须经有资质的助产人员进行评估及实施。

7. 有明确的剖宫产知情告知制度。阴道分娩转行剖宫产应有明确的医学指征、术前评估和审批制度,须经有资质的主治医师以上人员进行评估和审批。

(四) 分娩质量控制指标(附录八)

1. **会阴侧切率** 会阴侧切是产科常用技术,目的是切开会阴组织以扩大产道。安全有效降低会阴侧切率,维护产妇会阴完整性,是产房分娩质量重要指标之一。会阴侧切率指单位时间内,阴道分娩产妇中实施会阴切开术的人数占同期阴道分娩产妇总人数的比例。

2. **阴道分娩椎管内麻醉使用率** 分娩是一种正常的生理现象。分娩疼痛不仅引发产妇焦虑,而且会导致各种对母婴不利的应激反应,同时也是我国无指征剖宫产率增加的主要原因。分娩镇痛是反映产科服务质量重要的过程指标。阴道分娩椎管内麻醉使用率指单位时间内,阴道分娩产妇实施椎管内麻醉人数(不含术中转剖宫产产妇人数)占同期阴道分娩产妇总人数(不含术中转剖宫产产妇人数)的比例。

3. **产后出血发生率** 产后出血是导致我国孕产妇死亡的四大原因之一,严重威胁母婴安全。产后出血为妊娠严重并发症,反映产科质量的重要结果指标。分娩后2h内是产后出血的高发时段,应密切监测。产后出血率指单位时间内,发生产后出血(阴道分娩24h内出血量≥500ml)的产妇人数占同期分娩产妇(分娩孕周≥28周)总人数比例。

4. **产后非计划再次手术率** 该指标反映医疗机构对于分娩过程处理及干预的有效性。指单位时间内,产妇在同一次住院期间,产后各种原因导致患者需重返手术室或产房进行计划外再次手术(含介入手术)的人数占同期分娩产妇(分娩孕周≥28周)总人数的比例。

5. **足月新生儿 5min Apgar 评分<7 分发生率** 该指标反映新生儿窒息高危因素的产前识别及产时复苏能力。新生儿窒息是导致新生儿脑瘫、智力障碍等神经系统后遗症和死亡的主要原因之一,应积极预防、正确处理降低新生儿死亡率,减少智力障碍等后遗症的发生。足月活产儿指孕周满37周及以上,娩出后有心跳、呼吸、脐带搏动、肌张力4项生命体征之一的新生儿。足月新生儿 5min Apgar 评分<7 分发生率指单位时间内,足月新生儿(分娩孕周≥37周)出生后 5min Apgar 评分<7 分人数占同期内足月活产儿总数的比例。

二、产房持续质量改进

(一) 风险和预警管理

1. 有分娩风险防范制度、预警机制、应急预案及流程。

2. 有新生儿窒息复苏、心肺复苏、肩难产、产后出血、子痫、羊水栓塞的抢救制度、处理流程与措施。

3. 定期举行产科急救预警演练,并做好记录。

4. 定期组织院内抽查及科内自查,及时发现安全隐患,制订防范措施,保持持续改进,并有相应记录。

5. 质量管理部门应定期召开产房质量与安全工作会议,分析质量检查结果及改进措施的落实,并有相应记录。

(二) 产房安全(不良)事件管理

1. 建立产房不良事件管理机制,鼓励非惩罚性上报,应用 PDCA 工具进行改善。

2. **防范与对策**　①加强产房风险意识培养和安全教育,使助产士从被动接受检查转变为主动维护安全。重视产程及分娩记录的科学性,产程处理与医疗文件保持一致。②提高系统安全性和有效性,不断建立和完善制度,注重关键环节管理、风险管理,加强产房应急预案演练。③明确职责,科学管理分工。当事人出现安全(不良)事件应及时上报(鼓励非惩罚制上报);产房护士长、质控员是降低风险的实施者,应迅速制订防范措施并督导落实;医疗组长、教学组长、护士长是参与管理的教育者,应有针对性地组织学习、讨论、演练。医务处、护理部、科室管理层、服务对象是成效的评价者,应加强监督管理。④加强高危环节管理,包括高危人群(专业较薄弱的医护人员、危重症孕产妇、高危新生儿等)、高危时段、高危治疗护理操作等。⑤加强助产士综合素质培养,规避医源性及患方风险,如理论、技能的掌握和规范程度、人文素养、沟通能力等。

(王培红)

思 考 题

1. 某妊娠期糖尿病产妇,30 岁,镇痛分娩一男活婴,1min Apgar 评分 8 分,5min Apgar 评分为 9 分,新生儿出生体重 4 000g。病房护士负责该新生儿护理工作。请问病房护士与产房助产士应重点观察及交接哪些内容?

2. 哪些指标可以反映产房分娩质量与安全?

附录一　心脏病妇女妊娠风险分级及分层管理制度

妊娠风险分级	疾病种类	就诊医院级别
Ⅰ级(孕妇死亡率未增加,母儿并发症未增加或轻度增加)	无合并症的轻度肺动脉狭窄和二尖瓣脱垂,小的动脉导管未闭(≤3mm);已手术修补的不伴有肺动脉高压的房间隔缺损、室间隔缺损、动脉导管未闭和静脉畸形引流;不伴有心脏结构异常的单源、偶发的室上性或室性早搏	二、三级妇产科专科医院或二级以上综合性医院
Ⅱ级(孕产妇死亡率轻度增加或者母儿并发症中度增加)	未手术的不伴有肺动脉高压的房间隔缺损、室间隔缺损、动脉导管未闭;法洛四联症修补术后且无残余的心脏结构异常;不伴有心脏结构异常的大多数心律失常	二、三级妇产科专科医院或二级以上综合性医院
Ⅲ级(孕产妇死亡率中度增加或者母儿并发症重度增加)	轻度二尖瓣狭窄(瓣口面积>1.5cm²);马方综合征(无主动脉扩张),二叶式主动脉瓣疾病,主动脉疾病(主动脉直径<45mm);主动脉缩窄矫治术后;非梗阻性肥厚型心肌病;各种原因导致的轻度肺动脉高压(<50mmHg);轻度左心功能障碍或者左心射血分数40%~49%	
Ⅳ级(孕产妇死亡率明显增加,需要专家咨询,如果继续妊娠,需告知风险,需要产科和心脏病专家在孕期、分娩期和产褥期严密监护母儿情况)	机械换瓣术后;中度二尖瓣狭窄(瓣口面积1.0~1.5cm²)和主动脉瓣狭窄(跨瓣压差≥50mmHg);右心室体循环患者或Fontan循环术后复杂先天性心脏病和未手术的发绀型心脏病(氧饱和度85%~90%);马方综合征(主动脉直径40~45mm),主动脉疾病(主动脉直径45~50mm);严重心律失常(房颤、完全性房室传导阻滞、恶性心律失常、频发的阵发性室性心动过速等);急性心肌梗死,急性冠脉综合征;梗阻性肥厚型心肌病;心脏肿瘤,心脏血栓;各种原因导致的中度肺动脉高压(50~80mmHg);左心功能不全(左心射血分数30%~39%)	有良好心脏专科的三级甲等综合性医院或综合实力强的心脏监护中心
Ⅴ级(极高的孕产妇死亡率和严重的母儿并发症,属妊娠禁忌,如妊娠,需讨论终止问题;如继续妊娠,需充分告知风险,需由产科和心脏病专家在孕期、分娩期和产褥期严密监护母儿情况)	严重的左室流出道梗阻;重度二尖瓣狭窄(瓣口面积<1.0cm²)或有症状的主动脉瓣狭窄;复杂先天性心脏病和未手术的发绀型心脏病(氧饱和度<85%);马方综合征(主动脉直径>45mm),主动脉疾病(主动脉直径>50mm),先天性的严重的主动脉缩窄;有围产期心肌病病史并伴左心功能不全;感染性心内膜炎;任何原因引起的重度肺动脉高压(≥80mmHg);严重的左心功能不全(左心射血分数<30%);纽约心脏病协会的分级Ⅲ~Ⅳ级	有良好心脏专科的三级甲等综合性医院或综合实力强的心脏监护中心

附录二　孕产妇妊娠风险评估表

评估分级	孕产妇相关情况
绿色 （低风险）	孕妇基本情况良好，未发现妊娠合并症、并发症。
黄色 （一般风险）	1. 基本情况 1.1 年龄 ≥ 35 岁或 ≤ 18 岁 1.2 BMI>25kg/m² 或 <18.5kg/m² 1.3 生殖道畸形 1.4 骨盆狭小 1.5 不良孕产史（各类流产 ≥ 3 次、早产、围产儿死亡、出生缺陷、异位妊娠、滋养细胞疾病等） 1.6 瘢痕子宫 1.7 子宫肌瘤或卵巢囊肿 ≥ 5cm 1.8 盆腔手术史 1.9 辅助生殖妊娠 2. 妊娠合并症 2.1 心脏病（经心内科诊治无须药物治疗、心功能正常） 2.1.1 先天性心脏病（不伴有肺动脉高压的房间隔缺损、室间隔缺损、动脉导管未闭；法洛四联症修补术后无残余心脏结构异常等） 2.1.2 心肌炎后遗症 2.1.3 心律失常 2.1.4 无合并症的轻度的肺动脉狭窄和二尖瓣脱垂 2.2 呼吸系统疾病：经呼吸内科诊治无须药物治疗、肺功能正常 2.3 消化系统疾病：肝炎病毒携带（表面抗原阳性、肝功能正常） 2.4 泌尿系统疾病：肾脏疾病（目前病情稳定肾功能正常） 2.5 内分泌系统疾病：无须药物治疗的糖尿病、甲状腺疾病、垂体泌乳素瘤等 2.6 血液系统疾病 2.6.1 妊娠合并血小板减少（PLT 50×10^9~100×10^9/L）但无出血倾向 2.6.2 妊娠合并贫血（Hb 60~110g/L） 2.7 神经系统疾病：癫痫（单纯部分性发作和复杂部分性发作），重症肌无力（眼肌型）等 2.8 免疫系统疾病：无须药物治疗（如系统性红斑狼疮、IgA 肾病、类风湿性关节炎、干燥综合征、未分化结缔组织病等） 2.9 尖锐湿疣、淋病等性传播疾病 2.10 吸毒史 2.11 其他 3. 妊娠并发症 3.1 双胎妊娠 3.2 先兆早产 3.3 胎儿宫内生长受限 3.4 巨大儿 3.5 妊娠期高血压疾病（除外红、橙色） 3.6 妊娠期肝内胆汁淤积症 3.7 胎膜早破 3.8 羊水过少 3.9 羊水过多 3.10 ≥ 36 周胎位不正 3.11 低置胎盘 3.12 妊娠剧吐

续表

评估分级	孕产妇相关情况
橙色 (较高风险)	1. 基本情况

1. 基本情况

1.1 年龄 ≥ 40 岁

1.2 BMI ≥ 28kg/m²

2. 妊娠合并症

2.1 较严重心血管系统疾病

2.1.1 心功能 Ⅱ 级, 轻度左心功能障碍或者射血分数 40%~50%

2.1.2 需药物治疗的心肌炎后遗症、心律失常等

2.1.3 瓣膜性心脏病(轻度二尖瓣狭窄瓣口 > 1.5cm², 主动脉瓣狭窄跨瓣压差 < 50mmHg, 无合并症的轻度肺动脉狭窄, 二尖瓣脱垂, 二叶式主动脉瓣疾病, 马方综合征无主动脉扩张)

2.1.4 主动脉疾病(主动脉直径 < 45mm), 主动脉缩窄矫治术后

2.1.5 经治疗后稳定的心肌病

2.1.6 各种原因的轻度肺动脉高压(< 50mmHg)

2.1.7 其他

2.2 呼吸系统疾病

2.2.1 哮喘

2.2.2 脊柱侧弯

2.2.3 胸廓畸形等伴轻度肺功能不全

2.3 消化系统疾病

2.3.1 原因不明的肝功能异常

2.3.2 仅需要药物治疗的肝硬化、肠梗阻、消化道出血等

2.4 泌尿系统疾病: 慢性肾脏疾病伴肾功能不全代偿期(肌酐超过正常值上限)

2.5 内分泌系统疾病

2.5.1 需药物治疗的糖尿病、甲状腺疾病、垂体泌乳素瘤

2.5.2 肾性尿崩症(尿量超过 4 000ml/d)等

2.6 血液系统疾病

2.6.1 血小板减少(PLT 30×10^9~50×10^9/L)

2.6.2 重度贫血(Hb 40~60g/L)

2.6.3 凝血功能障碍无出血倾向

2.6.4 易栓症(如抗凝血酶缺陷症、蛋白 C 缺陷症、蛋白 S 缺陷症、抗磷脂综合征、肾病综合征等)

2.7 免疫系统疾病: 应用小剂量激素(如泼尼松 5~10mg/d)6 个月以上, 无临床活动表现(如系统性红斑狼疮、重症 IgA 肾病、类风湿性关节炎、干燥综合征、未分化结缔组织病等)

2.8 恶性肿瘤治疗后无转移无复发

2.9 智力障碍

2.10 精神病缓解期

2.11 神经系统疾病

2.11.1 癫痫(失神发作)

2.11.2 重症肌无力(病变波及四肢骨骼肌和延脑部肌肉)等

2.12 其他

3. 妊娠并发症

3.1 三胎及以上妊娠

3.2 Rh 血型不合

3.3 瘢痕子宫(距末次子宫手术间隔 < 18 个月)

3.4 瘢痕子宫伴中央性前置胎盘或伴有可疑胎盘植入

3.5 各类子宫手术史(如剖宫产、宫角妊娠、子宫肌瘤挖除术等)≥ 2 次

3.6 双胎、羊水过多伴发心肺功能减退

3.7 重度子痫前期、慢性高血压合并子痫前期

3.8 原因不明的发热

3.9 产后抑郁症、产褥期中暑、产褥感染等

续表

评估分级	孕产妇相关情况
红色 (高风险)	1. 妊娠合并症 1.1 严重心血管系统疾病 1.1.1 各种原因引起的肺动脉高压（≥50mmHg），如房间隔缺损、室间隔缺损、动脉导管未闭等 1.1.2 复杂先心（法洛四联症、艾森门格综合征等）和未手术的发绀型心脏病（SpO_2<90%）；Fontan 循环术后 1.1.3 心脏瓣膜病：瓣膜置换术后，中重度二尖瓣狭窄（瓣口<1.5cm^2），主动脉瓣狭窄（跨瓣压差≥50mmHg）、马方综合征等 1.1.4 各类心肌病 1.1.5 感染性心内膜炎 1.1.6 急性心肌炎 1.1.7 风心病风湿活动期 1.1.8 妊娠期高血压心脏病 1.2 呼吸系统疾病：哮喘反复发作、肺纤维化、胸廓或脊柱严重畸形等影响肺功能者 1.3 消化系统疾病：重型肝炎、肝硬化失代偿、严重消化道出血、急性胰腺炎、肠梗阻等影响孕产妇生命的疾病 1.4 泌尿系统疾病：急、慢性肾脏疾病伴高血压、肾功能不全（肌酐超过正常值上限的 1.5 倍） 1.5 内分泌系统疾病 1.5.1 糖尿病并发肾病 V 级、严重心血管病、增生性视网膜病变或玻璃体积血、周围神经病变等 1.5.2 甲状腺功能亢进并发心脏病、感染、肝功能异常、精神异常等疾病 1.5.3 甲状腺功能减退引起相应系统功能障碍，基础代谢率小于 -50% 1.5.4 垂体泌乳素瘤出现视力减退、视野缺损、偏盲等压迫症状 1.5.5 尿崩症：中枢性尿崩症伴有明显的多饮、烦渴、多尿症状，或合并有其他垂体功能异常 1.5.6 嗜铬细胞瘤等 1.6 血液系统疾病 1.6.1 再生障碍性贫血 1.6.2 血小板减少（<30×10^9/L）或进行性下降或伴有出血倾向 1.6.3 重度贫血（Hb≤40g/L） 1.6.4 白血病 1.6.5 凝血功能障碍伴有出血倾向（如先天性凝血因子缺乏、低纤维蛋白原血症等） 1.6.6 血栓栓塞性疾病（如下肢深静脉血栓、颅内静脉窦血栓等） 1.7 免疫系统疾病活动期，如系统性红斑狼疮（SLE）、重症 IgA 肾病、类风湿性关节炎、干燥综合征、未分化结缔组织病等 1.8 精神病急性期 1.9 恶性肿瘤 1.9.1 妊娠期间发现的恶性肿瘤 1.9.2 治疗后复发或发生远处转移 1.10 神经系统疾病 1.10.1 脑血管畸形及手术史 1.10.2 癫痫全身发作 1.10.3 重症肌无力（病变发展至延脑肌、肢带肌、躯干肌和呼吸肌） 1.11 吸毒 1.12 其他严重内、外科疾病等 2. 妊娠并发症 2.1 三胎及以上妊娠伴发心肺功能减退 2.2 凶险性前置胎盘，胎盘早剥 2.3 红色预警范畴疾病产后尚未稳定

评估分级	孕产妇相关情况
紫色 （孕妇患有传 染性疾病）	所有妊娠合并传染性疾病,如病毒性肝炎、梅毒、HIV 感染及艾滋病、结核病、重症感染性肺炎、 特殊病毒感染（H1N7、寨卡等）

附录三　贝克抑郁量表

一、

0. 我不感到忧郁

1. 我感到忧郁或沮丧

2. 我整天都感到忧郁,无法摆脱

3. 我非常忧伤或不愉快,以致我不能忍受

二、

0. 我对于将来不感到悲观

1. 我对将来感到悲观

2. 我感到没有什么可指望的

3. 我感到将来无望,事事都不能变好

三、

0. 我不像一个失败者

1. 我觉得我比一般人失败的次数多些

2. 当我回首过去我看到的是许多失败

3. 我感到我是一个彻底失败了的人

四、

0. 我对事物像往常一样满意

1. 我对事物不像往常一样满意

2. 我不再对任何事物感到真正的满意

3. 我对每件事都不满意或讨厌

五、

0. 我没有特别的内疚感

1. 在相当一部分时间内我感到内疚

2. 在部分时间里我感到内疚

3. 我时刻感到内疚

六、

0. 我没有对自己感到失望

1. 我对自己感到失望

2. 我讨厌自己

3. 我憎恨自己

七、

0. 我没有伤害自己的想法

1. 我感到还是死掉的好

2. 我考虑过自杀

3. 如果有机会,我还会杀了自己

八、

0. 我没失去和他人交往的兴趣

1. 和平时比,我和他人交往的兴趣有所减退

2. 我已失去大部分与人交往的兴趣,对他们没有感情

3. 我对他人全无兴趣,也完全不理睬别人

续表

九、

0. 我能像平时一样做出决断

1. 我尝试避免做决定

2. 对我而言,做出决断十分困难

3. 我无法做出任何决断

十、

0. 我觉得我的形象一点也不比过去糟

1. 我担心我看起来老了,不吸引人了

2. 我觉得我的外表肯定变了,变得不具吸引力

3. 我感到我的形象丑陋且讨人厌

十一、

0. 我能像平时那样工作

1. 我做事时,要额外的努力才能开始

2. 我必须努力强迫自己,方能干事

3. 我完全不能做事情

十二、

0. 和以往相比,我并不容易疲倦

1. 我比过去容易觉得疲乏

2. 我做任何事都感到疲乏

3. 我太容易疲乏了,不能干任何事

十三、

0. 我的胃口不比过去差

1. 我的胃口没有过去那样好

2. 现在我的胃口比过去差多了

3. 我一点食欲都没有

附录四 产后抑郁筛查量表

在过去的 2 周里	非常不同意 5 分	不同意 4 分	既不同意也不反对 3 分	同意 2 分	非常同意 1 分
1 即使孩子睡着了,我也很难入睡					
2 只要与我小孩有关,即使再小的事情,我都很担心					
3 我觉得我的情绪起伏不定					
4 我觉得我精神错乱了					
5 我担心我再也不是原来的我了					
6 我觉得我没有成为我理想中的母亲					
7 我曾经想过死亡也许是逃离目前这种噩梦般生活的唯一出路					
8 我没有食欲					
9 我真的觉得压力很大					
10 我害怕我以后都不会再开心了					

续表

在过去的2周里	非常 不同 意5 分	不同 意4 分	既不 同意 也不 反对 3分	同意 2分	非常 同意 1分
11　我对任何事情都不能集中精力					
12　我觉得我好像变成了一个连自己都不认识的陌生人					
13　我觉得很多母亲都比我优秀					
14　我开始觉得自己死了会更好					
15　我会在半夜自然醒来,然后很难再入睡					
16　我觉得自己坐立不安					
17　我经常无缘无故地哭泣					
18　我觉得我快要疯掉了					
19　我不再认识自己了					
20　我觉得很愧疚,因为我感觉不到我很爱我的孩子					
21　我想伤害自己					
22　夜间我辗转反侧难以入睡					
23　我感到很孤独					
24　我很易怒					
25　即使做一个很简单的决定我都感觉很困难					
26　我觉得自己不正常					
27　我觉得我不得不隐藏我对孩子的想法或感觉					
28　我觉得孩子没有我会更好					
29　我知道我应该吃些东西,但我吃不下					
30　我觉得我必须不停地走动或踱步					
31　我觉得我满腔的怒火就要爆发了					
32　我很难集中精力做一件事情					
33　我感觉不真实					
34　我觉得自己作为一个母亲很失败					
35　我只想离开这个世界					

附录五　常用甾体激素避孕药的比较

名称	描述	避孕原理	有效率	作用及不良反应
口服避孕药	多为复方制剂,包含两种激素(雌激素和孕激素)	抑制排卵	在正确而持续使用的情况下>99% 常用情况为92%	降低子宫内膜癌和卵巢癌风险

续表

	名称	描述	避孕原理	有效率	作用及不良反应
长效避孕针	雌、孕激素复合剂	每月进行肌内注射，含雌激素和孕激素	抑制排卵	在正确而持续使用的情况下>99%　常用情况为97%	常见不规则阴道出血；因激素剂量大，副作用大，较少使用
	单纯孕激素制剂	根据产品情况，每2个月或3个月进行一次肌内注射	增加宫颈黏液浓度，干扰受精，并抑制排卵	在正确而持续使用的情况下>99%　常用情况为97%	可用于哺乳期避孕；使用后出现生育恢复延迟（一般1~4个月）；常见不规则阴道出血，月经频发或经量过多者不宜选用
速效避孕药		除C53号抗孕药（含双炔失碳酯）外，均为孕激素制剂或雌孕激素复合剂	增加宫颈黏液浓度，干扰受精	在正确而持续使用的情况下>99%　常用情况为97%	不受月经周期的限制，在任何一天开始服用均可发挥作用
缓释避孕药	皮下埋植剂	植于上臂皮下体积小而灵活的小棒或胶囊；仅含有孕激素；根据植入物不同，有效期为3~7年	增加宫颈黏液浓度，干扰受精，并抑制排卵	>99%	可用于哺乳期妇女，取出后可迅速恢复生育功能。常见不规则阴道出血，少数出现闭经，一般3~6个月后症状减轻或消失
	阴道避孕环和避孕贴	直接从避孕环或通过皮肤（贴片）连续释出雌、孕激素	抑制排卵	研究报告指出它们可能比复方口服避孕药更有效	安全性和药动学特性与类似配方的复方口服避孕药一致

附录六　常用甾体激素避孕药的成分及给药途径

药物类别			药物名称	药物成分		剂型	给药途径
				雌激素含量（mg）	孕激素含量（mg）		
口服避孕药	短效片	单相片	复方炔诺酮片（避孕片1号）	炔雌醇 0.035	炔诺酮 0.6	薄膜片	口服
			复方甲地孕酮片（避孕片2号）	炔雌醇 0.035	甲地孕酮 1.0	片	口服
			复方避孕片（0号）	炔雌醇 0.035	炔诺酮 0.3	片	口服
					甲地孕酮 0.5	片	口服
			复方去氧孕炔烯片（妈富隆）	炔雌醇 0.03	去氧孕烯 0.15	片	口服
			复方孕二烯酮片	炔雌醇 0.03	孕二烯酮 0.075	片	口服
			炔雌醇环丙孕酮片	炔雌醇 0.035	环丙孕酮 2.0	片	口服
		三相片	左炔诺孕酮/炔雌醇三相片				
			第一相（1~6片）	炔雌醇 0.03	左炔诺孕酮 0.05	片	口服
			第二相（7~11片）	炔雌醇 0.04	左炔诺孕酮 0.075	片	口服
			第三相（12~21片）	炔雌醇 0.03	左炔诺孕酮 0.012 5	片	口服
	短效避孕药		炔诺酮探亲避孕片		诺孕酮 5.0	片	口服
			甲地孕酮探亲避孕片1号		甲地孕酮 2.0	片	口服
			炔诺孕酮探亲避孕片		炔诺酮 3.0	片	口服
			53号避孕药		双炔失碳酯 7.5	片	口服
长效针	单方		庚炔诺酮注射液		庚炔诺酮 200.0	针	肌注
			醋酸甲羟孕酮避孕针（迪波普拉维）		醋酸甲羟孕酮 150.0	针	肌注

续表

药物类别		药物名称	药物成分		剂型	给药途径
			雌激素含量(mg)	孕激素含量(mg)		
缓释避孕药	皮下埋植剂	左炔诺孕酮硅胶囊Ⅰ型		左炔诺孕酮 36×6	根	皮下埋植
		左炔诺孕酮硅胶囊Ⅱ型		左炔诺孕酮 75×2	根	皮下埋植
	缓释阴道避孕环	甲地孕酮硅胶环		甲地孕酮 200.0 或 250.0	只	阴道放置
		左炔诺孕酮阴道避孕环		左炔诺孕酮 5.0	只	阴道放置
	微球或微囊避孕针	庚炔诺酮微球针		庚炔诺酮 65.0 或 100.0	针	皮下注射

附录七　WHO 安全分娩核查表中文版(2018 版)

WHO 安全分娩核查表中文版(2018 版)

姓名：　　　　　病案号：　　　　年龄：　　　　孕周：

临产时间：　　　　单胎□　多胎□　□初产妇　□经产妇

确定临产	准备接产	分娩后 2h
一、病史信息	1. 产妇及胎儿异常征象	1. 产妇异常生命体征
1. 急产史　□是　□否	□是,呼叫帮助	□是,呼叫帮助
2. 产后出血史　□是　□否	□否	□否
3. 子宫瘢痕　□是　□否	2. 是否需要儿科医生	2. 产妇是否有异常阴道出血(检查前需评估膀胱充盈程度)
4. 妊娠合并症及并发症	□是,已联系	
□是	□否	□是,呼叫帮助
□否	确认床旁已有必需用品并为分娩做好准备	□否
5. 是否有其他特殊情况(主诉、病史、化验、胎儿)＿＿＿＿＿＿＿＿＿	一、对于产妇	一、产妇是否需要
6. 是否有特殊用药	1. 缩宫素 10U 抽吸入注射器	1. 是否需要抗菌药物
□是	□是	□是,给予抗菌药物
□否	□否	□否
7. 是否有药物过敏史	2. 开放静脉	2. 是否需要硫酸镁及降压治疗
□是	□是	□是,给予硫酸镁
□否	□否	□是,给予降压药物
二、孕妇治疗	3. 是否需要同时其他宫缩剂备用	□否
1. 是否已使用糖皮质激素促胎肺成熟	□是	二、新生儿是否需要
□是	□否	1. 转儿科
□否	二、对于新生儿,以下物品已检查功能状态	□是
□不须使用		□否
2. 是否需要抗菌药物	□复苏球囊面罩	2. 在产科进行特殊的护理和监测
□是	□负压吸引器	□是,已准备好
□否	辐射台功能状态良好	□否
3. 是否需要提前备血	□是	三、开始母乳喂养及母婴皮肤接触(如果产妇及新生儿状况良好)
□是	□否	
□否	新生儿采血气针	□是
	□是	□否

续表

确定临产	准备接产	分娩后2h
4. 是否需要硫酸镁及降压治疗 □是,给予硫酸镁 □是,给予降压药物 □否 三、胎儿监护分类 □Ⅰ类 □Ⅱ类 □Ⅲ类 四、是否已告知孕妇及家属在分娩期间出现特殊征象时,及时寻求帮助 □是 □否 核查人及时间： 医生_____ 助产士_____	□否 新生儿脉氧饱和仪 □是 □否 三、台下医护人员已到位 □是 □否 四、分娩结束,清点物品无误 □是 □否 分娩前纱布_____块 术中增加纱布_____块 分娩后纱布_____块 操作者/清点人双签字 核查人及时间： 医生_____ 助产士_____	四、助产士进行交接之外,有无特殊情况需要医生进行交接 □是 □否 核查人及时间： 医生_____ 助产士_____

产房分娩安全核查表知识点

确定临产	准备接产	分娩后2h
1. 产程观察及监测 (1)孕妇心率、血压及体温；每4~6h一次 (2)宫缩:定时观察并记录 (3)胎心率:潜伏期1~2h一次,活跃期15~30min一次,第二产程5~10min一次 2. 考虑应用抗菌药物的指征 (1)孕妇体温≥38℃,且不能排除感染 (2)足月胎膜早破>12h (3)早产胎膜早破 (4)GBS阳性合并胎膜已破或已临产 (5)其他指征需要使用抗生素者 3. 子痫前期临产后酌情给予硫酸镁,重度子痫前期或子痫发作后必须使用,同时注意硫酸镁中毒反应 4. 降压治疗:当血压≥160/110mmHg必须使用降压药物	1. 需要寻求帮助的异常征象 (1)产妇:脸色苍白、精神差、烦躁、呛咳、心慌、胸闷、憋气、胸痛、呼吸急促、头晕、头痛、抽搐,阴道异常出血,行心电监护、给吸氧、氧饱和度监测,呼叫上级医生,必要时同时呼叫麻醉科医生/ICU医生 (2)胎心监护异常(Ⅱ类胎心监护短时间不能分娩或Ⅲ类胎心监护),做好紧急剖宫产或者阴道助产准备 (3)羊水异常(血性、Ⅱ度以上污染)警惕胎盘早剥,胎儿窘迫 (4)强直性宫缩、病理性缩复环、血尿,警惕子宫破裂 2. 使用前列腺素和麦角新碱等类药物前,需了解过敏史、哮喘、青光眼以及心脏病、高血压等病史 3. 分娩后针对产妇采取的处理措施	1. 需要呼叫上级医生的异常征象 (1)出血量≥400ml (2)活动性出血或迅猛出血 (3)心率≥110bpm,血压<90/60mmHg (4)经皮血氧饱和度<95% (5)烦躁、淡漠、口渴、口唇苍白发绀、抽搐 (6)剧烈腹痛,严重头痛或视力障碍,呼吸困难、发热、畏寒或排尿困难 (7)肛门坠胀感,警惕软产道血肿 2. 异常阴道出血的初步处理 (1)按摩子宫,观察是否有凝血块 (2)联合使用宫缩剂 (3)前列腺素及麦角新碱等类药物使用前询问禁忌证 (4)开放静脉,心电监护,吸氧,留置尿管,保暖 (5)完善辅助检查,检测凝血功能和血常规,根据出血量等酌情配血 (6)处理病因:宫缩乏力、胎盘胎膜残留、软产道裂伤、子宫破裂、胎盘早剥、羊水栓塞及凝血功能障碍 3. 产后使用抗菌药物指征 (1)产程中孕妇体温≥38℃,且不能排除感染 (2)宫腔操作者酌情使用

续表

确定临产	准备接产	分娩后 2h
5. Ⅲ类胎心监护 (1) 基线变异消失合并以下情况：①反复晚期减速，②反复变异减速，③胎心心动过缓 (2) 正弦波图形 以上情况需立即终止妊娠 6. 告知孕妇需寻求帮助的特殊征象 (1) 出血 (2) 阴道流液 (3) 持续性或剧烈腹痛 (4) 头晕、头痛、视物模糊 (5) 排尿困难 (6) 向下用力的感觉 (7) 呼吸困难 (8) 发热或寒战 (9) 心慌、胸痛、持续性背痛	确认单胎分娩或多胎均分娩后 (1) 胎儿前肩娩出或胎儿娩出后立即给予缩宫素 (2) 观察胎盘剥离征象 (3) 控制性牵拉脐带 (4) 了解子宫收缩情况 4. 无特殊情况下，在新生儿出生后实施延迟结扎脐带，出生后 30~60s 后或等待脐带搏动停止后结扎脐带 5. 分娩后新生儿初步复苏措施 (1) 保温和维持正常体温 (2) 摆正体位，清理气道(必要时) (3) 擦干和刺激 (4) 呼吸暂停或喘息样呼吸或心率<100 次 /min： 1) 复苏球囊面罩正压通气 2) 必要时矫正通气 3) 呼叫帮助	(3) Ⅲ度或Ⅳ度会阴裂伤 (4) 产后出血者酌情使用 4. 产后给予硫酸镁的指征 (1) 重度子痫前期 (2) 子痫发作 (3) 产后新发高血压伴视物模糊或持续头痛 5. 产后使用降压药指征 血压持续 ≥150/100mmHg 时建议降压治疗 6. 新生儿存在以下情况建议转儿科 (1) 心率>60 次 /min 或<30 次 /min，呻吟、三凹征或抽搐 (2) 刺激时活动欠佳 (3) 体温<35℃ (保暖后不上升)或>38℃ (4) 不能纠正的新生儿低血糖(血糖<2.6mmol/L) (5) 皮肤苍白 / 发绀 (6) 孕周小于 34 周 7. 新生儿可在产科加强监测，必要时转儿科 (1) 早产大于 34 周或出生体重<2 500g (2) 出生时经过初步复苏，复苏后监测 (3) 其他高危儿情况

附录八　产科专业医疗质量控制指标(2019 版)

指标一、剖宫产 / 初产妇剖宫产率(OB-CSR/PCS-01)

(一) 剖宫产率(OB-CSR-01)

定义：单位时间内,剖宫产分娩产妇人数占同期分娩产妇(分娩孕周 ≥ 28 周)总人数的比例。

计算公式：

$$剖宫产率 = 剖宫产分娩产妇人数 / 同期分娩产妇总人数 \times 100\%$$

意义：反映妊娠干预情况,是产科质量重要过程指标。

(二) 初产妇剖宫产率(OB-PCS-01)

定义：单位时间内,初产妇(定义：妊娠 ≥ 28 周初次分娩的产妇,既往无 28 周及以上孕周分娩史)实施剖宫产手术人数占同期初产妇总人数的比例。

计算公式：

$$初产妇剖宫产率 = 初产妇剖宫产人数 / 同期初产妇总人数 \times 100\%$$

意义：反映初产妇人群中剖宫产干预情况。

指标二、阴道分娩椎管内麻醉使用率(OB-EPD-02)

定义：单位时间内,阴道分娩产妇实施椎管内麻醉人数(不含术中转剖宫产产妇人数)占同期阴道分娩产妇总人数(不含术中转剖宫产产妇人数)的比例。

计算公式：

阴道分娩椎管内麻醉使用率 = 阴道分娩产妇实施椎管内麻醉人数 / 同期阴道分娩产妇总人

数 $\times 100\%$

意义：反映产科助产服务质量重要的过程指标。

指标三、早产/早期早产率（OB-PB/EPB-03）

（一）早产率（OB-PB-03）

定义：单位时间内，早产（孕周在 $28\sim36^{+6}$ 周之间的分娩）产妇人数占同期分娩产妇（分娩孕周 $\geqslant28$ 周）总人数的比例。

计算公式：

$$早产率 = 早产产妇人数 / 同期分娩产妇总人数 \times 100\%$$

意义：早产是围产儿发病及死亡的重要原因，在保障母儿安全的情况下降低早产率是产科质量管理的重要目标。

（二）早期早产率（OB-EPB-03）

定义：单位时间内，早期早产（孕周在 $28\sim33^{+6}$ 周之间的分娩）产妇人数占同期分娩产妇（分娩孕周 $\geqslant28$ 周）总人数的比例。

计算公式：

$$早期早产率 = 早期早产产妇人数 / 同期分娩产妇总人数 \times 100\%$$

意义：早期早产率与新生儿远期不良结局密切相关。

指标四、巨大儿发生率（OB-MS-04）

定义：单位时间内，巨大儿（出生体重 $\geqslant4\,000$g）人数占同期活产数的比例。

计算公式：

$$巨大儿发生率 = 巨大儿人数 / 同期活产数 \times 100\%$$

意义：反映孕期体重管理的质量情况。

说明：活产数指妊娠满 28 周及以上或出生体重达 1 000g 及以上，娩出后有心跳、呼吸、脐带搏动、肌张力 4 项生命体征之一的新生儿数。

指标五、严重产后出血发生率（OB-PPH-05）

定义：单位时间内，发生严重产后出血（分娩 24h 内出血量 $\geqslant1\,000$ml）的产妇人数占同期分娩产妇（分娩孕周 $\geqslant28$ 周）总人数的比例。

计算公式：

$$严重产后出血发生率 = 严重产后出血产妇人数 / 同期分娩产妇总人数 \times 100\%$$

意义：严重产后出血为妊娠严重并发症，反映产科质量的重要结果指标。

指标六、严重产后出血患者输血率（OB-PPT-06）

定义：单位时间内，发生严重产后出血（分娩 24h 内出血量 $\geqslant1\,000$ml）实施输血治疗（含自体输血）人数占同期发生严重产后出血患者总数的比例。

计算公式：

$$严重产后出血患者输血率 = 严重产后出血输血治疗人数 / 同期严重产后出血患者总数 \times 100\%$$

意义：反映严重产后出血的发生情况及输血治疗的实施情况。

指标七、孕产妇死亡活产比（OB-MMR-07）

定义：单位时间内，孕产妇在孕期至产后 42d 内因各种原因造成的孕产妇死亡人数占同期活产数的比例。

计算公式：

$$孕产妇死亡活产比 = 孕产妇死亡人数 / 同期活产数 \times 100\%$$

意义：反映医疗机构对严重母体疾病的处理及应急能力。

说明：活产数指妊娠满 28 周及以上或出生体重达 1 000g 及以上，娩出后有心跳、呼吸、脐带搏动、肌张力 4 项生命体征之一的新生儿数。本指标仅适用于提供分娩服务的医疗机构。

指标八、妊娠相关子宫切除率（OB-HYS-08）

定义：单位时间内，妊娠相关因素导致实施子宫切除人数占同期分娩产妇（分娩孕周 ≥ 28 周）总人数的比例。

计算公式：

$$妊娠相关子宫切除率 = 妊娠相关子宫切除人数 / 同期分娩产妇总人数 \times 100\%$$

意义：产科子宫切除的实施多用于为了挽救致命性的产后出血，反映医疗机构处理严重产后出血的能力。

说明：妊娠相关因素包括产前 / 产后出血、子宫破裂及感染等妊娠早期、中期和晚期出现的产科相关因素，不包括妇科肿瘤及其他妇科疾病相关因素。本指标仅适用于提供分娩服务的医疗机构。

指标九、产后或术后非计划再次手术率（OB-ROP-09）

定义：单位时间内，产妇在同一次住院期间，产后或术后因各种原因导致患者需重返手术室进行计划外再次手术（含介入手术）的人数占同期分娩产妇（分娩孕周 ≥ 28 周）总人数的比例。

计算公式：

$$产后或术后非计划再次手术率 = 产后或术后发生非计划再次手术人数 / \\ 同期分娩产妇总人数 \times 100\%$$

意义：反映医疗机构对于分娩过程处理及干预的有效性。

指标十、足月新生儿 5min Apgar 评分＜7 分发生率（OBNA-10）

定义：单位时间内，足月新生儿（分娩孕周 ≥ 37 周）出生后 5min Apgar 评分＜7 分人数占同期内足月活产儿总数的比例。

计算公式：

$$足月新生儿 5min Apgar 评分＜7 分发生率 = 足月新生儿 5min Apgar 评分＜ \\ 7 分人数 / 同期足月活产儿总数 \times 100\%$$

意义：反映新生儿窒息高危因素的产前识别及产时复苏能力。

说明：足月活产儿指妊娠满 37 周及以上，娩出后有心跳、呼吸、脐带搏动、肌张力 4 项生命体征之一的新生儿。

NURSING

中英文名词对照索引

A

| 爱丁堡产后抑郁量表 | Edinburgh postnatal depression scale, EPDS | 308 |
| 奥尔巴尼助产实践 | Albany midwifery practice, AMP | 4 |

B

白色恶露	lochia alba	108
包蜕膜	capsular decidua	17
贝克抑郁量表	Beck depression inventory, BDI	309
避孕	contraception	398
臂丛神经麻痹	brachial plexus paralysis	338
边缘性前置胎盘	marginal placenta previa	162
变异减速	variable deceleration, VD	48
病理缩复环	pathologic retraction ring	283
病理性黄疸	pathologic jaundice	340
不全流产	incomplete abortion	131
不完全臀先露	incomplete breech presentation	274
不协调性子宫收缩乏力	hypertonic uterine inertia	258
部分性前置胎盘	partial placenta previa	162

C

产程图	partogram	87
产后出血	postpartum hemorrhage, PPH	294
产后抑郁筛查量表	postpartum depression screening scale, PDSS	309
产后抑郁症	postpartum depression, PPD	307
产力异常	abnormal uterine action	257
产前检查	antenatal care	36
产前筛查	prenatal screening	66
产前诊断	prenatal diagnosis	67
产褥病率	puerperal morbidity	303
产褥感染	puerperal infection	303
产褥期	puerperium	105
产伤	birth trauma	337

场所意识	sense of place	12
超低出生体重	extreme low birth weight, ELBW	318
超早产儿	extremely preterm infant	318
持续性枕横位	persistent occiput transverse position	268
持续性枕后位	persistent occiput posterior position	268
耻骨联合	public symphysis	40
耻骨联合分离	diastasis of symphysis pubis	63
出口横径	transverse of outlet	77
出生缺陷	birth defect	66
出生体重	birth weight, BW	318
初乳	colostrum	26
处女膜	hymen	44
促黑素细胞刺激激素	melanocyte stimulating hormone, MSH	28
促进宫颈成熟	cervical ripening	140
促性腺激素	gonadotropin, Gn	28
催产素激惹试验	oxytocin challenge test, OCT	140
催乳素	prolactin, PRL	28

D

大脑中动脉	middle cerebral artery, MCA	34
大阴唇	labium majus	43
大于胎龄	large for gestational age, LGA	318
待产 / 分娩 / 恢复	labor/delivery/recovery, LDR	412
待产 / 分娩 / 恢复 / 产后	labor/delivery/recovery/postpartum, LDRP	412
单卵双胎	monozygotic twins, MZ	197
单脐动脉	single umbilical artery	181
单绒毛膜单羊膜囊	monochorionic monoamnionic, MCMA	197
单绒毛膜双羊膜囊	monochorionic diamnionic, MCDA	197
单臀先露	frank breech presentation	274
导乐	doula	103
低出生体重	low birth weight, LBW	318
低分子肝素	low molecular-weight heparin, LMWH	314
低体温	hypothermia	325
低置胎盘	low lying placenta	162
底蜕膜	basal decidua	17
骶棘韧带	sacrospinous ligament	40
骶结节韧带	sacrotuberous ligament	40
骶髂关节	sacroiliac joint	40
第二产程延长	protracted second stage	255
电子胎心监护	electronic fetal monitoring, EFM	45
顶体反应	acrosome reaction	15
顶臀长	crown-rump length, CRL	33
定位	apposition	16
独特性	uniqueness	11
对角径	diagonal conjugate, DC	348
多胎妊娠	multifetal pregnancy	196

E

| 额先露 | brow presentation | 280 |
| 恶露 | lochia | 108 |

二十二碳六烯酸	docosahexaenoic acid, DHA	59

F

芳香疗法	aromatherapy	103
非活动性 HBsAg 携带者	inactive HBsAg carrier	216
非线性动力学理论	non-linear dynamics theory	10
肺栓塞	pulmonary embolism, PE	311
分裂球	blastomere	15
分娩	delivery	74
分娩机制	mechanism of labor	81
分娩计划	birth plan	71
分娩恐惧	fear of childbirth	80
分形理论	fractal theory	10
俯屈	flexion	81
复发性流产	recurrent spontaneous abortion, RSA	131
复合先露	compound presentation	278
复位	restitution	82
复杂性理论	complexity theory	10
副胎盘	placenta succenturiate	169
腹腔妊娠	abdominal pregnancy	141

G

肛提肌	levator ani muscle	42
高危妊娠	high-risk pregnancy	245
个人历程	personal journey	12
宫颈管	cervical canal	79
宫颈管消失	cervical effacement	79
宫颈妊娠	cervical pregnancy	141
宫口扩张	cervical dilatation	79, 85
宫内监护	internal electronic monitoring	87
宫内节育器	intrauterine device, IUD	398
宫腔填塞术	uterine packing	375
宫缩应激试验	contraction stress test, CST	49
宫外监护	external electronic monitoring	87
骨盆出口平面	plane of pelvic outlet	77
骨盆出口平面狭窄	contracted pelvic outlet	263
骨盆带疼痛	pelvic girdle pain, PGP	64
骨盆底	pelvic floor	41
骨盆入口平面	plane of pelvic inlet	77
骨盆入口平面狭窄	contracted pelvic inlet	262
骨盆轴	pelvic axis	77
光照疗法	phototherapy	342
归属感	togetherness	11
国际助产士联盟	the International Confederation of Midwives, ICM	2
过期产	postterm labor	74
过期产儿	post-term infant	318
过期妊娠	postterm pregnancy	139

H

黑加征	Hegar sign	32
横产式	transverse lie	34
后骨盆疼痛激惹试验	posterior pelvic pain provocation	64
呼吸困难	respiratory distress	325
呼吸暂停	apnea	326
华通胶	Wharton's jelly	24
会阴	perineum	42
会阴切开术	episiotomy	377
混合臀先露	mixed breech presentation	274
活跃期	active phase	88
活跃期停滞	arrested active phase	255

J

稽留流产	missed abortion	131
激素避孕	hormonal contraception	400
极低出生体重	very low birth weight, VLBW	318
极早早产儿	very preterm infant	318
急产	precipitate delivery	260
技术性生育模式	technocratic paradigm of childbirth	8
加速	acceleration	46
家庭式分娩	family delivery	103
甲状腺功能减退	hypothyroidism	222
甲状腺功能亢进	hyperthyroidism	222
假临产	false labor	82
假早产	false preterm labor	136
肩先露	shoulder presentation	277
减速	deceleration	48
见红	show	82
健康本源理论	salutogenesis	10
健康和疾病的发病起源	the developmental origins of health and disease	246
浆液性恶露	lochia serosa	108
紧急避孕	emergency contraception	402
经皮胆红素水平	transcutaneous bilirubin, TCB	341
经皮脐血管穿刺取样	percutaneous umbilical blood sampling, PUBS	68
经皮神经电刺激	transcutaneous electrical nerve stimulation, TENS	101
惊厥	convulsion	329
精子获能	capacitation	15
静脉血栓栓塞症	venous thromboembolism, VTE	311
巨大儿	macrosomia	183, 318
具体化	embodiment	12
均小骨盆	generally contracted pelvis	263

K

颏后位	mentoposterior position	272
颏前位	mentoanterior position	272
口服避孕药	oral contraception, OC	401
口服葡萄糖耐量试验	oral glucose tolerance test, OGTT	209

| 快速反应团队 | rapid respond team, RRT | 415 |
| 阔韧带妊娠 | broad ligament pregnancy | 141 |

L

联体双胎	conjoined twins	197
临产	labor	83
流产	abortion	130
流产合并感染	septic abortion	131
漏斗型骨盆	funnel shaped pelvis	263
卵巢妊娠	ovarian pregnancy	141
卵裂	cleavage	15
轮状胎盘	placenta circumvallate	169

M

慢性 HBV 感染	chronic HBV infection	216
慢性高血压并发子痫前期	chronic hypertension with superimposed preeclampsia	148
慢性乙型肝炎	chronic hepatitis B, CHB	216
梅毒	syphilis	230
蒙氏结节	Montgomery's tubercles	26
弥散性血管内凝血	disseminated intravascular coagulation, DIC	133, 285
泌乳热	breast fever	107
面神经麻痹	facial paralysis	338
面先露	face presentation	271
膜状胎盘	membranaceous placenta	169
末次月经	last menstrual period, LMP	15
母体面娩出式	Duncan mechanism	96
母婴皮肤接触	skin to skin contact, SSC	321

N

男用避孕套	condom	398
难产	dystocia	255
难免流产	inevitable abortion	131
内旋转	internal rotation	81
能动性	agency	11
黏附	adhesion	16
尿道外口	external orifice of urethra	43
凝血功能障碍	coagulation defects	295
女用避孕套	female condom	398

O

| 呕吐 | vomiting | 326 |

P

胚泡	blastocyst	15
盆膈	pelvic diaphragm	42
剖宫产后阴道试产	trial of labor after cesarean delivery, TOLAC	251
剖宫产子宫瘢痕妊娠	caesarean scar pregnancy, CSP	145
普通肝素	un-fractionated heparin, UFH	314

Q

脐带	umbilical cord	24
脐带缠绕	cord entanglement	180
脐带帆状附着	cord velamentous insertion	181
脐带过长	excessive long cords	181
脐带过短	excessive short cords	181
脐带扭转	torsion of cord	181
脐带脱垂	prolapse of umbilical cord	291
脐带先露	presentation of umbilical cord	291
脐动脉搏动指数	pulsatile index, PI	34
脐炎	omphalitis	344
前不均倾位	anterior asynelitism	271
前庭大腺	major vestibular gland	43
前庭球	vestibular bulb	43
前置胎盘	placenta previa	161
前置血管	vasa previa	181
潜伏期	latent phase	88
强直性子宫收缩	tetanic contraction of uterus	260
侵入	invasion	16
情绪改变	affective alterations	307
球拍状胎盘	battledore placenta	181
全身炎症反应综合征	systemic inflammatory response syndrome, SIRS	286
缺氧	hypoxia	287

R

人绒毛膜促性腺激素	human chorionic gonadotropin, hCG	16
人胎盘催乳素	human placental lactogen, hPL	23
人性化生育模式	humanistic paradigm of childbirth	8
认知改变	cognitive alterations	307
妊娠	pregnancy	15
妊娠合并慢性高血压	chronic hypertension in pregnancy	148
妊娠合并心脏病	cardiac disease	202
妊娠剧吐	hyperemesis gravidarum, HG	145
妊娠期肝内胆汁淤积症	intrahepatic cholestasis of pregnancy, ICP	156
妊娠期高血压	gestational hypertension	148
妊娠期高血压疾病	hypertensive disorders of pregnancy, HDP	148
妊娠期糖尿病	gestational diabetes mellitus, GDM	208
妊娠试验	pregnancy test	32
妊娠纹	striae gravidarum	28
绒毛穿刺取样	chorionic villus sampling, CVS	68

S

桑椹胚	morula	15
深静脉血栓	deep vein thrombosis, DVT	311
生理改变	physiological alterations	308
生理缩复环	physiological retraction ring	78
生理性黄疸	physiological jaundice	320
生理性子宫收缩	Braxton Hicks contractions	136

适于胎龄	appropriate for gestational age，AGA	318
收缩期峰值流速	peak systolic velocity，PSV	34
手术流产	surgical abortion	404
受精	fertilization	15
受精卵	zygote	15
舒张期早期切迹	diastolic notching	34
输卵管绝育术	tubal sterilization	402
输卵管妊娠	tube pregnancy	141
双顶径	biparietal diameter，BPD	80
双卵双胎	dizygotic twins，DZ	196
双绒毛膜双羊膜囊	dichorionic diamnionic，DCDA	197
双胎反向动脉灌注	twin reversed arterial perfusion，TRAP	198
双胎妊娠	twin pregnancy	196
双胎输血综合征	twin-twin transfusion syndrome，TTTS	198
死产	still birth	194
死胎	fetal death	194
四步触诊法	four maneuvers of Leopold	38
松弛素	relaxin	29
锁骨骨折	fracture of collar bone	339

T

胎产式	fetal lie	34
胎动	fetal movement，FM	33
胎儿成熟度	fetal maturity	52
胎儿过熟综合征	postmaturity syndrome	139
胎儿颈项透明层厚度	nuchal translucency，NT	33, 67
胎儿窘迫	fetal distress	189
胎儿面娩出式	Schultze mechanism	96
胎儿生长受限	fetal growth restriction，FGR	185
胎儿下降感	lightening	82
胎儿纤维连接蛋白	fetal fibronectin，fFN	248
胎儿游离 DNA	cell-free fetal DNA，cffDNA	199
胎方位	fetal position	36
胎龄评估	assessment of gestational age	319
胎膜	fetal membranes	24
胎膜破裂	rupture of membranes	85
胎膜早破	prelabor rupture of membranes，PROM	170
胎盘	placenta	21
胎盘部分残留	retained placenta fragment	294
胎盘屏障	placental barrier	22
胎盘嵌顿	placental incarceration	260
胎盘早剥	placental abruption	165
胎盘植入	placenta increta	294
胎盘滞留	retained placenta	294
胎头拨露	head visible on vulval gapping	90
胎头高直位	sincipital presentation	270
胎头下降停滞	arrested descent	255
胎头下降延缓	protracted descent	255
胎头着冠	crowning of head	90
胎位异常	abnormal fetal position	267

胎先露	fetal presentation	34
胎植入	implantation	15
胎姿势	fetal attitude	34
探亲避孕药	vacation pill	401
特发性羊水过多	idiopathic polyhydramnios	175
体外受精 - 胚胎移植	in vitro fertilization-embryo transfer, IVF-ET	17
体验	insiderness	11
体重指数	body mass index, BMI	38
头颅血肿	cephalohematoma	337
头盆不称	cephalopelvic disproportion, CPD	255, 265
蜕膜	decidua	17
臀先露	breech presentation	273

W

外旋转	external rotation	82
完全流产	complete abortion	131
完全臀先露	complete breech presentation	274
完全性前置胎盘	complete placenta previa	162
晚期产后出血	late puerperal hemorrhage	300
晚期减速	late deceleration, LD	48
晚期囊胚	late blastocyst	15
晚期新生儿	late newborn	318
晚期早产儿	late preterm infant	318
腕管综合征	carpal tunnel syndrome, CTS	64
围产期	perinatal period	318
未足月胎膜早破	preterm PROM, PPROM	170
无创产前检测	noninvasive prenatal test, NIPT	67
无应激试验	non-stress test, NST	49, 140

X

膝先露	knee presentation	274
狭窄骨盆	pelvic contraction	262
下降	descent	81
先兆临产	threatened labor	82
先兆流产	threatened abortion	131
先兆早产	threatened preterm labor	136
衔接	engagement	81
显性剥离	revealed abruption	166
消耗性凝血性疾病	consumptive coagulopathy	287
小阴唇	labium minus	43
小于胎龄	small for gestational age, SGA	318
小于胎龄儿	small for gestational age infant, SGA	185
协调性子宫收缩乏力	hypotonic uterine inertia	257
血清总胆红素	total serum bilirubin, TSB	341
血栓性静脉炎	thrombophlebitis	305
血性恶露	lochia rubra	108
心动过缓	bradycardia	46
心动过速	tachycardia	46
心力衰竭	heart failure, HF	202
新生儿	neonate, newborn infant	318

新生儿低血糖症	neonatal hypoglycemia	342
新生儿黄疸	neonatal jaundice	340
新生儿早期基本保健技术	early essential newborn care	321
新生儿窒息	asphyxia of newborn	330
行为改变	behavioral alterations	308
选择性的胎儿生长受限	selective fetal growth restriction, sFGR	198

Y

亚甲基四氢叶酸还原酶	methylenetetrahydrofolate reductase, MTHFR	246
延迟脐带结扎	delayed cord clamping, DCC	321
羊膜	amnion	21
羊膜腔穿刺术	amniocentesis	68
羊水	amniotic fluid	24
羊水过多	polyhydramnios	175
羊水过少	oligohydramnios	178
羊水栓塞	amniotic fluid embolism, AFE	285
羊水指数	amniotic fluid index, AFI	176
羊水最大暗区垂直深度	amniotic fluid volume, AFV	176
仰伸	extention	81
仰卧位低血压综合征	supine hypotensive syndrome	27
药物流产	medical abortion	405
叶状绒毛膜	chorion frondosum	21
遗传咨询	genetic counselling	56
异常分娩	abnormal labor	255
异位妊娠	ectopic pregnancy	141
意义构建	sense-making	11
阴道口	vaginal orifice	44
阴道前庭	vaginal vestibule	43
阴蒂	clitoris	43
阴阜	mons pubis	43
音乐治疗	music therapy	103
引产术	labor induction	140
隐性剥离	concealed abruption	166
预产期	expected date of confinement, EDC	38
原发免疫性血小板减少症	primary immune thrombocytopenia, ITP	219
孕期保健	prenatal care	55
孕前糖尿病	pregestational diabetes mellitus, PGDM	208

Z

早产儿	preterm infant	318
早产临产	preterm labor	136
早期减速	early deceleration, ED	48
早期囊胚	early blastocyst	15
早期新生儿	early newborn	318
早孕反应	morning sickness	32
真蜕膜	true decidua	17
枕耻位	occipitopubic position	270
枕骶位	occipitosacral position	270
枕额径	occipito-frontal diameter	80
枕颏径	occipito-mental diameter	80

枕下前囟径	suboccipito bregmatic diameter	80
整体化生育模式	holistic paradigm of childbirth	8
正常体重	normal birth weight, NBW	318
正枕后位	occiput directly posterior	269
滞产	prolonged labor	255
中骨盆平面	plane of pelvic mid	77
中骨盆平面狭窄	contracted midpelvis	263
中期早产儿	moderately preterm infant	318
中心静脉压	central venous pressure, CVP	289
助产理论	midwifery theory	7
助产士	midwife	2
助产学	midwifery	2
着床	implantation	15
滋养层	trophoblast	15
子宫复旧	involution of uterus	105
子宫痉挛性狭窄环	constriction ring of uterus	260
子宫破裂	rupture of uterus	282
子宫收缩乏力	uterine atony	294
子宫收缩过强	uterine overcontraction	260
子宫收缩力	uterine contraction	76
子宫胎盘卒中	uteroplacental apoplexy	166
子宫外产时处理	extra utero interpartum treatment, EXIT	193
子痫	eclampsia	148
子痫前期	preeclampsia	148
自然避孕法	natural family planning, NFP	402
自我认知	self-knowledge	8
纵产式	longitudinal lie	34
足先露	footling presentation	274
足月产	term labor	74
足月儿	term infant	318
阻力指数	resistance index, RI	34
坐骨棘间径	interspinous diameter, ID	348
坐骨切迹宽度	incisura ischiadica	348

NURSING 参考文献

［1］ 坎宁根, 列维诺, 布鲁姆, 等. 威廉姆斯产科学 [M]. 杨慧霞, 漆洪波, 郑勤田, 译. 25 版. 北京: 人民卫生出版社, 2020.

［2］ WHO. 妊娠、分娩、产后及新生儿期保健基础临床实践指南 [M]. 赵温, 侯睿, 译. 3 版. 北京: 人民卫生出版社, 2019.

［3］ 刘兴会, 贺晶, 漆洪波. 助产 [M]. 北京: 人民卫生出版社, 2018.

［4］ 谢幸, 孔北华, 段涛. 妇产科学 [M]. 9 版. 北京: 人民卫生出版社, 2018.

［5］ 任钰雯, 高海凤. 母乳喂养理论与实践 [M]. 北京: 人民卫生出版社, 2018.

［6］ 余艳红, 陈叙. 助产学 [M]. 北京: 人民卫生出版社, 2017.

［7］ 安力彬, 陆虹. 妇产科护理学. [M]. 6 版. 北京: 人民卫生出版社, 2017.

［8］ 罗颂平, 刘雁峰. 中医妇科学 [M]. 3 版. 北京: 人民卫生出版社, 2016.

［9］ 邵肖梅, 叶鸿瑁, 邱小汕. 实用新生儿学 [M]. 4 版. 北京: 人民卫生出版社, 2015.

［10］ 中国新生儿复苏项目专家组, 中华医学会围产医学分会新生儿复苏学组. 中国新生儿复苏指南 (2021 年修订)[J]. 中华围产医学杂志, 2022, 25 (1): 4-12.

［11］ 中华医学会妇产科学分会产科学组. 妊娠期及产褥期静脉血栓栓塞症预防和诊治专家共识 [J]. 中华妇产科杂志, 2021, 56 (4): 236-243.

［12］ 中华医学会围产医学分会. 母亲常见感染与母乳喂养指导的专家共识 [J]. 中华围产医学杂志, 2021, 24 (7): 481-489.

［13］ 中华医学会围产医学分会, 中华医学会妇产科学分会产科学组. 妊娠并发症和合并症终止妊娠时机的专家共识 [J]. 中华围产医学杂志, 2020, 23 (11): 721-732.

［14］ 中华医学会妇产科分会妊娠期高血压疾病学组. 妊娠期高血压疾病诊治指南 (2020)[J]. 中华妇产科杂志, 2020, 55 (4): 227-238.

［15］ 中华医学会围产医学分会, 中华医学会妇产科学分会产科学组. 妊娠并发症和合并症终止妊娠时机的专家共识 [J]. 中华围产医学杂志, 2020, 23 (11): 721-732.

［16］ 中华医学会围产医学分会, 中华医学会妇产科学分会产科学组, 中华护理学会产科护理专业委员会, 等. 中国新生儿早期基本保健技术专家共识 (2020)[J]. 中华围产医学杂志. 2020, 23 (7): 433-440.

［17］ 中华医学会妇产科学分会产科学组, 中华医学会围产医学分会. 正常分娩指南 [J]. 中华围产医学杂志, 2020, 23 (6): 361-370.

［18］ 中华医学会妇产科学分会产科学组. 孕前和孕期保健指南 (2018)[J]. 中华妇产科杂志, 2018, 53 (1): 7-13.

［19］ 段然, 漆洪波. "WHO- 产时管理改进分娩体验 (2018)" 第一产程相关推荐的解读 [J]. 中国实用妇科与产科杂志, 2019, 35 (4): 431-434.

［20］ 田燕萍, 熊永芳, 徐鑫芬, 等. 会阴切开及会阴裂伤修复技术与缝合材料选择指南 [J]. 中国护理管理, 2019, 19 (3): 453-457.

[21] CUNNINGHAM F G, LEVENO K J, BLOOM S L, et al. Williams obstetrics [M]. 25th ed. New York: McGraw-Hill Medical Publishing Division, 2018.

[22] CHEUNG N F, MANDER R. Midwifery in China [M]. London and New York: Routledge Taylor&Francis Group, 2018.

[23] WALKER K F, KIBUKA M, THORNTON J G, et al. Maternal position in the second stage of labour for women with epidural anaesthesia [J]. Cochrane Database Syst Rev, 2018, 11 (11): CD008070.

[24] MACDONALD S, JOHNSON G. Mayes'midwifery [M]. 15th ed. Edinburgh: Elsevier, 2017.

[25] MOORE E R, BERGMAN N, ANDERSON GC, et al. Early skin-to-skin contact for mothers and their healthy newborn infants [J]. Cochrane Database Syst Rev, 2012, 11: CD003519

[26] BRYAR R, SINCLAIR M. The theory for midwifery practice [M]. 2nd ed. Hampshire: Palgrave macmillan, 2011.

[27] DOWNE S. Normal birth, evidence and debate [M]. 2nd ed. Oxford: Elsevier, 2008.

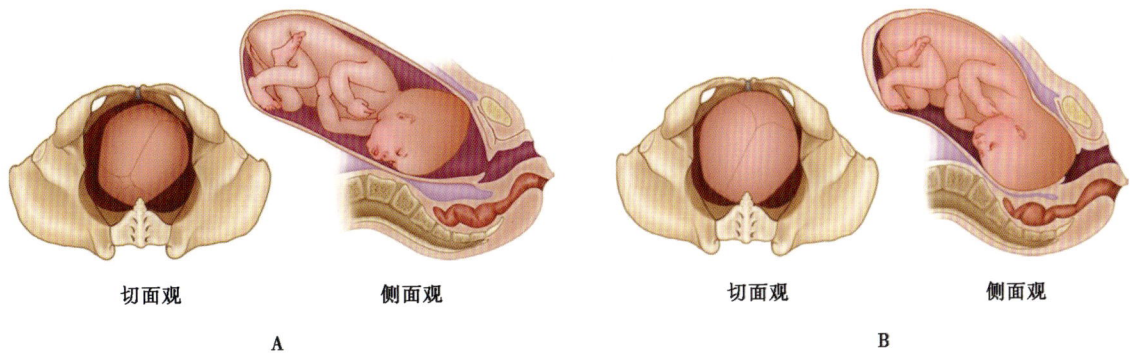

切面观　　　　侧面观　　　　　　　　　切面观　　　　侧面观

A　　　　　　　　　　　　　　　　　　　B

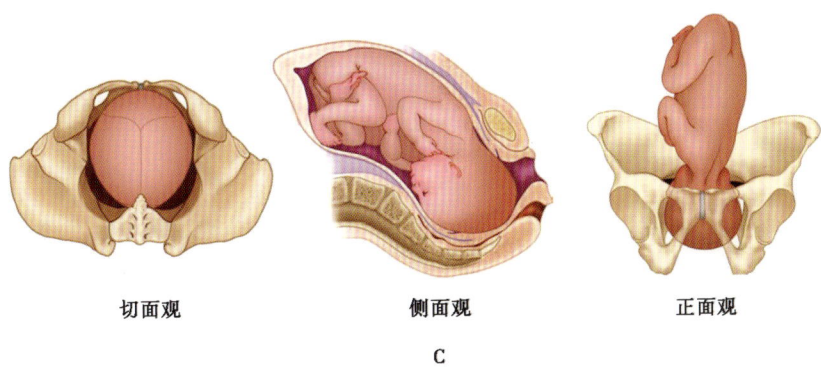

切面观　　　　　　侧面观　　　　　　正面观

C

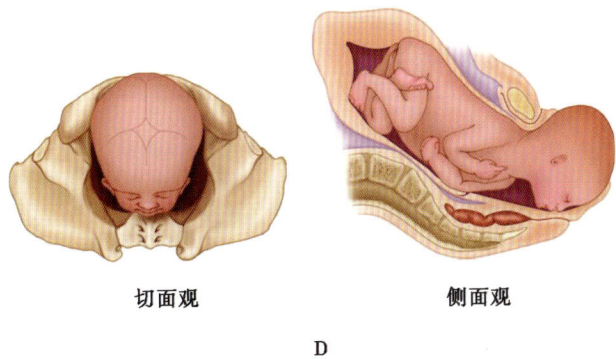

切面观　　　　　　　　　侧面观

D

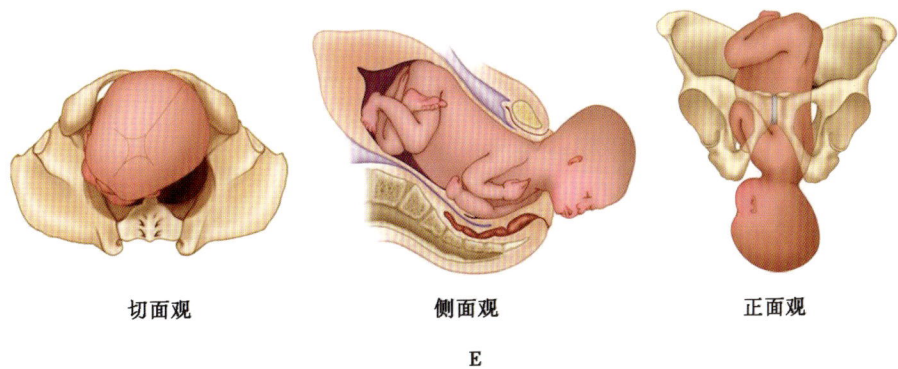

切面观　　　　　　侧面观　　　　　　正面观

E

切面观　　　　　　　　侧面观　　　　　　　　正面观

F

胎肩娩出　　　　　　　　　　　胎儿娩出

G

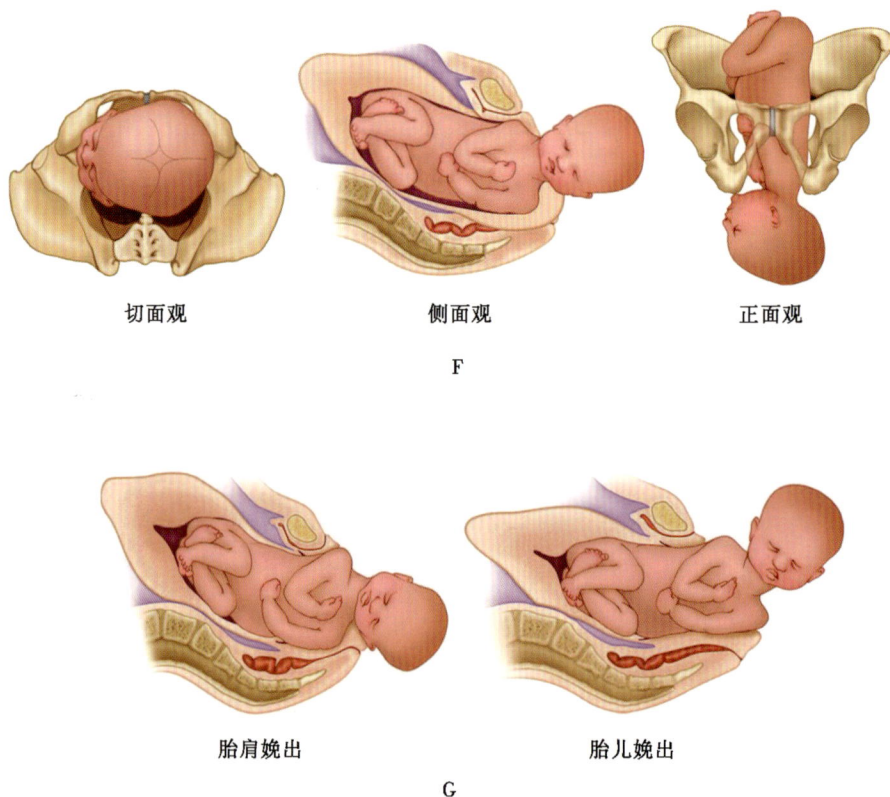

彩图 5-12　枕左前位分娩机制示意图

A. 胎头衔接；B. 胎头俯屈；C. 胎头内旋转；D. 胎头仰伸；E. 胎头复位；F. 胎头外旋转；G. 胎肩及胎儿娩出。

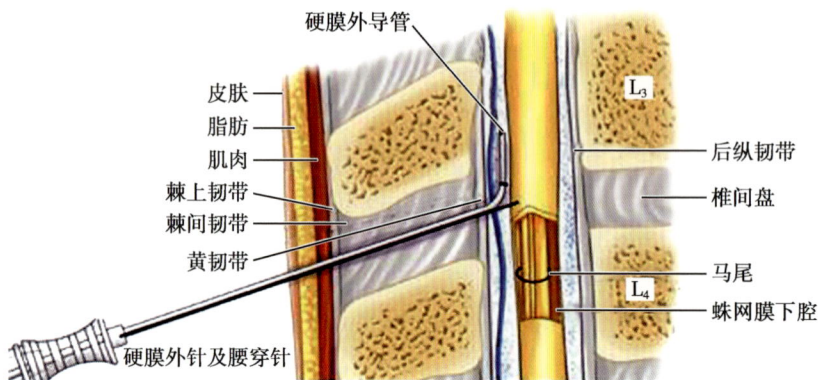

硬膜外导管

皮肤　　　　　　　　　　　　　　　　　L₃

脂肪

肌肉　　　　　　　　　　　　　　　后纵韧带

棘上韧带　　　　　　　　　　　　　椎间盘

棘间韧带

黄韧带　　　　　　　　　　　　　　马尾

　　　　　　　　　　　　　　　　　L₄

　　　　　　　　　　　　　　　　蛛网膜下腔

硬膜外针及腰穿针

彩图 5-28　椎管内镇痛

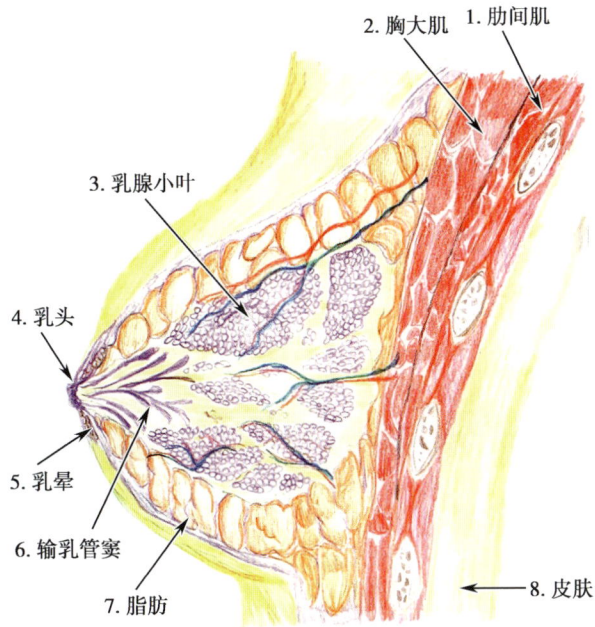

2. 胸大肌　　1. 肋间肌

3. 乳腺小叶

4. 乳头

5. 乳晕

6. 输乳管窦

7. 脂肪

8. 皮肤

彩图 7-1　乳房解剖结构

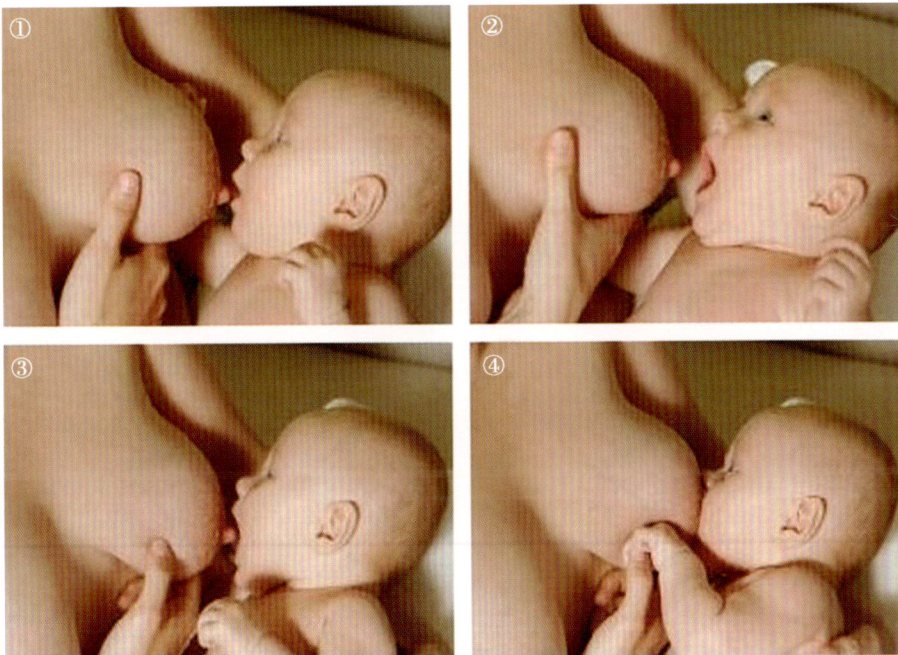

①　　②

③　　④

A

B

彩图 7-8　正确含接姿势

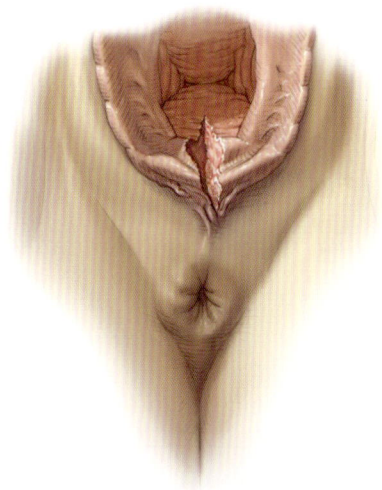

彩图 18-43　Ⅰ度会阴阴道裂伤

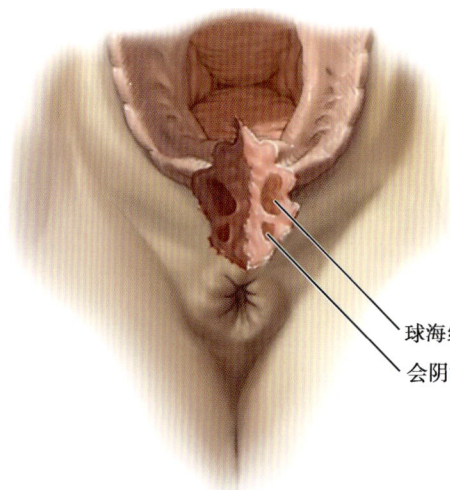

球海绵体肌

会阴浅横肌

彩图 18-44　Ⅱ度会阴阴道裂伤

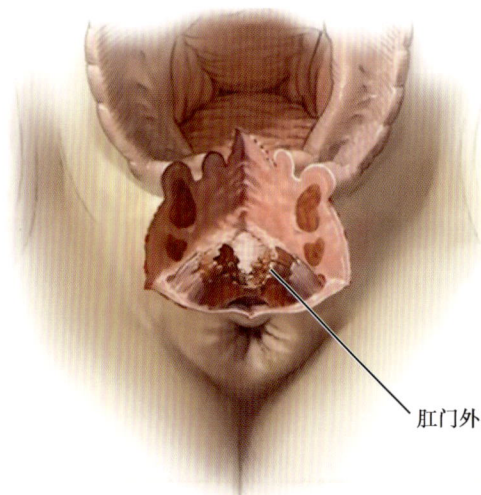

肛门外括约肌

彩图 18-45　Ⅲ度会阴阴道裂伤

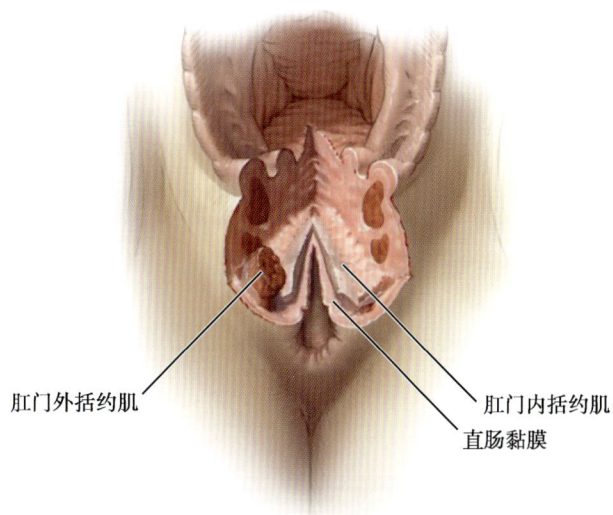

肛门外括约肌　　　　　肛门内括约肌

直肠黏膜

彩图 18-46　Ⅳ度会阴阴道裂伤

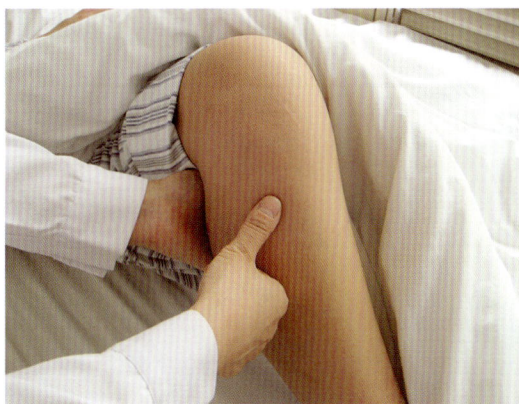

彩图 18-53　拇指揉法

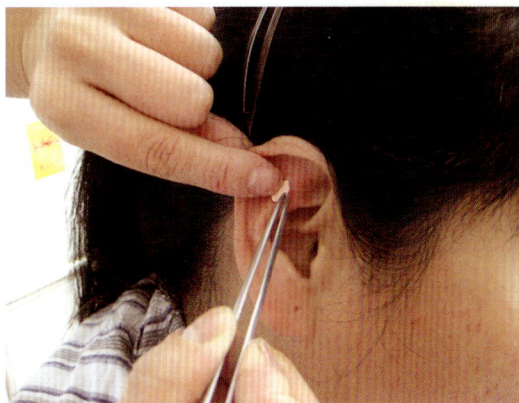

彩图 18-54　耳穴贴压技术

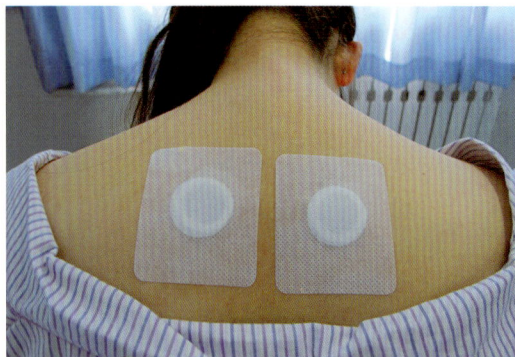

彩图 18-55 穴位敷贴技术

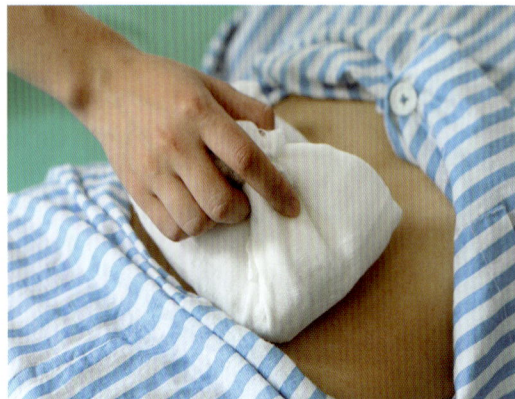

彩图 18-56 中药热熨敷技术

彩图 20-1　一体化产房